北京大學《儒藏》編纂與研究中心 編

《儒藏》精華編選刊

孟子正義

（上）

〔清〕焦循 撰

王小婷 校點

北京大學出版社
PEKING UNIVERSITY PRESS

圖書在版編目(CIP)數據

孟子正義：上下册 /（清）焦循撰；北京大學《儒藏》編纂與研究中心編. —北京：北京大學出版社，2023.9
（《儒藏》精華編選刊）
ISBN 978-7-301-34370-8

Ⅰ. ①孟… Ⅱ. ①焦…②北… Ⅲ. ①《孟子》- 注釋 Ⅳ. ①B222.52

中國國家版本館CIP數據核字（2023）第161040號

書　　名	孟子正義 MENGZI ZHENGYI
著作責任者	〔清〕焦循 撰 王小婷 校點 北京大學《儒藏》編纂與研究中心 編
策劃統籌	馬辛民
責任編輯	魏奕元
標準書號	ISBN 978-7-301-34370-8
出版發行	北京大學出版社
地　　址	北京市海淀區成府路205號　100871
網　　址	http://www.pup.cn　　新浪微博：@北京大學出版社
電子郵箱	編輯部 dj@pup.cn　總編室 zpup@pup.cn
電　　話	郵購部 010-62752015　發行部 010-62750672 編輯部 010-62756449
印 刷 者	三河市北燕印裝有限公司
經 銷 者	新華書店
	650毫米×980毫米　16開本　72.75印張　887千字
	2023年9月第1版　2023年9月第1次印刷
定　　價	290.00元（上下册）

目録

上册

下册

孟子正義卷二十七

孟子正義卷二十八……一〇二八

校點説明

焦循(一七六三—一八二〇),字理堂,一字里堂,清代江蘇揚州甘泉黄珏鎮(今揚州邗江區)人,阮元的族姊夫。嘉慶六年(一八〇一)舉人,首應會試不第,即以母病絶意仕進,潛心著述,後託足疾,十餘年不入城市(阮元《通儒揚州焦君傳》)。焦循長於算學,又用算學解《易》,代表作爲《雕菰樓易學三書》——《易通釋》《易圖略》《易章句》——計四十卷,提出旁通、相錯、時行的易學精神。焦循曾倣戴震《孟子字義疏證》作《論語通釋》。又喜作「補疏」,刊行者有《周易》《尚書》《毛詩》《禮記》《春秋左傳》和《論語》六種二十卷,未刊者有《孟子補疏》二卷。焦循於文學、戲曲亦有著述,其詩文編爲《雕菰集》二十四卷。

《孟子正義》三十卷是清儒十三經新疏中較早的一部,梁啓超贊爲「後此新疏家模範作品」(《中國近三百年學術史》)。清代疏《孟》者至少六家,唯焦疏傳世。焦循因深惡孫奭《孟子疏》「踳駁乖謬,文義鄙俚,未能發明其萬一」,嘉慶二十一年冬或二十二年冬,開始與其子廷琥博採清人三十餘家著作中有關《孟子》之論,成長編十四帙;《正義》成書時更增至六十五家以上,具有突出的「集疏」性質。二十三年歲末至二十四年七月,就長編以己意貫串推衍，草稿粗畢。又以半年之力博覽群書。二十五年春起開始謄録，只謄清了十二卷，焦循就因「用思太猛」而於七月突然病歿。未清之稿先由子廷琥（止道光元年二月），後由弟徵及族孫授齡謄校，於道光三年（一八二三）末開雕，五年八月行世（以上據焦循《撰孟子正義日課記》及《孟子正義》目録後焦徵識語）。《孟子》七篇，東漢趙岐作注時各分上下，南宋孫奭疏再各分上下成二十八卷。焦循新疏分卷沿舊疏，又以趙岐《孟子題辭》和《孟子篇敘》各爲一卷，成三十卷六七十萬言的巨著。其經注文字與乾隆間孔繼涵刊經注善本最接近，並據阮元《孟子注疏校勘記》作了校訂，堪稱完善。

焦循生前謄清的是先自卷二二至書末，再從卷一開始録。心性論最爲集中的《告子》《盡心》皆其手定。《孟子正義》揚戴震之波，發展了以智力可能性爲基礎的性善學説，並融入其《易》學思想。《孟子正義》仍以考據爲主，廣泛佔有原始資料和以清人爲主的前人成果，輯録了漢晉各家《孟子注》的逸文，立論堅實，是研究《孟子》的首要參考書之一。焦疏特別重視對趙岐注的闡發，所謂「即或不得本文之義，而趙氏之意，焉可誣也」，但又不守「疏不破注」之陋習，「於趙氏之説或有所疑，不惜駁破以相規正」（《孟子正義》卷三十）。由於各種原因，焦疏對趙注之意的理解時有偏差；訓詁過分拘泥成訓，部分資料轉據《經籍籑詁》，而承襲其誤，因音求義時凡涉入聲者常不可靠。凡此皆需留意。

《孟子正義》稿本現存南京圖書館。刻本有兩大系統。一是道光五年焦氏半九書塾家刻單行本，嘉慶至道光間焦氏家刻《焦氏叢書》、道光間翁氏、光緒二年（一八七六）衡陽魏倫先《焦氏遺書》和民國十八年（一九二九）受古書店俱用同板重印；二是道光九年《皇清經解》本，有咸豐十一年（一八六一）補刻及各種翻刻本、石印本。此外尚有光緒十六年邵氏望弎益齋鉛印《四書古注群義匯解》本及單行本。

由於稿本不便利用，《皇清經解》本除經注外翻刻草率，也偶有妄改，本次校點取《續修四庫全書》影印道光間《焦氏叢書》本爲底本，取上海書店一九八八年影印之《皇清經解》本爲校本（簡稱「經解本」）。他校用書一般據影印清文淵閣《四庫全書》和《續修四庫全書》，阮元《孟子注疏挍勘記》（簡稱「阮校」）兼用中華書局影印《十三經注疏附挍勘記》本和嘉慶文選樓刻單行本；阮校所謂「宋十行本」現多以爲元刻，姑沿阮稱。校點中參考了一九八七年中華書局《新編諸子集成》沈文倬點校本和民國間世界書局《諸子集成》句讀本（河北人民出版社一九八六年影印），沈文倬校記有可取者標明「沈校」，只撮其意，不引原文；經文標點還參考了楊伯峻《孟子譯注》（中華書局1960年），經注標點還參考了《天禄琳琅叢書》影印元旴郡覆宋本《孟子》的句讀，經注文字有誤者亦據此本校正（沿阮校簡稱「廖本」）。經文標點凡焦疏與趙注理解有岐者，倘疏明言則從注，倘疏未明言則從疏。

原目録只揭卷第，今另爲新編，參照趙佑《四書温故録》所附《重輯孟子章指》的做法爲各章派製簡稱，《温故録》所用簡稱有重複者，添續經文以予區分。底本目録末剜去了焦徵識語，而校點者所見諸本的識語皆缺末一頁，今據沈文倬點校本補足並獨立成篇。避諱字逕行回改，如「玄」作「元」、「曆」作「秝」、「胤」作「允」、「旻」闕筆、「丘」作「邱」(「孔丘」經注文闕筆，疏文作「某」)等。

校點者　王小婷

孟子正義目録識語

焦　徵

先兄壬戌會試後閉門注《易》。癸酉二月，自立一簿，稽考所業。戊寅春，《易學三書》成。又以古之精通《易》理，深得伏羲、文王、周公、孔子之恉者，莫如孟子；生孟子後而能深知其學者，莫如趙氏。惜僞疏踳駁乖謬，文義鄙俚，未能發明其萬一，思作《正義》一書。於是博採經史傳注以及本朝通人之書凡有關於《孟子》者一一纂出，次爲長編十四帙。逐日稽考，殫精研慮。自戊寅十二月起稿，逮己卯七月，撰成《孟子正義》三十卷。又復討論群書，删煩補缺。庚辰之春，修改乃定。手寫清本未半而病作矣。自言用思太猛。知不起，以謄校囑廷琥而殁。廷琥處苫塊中，且校且謄，急思付梓，又以病殁。徵以事身羈旅舍，謄校先兄書未敢少怠。更深人静，風雨凄凄，寒柝争鳴，一燈如豆，憶及兄姪，涕泗交横，廢書待旦，非復人境矣。

一年之中，迭遭喪病。先兄著述待刻者多，寒素之家，力難猝辦。徵衰病無能，營謀事拙，謹與家人相約，各減衣食之半，日積月累以待將來。癸未歲終，總計田租所入、衣食之餘約積七百餘金，急以《孟子正義》付刻。乙酉八月，刻工告竣，庶使廷琥苦心稍慰泉壤也。徵校是書難免錯誤，有能檢出者，乞即詳指郵寄，以便改正，受惠多矣。先兄稿本每一篇末自記課程如注《易》時，書之成僅八閱月耳。徵爲謄校，又有族孫授齡相助，曠日彌久，以至於今。先兄下世已六易寒暑矣，遷延之罪，實所難辭。其他二百餘卷急思盡刻，所需約數千金，非蓄積二十年又無他故，不能完全。徵雖未老，衰病日增，恐難目覩其成，然必竭力勉爲，不敢少怠也。至於著書之義，末一卷已詳盡言之，兹第述所以刻書之始末云爾。道光五年乙酉中秋日弟徵謹識。

通儒揚州焦君傳

阮元　撰

焦君名循，字里堂，世居江都北湖黄珏橋，分縣爲甘泉人。曾祖源，江都縣學生，爲《周易》之學。祖鏡，父葱，皆方正有隱德，傳《易》學。君生三四歲即穎異。八歲，至公道橋阮氏家，與賓客辨壁上「馮夷」字曰：「此當如《楚辭》讀皮冰切，不當讀如縫。」阮公賡堯大奇之，遂以女字之。

年十七，劉文清公取補學生員。年二十二，補廪膳生。次年，丁父暨嫡母謝艱，自殮及葬八閲月，未櫛沐，食臥不離喪次，甚哀毁。弟徵讀書，自教之。興化顧超宗傳其父文子之經學。超宗與君幼同學，君始用力於經。超宗殁，君理其喪，作《招亡友賦》哭之。歲乙卯，元督學山東，招君往遊，遂自東昌至登州，有《山左詩鈔》一卷。嘉慶歲丙辰，元督學於浙，復招君遊浙東，有《浙江詩鈔》一卷。歲庚申，元撫浙，招君復遊浙。辛酉春歸揚州，秋應鄉試，中式舉人。入都謁座師英煦齋先生，先生曰：「吾知子之字曰里堂，江南老名士，屈久矣。」歲壬戌，復招君遊浙，冬歸揚州。歲乙丑，有勸君應禮部試且資之者，君以書辭之，曰：「生母殷病雖愈而神未健，此不北行之苦心，非樂安佚輕仕進也。」殷竟以夏病冬卒。君哀毁如初，克盡其孝。除喪後小有足疾，遂託疾居黄玨橋村舍，閉户著書。葺其老屋曰「半九書塾」，復構一樓曰「雕菰樓」，有湖光山色之勝，而讀書著書恆在樓，足不入城市者十餘年矣。歲庚辰夏，足疾甚且病瘧，以七月二十七日卒，距生於乾隆癸未二月三日得年五十有八。妻阮氏。子廷琥，廩生。孫三：授易、授書、授詩。

君善讀書，博聞强記，識力精卓，於學無所不通。著書數百卷，尤邃於經；於經無所不治，而於《周易》《孟子》專勒成書。君於《易》本有家學，嘗疑：一「號咷」也，何以既見於《旅》，又見於《同人》；一「拯馬壯」也，何以既見於《復》，❶又見於《明夷》；「密雲不雨」之象，何以《小畜》與《小過》同辭；「甲」「庚三日」之占，何以《蠱·象》與《巽·象》相例？丁父憂後，乃徧求説《易》之書閲之，撰述成帙。甲子後，復精研舊稿，悟得洞淵九容之術實通於《易》，乃以數之比例求《易》之比例，於是擬撰《通釋》一書。丁卯病危，以《易》未成爲憾。病瘳，誓於先聖先師，盡屏他務，專治此經，遂成《易通釋》二十卷。自謂所悟得者，一曰「旁

❶「復」，按引文見《涣》卦。

通」，二曰「相錯」，三曰「時行」。「旁通」者，在本卦初與四易，二與五易，三與上易，本卦無可易，則旁通於他卦，亦初通於四，二通於五，三通於上。先二五後初四、三上爲當位，不俟二五而初四、三上先行爲失道。易之道惟在變通。二五先行而上下應之，此變通不窮者也。或初四先行、三上先行，則上下不能應，然能變而通之，仍大中而上下應。如《乾》四之《坤》初成《小畜》《復》，失道矣，變通之，《小畜》二之《豫》五，《姤》二之《復》五。《復》初不能應，《姤》初則能應；《小畜》四不能應，《豫》四則能應。《坎》四之《離》上成《井》《豐》，失道矣，變通之，《井》二之《噬嗑》五，《豐》五之《渙》二。《豐》上不能應，《渙》上則能應；《井》三不能應，《噬嗑》三則能應。此所謂「時行」也。「比例」之義出於「相錯」。如《睽》二之五爲《无妄》，《井》二之《噬嗑》五亦爲《无妄》，故《睽》之「噬膚」即《噬嗑》之「噬膚」。《坎》三之《離》上成《豐》，《噬嗑》上之三亦成《豐》，故《豐》之「日昃」即《離》之「日昃」，《豐》之「日中」即《噬嗑》之「日中」。《漸》上之《歸妹》三，《歸妹》成《大壯》，《漸》成《蹇》，《蹇》《大壯》相錯成《需》，故《歸妹》「以須」之即「需」也。❶《歸妹》四之《漸》初，《漸》成《家人》，《歸妹》成《臨》，

❶ 「以須之」，據上下文例當作「之以須」。

《臨》通《遯》，相錯爲《謙》。《履》故「眇能視，❶跛能履」，《臨》二之五即《履》二之《謙》五之比例也。《易通釋》即成，復提其要爲《圖略》八卷，凡圖五篇，原八篇，發明旁通、相錯、時行之義；論十篇，破舊説之非。復成《章句》十二卷。總稱《雕菰樓易學三書》，共四十卷。君《易》學既成，數年中有隨筆記録之書，編次之，得二十卷，曰《易餘籥録》。凡友朋門弟子所問答及於《易》者，取入《三書》外多有所餘，復録而存之，得二卷，曰《易話》。自癸酉立一簿，自稽所業，得三卷，曰《注易日記》。又有《易廣記》三卷。君之《易》學不拘守漢魏各師法，惟以卦爻經文比例爲主。「號咷」「密雲」蹤跡甚顯，「蒺藜」「樽酒」假借有據，如郭守敬之以實測得天行也。

既，又著《孟子正義》三十卷，疏趙岐之注，兼採近儒數十家之説，而多下己意，合孔孟相傳之正指。君又著《六經補疏》，説曰：説漢《易》者每屏王弼之説。然弼之解「箕子」乃用趙賓説，孔穎達不能申明之；他如讀「彭」爲「旁」，借「雍」爲「甕」，通「孚」爲「浮」而訓爲「務躁」，解「斯」爲「廝」而釋爲「賤役」，蓋以六書通借解經之法尚未遠於馬鄭諸儒，惟貌爲高簡，故疏者視爲空論耳。因作《周易王氏注補疏》二卷。説《尚書》者多以孔傳爲僞，然《堯

❶「履故」，據文義當互乙。

典》以下至《秦誓》，其篇固不僞也，即魏晉人作傳亦何不可存？因舉其説之善者，如《金縢》「我之不辟」訓「辟」爲「法」，「居東」即東征，「罪人」即管、蔡；《大誥》周公不自稱王而稱成王之命：皆非馬鄭所能及。作《尚書孔氏傳補疏》二卷。毛鄭義有異同，然正義往往雜鄭於毛，比毛於鄭，而聲音訓詁疏略亦多，因撰《毛詩鄭氏箋補疏》五卷。「《春秋》成而亂臣賊子懼。」《左氏傳》云「稱君，君無道；稱臣，臣之罪」，杜預且揚其詞而暢衍之，與《孟子》之説大悖。預爲司馬懿女壻，目見成濟之事，將有以爲昭飾，且有以爲懿、師飾，即用以爲己飾，此《左氏春秋集解》所以作也。萬氏充宗斥《左氏》之頗，惠氏半農、顧氏棟高糾杜氏之失，然未有摘其姦而發其覆者，撰《左氏春秋傳杜氏集解補疏》五卷。謂禮以時爲大，蔽千萬世制禮之法而訓詁名物亦所宜究，撰《禮記鄭氏注補疏》三卷。《論語》一書，所以發明伏羲文王周公之恉，其文簡奧，惟孟子闡發最詳最鬯。《論語》一書之中，參伍錯綜，引申觸類，其互相發明者亦與易例同，撰《論語何氏集解補疏》二卷。合之爲《六經補疏》二十卷。君游浙，因元考浙江原委以證《禹貢》三江歸揚州，撰《禹貢鄭注釋》二卷，專明班氏、鄭氏之學。君謂王伯厚《詩地理考》繁雜無所融貫，作《毛詩地理釋》四卷。君又仿東原戴氏《孟子字義疏證》撰《論語通釋》一卷，凡十二篇，曰聖，曰大，曰仁，曰一貫忠恕，曰學，曰知，曰能，曰權，曰義，曰禮，曰仕，曰君子小人。君又撰《群經宫室圖》二卷，爲圖五十篇，《毛詩鳥獸草木蟲魚釋》十一卷，《陸璣疏考證》一卷。君録當世通儒説《尚書》者四十一家，書五十七部，仿衛湜《禮記》之例，以時之先後爲序，得四十卷，曰《書義叢鈔》。

君思深悟鋭，尤精於天學算術，謂梅徵君《弧三角舉要》《環中黍尺》撰非一時，緐複無次，戴庶常《勾股割圜記》務爲簡奥，變易舊名，撰《釋弧》三卷。錢辛楣先生稱是書於正弧、斜弧、次形、矢較之用，理無不包，法無不備。君上書於錢辛楣先生論「七政」諸輪，辛楣先生復書云：「推闡入微，以實測之數假立法象，以求其合，尤爲洞徹根原。」君以弧線之生緣於諸輪，輪徑相交乃成三角，輪之弗明，法無從附也，撰《釋輪》二卷。君又謂康熙甲子律書用諸輪法，雍正癸卯律書用撱圓法，實測隨時而差，則立法亦隨時而改，撰《釋撱》一卷。君又謂劉徽之注《九章算術》猶許氏慎之撰《説文解字》，講六書者不能舍許氏之書，講九章者亦不能舍劉氏之書。九章不能盡加減乘除之用，而加減乘除可以通九章之窮。作《加減乘除釋》八卷。君與吴縣李君尚之、歙汪君孝嬰商論算學。是時，李仁卿、秦道古之書兩君未之見也。乙卯，君在元署中得《益古演段》《測圓海鏡》二書，急寄尚之，尚之爲之疏通證明。尚之君又得秦氏所爲《數學大略》，因撰《天元一釋》二卷、《開方通釋》一卷以述兩家之學。尚之敘云：「此書於帶分寄母同數相消之故條分縷析，發揮無餘藴。自李欒城、郭邢臺之後，爲此學者未如此妙也。」又教子廷琥曰：「李欒城之學，余既撰《天元一釋》以闡明之；而《測圓海鏡》《益古演段》兩書不詳開方之法，以常法推之不合，讀者依然溟涬黯黮。余得秦道古《數學九章》，有正負開方法，因作《開方通釋》詳述其義，汝可列《益古演段》六十四問，用正負開方法推算之。」因以同名相加異名相消、用超用變之法詳示廷琥，廷琥乃知以秦氏之法讀李氏之書，布策推算一一符合。六十四問每問皆詳晝其式，君喜曰：「得此而《演段》可以讀矣。」即命名曰《益古演段開方補》，且曰：「可附《里堂學算記》之末。」

君又善屬文，最愛柳柳州文，習之不倦，謂唐宋以來一人而已。後人多斥柳州爲王叔文黨，君爲雪之，且曰：「田山薑《古歡集》、馮山公、王西莊兩先生，於叔文事皆立論平允，足洗不讀書者隨聲附和之陋習。」君於治經之外，如詩詞、醫學、形家、九流之書，無不通貫。又力彰家鄉先哲，勤求故友遺書，孜孜不倦。黄珏橋有老屋一區，爲前明忠臣梁公于涘之故宅，君買脩之，扁曰「北湖者舊祠」。設木主三十位，祀嘗居北湖，忠孝行誼載于史志足爲鄉人表率者。復揭三十人事實于壁。里人頗觀感焉。復理採舊聞，搜訪遺籍，成《北湖小志》六卷。又因分撰《揚州府志》，收拾雜文舊事，次第爲目録一卷，名曰《揚州足徵録》。又以隨筆考録揚事者，成《邗記》六卷。君每得一書，必識其顛末。或朋友之書，無慮經史子集，即小説詞曲亦必讀之至再，心有所契則手録之。如是者三十年，命子廷琥編寫成《里堂道聽録》五十卷。又舉國朝人著述三十二家作《讀書三十二贊》。又著《貞女論》二篇、《愚孝論》一篇，皆有補於世教。君之文集手自訂者曰《雕菰集》二十四卷，《詞》三卷，《詩話》一卷，種痘、醫説等書不具録。

君性誠篤直樸，孝友最著，恬淡寡欲，不干仕禄。居恆布衣蔬食，不入城市，惟以著書爲事，湖山爲娱。壯年即名重海内，先輩中如錢辛楣、王西莊、程易田諸先生皆推敬之，煦齋先生見君《易》學，敘之，以爲發千古未發之藴，且集蘇文忠句書贈之，曰：「手植數松今偃蓋，夢吞三畫舊通靈。」子廷琥能讀書，傳父學，端士也。

評曰：焦君與元年相若，且元族姊夫也。弱冠與元齊名，自元服官後，君學乃精深博大，遠邁於元矣。今君雖殂，而學不朽。元哀之切，知之深，綜其學之大指而爲之傳，且名之爲「通儒」，諗之史館之傳儒林者曰：「斯一大家，曷可遺也！」

孟子正義卷一

江都縣鄉貢士焦循譔集

孟子題辭疏

正義曰：《音義》云：「張鎰云：『即序也。趙注尚異，故不謂之序而謂之題辭也。』」阮氏元《挍勘記》云：「十行本、閩本無此篇，監、毛本有，山井鼎《考文》所謂『《孟子題辭》，注疏本或無之』者是也。」

趙氏疏 正義曰：《挍勘記》云：「《音義》『孟子題辭』下出『趙氏』字，今本無之，蓋失其舊。」按《後漢書》本傳云：「趙岐，字邠卿，京兆長陵人也。初名嘉。生於御史臺，因字臺卿。後避難，故自改名字，示不忘本土也。岐少明經，有才藝，娶扶風馬融兄女。融外戚豪家，岐嘗鄙之，不與融相見。仕州郡，以廉直疾惡見憚。年三十餘，有重疾，卧蓐七年，自慮奄忽，乃爲遺令，勑兄子曰：『大丈夫生世，遯無箕山之操，仕無伊、吕之勳。天不我與，復何言哉！可立一員石於吾墓前，刻之曰：「漢有逸人，姓趙名嘉，有志無時，命也柰何！」』其後疾瘳。永興二年辟司空掾，議二千石得去官爲親行服，朝廷從之。其後爲大將軍梁冀所辟，爲陳損益求賢之策，冀不納。舉理劇，爲皮氏長。會河東太守劉祐去郡，而中常侍左悺兄勝代之，岐恥疾宦官，即日西歸。京兆尹延篤復以爲功曹。先是，中常侍唐衡兄玹爲京兆虎牙都尉，郡人以玹進不由德，皆輕侮之。

岐及從兄襲又數爲貶議，玹深毒恨。延熹元年，玹爲京兆尹，岐懼禍及，乃與從子戩逃避之。玹果收岐家屬宗親，陷以重法，盡殺之。岐遂逃難四方，江淮海岱，靡所不歷。自匿姓名，賣餅北海市中。時安丘孫嵩年二十餘，遊市見岐，察非常人，停車，❶呼與共載。岐懼失色，嵩乃下帷，令騎屏行人，密問岐曰：『視子非賣餅者，又相問而色動，不有重怨，即亡命乎？我，北海孫賓石，闔門百口，勢能相濟。』岐素聞嵩名，即以實告之。遂以俱歸，藏岐複壁中數年。岐作《戹屯歌》二十三章。後諸唐死滅，因赦乃出。三府聞之，同時並辟。九年，乃應司徒胡廣之命。會南匈奴、烏桓、鮮卑反叛，公卿舉岐，擢拜并州刺史。岐欲奏守邊之策，未及上，會坐黨事免，因撰次以爲《禦寇論》。靈帝初，復遭黨錮十餘歲。中平元年，四方兵起，詔選故刺史、二千石有文武才用者，徵岐，拜議郎。車騎將軍張温西征關中，請補長史，别屯安定。大將軍何進舉爲燉煌太守。行至襄武，岐與新除諸郡太守數人俱爲賊邊章等所執，欲脅以爲帥，岐詭辭得免，展轉還長安。及獻帝西都，復拜議郎，稍遷太僕。及李傕專政，使太傅馬日磾撫慰天下，以岐爲副。日磾行至洛陽，表别遣岐宣揚國命。所到郡縣，百姓皆喜曰：『今日乃復見使者車騎！』是時，袁紹、曹操與公孫瓚爭冀州，紹及操聞岐至，皆自將兵數百里奉迎。岐深陳天子恩德，宜罷兵，安人臣之道。又移書公孫瓚，爲言利害。紹等各引兵去，皆與期會洛陽，奉迎車駕。岐南到陳留，得篤疾。經涉二

---

❶「停」，原作「渟」，今據經解本改。

年，期者遂不至。興平元年，詔書徵岐。會帝還洛陽，先遣衛將軍董承修理宫室。岐謂承曰：『今海内分崩，唯有荆州境廣地勝，西通巴蜀，南當交阯，年穀獨登，兵人差全。岐雖迫大命，猶志報國家，欲自乘牛車，南説劉表，可使其身自將兵來衛朝廷，與將軍并心同力，共獎王室，此安上救人之策也。』承即表遣岐使荆州督租糧。岐至，劉表即遣兵詣洛陽助修宫室，軍資委輸前後不絶。時孫嵩亦寓於表，表不爲禮，岐乃稱嵩素行篤烈，因共上爲青州刺史。岐以老病，遂留荆州。曹操時爲司空，舉以自代，光禄勳桓典、少府孔融上書薦之，於是就拜岐爲太常。年九十餘，建安六年卒。先自爲壽藏，圖季札、子産、晏嬰、叔向四像居賓位，又自畫其像居主位，皆爲讚頌。勅其子曰：『我死之日，墓中聚沙爲牀，布簟白衣，散髮其上，覆以單被，即日便下，下訖便掩。』岐多所述作，著《孟子章句》《三輔決録》傳於時。」劉攽《兩漢刊誤》云：「《趙岐傳》『要子章句』，『要』當作『孟』。古書無《要子》，而岐所作《孟子章句》傳至今，本傳何得反不記也？」惠氏棟《後漢書補注》云：「劉氏既有刊誤，明國子監本遂刊去『要』字改爲『孟子章句』。」

《孟子題辭》者，所以題號《孟子》之書本末指義文辭之表也。疏正義曰：劉熙《釋名·釋書契》云：「書稱題。題，諦也，審諦其名號也。亦言第。因其第次也。」《周禮·春官·司常》：「官府各象其事，州里各象其名，家各象其號。」注云：「事、名、號者，徽識，所以題别衆臣，樹之於位，朝各就焉。」《士喪禮》曰：「爲銘各以其物，亡則以緇長半幅，赬末，長終幅，廣三寸，書名於末。」此蓋其制也。徽識之書則云某某之事、某某之名、某某之號。襄公十年《左傳》「舞師題以旌夏」，注云：「題，識也。」趙氏自釋稱題辭之義，稱述孟子氏名事實之本末，所以著書之指義，以表其文辭，猶徽識題號之在旌常，故謂之題辭也。**孟，姓也。子者，男子之通稱也。此書孟子之所作也，故總謂之《孟子》。**疏正義曰：此題識《孟子》名書之義。孟，氏也。如下云「出自孟孫」，則與魯同姓。後世姓氏不分，氏亦通稱姓。《文選・褚淵碑文》注引劉熙注云：「子，通稱也。」《論語・學而》篇「子曰」，《集解》引馬曰：「子者，男子通稱也，謂孔子也。」孟子稱子猶孔子稱子。何異孫《十一經問對》云：「《論語》是諸弟子記諸善言而成編集，故曰《論語》而不號『孔子』；《孟子》是孟軻所自作之書，如《荀子》，故謂之『孟子』。」**其篇目則各自有名。**疏正義曰：如《梁惠王》《公孫丑》《滕文公》《離婁》《萬章》《告子》《盡心》。**孟子，鄒人也。名軻，字則未聞也。鄒本春秋邾子之國，至孟子時改曰「鄒」矣。國近魯，後爲魯所并。又言邾爲楚所并，非魯也。今鄒縣是也。**疏正義曰：《史記》列傳云：「孟軻，騶人也。」騶與鄒通，騶衍，《漢書・古今人表》作「鄒衍」是也。王應麟《困學紀聞》云：「孟子字未聞。《孔叢子》云：『子車——注：一作子居——居貧坎軻，故名軻字子居。亦稱字子輿。』《聖證論》云：『《子思》書、《孔叢子》有孟子居，即是軻也。』《傅子》云『孟子輿』。疑皆傅會。」史鶚《三遷志》云：「孟子字自司馬遷、班固、趙岐皆未言及。魏人作《徐幹中論序》曰：『孟軻、荀卿懷亞聖之才，著一家之法，皆以姓名自書，至今厥字不傳。原思其故，皆由戰國之士樂賢者寡，不早記録耳。』是直以孟子爲逸其字矣。」按王肅、傅玄生趙氏後，趙氏所不知，肅何由知之？《孔叢》僞書不足證也。王氏疑其傅會是矣。《説文》邑部云：「鄒，魯縣，古邾婁國，帝顓頊之後所封。」段氏玉裁《説文解字注》云：「魯國騶，二《志》同。周時或云『鄒』或云『邾婁』者，語言緩急之殊也。周時作『鄒』，漢時作『騶』，古今字之異也。

《左》《穀》作『邾』，《公羊》作『邾婁』。『邾婁』之合聲爲『鄒』。《國語》《孟子》作『鄒』。三者『鄒』爲正，『邾』則省文。漢時縣名作『騶』，如《韓勑碑》陰『騶韋仲卿』足證。《鄭語》曰『曹姓鄒、莒』，韋云：『陸終第五子曰安，爲曹姓，封於鄒。』杜《譜》云：『邾，曹姓。顓頊之後有六終，産六子，其第五子曰安。邾即安之後也。周武王封其苗裔俠爲附庸，居邾。』《前志》曰：『騶，故邾國，曹姓，二十九世爲楚所滅。』按《左傳》顓頊氏有子曰黎爲祝融，祝融之後八姓，妘、曹其二也。然則上文『鄶，祝融之後，妘姓所封』，此云『帝顓頊之後』，互文錯見也。今山東兖州府鄒縣東南二十六里，有古邾城。趙氏岐曰『鄒本春秋邾子之國，至孟子時改曰鄒』，此未知其始本名鄒也。」周氏廣業《孟子出處時地考》云：「鄒有二，皆顓帝後所封國。一早著於幽王之世，《國語》史伯謂鄭桓公曰『當成周者，東有齊、魯、曹、宋、滕、薛、鄒、莒』，又曰『黎爲高辛氏火正，命曰祝融，其後以姓存者，妘姓：鄔、鄶、路、偪、陽，曹姓：鄒、莒，皆爲采衛』，此鄒入春秋不復見，❶惟《晏子》載『景公爲鄒之長塗，晏子諫而息』。疑爲齊所滅。《漢志》濟南郡有鄒平、梁鄒二縣。《水經注》謂『鄒平，古鄒侯國，❷舜後姚姓』，蓋即今濟南府鄒平縣地也。其一即邾。《大戴記》：『顓頊子老童，産重黎及吴回，吴回産陸終，陸終六子，其五曰安，是爲曹姓。』曹姓者，邾氏也。俠以下，至儀父始見春秋。十四世文公遷於繹，今兖州鄒縣北嶧山是也。《漢志》屬魯國，今爲兖州府鄒縣。其改『邾』爲『鄒』，《齊乘》謂始文公。但遷繹在魯文公

❶ 「入」，原作「人」，今據《孟子四考》改。

❷ 「鄒」，原脱，今從沈校據《水經注》補。

十三年，而終春秋不聞有鄒，至戰國更無邾名，故趙氏以謂至孟子時改也。《藝文類聚》引劉薈《騶山記》云：『騶山，古之嶧陽，魯穆公改爲騶。』徐鉉《説文》亦云：『魯穆公改邾爲鄒。』改名不應出魯，或譌『鄒穆公』爲『魯穆公』耳。」按：鄒即邾，不關更改，段氏説是也。杜預《春秋釋例·世族譜》云：「邾國，春秋後八世而楚滅之。」此自本《漢書·地理志》，趙氏又言是也。春秋時魯與邾爲仇，哀公時無歲不與爲難，二年取漷東田及沂西田，三年城啓陽，六年城邾瑕，七年入邾，處其公宫，以邾子益來獻於亳社。趙氏言「邾爲魯并」或指此，然吴、齊救之，邾子益得歸，則邾未滅也。哀公七年《左傳》云「魯擊柝聞於邾」，是國近魯。**或曰：孟子，魯公族孟孫之後，故孟子仕於齊，喪母而歸葬於魯也。三桓子孫既以衰微，分適他國。**

疏正義曰：魯桓公生同，爲莊公。次慶父，爲仲孫氏；次叔牙，爲叔孫氏；次季友，爲季孫氏：是爲「三桓」。仲孫氏即孟孫氏。慶父生公孫敖，即孟穆伯；穆伯生文伯惠叔，文伯生仲孫蔑，即孟獻子；獻子生仲孫速，即孟莊子；莊子生孺子秩，秩生仲孫貜，即孟僖子；僖子生仲孫何忌，即孟懿子；懿子生孟孺子洩，即孟武伯；武伯生仲孫捷，即孟敬子。入春秋後，其獻子次子懿伯生仲孫羯。杜預《世族譜》以懿伯即子服仲叔它，生孟椒，椒生子服回，回生子服何，是爲子服景伯，别爲子服氏。孟氏之族有孟公綽、孟之反，孟懿子之弟有南宫敬叔，孟武伯之弟有公期。孟獻子，賢大夫，固嘗爲孟子所稱矣；莊子之孝，公綽之不欲，之反之不伐，爲孔子所稱。僖子、懿子、武伯皆知欽敬孔子，敬子則受教於曾子。孟氏尊師重道，其後宜有達人。孟子既以孟爲氏，宜爲孟孫之後；但世系不可詳，故趙氏以「或曰」疑之耳。閻氏若璩《孟子生卒年月考》云：「孟子蓋魯公族孟孫之後，不知何時分適鄒，遂爲鄒人。猶葬歸於魯者，太公子孫反葬周之義也。然考今孟母墓碑，墓在鄒縣北二十里馬鞍山陽，又非魯地。疑古爲魯地，猶魯鄒邑今亦在鄒縣界内，二國密邇，《左傳》『魯擊柝聞於邾』是也。」周氏廣業《孟子出處時地考》云：「劉昭注《續漢志》『騶本邾國』，引劉薈《騶山記》：『邾城在山南，去山二里，北有繹山。』《左傳》文十三年：『邾遷於繹。』郭璞云：『繹山連屬地，北有牙山，牙山北有唐口山，唐口山北有陽城，北有孟軻冢焉。』此葬鄒之確證。宋孫復《兖州鄒縣建孟廟記》云：『景祐丁酉，龍圖孔公爲東魯之二年，謂有功於聖門者無先於孟子，且鄒爲孟子之里，今爲所治之屬，吾當訪其墓而表之，新其祠而祀之，以旌其烈。於是符下官吏博求之，果於邑之東北三十里有山曰四基，❶四基之陽得其墓焉。遂命去其榛莽，肇其堂宇，以公孫、萬章之徒配。明年春，廟成。』其序地域、墓山尤爲明切。又《齊乘》：『尼邱山在滕州鄒縣東北六十里，有宣聖廟。其東顔母山，有顔母廟；南有昌平山，夫子所生之鄉；又南馬鞍山，有孟母墓；又南唐口山，有孟子墓。』然則郰邑當金元時亦隸鄒縣。而唐口之墓，孫明復云『東北三十里』，于容思云『馬鞍之南』，❷孟衍泰《三遷志》又謂『孟母墓在今縣北二十五里，與孟子墓不甚遠』，要之，不越三十里内外也。自是而北，爲昌平，爲防風，❸又三十里。蓋不特思近聖人之居，而墓亦接壤焉。」又云：「係孟孫之後，則祖墓自當在魯。」《論語·季氏》篇云「故夫三桓之子孫微矣」，《集解》引孔曰：「至哀公皆衰。」

---

❶「四基」，原作「四墓」，合於孫復原文，周廣業校改作「基」，今從沈校據《孟子四考》改。下句「四基」同。

❷「于容思」，按《齊乘》作者于欽字思容。

❸「防風」，《孟子四考》同，沈本改作「防山」，於地理是。

孟子生有淑質。夙喪其父，幼被慈母三遷之教。 疏正義曰：淑，善也。夙，早也。《列女傳·母儀》篇云：「鄒孟軻之母也號孟母。其舍近墓。孟子之少也，嬉遊爲墓間之事，踴躍築埋。孟母曰：『此非吾所以居處子。』乃去，舍市旁。其嬉戲爲賈人衒賣之事，孟母又曰：『此非吾所以居處子也。』復徙，舍學宮之傍。其嬉遊乃設俎豆，揖讓進退。孟母曰：『真可以居吾子矣。』遂居。及孟子長，學六藝，卒成大儒之名。君子謂孟母善以漸化。」此三遷之事也。周氏廣業《孟子出處時地考》云：「趙氏《題辭》云：『孟子生有淑質，夙喪其父，幼被慈母三遷之教。』及注『後喪踰前喪』云：『孟子前喪父約，後喪母奢。』前後雖無定時，然以士大夫三鼎五鼎之言推之，相隔必不甚久遠。《禮》曰：『喪從死者，祭從生者。』祭以三鼎，則孟子喪父在爲士之後甚明，其時年蓋四十餘矣。《題辭》所謂夙喪者，亦以父先母没耳，非必幼孤也。陳鎬《闕里志》、薛應旂《四書人物考》遂謂孟子三歲喪父。考《韓詩外傳》《列女傳》俱無此説。且《列女傳》載孟母斷機事云：『績織而食，中道廢而不爲，寧能衣其夫子，而長不乏糧食哉？』觀此言則非嫠恤可知。後人殆因孟父無聞，妄爲説耳。夫士及三鼎，斷非襁褓間事，且去喪母五六十年，魯人亦何從知其前後豐儉懸絶，而臧倉得以行其毁鬲邪？王復禮曰：『若前喪在三歲則豐嗇非所自主，倉安得譖之？』蓋孟父實未嘗卒，其三遷、斷機，或者父出遊，慈母代嚴父耳。」**長師孔子之孫子思，治儒術之道。通五經，尤長於《詩》《書》。**

疏正義曰：《列女傳》云：「孟子旦夕勤學不息，師事子思，遂成天下之名儒。」《漢書·藝文志》儒家：「《孟子》十一篇。名軻，鄒人，子思弟子，有列傳。」《風俗通·窮通》篇云：「孟子受業於子思，既通。」與趙氏同。《史記》列傳云：「受業子思之門人。」《索隱》云：「王劭以『人』爲衍字。」則以軻親受業孔伋之門也，今言「門人」者，乃受業於子思之弟子也。毛氏奇齡《四書賸言》云：「王草堂謂《史記》世家子思年六十二。孔子卒在周敬王四十一年，伯魚先孔子卒已三年，向使子思生於伯魚所卒之年，亦止當在威烈王三四年之間。乃孟子實生於烈王四年，其距子思卒時已相去五十年之久。又謂魯繆公曾尊禮子思，然繆公即位在威烈王十九年，則《史記》所云『子思年六十二』者或是『八十二』之誤。若孟子則斷不能親受業也。予祇以《孟子》本文計之。梁惠王三十年齊虜太子申，則孟子遊梁自當在三十年之後。何則？以本文有『東敗於齊，長子死焉』之語也。然孟子居梁不及二三年而惠王已卒，襄王已立。何則？以本文有『見梁襄王』之語也。乃實計其時，梁惠王即位之年距魯繆公卒年亦不過四十零年，然而孟子已老，本文有『王曰叟』是也，則受業子思，或未可盡非者與？」按：《史記・魯世家》：哀公十六年孔子卒，二十七年卒於有山氏。悼公立，三十七年卒。子元公立，二十一年卒。子顯立，是爲穆公，穆公立三十三年卒。自穆公元年上溯至孔子卒之年，當有六十八年。孔子未卒子思已生，而孟子明言子思當穆公時，則子思之年不止六十二明矣。穆公子共公立，二十二年卒。子康公立，九年卒。子景公立，二十九年卒。子叔立，是爲平公。平公元年上溯穆公卒之年當有六十年，再溯穆公初年則九十年矣。則孟子不能親受業於子思又明矣。草堂之説是也。乃《六國表》魯穆公元年即周威烈王十九年，魏惠王元年當周烈王六年，相距三十八年。惠王三十五年孟子來大梁，上溯魯穆公時已有七十餘年，如以親受業子思言之，則子思年必大耋，而孟子則童子時也。劉向、司馬遷皆西漢人，一以爲受業子思，一以爲受業子思之門人。而《史記》紀年多不可據。大抵異同不過此兩端，識者察之。《列女傳》言「通六藝」，《史記・滑稽傳》云：「孔子曰：『六藝於治，一也。禮以節人，樂以發和，《書》

以道事，《詩》以達意，《易》以神化，《春秋》以義。』」《漢書・藝文志》以六經爲六藝，一百三家，趙氏以爲「通五經」。七篇中言《書》凡二十九，言《詩》凡三十五。《史記》列傳云：「序《詩》《書》，述仲尼之意。」故以爲「尤長於《詩》《書》」。然孟子於《春秋》獨標「亂臣賊子懼」，爲深知孔子作《春秋》之恉。至於道性善，稱堯舜，則於通德類情，變通神化，已洞然於伏羲、神農、黄帝、堯舜、文王、周公、孔子之道，獨《詩》《書》云乎哉？**周衰之末，戰國縱横，用兵争强以相侵奪。當世取士，務先權謀以爲上賢。先王大道，陵遲墮廢，**疏正義曰：《史記》列傳云：「當是之時，秦用商君富國强兵，楚魏用吴起戰勝弱敵，齊威王、宣王用孫子、田忌之徒而諸侯東面朝齊。天下方務於合縱連衡，以攻伐爲賢。」劉向《校戰國策書録》云：「仲尼既没之後，田氏取齊，六卿分晉，道德大廢，上下失序。至秦孝公捐禮讓而貴戰争，棄仁義而用詐譎，苟以取强而已矣。晚世益甚，萬乘之國七，千乘之國五，敵侔争權，蓋爲戰國争强，勝者爲右，兵革不休，詐僞並起。當此之時，雖有道德，不得施謀。故孟子、孫卿儒術之士棄捐於世，而游説權謀之徒見貴於俗。是以蘇秦、張儀、公孫衍、陳軫、代、厲之屬生縱横短長之説，左右傾側。蘇秦爲縱，張儀爲横。横則秦帝，縱則楚王。所在國重，所去國輕。」《荀子・宥坐》篇云：「今夫世之陵遲亦久矣。」楊倞注云：「遲，慢也。陵遲言邱陵之勢漸慢也。」《文選・難蜀父老》「反衰世之陵夷」，李善注云：「陵夷即凌遲也。」《史記》張釋之曰「秦凌遲而至於二世，天下土崩」，《漢書》作「陵夷至於二世」。《漢書・司馬相如傳》注云：「陵夷謂弛替也。」墮，《説文》自部作「隓」，云「敗城自曰隓」。篆文作「𡐦」。《淮南子・修務訓》「故名立而不墮」，高誘注云：「墮，廢也。」《禮記・月令》「毋有墮壞」，《釋文》云：「墮，本作隳。」隳，俗字也。**異端並起。若楊朱、墨翟放蕩之言**

以干時惑衆者非一。疏正義曰：《論語・爲政》篇云：「攻乎異端，斯害也已。」何爲「異端」？各持一理，此以爲異己也而擊之，彼亦以爲異己也而擊之，未有不成其害者。楊、墨各持一説，不能相通，故爲「異端」。孟子之學，通變神化，以時爲中，易地皆然，能包容乎百家，故能識持一家之説之爲害也。苟不能爲通人以包容乎百家，持己之説而以異己者爲異端，則闢異端者即身爲異端也。《漢書・藝文志》言道家云：「及放者爲之，則欲絶去禮學，兼棄仁義。」注云：「放，蕩也。」《廣雅・釋詁》云：「放，妄也。」《呂氏春秋・審分》篇云「無使放悖」，悖亦妄也。《論語・陽貨》篇「好知不好學，其蔽也蕩」，《集解》引孔曰：「蕩，無所適守也。」又「今之狂也蕩」，《集解》引孔曰：「蕩，無所據也。」楊墨之言虚妄無據，故云「放蕩」。

孟子閔悼堯舜、湯文、周孔之業將遂湮微，正塗壅底，仁義荒怠，佞僞馳騁，紅紫亂朱，於是則慕仲尼周流憂世，遂以儒道遊於諸侯，思濟斯民。然由不肯枉尺直尋，時君咸謂之迂闊於事，終莫能聽納其説。疏正義曰：《説文》水部云：「湮，没也。」《小爾雅・廣詁》云：「没，滅也。」昭公元年《左傳》云「勿使有所壅蔽湫底」，注云：「底，滯也。」《釋文》引服虔云：「底，止也。」「底，止」，《爾雅・釋詁》文。止而不行故爲滯。則，法也。慕，習也。以孔子爲法而習之也。「周流」二字見《禮記・仲尼燕居》。《文選・甘泉賦》云「據軨軒而周流兮」，李善注云：「周流，流行周遍也。」《史記》列傳云：「道既通，游事齊宣王。宣王不能用，適梁。梁惠王不果所言，則見以爲迂遠而闊於事情。」《風俗通・窮通》篇云：「游於諸侯，所言皆以爲迂遠而闊於事情。然終不屈道趣合，枉尺以直尋。」

孟子亦自知遭蒼姬以訖録，值炎劉之未奮，進不得佐興唐虞雍熙之和，退不能信三代之餘風。恥没世而無聞焉，是故垂憲言以詒後人。疏正義曰：《音義》云：「信音伸，謂三代遺風鬱塞不伸也。」《史記·孔子世家》云：「子曰：『弗乎弗乎！君子病没世而名不稱焉。吾道不行矣，吾何以自見於後世哉？』乃因史記作《春秋》。」《爾雅·釋詁》云：「憲，法也。」《漢書·揚雄傳》云：「雄見諸子各以其知舛馳，大氐詆訾聖人即爲怪迂，析辯詭辭以撓世事，雖小辯，終破大道。故人時有問雄者，常用法應之，譔以爲十二卷，象《論語》，號曰『法言』。」憲言猶法言也。**仲尼有云：「我欲託之空言，不如載之行事之深切著明也。」**疏 正義曰：《春秋繁露·俞序》篇云：「孔子曰：『吾因其行事而加乎王心焉。』❶以爲見之空言，不如行事博深切明。」《史記·太史公自敘》亦云。**於是退而論集所與高弟弟子公孫丑、萬章之徒難疑答問，又自撰其法度之言，著書七篇，**疏 正義曰：《史記》列傳云：「孟軻所如不合，退與萬章之徒序《詩》《書》，述仲尼之意，作《孟子》七篇。」是七篇爲孟子所自作。故趙氏前既云「此書孟子之所作也」，此又云「自撰法度之言」。閻氏若璩《孟子生卒年月考》云：「七篇爲孟子自作，至韓昌黎故亂其説。《論語》成於門人之手，故記聖人容貌甚悉。七篇成於己手，故但記言語或出處耳。」又云：「卒後書爲門人所敘定，故諸侯王皆加謚焉。」趙氏注弟子十五人：萬章、公孫丑、樂正子、陳臻、公都子、充虞、徐辟、高子、咸邱蒙、陳代、彭更、屋廬子、桃應、季孫、子叔；學於孟子者四人：孟仲子、告子、滕更、盆成括。《吕氏春秋·樂成》篇「盡難攻中山之事也」，高誘注云：「難，説也。」《史記·五帝本紀》「死生之説，存亡之難」，《索隱》云：「難猶説也。凡事是非未盡，假以往來之辭，則曰難。所

❶「王」，原作「主」，今據《春秋繁露》改。

以韓非著書有《説林》《説難》。」難疑者，有疑則解説之也；答問者，有問則答之也。平日與諸弟子解説之辭諸弟子各記録之，至是孟子聚集而論次之，如篇中諸問答之文是也；其不由問答，如《離婁》《盡心》等章，則孟子自撰也；又有與齊、魏、鄒、滕諸君所言，景子、莊暴、淳于髡、周霄、景春、宋牼、宋勾踐、夷之、陳相、貉稽、戴盈之、戴不勝、儲子、沈同、陳賈、慎子、王驩等相問答，蓋亦諸弟子録之，而孟子論集之矣。**二百六十一章，三萬四千六百八十五字。**疏正義曰：《音義》標《梁惠王上》七章，《下》十六章；《公孫丑上》九章，《下》十四章；《滕文公上》五章，《下》十章；《離婁上》二十八章，《下》三十二章；《萬章上》九章，《下》七章；《告子上》二十章，《下》十六章；《盡心上》四十七章，《下》三十九章：共爲二百五十九章。今以《章指》計之，《盡心》下篇止得三十八，則共爲二百五十八章，校此《題辭》所云少三章。《崇文總目》謂陸善經刪去趙岐《章指》。邵武士人作疏依用陸本，《章指》既刪，章數遂不可定。戴氏震得朱氏文游校本二，云：「一爲虞山毛扆手校。何屺瞻云『毛斧季從真定梁氏借得宋槧本影鈔』，今未見其影鈔者。而此本《盡心下》惟『梓匠輪輿』章有《章指》，餘並缺。一爲何仲子手校。末記云：『文注用盱郡重刊廖氏善本校。』而《盡心上》『有事君人』者一章、『孔子登東山』以下三章、《盡心下》『吾今而後知』以下七章，並缺《章指》。二校各有詳略，得以互訂。外有章邱李氏所藏北宋蜀大字《章句》本毛斧季影鈔者，並得趙岐《孟子篇敘》，於是臺卿之學，殘失之餘，合之復完。」然則今孔氏所刻《章指》亦拾掇於殘缺之餘，焉保無分合之譌？然欲傅會於二百六十一之數而强分以足之，則亦非後學所敢矣。陳士元《孟子雜記》云：「趙氏謂三萬四千六百八十五字，今計字數《梁惠王》篇上下共五千三百六十九，《公孫丑》篇上下共五千一百四十四，《滕文公》篇上下共五千零四十五，《離婁》篇上下共四千七百八十九，《萬章》篇上下共五千一百二十五，《告子》篇上下共五千二百五十五，《盡心》篇上下共四千六百八十三：統之實有三萬五千四百一十字，較趙説多七百二十五字。詳考趙注《孟子》文與今本不差，趙蓋誤算也。」周氏廣業《孟子異本考》云：「趙注《孟子》三年乃成，謂『可寤疑辨惑』。字數易明，豈復疏於布算？但舊書古簡，脱漏居多。唐宋本固應減於漢，否亦不能加多。今兹賸字，得毋有後人所羼入者乎？」按：今以孔本經文計之，《梁惠王》共五千二百六十四字，《公孫丑》共五千一百四十二字，《滕文公》共四千九百八十字，《離婁》共四千七百八十九字，《萬章》共五千一百五十四字，《告子》共五千二百二十三字，《盡心》共四千六百七十四字：七篇共三萬五千二百二十六字，校趙氏所云實多五百四十一字，别詳見《篇敘》正義中。　**包羅天地，揆敘萬類，仁義道德、性命禍福，粲然靡所不載。帝王公侯遵之則可以致隆平，頌清廟，卿大夫士蹈之則可以尊君父、立忠信，守志厲操者儀之則可以崇高節、抗浮雲。有風人之託物，二《雅》之正言。可謂直而不倨，曲而不屈，命世亞聖之大才者也。**疏 正義曰：命世即名世也，詳見《公孫丑下》篇。亞，次也。「命世亞聖」即所謂名世次聖也。「包羅天地」至「曲而不屈」，皆發明所以名世之實。　**孔子自衛反魯，然後樂正，《雅》《頌》各得其所，乃删《詩》定《書》，繫《周易》，作《春秋》。**疏 正義曰：《論語·子罕》篇云：「吾自衛反魯，然後樂正，雅頌各得其所。」《集解》引鄭曰：「反魯，魯哀公十一年冬也。是時道衰樂廢，夫子來還乃正之也。」《史記·孔子世家》云：「孔子之去魯凡十四歲而反乎魯，然魯終不能用孔子，孔子亦不求仕。孔子之時，周室微而禮樂廢，《詩》《書》缺。追迹三代之禮，序《書傳》，上紀唐虞之際，下至秦繆，編次其事。語魯太師：『樂其可知也。始作翕如，從之純如、皦如、繹如也，以成。吾自衛反魯，然後樂正，《雅》《頌》各得其所。』古者《詩》三千餘篇，至孔子去其重，取其可施於禮義三百五篇，皆弦歌之以求合韶武、雅頌之音。晚而喜《易》，序《彖》《繫》《象》《説卦》《文言》。乃因史記作《春秋》，筆則筆，削則削，子夏之徒不能贊一辭。」**孟子退自齊、梁，述堯舜之道而著作焉，此大賢擬聖而作者也。**疏正義曰：擬聖即所謂「述仲尼之意」也。

七十子之疇會集夫子所言以爲《論語》。《論語》者，五經之錧鎋，六藝之喉衿也。疏正義曰：何晏《論語敘》云：「漢中壘校尉劉向言《魯論語》二十篇，皆孔子弟子記諸善言也。」《漢書·藝文志》有論語家，列六藝之中，次五經之後，故云「五經之錧鎋，六藝之喉衿」也。《音義》出「錧鎋」，丁云：「上音管，《方言》作『輨』，車釭也；下音黠，車轄也。」按：「錧鎋」當作「輨轄」。《説文》車部云：「輨，轂耑錔也。」「轄，鍵也。」轄與舝通。舛部云：「舝，車軸耑鍵也。」戴氏震《考工記釋車》云：「轂空壺中，所以受軸，以金裹轂中謂之釭。轂端沓謂之輨；以鐵爲管，約轂外兩端。軸端之鍵以制轂者謂之舝，亦作轄。行車者脂釭中以利轉，又設舝以制轂。」《邶風》「載脂載舝」，《小雅》「間關車之舝兮」，《淮南子》「車之能轉千里者，其要在三寸舝」，蓋車之轉運在軸轂，而輨如環約於轂，轄如笄約於軸，非此則軸與轂不可以運。五經非《論語》則無以運行，故爲「五經之輨轄」也。《説文》口部云：「喉，咽也。」衿與襟通。任氏大椿《深衣釋例》云：「《爾雅》『衣皆謂之襟』，孫炎曰：『襟，交領也。』《文選·魏都賦》『不以邊陲爲衿也』，注引《聲類》曰：『衿，衣交領也。』《曲禮》『天子視不上於袷』，注云：『袷，交領也。』袷屬於襟，即與襟同體。襟交則袷交，故袷謂之交領，與襟謂之交領一也。《説文》曰：『襟，交衽也。』《戰國·齊策》『輒以頸血濺足下之衿』，注云：『衿，交衽也。』《方言》：『襟謂之交。』襟無不交，則袷無不交矣。小兒擁咽領，則即服虔《廣川王傳》注云『頸下施衿，領正方直』者也。詁訓諸書多以襟言領，亦以領統於襟，遂名曰襟。《玉篇》云：『袷，衣領也。』《詩》『青青子衿』傳：『青衿，青領也。』正義云：『衿、領一物。』然則衿爲交領、交衽之通名。」此與「喉」並言，則正以爲領人之一身。內則轄之以喉，外則鍵之以領，謂《論語》爲六藝之總領也。**孟子之書則而象之。**疏正義曰：《易·繫辭傳》云：「象也者，像也。」像之言似也。謂以孔子爲法則而似續其道也。**衛靈公問陳於孔子，孔子答以俎豆；梁惠王問利國，孟子對以仁義。宋桓魋欲害孔子，孔子稱「天生德於予」；魯臧倉毁鬲孟子，孟子曰「臧氏之子焉能使予不遇哉」。旨意合同若此者衆。**疏正義曰：衛靈公、桓魋事俱見《論語》。《音義》出「毁鬲」云：「丁音隔，蓋譖毁之使情隔耳。又音歷。」按鬲爲鼎屬，其音歷；此「鬲」自當讀如隔。《説文》𨸏部云：「隔，障也。」《漢書·五行志》引京房《易傳》云：「上下皆蔽，兹謂之隔。」是也。按以孟子似續孔子，自趙氏發之。其後晉咸康三年，國子祭酒袁瓌、太常馮懷上疏云：「孔子恂恂，道化洙泗；孟軻皇皇，誨誘無倦。是以仁義之聲於今猶存，禮讓之風千載未泯。」見《宋書·禮志》。韓愈《原道》云：「斯道也，堯以是傳之舜，舜以是傳之禹，禹以是傳之湯，湯以是傳之文武周公，文武周公傳之孔子，孔子傳之孟軻。」皆本諸趙氏。**又有《外書》四篇：《性善》《辯文》《説孝經》《爲政》。其文不能宏深，不與內篇相似，似非孟子本真，後世依放而託之者也。**疏正義曰：《漢書·藝文志》：「《孟子》十一篇。」《風俗通·窮通》篇云：「作書中外十一篇。」是七篇爲中，餘四篇爲外。王應麟《困學紀聞》云：「漢《七略》所録，若《齊論》之《問王》《知道》，《孟子》之《外書》四篇，今皆無傳。」孫奕《履齋示兒篇》

云：「昔嘗聞前輩有云親見館閣中有《孟子外書》四篇，曰《性善辯》，曰《文説》，曰《孝經》，曰《爲政》。」劉昌詩《蘆浦筆記》云：「予鄉新喻謝氏多藏古書，有《性善辯》一帙。」翟氏灝《考異》云：「趙氏不爲《外書》章句，嗣後傳《孟子》者悉以《章句》爲本，《外書》悉以廢閣致亡。南宋去趙氏時千有餘歲，不應館閣中能完然如故也。孫氏僅得耳聞，當日在館閣諸公未有以目擊詳言之者。道聽塗説，必不足爲按據。新喻謝氏所藏一帙，劉氏似及見之。《隋書・經籍志》録有梁綦毋邃《孟子注》九卷，他家注俱七卷，獨綦毋氏多出二卷。豈所謂『四篇』者在梁時嘗得其二，至宋乃僅存劉氏所見之一篇邪？但綦毋氏書李善注《文選》猶引用之，似流行於唐世。而其有無《外書》，唐人絶無片言論及，則又難以質言。且《外書》之篇目，自宜以《性善》爲一，《辯文》爲一，《説孝經》爲一。劉氏以所見之《性善辯》遂以『辯』字上屬，而謂《文説》一篇，《孝經》一篇。據《論衡・本性》篇但云孟子作《性善》之篇，不綴『辯』字，疑新喻謝氏所藏《性善辯》又屬後人依放而作，非《外書》本真也。」周氏廣業《孟子逸文考》云：「《史記・十二諸侯表》云：『荀卿、孟子、韓非之徒各往往捃摭《春秋》之文以著書，不可勝記。』今考《孟子》内書，言《春秋》者止『迹熄詩亡』及『知我罪我』『無義戰』三章，亦未嘗捃摭其文。至若《列女傳》『擁楹之歎』、《韓詩外傳》『輟織殺豚』及『不敢去婦』二條中所載孟子之言，皆瑣屑不足述。明季姚士粦等所傳《孟子外書》四篇云是熙時子注，友人吴騫板行。丁杰爲之條駁甚詳，顯屬僞托，概無取焉。」按熙時子相傳以爲劉貢父，此書前有馬廷鸞敘。夫《外書》四篇趙氏斥爲依托，其亡已久，孫奭所聞、新喻所藏已難信據，況此又贗之尤者乎？顧氏炎武《日知録》云：「《史記》《法言》《鹽鐵論》等所引孟子，今《孟子》書無其文，豈俱所謂『外篇』者邪？」是則然矣。

孟子既没之後，大道遂絀。逮至亡秦，焚滅經術，坑戮儒生，孟子徒黨盡矣。其書號爲諸子，故篇籍得不泯絶。疏正義曰：《史記》秦始皇三十四年，丞相李斯言曰：「臣請史官非《秦紀》皆燒之。非博士官所職，天下敢有藏《詩》《書》百家語者，悉詣守尉雜燒之。所不去者，醫藥、卜筮、種樹之書。」三十五年，「使御史案問諸生四百六十餘人，皆坑之咸陽」。《漢書・藝文志》云：「秦燔書，而《易》爲筮卜之事，傳者不絶。」又云：「諸子之言，紛然殽亂，至秦患之，乃燔滅文章，以愚黔首。」是時所最忌者學古道古之士，所坑者皆誦法孔子，長子扶蘇之言可證。不知《孟子》何得與《周易》同不焚？逢行珪注《鬻子》敘云：「遭秦暴亂，書記略盡。《鬻子》雖不與焚燒，編帙由此殘缺。」此亦以諸子不焚也。翟氏灝《考異》云：「《漢書・河間王傳》稱《孟子》爲獻王所得，似亦遭秦播棄，至漢孝武世始復出者。然孝文已立《孟子》博士，而韓氏《詩外傳》、董氏《繁露》俱多引《孟子》語，則趙氏所云『書號諸子，得不泯絶』定亦不虛。」**漢興，除秦虐禁，開延道德。孝文皇帝欲廣遊學之路，《論語》《孝經》《孟子》《爾雅》皆置博士。後罷傳記博士，獨立五經而已。**疏正義曰：王應麟《五經通義説》云：「孅哉，漢之尊經乎！儒五十三家莫非賢傳也，而《孟子》首置博士。」翟氏灝《考異》云：「《孟子》尊立最久。時《論語》《孝經》通謂之『傳』，而《孟子》亦謂之『傳』。如《論衡・對作》篇曰：『楊墨不亂傳義，則孟子之傳不造。』《劉向傳》引傳曰：『聖人不出，其間必有名世者。』《後漢書・梁冀傳》引傳曰：『以天下與人易，爲天下得人難。』《越絶書・序外傳記》引傳曰：『於厚者薄，則無所不薄矣。』《説文解字》引傳曰：『簞食壺漿。』《詩・邶風》正義引傳曰：『外無曠夫，内無怨女。』《中論・夭壽》篇引傳曰：『所好有甚於生者，所惡有甚於死者。』又《法象》篇曰：『傳稱大人正己而物自正。』皆可爲證。故趙氏以《論語》《孝經》《孟子》《爾雅》博士統言之曰『傳記博士』。」錢氏大昕《潛研堂答問》云：「問：劉子駿《移太常博士書》言：『孝文帝時，天下衆書往往頗出，皆諸子傳説，猶廣立於學官，爲置博士。』據趙邠卿《孟子題辭》，則《論語》《孝經》《孟子》《爾雅》孝文時皆立博士，所謂『傳記博士』也。此等博士未識罷於何時？曰：《漢書》贊武帝云：『孝武初立，卓然罷黜百家，表章六經。』以《本紀》考之，建武五年置五經博士，則傳記博士之罷當在是時矣。」按：《禮記正義》引盧植云：「漢文皇帝令博士諸生作此《王制》之書。」今《王制》篇中制禄爵、關市等文多取諸《孟子》，則孝文時立《孟子》博士審矣。**訖今諸經通義得引《孟子》以明事謂之「博文」。**疏正義曰：《後漢書·儒林傳》云：「建初中，大會諸儒於白虎觀，考詳同異。連月乃罷。肅宗親臨稱制，如石渠故事。顧命史臣，著爲《通義》。」注云：「即《白虎通義》是。」觀趙氏此文，《孟子》雖罷博士，而論説諸經得引以爲證。如《鹽鐵論》載賢良文學對丞相御史，多本孟子之言，而鄭康成注《禮》箋《詩》，許慎作《説文解字》，皆引之。其見於《史記》、兩《漢書》、兩《漢紀》，如鄒陽引「不含怒，不宿怨」，終軍引「枉尺直尋」，倪寬引「金聲玉振」，王褒引「離婁公輸」，貢禹引「民飢馬肥」，梅福引「位卑言高」，馮異稱「民之飢渴，易爲飲食」，李淑引「緣木求魚」，郅惲言「强其君所不能爲忠，量君所不能爲賊」，馮衍言「臧倉」言「泰山北海」，班彪引「檮杌春秋」，崔駰言「登牆摟處」，申屠蟠言「處士横議」，王暢言「貪夫廉，懦夫有立志」，傅燮言「浩然之氣」，亦當時引以明事之證。

孟子長於譬喻，辭不迫切而意已獨至。其言曰：「説《詩》者不以文害辭，不以辭害志。以意逆志，爲得之矣。」斯言殆欲使後人深求其意以解其文，不但施於説《詩》也。今諸解者

往往摭取而説之，其説又多乖異不同。疏正義曰：《方言》云：「摭，取也。陳宋之間曰摭。」《説文》手部云：「拓，拾也。陳宋語。或从庶。」拾取而説之，謂未能通其全書，悉其恉趣，僅拾取一章一句而解説之。既不能貫通其義，自然乖異矣。**孟子以來五百餘載，傳之者亦已衆多。**疏正義曰：閻氏若璩《孟子生卒年月考》云：「孔子生卒出處年月具見《史記・孔子世家》，而孟子獨略，於是説者紛紜。余嘗以七篇爲主，參以《史記》等書，然後歷歷可考。蓋生爲鄒人，卒當是赧王之世。」萬氏斯同《群書疑辨》云：「山陽閻百詩著《孟子生卒年月考》，究不知生卒在何年，蓋實無可考也。《孟子世譜》言孟子生於周烈王四年己酉，卒於赧王二十六年壬申，年八十四。其言似可信。」今姑以萬氏此言推之：赧王立五十九年，則歷三十四年至乙巳而卒。又八年壬子周亡，爲秦莊襄王元年。三年卒，始皇立，三十七年卒。二世立，三年秦亡。又五年，天下爲漢。漢高帝至平帝十二主，共二百十年。新莽十八年，更始立。三年光武中興，至獻帝十二主，共一百九十五年。自孟子没至漢末五百十三年。趙氏卒於建安六年，而出亡著書則尚在延熹時。自周赧王二十六年至漢桓帝延熹間，僅四百五十年耳。此云「五百餘載」，蓋趙氏以孟子親受業於子思，則其生、卒之年必前於烈王四年、赧王二十六年也。故趙氏注「由周而來七百有餘歲」必推自太王、文王以來。然則孟子謂「由孔子而來至於今，百有餘歲」，蓋謂孔子没後至孟子著書之年，非謂孔子没之年至孟子生之年也。趙氏言「孟子以來五百餘載」，謂孟子没後至趙氏著書之年，非謂孟子没之年至趙氏生之年也。孟子後徵引《孟子》者如荀卿、韓嬰、董仲舒、劉向、揚雄、王充、班固、張衡、鄭康成、許慎、何休等，皆所謂「摭取而説之」。漢文時立孟子博士，必有授受之人，惜不可考。河間獻王所得先秦舊本，不詳得自何人。至《東觀漢紀》言

「章帝以《孟子》賜黄香」，則香能傳之讀之與否，不可知。劉陶復孟軻，其所以復者不傳。惟《後漢書・儒林傳》云：「程曾，字秀升，豫章南昌人，作《孟子章句》。建初三年舉孝廉，遷海西令。」建初爲章帝年號，則生東漢之初，在趙氏前專爲孟子之學者，自此始著。乃其章句不傳，莫可考究。高誘《吕氏春秋敘》自言「正《孟子章句》」。誘，涿郡人，從盧植學，建安十年辟司空掾，除東郡濮陽令。十七年遷監河東。所注《戰國策》《吕氏春秋》《淮南子》皆存，惟《孟子章句》亡。誘於建安十年始舉孝廉，趙氏卒於建安六年，年已九十餘，是誘爲趙氏後輩。《隋書・經籍志》有「漢鄭康成《孟子注》七卷，漢劉熙《孟子注》七卷」。鄭康成本傳詳列所著書，不言《孟子》。《隋志》所載未知所據。熙嘗撰《釋名》。畢氏沅《釋名疏證敘》云：「《隋書・經籍志》：『《釋名》八卷，劉熙撰。』又『《大戴禮記》十三卷』下注云：『梁有《謚法》三卷，後漢安南太守劉熙注，亡。』後漢無安南郡，惟『漢陽郡』注引《秦州記》曰：『中平五年分置南安郡。』則『安南』或『南安』之誤。晉李石《續博物志》云『漢博士劉熙』。宋陳振孫《書録解題》、馬端臨《文獻通考》並云『漢徵士北海劉熙，字成國』，不知何本。《三國・吴志》韋昭言『見劉熙所作《釋名》，信多佳者』。《程秉傳》言『秉避亂交州，與劉熙考論大義』。又《薛綜傳》言『綜避地交州，從劉熙學』。交州，孫吴之地也。」按：程秉逮事鄭康成，避亂交州，與熙考論，遂博通五經，其後士燮乃命爲長史。然則程秉、薛綜與劉熙在交州，乃士燮爲交阯太守時。燮附孫權在建安十五年，時秉、綜俱已爲權所得，是其師事劉熙時仍遠在建安十五年以前。秉爲太子太傅，黄武四年太子登親迎秉進説，病，卒官。登以赤烏四年卒，秉當卒於登前。自建安十五年至此止二十餘年，蓋秉已老矣。而薛綜卒於赤烏六年，距建安十五年亦止三十二年。其師事熙蓋少時，當在獻帝初年，則是時交州仍爲漢地，劉熙爲漢人無疑。士燮附孫權時熙蓋已前没。何也？秉、綜，權尚以其名儒而禮徵之，況所師事者乎？或謂熙及魏受禪後，非也。其相傳爲安南太守者，亦以其在交州而譌，非「南安」之誤也。劉熙、高誘皆與趙氏先後同時。劉熙注見於《史記》《漢書》《後漢書》《文選》等注所引，今散著各經文之下。高誘《章句》無引之者，而所注諸書多及《孟子》，尚可考見。《吕氏春秋·至忠》篇「人主無不惡暴劫者，而日致之，惡之何益」，注云：「日致爲暴劫之政也。《孟子》曰：『惡溼而居下。』故曰『惡之何益』也。」《諭太》篇「及匡章之難，惠子以王齊王也」，注云：「匡章乃孟軻所謂『通國稱不孝』者。」《本味》篇「己成而天子成」，注云：「己成仁義之道而成爲天子。《孟子》曰：『得乎邱民爲天子。』」《慎人》篇「百里奚之未遇時也，亡虢而虜晉」，注云：「虢當爲虞。《孟子》曰：『百里奚，虞人也。晉人以垂棘之璧假道于虞，以伐虢。宫之奇諫之。百里奚知虞公之不可諫也而去之秦。』此云亡虢，誤矣。」《去私》篇「堯有子十人」，注云：「《孟子》曰：『堯使九男二女事舜。』此曰十子，殆丹朱爲胄子，不在數中。」《當染》篇「湯染於伊尹、仲虺」，注云：「《孟子》曰：『王者師臣也。』」《盡數》篇「故凡養生，莫若知本。知本則疾無由至矣」，注云：「傳曰：『人受天地之中以生，所謂命也。』《孟子》曰：『人性無不善。』本其善性，閉塞利欲，疾無由至矣。」《論人》篇「凡論人，通則觀其所禮」，注云：「通，達也。《孟子》曰：『達則兼善天下。』故觀其所賓禮。」《用衆》篇「令使楚人長乎戎，戎人長乎楚，則楚人戎言，戎人楚言矣」，注云：「《孟子》曰：『有楚大夫欲其子之齊言也，使一齊人傅之，衆楚人咻之，雖日撻而求其齊也，不可得矣；引而置之莊嶽之間數年，雖日撻而求其楚，亦不可得矣。』此之謂也。」《懷寵》篇「誅國之民望之若父母。行地滋遠，得民滋衆」，注云：「所誅國之民睎望義兵之至若望其父母，滋益衆多也。《孟子》曰：『百姓簞食壺漿以迎王師，奚爲後予？』此之謂也。」《驕恣》篇「齊宣王爲大室，大益百畝」，注云：「宣王，齊威王之子，孟子所見易釁鐘之牛者也。」《開春》篇「魏惠王死，葬有日矣」，注云：「孟子所見梁惠王也。秦伐魏，魏徙都大梁，梁在陳留浚儀西大梁城是也。」《壹行》篇「彊大之國誠可知，則其王不難矣」，注云：「《孟子》曰：『以齊王猶反手也。』故曰不難矣。」《自知》篇「鑽荼、龐涓、太子申不自知而死」，注云：「鑽荼、龐涓，魏惠王之將。申，魏惠王之太子也。與龐涓東伐齊，戰於馬陵，齊人盡殺之。故惠王謂孟子曰：『晉國，天下莫强焉，叟之所知也。及寡人身，東敗於齊，長子死。』此之謂也。」《樂成》篇「賢者得志則可，不肖者得志則不可」，注云：「賢者得志則忠，故曰可也；不肖得志則驕，驕則亂，故曰不可。公孫丑曰：『伊尹放太甲於桐宮，太甲賢，又反之。賢者之爲人臣，其君不賢則可放與？』孟子曰：『有伊尹之志則可，無伊尹之志則篡也。』」又「中主以之，哅哅也止善；賢主以之，哅哅也立功」，注云：「孟子見梁襄王，出語人曰：『望之而不似人君，就之而不見所畏焉。何能決善哉？』此言復謬也。」《審應》篇「魏惠王使人謂韓昭侯」，注云：「惠王，魏武侯子也。孟子所見梁惠王也。」《不屈》篇「齊威王幾弗受」，注：「威王，田和之孫，孟子所見宣王之父。」又「匡章謂惠子於魏王之前」，注云：「匡章，孟子弟子。」《淮南子・俶真訓》「若夫墨、楊、申、商之於治道」，注云：「墨，墨翟也，其術兼愛非樂，摩頂放踵而利國者爲之。楊，楊朱，其術全性保真，雖拔骭一毛而利天下弗爲也。」又「是故聖人之學也，欲以返性於初」，注云：「人受天地之中以生。孟子曰：性無不善，而情欲害之。故聖人能返其性於初也。」《修務訓》「今夫毛嬙、西施，天下之美人，若使之銜腐鼠，蒙蝟皮，衣豹裘，帶死蛇，則布衣韋帶之人過者莫不左右睥睨而掩鼻」，注云：「言雖有美姿，人惡聞其臭，故睥睨掩其鼻。《孟子》曰：『西子蒙不潔則人皆掩其鼻而過之。』是也。」《主術訓》「故握劍鋒以離北宮子」，注云：「北宮子，齊人，孟子所謂北宮黝也。」《繆稱訓》「魯以偶人葬而孔子歎」，注云：「偶人，相人也。歎其象人而用之。」《齊俗訓》「豈必鄒魯之禮」，注云：「鄒，孟軻邑。」《説山訓》「此全其天器者」，注云：「器猶性也。孟子曰人性善，故曰全其天性。」《氾論訓》「舜不告而娶，非禮也」，注云：「堯知舜賢，以二女妻舜。不告父，父頑，常欲殺舜，舜知告則不得娶也。不孝莫大於無後。故《孟子》曰『舜不告猶告』耳。」又「全性保真，不以物累形，楊子之所立也，而孟子非之」，注云：「全性葆真，謂不拔骭毛以利天下弗爲。不以物累己身形也。孟子受業於子思之門，成唐虞三代之德，敘《詩》《書》孔子之意，塞楊墨淫辭，故非之也。」又「堯無百户之郭，舜無置錐之地，以有天下；禹無十人之衆，湯無七里之分，以王諸侯；文王處岐周之間，地方不過百里，而立爲天子者，有王道也」，注云：「堯、舜、禹、湯、文王皆王有天下。《孟子》曰：『以德行仁者王，王不待大。』是也。」又：「夏桀殷紂之盛也，人跡所至，舟車所通，莫不爲郡縣。然而身死人手而爲天下笑者，有亡形也。」注云：「《孟子》曰：『惡死亡，樂不仁。』不仁必死亡，故曰有亡形也。」又「故溺則捽父，祝則名君」，注云：「《孟子》曰：『嫂溺而不拯，是豺狼也。』而況父兄乎？」又「季襄、陳仲子立節抗行，不入洿君之朝，不食亂世之食，遂餓而死。」注云：「季襄，魯人，孔子弟子。陳仲子，齊人，孟子弟子，居於陵。」《戰國策·齊策》「威王薨，宣王立」，注云：「宣王，孟軻所見以羊易釁鐘之牛者也。」又「田忌爲齊將，係梁太子申，禽龐涓」，注云：「申，梁惠王太子也。龐涓，魏將也。田忌與戰於馬陵而係獲之也。故梁惠王謂孟子曰：『寡人東伐，敗於馬陵，太子死，龐涓禽。』此之謂也。」又「攻燕三十日而舉燕國」，注云：「《孟子》曰：『子噲无王命而與子之國，子之无王命擅受子噲國，故齊宣王伐而取之也。』」《秦策》「四國爲一，將以攻秦，秦王召群臣賓客六十人而問曰」「姚賈對曰」云云，注云：「姚賈譏周公誅管、蔡不仁不知者，在《孟子》之篇也。」其訓詁有與《孟子》可參考者亦藉以窺見其概，故正義引高氏《吕氏春秋》《淮南子》注爲多。**余生西京，世尋丕祚，有自來矣。**疏正義曰：趙氏爲京兆長陵人。長陵前漢屬馮翊，後漢屬京兆。京兆爲西漢所都，故云「西京」。張衡有《西京賦》。《説文》寸部云：「尋，繹理也。」《文選・東都賦》「漢祚中缺」，注引《國語》賈注云：「祚，位也。」《史記・趙世家》云：「趙氏之先與秦共祖，至中衍爲帝大戊御。」《秦本紀》云：「秦之先帝，顓頊之苗裔。」《潛夫論・志氏姓》云：「皋陶事舜。其子伯翳能議百姓以佐舜、禹，擾馴鳥獸，舜賜姓嬴。後有仲衍，爲夏帝大戊御。嗣及費仲，生惡來、季勝。季勝之後有造父，以善御事周穆王，封造父於趙城，因以爲氏。」至於趙夙，仕晉卿大夫，十一世而爲列侯，五世而爲趙靈王。趙世之先爲列卿、諸侯王，溯其始原，出帝顓頊，故尋繹其丕祚，有自來也。**少蒙義方，訓涉典文。**疏正義曰：傳稱生於御史臺，李賢注云：「以其祖爲御史，故生於臺。其祖、父之名不詳。」傳有從兄襲、從子戩，注引《決録》注云：「襲字元嗣。先是，杜伯度、崔子玉以工草書稱於前代，襲與羅暉拙書蚩於張伯英。英頗自矜高，與朱賜書云：『上比崔、杜不足，下方羅、趙有餘。』」又云：「岐長兄磐，州都官從事，早亡。次兄無忌，字世卿，部河東從事。」《王允傳》：「允及宗族十餘人皆見誅害，莫敢收允尸者。惟故吏平陵令趙戩棄官營喪。趙戩字叔茂，長陵人，性質正，多謀。初平中爲尚書，典選舉。董卓數欲有所私授，戩輒堅拒不聽，言色强厲。卓怒，召將殺之。衆人悚慄，而戩辭貌自若。卓悔，謝釋之。長安之亂，客於荆州，劉表厚禮焉。及曹操平荆州，乃辟之，執戩手曰：『恨相見晚。』卒相國鍾繇長史。」此即與岐同避難者也。從兄襲，《三國志·閻温傳》云引《魏略·孫賓碩傳》作「趙息」。❶息、襲音同，息即襲也。云：「唐衡弟爲京兆虎牙都尉，不修敬於京兆尹，❷入門不持版。郡功曹趙息呵廊下曰：『虎牙儀如屬城，何故放臂入府門？』促收其主簿。衡弟顧促取版。既入見尹，尹欲修主人，勑外爲市買。息又啓曰：『左悺子弟來爲虎牙，非德選，不足爲特酤買，宜隨中舍菜食而已。』及其到官，遣吏奉牋謝尹，息又勑門，言：『無常見此無陰兒輩子弟邪！用其牋記爲通乎？』晚乃通之，又不得即令報。衡弟皆知之，甚恚，欲滅諸趙，因書與衡，求爲京兆尹。旬月之間得爲之。息自知前過，乃逃走。時息從父仲臺見爲涼州刺史，於是唐衡爲詔徵仲臺遺歸。遂詔中都官及郡部督郵捕諸趙尺兒以上及仲臺，皆殺之。時息從父岐爲皮氏長，聞有家禍，因從官舍逃走，之河間，變姓名，又轉詣北海，著絮巾布袴，常於市中販胡餅。」趙氏兄弟族屬可考者，附録於此。**知命之際，嬰戚於天。遘屯離蹇，詭姓遁身。經營八紘之內十有餘年，心勤形瘵，何勤如焉！**【疏】正義曰：謂延熹元年逃難四方事也。趙氏年九十餘，卒於建安六年辛巳，上溯延熹元年戊戌四十四年。是年五十，然則趙氏年九十四卒也，蓋生於安帝永初二年。遘，遇也。離，罹也。屯、蹇，皆謂難也。《列子·湯問》篇「八紘九野之水」，張湛注云：「八紘，八極也。」《淮南子·地形訓》云：「八殥之外而有八紘。」高誘注云：「紘，維也。」「經營八紘之内」即所謂「江淮海岱靡所不

---

❶ 「云」，或衍，或依沈校當作「注」。

❷ 「敬」，原脱，今從沈校據《三國志》裴松之注補。

歷」也。傳云「數年乃出」，此云「十有餘年」，或連靈帝時禁錮言與？《音義》云：「勦，子小切，絶也。」按：《説文》刀部云：「剿，絶也。《夏書》曰：『天用剿絶其命。』」力部云：「勦，勞也。《春秋傳》曰：『安用勦民？』」「天用剿絶其命」，今在《尚書・甘誓》，作「剿」。曹憲《博雅音》云：「剿從刀而勦從力。」此云「心勦」，乃從力之「勦」，當訓勞，謂心勞也。《音義》訓絶，則是從刀之「剿」，爲「剿」字矣。心不可言絶也，失之矣。《爾雅・釋詁》云：「瘵，病也。」《詩・大雅・瞻卬》篇「邦靡有定，士民其瘵」，箋云：「天下騷擾，邦國無有安定者，士卒與民皆勞病。」勦、瘵義皆爲勞，故以「勤」字總承之。**嘗息肩弛擔於濟岱之間，**❶**或有温故知新雅德君子，**【疏】正義曰：謂安丘孫嵩也。《漢書・地理志》北海郡安丘，其地在濟岱之間。「息肩弛擔」謂藏複壁中。**矜我劬瘁，睠我皓首，訪論稽古，慰以大道。**【疏】正義曰：睠，《説文》作「眷」，云：「顧也。《詩》曰『乃眷西顧』。」人經困瘁則毛髮易白，故趙氏五十而皓首也。「訪論稽古」謂孫嵩與之論學也。《後漢書・鄭康成傳》云：「及黨事起，乃與同郡孫嵩等四十餘人俱被禁錮。」《三國志》注引《邴原别傳》云：「欲遠遊學，詣安丘孫崧。」崧即嵩。嵩在當時與鄭、邴等交，則亦讀書稽古之士也。**余困吝之中精神遐漂，靡所濟集，**【疏】正義曰：《説文》辵部云：「遴，行難也。《易》曰『以往遴』。」今《易》作「吝」，則吝之義爲難行。《説文》水部云：「漂，浮也。」《易・雜卦傳》云：「既濟，定也。」《毛詩・邶風・載馳》篇「不能旋濟」，傳云：「濟，止也。」止與定義同。集猶聚也。精神遐遠而漂浮，故無所定止而斂聚也。**聊欲係志於翰墨，**

---

❶「濟」，原作「海」，今從沈本據廖本改。

得以亂思遺老也。 疏正義曰：《音義》云：「張云：『亂，治也。』思，去聲。」按：「思」謂憂思也。著書明道則可治其憂思。《説文》辵部云：「遺，亡也。」亡即忘。《禮記·鄉飲酒義》「知其能弟長而無遺矣」，注云：「遺猶脱也，忘也。」「遺老」謂忘其老。《論語·述而》篇云：「發憤忘食，樂以忘憂，不知老之將至云爾。」**惟六籍之學，先覺之士釋而辯之者既已詳矣，** 疏正義曰：備見《漢書·儒林傳》《藝文志》、《後漢書·儒林傳》。**儒家惟有《孟子》閎遠微妙，緼奥難見，宜在條理之科。** 疏正義曰：《禮記·月令》「其器圜以閎」，注云：「閎讀如紘，紘謂中寬，象土含物。」閎與宏通。《考工記·梓人》「其聲大而宏」，注云：「宏讀如紘綖之紘，謂聲音大也。」閎、宏通借字。《漢書·藝文志》「昔仲尼没而微言絶」，注引李奇云：「微言，隱微不顯之言也。」妙與眇同。《揚雄傳》「閎意眇旨」，《儒林·張山拊傳》「嚴然總五經之眇論」，注皆云：「眇讀曰妙。」《方言》云：「眇，小也。」蓋言其大閎而且遠，言其小微而且妙。《禮記·玉藻》「緼爲袍」，注云：「緼，今之纊及故絮也。」《爾雅·釋宫》云：「西南隅謂之奥。」緼在袍之裏，奥在室之内，故不易見。「條理」見《萬章下》篇。《説文》木部云：「條，小枝也。」自根發而爲幹，自幹分而爲枝，枝又分而爲條，故條之義爲分。分則暢達，故義又爲暢爲達。《韓非子·解老》云：「凡理者，方圓短長麤靡堅脆之分也。」《荀子·儒效》篇云：「井井乎其有理也。」楊倞注云：「有條理也。」《廣雅·釋言》云：「科，條也。」又云：「科，品也。」蓋當時著書之法各有科等，《孟子》之意恉既緼奥難見，則宜條分縷析，使之井井著明，故「宜在條理之科」如下所云是也。**於是乃述己所聞，證以經傳，爲之章句。具載本文，章别其指。分爲上下，凡十四卷。**

疏正義曰：趙氏自述少蒙義方，則所學授諸祖父，别無師傳。子孫述祖父往往諱其名字，久而轉致無聞，此其憾也。本傳注引《三輔決録》注云：「岐娶馬敦女宗姜爲妻，敦兄子融嘗至岐家問趙處士所在。岐厲節，不以妹壻之故屈志於融。與其友書曰：『馬季常雖有名當世而不持士節，三輔高士未嘗以衣裾撇其門也。』岐曾讀《周官》二義不通，一往造之。」然則岐雖鄙融之爲人，而義有不通亦往請問，則其虛心取善可知。雖無常師，而非不知而作者矣。故聲音訓詁之學不殊馬、鄭。「證以經傳」，注中所引是也。《毛詩正義》云：「漢初爲傳訓者皆與經別行。三傳之文不與經連，故石經書《公羊傳》皆無經文。《藝文志》云：『《毛詩經》二十九卷，《毛詩故訓傳》三十卷。』是毛爲詁訓亦與經別也。及馬融爲《周禮》之注，乃云『欲省學者兩讀，故具載本文』，然則東漢以來始就經爲注。」按：趙氏用馬融之例，故具載本文，然漢世説經諸家各有體例，如董仲舒之《春秋繁露》、韓嬰之《詩外傳》、京房之《易傳》，自抒所見，不依章句。伏生《書傳》雖分篇附著矣，而不必順文理解。然其書殘缺，不覩其全。《毛詩傳》全在矣，訓釋簡嚴，言不盡意；鄭氏箋之，則後世「疏義」之濫觴矣。鄭於三禮詳説之矣，乃《周禮》本杜子春、鄭司農而討論，則又後人「集解」之先聲也。何休《公羊學》專以明例，故文辭廣博，不必爲本句而發。蓋經各有義，注各有體。趙氏於《孟子》，既分其章，又依句敷衍而發明之，所謂「章句」也；章有其指，則總括於每章之末，是爲「章指」也。疊詁訓於語句之中，繪本義於錯綜之内，於當時諸家，實爲精密而條暢。文多，故分七篇爲十四；爲上下而不以十四爲次弟者，不敢紊七篇之舊目也。**究而言之，不敢以當達者；**疏正義曰：《史記·孔子世家》云：「孟釐子曰：『吾聞聖人之後，雖不當世，必有達者。今孔丘年少好禮，其達者與？』」《莊子·齊物論》云：「惟達者知通爲一。」**施於新學，可以寤疑辯惑。**疏正義曰：《廣雅·釋言》云：「新，初也。」新學即初學也。《毛詩·周南·

關雎》篇「寤寐求之」，傳云：「寤，覺也。」《説文》心部云：「悟，覺也。」寤與悟通。**愚亦未能審於是非，後之明者見其違闕，儻改而正諸，不亦宜乎！**疏正義曰：趙氏後爲《孟子》注者，梁《七録》有綦毋邃《孟子注》九卷。周氏廣業《孟子古注考》云：「綦毋，複姓。《左傳》有晉大夫綦毋張，見《廣韻》『毋』字注；戰國有綦毋子，見劉向《别録》；後漢有東莞綦毋君，見謝承《書》；劉表在荆州時有儒士綦毋闓。邃世次行事無考，《隋志》載其《列女傳》七卷在皇甫謐後，又云：『《二京賦》二卷，李軌、綦毋邃撰。』邃又注《三都賦》三卷，撰《誡林》三卷，並梁有今亡。宋裴駰注《史記》嘗兩引其説，知爲晉人。《正義》不考，但云在梁時又有綦毋邃注九卷，疏也。」《唐志》作「綦毋邃注《孟子》七卷」，又「陸善經注《孟子》七卷，張鎰《孟子音義》三卷」。《崇文總目》云：「善經，唐人，以軻書初爲七篇，因刪去趙岐《章指》與其注之繁重者，復爲七篇。」《舊唐書》：「張鎰，蘇州人，朔方節度使齊邱之子也。大曆五年除濠州刺史，爲政清静，州事大理，乃招經術之士講訓生徒，撰《三禮圖》九卷、《五經微旨》十四卷、《孟子音義》三卷。尋拜中書侍郎平章事、集賢殿學士。盧杞忌鎰名重道直，無以陷之，以方用兵，因薦鎰以中書侍郎爲鳳翔隴右節度使。李楚琳作亂，鎰出鳳翔三十里，爲候騎所得，楚琳殺之。贈太子太傅。」《新唐書》鎰傳在第七十七，言其字季權，一字公度。《宋史·藝文志》：「張諡《孟子音義》三卷。❶丁公著《孟子手音》一卷。」「張『諡』」蓋「鎰」之譌。《手音》不載《唐志》。《唐書》列傳八十九：「丁公著字平子，蘇州吴人。三載喪母。甫七歲，見鄰媪抱子，哀感不肯食，請於父緒，願

❶「諡」，原作「鎰」，今據下文文義及《宋史》改。

絶粒學老子道。父聽之。稍長，父勉勅就學，舉明經高第，校集賢校書郎。不滿秩輒去，侍養於家。父喪，負土作冢，貌力癯惙，見者憂其死孝。觀察使薛苹表上至行，詔刺史弔問，賜粟帛，旌闕其閭。淮南節度使李吉甫表授太子文學兼集賢校理。會入輔政，擢爲右補闕，遷直學士，充皇太子諸王侍讀。因著《太子諸王訓》十篇。穆宗立，擢給事中，遷工部侍郎，知吏部選事。辭疾求外遷，授浙西觀察使。徙爲河南尹，治以清静聞。四遷禮部尚書、翰林侍講學士。長慶中浙東災癘，拜觀察使，詔賜米七萬斛，使賑饑捐。久之，入爲太常卿。太和中以病丐身還鄉里，卒，年六十四，贈尚書右僕射。」按作《孟子手音》者蓋即其人。宋孫奭《孟子音義敘》云：「自陸善經已降，其所訓説雖小有異同而共宗趙氏。張氏徒分章句，漏略頗多；丁氏稍識指歸，譌謬時有。與尚書虞部員外郎同判國子監臣王旭、諸王府侍講太常博士國子監直講臣馬龜符、鎮寧軍節度推官國子學説書臣吴易、前江陰軍江陰縣尉國子學説書臣馮元等，推究本文，參考舊注，集成《音義》二卷。」《宋史·儒林傳》云：「孫奭，字宗古，博州博平人。幼與諸生師里中王徹。徹死，有從奭問經者，奭爲解析微指，人人驚服。於是門人數百，皆驚服奭。後徙居須城。九經及第，爲莒縣主簿。上書願試講説，遷大理評事，爲國子監直講。太宗幸國子監，召奭講書，賜五品服。真宗以爲諸王府侍讀。會召百官轉對，奭上十事，判太常禮院、國子監、司農寺。累遷工部郎中，擢龍圖閣待制。大中祥符初得天書於左承天門，帝將奉迎，召問奭。奭對曰：『臣愚，所聞「天何言哉」？豈有書也？』仁宗即位，宰相請擇名儒以經儒侍講讀，乃召爲翰林侍講學士，知審官院，判國子監。丁父憂。起復，兼判太常寺及禮院。三遷兵部侍郎、龍圖閣學士。每講讀至前世亂君亡國，必反覆規諷。仁宗意或不在書，奭則拱默以俟，帝爲竦然改聽。嘗書《無逸圖》上之，帝施於講讀閣。三請致仕，召對承明殿，敦諭之，以不得請求近郡，優拜工部尚書。復知兖州，改禮部尚書。既而累表乞歸，以太子少傅致仕，卒贈左僕射，謚曰『宣』。常掇五經切於治道者爲《經典徽言》五十卷，又撰《崇祀録》《樂記圖》《五經節解》《五服制度》。嘗奉詔與邢昺、杜鎬校定諸經正義，《莊子》《爾雅釋文》，考正《尚書》《論語》《孝經》《爾雅》謬誤及《律》音義。」此皆生趙氏後治趙氏學者也。陸善經删削，實爲趙氏之蠹；若孫氏，其有裨於趙氏矣。

孟子正義卷二

江都縣鄉貢士焦循譔集

孟子卷第一 疏

正義曰：周氏廣業《孟子古注考》云：「山井鼎《考文》詳説古本、足利篇題：古本首行『孟子卷第一』，次行『梁惠王章句上』，三行低二格『趙氏注』，下夾注『梁惠王者，魏惠王也』云云，四行『孟子見梁惠王』。足利本前二行同古本，第三行低一格夾注『梁惠王』云云，第四行低三格『後漢太常趙岐邠卿注』，五行『孟子見梁惠王』。與今孔氏、韓氏新刻本不同。」按：今孔氏刻本首行以「梁惠王章句上」六字頂格，而此行之下繫之以「孟子卷第一」五字，次行「趙氏注」。今依古本提「孟子卷第一」在前。

趙氏注 疏 正義曰：阮氏元《挍勘記》云：「閩監毛三本並作『漢趙氏注』，足利本作『後漢趙岐邠卿注』，與各本皆不合，非也。廖瑩中經注本作『趙岐』，亦非。」《毛詩正義》云：「不言名而言氏者，漢承滅學之後，典籍出於人間，各專門命氏以顯其家之學，故諸爲傳訓者，皆云『氏』不言名。」

梁惠王章句上凡七章。 注 梁惠王者，魏惠王也。魏，國名。惠，謚也。王，號也。時天下有七王，皆僭號者也，猶春秋之時吳、楚之君稱「王」也。魏惠王居於大梁，故號曰「梁王」。聖人及大賢有道德者，王公侯伯及卿大夫咸願以爲師。孔子時，諸侯問疑質禮，若弟子之問師也，魯衛之君皆尊事焉，故《論語》或以弟子名篇，而有《衛靈公》《季氏》之篇。孟子亦以大儒爲諸侯所師，是以《梁惠王》《滕文公》題篇，與《公孫丑》等而爲一例也。**疏**「梁惠王章句上」〇正義曰：《文心雕龍》云：「夫設情有宅，置言有位。宅情曰章，位言曰句。章者，明也；句者，局也。局言者，解字以分疆；明情者，總義以包體。道畛相異而衢路交通矣。」《漢書・藝文志》：《易章句》有施、孟、梁丘各二篇，《書》有《歐陽章句》三十一卷《大小夏侯章句》各二十九卷，《春秋》有《公羊章句》三十八篇，《穀梁章句》三十三篇。《漢書・張禹傳》：「禹爲《論語章句》。」《後漢書・儒林傳》：「包咸入授太子《論語》，又爲其章句。」趙氏以「章句」命名，其來尚矣。周氏廣業《孟子古注考》云：「《意林》云：『蜀郡趙臺卿作《章句》，章句曰指事。』廣按：臺卿京兆人而稱蜀郡者，蓋因避難改籍也。章句曰指事者，謂斷章而揭其大指，離句而證以實事也。《意林》録自梁庾仲容《子抄》，當是庾所見舊本標題如此。或云：《史記》稱莊周善『屬書離辭，指事類情』，『指事』之名本此。案：指事爲六書之一，許慎《説文敘》云：『視而可識，察而可見，上下是也。』趙意蓋兼取顯著之義。」《後漢書・儒林傳》云：「程曾，字秀升，著書百餘篇，又作《孟子章句》。」高誘《吕氏春秋序》云：「誘正《孟子章句》。」程、高生趙氏先後，均有《章句》，而今不傳。孔氏繼涵、韓氏岱雲所刻趙氏《章句》本無「凡七章」三字，然則此三字非趙氏之舊。山井鼎《考文》古本亦無此三字。孫氏《音義》有之。〇注「梁惠」至「王也」〇正義曰：《史記・魏世家》云：「魏之先，畢公高之後也。

其苗裔曰畢萬，事晉獻公。十六年，趙夙爲御，畢萬爲右，以伐霍、耿、魏，滅之，以魏封畢萬爲大夫，從其國名爲魏氏。生武子，治於魏。生悼子，徙治霍。生魏絳，徙治安邑。卒，謚爲昭子。生魏嬴。嬴生魏獻子，爲國政，與趙簡子、中行文子、范獻子並爲晉卿。生魏侈。侈之孫桓子與韓康子、趙襄子共滅智伯，分其地。桓子之孫曰文侯都。魏二十一年，魏、趙、韓列爲諸侯。二十五年，子擊生子罃。文侯卒，子擊立，是爲武侯。武侯卒，子罃立，是爲惠王。」《六國表》：周威烈王二十三年韓、趙、魏始列爲諸侯，安王二年太子罃生，二十六年魏、韓、趙滅晉。烈王元年爲魏惠王元年，距始列爲侯凡三十四年，距分晉僅六年。《詩·魏譜》云：「魏者，虞舜、夏禹所都之地，在《禹貢》冀州雷首之北析城之西，周以封同姓焉。其封域南枕河曲，北涉汾水。至春秋閔公元年晉獻公竟滅之，以其地賜大夫畢萬。」是魏爲國名也。《周書·謚法解》云：「謚者，行之迹也。號者，功之表也。仁義所在曰王。柔質慈民曰惠，愛民好與曰惠。」是惠爲謚，王爲號也。周氏廣業《孟子出處時地考》云：「《史》序列國稱王之年多舛出。詳考之，則魏最先，齊次之，秦又次之。然惟齊大書於《田完世家》，云：『威王二十六年，擊魏，大敗之桂陵。於是齊最强於諸侯，自稱爲王以令天下。』魏、秦或晦或顯，二國史亦不公言之。❶蓋以魏先强後弱，秦先弱後强，其王號皆數稱而後定也。何以明之？《魏世家》稱王始惠王；其後乃云：『襄王元年，與諸侯會徐州，相

❶「史」，原無，今從沈校據《孟子四考》補。

王也。追尊父惠王爲王。』追尊固無是理。《國策》蘇秦説齊閔王曰：『昔者魏王擁土千里，帶甲三十六萬，恃其强，拔邯鄲，西圍定陽。又從十二諸侯朝天子，以西謀秦。秦王恐，爲戰具守備。衛鞅曰：「魏氏功大而令行於天下，有十二諸侯而朝天子，其與必多。乃見魏王曰：大王有伐齊楚、從天下之志，不如先行王服，然後圖之。」魏王悦其言，廣公宫，制丹衣柱，建九斿之旗。此天子之位也而魏王居之，於是齊、楚怒，伐魏，殺其太子，覆其十萬之衆。當是時，秦王垂拱而得西河之外。』是魏之僭號早在商鞅用事秦孝公之日，故杜平之會儼然稱王也。顯王二十六年致伯於秦孝公，三十三年賀秦惠王，三十五年致文武胙於秦惠王，四十四年秦惠君立王。其後諸侯皆稱王。《秦本紀》：『孝公卒，子惠文君立。』又云：『惠文君二年，天子賀。三年，王冠。四年，天子致文武胙，齊、魏爲王。十三年四月戊午，魏君爲王，韓亦爲王。』夫《周紀》之不先齊魏，以秦之王爲代周之漸，特以首惡歸之。獨計賀及致胙之日去致伯未遠，何遽改稱王？而《秦紀》上兩稱惠文君，下忽書曰『王冠』，殊不可解。及觀《始皇紀》後序秦世系云：『惠文王二年初行錢，有新生嬰兒曰「秦且王」。』然後知秦應讖稱王即在受天子賀之年也。是時魏已寖弱，方改元與民更始，聞秦稱王，欲厚結以爲援。既與議婚，復遠涉齊境，藉其威力以脅諸侯，名爲自王，實欲王秦。《史》於會徐州相王，《魏》《齊世家》及《年表》備書之，蓋其事雖未恆衆心，而魏固以名震河山以東，秦亦侈然自肆於國中矣。秦史特變文曰：『齊、魏爲王。』意蓋謂齊、魏皆奉之爲王，故與天子致胙連書以爲榮。而《年表》復書『魏夫人來』以見魏實爲之謀主，蘇秦所謂『有西面事秦稱東藩』

者也。特以崛起西陲，又值六國從親，兵不敢闚函谷，旋自韜晦耳。及滅巴蜀，取河西，益富厚，輕諸侯，而王號遂達於周京焉。《張儀傳》：『秦惠王十年，以儀爲相。儀相秦四年，立惠王爲王。』與《周紀》正合，是再稱而後定也。魏是杜平之後兵敗子虜，國威日替，中間頗示貶損，故其爲王，一見於秦孝公之初，再見於徐州之會，最後《秦紀》所云『魏君爲王』，凡三稱而後定也。魏終稱王殆亦張儀所爲。儀魏人而相秦，其還魏蒲陽，公子繇出質，欲魏先事秦而諸侯效之，因使與秦並立爲王。《史》獨書日月者，欲自詡其功耳；否則魏王久矣，何尚稱君？且亦何與於秦而必詳書之哉？」七王者，魏、齊、秦、韓、趙、燕、楚也。《説文》云：「僭，假也。」隱公五年《穀梁傳》云：「下犯上謂之僭。」《史記·楚世家》云：「三十七年，楚熊通怒曰：『吾先鬻熊，文王師也。早終，成王舉我先公，乃以子男田，令居楚。蠻夷皆率服而王不加位，我自尊耳。』乃自立爲武王。」《吴太伯世家》云：「壽夢立而吴始益大稱王。稱王壽夢、王諸樊、王餘昧、王僚、王闔閭、王夫差。」此吴、楚之君稱王之事也。○注「魏惠王」至「梁王」○正義曰：《魏世家》云：「秦用商君，地東至河，而齊、趙數破我，安邑近秦，於是徙治大梁。」徐廣云：「今浚儀。」《水經注》云：「浚儀縣大梁城，本春秋之陽武高陽鄉，於戰國爲大梁。周梁伯之故居，魏惠王自安邑徙都之，故曰梁。」《戰國策》稱「魏惠王」，又稱「梁王魏罃」，是當時亦號「梁王」也。趙氏佑《温故録》云：「《孟子》獨稱梁，不一言魏，則是時必有因遷都而並改國號之事。」○注「聖人」至「例也」○正義曰：周氏廣業《孟子出處時地考》云：「《史》稱孟子『困於齊、梁』，而揚雄《解嘲》有云：『孟子雖連蹇，猶爲萬乘師。』蓋以齊宣稱『夫子明以教我』，梁惠言『寡人願安承教』，皆以師道尊之，故也。」孟子言「五教」，而答問居其一，故諸侯質疑問禮即是以師道尊之。乃《論語》名篇但舉篇首以爲之目，其稱《衛靈公》以篇首有「衛靈公問陳」，其稱《季氏》以篇首有「季氏將伐顓臾」，與《學而》《述而》等篇同。《孟子》以《梁惠王》《滕文公》名篇亦如是耳，非謂例衛靈公、季氏於子路、顔淵，例梁惠王、滕文公於公孫丑、萬章也。趙氏所云恐未盡然。

孟子見梁惠王。注孟子適梁，魏惠王禮請孟子見之。疏注「孟子」至「見之」○正義曰：《魏世家》云：「惠王數被軍旅，卑禮厚幣以招賢者，鄒衍、淳于髡、孟軻皆至梁。」《六國表》云：「魏惠王三十五年，孟子來，王問利國。」**王曰：「叟不遠千里而來，亦將有以利吾國乎？」**注曰，辭也。叟，長老之稱也，猶父也。孟子去齊，老而之魏，故王尊禮之。曰：父不遠千里之路而來至此，亦將有可以爲寡人興利除害乎？疏注「曰辭」至「父也」○正義曰：《說文》曰部云：「曰，詞也。」司部云：「詞，意内而言外也。」辛部云：「辭，訟也。從𤔲。𤔲猶理辜也。𤔲，理也。」曰宜訓詞，此注作辭，通借字也。《方言》云：「傁、艾，長老也。東齊魯衛之間凡尊老謂之傁，或謂之艾；周晉秦隴謂之公，或謂之翁；南楚謂之父，或謂之父老。」戴氏震《疏證》云：「傁本作『叜』，《說文》云『老也』，俗通作『叟』。《史記·馮唐列傳》云：『文帝輦過，問唐曰：「父老，何自爲郎？」』後又曰：『父知之乎？』《廣雅》云：『傁、艾、長，老也。翁、叜，父也。』」《史記集解》引劉熙《孟子注》云：「叟，長老之稱，依皓首之言。」○注「孟子」至「害乎」○正義曰：《史記·孟子列傳》云：「孟子，騶人也，受業子思之門人。道既通，游事齊宣王。宣王不能用，適梁。」此趙氏所本也。周氏柄中《辨正》云：「孟子於齊梁先後，當以《六國年表》及《魏世家》爲據，不當以《孟子列傳》爲據。《年表》魏惠王三十五年，齊宣王之七年也，是年特書曰『孟子來』。若孟子於齊宣七年以前先已游齊，《年表》何以不書？則《孟子傳》所謂『游事齊宣王，宣不能用而後適梁』者，乃史公駁文，非事實也。以本書觀之，篇首即載見梁惠王諸章及見襄王有『出語』云云，自此以下十數章皆在齊與宣王問答事，此其先後蹤跡較然可知，不必如《通鑑》移下宣王十年以合伐燕殺噲之事。然後見孟子先游梁後至齊也。」江氏永《群經補義》云：「孟子見梁惠王當在周慎靚王元年辛丑，是年爲惠王後元之十五年。至次年壬寅，惠王卒，子襄王立，孟子一見即去梁矣。蓋魏罃於周顯王三十五年丁亥與齊威王會於徐州以相王，是年爲惠王即位後三十七年，於是始稱王而改元稱一年也。」二説與趙氏異，未知孰是。時秦用商君，富國强兵，惠王所以遷梁，故曰「亦將有以利吾國」，謂亦如商君之於秦，俾富國强兵也。《論衡·刺孟》篇述此文作「將何以利吾國乎」。**孟子對曰：「王何必曰利？亦有仁義而已矣。**注孟子知王欲以富國强兵爲利，故曰：王何必以利爲名乎？亦惟有仁義之道者可以爲名，以利爲名則有不利之患矣。因爲王陳之。疏注「孟子」至「陳之」○正義曰：孟子謂宋牼云：「先生之號則不可。」名猶號也。「曰利」即是以利爲號。《廣雅·釋言》云：「曰，言也。」《國語·周語》云「有不祀則脩言」，韋昭注云：「言，號令也。」名、言義皆爲號，故用以解「曰利」之義。惟以利爲號令，故大夫、士、庶人應之。《洪範》：「初一曰五行：一曰水，二曰火，三曰木，四曰金，五曰土。」隱公二年《左傳》：❶「以條之

❶「隱」，按引文在桓公二年，參沈校。

役生太子，命之曰仇；其弟以千畝之戰生，命之曰成師。」又：「嘉耦曰妃，怨耦曰仇。」曰之爲詞所以標名號，故趙氏以名釋曰。**王曰『何以利吾國』，大夫曰『何以利吾家』，士庶人曰『何以利吾身』，上下交征利而國危矣。**注征，取也。從王至庶人，故云「上下交爭」。各欲利其身，必至於篡弑，則國危亡矣。《論語》曰：「放於利而行，多怨。」故不欲使王以利爲名也。又言交爲俱也。疏注「征取也」○正義曰：《盡心》篇下「有布縷之征」，注云：「征，賦也。」哀公十二年《公羊傳》何休注云：「賦者，斂取其財物也。」僖公二十七年《左傳》「賦納以言」，杜預注云：「賦猶取也。」《荀子·富國》篇「其於貨財取與」，楊倞注云：「取謂賦斂。」是征、賦、取三字轉注，故趙氏訓征爲賦，又訓征爲取也。○注「從王」至「名也」○正義曰：從，自也。自王取於大夫，大夫取於士庶人，爲上征下；士庶人又取利於大夫，大夫取利於王，爲下征上，是交征也。云「交爭」者，《魏世家》云：「孟子至梁，梁惠王曰：『叟不遠千里幸辱敝邑之庭，將何以利吾國？』孟軻曰：『君不可以言利。若是夫君欲利則大夫欲利，大夫欲利則庶人欲利，上下爭利，國則危矣。』」司馬遷每以改易字代解詁，上下交取，勢則必爭，故以「爭利」解「交征」，趙氏所本也。征無爭訓，故先以取訓之，而後本《史記》言交爭。惟爭而國乃危。《國策·秦策》云：「王攻其南，寡人絶其西，魏必危。」高誘注云：「危，亡也。」以亡訓危，與趙氏此注同。監本、毛本脱「亡」字。引《論語》者，《里仁》第四篇文。○注「又言交爲俱」○正義曰：前言上下交爭，是以交爲交互之交。交又訓俱，高誘注《齊策》、韋昭注《國語》皆如此訓。趙氏兼存之，故云「又言」。謂天子以至庶人俱惟利是取，不必上取下、下取上。此别一義也。**萬乘之國，弑其君者必千乘之家；**注萬乘，兵車萬乘，謂天子也；千乘，兵車千乘，謂諸侯也。夷羿之弑夏后，是以千乘取萬乘也。疏注「萬乘兵車」至「侯也」○正義曰：《漢書·刑法志》云：「因井田而制軍賦：地方一里爲井，井十爲通，通十爲成，成方十里；成十爲終，終十爲同，同方百里；同十爲封，封十爲畿，畿方千里。有稅有賦：稅以足食，賦以足兵。故四井爲邑，四邑爲丘，丘十六井也，戎馬一匹，牛三頭；四丘爲甸，甸六十四井也，有戎馬四匹，兵車一乘，牛十二頭，甲士三人，卒七十二人，干戈備具，是謂乘馬之法。一同百里，提封萬井，除山川、沈斥、城池、邑居、園囿、術路，三千六百井，定出賦六千四百井，戎馬四百匹，兵車百乘，此卿大夫采地之大者也，是謂百乘之家；一封三百一十六里，提封十萬井，定出賦六萬四千井，戎馬四千匹，兵車千乘，此諸侯之大者也，是謂千乘之國；天子畿方千里，提封百萬井，定出賦六十四萬井，戎馬四萬匹，兵車萬乘，故稱萬乘之主。」《論語》「道千乘之國」，《集解》：「馬氏云：『《司馬法》六尺爲步，步百爲畝，畝百爲夫，夫三爲屋，屋三爲井，井十爲通，通十爲成，成出乘車一乘。然則千乘之賦，其地千成，居地方三百一十六里有奇，惟公侯之封乃能容之。雖大國之賦，亦不是過焉。』包氏曰：『千乘之國者，百里之國也。古者井田，方里而井，十井爲乘。百里之國適千乘也。』融依《周禮》，包依《王制》《孟子》。疑，故兩存焉。」毛氏奇齡《經問》云：「古千乘之國，地方百里，出兵車千乘，故稱千乘之國。方里而井。百里之國爲萬井，而出千乘。是十井出一乘，不問可知。《周禮》乃謂九夫爲井，四井爲邑，四邑爲丘，四丘爲甸，甸六十四井，出車一乘，則是百里之國，止出兵車一百五十六乘，何名『千乘』乎？曰：《周禮·小司徒》職惟有『九夫爲井，四井爲邑，四邑爲丘，四丘爲甸』四句，其下『甸出一乘』云云皆《司馬法》文。杜預引此注《左傳》不注明『司馬法』三字而混并在《周禮》文下，或遂以之詬《周禮》。特所謂《司馬法》者原非周制。《史記》：『齊景公時有司馬穰苴曾著兵法，至戰國時齊威王使大夫追論古司馬兵法，而附穰苴於其中，名《司馬法》。』今其書不傳久矣，然且有兩《司馬法》，兩言出車之制，其一又曰『六尺爲步，步百爲畝，畝百爲夫，夫三爲屋，屋三爲井，井十爲通，通十爲成，成出革車一乘』。此馬融引之注《論語》，鄭康成引之注《周禮》，然皆非是。大抵侯國以百里爲斷，百里之地以開方計之，實得萬里。《孟子》方里而井。萬里者萬井也。乃以甸出一乘計之，甸方八里，實得六十四井。以成出一乘計之，成方十里，實得百井。百井出一乘，則萬夫止百乘；六十井出一乘，則萬夫止出一百五十有六乘矣。雖爲之説者曰：成之十里即是甸之八里，以甸八里外有治溝洫之夫各受一井，得二里，不出車賦，仍是十里。然其與千乘之賦則總不合。於是馬融謂侯封不止百里，當有方三百一十六里有奇；而鄭康成則直據《周禮》，謂公五百里，侯四百里，伯三百里，子二百里，男一百里，以求合於成甸出車之數。夫列爵惟五，分土惟三，真周制也。公侯百里，伯七十里，子男五十里，《王制》之等也。故《易》曰『震驚百里』，言建侯象雷震地，止百里；而《春秋傳》曰『列國一同』，一同者，百里之地；孟子謂周公、太公，其始封俱止百里，非地有不足而限制如此。此在漢後五經諸家，如何休、張苞、包咸、范甯輩，皆歷爲是説，而乃以五等班禄亂周家三等之制，以一人之書盡反《易》《春秋》《尚書》《孟子》《王制》諸經傳之文，豈可訓也？」王氏鳴盛《周禮軍賦説》云：「大國三軍，車五百乘，若計地出賦，則得千乘。千乘出賦之法，則服虔注《左傳》所引《司馬法》，載《詩正義》，所謂『甸六十四井，出車一乘，士卒共七十五人』者是。馬、鄭注《論語》引之，欲見邦國疆域實數，故改甸爲成，其實一耳。《孫子》云：『興師十萬，日費千金，怠於操事者七十萬家。』蓋謂七家而賦一兵也。今以此法推，六十四井、五百七十六家可出八十二人，尚餘二夫。今祇出七十五人，則是七家又十之五强出一人也。此説本無可疑。自何休注《公羊傳》『初税畝』云：『聖人制井田之法，十井共出兵車一乘。』包咸因之，亦謂十井爲乘，百里之國應千乘也。何楷辨之，謂使十井出一甸之賦，則其虐又過於成公之丘甲矣，此説最精。顧後儒猶有惑於其説者，則以邦國疆域諸國參差不合也。《王制》云：『公侯田方百里，伯七十里，子男五十里。』《孟子》云：『諸侯之地方百里，不百里不足以守宗廟之典籍。周公之封於魯，爲方百里也，地非不足而儉於百里；太公之封於齊也，亦爲方百里也，地非不足而儉於百里。』今考《王制》云云，康成以爲夏制五等之爵，三等受地，至殷變爵爲三等，合子男與伯以爲一，其地亦三等不變。則《白虎通》詳言之，武王克商，復增子男爵爲五等，其受地則與夏、殷三等同。齊、魯之封皆在武王之世，《孟子》所謂『地非不足而儉於百里』者，大都據初制而言。賈公彦『職方氏』疏申鄭意，謂其時九州之界尚狹，至武王崩，成王幼，周公攝政，致太平，制禮樂，成武王之意，斥大九州，於是五等之爵以五等受地，則《周禮・大司徒》云『凡建邦國：諸公之地封疆方五百里，諸侯之地封疆方四百里，諸伯之地封疆方三百里，諸子之地封疆方二百里，諸男之地封疆方百里』是也。《左氏傳》言『不過半天子之軍』，《坊記》言『不過千乘』，『不過』云者，謂軍賦以是爲限，非地止三百一十六里，故馬云『大國亦不是過』。《史記》云：『周封伯禽於魯地，方四百里。』《明堂位》則以成王欲廣魯於天下，故封周公於曲阜，地方七百里。然其言魯之賦，亦不過革車千乘而已。若孟子對北宫錡曰：『周室班爵禄，公侯皆方百里，伯七十里，子男五十里。不能五十里不達於天子，附於諸侯，曰附庸。』此以夏制爲周制者。其言曰『軻也嘗聞其略』，則爲傳聞約略之詞而非載籍之明據可知。王與之云：『孟子見戰國争雄，壤地廣袤，遂援百里、七十里、五十里之制以抑當時並吞無厭之心。若今之偏州下邑，奚啻百里？《周禮》所載不爲過也。』此説得之。蓋千乘其地千成，則九萬井有餘，其爲百里已九有奇矣，尚得以爲百里乎？《左傳》襄二十五年，鄭子産適晉獻捷，晉人責之何故侵小，子産對曰：『昔天子之地一圻，列國之地一同。今大國多數圻矣，若無侵小，何以至焉？』此亦救時之譚，非核實之論也。」謹按：説者多以千乘三百一十六里爲長，乃孟子説公侯百里，則孟子言「千乘」當自以百里矣。録毛氏、王氏兩説以俟識者參之。○注「夷羿」至「乘也」○正義曰：襄公四年《左傳》云：「昔有夏之方衰也，后羿自鉏遷於窮石，因夏民以代夏政，不脩民事而淫於原獸，棄武羅、伯因、熊髡、尨圉而用寒浞。寒浞，伯明氏之讒子弟也。伯明后寒棄之，夷羿收之。」杜預注云：「夷，氏也。」哀公元年《左傳》云：「昔有過澆，殺斟灌以代斟鄩，滅夏后相。」然則羿代夏政，不言弒君；其滅相者自是澆，非羿也。《書序》稱「太康失邦，昆弟五人，須於洛汭」。《周書・嘗麥》云：「其在夏之五子忘伯禹之命，假國無正，用胥興作亂，遂凶厥國。皇天哀禹，賜以彭壽，思正夏略。」五子，武觀也；彭壽者，彭伯也。是太康失國由於五觀。惟僞《古文尚書》言「羿距於河」，某氏傳以爲「羿廢太康，立其弟仲康」。趙氏所據未聞。

千乘之國，弒其君者必百乘之家。

注 天子建國，諸侯立家。百乘之家，謂大國之卿食采邑有兵車百乘之賦者也，若齊崔、衛甯、晉六卿等是。以其終亦皆弒其君，此以百乘取千乘也。上千乘當言「國」而言「家」者，諸侯以國爲家，亦以避萬乘稱國，故稱家，君臣上下之辭。

疏 注「天子建國諸侯立家」○正義曰：《春秋》桓公二年《左傳》文。《周禮・地官・載師》「以家邑之田任稍地」，注云：「家邑，大夫之采地。」《夏官・大司馬》「家以號名」，注云：「家謂食采地者之臣也。」○注「若齊崔」至「乘也」○正義曰：齊崔謂崔杼，衛甯謂甯喜。《春秋》襄公二十五年夏五月乙亥，「齊崔杼弑其君光」；二十六年春王二月辛卯，「衛甯喜弑其君剽」，是其事。馬氏驌《繹史》云：「晉三卿韓、魏、趙氏起於獻公之世，卒分晉國。」夫晉自三郤之亡，七族並盛，知罃、范匄、荀偃、韓起、欒黶、范魴、魏絳、趙武，襄八年《傳》稱悼公之「八卿」也。其後欒氏復亡，韓起、趙成、荀吳、魏舒、范鞅、知盈，五年《傳》稱平公之「六卿」也。至於定公而范、荀亡，晉止四卿矣。至於哀公而知伯滅，晉又止三卿矣。○注「上千」至「之辭」○正義曰：諸侯稱國，大夫稱家。上云「千乘之家」，故趙氏說之。太史公以吳太伯以下凡諸侯目爲世家，《索隱》引董仲舒云：「王者封諸侯，非官之也，得以代代爲家者也。」是諸侯以國爲家也。按：孟子言天子之卿受地視侯，大夫受地視伯，元士受地視子男。然則天子之卿大夫其采地同於侯，則千乘之家正指畿内之卿。如王孫蘇殺毛、召而王室亂，尹氏召伯立王子朝而王室亂，雖無弑君之迹，而争奪之釁起自王臣矣。**萬取千焉，千取百焉，不爲不多矣。** **注** 周制：君十卿禄。君食萬鍾，臣食千鍾，亦多矣，不爲不多矣。**疏** 注「周制」至「多矣」○正義曰：「君十卿禄」，《萬章下》篇文。《王制》亦云，故以爲周制也。《王制》：「諸侯之下士禄食九人，中士食十八人，上士食三十六人，下大夫食七十二人，卿食二百八十八人，君食二千八百八十人。」《周禮·廩人》：「凡萬民之食食者，人四鬴，上也；人三鬴，中也；人二鬴，下也。」注云：「此皆謂一月食米也。六斗四升曰鬴。」賈氏疏云：「此雖列三等之年，以中年是其常法。」以是推之，人一月三鬴，一歲十二月食三十六鬴，二百八十八人則每歲食一萬零三百六十八鬴。《考工記·㮚氏》「量之以爲鬴」，注云：「四升曰豆，四豆曰區，四區曰鬴。鬴，六斗四升也。鬴十則鍾。」然則一萬零三百六十八鬴爲鍾一千零三十六八，總其整數，是爲千鍾；君食二千八百八十人，是歲食十萬零三千六百八十鬴，爲一萬零三百六十八鍾，總其整數是爲萬鍾。云「君食萬鍾」者指諸侯千乘也，云「臣食千鍾」者指大夫百乘也。經文承上「萬乘」「千乘」「百乘」，則「萬」「千」「百」仍指乘言。是諸侯於天子萬乘中取其千，大夫於諸侯千乘中取其百。趙氏以禄言之，則君臣實取之數。諸侯於千乘中食萬鍾，大夫於百乘中食千鍾，推之天子於萬乘中食十萬鍾。其千乘之家即於萬乘中食萬鍾。食萬鍾者非一家，食千鍾於千乘者亦非一家，分各定，不容更溢，故不爲不多也。**苟爲後義而先利，不奪不饜。** 注 苟，誠也。誠令大臣皆後仁義而先自利，則不篡奪君位不足自饜飽其欲矣。 疏 注「苟誠」至「欲矣」○正義曰：「苟，誠」，《論語》「苟志於仁矣」孔注、《詩·采苓》「苟亦無信」毛傳皆如此訓。《白虎通·誅伐》篇云：「篡猶奪也，取也。」《説文》厶部云：「逆而奪取曰篡。」故以篡訓奪。《國語·晉語》云：「屬厭而已。」韋昭注云：「厭，飽也。」饜與厭通，故以飽訓饜。

未有仁而遺其親者也，未有義而後其君者也。 注 仁者親親，義者尊尊。人無行仁而遺棄其親、行義而忽後其君者。 疏 「未有」至「者也」○正義曰：篡奪則不止遺其親、後其君矣。以利爲名，其弊至此。行仁義，則愛其親、敬其君，不遺不後，詎至篡奪乎？○注「忽後」○正義曰：《論語》「忽焉在後」，忽之故後之也。監本、毛本作「無行義而忽後其君長」。**王亦曰仁義而已矣，何必曰利！」** 注 孟子復申此者，重嗟歎其禍。 疏 注「孟子」至「其禍」○正義曰：監本、毛本無「嗟」字，《音義》有之。

章指：言治國之道明，當以仁義爲名，然後上下和親，君臣集穆。天經地義，不易之道。故以建篇立始也。 疏 「章指言」○正義曰：《漢書·藝文志》：《詩》有《魯故》二十五卷。顔師古云：「故者，通其指義也。」又《春秋左氏微》二篇，顏師古云：「微謂釋其微指。」今《毛詩·關雎》篇後云：「《關雎》，五章，章四句。故言三章，一章章四句，二章章八句。」《釋文》云：「五章是鄭所分，故言是毛公本意。」然則名「故」者即分章句之指也。錢氏大昕《養新録》云：「趙岐注《孟子》，每章之末括其大旨，間作韻語，謂之《章指》。《文選》注所引趙岐《孟子章指》是也。南宋後僞《正義》出，託名孫奭所撰，盡删《章指》，正文仍剽掠其語，散入正義。明國子監刊十三經承用此本，世遂不復見趙氏原本矣。考《崇文總目》載陸善經注《孟子》七卷，稱善經删去趙岐《章指》與其注之繁重者，復爲七篇。是删去《章指》始於善經，邵武士人作疏蓋用善經本也。」周氏廣業《孟子古注考》云：「章句者，檃栝一章之大指也。董生言『《春秋》文多數萬，其指數千』，知文必有指。趙氏因舉以爲例。」又云：「《考文》言古本『章旨』當作『章指』。旨，意也，《易·繫》『其旨遠』是也；指，歸趣也，《孟子》『願聞其指』是也。傳記用『意指』『事指』『經指』等字間有通借，其實非也。顏師古《漢書》注：『指謂義之所趨，如人以手指物也。』」周氏有《疏證孟子章指》一卷，今依用其原文而稍增損之。山井鼎《考文》云：「古本、足利本每章注末有《章指》。」❶孔本、韓本注末別行載《章指》。宋本《章指》下皆有「言」字，《考文》亦然，蓋謂此章大旨所言如此也。孔本作「章指曰」，無「言」字，恐非趙氏之舊。○「治國」至「始也」○正義曰：《史記·漢興以來諸侯年表》云：「形勢雖强，要當以仁義爲本。」魏武帝《秋胡行》云：「仁義爲名，禮樂爲榮。」《禮記·樂記》云：「禮義立則貴賤等

❶「每」，原作「無」，今據《七經孟子考文補遺》補。

矣，樂文同則上下和矣。仁以愛之，義以正之。」又云：「樂在宗廟之中，君臣上下同聽之，則莫不和敬；在閨門之內，父子兄弟同聽之，則莫不和親。」《音義》云：「集穆，張鎰云：『當爲輯穆。』」《左傳》隨武曰「卒乘輯穆」，季武子曰「其天下輯睦」。黃公紹《韻會》云「穆通作睦」，引此及《史記·司馬相如傳》「旼旼睦睦」《漢書》作「旼旼穆穆」爲證。《大戴記·虞戴德》篇云：「衆則集，寡則繆。」孔氏廣森《補注》云：「繆，古通以爲『穆』字，『集』『繆』，皆和也。《孟子章指》：『上下和親，君臣集穆。』」昭公二十五年《左傳》子太叔曰：「禮，天之經也，地之義也。」禮樂必本仁義，故爲不易之道。《孟子》七篇主明仁義，以此立首也。

孟子見梁惠王。王立於沼上，顧鴻鴈麋鹿，曰：「賢者亦樂此乎？」注沼，池也。王好廣苑囿，大池沼。與孟子遊觀，顧視禽獸之衆多，心以爲娛樂，夸咤孟子曰：賢者亦樂此乎？ 疏注「沼池也」○正義曰：《毛詩》傳文。○注「王好」至「此乎」○正義曰：《國策·魏策》云：「梁王魏嬰觴諸侯於范臺，魯君興，避席擇言曰：『楚王登强臺而望崩山，左江而右湖，其樂忘死，遂盟强臺而弗登，曰：「後世必有以高臺陂池亡其國者。」今主君前夾林而後蘭臺，强臺之樂也。』」是惠王好廣苑囿、大池沼也。《毛詩·小雅·鴻鴈》篇傳云：「大曰鴻，小曰雁。」《説文》鳥部云：「鴻，鵠也。」「鴈，鵝也。」隹部云：「雁，鳥也。」雁、鴈字異物異，此「鴻鴈」連文，「鴈」宜是「雁」，古字通也。又鹿部云：「麋，鹿屬。」「鹿，獸也。」言雁又言鴻，言鹿又言麋，以見禽獸衆多，餘可例也。《音義》云：「咤，丁丑嫁切，誇也。《玉篇》作『詫』。」《史記·司馬相如傳》云「子虛過詑烏有先生」，《集解》引郭璞云：「誇也。」《潛夫論・浮侈》篇云：「驕侈僭主，轉相誇詑。」又《述赦》篇云：「令惡人高會而夸詑。」《後漢書・王符傳》注云：「詑，誇也。」咤與詑通。咤，《説文》訓「叱怒」。與「夸」連文，故亦爲誇。夸亦誇也。

孟子對曰：「賢者而後樂此，不賢者雖有此不樂也。注惟有賢者然後乃得樂此耳，謂脩堯舜之道，國家安寧，故得有此以爲樂也；不賢之人亡國破家，雖有此當爲人所奪，故不得以爲樂也。疏注「謂脩堯舜之道」〇正義曰：孟子道性善，言必稱堯舜，故知孟子之意在脩堯舜之道。堯舜通其變，使民不倦；神而化之，使民宜之。神化民宜，即文王有靈德也。

《詩》云：『經始靈臺，經之營之，庶民攻之，不日成之。注《詩》，《大雅・靈臺》之篇也。言文王始經營規度此臺，衆民並來治作之，而不與之相期日限，自來成之也。疏注「詩大」至「之也」〇正義曰：《詩序》云：「靈臺，民始附也。文王受命，而民樂其有靈德，以及鳥獸昆蟲焉。」毛傳云：「神之精明曰靈，四方而高曰臺。經，度之也。攻，作也。不日有成也。」箋云：「文王應天命，度始靈臺之基趾，營表其位。衆民則築作，不設期日而成之。觀臺而曰靈者，文王化行，以神之精明，故以名焉。」趙氏此注與毛、鄭同。云「規度此臺」，本毛以度訓經也；云「並來治作之」，本毛以作訓攻也。又以規明度義，以治明作義，《説文》夫部云：「規，有法度也。」《考工記》「攻木之工」，注云：「攻猶治也。」云「不與之相期日限」，即「不設期日」也。《國語》引此詩，韋昭注云：「不課程以時日。」趙氏佑《温故録》云：「古者工必計日。《左傳》宣十一年『蔿艾獵城沂，量功命日』，杜預注云：『命作日數。』昭二十三年『士彌牟營成周，量事期』，注云：『知事幾時成。』皆於事前預爲期限。」文王使民不勞，不急於成功，故曰「不日成之」。宋本作「不與期日限」，廖本作「不與期日」。

經始勿亟，庶民子來。注言文

王不督促使之。亟，疾也。衆民自來趣之，若子來爲父使也。**疏**注「言文」至「使也」○正義曰：督，《音義》云：「丁作㥵。」阮氏元《挍勘記》云：「㥵疑裻之誤。古裻與督義同音同。」《毛詩》箋云：「亟，急也。度始靈臺之基趾非有急成之意，衆民各以子成父事而來攻之。」疾猶急也。云「子來爲父使」即是「子成父事」。「經始勿亟」申「不日」意，「庶民子來」申「攻之」「成之」意也。**王在靈囿，麀鹿攸伏。麀鹿濯濯，白鳥鶴鶴。****注**麀鹿，牸鹿也。言文王在此囿中，麀鹿懷任，安其所而伏，不驚動也。獸肥飽則濯濯，鳥肥飽則鶴鶴而澤好。**疏**注「麀鹿」至「澤好」○正義曰：鶴鶴，《詩》作「翯翯」，《毛詩》傳云：「囿，所以域養禽獸也。天子百里，諸侯四十里。靈囿，言靈道行於囿也。麀，牝也。濯濯，娛遊也。翯翯，肥澤也。」箋云：「攸，所也。文王親至靈囿，視牝鹿所遊伏之處，言愛物也。鳥獸肥盛喜樂。」趙氏解與傳、箋有同有異。「牸鹿」，毛本作「牝鹿」，牸亦牝也。攸伏，箋以「所遊伏」解之，遊指下濯濯，伏與遊對，則遊言其動，伏言其靜耳。趙氏云「懷任安其所而伏」，以伏爲懷任者：任亦作「妊」，孕也。「伏」古與「包」通，「伏羲氏」一作「包羲氏」。伏、包皆訓藏。《說文》包部云：「包，象人裹妊也。巳在中，象子未成形也。」《夏小正》「雞孚粥」，傳云：「嫗伏也。」《方言》云：「北燕、朝鮮、洌水之間謂伏雞曰抱。其卵伏而未孚，始化謂之涅。」禽鳥之伏卵猶獸畜之懷任，故《詩》言「伏」，趙氏以「懷任」解之。《國語·楚語》引《詩》，韋昭注亦云：「視牝鹿所伏息，愛牸任之類。」此或齊、魯、韓三家所傳也。《廣雅·釋訓》云：「濯濯，肥也。皠皠，白也。」王氏念孫《疏證》云：「《釋器》云：『皠，白也。』重言之則曰『皠皠』。何晏《景福殿賦》『皬皬白鳥』，並與皠皠同。」按：從霍、從隺、從高古多通用。《釋名》云：「膗，蒿也。」《說文》手部云：「搉，敲也。」《爾雅·釋器》云：「篧謂之罩。」《說文》匕部云：

「卓，高也。」《易》「家人嗃嗃」，《釋文》云：「荀作確。」《一切經音義》：「確，《埤蒼》作塙，又《字書》作碻。」哀公四年《左傳釋文》引郭璞《解詁》云：「鄗者，雁。」《漢書·韓信傳》注引李奇云：「鄗音羹臛之臛。」《史記·秦始皇紀》《索隱》云：「鶮，古鶴字。」《説文》冂部云：「隺，高至也。」鶴之名鶴以高至，望及於高，故「睢」爲望亦取義於高。「鶴」亦作「鶮」，從隺與從霍同。《詩》作「翯翯」，《孟子》引作「鶴鶴」，其字通也。趙氏云「肥飽則濯濯鶴鶴」，非以「濯濯鶴鶴」爲肥飽，其以「澤好」申之，仍用毛傳「肥澤」之訓。因肥而澤，因澤而白也。「濯濯」未訓娛遊，蓋以「澤」申「鶴鶴」，以「好」申「濯濯」。《詩·文王有聲》「王公伊濯」，《釋文》引《韓詩》云：「美也。」美即好也。**王在靈沼，於牣魚躍。』** 注 文王在池沼，魚乃跳躍喜樂。言其德及鳥獸魚鼈也。疏 注「文王」至「鼈也」○正義曰：《毛詩》傳云：「靈沼，言靈道行於沼也。牣，滿也。」箋云：「靈沼之水，魚盈滿其中，皆跳躍，亦言得其所。」《音義》云：「牣，丁公著本作仞。」吴氏玉搢《别雅》云：「《史記·殷本紀》『充仞宫室』，《司馬相如傳》『充仞其中者不可勝紀』，仞皆與牣通。」按《文選·上林賦》「虚館而勿仞」，郭璞注云：「仞，滿也。」云「德及鳥獸魚鼈」，即毛傳所謂「靈道行於囿」「靈道行於沼」也。**文王以民力爲臺爲沼而民歡樂之，謂其臺曰『靈臺』，謂其沼曰『靈沼』，樂其有麋鹿魚鼈。** 注 孟子爲王誦此詩，因曰：文王雖以民力築臺鑿池，民由歡樂之，謂其臺沼若神靈之所爲，欲使其多禽獸以養文王者也。疏 注「孟子」至「所爲」○正義曰：爲，治也。故以築臺解爲臺，以鑿沼解爲沼。「由」，毛本作「猶」，猶、由通也。臧氏琳《經義雜記》云：「宋孫氏《音義》云：『歡樂，本亦作勸樂。』案，《左傳》昭九年叔孫昭子引《詩》曰『經始勿亟，庶民子來』，杜注：『《詩·大雅》言。文王始經營靈臺，非急疾之，衆民自以爲子義來，勸樂爲之。』正義云：『衆民以爲子成父事而來，勸樂而早成之耳。」是可知晉唐時本皆作『勸樂』，故杜注、孔疏據之，與孫宣公《音義》正合。蓋經言『庶民子來』，孟子以『而民勸樂』釋之，猶《禮記・中庸》謂『子庶民則百姓勸』也。因『歡』與『勸』形相近，故經注皆譌爲『歡』。《漢書・王莽傳上》『《詩》之靈臺』，師古曰：『始立此臺，兆庶自勸就其功作，故《大雅・靈臺》之詩云云。』當亦本《孟子》云『謂其臺沼若神靈之所爲』者。」周氏柄中《辨正》云：「《詩小序》：『民樂文王有靈德。』據此則靈臺因文德命名。《説苑・脩文》篇云：『積恩爲愛，積愛爲仁，積仁爲靈。靈臺之所以爲靈者，積仁也。』其義與《小序》合。」趙氏佑《温故録》云：「趙注『神靈之所爲』殆乎託意鬼神然者，然靈之訓善，《書》傳『於弔由靈』『丕靈承帝事』『惟我周王靈承於旅』『苗氏弗用靈』，皆云『善也』，《詩》『靈雨』箋亦云『善』，蓋猶好雨之謂。其兼『神』言之者，如『黄帝生而神靈』之類，則與明同義。故《序》云『民樂文王有靈德』，傳云『神之精明者稱靈』，箋云『文王化行若神之精明』，則皆以文王之德言，初不繫乎臺成之速，有歸諸冥冥不可得知之意，後世始有以靈爲鬼神奇異之稱者。又《謚法》『靈若厲』之靈，不可與文王之『神靈』相出入也。」謹按：靈訓善，此説是也。靈德即善德也，靈道即善道也，則靈臺即善臺，靈沼即善沼。《漢書・地理志》：「濟陰成陽有堯冢靈臺。」《水經注》：「成陽城西二里有堯陵，陵南一里有堯母慶都陵，稱曰『靈臺』。」此陵墓稱「靈臺」，當以鬼神之義言之。文王之「靈臺」「靈沼」自以善稱。《詩》云「經始靈臺」，則名自此始，故箋云本「觀臺而曰靈臺」，非堯冢靈臺之例也。趙氏與毛、鄭異。○注「欲使」至「者也」

○正義曰：《吕氏春秋・務大》篇「然後皆得其所樂」，高誘注云：「樂，願也。」願猶欲也，故以「欲」解「樂」。《易・雜卦傳》云：「大有，衆也。」《繫辭傳》云：「富有之謂大業。」有之義爲衆、爲富，衆富即多，故以「多」解

「有」，「樂其有麋鹿魚鼈」即欲其多麋鹿魚鼈也。**古之人與民偕樂，故能樂也。**注偕，俱也。言古之賢君與民共同其所樂，故能樂之。疏注「偕俱」至「樂之」○正義曰：「偕，俱也」，《毛詩》傳文。《説文》人部云：「俱，皆也。」偕與皆通，皆亦同也。故又以「共同」申言之。監本、毛本作「與民同樂，故能得其樂」。**《湯誓》曰：『時日害喪，予及汝偕亡！』**注《湯誓》，《尚書》篇名也。時，是也。日，乙卯日也。害，大也。言桀爲無道，百姓皆欲與湯共伐之。湯臨士衆而誓之，言是日桀當大喪亡，我及女俱往亡之。疏注「湯誓」至「亡之」○正義曰：《書序》云：「伊尹相湯伐桀，升自陑，遂與桀戰於鳴條之野，作《湯誓》。」其書今存，作「時日曷喪，予及汝偕亡」。伏生《大傳》云：「夏人飲酒，醉者持不醉者，不醉者持醉者，相和而歌曰：『盍歸乎亳，亳亦大矣。』故伊尹退而閒居，深聽樂聲，更曰：『覺兮較兮，吾大命假兮！去不善而就善，何樂兮！』伊尹入告於王曰：『大命之去，有日矣。』王僩然歎，啞然笑，曰：『天之有日，猶吾之有民也。日亡，吾亦亡矣。』」鄭康成本此注《湯誓》云：「桀見民欲叛，乃自比於日，曰：『是日何嘗喪乎？日若喪亡，我與汝亦皆喪亡。』引不亡之徵以脅恐下民也。」孟子引此文而申之云「民欲與之皆亡」，則伏、鄭之解乖於孟子矣。江氏聲《尚書古文集注音疏》云：「桀自比於日，民即假日以諭桀，言『是日何時喪乎？我將與汝皆亡』，甚欲桀之亡也。予者，民自予也。及，與也。汝，汝日也。假日以諭桀，實則汝，桀也。」謹按：趙氏以此爲湯諭民之言，以「予及汝偕亡」爲「我及汝俱往亡之」，則我爲湯自我，汝謂民。乃《書》文於此下云「夏德若兹，今朕必往」，語爲重沓矣。孟子引《詩》稱文王之德，全在「而民歡樂之」；引《書》言桀之失德，全在「民欲與之皆亡」。若作湯諭民往亡桀之辭，無以見桀之失德矣。趙氏之旨，既殊孟子，亦違伏鄭，未知所本。其訓「時」爲「是」，《爾雅·釋詁》文。「日」爲「乙卯日」者，《禮記·檀弓》杜蕢飲師曠曰「子卯不樂」，注云：「紂以甲子死，桀以乙卯亡。」《左傳》昭公十八年春王二月乙卯，「周毛得殺毛伯過而代之，萇宏曰：『毛得必亡，是昆吾稔之日也。』」杜預注云：「以乙卯日與桀同誅。」是桀以乙卯日亡也。「害，大」者，《音義》云：「害，如字。張音曷。」如字則讀傷害之害，傷害字無訓大之義。蓋曷與盇通，《説文》皿部云：「盇，覆也。」《爾雅·釋詁》云：「曷，盇也。」趙氏讀害爲曷，而通其義於覆。覆何以有大義？覆義與奄同，《説文》大部云：「奄，覆也，大有餘也。」《詩·皇矣》「奄有四方」，傳云：「奄，大也。」是奄、覆有大義也。覆亦通於幠，《説文》巾部云：「幠，覆也。」《爾雅·釋詁》云：「幠，大也。」是幠、覆有大義也。阮氏元《校勘記》云：「宋本、孔本『日乙卯日』上『日』作『時』，非，當作『是日，乙卯日』也。」**民欲與之皆亡，雖有臺池鳥獸，豈能獨樂哉？」**注 孟子説《詩》《書》之義以感喻王。言民皆欲與湯共亡，桀雖有臺池禽獸，何能復獨樂之哉？復申明上言「不賢者雖有此不樂」也。疏 注「何能復獨樂之哉」○正義曰：始侈而獨樂，既民欲與之皆亡，則不能獨樂矣。《章指》言「不能保守其所樂」，故云「何能復獨樂哉」。閩、監、毛三本無「復」字，非也。

章指：言聖王之德，與民共樂，恩及鳥獸，則忻戴其上，太平化興。無道之君，衆怨神怒，則國滅祀絶，不得保守其所樂也。疏 「恩及」至「化興」○正義曰：「恩及鳥獸」即《章句》言「德及鳥獸魚鼈」也。《白虎通·封禪》篇云「王者德至鳥獸」是也。「忻戴」者，忻與欣同。《國語·周語》云：祭公謀父諫穆王曰：「商王帝辛大惡於民，庶民弗忍，欣戴武王，以致戎於商牧。是先王非務武也，勤恤民隱而除其害也。」韋昭注云：「戴，奉也。」《晉語》：史蘇朝告大夫曰：❶「昔者之伐也，起百姓以爲百姓也，是以民能欣之。」韋昭注云：「欣，欣戴也。」又：郭偃曰：「夫人美於中，必播於外而越於民，民實戴之。」韋昭注云：「戴，欣戴也。」《音義》云：「大平，丁音泰。」○「衆怨神怒則國滅祀絶」○正義曰：《國語·周語》：內史過曰：「國之將亡，其君貪冒辟邪，淫佚荒怠，麤穢暴虐；其政腥臊，馨香不登；其刑矯誣，百姓攜貳。明神弗蠲，而民有遠志。民神怨恫，無所依懷，故神亦往焉，觀其苛慝而降之禍。昔夏之興也，融降於崇山；其亡也，回禄信於聆隧。」《湯誓》言衆怨，趙氏兼言神怒者，以文王「靈臺」「靈沼」所以稱「靈」，是爲神所佑。衆樂則神佑，衆怨則神怒矣。

梁惠王曰：「寡人之於國也，盡心焉耳矣。」注王侯自稱「孤」「寡」。言寡人於治國之政，盡心欲利百姓。焉耳者，懇至之辭。疏注「王侯自稱孤寡」○正義曰：《禮記·曲禮下》云：「庶方小侯，入天子之國曰『某人』，於外曰『子』，自稱曰『孤』。」又云：「諸侯與民言，自稱曰『寡人』。」注云：「謙也。於臣亦然。」《吕氏春秋·君守》篇云：「君名孤寡而不可障壅。」高誘注云：「孤寡，人君之謙稱也。」○注「言寡」至「百姓」○正義曰：下言移民移粟，皆是利百姓之事，故知「盡心」指「欲利百姓」。○注「焉耳者懇至之辭」○正義曰：「焉耳」當作「焉爾」。《禮記·三年問》云：「然則何以三年也？曰：加隆焉爾也。」隱公二年《公羊傳》

❶「朝」，原作「明」，今從沈校據《國語》改。

云：「託始焉爾。」何休注云：「焉爾猶於是也。」然則此言「盡心焉爾」者猶云「盡心於是」矣。**河內凶則移其民於河東，移其粟於河內，河東凶亦然。** 注 言凶年以此救民也。魏舊在河東，後爲强國，兼得河內也。疏「河內」至「亦然」○正義曰：凶謂荒年。移民之壯者就食於河東，移河東之粟以賑河內之老稚也。亦然，則移河東之壯者於河內，而移河內之粟於河東也。○注「魏舊」至「內也」○正義曰：《漢書·地理志》：「河東郡安邑，魏絳自魏徙此，至惠王徙大梁也。」是魏舊在河東。又云：「河內本殷之舊都，周既滅殷，分其畿內爲三國，《詩·風》邶、庸、衛國是也。周公誅之，盡以其地封弟康叔。至十六世懿公亡道，爲狄所滅。齊桓公帥諸侯伐狄而更封衛於河南曹楚邱，而河內殷墟更屬於晉。」魏分晉，則河內爲魏得，故云：「後爲强國，兼得河內。」閻氏若璩《四書釋地又續》云：「梁河東，今之安邑等縣；梁亦有河西，《六國表》『魏入河西地於秦』是也；梁河內，今之河內、濟源等縣；梁亦有河外，《蘇秦傳》『大王之地，北有河外』，注云：『謂河南地。』是也。河東、西亦謂之河內、外。《左傳》僖十五年：『賂秦伯以河外列城五，內及解梁城。』《魏世家》：無忌曰：『所亡於秦者，河外、河內。』是也。至河內、外，則梁之河北、河南地。蘇代曰：『秦正告魏，我陸攻則擊河內，水攻則滅大梁。』是也。然則梁之地，自河西逶迤而至河南，幾將二千里。蘇秦曰：『魏地方千里。』蓋從長而横不足，絶長補短算耳。」**察鄰國之政，無如寡人之用心者。** 注 言鄰國之君用心憂民無如己也。疏 注「用心憂民」○正義曰：「用心」即「盡心」，「憂民」即「欲利百姓」。**鄰國之民不加少，寡人之民不加多，何也？」** 注 王自怪爲政有此惠而民人不增多於鄰國者，何也？疏 注「王自」至「何也」○正義曰：加多是增多，則加少是增少。鄰國之民歸附於我，則鄰之民少而益增其少，我之民多而益增其多矣。**孟子對曰：「王好戰，請以戰喻。**注因王好戰，故以戰事喻解王意。疏注「喻解王意」〇正義曰：《廣雅・釋言》云：「喻，曉也。」《漢書》翼奉上封事云：「何聞而不諭？」顏師古云：「諭謂曉解之。」諭與喻通。

填然鼓之，兵刃既接，棄甲曳兵而走，或百步而後止，或五十步而後止，以五十步笑百步，則何如？」注填，鼓音也。兵以鼓進，以金退。孟子問王曰：今有戰者，兵刃已交，其負者棄甲曳兵而走五十步而止，足以笑百步止者不？疏注「填鼓」至「金退」〇正義曰：《説文》土部云：「填，塞也。」《荀子・非十二子》云「填填然」，楊倞注云：「填填然，滿足之貌。」聲之滿足爲填填，猶貌之滿足爲填填。僖公十六年《公羊傳》云：「霣石記聞，聞其磌然。」填然亦磌然也。《楚辭・九歌》云：「靁填填兮雨冥冥。」鼓聲之滿盛猶雷聲也。云「兵以鼓進，以金退」者，《荀子・議兵》篇云：「聞鼓聲而進，聞金聲而退。」哀公十一年《左傳》云：「吾聞鼓而已，不聞金矣。」杜預注云：「鼓以進軍，金以退軍。」亦本《荀子》也。此兵刃交接之時，鼓聲督戰，故填填充塞而盛也。李文仲《字鑑》云：「鼓，《説文》從壴，從支持之支。《五經文字》云：『作鼓，非。』鼓，《説文》：『擊鼓也。』《孟子》『填然鼓之』，從攴從壴。攴音撲。」〇注「今有」至「者不」〇正義曰：既即已也；接即交也。趙氏以「已交」解「既接」。曳，拕也。棄甲拕兵，是奔敗也，故云「其負者」。閩、監、毛三本作「足以笑百步者否」，《音義》出「者不」，是舊作「不」。不、否字通也。

曰：「不可。直不百步耳，是亦走也。」注王曰：不足以相笑也。是人俱走，直争不百步耳。疏注「不足」至「步耳」〇正義曰：「不足以相笑」解「不可」，「是人」解「是」字，指五十步而止之人。云「直争不百步」者，謂争衡其輕重也。王氏引之《經傳釋詞》云：「直猶特也，但也。直、特古同聲。《史記・叔孫通傳》云『吾直戲耳』，《漢書》『直』作『特』。」

曰：「王如知此，則無望民之多於鄰國也。注孟子曰：王如知此不足以相笑，王之政猶此也。王雖有移民轉穀之善政，其好戰殘民與鄰國同，而猶望民之多，何異於以五十步笑百步者乎？疏注「孟子曰」○正義曰：趙氏凡於經文但稱「曰」字，必實指何人曰，如前云「王曰」，此云「孟子曰」。推之稱「樂正子曰」「丑曰」「薛君曰」「大夫曰」「賈曰」「相曰」「周霄曰」「彭更曰」「不勝曰」「匡章曰」「髡曰」「克曰」「萬章曰」「告子曰」「公都子曰」「陘曰」「白圭曰」「高子曰」皆然。惟云「某某以爲」「某某以」者，原其意恉，與云「某某曰」者爲異。又有云「某某言」「某某問」，亦猶「某某曰」也。○注「王雖」至「者乎」○正義曰：閩、監、毛三本「穀」作「粟」，無「以」字。

「不違農時，穀不可勝食也；注從此以下，爲王陳王道也。使民得三時務農，不違奪其要時，則五穀饒穰不可勝食。疏注「爲王陳王道也」○正義曰：胡氏煦《篝燈約旨》云：「春秋時五霸迭興，臣强君弱，漸有驅制同儕，決裂臣道，渺視周君之意。是君權將替而臣道已亢，故孔子作《春秋》，寓意於尊周，所以維持臣道也。孟子時七國雄據其地，强悍自用，君道亦已不振，而草菅人命，各圖恢擴，故孟子遊齊、梁說以王道，所以維持君道而已。與孔子非有異也。」○注「使民得三時務農」○正義曰：《荀子·王制》篇云：「以春耕、夏耘、秋收、冬藏，四者不失時。」趙氏云「三時」者，《春秋》莊公三十一年「秋，築臺于秦」，《穀梁傳》云：「不正罷民三時。」桓公六年《左傳》云：「謂其三時不害而民和年豐也。」杜預注云：「三時，春、夏、秋。」**數罟不入洿池，魚鼈不可勝食也；**注數罟，密網也。密細之網所以捕小魚鼈者也，故禁之不得用。魚不滿尺不得食。疏注「數罟」至「得用」○正義曰：《毛詩·豳風》「九罭之魚」，傳云：「九罭，緵罟，小魚之網也。」

《釋文》云：「緵又作總。」《小雅》「魚麗于罶」，毛傳云：「庶人不數罟，罟必四寸然後入澤梁。」《釋文》云：「數，七欲反，又所角反。陳氏云：『數，細也。』」孔氏正義云：「庶人不總罟，謂罟目不得總之使小，言使小魚不得過也。集本『總』作『緵』，依《爾雅》，定本作『數』，義俱通也。」按：《詩·召南》「素絲五總」，毛傳云：「總，數也。」《陳風》「越以鬷邁」，毛傳云：「鬷，數也。」《商頌》「鬷假無言」，毛傳云：「鬷，總也。」鬷、緵同聲，緵、總、數三字同。趨數即迫促。文公十六年《左傳》云「無日不數於六卿之門」，杜預注云：「數，不疏。」不疏是密也。《説文》糸部云：「總，聚束也。」聚束即促速，促束即趨數也。倪氏思寬《二初齋讀書記》云：「《周禮》言『羅襦』猶《孟子》言『數罟』。蜡則作羅襦，明非蜡則不用羅襦矣。《周禮》取禽，《孟子》取魚，其實是一例。」《韓非子·説林》云：「君聞大魚乎？網不能止，繳不能絓也。」是繳所以取小魚。《鹽鐵論·散不足》篇：賢良曰：「鳥獸魚鼈不中殺不食，故繳網不入於澤。」《説文》糸部云：「繳，生絲縷也。」蓋以生絲縷作網則其目小，繳網即數罟也，今俗猶以細密者爲「絲網」是也。○注「魚不滿尺不得食」○正義曰：《呂氏春秋·具備》篇云：「宓子賤治亶父三年，巫馬旗往觀化。見夜漁者得則舍之，巫馬旗問焉，對曰：『宓子不欲人之取小魚也，所舍者小魚也。』」高誘注云：「古者魚不尺不升於俎。宓子體聖人之化爲盡類也，故不欲人取小魚。」《淮南子·主術訓》云：「魚不長尺不得取，彘不期年不得食。」**斧斤以時入山林，材木不可勝用也。** 注 時，謂草木零落之時。使林木茂暢，故有餘。疏 注「時謂」至「有餘」○正義曰：《禮記·王制》云：「草木零落然後入山林。」《毛詩·小雅》「魚麗于罶」，傳云：「太平而後，微物衆多，取之有時，用之有道，則物莫不多矣。古者草木不折不操斧斤，不入山林。」翟氏灝《考異》云：「《鹽鐵論·通有》章引《孟子》曰：

『不違農時，穀不可勝食；蠶麻以時，布帛不可勝衣也；斧斤以時入，材木不可勝用；佃魚以時，魚肉不可勝食。』《荀子·王制》篇云：『春耕、夏耘、秋收、冬藏，四者不失時，故五穀不絶而百姓有餘食也；網罟、毒藥不入澤，洿池淵沼，謹其時禁，故魚鼈優多而百姓有餘用也；斬伐養長，不失其時，故山林不童而百姓有餘材也。』《逸周書·大聚解》云：『禹之禁：春三月，山林不登斧斤以成草木之長；夏三月，川澤不入網罟以成魚鼈之長，且以并農力，執成男女之功。夫然則有生而不失其宜。』孟、荀之言並本如此。」**穀與魚鼈不可勝食，材木不可勝用，是使民養生喪死無憾也；** 注 憾，恨也。民所用者足，故無恨。 疏 注「憾恨也」○正義曰：《論語》「敝之而無憾」孔氏注、《淮南子·本經訓》高誘注皆如此訓。**養生喪死無憾，王道之始也。** 注 王道先得民心，民心無恨，故言「王道之始」。

「五畝之宅樹之以桑，五十者可以衣帛矣； 注 廬井、邑居各二畝半以爲宅，冬入保城二畝半，故爲五畝也。樹桑牆下。古者年五十乃衣帛矣。 疏 注「廬井」至「畝也」○正義曰：《漢書·食貨志》云：「六尺爲步，步百爲晦，晦百爲夫，夫三爲屋，屋三爲井。井方一里，是爲九夫。八家共之，各受私田百晦、公田十晦，是爲八百八十晦，餘二十晦以爲廬舍。春令民畢出在壄，冬則畢入於邑。」趙氏所本也。毛氏奇齡《四書賸言補》云：「『廬井、邑居各二畝半』，則已五畝，又云『冬入保城二畝半』，何解？《漢書·食貨志》云『在野曰廬』，則『廬井』者井間之廬也；又云『在邑曰里』，則『邑居』者里邑之居也。《爾雅》：『里，邑也。』鄭康成稱『里居』與趙稱『邑居』並同。蓋廬井二畝半在公田中，一名廬舍。何休云：『一夫受田百畝，又受公田十畝，廬舍二畝半。』謂一夫受田一百十畝，又分受公田之二十畝，各得二畝半作廬居也，此易曉也；至在邑之二畝半以國城當之，則大謬不然。《管子·内政》云：『四民勿使雜處：處工就官府，處商就市井，處農就田野。』而韋昭謂『國都城郭之域惟士工商而已，農不與焉』，則二畝半在邑只在井邑，與國邑無涉。蓋古王量地制邑，其在國邑外，如公邑、家邑、邱邑、都邑，類凡所屬井地皆可置宅，然且諸井邑中亦惟無城者可處農民，若有城如費邑、郈邑所稱都邑者則農不得入。管子與韋氏之言稍可據。然而趙邠卿乃有『冬入保城』之説，或係衍文，或有脱簡，且或原有師承。如《周禮》『夫一廛』鄭康成所謂『城邑之居』者，則或諸邑有城者亦置里居，事未可知。若在國城，則《周禮·載師氏》明有『國宅無征，園廛二十而一』之文，鄭司農注云：『國宅，國城中宅也。』而鄭康成即云：『國宅者，凡官所有之宫室與吏所治者，又名國廛。』與園宅、園廛農民所居者正相分別，安可以農民園廛溷當之官吏之國宅乎？則此二畝半當云『在井邑』，不問有城與無城並得入保。此舉近地井里而言。如四井爲邑，則必邑中有里居可爲保守之地，故其居名『里居』，又名『邑居』。」倪氏思寬《二初齋讀書記》云：「《晉語》：尹鐸請於趙簡子曰：『以爲繭絲乎，抑爲保鄣乎？』韋昭注：『小城曰保。』引《禮記》遇入保者以爲證。然則趙注當亦指井邑中小城言之。若既無城，何云『入保』？毛氏説未免於率。」周氏柄中《辨正》云：「季彭山《讀禮疑圖》言農民所宅必是平原可居之地，别以五畝爲一處，不占公田，取於便農功邇，饋餉去田亦不宜遠。其所聚居，或止八家，或倍八家以上，各隨便宜，聚爲一邑，置堡以相守望。故舉成數言，則有十室之邑、千室之邑，非必都邑然後爲邑，而都邑亦豈可寓農民哉？農民之宅，鄉里也，即制里以導其妻子養老者也；國中之廛，市廛也，但爲士旅寄居之所、工商懋遷之區而已。」段氏玉裁《説文解字注》云：「《説文》：『廬，寄也。秋冬去，春夏居。』『廛，二畝半也，一家之居。』《大雅》『于時廬旅』，毛傳云：『廬，寄也。』《小雅》『中田有廬』，箋云：『中田，田中也。農人作廬焉以便其田事。』《春秋》宣十五年《公羊傳》注云：『一夫受田百畝，公田十畝，廬舍二畝半，凡爲田一頃十二畝半。八家而九頃，共爲一井。在田曰廬，在邑曰里。春夏出田，秋冬入保城郭。』按，許『廬』義與下『廛』義互相足。在野曰廬，在邑曰廛，皆二畝半也，趙注尤明。里即廛也。《詩·伐檀》毛傳云：『一夫之居曰廛。』《遂人》『夫一廛』，先鄭云：『廛，居也。』後鄭云：『廛，城邑之居。』《載師》『以廛里任國中之地』，後鄭云：『廛里者，若今云邑居。廛，民居之區域也；里，居也。』毛、鄭皆未明言二畝半，要其意同也。許於『廬』不曰『二畝半』，於『廛』曰『二畝半』，以錯見互足。」○注「古者年五十乃衣帛」○正義曰：任氏大椿《深衣釋例》云：「《大司徒》『六曰同衣服』注：『民雖有富者，衣服不得獨異。』按《雜記》注：『麻衣，白布深衣。』《深衣》注：『庶人吉服深衣。』《管子·立政》篇云：『刑餘戮民，不敢服絲。』然則非刑餘戮民可以服絲矣。《春秋繁露·服制》篇：『散民不敢服采，刑餘戮民不敢服絲。』然則散民不敢服采耳，絲得服也。又《繁露·度制》篇：『古者庶人衣縵。』縵，無文帛也。《尚書大傳》：『命民得乘飾車駢馬，衣文錦。未有命者不得衣，不得乘。庶人墨車單馬，衣布帛。』然則命民亦得衣文，不命之民亦得衣帛，與鄭注『庶人白布深衣』異説。今考《士昏禮》注：『士而乘墨車，攝盛。』蓋士庶人往往有攝盛之事。鄭注深衣爲庶人之服，言其常服皆布也；若行盛禮，或當攝盛，則衣絲也。刑餘、戮民並不得攝盛矣。《周禮·閭師》『凡庶民不蠶者不帛』，疏引《孟子》曰：『五十可以衣帛。』以不蠶，故身不得衣帛。然則不蠶雖五十不得衣帛，蠶而未五十亦不得衣帛。則庶人布深衣，其常也。《鹽鐵論》：『古者庶人耋老而後衣絲，其餘則麻枲而已，故命曰布衣。』」**雞豚狗彘之畜無失其時，七十者**

可以食肉矣； 注 言孕字不失時也。七十不食肉不飽。疏 注「七十不食肉不飽」○正義曰：《禮記・王制》云：「五十始衰，六十非肉不飽，七十非帛不煖。」此云「七十不食肉不飽」者，六十宿肉已非肉不飽矣，至七十益可知；五十可以衣帛，或不衣帛尚可煖，至七十則非帛不煖矣。《詩・無羊》正義引《孟子》曰「七十者可以食雞豚」，蓋撮《孟子》之文。如《遂人》注引《孟子》：「五畝之宅，樹之以桑麻。」古人引經不拘，往往增損，非《孟子》經文有作此本也。**百畝之田勿奪其時，數口之家可以無飢矣；** 注 一夫一婦耕耨百畝。百畝之田不可以徭役奪其時功，則家給人足。農夫上中下所食多少各有差，故總言「數口之家」也。疏「可以無飢矣」○正義曰：監本、毛本作「無饑」。阮氏元《挍勘記》云：「飢餓之字當作飢，饑乃饑饉字。此經當以『飢』爲正。」按：下文「黎民不飢不寒」，毛本正作「飢」。**謹庠序之教，申之以孝悌之義，頒白者不負戴於道路矣。** 注 庠序者，教化之宫也。殷曰序，周曰庠。謹脩教化，申重孝悌之義。頒者，班也，頭半白班班者也。壯者代老，心各安之，故曰「頒白者不負戴於道路」也。疏 注「庠序」至「之義」○正義曰：《爾雅・釋宫》云：「宫謂之室，室謂之宫。」劉熙《釋名・釋宫室》云：「宫，穹也。屋見於垣上，穹隆然也。」凡有屋皆通稱宫，故云「教化之宫」。教化不脩則弛廢。謹，嚴也。振起其廢弛而謹嚴之，故云「謹脩教化」。「申，重」，《爾雅・釋詁》文。○注「頒者」至「路也」○正義曰：阮氏元《挍勘記》云：「『頭半白班班者也』，閩、監、毛三本同。宋本『白』下有『曰』字。岳本、廖本、韓本『者』上並有『然』字。孔本作『頭半白曰頒，斑斑然者也』。以『斑』爲『班』，古字假借。毛本、孔本、韓本『班』作『斑』，非也。」段氏玉裁《説文解字注》云：「《説文》：『𩑺，須髮半白也。』此《孟子》『頒白』之正字也。趙注云：『頒者，斑也，頭半白斑斑者也。』『𩑺』與『斑』

雙聲，是以《漢・地理志》『卑水縣』孟康音『斑』。蓋古『頒』讀如『斑』，故亦假大頭之『頒』。《藉田賦》『士女頒斌』，李注：『頒斌，相雜之貌也。』其引申之義也。」《禮記・王制》云：「道路輕任并，重任分，斑白不提挈。」注云：「皆謂以與少者。雜色曰斑。」《祭義》云：「斑白者不以其任行乎道路。」注云：「斑白者，髮雜色也。任，所擔持也。不以任，少者代之。」負謂負於背，戴謂戴於首。《漢書・東方朔傳》顏師古注云：「窶藪，戴器也，以盆盛物戴於頭者則以窶數薦之。」此戴之謂也。提挈以手。頒白之老一身俱宜安佚，可互見矣。毛本作：「故頒白者不負戴也。」周氏廣業《古注考》云：「宋本作『故斑白者』。」**七十者衣帛食肉，黎民不飢不寒，然而不王者，未之有也。**【注】言百姓老稚温飽，禮義脩行，積之可以致王也。孟子欲以風王何不行此，可以王天下，有率土之民，何但望民多於鄰國？【疏】「然而不王者」○正義曰：王氏引之《經傳釋詞》云：「然，詞之轉也。然而者，亦詞之轉也。《孟子・公孫丑》篇：『夫二子之勇未知其孰賢，然而孟施舍守約也。』今人用『然而』二字皆與此同義。然而者，詞之承上而轉者也，猶言『如是而』也。《梁惠王》篇『然而不王者，未之有也』，謂『如是而』也。今人用『然而』二字則與此異義矣。」○注「有率土之民」○正義曰：《詩・小雅・北山》：「率土之濱，莫非王臣。」天下之民皆歸附於梁，何止鄰國？

「狗彘食人食而不知檢，塗有餓莩而不知發，【注】言人君但養犬彘使食人食，而不知以法度檢斂也。塗，道也。餓死者曰莩。《詩》曰：「莩有梅。」莩，零落也。道路之傍有餓死者，不知發倉廩以用振救之也。【疏】注「言人」至「斂也」○正義曰：《漢書・食貨志》贊云：「《孟子》亦非狗彘食人之食不知斂，野有餓莩而弗知發。」應劭云：「養狗彘者使食人之食，而不知以法度斂之也。」顏師古云：「《孟子》，孟軻之書。言歲豐孰，菽粟饒多，狗彘食人之食，此時可斂之也。」趙氏之義同於應氏。師古不從者，《食貨志》云：「李悝爲魏文侯作盡地力之教，云糴甚貴傷民，甚賤傷農。民傷則離散，農傷則國貧。善平糴者必謹觀歲有上中下孰，上孰其收自四餘四百石，中孰自三餘三百石，下孰自倍餘百石。小飢則收百石，中飢七十石，大飢三十石。故大孰則上糴三而舍一，❶中孰則糴二，下孰則糴一，使民適足，賈平則止。小飢則發小孰之所斂，中飢則發中孰之所斂，大飢則發大孰之所斂而糶之。故雖遇飢饉水旱，糴不貴而民不散，取有餘以補不足也。」此「斂」「發」正用《孟子》，則斂指豐年，發指凶歲。《管子·國蓄》篇云：「歲適美則市糶無與而狗彘食人食，歲適凶則市糴釜十鏹而道有餓民。故人君斂之以輕，散之以重。」《食貨志》贊既引《孟子》，即承云管氏之輕重、李悝之平糴，固以《孟子》與管、李之義同也。羅大經《鶴林玉露》云：「《孟子》『狗彘食人食而不知檢』，『檢』字一本作『斂』，蓋狗彘食人食，粒米狼戾之歲也，法當斂之；塗有餓莩，凶歲也，法當發之。」此皆用《管子》以明《孟子》。趙氏雖以「斂」釋「檢」而義同於應，則與管、班不合。閻氏若璩《釋地三續》云：「古雖豐穰，未有以人食予狗彘者。『狗彘食人食』即下章『庖有肥肉』意，謂厚斂於民以養禽獸者耳，不必泥班《志》也。」錢氏大昕《養新録》則從《漢書》之説云：「發斂之法，豐歲則斂之於官，凶歲則糶之於民，《記》所謂『雖遇凶旱水溢，民無菜色』者，用此道也。惠王不修發斂之制，豐歲任其狼戾，一遇凶歉，食廪空虚，不得已爲移民移粟之計，自以爲盡心，惑矣。」閩、監、毛三本「犬彘」作「狗彘」。《陸宣公奏議》云「犬彘厭人之食

---

❶「則」，原作「以」，今據經解本改。

而不知檢」，蓋用注以參經文。○注「塗道」至「之也」○正義曰：《論語·陽貨》篇「遇諸塗」，《集解》孔氏云：「塗，道也。」高誘注《吕氏春秋》、王逸注《楚辭》皆以塗爲道。《漢書·食貨志》贊引《孟子》「莩」作「𦯔」，注引鄭氏云：「𦯔音『蔈有梅』之『蔈』。𦯔，零落也。人有餓死零落者，不知發倉廩貸之也。」此注頗與趙同。顔師古云：「𦯔音頻小反。諸書或作『殍』字，音義亦同。」《説文》𠬪部云：「𠬪，物落上下相付也。讀若《詩》『摽有梅』。」《毛詩》傳云：「摽，落也。」《爾雅·釋詁》云：「落，死也。」然則「餓𦯔」猶云「餓落」。《楚辭·離騷》「惟草木之零落兮」，王逸注云：「零、落，皆墜也。」人生則縱立，死則横墜。方其行於道，尚能縱立，以餓而横墜於地，故云「餓莩」。趙既以「餓死者」釋「莩」字，又以「莩」爲零落之名，因連「餓」字乃爲餓死，故引《詩》以明莩字本義也。段氏玉裁《説文解字注》云：「《毛詩》『摽』字正『𠬪』之假借。《孟子》作『莩』者，𦯔之字誤。」丁公著云：「《莩有梅》，《韓詩》也。」」阮氏元《挍勘記》云：「『以用賑救之也』，廖本、《考文》古本、足利本同。宋本、孔本、韓本『賑』作『振』，閩、監、毛三本『用』作『周』。按『振』即古之『賑』字，作『賑』者非。」**人死則曰『非我也，歲也』，是何異於刺人而殺之，曰『非我也，兵也』？**注人死謂餓疫死者也。王政使然，而曰非我殺之，歲殺之也，此何以異於用兵殺人，而曰非我也，兵自殺之也？疏注「用兵殺人」○正義曰：顧氏炎武《日知録》云：「古之言兵非今日之兵，謂五兵也。故曰『天生五材，誰能去兵』。《世本》：『蚩尤以金作兵：一弓，二殳，三矛，四戈，五戟。』《周禮·司右》『五兵』，注引《司馬法》云：『弓矢圍，殳矛守，戈戟助。』是也。『詰爾戎兵』，詰此兵也；『踊躍用兵』，用此兵也；『無以鑄兵』，鑄此兵也。秦漢以下始謂執兵之人爲兵，五經無此語也。以執兵之人爲兵，猶之以被甲之人爲甲。」**王無罪歲，斯天下之民至焉。」**注戒王無歸罪於歲，責己而改行，則天下之民皆可致也。疏注「皆可致也」○正義曰：致猶至也，故以致明至。

章指：言王化之本，在於使民。養生送死之用備足，然後導之以禮義，責己矜窮，則斯民集矣。疏「導之」至「矜窮」○正義曰：《國語·晉語》云：「禮賓矜窮，禮之宗也。」

梁惠王曰：「寡人願安承教。」注願安意承受孟子之教令。**孟子對曰：「殺人以梃與刃，有以異乎？」**注梃，杖也。疏注「梃杖也」○正義曰：《吕氏春秋·簡選》篇云：「鋤櫌白梃，可以勝人之長銚利兵。」高誘注云：「梃，杖也。」阮氏元《挍勘記》云：「閩本經、注並作『挺』。按，《音義》云從木，則閩本誤也。」**曰：「無以異也。」**注王曰：梃刃殺人無以異也。**「以刃與政，有以異乎？」**注孟子欲以政喻王。**曰：「無以異也。」**注王復曰：政殺人無以異也。**曰：「庖有肥肉，廄有肥馬，民有飢色，野有餓莩。此率獸而食人也。**注孟子言人君如此爲率禽獸以食人也。**獸相食且人惡之，爲民父母行政，不免於率獸而食人，惡在，其爲民父母也？**注虎狼食禽獸，人猶尚惡視之，牧民爲政乃率禽獸食人，安在，其爲民父母之道也？疏「庖有」至「母也」○正義曰：毛氏奇齡《四書賸言》云：「《漢·王吉傳》：『今民大饑而死，死又不葬，爲犬豬所食；而廄馬食粟，苦其太肥。王者受命於天，爲民父母，固當若是乎？』此借《孟子》語疏而爲言。」乃吉言犬豬所食，則是實有獸食人。揆趙氏義，蓋以人君以人之食養禽獸，故禽獸肥；不以食養百姓，故民之生者有飢色，其死者莩於野，不異率獸食人，非真使禽獸食人也。《鹽鐵論・園池》章云：「厨有腐肉，國有飢民；廐有肥馬，路有餧人。」《古文苑》揚雄《太僕箴》云：「孟子蓋惡夫廐有肥馬而野有餓殍。」皆同趙義。**仲尼曰：『始作俑者，其無後乎！』爲其象人而用之也。如之何其使斯民飢而死也？」**注俑，偶人也，用之送死。仲尼重人類，謂秦穆公時以三良殉葬本由有作俑者也。夫惡其始造，故曰：此人其無後嗣乎？如之何其使此民飢而死邪？孟子陳此以教王愛民。疏注「俑偶」至「送死」○正義曰：《説文》人部云：「偶，桐人也。」《淮南子・繆稱訓》云：「魯以偶人而孔子歎。」高誘注云：「偶人，相人也。」《説文》「桐人」疑是「相人」之誤。相人即象人也。《禮記・檀弓》云：「塗車芻靈，自古有之，明器之道也。孔子謂爲芻靈者善，謂爲俑者不仁，不殆於用人乎哉？」注云：「芻靈，束茅爲人馬。謂之靈者，神之類。俑，偶人也。有面目機發，似於生人。」《周禮・春官・冢人》「及葬，言鸞車象人」，注云：「鄭司農云：『象人，謂以芻爲人。』玄謂孔子謂爲芻靈者善，謂爲俑者不仁，非作象人者，不殆於用生乎？」後鄭不用先鄭，以俑與芻人異。蓋以芻爲人，但形似而不能轉動；俑則能轉動，象生人。以其象生人，故即名「象人」。「冢人」之「象人」即俑之名也，孟子言爲其象人，則所以名象人之故也。《説文》人部云：「俑，痛也。」足部云：「踊，跳也。」《廣韻》引《埤蒼》云：「俑，木人送葬，設關而能跳俑，故名之。」然則「俑」爲「踊」之假借，以其能跳踊，斯名爲「俑」；則爲其「象人」者，謂爲其象人之轉動跳踊也。《春秋》僖公十九年：「己酉，邾婁人執鄫子，用之。」《公羊傳》云：「惡乎用之？用之社也。」《左傳》司馬子魚曰：「古者六畜不相爲用。小事不用大牲，而況敢用人乎？」此用生人，故《春秋》惡之。象人而用之送葬，雖非生人，其用之云者，猶執鄫子用之之用也。○注「謂秦」至「者也」○正義曰：《文子・微明》篇云：「魯以俑人葬而孔子歎，見其所始即知其所終。」終謂至於以生人爲殉也，故趙氏引三良殉死事。事見《詩・秦風・黄鳥》篇。文公六年《左傳》云：「秦伯任好卒，以子車氏之三子奄息、仲行、鍼虎爲殉。」是其事也。推孟子之意，蓋謂木偶但象人耳，用之，孔子尚歎其無後，況真是人而使之飢而死，其爲無後，更當何如？趙氏推孔子之意，以其始於作俑，終至用生人爲殉，此孔子歎「無後」之意，非孟子引以況使斯民飢死之意也。〇注「夫惡」至「愛民」〇正義曰：閩、監、毛三本無「夫」字，「邪」作「也」。阮氏元《挍勘記》云：「《音義》出『夫惡』，山井鼎《考文》云：『古本「本由有作俑者也」下有「夫」字。』以『夫』字屬上讀，非也。《音義》出『死邪』。毛本作『愛其民也』。」

章指：言王者爲政之道，生民爲首。以政殺人，人君之咎。猶以白刃，疾之甚也。

梁惠王曰：「晉國天下莫强焉，叟之所知也。 注 韓、魏、趙本晉六卿，當此時號「三晉」，故惠王言「晉國天下强」也。疏 注「韓魏」至「强也」〇正義曰：《史記・六國表》云：「六卿擅晉權，征伐會盟，威重於諸侯。終之，卒分晉。量秦之兵，不如三晉之强也。」《楚世家》云：「宣王六年，三晉益大，魏惠王尤强。」《戰國策・楚策》張子曰「王無求於晉國乎」，《魏策》王鍾云「此晉國之所以强也」，是當時稱魏爲「晉國」。**及寡人之身，東敗於齊，長子死焉，西喪地於秦七百里，南辱於楚。寡人恥之，願比死者壹洒之，如之何則可？」** 注 王念有此三恥，求策謀於孟子。疏「東敗」至「死焉」〇正義曰：《史記・魏世家》：「惠王十七年，圍趙邯鄲。十八年，拔邯鄲。趙請救於齊，齊使田忌、孫臏救趙，敗魏桂陵。二十八年，齊威王卒，中山君相魏。三十年，魏伐趙，趙告急齊，齊宣王用孫子計，救趙擊魏。魏遂大興師，使龐涓將而令太子申爲上將軍，與齊人戰，敗於馬陵。齊虜魏太子申，殺將軍涓，軍遂大破。」周氏柄中《辨正》云：「齊救趙敗魏者，桂陵之役；救韓敗魏者，馬陵之役。《魏世家》俱以爲救趙，與《國策》異；而《孫臏傳》又以爲救韓，則自相矛盾矣。又《國策》『蘇代説齊閔王』篇曰：『昔魏王擁土千里，帶甲三十六萬，恃其强而拔邯鄲，西圍定陽，又從十二諸侯朝天子以西謀秦。秦王用衛鞅之謀，説魏王先行王服然後圖齊、楚。魏王悦於衛鞅之言，故身廣公宫，制丹衣柱，建九斿，從七星之旟。此天子之位也而魏王處之，於是齊、楚怒，諸侯奔齊。齊人伐魏，殺其太子，覆其十萬之軍。』此又與前《策》不同。戰國時紀載之異如此。」曹氏之升《四書摭餘録》云：「梁惠王曰：『及寡人之身，東敗於齊，長子死焉。』此，經文也。然《魏世家》云：『魏伐趙，趙告急齊。』《田齊世家》云：『魏伐趙，趙與韓親，共擊魏。趙不利，韓請救於齊。』《孫子列傳》云：『魏與趙攻韓，韓告急於齊。』史載異辭，以經證之。《孟子》曰：『梁惠王以土地之故，糜爛其民而戰之，大敗，將復之。恐不能勝，故驅其所愛子弟以殉之。』按周顯王十五年，魏圍趙邯鄲。十六年，邯鄲降齊，齊伐魏，敗魏桂陵。惠王初立即與二家不和，後遂相仇靡已。曩者邯鄲垂拔，中北於齊，固無時不圖報復。至三十年，爲周顯王之二十八年，又令太子申爲上將軍以伐趙。惟其爲趙也，故曰『復』。惟其在桂陵之敗之後也，故曰『大敗將復之』。此《孟子》經文之明注也。然則《魏世家》魏伐趙之説不爲無據。因趙與韓親，共擊魏不利，致韓有南梁之難而請救於齊，故又曰『齊起兵救韓、趙以擊魏』也。《列傳》謂魏與趙攻韓，誤矣。閻百詩《釋地》謂：『惠王九年己未，秦、魏戰於少梁，《六國表》秦云「虜其太子」，魏云「虜我太子」，此太子即名申後死於齊者。中相距二十二年，必虜後復歸魏爲太子，復令之將龐涓兵。』余以爲不然。《秦本紀》：『獻公二十三年，與魏、晉戰少梁，虜其將公孫痤。』《魏世家》：『九年，與秦戰少梁，虜我將公孫痤。』痤是魏相，即衛公孫鞅所事者，故明年痤卒而鞅乃奔秦。《表》誤爲太子耳。且即是太子，亦是痤不是申，《趙世家》所謂『秦獻公使庶長國伐魏少梁，虜其太子痤』是也。閻説誤。」○「西喪」至「百里」○正義曰：《魏世家》云：「三十一年，秦、趙、齊共伐我。秦將商君詐我將軍公子卬而襲奪其軍，破之。秦用商君，東地至河，而齊、趙數破我。安邑近秦，於是徙治大梁。」《商君列傳》云：「齊敗魏軍於馬陵，虜其太子，殺將軍龐涓。其明年，衛鞅説孝公，孝公使衛鞅將而伐魏，魏使公子卬將而擊之。軍既相距，鞅遺魏將公子卬書，與公子面相見盟，樂飲而罷兵。鞅伏甲士而襲虜公子卬，因攻其軍，盡破之，以歸秦。魏惠王兵數破於齊、秦，國內空，日以削，恐，乃使割河西之地獻於秦以和。而魏遂去安邑，徙都大梁。」閻氏若璩《釋地又續》云：「班固曰：『魏界自高陵以東。』此距安邑，指東西言。張守節曰：『自華州北至同州，並魏河西之地。』此指南北言。其地四至固可按。又有上郡，襄王七年癸巳始入秦。守節曰：『今丹、鄜、延、綏等州，北至固陽，並其地。』又即惠文君十年『魏納上郡十五縣』者也。蓋至是而魏河西濱洛之地，築長城以界秦者，盡失之矣。自屬兩截事。」○「南辱於楚」○正義曰：周氏柄中《辨正》云：「《史記・魏世家》及《楚世家》，惠王在位三十六年未嘗與楚搆兵。故『南辱於楚』趙注闕其事。惟《戰國策》載魏圍趙邯鄲，楚使景舍救趙，取魏睢濊之間，乃惠王時事，『南辱』指此無疑。《史記》楚將昭陽攻魏在梁襄十二年，《魏世家》所稱『楚敗我襄陵』者，而在《楚世家》則云：『懷王六年，楚使柱國昭陽將兵而攻魏，破之於襄陵，得八邑。』此襄王時事而説者引之，亦據《竹書》惠王改元又十六年之説也。」○「願比死者壹洒之」○正義曰：《廣雅・釋詁》云：「比，代也。」洒、洗古通。《説文》水部云：「洒，滌也。」《音義》云：「洒之，丁音洗，謂洗雪其恥也。」死者，舊疏謂死不惜命者，蓋即「長子死」之死。太子申之死，西河之喪，睢濊之辱，三者俱宜洗雪。死重於喪辱，舉死者以互見耳。謂願代死者專壹洗雪之。或謂「比」讀「比方」之「比」，蓋將不顧其生，願效前之戰死者與敵決戰，以雪其恥也。閩、監、毛三本「壹」作「一」。

孟子對曰：「地方百里而可以王。 注 言古聖人以百里之地以致王天下，謂文王也。 疏 注「謂文王也」○正義曰：「文王以百里」，《公孫丑上》篇文。 **王如施仁政於民，省刑罰，薄税斂，深耕易耨，壯者以暇日修其孝弟忠信，入以事其父兄，出以事其長上，可使制梃以撻秦、楚之堅甲利兵矣。** 注 易耨，芸苗令簡易也。制，作也。王如行此政，可使國人作杖以捶敵國堅甲利兵，何患恥之不雪也？ 疏 注「易耨」至「易也」○正義曰：《爾雅・釋器》云：「斪斸謂之定。」《廣雅・釋器》云：「定謂之耨。」《説文》木部云：「槈，薅器也。或作鎒。」《吕氏春秋・任地》篇云：「耨，柄尺，此其度也。其耨六寸，所以間稼也。」高誘注云：「耨，所以芸苗也。刃廣六寸，所以入苗間也。」耨、槈、鎒字同。芸苗之器名耨，因而即稱芸苗爲耨。《盡心》篇「易其田疇」，注訓「易」爲「治」，本《詩》「禾易長畝」毛傳也。此耨爲芸苗，若訓易爲治，「治耨」於辭爲不達。且上云「深耕」謂耕之深，此云「易耨」則爲耨之易也。禾中有草雜之則煩擾矣，故芸之使簡易。閻氏若璩《釋地三續》云：「即朱虚侯劉章爲高后言田立苗欲疏之意。」○注「制作」至「利兵」○正義曰：《楚辭・招魂》云：「晉制犀比。」王逸注云：「制，作也。」制、作古多連文，故以作釋制。然備乃弓矢，鍛乃戈矛，礪乃鋒刃，無敢不善，王者以弧矢威天下，豈容自損其兵？謂使民作梃，言近於迂。按劉熙《釋名・釋姿容》云：「掣，制也。」制頓之使順己也。」「制」宜讀爲「掣」，謂可使提掣木梃以撻其堅甲利兵。若誠自恃施仁，造作此梃，即宋公不禽二毛之智矣。《廣雅》撻、捶皆訓擊，故以捶釋撻。《禮記・文王世子》云：「成王有過，則撻伯禽。」《説文》手部云：「捶，以杖擊也。」撻人用杖，其義一也。「省刑罰」以下八句，趙氏以「行此政」括之。未詳注，以其易明也。惟省刑罰、薄税斂，使得深耕易耨所以得有暇日。《潛夫論・愛日》篇云：「國之所以爲國者，以有民也；民之所以爲民者，以有穀也；穀之所以豐殖者，以有人功也；功之所以能建者，以有日力也。治國之日舒以長，故其民閒暇而力有餘；亂國之民促以短，故其民困務而力不足。《詩》云：『王事靡盬，不遑將父。』言在古閒暇而得行孝，今迫促不得養也。」迫促不得養，則「奪其農時，使不得耕耨」之謂也。「富而後教。」民有暇日以養其父母及其兄弟妻子，乃可脩其孝弟忠信也；民知孝弟忠信，則入以事其父兄，出以事其君上矣。此所以可以以梃撻强也。**彼奪其民時，使不得耕耨以養其父母，父母凍餓，兄弟妻子離散。彼陷溺其民，王往而征之，夫誰與王敵？** 注 彼謂齊、秦、楚也。彼困其民，願王往征之也。彼失民心，民不爲用，夫誰與共禦王之師，爲王敵乎？ 疏 注「彼謂齊秦楚也」○正義曰：惠王所問，舉齊、秦、楚三國，孟子對僅稱「秦、楚」，便文耳。其實制梃撻秦、楚，亦兼撻齊，故趙氏申明之。○注「爲王敵乎」○正義曰：閩、監、毛三本作「而爲王之敵乎」。**故曰：仁者無敵。王請勿疑！」**

注 鄰國暴虐，己脩仁政，則無敵矣。王請行之，勿有疑也。

章指：言以百里行仁，天下歸之；以政傷民，民樂其亡。以梃服强，仁與不仁也。

孟子正義卷三

江都縣鄉貢士焦循譔集

孟子見梁襄王。出，語人曰：「望之不似人君，【注】襄，謚也，梁之嗣王也。望之，無儼然之威儀也。【疏】注「襄謚」至「王也」○正義曰：《周書・謚法解》云：「辟地有德曰襄，甲胄有勞曰襄。」是襄爲謚也。《史記・魏世家》《集解》：「荀勖曰：『和嶠云：「《紀年》起自黄帝，終於魏之今王。」今王者，魏惠成王子。』按，《太史公書》惠成王但言惠王，惠王子曰襄王，襄王子曰哀王。惠王三十六年卒，襄王立，十六年卒。并惠、襄王爲五十二年。今按古文：惠成王立三十六年改元稱一年，改元後十七年卒。《太史公書》爲誤分惠成之世以爲二王之年數也。《世本》：惠王生襄王而無哀王。然則今王者，魏襄王也。」《索隱》辨之云：「按，《系本》襄王生昭王，無哀王，蓋脱一代耳。而《紀年》説惠成王三十六年又稱後元，一十七年卒。今此文分惠王之秝以爲二王之年，又有哀王凡二十三年，❶紀事甚明，蓋無足疑。而孔衍敘《魏語》亦有哀王。蓋《紀年》之作失哀王之代，故分襄王之年爲惠王後元，即以襄王之年包哀王之代耳。」近時顧氏炎武《日知録》主

---

❶「三」，原作「二」，今從沈校據《史記・魏世家》及《索隱》改。

古文之説，以「襄」「哀」字相近，《史記》誤分爲二人。江氏永《群經補義》申其説云：「魏罃於周顯王三十五年丁亥與齊威王會於徐州以相王，是年爲惠王即位後三十七年，於是始稱王而改元稱一年。司馬温公《通鑑考異》既從《紀年》書『魏惠王薨，子襄王立』於慎靚王二年壬寅，又載孟子一見而出語，是矣。乃於顯王三十三年乙酉書『鄒人孟軻見魏惠王』，豈孟子在魏十八年乎？誤矣。蓋惠王卑禮厚幣以招賢在後元之末年，而《史記》誤謂在惠王即位之三十五年也。此年尚未稱王，孟子何得稱之爲王？」依顧氏、江氏之説，《史記》襄王之年仍惠王之後元，則襄王五年予河西之地，六年秦取汾陰、皮氏、焦，七年盡入上郡於秦，秦降我蒲陽，皆在「七百里」中；而十二年楚敗我襄陵，則所云「辱於楚」也。然近所行之《竹書紀年》固淺人僞托，即和嶠所引，亦魏晉間贋書，不足徵信。《西京雜記》記廣川王發古冢，有魏襄王冢、哀王冢，然則襄、哀二冢漢時尚存，顯然可考，故《世本》雖失紀哀王，而司馬公則核實言之。和嶠所引又何庸議？閻氏若璩《孟子生卒年月考》云：「《魏世家》云：『惠王三十一年辛巳徙都大梁，三十五年乙酉卑禮厚幣以招賢者，孟軻等至梁。』故《六國表》於三十五年特書『孟子來，問利國，對曰君不可言利』。三十六年丙戌惠王卒，子嗣立，是爲襄王。孟子入而見王，出而告人有『不似人君』之語。蓋儲君初即位之辭。不然，如《通鑑》五十二年壬寅惠始卒而襄王立，孟子入見，豈孟子竟久淹於梁如是邪？不然，以襄王之庸，豈能以禮聘孟子而復至梁邪？不以禮聘孟子而孟子肯枉見邪？果受其禮聘至而初見時即譏議之邪？此《史記》所以可信也。或曰：《竹書紀年》彼既魏史，所書魏事，司馬公以爲必得其真，故從焉。余曰：不然。《紀年》云：『惠成王九年四月甲寅徙都大梁。』不知是年秦孝公甫立，衛公孫鞅來相，魏公子卬未虜，地不割，秦不偪，魏何遽徙都以避之邪？即一徙都事如此，尚謂其生卒年月盡足信邪？此余所以信《史記》以信《孟子》也。」閩、監、毛三本作「魏之嗣王」。○注「望之」至「儀也」○正義曰：《論語》云「望之儼然」，又云「儼然人望而畏之」。**就之而不見所畏焉。** **注** 就與之言，無人君操秉之威。知其不足畏。 **疏** 注「就與」至「足畏」○正義曰：望之既指威儀，則就之當指言論，故云「與之言」。「秉」，閩、監、毛三本作「柄」。「柄」《說文》重文作「棅」，通於秉。《儀禮・大射儀》有「柄」，《釋文》云：「劉本作『秉』。」《文選・六代論》注云：「秉即柄字。」是也。《詩・定之方中》毛傳云：「秉，操也。」《禮運》注云：「柄，所操以治事。」《莊子・天道》篇司馬彪注云：「棅，威權也。」故趙氏云「操柄之威」。**卒然問曰：『天下惡乎定？』** **注** 卒暴問事，不由其次也。問天下安所定？言誰能定之。 **疏** 注「卒暴」至「次也」○正義曰：《漢書・成帝紀》云「興卒暴之作」，注云：「卒，謂急也。」《師丹傳》云「卒暴無漸」，注云：「卒，讀曰『猝』。」《說文》犬部云：「猝，犬從草暴出逐人也。」古「卒」「暴」二字連文，故趙氏以「卒暴」明「卒然」。「不由其次」即無漸也。○注「問天」至「定之」○正義曰：惡猶安也，何也，字亦作「烏」。高誘注《呂氏春秋・本生》篇曰：「惡，安也。」昭三十一年《公羊傳》曰「惡有言人之國賢若此者乎」，何注曰：「惡有猶何有。」又莊二十年《公羊傳》曰「魯侯之美惡乎至」，注曰：「惡乎至猶何所至。」由《公羊傳》注及《孟子》注推之，蓋「惡」本訓何，「惡乎」猶言「何所」。**吾對曰：『定于一。』** **注** 孟子謂仁政爲一也。 **疏** 注「孟子」至「一也」○正義曰：《易・文言傳》云：「元者，善之長也。君子體仁，足以長人。」董子《繁露・重政》篇云：「唯聖人能屬萬物于一而繫之元也。終不及本所從來而承之，不能遂其功，是以《春秋》變『一』謂之『元』。」元即仁，仁即一，故趙氏以仁政爲一。孟子對滕文公亦云：「夫道，一而已。」

趙氏《章指》：「言定天下者，一道而已。」謂孟子對梁襄王之「定于一」，即對滕文公之「道一」也。趙氏之説正矣，然下云「能一之」，又云「民歸之」，則謂時無王者，不能統一，故天下争亂而不能定，惟有王者布政施教於天下，天下皆遵奉之而後定。孔子作《春秋》，書「王正月」，《公羊傳》云：「大一統也。」孟子當亦謂此。

『孰能一之？』 注 言孰能一之者？ **對曰：『不嗜殺人者能一之。』** 注 嗜猶甘也。言今諸侯有不甘樂殺人者，則能一之。 疏 注「嗜猶」至「殺人」○正義曰：《説文》口部云：「嗜，嗜欲，喜之也。」《吕氏春秋・誣徒》篇高誘注云：「嗜猶樂也。」《淮南子・覽冥訓》高誘注云：「甘猶耆也。」「耆」與「嗜」同。《一切經音義》引《廣雅》云：「甘，樂也。」是嗜、甘、樂三字義同。 **『孰能與之？』** 注 王言誰能與不嗜殺人者乎？ 疏「孰能與之」○正義曰：《齊語》云「桓公知天下諸侯多與己也」，韋昭注云：「與，從也。」《吕氏春秋・執一》篇高誘注云：「與猶歸也。」 **對曰：『天下莫不與也。** 注 孟子曰：時人皆苦虐政，如有行仁，天下莫不與之。 **王知夫苗乎？七八月之間，旱，則苗槁矣；天油然作雲，沛然下雨，則苗浡然興之矣。其如是，孰能禦之？** 注 以苗生喻人歸也。周七八月，夏之五六月。油然，興雲之貌。沛然下雨以潤槁苗，則浡然已盛，孰能止之？ 疏 注「以苗」至「六月」○正義曰：《夏小正》「匽之興」，傳云：「其不言生而言興，何也？不知其生之時，故曰興。」《廣雅・釋詁》云：「興，生也。」「苗生」即下「苗浡然興」，以生釋興，故下云「浡然已盛」，不復解「興」義也。《白虎通・三正》篇云：「正朔有三，何？本天有三統，謂三微之月也。明王者當奉順而成之，故受命各統一正也。《禮三正記》曰：『十一月之時，陽氣始養根株，黄泉之下萬物皆赤。赤者，盛陽之氣也。故周爲天正，色尚赤也。十二月之時，萬物始芽而白。白者，陰氣，故殷爲地正，色尚白也。十三月之時，萬物始達，孚甲而出，皆黑，人得加功，故夏爲人正，色尚黑。』《尚書大傳》云：『夏以孟春月爲正，殷以季冬月爲正，周以仲冬月爲正。夏以十三月爲正，色尚黑，以平旦爲朔；殷以十二月爲正，色尚白，以雞鳴爲朔；周以十一月爲正，色尚赤，以夜半爲朔。』」《後漢書》陳寵奏云：「夫冬至之節，陽氣始萌，故十一月有蘭、射干、芸、荔之應。《時令》曰：『諸生蕩，安形體。』天以爲正，周以爲春。十二月，陽氣上通，雉雊雞乳。地以爲正，殷以爲春。十三月，陽氣已至，天地已交，萬物皆出蟄，蟲始振。人以爲正，夏以爲春。」《春秋》昭公十七年「夏六月朔，日有食之」，《左傳》：太史曰：「當夏四月，是謂孟夏。」又「冬有星孛于大辰」，《左傳》：梓慎曰：「火出，于夏爲三月，于商爲四月，于周爲五月。」推之周之七八月爲夏之五六月。夏之五月建午，六月建未；周之七月建午，八月建未也。說者或以《孟子》「七八月」爲夏正，趙氏佑《温故録》云：「若是夏正之月，則《邠風》『八月其穫』，《月令》『七月登穀』，是時安得尚言苗邪？」○注「油然」至「之貌」○正義曰：《大戴記·文王官人》篇云「喜色由然以生」，注云：「由當爲油。油然，新生好貌。」《禮記·祭義》云「則易直子諒之心油然生矣」，注云：「油然，物始生好美貌。」又《樂記》注云：「油然，新生好貌也。」油與由通，由與甹通。《説文》丂部云：「甹，木生條也。古文言由枿。」惠氏棟《九經古義》云：「經傳由字皆訓爲生。《毛詩序》云『《由儀》，萬物之生，各得其宜』，是由訓爲生，儀訓爲宜。《春秋傳》云『吉凶由人』，言吉凶生乎人也。」段氏玉裁《説文解字注》云：「《左傳》史趙云：『陳，顓頊之族也。歲在鶉火，是以卒滅，陳將如之；今在析木之津，猶將復由。』此以生滅對言，由即甹之假借。」由訓爲生，故雲之新生、木之新生以及喜色之新生、易直子諒之心新生，其自未生而始生之狀皆爲「油然」，故趙以「興雲之貌」解之。○注

「沛然下雨」至「止之」〇正義曰：《文選・思玄賦》「涷雨沛其灑塗」，舊注云：「沛，雨貌也。」文公十四年《公羊傳》云「力沛若有餘」，注云：「沛，有餘貌。」《音義》云：「沛，字亦作霈。」《初學記》《太平御覽》俱引作「霈」。《華嚴經音義》引《文字集略》云：「霈，謂大雨也。」大雨亦有餘意。《詩・信南山》云：「益之以霡霂，既優既渥，既霑既足。」箋云：「冬有積雪，春而益之以小雨，潤澤則饒洽。」沛有澤義，澤有潤義。趙氏以潤釋沛，與《詩》箋同。苗當枯槁之時，非小雨所能生。劉熙此注云：「霈然，注雨貌。」惟大雨傾注，枯苗乃得潤澤，義乃備也。《廣雅・釋詁》云：「浡，盛也。」又《釋訓》云：「勃勃，盛也。」莊公十一年《左傳》「其興也悖焉」，注云：「悖，盛貌。」《釋文》云：「悖，本亦作勃。」悖、勃、浡字通。《爾雅》云：「禦，禁也。」禁義同止，鄭康成注《書大傳》、高誘注《呂氏春秋》、張揖《廣雅》皆以禦訓止。　**今夫天下之人牧，未有不嗜殺人者也。如有不嗜殺人者，則天下之民皆引領而望之矣。誠如是也，民歸之由水之就下，沛然誰能禦之？』」**注 今天下牧民之君誠能行此仁政，民皆延頸望欲歸之，如水就下，沛然而來，誰能止之？　疏 注「今天下」至「止之」〇正義曰：《書・堯典》「覲四岳群牧」、《立政》「宅乃牧」，鄭氏注云：「殷之州牧曰伯，虞夏及周曰牧。」《周禮・大宰》「一曰牧，以地得民」、《大司馬》「建牧立監」，注皆云：「牧，州牧也。」《曲禮》云：「九州之長，入天子之國曰牧。」是「天下之人牧」即天下之人君也。《說文》攴部云：「牧，養牛人也。」牧之義爲養，每一州之中，天子選諸侯之賢者以養一州之人，即以名之爲「牧」，故趙氏云「牧民之君」，即養民之君也。君所以養民而反嗜殺人，失其爲君之道。趙氏探孟子稱「人牧」之義而說之也。趙氏以「一」爲仁政，故云「行此仁政」。《呂氏春秋・順說》篇云「莫不延頸」，高誘注云：「延頸，引領也。」引、延義皆爲長而引申也。望則伸其頸，故爲引領也。《音義》云：「由與猶同，古字通用。」猶即如也，故趙氏云「如水就下」。翟氏灝《考異》言「宋九經本由作如」。經已作「如」，注不必以如釋之，宋本非也。《廣雅·釋訓》：「沛沛，流也。」劉熙《釋名·釋水》云：「水從河出曰雍沛。」言在河岸限內時見雍出，則沛然也。水之壅出與雨之下注同，故皆云沛然。趙氏解兩沛然不同者，經以「沛然下雨」比不嗜殺人者以仁恩及民，故以潤澤解之；此「水之就下」比天下來歸，故云「沛然而來」，謂民之來如水之湧也。

章指：言定天下者一道，仁政而已。不貪殺人，人則歸之。是故「文王視民如傷」，此之謂也。疏「言定」至「而已」○正義曰：孟子言道二：仁與不仁而已。以仁定天下，故爲「一道」。韓本、足利本無「一道」二字。○「不貪」至「謂也」○正義曰：鄭氏《檀弓》注、《廣雅》、韋昭注《楚語》皆云：「嗜，貪也。」故前既以甘、樂釋之，此又云「貪」也。「文王視民如傷」，《離婁下》篇文。

齊宣王問曰：「齊桓晉文之事，可得聞乎？」注宣，謚也。宣王問孟子，欲庶幾齊桓公小白、晉文公重耳。孟子冀得行道，故仕於齊，齊不用而去，乃適於梁。建篇先梁者，欲以仁義爲首篇，因言魏事，章次相從，然後道齊之事也。疏注「宣謚也」○正義曰：《周書·謚法解》云：「聖善周聞曰宣。」又云：「施而不成爲宣。」○注「宣王」至「重耳」○正義曰：齊桓公名小白，晉文公名重耳，見《春秋》。「欲庶幾」，謂心慕桓、文之所爲，思有以近之。○注「孟子」至「之事」○正義曰：周氏廣業《孟子出處時地考》云：「孟子書先梁後齊，此篇章之次，非遊歷之次也，趙氏注可謂明且核矣。後儒不喜趙注，見其展卷即云『孟子見梁惠王』，遂斷爲歷聘之始。今考《田完世家》，桓公六年，威王三十六年，宣王十九年，湣王四十年。《索隱》『桓公卒』注云：『《紀年》梁惠王十三年當齊桓公十八年，後威王始見，則桓公十九年而卒也。』『宣王二年田忌議蚤救韓，敗魏馬陵』，注云：『《紀年》威王十四年，田盼伐梁，戰馬陵。』又《孟嘗君傳》『宣王二年殺魏將龐涓』，注云：『《紀年》當梁惠王二十八年，至三十六年改爲後元。』又『七年韓昭侯與魏惠王會齊宣王東阿南，明年復與梁惠王會甄，是歲梁惠王卒』，注云：『宣王七年《紀年》當惠王後元十一年，作平阿。又云十三年會齊威王于甄。與此齊宣王與梁惠王會甄文同，但齊之威、宣二王文舛互不同也。』又『湣王三年封田嬰於薛』，注云：『《紀年》以爲梁惠王後元十三年四月齊威王封田嬰於薛，十五年齊威王薨，皆與此文異。』按，此五引《紀年》，❶今本所無，又字多錯午，無可覆核。就其言考之，爲威爲宣，必有一誤。《戰國策》蘇子謂秦王曰：『齊威宣者，古之賢王也。德博而地廣，國富而民用，將武而民强。宣王用之，後破韓威魏，以南伐楚，西攻秦。』上言『威宣』，下言『宣王』。又曰：『今富非齊威宣之餘也。』鄒陽書：『齊用越人蒙而强威宣。』《史記》『威宣』連稱者非一。則『威宣』是兩謚，如魏『惠成』『安釐』，韓『宣惠』，秦『惠文』『莊襄』之例。周自考王以下皆兩謚。《吕氏春秋·問春論》『韓昭釐侯』，注：『覆謚也。』或先謚威，後改謚宣，《國策》因誤分之，實非有兩人也。据《紀年》，桓公之立在《年表》威王之四年，而桓公十九年卒，與《世家》宣王卒年正同。《秦紀》本無年月，《史》蓋因其錯簡而倒置之，又以桓公附見康公之表，故讀者愈不可曉。今誠以桓公之元當魏

❶ 「五」，《孟子四考》作「六」，本書略去一條未引，故云。

武侯十二年，至惠十三年適得十八年，明年十九年卒；宣王之元當惠十四年，盡前元二十五年加後元十五年始卒，適得三十六年。是《史》所云威王乃桓公，宣王即威王。《戰國·趙策》魯仲連曰『昔齊威王嘗行仁義矣，率天下諸侯朝周，居歲餘，周烈王崩，諸侯皆弔，齊侯往』云云。按，烈王之崩，《史表》齊威王十七年。考其實爲桓公午七年，此威王爲桓公之證也。而湣王前三年實屬宣王。桓公未稱王，故《國策》但稱『田侯』及『陳侯』。宣有複謚，故亦稱『威王』，淳于髡所謂『威行三十六年』者是也。而《世家》所載鄒忌以鼓琴見威王事見劉向《新序》，威王與魏惠論寶事見《韓詩外傳》，俱明指宣王。參錯不同，皆由於此。更有證者，《莊子·胠篋》篇及《索隱》引《鬼谷子》俱云『田成子十二世而有齊國』，今由田完數至威宣王，正得十二世。《史記·田完世家》：敬仲生穉孟夷，穉孟夷生湣孟莊，湣孟莊生文子須無，須無生桓子無宇，無宇生釐子乞，乞生成子常，常生襄子盤，盤生莊子白，白生太公和，篡齊，自立爲齊侯，和生桓公午，午生威王因齊，因齊生宣王辟疆。共十三世。并威、宣爲一人，恰十二世。此後惟湣王、襄王，至王建爲秦所滅。莊子與宣王同時，《鬼谷書》蘇秦所述，言必不謬；使分威宣爲二，則當云十三世矣。又威王名因齊，尤可疑。名不以國；既名之，子孫臣庶不聞避諱；或作『嬰齊』，則又與庶子田嬰同名：皆必無之事。《漢書·人表》闕而不書，蓋亦疑之。《莊子釋文·則陽》篇：『「魏瑩與田侯」，一本作「田侯牟」。司馬云：「齊威王也。名牟，桓公子。」』按，《史記》威王名因不名牟。』齊事莫詳於《孟子》，史公嘗自言讀《孟子》書，而作《田完世家》終不敢采録一字，雖足用爲善如宣王，亦止以用淳于髡等當之，非因紊其昭穆世次，兼誤以梁惠王卒繫諸宣王八年，與《孟子》中事實百無一合，有不得不盡行割棄者哉？《通鑑》《大事記》等書徒增損威、湣年代以曲從《孟子》之書，而終未知《史》之誤分威宣爲二也。今亦未敢臆斷，伐燕總在宣王三十年内外，如是則不特《國策》『儲子請宣王伐燕，王令章子將兵』與《孟子》『幣交與游』相合，而『吾惛』之言適當『倦勤』之日。宣王三十年當顯王四十二年，去孔子百五十二年，❶去武王克商七百二十三年，❷與『去聖未遠、數過時可』亦合，而游梁之歲乃得而定之矣。」又云：「建篇之首梁惠王也，趙氏之説韙矣。《風俗通·窮通》篇首敘孟子仕齊爲卿，❸去之鄒、薛，作書中外十一篇終言梁惠王復聘請之爲上卿，庶爲得實。其體依仿《論語》，不似諸子自立篇目。大率起《齊宣王》至《滕文公》爲三册，記仕宦出處；《離婁》以下爲四册，記師弟問答雜事。迨歸自梁，而孟子已老，于行文既絶少，又暮年所述，故僅與魯事分附諸牘末。其後門人論次遺文，分篇列目，以齊宣王舊君不可用以名篇，而『仁義』兩言爲全書綱領，孟子所謂『願學孔子』以直接堯舜禹湯、文武周公之心法治法，無出乎此。因割其六章冠首而以梁惠王題篇，又特變文曰『孟子見梁惠王』以尊其師，今《盡心》卷下尚有『梁惠王』一章，可證也。」**孟子對曰：「仲尼之徒無道桓文之事者，是以後世無傳焉。臣未之聞也。**

注 孔子之門徒頌述宓戲以來至文武周公之法制耳，雖及五霸，心賤薄之，是以儒家後世無欲傳道之者。故曰「臣未之聞」也。**疏** 注「孔子」至「之者」○正義曰：孔子贊《易》，《繫辭傳》云：「包羲氏之有天下也，始作

---

❶ 「二」，《孟子四考》作「五」。

❷ 此句《孟子四考》作「去文武受命七百五十八年」，詳沈校。

❸ 「窮通」，原無，今從沈校據《孟子四考》補。

八卦以通神明之德，以類萬物之情。」又云：「包羲氏没，神農氏作；神農氏没，黄帝、堯、舜氏作。通其變，使民不倦；神而化之，使民宜之。」治天下之道開於包羲，備于堯舜，故删《書》首《堯典》《舜典》，禹湯、文武、周公之法制，皆法堯舜者也。孔子以《易》《書》《詩》《禮》教門弟子，故所頌述惟「宓羲氏以來至文武周公之法制」也。《春秋》大文王之統而書桓文之事，是及五霸也。書齊桓救邢、城楚丘，實與而文不與；盟葵丘，書日以危之；伐鄭，書「圍」以惡之。書晉文盟踐土，書日以著其譎；書「天子狩于河陽」爲不與再致天子。是「心賤薄之」也。《漢書·藝文志》云：「儒家者流蓋出于司徒之官，助人君順陰陽明教化者也。游文於六經之中，留意於仁義之際，祖述堯舜，憲章文武，宗師仲尼，以重其言。」其五十三家八百三十六篇，《孟子》十一篇列于内。今存者，《荀卿子》、陸賈《新語》、賈誼《新書》、董仲舒《春秋繁露》、桓寬《鹽鐵論》、劉向《説苑》《新序》《列女傳》、揚雄《太玄》《法言》。《新語·道基》篇首述宓羲圖畫乾坤以定人道。賈山言治亂之道，稱述文王好仁。《荀子·仲尼》篇云：「仲尼之門人，五尺之豎子言羞稱乎五伯，是何也？曰：然。彼非本政教也，非致隆高也，非綦文理也，非服人之心也。鄉方略，審勞佚，畜積修鬭而能顛倒其敵者也，詐心以勝矣。彼以讓飾争，依乎仁而蹈利者也，小人之傑也。彼固曷足稱乎大君子之門哉？」董子對膠西王云：「《春秋》之義貴信而賤詐。詐人而勝之，雖有功，君子弗爲也。是以仲尼之門，五尺之童子言羞稱五伯，爲其詐以成功，苟爲而已也。故不足稱於大君子之門。」揚雄《解嘲》云：「五尺童子羞稱晏嬰與夷吾。」凡此皆後世儒家稱述宓羲以來至文王周公之法，而賤薄桓、文，不欲傳道之也。頌與誦通，頌述即誦述。閩、監、毛三本作「宓義」。**無以，則王乎？」**注既不論三皇五帝，殊無所問，則尚當問王道耳。不欲使王問霸事也。

疏注「不論三皇五帝」○正義曰：《周禮・春官・外史》「掌三皇五帝之書」。丘光庭《兼明書》云：「鄭康成以伏羲、女媧、神農爲三皇，宋均以燧人、伏羲、神農爲三皇，《白虎通》以伏羲、神農、祝融爲三皇；孔安國以伏羲、神農、黄帝爲三皇。明曰：女媧、燧人、祝融事，經典未嘗以『帝』『皇』言之，蓋霸而不王者也。且祝融乃顓頊之代火官之長，可列於三皇哉？則知諸家之論唯安國爲長。鄭康成以黄帝、少昊、顓頊、帝嚳、唐堯、虞舜爲五帝。六人而云『五帝』者，以其俱合五帝座星也。司馬遷以黄帝、顓頊、帝嚳、唐堯、虞舜爲五帝，孔安國以少昊、顓頊、高辛、唐、虞爲五帝。明曰：康成以女媧爲皇，軒轅爲帝。按，軒轅之德不劣女媧，何故不爲稱皇而淪之入帝，仍爲六人哉？考其名迹，未爲允當者也。司馬遷近遺少昊而遠收黄帝，其爲疎略一至于斯。安國精詳，可爲定論。按《尚書》説：『皇者皆天德也。皇王，人也。帝，諦也，公平通達，舉事審諦也。人主德周天覆，故德優者謂之皇，其次謂之帝。』然則『皇』者『帝』者皆法天爲名。或曰：子以軒轅爲皇，何故謂之『黄帝』？答曰：凡言有通、析。析而言之，則皇尊于帝；通而言之，則帝、皇一也。《月令》云『其帝太昊』，則伏羲亦謂之『帝』也；《吕刑》云『皇帝清問下民』，則堯亦謂之『皇』也。」按：趙氏以則「王」之「王」指三王，故云「不論三皇五帝」。《慈湖家記》云：「孟子凡與齊宣王言王，皆如字耳。後儒讀者多轉爲去聲，非也。」○注「殊無」至「事也」○正義曰：「殊無所問」解「無以」二字，蓋謂孔子之徒所道者三皇五帝及王道也，所不道者五伯也，王乃問桓、文之事，豈舍此遂無所問乎？縱不問三皇五帝，亦當問王道，而不當問桓、文霸者之事。元人《四書辨疑》云：「無以，無以言也。桓、文之事既無以言，則言王道可乎？」此以「無以」二字屬上，解「以」爲用，謂桓、文之事儒者不道，無用言之。與趙氏義異。**曰：「德何如則可以王**

矣？」注王曰：德行當何如而可得以王乎？ 疏注「德行」至「王乎」❶○正義曰：陸賈《新語》云「齊桓公尚德以霸」，然則霸功亦不離乎德，但德之用於霸與用於王自有別。 曰：「保民而王，莫之能禦也。」注保，安也。禦，止也。言安民則惠，黎民懷之。若此以王，無能止也。 疏注「保安也」○正義曰：《周禮・大司徒》「以保息六養萬民」，注云：「保息，謂安使蕃息也。」《毛詩》傳多以安訓保。○注「言安」至「懷之」○正義曰：《尚書・皋陶謨》文。 曰：「若寡人者，可以保民乎哉？」注王自恐懷不足以安民，故問之。曰：「可。」注孟子以爲如王之性，可以安民也。 曰：「何由知吾可也？」注王問孟子：何以知吾可以安民？ 曰：「臣聞之胡齕曰：王坐於堂上。有牽牛而過堂下者，王見之，曰：『牛何之？』對曰：『將以釁鐘。』王曰：『舍之！吾不忍其觳觫，若無罪而就死地。』對曰：『然則廢釁鐘與？』曰：『何可廢也？以羊易之。』不識有諸？」注胡齕，王左右近臣也。觳觫，牛當到死地處恐貌。新鑄鐘，殺牲，以血塗其釁郄，因以祭之，曰「釁」。《周禮・大祝》曰：「隋釁，逆牲逆尸，令鐘鼓。」《天府》：「上春，釁寶鐘及寶器。」孟子曰：臣受胡齕言王嘗有此仁，不知誠有之否？ 疏注「胡齕」至「臣也」○正義曰：《周禮・天官・寺人》注云：「寺之言侍也。」賈氏疏云：「取親近侍御之義。」《夏官・司士》：「正朝儀之位：王族故士、虎士在路門之右，南面東上；大僕、大右、大僕從者在路門之左。」惠氏士奇《禮說》云：

❶「德行」，原倒，今據注文改。

「春秋時周禮未改，列國猶重大僕一官。位雖下大夫，而正王服位、出入王命，王眡朝則前，王燕飲則相，王射則贊，王眡燕朝則擯，而上士小臣、中士祭僕、下士御僕皆其僚屬，爲群僕侍御之臣。《荀子》曰：『便嬖左右者，人主之所以窺遠收衆之門户牖嚮也。』故人主必將有便嬖左右足信者然後可。秦武王令甘茂擇僕與行事，則親近之臣自古重之。賈誼《官人》篇曰：『修身正行，道語談説，服一介之使能合兩君之驩，執戟居前能舉君之失過，不難以死持之者，左右也；事君不敢有二心，居君旁不敢泄君之謀，君有失過憔悴有憂色，不勸聽從者，侍御也。』蓋古親近之臣若此。」諸侯無大僕，而《儀禮》小臣、小臣正、小臣師、僕人正、僕人師、僕人士，皆左右親近之官。胡齕所居未知何職，然堂上堂下，牽牛問答，非左右近臣無以知之，故趙氏注之如此。○注「觳觫」至「恐貌」○正義曰：《廣雅·釋訓》云：「跦踖，畏敬貌。」又《文選·東京賦》薛綜注云：「跼蹐，恐懼之貌。」趙氏蓋以「觳觫」音近「跦跼」，故以爲恐貌。王氏念孫《廣雅疏證》云：「《廣韻》云：『[歹甬]殐，死貌。出《廣雅》。』又[歹甬]、殐、[歹辟]、[歹術]、殙五字，諸書並訓爲死。《玉篇》：『[歹甬]殐，死貌。』《孟子·梁惠王》篇：『吾不忍其觳觫，若無罪而就死地。』義與『[歹甬]殐』同。」《荀子·王霸》篇云「出若入若」，《史記·禮書》云「若者必死」，「若」皆訓爲如此。此云「若無罪而就死地」，猶云「如此無罪而就死地」也。○注「新鑄」至「寶器」○正義曰：「釁」本間隙之名，故殺牲以血塗器物之隙即名爲「釁」。「隙」即「郤」字。《漢書·高帝紀》「釁鼓」，注：「應劭云：『釁，祭也。殺牲以血塗鼓釁呼爲釁。』」「呼」同「罅」，「釁罅」猶言「釁隙」。今人以瓦器有裂迹者爲璺，讀若悶，即釁也；以木之有裂縫者爲罅，讀若呵，呵、乎，音之轉也。《周禮》大祝天府俱屬春官。大祝作「隋釁」，鄭氏注云：「謂薦血也。凡血祭曰釁。」疏引賈氏云：「釁，釁宗廟。」馬氏云：「血以塗鐘鼓。」「鄭不從。」然則血祭之「釁」與釁器之「釁」自是兩事。趙氏合爲一事，與應劭同。《天府》：「上春，釁寶鎮及寶器。」趙氏引作「釁寶鐘」。阮氏元《挍勘記》云：「當依《周禮》作『鎮』，形相涉而誤。」趙氏佑《溫故録》云：「古人用釁之禮不一。定四年《左傳》：『君以軍行，祓社釁鼓。』《文王世子》：『始立學者，既興器用幣。』注：『興讀爲釁。』《月令》：『孟冬，命太史釁龜筴。』《雜記》下：『成廟則釁之，其禮：雍人舉羊，升屋自中，中屋南面刲羊，血流于前，乃降。門夾室皆用雞，其衈皆於屋下。割雞，門，當門；夾室，中室。』又云：『路寢成，則考之而不釁。釁屋者，❶交神明之道也。凡宗廟之器，其名者成，則釁之以豭豚。』《大戴禮》亦有『釁廟』，獨爲篇。其具在《周官》者，《大祝》《天府》而外，《春官》則有《肆師》『以歲時序其祭祀，及其祈珥』，《小祝》『大師掌釁祈號祝』，《龜人》『上春釁龜』，《雞人》『凡祭祀襘釁，共其雞牲』。《夏官》則《大司馬》『若大師，帥執事涖釁主及軍器』，《小子》『掌珥于社稷，祈于五祀，釁邦器及軍器』，《羊人》『凡祈珥釁積，共其羊牲』，《圉師》『春除蓐釁廐』。《秋官》則《士師》『凡刉衈，則奉犬牲』，《犬人》『凡幾衈，用駹可也』，《司約》『若有訟者，則珥而辟藏』。康成注皆以祈即刉字，珥即衈字。用毛牲者刉，用羽牲者衈，皆取血以釁之事；釁之者，神之也。先鄭則『釁』讀曰『徽』，謂『飾美之也』。是凡器物皆用釁，龜玉亦釁之，廟社皆用釁，主亦釁，馬廐亦釁之，蓋非止爲塗其郤。其牲則以羊爲大，亦用豚、犬與雞，獨未有言牛者。牛爲牲之最大，不輕用也。此以一鐘而用牛，明非禮之正經定制，亦見古禮失之一端。孟子則第就事論事而已。」周氏柄中《辨

❶「屋」，原無，今從沈校據《禮記》補。

正》謂：「釁之義有三：一是祓除不祥，一是彌縫罅隙，使完固之義，一是取其膏澤護養精靈。鐘爲邦器，釁鐘是塗其罅隙。」按：塗其罅隙即是鄭司農讀「徽」、賈疏以爲取飾義也，亦康成所不從。**曰：「有之。」** 注 王曰：有之。**曰：「是心足以王矣。百姓皆以王爲愛也，臣固知王之不忍也。」** 注 愛，嗇也。孟子曰：王推是仁心，足以至於王道。然百姓皆謂王嗇愛其財，臣知王見牛恐懼不欲趨死，不忍，故易之也。疏 注「愛嗇也」○正義曰：《周書・謚法解》云：「嗇於賜予曰愛。」《漢書・竇嬰傳》云「豈以爲臣有愛」，集注云：「愛猶惜也。」惜亦吝嗇之義，故下注云「愛惜」。**王曰：「然，誠有百姓者。齊國雖褊小，吾何愛一牛？即不忍其觳觫，若無罪而就死地，故以羊易之也。」** 注 王曰：亦誠有百姓所言者矣。吾國雖小，豈愛惜一牛之財費哉？即見其牛哀之，釁鐘又不可廢，故易之以羊耳。**曰：「王無異於百姓之以王爲愛也。以小易大，彼惡知之？王若隱其無罪而就死地，則牛羊何擇焉？」** 注 異，怪也。隱，痛也。孟子言無怪百姓之謂王愛財也，見王以小易大故也。王如痛其無罪，羊亦無罪，何爲獨釋牛而取羊？疏 注「異怪也隱痛也」○正義曰：昭公二十六年《左傳》云「然據有異焉」，賈氏注云：「異猶怪也。」《史記・魯世家》「有異焉」，《集解》引服虔云：「異猶怪也。」是異之義與怪同也。王氏念孫《廣雅疏證》云：「《逸周書・謚法解》云：『隱，哀之方也。』《檀弓》云：『拜稽顙，哀戚之至隱也。』隱與㥯通，隱、哀，一聲之轉。哀之轉爲㥯，猶薆之轉爲隱矣。」**王笑曰：「是誠何心哉？我非愛其財。而易之以羊也，宜乎百姓之謂我愛也。」** 注 王自笑心不然而不能自免爲百姓所非。乃責己之以小易大，故曰：宜乎其非我也。疏注「王自」至「我也」○正義曰：「自笑心不然」解首二句，「不然」二字解「我非愛其財」，謂我之心果何心哉？自信非愛財也。「乃責己之以小易大」解「而易之以羊也」句，「故曰宜乎其非我也」解末句，於其間隔以「而不能自免爲百姓所非」一句，明「我非愛其財」斷句，不與下「而」字連；「而易之以羊也」不斷句，與「宜乎」一氣接下。趙氏此書名「章句」，故其分析明白如此，舉此以例其餘。**曰：「無傷也，是乃仁術也，見牛未見羊也。君子之於禽獸也，見其生不忍見其死，聞其聲不忍食其肉，是以君子遠庖廚也。」**

注孟子解王自責之心曰：無傷於仁，是乃王爲仁之道也。時未見羊，羊之爲牲次於牛，故用之耳。是以君子遠庖廚，不欲見其生、食其肉也。疏「君子」至「廚也」○正義曰：賈子《新書·禮》篇云：「禮，聖王之於禽獸也，見其生不忍見其死，聞其聲不忍嘗其肉，故遠庖廚。仁之至也。」《大戴禮·保傅》篇云：「於禽獸，見其生不食其死，聞其聲不嘗其肉，故遠庖廚，所以長恩且明有仁也。」翟氏灝《考異》云：「《大戴禮·保傅》篇即自賈子採録，而篇置不同，文亦小異。『君子遠庖廚』本《禮記·玉藻》文，孟子述之，故加有『是以』二字。」○注「無傷」至「道也」○正義曰：賈子《新書·道術》篇云：「道者，所從接物也，其末者謂之術。」《説文》行部云：「術，邑中道也。」鄭康成注《禮記》、高誘注《淮南子》《吕氏春秋》、韋昭注《國語》皆以道釋術，故趙氏以「仁道」解「仁術」。○注「羊之」至「之耳」○正義曰：《周禮·宰夫》注云：「三牲，牛羊豕具爲一牢。」桓公八年《公羊傳》注云：「牛羊豕凡三牲曰大牢，羊豕凡二牲曰少牢。」《王制》云：「天子社稷皆太牢，諸侯社稷皆少牢。諸侯無故不殺牛，大夫無故不殺羊。」是羊之爲牲次於牛也。

王説，曰：「《詩》云：『他人有心，予忖度之。』夫子之謂也。夫我乃行之，反而求之，不

得吾心；夫子言之，於我心有戚戚焉。此心之所以合於王者，何也？」注《詩》，《小雅·巧言》之篇也。王喜悦，因稱是《詩》以嗟歎孟子忖度知己心，戚戚然心有動也。寡人雖有是心，何能足以王也？疏注「詩小」至「己心」○正義曰：《詩》小序云：「《巧言》，刺幽王也。大夫傷於讒，故作是詩也。」箋云：「因己能忖度讒人之心。」王引此蓋斷章取義。《毛詩釋文》云：「忖，本又作寸。」《漢書·律曆志》云：「寸者，忖也。」忖與寸義同。前此詰駁，王意不能解，孟子以仁術言之，王乃解悦，解悦則喜矣，喜故歎美孟子，以爲知己心。○注「戚戚」至「王也」○正義曰：王氏念孫《廣雅疏證》云：「《方言》：『衝、俶，動也。』『衝俶』與《廣雅》『衝俅』同。衝亦動也，方俗語有輕重耳。《釋訓》：『衝衝，行也。』《説文》：『憧，不定也。』《咸》九四：『憧憧往來。』皆動之貌也。聲轉爲俶。《爾雅》：『動，俶，作也。』是俶與動同義。《説文》：『埱，氣出于土也。』義亦與俶同。《孟子》『於我心有戚戚焉』，趙氏注云：『戚戚然心有動也。』戚與俶亦聲近義同。」合與洽義同。《説文》水部云：「洽，霑也。」霑有足義，故趙氏以「足以王」解「合於王」。閩、監、毛三本作「何能足以合於王也」，非是。**曰：「有復於王者曰：『吾力足以舉百鈞而不足以舉一羽，明足以察秋豪之末而不見輿薪。』則王許之乎？」**注復，白也。許，信也。人有白王如此，王信之乎？百鈞，三千斤也。疏注「復白也許信也」○正義曰：《曲禮》云「願有復也」鄭氏注、《國語》「正月之朔，鄉長復事」韋昭注、《吕氏春秋·勿躬》篇「管子復於桓公」高誘注，皆訓復爲白。《周禮·宰夫》「諸臣之復」，注云：「復謂奏事也。」《説文》言部云：「許，聽也。」《吕氏春秋·首時》篇「王子信」，高誘注云：「許諾。」惟信之，故諾之、聽之也。○注「百鈞三千斤也」○正義曰：《説苑·辨物》篇云：「三十斤爲一鈞。」百鈞故三千斤。**曰：「否。」**注王曰：

我不信也。「今恩足以及禽獸而功不至於百姓者，獨何與？然則一羽之不舉爲不用力焉，輿薪之不見爲不用明焉，百姓之不見保爲不用恩焉。故王之不王，不爲也，非不能也。」注孟子言王恩及禽獸而不安百姓，若不用力、不用明者也。不爲耳，非不能也。**曰：「不爲者與不能者之形，何以異？」**注王問其狀何以異也。**曰：「挾太山以超北海，語人曰『我不能』，是誠不能也；爲長者折枝，語人曰『我不能』，是不爲也，非不能也。故王之不王，非挾太山以超北海之類也；王之不王，是折枝之類也。**注孟子爲王陳爲與不爲之形若是，王則不折枝之類也。折枝，案摩，折手節，解罷枝也。少者恥見役，故不爲耳，非不能也。太山、北海皆近齊，故以爲喻也。疏「挾太山以超北海」○正義曰：《墨子·兼愛》篇云：「挈太山以超江河，生民以來未嘗有也。」蓋當時有此語。《墨子》之書，孟子未必引之。○注「折枝」至「見役」○正義曰：毛氏奇齡《四書賸言》云：「趙氏注『折枝』：『案摩，折手節，解罷枝。』此卑賤奉事尊長之節。《內則》：『子婦事舅姑，問疾痛疴癢而抑搔之。』鄭注抑搔即按摩。屈抑枝體與『折義』正同。以此皆卑役，非凡人屑爲，故曰是不爲，非不能。《後漢》張皓王龔論云：❶『豈同折枝於長者，以不爲爲難乎？』劉熙注：『按摩，不爲，非難爲。』可驗。若劉峻《廣絕交論》『折枝舐痔』，盧思道《北齊論》『韓高之徒，人皆折枝舐痔』，《朝野僉》載薛稷等『舐痔折枝，阿附太平公主』，類皆明作媕諂之具。」❷《音

---

❶「論」，原作「倫」，今從沈校據《後漢書》及《四書賸言》改。

❷「明」，原作「朋」，今據《四書賸言》改。

義》引陸善經云：「折枝，折草樹枝。」趙氏佑《温故録》云：「《文獻通考》載陸筠解爲『磬折腰枝』，蓋猶今拜揖也。元人《四書辨疑》以枝與肢通，謂歛折肢體，爲長者作禮，與『徐行後長』意類，正竊其意而衍之。」○注「太山北海皆近齊」○正義曰：閻氏若璩《四書釋地》云：「《禹貢》海岱惟青州，故蘇秦説齊宣王『齊南有太山，北有渤海』，司馬遷言『吾適齊，自泰山屬之琅邪，北被於海』。降至漢景帝，猶置北海郡於營陵。營陵，舊營邱地。《左傳》云『君處北海』，是也。高帝置泰山郡，領博縣，縣有泰山廟，岱在其西北。《禮記》云『齊人將有事泰山』，是也。以知『挾泰山以超北海』皆取齊境内之地設譬耳。」**老吾老以及人之老，幼吾幼以及人之幼，天下可運於掌。**注老猶敬也，幼猶愛也。敬吾之老亦敬人之老，愛我之幼亦愛人之幼，推此心以惠民，天下可轉之掌上，言其易也。疏注「老猶」至「易也」○正義曰：《禮記・大學》篇云：「上老老而民興孝，上長長而民興弟。」注云：「老老長長，謂尊老敬長也。」此「老吾老，幼吾幼」，猶云「老老長長」。老無敬訓，幼無愛訓，故云「猶敬」「猶愛」也。《廣雅・釋詁》云：「運，轉也。」故以轉解運。**《詩》云：『刑于寡妻，至于兄弟，以御于家邦。』言舉斯心加諸彼而已。**注《詩》，《大雅・思齊》之篇也。刑，正也。寡，少也。言文王正己適妻，則八妾從，以及兄弟。御，享也。享天下國家之福，但舉己心加於人耳。

疏注「刑正」至「妾從」○正義曰：《詩釋文》引《韓詩》云：「刑，正也。」《毛詩》傳云：「寡妻，適妻也。」《白虎通・嫁娶》篇云：「天子諸侯一娶九女，一爲適妻，餘爲八妾。」○注「御享」至「之福」○正義曰：享之義爲獻，御之義爲進。進、獻同。《詩・六月》「飲御諸友」，傳云：「御，進也。」謂飲享諸友也。《獨斷》云：「所至曰幸，所進曰御。」又云：「御者，進也。」凡衣服加於身，飲食入於口，妃妾接於寢，皆曰御。天下國家之福皆進於天子，故御享天下國家之福也。○注「但舉」至「人耳」○正義曰：阮氏元《挍勘記》云：「監、毛本心作以，形近而誤。」**故推恩足以保四海，不推恩無以保妻子。古之人所以大過人者無他焉，善推其所爲而已矣。**注大過人者，大有爲之君也，善推其心所好惡以安四海也。**今恩足以及禽獸而功不至於百姓者，獨何與？**注復申此，言非王不能，不爲之耳。**權然後知輕重，度然後知長短。物皆然，心爲甚。王請度之。**注權，銓衡也，可以稱輕重；度，丈尺也，可以量長短。凡物皆當稱度乃可知，心當行之乃爲仁。心比於物，尤當爲之甚者也。欲使王度心如度物也。疏注「權銓」至「長短」○正義曰：《漢書·律曆志》云：「衡，平也。權，重也。衡所以任權而均物、平輕重也。」《廣雅·釋器》云：「錘謂之權。」又云：「稱謂之銓。」《吕氏春秋·仲秋紀》「平權衡」，高誘注云：「權，秤衡也。」《説文》金部云：「銓，衡也。」韋昭注《國語》云：「銓，稱也。」是銓衡即稱衡。權爲錘。衡之輕重視乎錘之進退，而所以銓衡輕重，全視乎錘。故孟子舉權，趙氏以銓衡明之。《漢書·律曆志》云：「度者，分、寸、尺、丈、引也，所以度長短也。」舉丈、尺以概其餘。《尚書·堯典》「同律度量衡」，鄭氏注亦云：「度，丈尺也。」阮氏元《挍勘記》云：「閩、監、毛三本量作度。按，《音義》云：『度之待各切。注「稱度」「度心」「度物」皆同。』不云『度長短』，是《音義》本亦當作量。改爲度者，閩本之誤，監、毛二本因而不革也。」○注「凡物」至「物也」○正義曰：趙氏之意，謂凡物皆有輕重長短，必宜以權度度之，故云「物皆然」。以「行」字解「爲」字，讀「心」爲一頓。心之所爲即心之所行，故云「心當行之」，又云「尤當爲之甚者也」。蓋以「心爲」之「爲」即上「善推其所爲」之「爲」。「善推其所爲」之「爲」既解作「心所好惡」，則此云「度心」即度心之所好惡，如度物之輕重長短也。乃近人通解以「心」字一頓，「爲甚」二字連讀。按：物有輕重長短，以權度度之；心之輕重長短，即以心度之。物之輕重長短不度，猶可；心之輕重長短不度，則不知推恩以保四海，故「爲甚」也。心愛禽獸，心之輕短者也；心愛百姓，心之重長者也。不以心度心，則不知愛禽獸之心輕於愛百姓之心也。**抑王興甲兵，危士臣，構怨於諸侯，然後快於心與？」**注抑，辭也。孟子問王：抑亦如是乃快邪？疏注「抑辭也」○正義曰：《禮記·中庸》「抑而强與」注、宣公十一年《左傳》「抑人亦有言」注，皆以抑爲辭。《詩·十月之交》「抑此皇父」箋云：「抑之言噫。」《釋文》引《韓詩》云：「抑，意也。」《國語》「敢問天道抑人故也」，賈子《新書·禮容語下》作「意人」，是抑即意。意其如此，辭之未定者也。故昭公八年《左傳》「抑臣又聞之」，注云：「抑，疑辭。」《論語》「抑亦先覺者是賢乎」，王氏引之《經義述聞》云：「《繫辭傳》『噫亦要存亡吉凶，則居可知矣』，噫亦即抑亦也。《大戴禮·武王踐阼》篇云：『黃帝、顓頊之道存乎，意亦忽不可得見與？』《荀子·脩身》篇云：『將以窮無窮、逐無極與，意亦有所止之與？』《秦策》云：『誠病乎，意亦思乎？』《史記·吴王濞傳》：『願因時循理，棄軀以除患害於天下，億亦可乎？』《漢書》億作意字。並與抑亦同。」趙以「抑亦」猶「抑」，故云「抑亦如是」。

王曰：「否，吾何快於是？將以求吾所大欲也。」注王言不然，我不快是也。將欲以求我心所大欲者耳。**曰：「王之所大欲可得聞與？」**注孟子雖心知王意而故問者，欲令王自道，遂緣以陳之。**王笑而不言。**注王意大而不敢正言。**曰：「爲肥甘不足於口與？輕煖不足於體與？抑爲采色不足視於目與？聲音不足聽於耳與？便嬖不足使令於前與？王之諸臣皆足以供之，而王豈爲是哉？」**注孟子復問此五者，欲以致王所欲也，故發異端以問之也。疏注「孟子」至「之也」○正義曰：《漢書・公孫宏傳》云「致利除害」，注云：「致謂引而至也。」王笑而不肯言，孟子以言引之，故云「欲以致王所欲也」。「異端」者，《論語》云「攻乎異端」，何晏注云：「異端，不同歸也。」又以小道爲異端，皇侃《義疏》以異端爲諸子百家之書，謂其與聖經大道異也。漢《賢良策問》云：「良玉不瑑，❶又云非文無以輔德，二端異焉。」《韓詩外傳》云：「序異端，使不相悖。」異端之云，第謂説之不同耳。故諸葛長民《貽劉敬宣書》云：「異端將盡，世路方夷。」則凡異己者通稱爲異端。《禮記・大學》篇云「斷斷兮無他技」，注云：「他技，異端之技也。」異即他也。此與彼異，是爲「他端」。《後漢書》尚書令韓歆上疏，欲立費氏《易》、左氏《春秋》，范升以爲異端。杜預《春秋序》云：「簡二傳而去異端。」范升習二傳，故以左氏爲異端；杜預注左氏，故以二傳爲異端。袁紹客多豪俊，並有才説。見鄭康成儒者，未以通人許之，競設異端，百家互起。儒者必拘守舊説，故競違異前儒之説以難之也。康成依方辨對，咸出問表，則《韓詩外傳》所謂「序異端」矣。王之大欲，本在辟土地、朝秦楚，蒞中國而撫四夷，而故舉肥甘、輕煖、采色、聲音、便嬖五者。此五者非王之所大欲，則爲所大欲外之他端，故云「發異端以問之也」。**曰：「否，吾不爲是也。」**注王言我不爲是也。**曰：「然則王之所大欲可知已。欲辟土地，朝秦楚，蒞中國而撫四夷也。**注蒞，臨也。言王意欲庶幾王者，蒞臨中國而安四夷者也。疏注「蒞臨」至「者也」○正義曰：蒞即涖。涖之爲臨，經典傳注不勝舉數。《爾雅・釋詁》云：「臨、涖，視也。」《説文》手部云：「撫，安也。」《周禮・大行人》云「王之所以撫邦國諸侯者」，《淮南

❶「瑑」，原作「琢」，今據《漢書》改。

子·原道訓》云「以撫四方」，鄭康成、高誘皆以撫訓安。閩、監、毛三本作「臨莅中國」。**以若所爲求若所欲，猶緣木而求魚也。」**注若，順也。順嚮者所爲，謂搆兵諸侯之事，求順今之所欲莅中國之願，其不可得，如緣喬木而求生魚也。疏注「若順」至「魚也」○正義曰：「若，順」，《爾雅·釋言》文。按：「若」宜同「若無罪而就死地」之「若」。若，如此也。謂以如此所爲求如此所欲。解爲順，於辭不達。《管子·形勢解》云：「緣高出險，猱蝯之所長而人之所短也。」此云「緣木」，故知其爲喬木。緣木求魚，或小木或枯魚，猶或有之；若喬木生魚，則必無可求之理，故趙氏申明之。**王曰：「若是其甚與？」**注王謂比之緣木求魚爲大甚。**曰：「殆有甚焉。緣木求魚，雖不得魚，無後災；以若所爲求若所欲，盡心力而爲之，後必有災。」**注孟子言盡心戰鬭，必有殘民破國之災，故曰殆有甚於緣木求魚者也。疏「殆有甚焉」○正義曰：王氏引之《經傳釋詞》云：「有猶又也。」言殆又甚焉。**曰：「可得聞與？」**注王欲知其害也。疏注「王欲知其害也」○正義曰：《易·復》上六「有災眚」，《釋文》引《子夏傳》云：「傷害曰災。」隱公五年《公羊傳》云「記災也」，注云：「災者，有害於人物，隨事而至者。」是災即害也。**曰：「鄒人與楚人戰，則王以爲孰勝？」**注言鄒小楚大也。**曰：「楚人勝。」**注王曰：楚人勝也。**曰：「然則小固不可以敵大，寡固不可以敵衆，弱固不可以敵强。海内之地方千里者九，齊集有其一。以一服八，何以異於鄒敵楚哉？**注固，辭也。言小弱固不如强大。集會齊地，可方千里，譬一州耳。今欲以一州服八州，猶鄒欲敵楚。疏「海内」至「者九」○正義曰：《王制》云：「凡四海之内九州，州方千里。」注云：「大界方三千里，三三而九，方千里者九也。其一爲縣内，餘八各立一州，此殷制也。周公制禮，九州大界方七千里，七七四十九，方千里者四十有九也。其一爲畿内，餘四十八八州，各方千里者六。」又云：「夏末既衰，夷狄内侵，諸侯相并，土地減，國數少。殷湯承之，更制中方三千里之界，亦分爲九州。周公復唐虞之舊域。」《尚書·皋陶謨》云：「弼成五服，至于五千。」《釋文》引鄭氏注云：「五服已五千，又弼成爲萬里。」《王制》疏亦引此。鄭注云：「輔五服而成之，至于面方各五千里，四面相距爲方萬里。堯初制五服，服各五百里。要服之内，方四千里，曰九州，其外荒服曰四海。此禹所受地。記書曰『昆侖山東南，地方五千里，名曰神州』者，禹弼五服之殘數。亦每服者合五百里，故有萬里之界，萬國之封焉。猶用要服之内爲九州，州更方七千里，七七四十九，得方千里者四十九。其一以爲圻内，餘四十八，八州分而各有六。」然則唐、虞與殷海内之地方三千里，夏、周海内之地方七千里。孟子所説，唐虞及殷之制也。古者内有九州，外有四海。《爾雅·釋地》云：「九夷、八狄、七戎、六蠻謂之四海。」此「海内」即指四海之内，謂要服之内也。○注「固辭」至「强大」○正義曰：高誘注《國策》及《吕氏春秋》皆訓固爲必。固然者，必然之辭；固不如强大，即必不如强大。《禮記·投壺》注云：「固之言如故也。」如故即不可遷移之辭也。○注「集會」至「州耳」○正義曰：「集，會」，《爾雅·釋言》文。凡方千里，則爲積一百萬里。《國策》蘇秦爲趙合從説齊宣王曰：「齊南有泰山，東有琅邪，西有清河，北有渤海，此所謂四塞之國也。」齊地方二千里，蘇秦侈言齊之强大，孟子言齊地小弱，故一言「方二千里」，一言「方千里」，大抵俱約略之辭。太山至渤海，南北不足千里；自清河至琅邪，東西不止千里。絶長補短，計其積數，約方千里，故云「集會」也。

蓋亦反其本矣。

注 王欲服之之道，蓋當反王道之本。

疏 注

「蓋當」至「之本」〇正義曰：蓋與盍古通。周氏廣業《孟子異本考》云：❶「《增修禮部韻略》盍韻蓋字引《孟》爲證。《韻會》合韻『盍或作蓋』，亦引《孟》。按，《史記·孔子世家》『夫子蓋少貶焉』，《檀弓》『子蓋慎諸』，並以盍爲蓋。」此從閩、監、毛、孔諸本作「蓋」，韓本、足利本作「盍」，「蓋」與「盍」同也。趙氏以「當」明「蓋」，《爾雅·釋詁》云：「盍，合也。」《史記·司馬相如傳》《索隱》引文穎云：「蓋，合也。」趙氏讀「蓋」爲「合」，故以「當」釋「蓋」。「蓋當」猶「合當」也。下文「則盍反其本矣」與此義同，故趙氏不複注。或謂此文「蓋」字乃「盍」字之誤，或謂下文「蓋」字該改「盍」字，説者又謂蓋是疑辭、盍是決辭，皆非是。王氏引之《經傳釋詞》云：「凡言『盍亦』者，以亦爲語助。《左傳》僖二十四年『盍亦求之』，盍求之也。昭元年『子盍亦遠績禹功而大庇民乎』，盍遠績禹功而大庇民也。《吴語》『王其盍亦鑑於人』，盍鑑於人也。《孟子》『盍亦反其本矣』，盍反其本也。」**今王發政施仁，使天下仕者皆欲立於王之朝，耕者皆欲耕於王之野，商賈皆欲藏於王之市，行旅皆欲出於王之塗，天下之欲疾其君者皆欲赴愬於王。其若是，孰能禦之？」**注反本道、行仁政若此，則天下歸之，誰能止之者？

王曰：「吾惽，不能進於是矣。願夫子輔吾志，明以教我。我雖不敏，請嘗試之。」注王言我情思惽亂，不能進行此仁政，不知所當施行也。欲使孟子明言其道以教訓之。我雖不敏，願嘗使少行之也。疏注「王言」至「惽亂」〇正義曰：《説文》心部云：「惽，不憭也。」《國策》「皆惽于教」，高誘注云：「惽，

❶「異本考」，原作「逸文考」，今從沈校據《孟子四考》改。

不明也。」「不明」猶「不憭」。《廣雅・釋訓》云：「惽惽，亂也。」《詩・民勞》「以謹惽怓」，毛傳云：「惽怓，大亂也。」「惽」與「昏」同。《呂氏春秋・貴直》篇云：「先生之老與昏與？」高誘注云：「昏，亂也。」《楚辭・涉江》篇「固將重昏而終身」，王逸注云：「昏，亂也。」《國語》「僮昏不可使謀」，韋昭注云：「昏，闇亂也。」故趙氏以「亂」解「惽」。○注「不能」至「之也」○正義曰：《周禮・大司馬》「徒銜枚而進」，注云：「進，行也。」《考工記・輪人》「進而行之」，注云：「進猶行也。」故趙氏以「進」爲「行」。《廣雅・釋詁》云：「試，嘗也。」《檀弓》注云：「嘗，試也。」「嘗」「試」二字義同。《文選・思元賦》「非余心之所嘗」，舊注云：「嘗，行也。」則「嘗」「試」亦訓爲行。桓公八年《公羊傳》注云：「嘗者，先辭也。秋穀成者非一，黍先熟可得薦，故曰嘗。」《一切經音義》引《廣雅》云：「嘗，暫也。」嘗試之義，謂未即全行，先暫行之，如飲食未大歠，先以口嘗之，故《說文》旨部云：「嘗，口味之也。」趙氏云：「嘗使少行之」，「少行」即「暫行」，解「試」字，謂先使暫行之也。**曰：「無恒產而有恒心者，惟士爲能；若民，則無恒產因無恒心。**注 孟子爲王陳其法也。恒，常也。產，生也。恒產，則民常可以生之業也。恒心，人所常有善心也。惟有學士之心者，雖窮不失道，不求苟得耳；凡民迫於飢寒則不能守其常善之心。疏 注「恒常」至「業也」○正義曰：「恒，常」，《爾雅・釋詁》文。服虔注《左傳》、韋昭注《國語》，皆以「生」訓「產」。《詩・谷風》「既生既育」，箋云：「生謂財業也。」《漢書・嚴助傳》云「民生未復」，注云：「生謂生業。」《大宗伯》「天產」謂六牲之畜，「地產」謂土地之性。《呂氏春秋・上農》篇高誘注云：「地產，嘉穀也。」然則恒產者，田里樹畜，民所恃以長養其生者也。**苟無恒心，放辟邪侈，無不爲已。及陷於罪，然後從而刑之，是罔民也。**注 民誠無恒心，放溢辟邪，侈於姦利，犯罪觸刑，無所不爲。乃就刑之，是由張羅罔以罔民者也。疏注「放溢」至「姦利」○正義曰：《漢書・五行志》引京房《易傳》云：「君樂逸人茲謂放。」《韋賢傳》集注引臣瓚云：「逸，放也。」《説文》兔部云：「逸，失也。」逸、泆、失、溢音同義通，故趙氏以「溢」釋「放」，謂縱泆放蕩也。《淮南子・精神訓》「而不僻矣」，高誘注云：「僻，邪也。」《漢書・晁錯傳》云「使主内無邪僻之行」，《董仲舒傳》云「邪僻之説息」，《杜欽傳》云「反因時信其邪辟」，《谷永傳》云「蕩滌邪僻之惡志」，《佞倖石顯傳》云「知顯專權邪辟」，辟即僻。《文選・登徒子好色賦》注云：「邪，僻也。」邪、辟二字可互注。趙以邪釋辟，即以辟釋邪，明辟、邪二字義同。《音義》云：「侈，丁作移。」阮氏元《校勘記》云：「《考工記・梟氏》『侈弇之所由興』，注云：『故書侈作移。』又《儀禮・少牢》篇『侈袂』，又《禮記》『衣服以移之』，是移爲侈之假借。」按：《禮記・表記》注云：「移，讀如水氾移之移。移猶廣大也。」「水氾移」猶云「水氾溢」。《儀禮・少牢饋食》注云：「侈者，蓋半士妻之袂以益之。」以益訓侈，益猶溢也。趙氏以溢釋放，則放義同侈，故侈不訓其義而云「侈於姦利」。「姦利」二字統承「放辟邪侈」而言。罔與網同。《説文》网部云：「网，庖犧所結繩以漁。罔，或從亡。䋄，或從系。」「罔」即「罔羅」之「罔」也。《音義》云：「罔民，張如字。丁作『司民』，不同。」❶阮氏元《校勘記》：「丁本作『司』，讀爲『伺』。司、伺古通用。依趙注則是『罔』字。丁作『司』者，非趙本也。」**焉有仁人在位，罔民而可爲也？**注安有仁人爲君，罔陷其民，是政

❶ 「不同」，《孟子音義》作「下音同」。或此屬焦疏敘述文字。

何可爲也？**是故明君制民之産，必使仰足以事父母，俯足以畜妻子，樂歲終身飽，**❶**凶年免於死亡。然後驅而之善，故民之從之也輕。**注言「衣食足，知榮辱」，故民從之，教化輕易也。疏注「言衣」至「榮辱」○正義曰：《管子・牧民》篇云：「倉廩實，知禮節；衣食足，知榮辱。」《説苑・説叢》亦引此。○注「故民」至「易也」○正義曰：《漢書・賈誼傳》集注引蘇林云：「輕，易也。」高誘注《吕氏春秋・知接》篇亦云：「輕，易也。」故趙氏以「易」釋「輕」。**今也制民之産，仰不足以事父母，俯不足以畜妻子，樂歲終身苦，凶年不免於死亡。此惟救死而恐不贍，奚暇治禮義哉？**注言今民困窮，救死恐凍餓而不給，何暇修禮行義也？疏「今也」至「身苦」○正義曰：趙氏佑《温故録》云：「或問明君制民之産，如下『五畝之宅』云云是也。迨古法既壞，但有奪民之産，未有能制民之産者也，孟子何以於今無異辭？蓋凡古法變易之初，未嘗不託於權時制宜之説。是故齊作内政，晉作轅田，魯作丘甲，用田賦，鄭作丘賦，固皆以爲制民之産也；李悝之盡地力，商鞅之開阡陌，莫不以爲制民之産也。而適使民仰不足以事，俯不足以畜，爲其本不從民起見也。夫彼即不爲民，亦何樂使至此而不知其必使至此也？爲夫制之非其制也。後世井法既萬無可復，限民名田之議亦有不能行，民生田宅一切皆民自營之，上之人聽其自勤自惰，自貧自富，自買自賣於其間，而惟征科之是計，安問所謂制民之産？民亦無取乎上之制。何也？立一法反增一擾也。宋之營田制置諸使，其已事也。然則善長民者又將以何爲知本乎？」○注「今民」至「義也」○正義曰：仰不足

❶「樂」，原作「歲」，今據廖本改。

事，俯不足畜，樂歲苦，凶年死亡，所謂「困窮」也。《漢書·食貨志》《東方朔傳》《趙充國傳》集注皆云：「贍，給也。」《説文》糸部云：「給，相足也。」凶年死於凍餓，有衣食則不凍餓，可救其死，故「救死」者，「恐凍餓」也。恐凍餓而不足，尚不能免於凍餓也。治猶理也。脩之行之，即是「治禮義」也。**王欲行之，則盍反其本矣。五畝之宅，樹之以桑，五十者可以衣帛矣；雞豚狗彘之畜，無失其時，七十者可以食肉矣；百畝之田，勿奪其時，八口之家可以無飢矣；謹庠序之教，申之以孝悌之義，頒白者不負戴於道路矣。老者衣帛食肉，黎民不飢不寒，然而不王者，未之有也。」**注其説與上同。八口之家，次上農夫也。孟子所以重言此者，乃王政之本、常生之道，故爲齊梁之君各具陳之。當章究義，不嫌其重也。疏注「其説」至「重也」〇正義曰：此節與第三章末節同，但彼言「數口」此言「八口」，彼言「七十者」此言「老者」，故趙氏以次上農夫解之。雖隨意立文，然以老者與七十者互明，謂不獨七十，凡六十及八十以上例此也；以八口與數口互明，謂不獨八口，凡九人及七人以下例此也。「王政」即「仁政」，「常生」即「恆産」。上兩言「反其本」，至此詳言之，故云「王政之本，常生之道」也。《列子·天瑞》篇云：「常生常化者無時不生，無時不化。」義各異而大指則同。

章指：言典籍攸載，帝王道純；桓文之事，譎正相紛。撥亂反正，聖意弗珍。故曰「後世無傳未聞」。仁不施人，猶不成德；釁鐘易牲，民不被澤。王請嘗試，欲踐其跡，答以反本，惟是爲要。此蓋孟子不屈道之言也。疏「典籍」至「未聞」〇正義曰：此言首兩節之指也。「典籍」謂《易》《尚書》《詩》《禮》《春秋》也。《淮南子・原道訓》云「純德獨存」，高誘注云：「純，不雜糅也。」《文選・西京賦》薛綜注云：「紛，雜也。」純與紛相反。帝王之道專一於正，故純；桓文之事譎正相雜，故紛。紛亦亂也。哀公十四年《公羊傳》云：「君子曷爲爲《春秋》？撥亂世，反諸正，莫近諸《春秋》。」何休注云：「撥猶治也。聖人治桓文之紛亂，反乎堯舜之正道。」《爾雅・釋詁》云：「珍，美也。」《廣雅・釋詁》云：「珍，重也。」謂孔子之意不重桓文之事也。○「仁不」至「言也」○正義曰：此言「德何如」以下至末之指也。仁但施於禽獸不施於人，猶不可成其爲德。「易牲」，《考文》古本作「易性」，誤也。易牲則澤及於牛未至於民也。澤即恩也。被猶及也。周氏廣業作「飲澤」，云：「按，王者德澤如膏雨，故曰飲。《舊唐書・音樂志》云：『百蠻飲澤，萬國來王。』本此。」跡與迹同。《楚辭・天問》王逸注云：「迹，道也。」「踐其跡」猶言「履其道」也。《考文》古本「跡」作「路」。《史記・孟子列傳》云：「天下方務合從連横，以攻伐爲賢，而孟軻乃述唐虞之德，是以所如者不合。」又云：「孟軻困於齊梁。」故趙氏以崇王黜霸爲「不屈道之言」。

孟子正義卷四

江都縣鄉貢士焦循譔集

孟子卷第二

梁惠王章句下凡十六章。

莊暴見孟子，曰：「暴見於王，王語暴以好樂，暴未有以對也。」曰：「好樂何如？」注莊暴，齊臣也。不能決知之，故無以對，而問曰王好樂何如。疏注「莊暴齊臣也」○正義曰：此章承上章。上章爲齊宣王，此章之王亦宣王也。王爲齊王，知莊暴爲齊臣矣。下注以世俗之樂爲鄭聲，❶則趙氏以「好樂」爲好音樂也。**孟子曰：「王之好樂甚，則齊國其庶幾乎？」**注王誠能大好古之樂，齊國其庶幾治乎？疏注「王誠」至「治乎」○正義曰：趙氏以甚訓大，故以誠能大好解好樂甚。云古之樂者，探下文言之。

❶「下注」上，依疏例當標「○注好樂○」五字。

他日見於王，曰：「王嘗語莊子以好樂，有諸？」注孟子問，王有是語不。疏「王嘗」至「有諸」○正義曰：閻氏若璩《釋地又續》云：「莊暴，齊臣。君前臣名，禮也。莊子對孟子猶三稱名，而孟子於王前不一斥其名，曰『莊子』，此爲記者之誤。」○注「有是語不」○正義曰：阮氏元《校勘記》云：「《考文》古本不作否。按，古可否字祇作不。」**王變乎色，曰：「寡人非能好先王之樂也，直好世俗之樂耳。」**注變乎色，愠恚莊子道其好樂也。王言我不能好先王之樂也，直好世俗之樂，謂鄭聲也。**曰：「王之好樂甚，則齊其庶幾乎？今之樂，由古之樂也。」**注甚，大也。謂大要與民同樂，古今何異也？疏「由古之樂也」○正義曰：由與猶通用。阮氏元《校勘記》云：「石經、宋本、岳本、咸淳衢州本、孔本、《考文》古本由作猶。」○注「甚大」至「異也」○正義曰：《後漢書·樊準傳》注云：「大猶甚也。」大甚之大，讀若泰，與廣大之大古通。《素問·標本病傳論》云「謹察間甚，以意調之」，注云：「甚謂多也。」❶《禮記·郊特牲》云「大報天而主日也」，注云：「大，猶徧也。」徧與多義亦相近。「然則王之好樂甚」，即謂王之好樂徧，徧則充滿廣衆，合人己，君民而共之矣。《漢書·陳咸傳》注云：「大要，大歸也。」無論古樂今樂，俱要歸於與民同樂，故云大要。趙氏以大訓甚不屬於前「齊國其庶幾」之下，而屬於此下，「大要」二字承而言之，似以前之「好樂甚」謂大好古樂，此之「好樂甚」謂大要與民同樂，甚之爲大同，而前後義異。前渾言好樂，則自宜古不宜今；王既自明爲世俗之樂，則孟子順其意而要歸於與民同樂。乃揆經文，前後兩稱「好樂甚」，皆謂好樂能徧及於民，

❶「甚謂多也」，《素問》作「間謂多也，甚謂少也」，本書當轉據《經籍纂詁》卷八十六而誤。

不宜殊異。趙氏「大要」之大，不必即訓甚爲大之大。「大要」二字自解今樂猶古樂之義，惟「甚大」之訓誤係於此，轉令學者惑耳。**曰：「可得聞與？」**注王問，古今同樂之意寧可得聞邪？**曰：「獨樂樂，與人樂樂，孰樂？」**注孟子復問，王獨自作樂樂邪，與人共聽樂樂也？**曰：「不若與人。」**注王曰獨聽樂，不如與衆共聽之樂也。**曰：「與少樂樂，與衆樂樂，孰樂？」**注孟子復問，王與少人共聽樂樂邪，與衆人共聽樂樂也？**曰：「不若與衆。」**注王言不若與衆人共聽樂樂也。**「臣請爲王言樂：**注孟子欲爲王陳獨樂與衆人樂之狀。疏「曰獨」至「言樂」○正義曰：《音義》云：「獨樂樂，丁上音岳，下音洛，下文及注樂樂皆同。孰樂音洛，此章内孰樂、樂邪、樂也、同樂、樂其，字皆同。餘並音岳。」趙氏解獨樂樂、與人樂樂、與少樂樂、與衆樂樂，凡上樂字爲作樂、聽樂，則上音岳、下音洛是也。閻氏若璩《釋地又續》云：「宋陳善《捫蝨新語》云：『莊暴一章皆言悦樂之樂，而世讀爲禮樂之樂，誤矣。惟鼓樂當爲禮樂，其他獨樂樂、與衆樂樂，亦悦樂之樂也。不然，方言禮樂，又及田獵，無乃非類乎？』真通人之言也。蓋孟子告齊宣以先王無流連之樂、荒亡之行，一旦語及其心病，故不覺變色，答以云云。若果爲好禮樂，莊暴庸臣，縱不能對其所以，亦何至向孟子而猶咨詢何如乎？正緣好歡樂，與好貨、好色一例事耳。今樂、古樂之異，子夏對魏文侯辯之甚悉。即齊音敖辟喬志，與《韶》樂之在齊者，可比而同邪？不可比而同，豈孟子之言，先順其君以非道，而後轉之於當道邪？應不至此。必讀爲悦樂字，文義方協。郝氏《孟子解》亦云：『樂樂猶言樂其樂，上樂謂好，下樂謂所樂之事也。至所樂之事，下文鼓樂其一也，田獵又其一也，故曰臣請爲王言樂。』」《釋地三續》云：「或謂子解『今之樂由古之樂』爲歡樂之樂，但『古之樂』三字别未見。愚曰：《左傳》昭公二十年，晏子曰『古而無死，則古之樂』，非與？」翟氏灝《孟子考異》云：「《儀禮・鄉射禮》『請以樂樂賓』《釋文》音義云：『下樂音洛，又皆如字。』舊注讀上樂如字。《儀禮》堪爲證。《後漢書・臧宮傳》引《黃石公記》云：『有德之君，以所樂樂人；無德之君，以所樂樂身。』《晏子春秋・雜上》篇：『樂者上下同之，故天子與天下，諸侯與境内，自大夫以下各與其僚，無有獨樂。今上樂其樂，下傷其費，是獨樂也。』《説苑》載晏子語同。陳氏欲讀諸樂字盡爲悦樂，觀《晏子春秋》與《後漢書》，亦不爲無因。舊注所倚，既屬有經傳大典，其他子史中依稀之説，終恐難爲據。」

「今王鼓樂於此，百姓聞王鐘鼓之聲，管籥之音，舉疾首蹙頞而相告曰：『吾王之好鼓樂，夫何使我至於此極也？父子不相見，兄弟妻子離散。』注鼓樂者，樂以鼓爲節也。管，笙。籥，簫。或曰籥若笛，短而有三孔。《詩》云「左手執籥」，以節衆也。疾首，頭痛也。蹙頞，愁貌。言王擊鼓作樂，發賦徭役皆出於民，而德不加之，故使百姓愁。疏「舉疾首蹙頞」❶○正義曰：《音義》云：「丁云：舉，猶皆也，屬下句。」舉、俱音近，假借與俱同，故猶皆。《左傳》注、《漢書》集注、《荀子》注、《莊子》注、《史記索隱》多如此訓。丁氏特標屬下，然則當時固有屬上者。○注「鼓樂」至「節也」○正義曰：《周禮・地官・鼓人》：「掌教六鼓四金之音聲，以節聲樂。」是樂以鼓爲節也。《禮記・學記》云：「鼓無當於五聲，五聲弗得弗和。」《荀子・樂論》云：「鼓，其樂之君邪？」《周禮・大司樂》以下皆屬春官，惟鼓人屬地官，標異于衆樂之

❶「頞」，原作「額」，今據經、注文改。

外，故衆樂統謂之樂，而鼓專謂之鼓，與樂相配稱爲鼓樂。趙氏以擊鼓解鼓字，以作樂解樂字。○注「管笙」至「衆也」○正義曰：《爾雅·釋樂》云：「大管謂之簥，其中謂之篞，小者謂之篎。大籥謂之産，其中謂之仲，小者謂之箹。」又：「大笙謂之巢，小者謂之和。大簫謂之言，小者謂之筊。」笙與管別，簫與籥別。趙氏以笙釋管，以簫釋籥者，《説文》竹部云：「竽，管三十六簧也。笙，十三簧。」《廣雅·釋樂》云：「笙以瓠爲之，十三管，宫管在左方。」「竽，象笙，三十六管，宫管在中央。」段氏玉裁《説文解字注》云：「竽管三十六簧也，管下當有樂字。凡竹爲者皆曰管。笙十三簧，蒙上管樂而言。」然則竽、笙《説文》並以管字冠之。管之三十六簧者爲竽，管之十三簧者爲笙，是笙爲管也。《説文》竹部云：「籟，三孔龠也。大者謂之笙，其中謂之籟，小者謂之箹。」又云：「箹，小籟也。」《廣雅·釋樂》云：「籟謂之簫，大者二十四管，小者十六管，有底。」《淮南子·齊俗訓》云「若風之過簫」，高誘注云：「簫，籟也。」籥之中者名籟，與簫名籟同，故趙氏以簫釋籥也。又引或説者，《周禮·笙師》注云：「籥如篴，三空。」《説文》竹部云：「別爲書僮竹笘。」❶《龠部》：「龠，樂之竹管，三孔，所以和衆聲也。」籥、龠古通用，三孔即三空，和衆聲即節衆，笛即篴也。引《詩》左手執籥，《邶風·簡兮》篇文。毛傳云：「籥六孔。」箋云：「碩人多材多藝，又能籥舞。」《周禮·籥師》「掌教國子舞羽歈籥」，注云：「文舞有持羽吹籥者，所謂籥舞也。《文王世子》曰『秋冬學羽籥』，《詩》曰『左手執籥，右手秉翟』。」趙氏以籥舞之籥，即此節衆音之籥，故引《詩》耳。唯毛以爲六孔，與鄭氏、趙氏俱異。按，《説文》以籟爲三孔，龠管爲

❶「別爲書僮竹笘」，《説文》作「籥書僮竹笘也」，倘「別爲」不誤，則其上「云」字衍，或其上脱「籥」字。

如篪六孔，笛爲七孔篇。《廣雅・釋樂》云：「龠謂之笛，有七孔。管象篪，長尺圍寸，六孔，無底。篪長尺四寸，八孔，一孔上出寸三分。」然則篪八孔最長，笛七孔次之，管六孔又次之，龠三孔最小，四物同類，以長短異名。毛傳以籥爲六孔，蓋以管爲龠也；《廣雅》以籥有七孔，蓋以笛爲籥也。杜子春注《笙師》讀篴爲蕩滌之滌，「今時所吹五空竹篴」，則篴有五孔，爲漢時所有也。《史記索隱》以篪爲今之横笛，七孔，一孔上出，則以笛爲篪矣。鄭司農以管如篪，六孔。康成則謂管如篴而小，「併兩而吹之，今大予樂官有焉」，此據當時所見，與司農異，蓋别一管也。要之，管之名有二：其一爲笙竽篪篴等器之統名，此趙氏以笙釋管者也；其一爲六孔之名，與籥同類而小别者也。籥爲如篴三孔之器，篴七孔，籥故短於篴，其名籟與簫同，故趙氏直以籥爲簫。而簫編管參差，象鳳翼，與三孔之籟實别，故趙氏以若笛短而有三孔者爲或説，與簫别也。○注「疾首」至「愁貌」○正義曰：《詩・衛風》云：「願言思伯，甘心首疾。」因憂思而頭爲之病。《説文》疒部云：「疾，病也。」「痛，病也。」疾、痛義同。《周禮・天官・疾醫》「春時有痟首疾」，注云：「痟，酸削也。首疾，頭痛也。陽氣爲憂愁所鬱，猶春木爲金沴也。」《説文》頁部云：「頞，鼻莖也。齃，❶或從鼻、曷。」《廣雅・釋親》云：「頞，䪴也。」王氏念孫《疏證》云：「頞爲鼻䪴之䪴，䪴通作準，《漢・高帝紀》『隆準而龍顔』，服虔曰：『準，音拙。』李斐曰：『準，鼻也。』文穎曰：『音準的之準。』李説、文音是也。」段氏玉裁《説文解字注》云：「鼻謂之準，鼻直莖謂之頞。《史記》唐舉相蔡澤曰：『先生曷鼻巨肩，魋顔蹙齃。』既言鼻又言頞者，曷同遏，遏

❶「齃」，原無，今從沈校據《説文》補。

鼻言其內不通而䶊，蹙齃則言在外鼻莖也。鼻有中斷者，蔡澤、諸葛恪之相是也；有憂愁而蹴縮者，孟子言『蹙頞』是也；有病而辛頞者，此言其內酸辛，《素問》所言是也。」**今王田獵於此，百姓聞王車馬之音，見羽旄之美，舉疾首蹙頞而相告曰：『吾王之好田獵，夫何使我至於此極也？父子不相見，兄弟妻子離散。』此無他，不與民同樂也。**【注】田獵無節，以非時取牲也；羽旄之美，但飾羽旄，使之美好也；發民驅獸，供給役使，不得休息。故民窮極而離散犇走也。【疏】注「田獵」至「牲也」○正義曰：《周禮・夏官・大司馬》：「中春教振旅，遂以蒐田；中夏教茇舍，遂以苗田；中秋教治兵，遂以獮田；中冬教大閱，遂以狩田。」隱公五年《左傳》臧僖伯曰：「春蒐、夏苗、秋獮、冬狩，皆於農隙以講事也。」是田獵有時也。桓公四年《穀梁傳》云：「春曰田，夏曰苗，秋曰蒐，冬曰狩，四時也，四用三焉。」❶何休注《公羊》謂夏但去害苗，不田獵。❷《禮記・月令》：「季春，田獵，罝罘、羅網、畢翳、餧獸之藥毋出九門。」「孟夏之月，驅獸毋害五穀，毋大田獵。」《王制》云：「獺祭魚，然後虞人入澤梁。豺祭獸，然後田獵。鳩化爲鷹，然後設罻羅。」則田獵有節，不可以非時取也。《詩・齊風》序云：「《還》，刺荒也。哀公好田獵，從禽獸，而無厭。」「《盧令》，刺荒也。襄公好田獵、畢弋而不修民事，百姓苦之。」此謂田獵無節者也。《天官・太宰》：「以八則治都鄙。八曰田役，以馭其衆。」《地官・大司徒》：「大田役，以旗致萬民，而治其徒庶之政令。」《鄉師》：「凡四時之

❶「也四」，《穀梁傳》作「之田」。
❷「何休」至「不田獵」，何休注無明文，疑出秦蕙田《五禮通考》。

田，出田法於州里，簡其鼓鐸旗物兵器，修其卒伍。」其州長、黨正、族師、縣師、遂人、遂師、縣正、稍人等，皆掌作民起衆。是田獵必「發民驅獸，供給役使」也。○注「羽旄」至「好也」○正義曰：《禹貢》荆州「厥貢羽毛」，《史記·夏本紀》作「羽旄」。旄、毛二字通也。僖公二十三年《左傳》重耳對楚子曰：「羽毛齒革，則君地生焉。」《楚語》王孫圉亦云：「楚之所寶，齒角、皮革、羽毛，所以備賦用。」襄公十四年《左傳》云「范宣子假羽毛於齊」，注云：「析羽爲旌，王者游車之所建。齊私有之，因謂之羽毛。」定公四年《左傳》云「晉人假羽旄於鄭」，注亦云：「析羽爲旌，王者游車之所建。鄭私有之，因謂之羽旄。」《爾雅·釋天》云：「注旄首曰旌，錯革鳥曰旟。」《詩》疏引孫炎云：「析五采羽注旄上也。其下亦有旒縿。」又引李巡云：「旄，牛尾，注干首。」鄭氏注《明堂位》云：「綏爲注旄牛尾於杠首，所謂大麾。」《周禮》：「大麾以田也。」《曲禮》云：「前有水則載青旌，前有塵埃則載鳴鳶，前有車騎則載飛鴻，前有士師則載虎皮，前有摯獸則載貔貅。」注云：「載謂舉於旌首以警衆也。」鴻鳶則載其羽，虎貔則載其皮，是皆「飾羽毛，使之美好」也。晉既假於齊，又假於鄭，必齊、鄭所飾精美異常，惟晉人所欲見矣。

「今王鼓樂於此，百姓聞王鐘鼓之聲，管籥之音，舉欣欣然有喜色而相告曰：『吾王庶幾無疾病與？何以能鼓樂也？』注百姓欲令王康强而鼓樂也。今無賦斂於民而有惠益，故欣欣然而喜也。**今王田獵於此，百姓聞王車馬之音，見羽旄之美，舉欣欣然有喜色而相告曰：『吾王庶幾無疾病與？何以能田獵也？』此無他，與民同樂也。**注王以農隙而田，不妨民時，有愍民之心，因田獵而加撫恤之，是以民悦也。疏注「有愍民之心」○正義曰：閩、監、毛三本「愍」作「憫」。《説文》心部云：「愍，痛也。」昭公元年《左傳》云「吾代二子愍矣」，服虔注云：「愍，憂也。」《廣雅·釋詁》一訓憂，一訓愛。惟其愛故憂之，義亦相備。僖公二十年《穀梁傳》云「是爲閔宫也」，《漢書·五行志》作「愍宫」。《毛詩》序、《禮記·儒行》《釋文》並云：「閔，本作愍。」是愍或通閔。惟《淮南子·主術訓》云「年衰志憫」，高誘注云：「憫，憂也。」愍之作憫，非其舊也。**今王與百姓同樂，則王矣。」**注孟子言王何故不大好樂，效古賢君與民同樂，則可以王天下也，何惡莊子之言王好樂也？

章指：言人君田獵以時，鐘鼓有節，發政行仁，民樂其事，則王道之階在於此矣。故曰「天時不如地利，地利不如人和」矣。疏「故曰」至「和矣」〇正義曰：《考文》古本矣作也。周氏廣業云：「按，《尉繚子·兵議》篇引『天時』二句作『古語』，陸機《辨亡論》引稱『古人之言』。意孟子自有所本。《史記》引『親之欲其貴，愛之欲其富』，亦以爲古人之言。」

齊宣王問曰：「文王之囿方七十里，有諸？」注王言聞文王苑囿方七十里，寧有之？疏注「王言」至「有之」〇正義曰：《説文》口部云：「囿，苑有垣也。一曰禽獸曰囿。」艸部云：「苑，所以養禽獸也。」《國語·周語》云「囿有林池」，《楚辭·愍命》篇云「熊羆群而逸囿」，韋昭、王逸皆注云：「囿，苑也。」《淮南子·本經訓》云「侈苑囿之大」，高誘注云：「有牆曰苑，無牆曰囿。」《一切經音義》引吕忱《字林》同。然則《説文》言「苑有垣」，三字連屬，明囿無垣也。《吕氏春秋·重己》篇高誘注云：「畜禽獸所，大曰苑，小曰囿。」《周禮・天官・閽人》「王宮每門四人，囿、游亦如之」，注云：「囿，御苑也。游，離宮也。」《地官・囿人》「掌囿游之獸禁」，注既云「囿，今之苑」，又云：「囿游，囿之離宮小苑觀處也，養鳥獸以宴樂觀之。」賈氏疏云：「《孟子》：『文王之囿七十里，芻蕘者往焉。』天子之囿百里，并是田獵之處。又《書傳》云：『鄉之取於囿，是勇力取。』是爲蒐狩之常處也。今此云『禁』，故知非大囿，是小苑觀處也。」離宮小於御苑，故小爲囿，此囿方七十里，則即苑也。蓋散文則通耳。**孟子對曰：「於傳有之。」**注於傳文有是言。疏注「於傳文有是言」〇正義曰：劉熙《釋名・釋典藝》云：「傳，傳也，以傳示後人也。」傳述爲文，故云「傳文」。《毛詩》疏引作「書傳有之」。**曰：「若是，其大乎？」**注王怪其大。**曰：「民猶以爲小也。」**注言文王之民尚以爲小也。**曰：「寡人之囿方四十里，民猶以爲大，何也？」**注王以爲文王在岐、豐時，雖爲西伯，土地尚狹，而囿已大矣；今我地方千里而囿小之，民以爲寡人囿大，何故也？疏注「王以」至「故也」〇正義曰：閻氏若璩《釋地》云：「從來説者皆以文王七十里之囿爲疑。《三輔黃圖》云：『靈囿在長安縣西四十二里。』王伯厚以『文王之囿方七十里』注於下。余謂今鄠縣東三十里，正《漢・地理志》所謂『文王作酆，有鄠杜竹林，南山檀柘，號稱陸海，爲九州膏腴』者。文王當日弛以與民，恣其芻獵以往，但有物以蕃界之，遂名之曰囿云爾。此實作邑于豐時事，非初岐山事也。豐去岐三百餘里。説者不察乎囿之所在，徒執以岐山國僅百里，不知文王由方百里起耳，豈終於是者哉？」閻氏據閩、監、毛三本趙注作「岐山之時」，故辨囿在豐不在岐也；宋本、廖本、《考文》古本、孔本、韓本並作「岐豐時」，則趙氏已兼豐言之。《詩・大雅・靈臺》篇「王在靈囿」，毛傳云：「囿，所以域養禽獸也。天子百里，諸侯四十里。」孔氏正義云：「解正禮耳。其文王之囿則七十里，故《孟子》云：『文王之囿方七十里，寡人之囿方四十里。』是宣王自以爲諸侯而問，故云諸侯四十里。以宣王不舉天子，而問及文王之七十里，明天子不止七十里，故宜以爲百里也。」《毛詩》舉百里、四十里明靈囿，則文王七十里之囿即靈囿無疑，閻氏説是也。《穀梁》成公十八年「築鹿囿」，疏引《毛詩》傳作「天子百里，諸侯三十里」，此「三十」自是誤文。乃揚雄《羽獵賦》云：「文王囿百里，民尚以爲小；齊宣王囿四十里，民以爲大。」袁宏《後漢紀》樂松云：「宣王之囿五十里，民以爲大；文王百里，民以爲小。」《後漢書·楊震傳》樂松等言「齊宣五里」，則脱落「十」字也。然則文王之囿百里，古有此説。故毛氏以爲天子百里，非因孟子言七十里而約言之也。唐陸贄《奏罷瓊林庫狀》云：「周文王之囿百里，時患其尚小；齊宣王之囿四十里，時病其太大。」此本揚雄説也。惟樂松言宣王囿五十里，與《孟子》異，亦與毛傳殊。臧氏琳《經義雜記》云：「《穀梁》成十八年『築鹿囿』，疏云：『《毛詩》傳云：「囿者，天子百里，諸侯三十里。」』《詩》傳蓋據《孟子》稱文王囿七十里、寡人囿三十里，故約之爲天子百里、諸侯三十里耳。』琳案，袁、范《漢書》皆言文王囿百里，宣王囿五十里。楊疏引《毛詩》傳『諸侯三十里』，三即五字之譌。古本《孟子》蓋作『文王之囿方百里，寡人之囿方五十里』，故毛公據之以分天子、諸侯之制。」按：《周禮·天官·閽人》疏引《白虎通》云：「天子百里，大國四十里，次國三十里，小國二十里。」成公十八年《公羊傳》注云：「天子囿方百里，公侯十里，伯七里，子男五里，皆取一也。」意者《公羊傳》所指爲離宫，《毛詩》傳、《白虎通》所指爲御苑與？乃天子則皆云百里，而《白虎通》自四十里以下析言之，無五十里者，則樂松「五十里」之説未足爲「三十里」之證。《公羊傳》疏以「天子囿方百里，公侯十里，伯七里，子男五里」爲「《孟子》文，《司馬法》亦云」，今《孟子》固無此文也。趙氏佑《温故録》云：「文王必不得有七十里之囿。孟子以爲『於傳有之』，非正答也。」閩本已作以，阮氏元《挍勘記》云：「以、已古通用，此處自作已爲長。」曰：「文王之囿方七十里，芻蕘者往焉，雉兔者往焉，與民同之。民以爲小，不亦宜乎？注芻蕘者，取芻薪之賤人也。雉兔，獵人取雉兔者。言文王聽民往取禽獸，刈其芻薪。民苦其小，是其宜也。疏注「芻蕘」至「人也」○正義曰：《毛詩·板》篇「詢于芻蕘」，傳云：「芻蕘，采薪者。」《說文》艸部云：「芻，刈草也。象包束草之形。」「蕘，薪也。」「薪，蕘也。」蓋芻所以飼牛馬，蕘所以供燃火。芻義易明，故以「芻薪」釋「芻蕘」。《月令》「收秩薪柴」，注云：「大者可析謂之薪，薪施炊爨。」是也。揚雄《羽獵賦》云：「麋鹿芻蕘，與百姓共之。」蒭，芻之俗字。臣始至於境，問國之大禁，然後敢入。注言王之政嚴刑重也。臣聞郊關之内有囿方四十里，殺其麋鹿者如殺人之罪，注郊關，齊四境之郊皆有關。疏注「郊關」至「有關」○正義曰：《周禮·地官·司關》注云：「關，界上之門。」《儀禮·聘禮》：「賓及竟，乃謁關人。」是關在界上。趙氏謂「四境之郊皆有關」，似即指此。閻氏若璩《釋地續》云：「杜子春曰：『五十里爲近郊，百里爲遠郊。』《白虎通》：『近郊五十里，遠郊百里。』則《孟子》『郊關』之『郊』自屬遠郊。苟近郊，何能容四十里之囿？趙氏注却說得遼闊，云：『齊地四境之郊皆有關。』齊地方二千里，以二千里之地爲陷阱者四十里，民亦不以病。古天子九門，此爲第八層門，又外此則第九層，曰關門。」按：趙氏以經文云「始至於境」，又云「郊關」，故合稱「四境之郊」，然境與郊不同也。襄公十四年《左傳》云「蘧伯玉從近關出」，注云：「欲速出竟。」此，界上之關也；哀公十四年《左傳》云：「豐丘人執子我，殺諸郭關。」此，郊上之關也。《爾雅·釋地》云：「邑外謂之郊，郊外謂之牧，牧外謂之野，野外謂之林，林外謂之坰。」坰，《説文》作冂，云：「象遠界也。」然則四境分界之地爲坰。如王畿千里，每面五百里，則竟上之關遠在五百里矣。《説文》邑部云：「距國百里爲郊。」牧在郊外。鄭氏注《尚書·君陳》序云：「天子之國，近郊半遠郊，去國五十里。」《禮記·大傳》云：「牧之野，武王之大事也。既事而退，柴於上帝，祈於社，設奠於牧室。」注云：「牧室，牧野之室也。古者郊關皆有館焉。」「牧室」而鄭以爲「郊關」之館，蓋牧通謂之郊，分言之，則近郊爲郊，遠郊爲牧。郊關在此，則去城百里也。國之稱有三。其一，大曰邦，小曰國。如「惟王建國」「以佐王治邦國」是也。其一，郊内曰國。《齊語》云「參其國而伍其鄙」，韋昭注云「國郊以内，鄙郊以外」，是也。其一，城中曰國。《小司徒》「稽城中及四郊都鄙之夫家」，《質人》「國中一旬，郊二旬，野三旬」，是也。合天下言之，則每一封爲一國；就一國言之，則郊以内爲國，外爲野；就郊以内言之，又城内爲國，城外爲郊。此經云「臣始至於境」，始至界上也；「問國之大禁」，此國指一國而言；「然後敢入」，謂入竟也。是時尚未至郊，而聞郊關之内有囿方四十里也。「爲阱於國中」，此國中指郊以内。囿在郊關之内，故爲阱於國中也。周廣業《孟子逸文考》云：「《後漢紀》靈帝作靈泉畢圭苑，司徒楊賜上書曰：『六國之際，取獸者有罪，傷槐者被誅。孟軻爲梁惠王極陳其事。』傷槐事見《晏子春秋》，取獸有罪亦非梁惠王，此誤引也。」**則是方四十里爲阱於國中。民以爲大，不亦宜乎？」**【注】設陷阱者不過丈尺之間耳，今王陷阱乃方四十里。民苦其大，不亦宜乎？【疏】注「設陷」至「宜乎」○正義曰：《説文》𨸏部云：「阱，陷也。穽，或從穴。」《世説·政事》篇注引《孟子》此文作「穽」，穽、阱同也。《尚書·費誓》云「擭敜乃穽」，鄭氏注云：「山林之田，春始穿地爲穽，所以陷墜之。」《周禮·雍氏》「春令爲阱，獲溝瀆之利于民者」，鄭氏注云：「阱，穿地爲塹，所以禦禽獸。其或超踰則陷焉，世謂之陷阱。」阱可斂塞，其度狹小，故云「不過丈尺之間」也。阮氏元《校勘記》云：「閩、監、毛三本苦作言，誤。」

章指：言譏王廣囿專利，嚴刑陷民也。

齊宣王問曰：「交鄰國有道乎？」注 問與鄰國交接之道。**孟子對曰：「有。**注 欲爲王陳古聖賢之比。疏 注「欲爲」至「之比」○正義曰：阮氏元《校勘記》云：「閩、監、毛三本比作交，誤。」按：比如文公元年《左傳》「亦其比也」之「比」，謂比例以況之也。《釋名・釋言語》云：「事類相似謂之比。」監、毛本聖賢作聖王，亦非。下舉勾踐，不可爲聖王也。**惟仁者爲能以大事小。是故湯事葛，文王事混夷。**注 葛伯放而不祀，湯先助之祀。《詩》云「混夷兑矣，唯其喙矣」，謂文王也。是則聖人行仁政，能以大事小者也。疏 注「詩云」至「王也」○正義曰：引《詩》者，《大雅・緜》第八章文。今《詩》作：「混夷駾矣，維其喙矣。」毛傳云：「駾，突也。喙，困也。」箋云：「混夷見文王之使者、將士衆，過己國，則惶怖驚走奔突，入此柞棫之中而逃，甚困劇也。是之謂『一年伐混夷』。」又《皇矣》詩云「串夷載路」，❶箋云：「串夷即混夷，西戎國名也。」串同患，與混一音之轉。串亦與犬一音之轉，故《書大傳》《説文》作「畎夷」。依鄭箋，此言文王伐昆夷，不可爲「以大事小」之證。《詩正義》引《帝王世紀》云：「文王受命四年，周正丙子，混夷伐周，一日三至

---

❶「載」，原作「在」，今從沈校據《毛詩》改。

周之東門。文王閉門脩德而不與戰。」「王肅同其説以申毛義，以爲柞棫生柯、葉拔然時混夷伐周。」推此則《詩》言「肆不殄厥愠，亦不隕厥問」，謂昆夷伐周奔突而周爲之困如此。文王雖不絶愠怒，然且使聘問而不廢交鄰之禮，是正「文王事昆夷」之事，故趙氏引《詩》以證。若鄭箋則謂文王使將士聘問他國，過昆夷之地，昆夷見之而驚困，與趙氏引《詩》義殊也。阮氏元《挍勘記》云：「《音義》、石經作混夷，閩、監、毛三本作昆，非也。」**惟智者爲能以小事大。故大王事獯鬻，句踐事吴。**注獯鬻，北狄彊者，今匈奴也。大王去邠避獯鬻，越王句踐退於會稽，身自臣事吴王夫差。是則智者用智，是故以小事大而全其國也。疏注「獯鬻」至「獯鬻」○正義曰：《史記·周本紀》云：「古公亶父修后稷、公劉之業，薰育戎狄攻之，欲得財物，予之。」又《匈奴列傳》云：「匈奴，其先祖夏后氏之苗裔，曰淳維。唐虞以上有山戎、獫狁、葷粥，居於北蠻，隨畜牧而轉移。夏道衰，而公劉失其稷官，變於西戎，邑於豳。其後三百有餘歲，戎狄攻太王亶父，亶父亡走岐下。」《集解》引晉灼云：「堯時曰葷粥，周曰獫狁，秦曰匈奴。」《漢書》作「薰粥」。葷、薰與獯通，粥、育與鬻通也。《毛詩·采薇》序云：「文王之時，西有昆夷之患，北有獫狁之難。」是時周已拓大，尚以天子命命將帥，遣戍役以守衛之，則在太王時彊大可知。《詩》稱「獫狁」，《孟子》稱「獯鬻」者，舉古名也。《音義》作大王，閩、監、毛三本作太。阮氏元《挍勘記》云：「經文皆大，❶作太者非。」「北狄彊者」，監、毛本作疆。「按，唐人『彊弱』字通作疆、强，『勉强』字作强。宋人避所諱，多作疆。疆乃『疆界』字，非也。」○注「越王」至「夫差」

❶「大」上，阮校有「作」字，於義爲顯。

○正義曰：句踐，越王允常子。夫差，吴王闔廬子。哀公元年《左傳》云：「吴王夫差敗越於夫椒，遂入越。越子以甲楯五千保於會稽，使大夫種因吴太宰嚭以行成。」此「退於會稽」之事也。《史記·越王句踐世家》云：「越王乃以餘兵五千人保棲於會稽。吴王追而圍之，乃令大夫種行成於吴，膝行頓首曰：『君王亡臣句踐使陪臣種敢告下執事：句踐請爲臣，妻爲妾。』」《國語》云：「越人飾美女八人納之太宰嚭，卑事夫差，宦士三百人於吴，其身親爲夫差前馬。」此「身自臣事」之事也。閩、監、毛三本作「身自官事」，按：《國語》「入宦于吴」，韋昭注云：「宦爲臣隸也。」則「官事」或作「宦事」，亦通。**以大事小者，樂天者也；以小事大者，畏天者也。樂天者保天下，畏天者保其國。《詩》云：『畏天之威，于時保之。』」**注聖人樂天行道，如天無不蓋也，故保天下，湯、文是也；智者量時畏天，故保其國，大王、句踐是也。《詩》，《周頌·我將》之篇。言成王尚畏天之威，於是時故能安其太平之道也。疏「以大」至「其國」○正義曰：《易·繫辭傳》云：「樂天知命，故不憂。」此以「知命」申明「樂天」之義。聖人不忍天下之危，包容涵畜，爲天下造命，故爲知命，是爲樂天。天之生人，欲其並生並育。仁者以天爲量，故以天之並生並育爲樂也。天道又虧盈而益謙，不畏則盈滿招咎，戮其身即害其國；智者不使一國之危，故以天之虧盈益謙爲畏也。而究之，樂天者無不畏天，故引周公之頌申明之。畏天爲「畏天之威」，則樂天爲樂天之德也。○注「聖人」至「是也」○正義曰：天生萬物無不蓋，聖人道濟天下無不容，行道者所以樂天也。不知時不可爲，則將以所養人者害人，「量時」者所以「畏天」也。《國語》范蠡對句踐云：「聖人隨時以行，是謂守時。天時不作，弗爲人客。今君王未盈而溢，未盛而驕，不勞而矜其功，天時不作而先爲人客。此逆於天而不和於人，將妨於國家。」此謂不量時則不保其國也。其後卑辭尊禮，身爲之市，蠡又戒王勿早圖，謂人事必與天地相參然後乃可以成功，此亦能「量時」者矣。○注「詩周」至「道也」○正義曰：《毛詩・我將》箋云：「于，於；時，是也。早夜敬天，於是得安文王之道。」趙氏以是釋時，以安釋保，與鄭氏同。《周頌》《我將》承《維天之命》後，序云：「《維天之命》，太平，告文王也。」「《我將》，祀文王於明堂也。」鄭解「我其收之，駿惠我文王」，引《洛誥》「考朕昭子刑，乃單文祖德」二句，鄭解《洛誥》云：「成我所用明子之法度者，乃盡明堂之德。」《詩正義》云：「文王之德，我制之以授子，是用文王之德制作之事。彼注直以文祖爲明堂，不爲文王。彼上文注云：『文祖者，周曰明堂，以稱文王。』是文王德稱文祖也。」然則周公成文王之德以制禮作樂，成王時乃克致太平，是太平由文王之道也。能保安文王之道，即能保安太平之道。趙氏於《我將》言「太平」，鄭氏於《維天之命》引「文祖」，同一互見之義也。成王爲天子，祇宜樂天保天下，乃周公欲其保太平之道而以畏天戒之。天子且然，況諸侯乎？故云「成王尚畏天之威」也。

王曰：「大哉，言矣！寡人有疾，寡人好勇。」【注】王謂孟子之言大，不合於其意。答之云：寡人有疾，疾在好勇，不能行聖賢之所履也。【疏】注「王謂」至「其意」○正義曰：大如《表記》「不自大其事」之大。王問交鄰，孟子比以古聖賢之所履，故以爲誇大也。 **對曰：「王請無好小勇。夫撫劍疾視曰：『彼惡敢當我哉！』此匹夫之勇，敵一人者也。**【注】疾視，惡視也。撫劒瞋目曰：「人安敢當我哉？」此一夫之勇，足以當一人之敵者也。【疏】注「疾視」至「者也」○正義曰：鄭康成注《少儀》、王逸注《楚辭・惜誦》皆云：「疾，惡也。」《說文》目部云：「瞋，張目也。」張目其狀不善，故爲惡視。《說文》又云「睗，目疾視也。」「瞚，恨張目也。《詩》曰『國步斯矉』。」今《詩》矉作頻，毛傳云：「急也。」張目有急疾義，是疾視與張目可互見也。《説文》手部云：「撫，安也。」《儀禮・士喪禮》「君坐撫當心」，注云：「撫手案之。」案與安通，撫劍即按劍。蓋手按下其劍而張其兩目也。趙氏每以安釋惡，故以「惡敢」爲「安敢」。僖公三十三年《公羊傳》注云：「匹馬，一馬也。」趙氏解輕身先於匹夫爲一夫，此注云「一夫」，以一解匹也。《史記・項羽本紀》云「劍一人敵」，故《孟子》云「敵一人」，趙氏以「當一人之敵」解之。《爾雅・釋詁》云：「敵，當也。」閩、監、毛三本作「一匹夫」，阮氏元《挍勘記》云：「以一夫釋匹夫，不得云一匹。」**王請大之。《詩》云：『王赫斯怒，爰整其旅，以遏徂莒，以篤周祜，以對于天下。』此文王之勇也。文王一怒而安天下之民。**注《詩》，《大雅・皇矣》之篇也。言文王赫然斯怒，於是整其師旅，以遏止往伐莒者，以篤周家之福，以揚名於天下。文王一怒而安民。願王慕其大勇，無論匹夫之小勇。疏注「詩大」至「天下」〇正義曰：《詩》毛傳云：「旅，師。按，止也。旅，地名也。對，遂也。」箋云：「赫，怒意；斯，盡也。五百人爲旅。對，答也。文王赫然與群臣盡怒曰：整其軍旅而出，以却止徂國之兵衆，以厚周當王之福，以答天下鄉周之望。」《釋文》云：「斯，毛如字，此也。鄭音賜。」趙氏不破解斯字之義而云「赫然斯怒」，蓋以斯爲此。赫然者，此怒也，即以怒解「赫然」是赫爲怒意，與鄭同也。鄭以曰解爰，趙氏以于是解爰，與鄭異，蓋用毛義。「師旅」，亦用毛義也。遏，今《詩》作按，《釋文》云：「按，本又作遏。此二字俱訓止也。」莒，《詩》亦作旅。毛以爲地名，趙氏言「遏止往伐莒者」，是亦以莒爲國名。國名、地名，義亦相近。鄭以阮、徂、共爲三國，故以徂旅爲徂國之兵衆。孔氏廣森《經學卮言》云：「《毛詩》雖作『徂旅』，其傳曰：『旅，地名也。』則亦與莒同義。古書音同相借者多。莒字從吕，即音吕可耳，未可遂易爲『師旅』之旅也。依鄭君説，徂爲國名。遏徂之事，古書散軼不可復考；遏莒之事，見於《韓非子》，云『文王侵孟克莒』是已。」王氏念孫《廣雅疏證》云：「⿱竹旅即筥字。《衆經音義》云：『筥，又作⿱竹旅。』古者筥、⿱竹旅同聲。《周禮・掌客》注云：『筥，讀如棟梠之梠。』《大雅》『以遏徂旅』，《孟子》作『徂莒』，皆其證也。」「以篤周祜」，《詩》作「以篤于周祜」。以福解祜，與鄭同。鄭以厚解篤，趙氏不破者，以其易識也。鄭以對爲答，毛以對爲遂，孔氏《詩正義》申毛，謂「遂天下心」，則義與「答天下嚮周之望」義近。《廣雅・釋詁》云：「對，揚也。」《詩・江漢》「對揚王休」，《禮記・祭統》「對揚以辟之」，以揚連對，而毛傳、鄭注皆訓對爲遂。「對揚」乃疊字，對即遂，遂即揚。趙氏用毛義，「以遂于天下」爲「揚名于天下」，不用鄭義。孔氏申毛，殊于趙也。《月令》「遂賢良」，注云：「遂，進也。」「進賢良」即「舉賢良」。《説文》手部云：「揚，飛舉也。」是揚、遂之義相疊也。《月令》「慶賜遂行」，注云：「遂，達也。」此「遂行」亦猶云「舉行」、「達行」猶云「通行」，亦相疊爲義。或以「遂揚」爲已遂稱揚君命，是以遂爲因事之辭。時孔悝方稽首，詎突冠虚助之辭乎？爲不然矣。《祭統》云：「福者，備也。百順之名也。」注云：「世所謂福者謂受鬼神之祐助也，賢者之所謂福者謂受大順之顯名也。」「揚名于天下」乃爲「篤祜」，趙氏之説長也。**《書》曰：『天降下民，作之君，作之師，惟曰其助上帝寵之。四方有罪無罪惟我在，天下曷敢有越厥志？』**注《書》，《尚書》逸篇也。言天生下民，爲作君，爲作師，以助天光寵之也。四方善惡皆在己，所謂「在予一人」，天下何敢有越其志者也？疏注「書尚書逸篇也」○正義曰：惠氏棟《古文尚書考》云：「孔安國古文五十八篇，漢世未嘗亡也。三十四篇與伏生同，二十四篇增多之數，篇名具在。劉歆造《三統曆》、班固作《律曆志》、鄭康成注《尚書序》，皆得引之。特以當日未立於學官，故賈逵、馬融等雖傳孔學，不傳逸篇。融作《書序》，亦云『逸十六篇，絶無師説』，蓋漢重家學，習《尚書》者皆以二十九篇爲備，於時雖有孔壁之文亦止謂之逸《書》，無傳之者。然其書已入中秘，是以劉向挍古文得録其篇，著于《别録》。至東京時，雖亡《武成》一篇，而《藝文志》所載，五十七篇而已。其所逸十六篇，當時學者咸能案其篇目，舉其遺文。雖無章句訓故之學，翕然皆知爲孔氏之逸《書》也。今世所傳古文乃梅賾之書，非壁中之文。」按：此孟子所引《書》在梅賾書《泰誓》上篇，江氏聲《尚書集注音疏》云：「《太誓》上、中、下三篇，孔氏古文亦有之，不在二十四篇逸《書》之數。以當時列於學官，博士所課，不目之爲逸《書》也。」按《泰誓》不爲逸《書》而此趙氏以逸《書》目之，則非《泰誓》之文矣。臧氏琳《經義雜記》云：「孟子所引爲《尚書》逸篇，趙氏亦未言所屬，今見於《泰誓》，不知其何本也。」○注「言天」至「者也」○正義曰：趙氏讀「惟曰其助上帝寵之」八字句，「四方」二字連下「有罪無罪惟我在」九字句。《易·師》九二傳云「承天寵也」，《釋文》引鄭注云：「寵，光耀也。」《詩·蓼蕭》「爲龍爲光」，毛傳云：「龍，寵也。」趙氏以光解寵。《論語·堯曰》篇言「百姓有過，在予一人」，「有過在予」與「有罪惟我在」相近，故趙氏引以證之。《尚書集注音疏》云：「趙氏『以助天光寵之』者，謂以其能助天，故光寵之。作兩句解，義了明白；趙氏聯言『助天』『光寵』，意恉不明。又，『惟我在之言』非在我之謂，而乃引『在予一人』以況，殊不合。故聲不取，而自爲解：『寵，尊居也。言天降生下民，爲作之君，爲作之師者，惟曰其助天牧民，故尊寵之，使居君師之任。我，我君師也。在，察也。四方有罪無罪，惟我君師司察焉。天下何敢有踰越其志者乎？』」襄十四年《左傳》云：『天生民而立之君，使司牧之，勿使失性。』是作君師爲牧民也。云『故尊寵之，使居君師之任』者，從趙氏讀『寵之』絶句也。」**一人衡行於天下，武王耻之。此武王之勇也。** 注 衡，横也。武王耻天下一人有横行不順天道者，故伐紂也。 疏「一人」至「耻之」〇正義曰：王氏鳴盛《尚書後案》云：❶「《孟子》所引，自『天降下民』起，直到『一人衡行於天下，武王耻之』，皆《書》詞，皆史臣所作，故孟子從而釋之曰：『此武王之勇也。』亦猶上文引《詩》畢，然後從而釋之曰：『此文王之勇也。』」臧氏琳《經義雜記》云：「趙注讀『四方有罪無罪』爲句，與孟子釋《書》意『一人衡行於天下』句正合。或云《書》詞至『武王耻之』止，非也。趙注亦斷『天下曷敢有越厥志』住。」〇注「衡横」至「紂也」〇正義曰：《考工記·玉人》注云：「衡，古文横，假借字也。」《周禮·野廬氏》「禁野之横行徑踰者」，注云：「横行，妄由田中。」是横行爲不順。紂不順天道，故亦以爲横行。《史記·周本紀》《集解》引瓚云：「以威勢相脅曰横。」是也。《曲禮》：「天子自稱『予一人』。」故以「一人」指紂。「越厥志」，故「横行」也。**而武王亦一怒而安天下之民。今王亦一怒而安天下之民，民惟恐王之不好勇也。」** 注 孟子言武王好勇，亦則文王一怒而安天下之民也。今王好勇，亦則武王一怒而安天下之民，民恐王之不好勇耳。王何爲欲小勇而自謂有疾也？ 疏 注「孟子」至「勇耳」〇正義曰：《國語·周語》云「奕世載德」，韋昭注云：「奕，亦前人也。」謂前人如是，後人效法之。故趙氏以則解亦，謂「武王亦一怒」爲武王效法文王，「今王亦一怒」爲今王效法武王。

章旨：言聖人樂天，賢者知時，仁必有勇。勇以討亂而不爲暴，則百姓安之。

❶「王氏鳴盛尚書後案」，按引文出閻若璩《尚書古文疏證》。

齊宣王見孟子於雪宮。王曰：「賢者亦有此樂乎？」 **注**雪宮，離宮之名也。宮中有苑囿臺池之飾，禽獸之饒，王自多有此樂，故問曰：賢者亦能有此樂乎？**疏**注「雪宮」至「之饒」○正義曰：《文選・雪賦》云「臣聞雪宮建於東國」，注引劉熙《孟子注》云：「雪宮，離宮之名也。」與趙氏同。離宮即囿人、閽人所掌也。《禮記・雜記》云：「公館者，公宮與公所爲也。」注云：「公所爲，君所作離宮別館也。」多謂誇大也。閻氏若璩《釋地》云：「解者謂雪宮，孟子之館，宣王就見於此，因誇其禮遇之隆。賢者指孟子，與梁惠王賢者指人君不同。果爾，孟子當正色而對，以明不屑。漢章帝祀闕里，大會孔氏男子六十二人，謂孔僖曰：『今日之會，其於卿宗有光榮乎？』對曰：『臣聞明王聖主莫不尊師貴道。今陛下親屈萬乘，辱臨敝里，此乃崇禮先師，增輝聖德。至於光榮，非所敢承。』僖尚能爲斯言，況巖巖之孟子耶？賢者指人君言。《元和郡縣志》：『齊雪宮故址在青州臨淄縣。縣即齊都東北六里。《晏子春秋》所謂齊侯見晏子於雪宮。』蓋齊離宮之名，遊觀勝跡。宣延見孟子於其地，非就見之謂。管、晏，孟子羞稱。兹詳及晏子，蓋亦以其地曾爲先齊君臣共游觀，以近事爲鑒則言易及。」曹氏之升《摭餘説》云：「閻氏説非也。趙氏注『孟子將朝王』章亦云：『寡人就孟子之館相見也。』蓋雪宮如漢甘泉、唐九成之屬。齊宣尊禮孟子，館之離宮，不使儕於稷下，故景丑氏以爲『丑見王之敬子』也。齊宣以孟子爲賓師，極致尊禮，其問隱然自表其優遇之至意。」趙氏佑《温故録》亦云：「此蓋齊王館孟子於雪宮而來就見也。賢者即謂孟子，與梁惠王之問不同。」按孟子見梁惠王與宣王見孟子於雪宮，文順逆不同。謂孟子在雪宮，宣王就見，義似爲長。齊宣有此雪宮之樂，今館孟子於此，則賢者亦有此雪宮之樂，見能與賢者共此樂也。趙氏下云：「非其矜夸雪宮，而欲以苦賢者。」則此賢者即陰指孟子，非指賢君也。翟氏灝《考異》云：「齊侯見晏子於雪宮，今《晏子春秋》無此語。當因下文述晏子事，《元和志》遂訛『孟子』爲『晏子』也。」**孟子對曰：「有人不得，則非其上矣。不得而非其上者，非也；爲民上而不與民同樂者，亦非也。**注有人不得，人有不得志者也。不責己仁義不自脩而責上之不用己，此非君子之道。人君適情從欲，獨樂其身而不與民同樂，亦非「在上不驕」之義也。疏注「有人」至「義也」〇正義曰：何異孫《十一經問對》云：「『有』字是句，『人不得則非其上矣』是句。或曰『有人』當作『人有』。」韓愈《送徐䁆下第序》云：「吾觀於人，有不得志則非其上者衆矣。」蓋趙氏解「有人」爲「人有」，韓氏本趙氏也。「不得志」爲「上不用己」，故以指下第。齊宣館孟子，自以能用孟子；孟子之志得，乃能亦有此樂。孟子推及於凡人，以爲不特賢者得志有此樂，凡人皆得志乃有此樂。有此樂則不非其上，不與民同樂則民不得志也。《音義》云：「從欲，丁音縱，本亦作縱。」**樂民之樂者，民亦樂其樂；憂民之憂者，民亦憂其憂。**注言民之樂，君與之同，故民亦樂使其君有樂也；民之所憂者，君助憂之，故民亦能憂君之憂，爲之赴難也。**樂以天下，憂以天下，然而不王者，未之有也。**注言古賢君樂則以己之樂與天下同之，憂則以天下之憂與己共之，如是，未有不王者。孟子以是答王者，言雖有此樂，未能與人共之。疏注「言雖」至「共之」〇正義曰：齊宣王自多以己有此樂，能與賢者共之，孟子推及於人，謂其有此樂，未與人共之。小人即民也。賢者亦有此樂，民未嘗亦有此樂也。

「昔者齊景公問於晏子曰：『吾欲觀於轉附、朝儛，遵海而南，放於琅邪。吾何修而可以

比於先王觀也？』【注】孟子言往者齊景公嘗問其相晏子若此也。轉附、朝儛，皆山名也。又言朝，水名也。遵，循也。放，至也。循海而南，至于琅邪。琅邪，齊東南境上邑也。當何修治，可以比先王之遊觀乎？先王，先聖之王也。【疏】注「孟子」至「王也」○正義曰：王逸《離騷》注云：「昔，往也。」《爾雅·釋詁》云：「遵，循也。」高誘注《淮南子·氾論訓》云：「循，遵也。」《禮記·祭義》云「推而放諸東海而準」，注云：「放，至也。」《論語》「敢問崇德、脩慝、辨惑」，《集解》引孔注云：「脩，治也。」高誘注《呂氏春秋·季春紀》「禁婦女無觀」云：「觀，遊也。」故趙氏用以爲釋。閻氏若璩《釋地》云：「趙注：『琅邪，齊東南境上邑。』《漢·郊祀志》作『在齊東北』，非也。今諸城縣東南一百五十里有琅邪山，山下有城，即其處。余曾徧考轉附、朝儛二山，杳不知所在。惟趙氏德，南宋人，有『轉附，附作鮒，屬萊州』之説，殊無依據。意此二山當在海之東盡頭，如成山、召石山之類，登之可以觀海。然後回轍，循海之濱西行，以南至琅邪，亦可觀海焉。」按：《史記·秦始皇紀》：「二十八年，並渤海以東，過黄、腄，窮成山，登之罘，立石頌秦德焉而去。南登琅邪，大樂之。三十七年，自琅邪北至榮成山，至之罘。《漢書·郊祀志》：「後五年，東幸琅邪，禮日成山，登之罘，浮大海。」司馬相如《子虛賦》云：「且齊東陼巨海，南有琅邪，觀乎成山，射乎之罘。」晉灼曰：「之罘山在東萊腄縣。」蓋「之罘」即「轉附」也。之與轉，一聲之轉。之之爲轉，猶之之爲旃也。罘與附，古音通。罘之爲附，猶不之爲拊也。山川之名，古今更變，乃以聲音求之，尚可得。秦皇、漢武所游，自琅邪而北，則至之罘、成山，自之罘、成山而南，則至琅邪。齊景欲觀乎轉附、朝儛，轉附即之罘也，朝儛即成山也。于欽《齊乘》云：「召石山在文登之東。」《三齊略》云：「始皇造石橋渡海、觀日出處，有神人召石山下，城陽一山石岌岌相隨而行。石去不駛，神人鞭之見血。今召石山石色皆赤。」伏琛《齊記》云：「始皇造橋觀日，海神爲之驅石豎柱。今驗成山東入海道，水中有豎石，往往相望，似橋柱之狀。又有柱石二，乍出乍没。」又云：「召石山與成山相近，因始皇會海神，故後世遂呼成山曰神山。」然則召石即成山也。劉向《九歎・遠逝》篇云「朝四靈于九濱」，王逸注云：「朝，召也。召四方之神，會於大海九曲之涯也。」董子《繁露・朝諸侯》篇云：「朝者，召而問之也。」《左傳》「蔡朝吴」，《公羊傳》作「昭吴」，是朝、召古通。朝宜讀「朝夕」之朝，俗讀爲「朝廷」之朝，非也。「朝儛」即「柱」之緩聲。蓋以石形似柱而緩呼之爲「朝儛」。古儛、石聲近。顧氏炎武《唐韻正》云：「石，上聲常主切。《漢書・楊王孫傳》：『口含玉石，與棺槨朽腐，乃得歸土。』通腐、土爲韻。」段氏玉裁《六書音均表》所立十七部，舞聲、石聲同第五部。孔氏廣森《詩聲類》，从無、从石同陰聲第三魚類。古讀石爲上聲，聲近於舞，是「朝儛」即「召石」。海神鞭石，則後人附會之妄也。閻氏疑此二山當如成山、召石山之類，未以聲音轉借求之，故不能定爾。或謂轉附、朝儛即華不注。乃華不注在今濟南歷城之西，去齊都不遠，無煩欲觀。毛氏奇齡《四書賸言補》引《管子・戒》篇，謂「轉附朝儛」即「猶軸轉斛」。按《傅子》謂《管子》乃後之好事者所加，刺取《孟子》之文入之。是「猶軸轉斛」爲「轉附朝儛」之譌，不得謂「轉附朝儛」即「猶軸轉斛」之譌也。然即其斛字，益知儛字爲石字之聲。何也？《聘禮》記「十斗曰斛」，《説苑・辨物》篇「十斗爲一石」，《周語》單穆公引《夏書》云「關石龢鈞」，韋昭注云：「石，今之斛也。」《莊子・田子方》篇「⿰金臾斛不敢入於四竟」，《釋文》：「斛音庾，司馬本作『⿰金臾斔』，⿰金臾讀曰鍾，斔讀曰臾。」斔爲十六斛，與斛自異，而與石之音則近；斛即石，石古讀若暑，故斛一作斔。以《孟子》之「朝儛」而《管子》用之作「斛」，則儛字當時或本與石字通借，而好事者乃變石爲斛，以加入《管子》也。其文云：「桓公將東游，問於管子曰：『我游，猶軸轉斛，南至琅邪。』」「我游」二字句，謂我之東游也。猶與由通，謂由轉附、朝斛南至於琅邪也。軸字衍文，因轉字而誤也。轉、軸二字之間缺「附朝」二字，幸存斛字，可知《孟子》之儛字即斛字之借；而斛字則石字之轉注，亦即舁字之近音也。細繹《管子》之文，益信「朝儛」爲「召石」矣。房玄齡注「猶軸轉斛」，謂「猶軸之轉載斛石」，乃望文生意，失之矣。趙氏雖未詳，而以爲皆山名則是；「又言朝，水名」者，存異説也。《淮南子・修務訓》云「耳未嘗聞先古」，高誘注云：「先古謂聖賢之道也。」《文選・東京賦》「憲先靈而齊軌」，薛綜注云：「先靈，先聖之神靈。」是凡稱先，皆謂先古聖賢。先王爲先聖之王，猶先靈爲先聖之神靈也。**晏子對曰：『善哉，問也。天子適諸侯曰巡狩。巡狩者，巡所守也。諸侯朝於天子曰述職。述職者，述所職也。無非事者。春省耕而補不足，秋省斂而助不給。**注言天子諸侯出，必因王事有所補助於民，無非事而空行者也。春省耕，問耒耜之不足；秋省斂，助其力不給也。疏注「春省耕」至「給也」○正義曰：《管子・戒》篇云：「春出，原農事之不本者；秋出，補人之不足者。」朱長春云：「不本，春從不足於耕稼者，原省助之。春種爲本，秋穫爲利。今田家諺『下工用本』是也。」耒耜用於耕，「耒耜不足」即謂耕稼之本不足也。房玄齡云：「秋謂西成尚有不足者，當補之。秋稼已斂而力仍有不給於衣食，故云力不給也。力即力田之力，謂雖力田而所穫不足以養其父母妻子。」又《國蓄》篇云：「春以奉耕，夏以奉芸，耒耜械器，種饟糧食，畢取贍於君。」又《輕重丁》云：「使吾萌春有以傳耜，夏有以決芸。」**夏諺曰：『吾王不遊，吾何以休？吾王不豫，吾何以助？一遊一豫，爲諸侯度。』**注晏子道夏禹之世民之諺語也。言王者巡狩觀民，其行從容，若遊若豫。豫，亦遊也。《春秋傳》曰：魯季氏有嘉樹，晉范宣子豫焉。吾王不遊，我何以得見勞苦、蒙休息也？吾王不豫，我何以得見振贍、助不足也？王者一遊一豫，行恩布德，應法而出，可以爲諸侯之法度也。**疏**注「晏子」至「語也」○正義曰：《説文》言部云：「諺，傳言也。」《廣雅·釋詁》云：「諺，傳也。」然則「夏諺」謂夏世相傳之語。《國語》「諺有之」，韋昭注云：「諺，俗之善謠也。」俗所傳聞，故云「民之諺語」，而其辭如歌詩，則謠之類也。○注「言王」至「度也」○正義曰：《易·觀》《象傳》云：「先王以省方觀民設教。」是巡狩所以觀民也。游爲優游，豫爲暇豫。《詩·都人士》序云「從容有常」，箋云：「從容謂休燕也。」《史記·留侯世家》云「良嘗間從容步游下邳圯上」，《索隱》云：「從容，閒暇也。」故以「其行從容」解「遊豫」也。引《春秋傳》者，昭公二年傳文。其文作「宴于季氏，有嘉樹焉，宣子譽之」，彼正義引服虔云：「譽，游也。宣子遊其樹下。夏諺曰：『一遊一譽，爲諸侯度。』」惠氏棟《左傳補注》云：「《周易·序卦傳》『豫必有隨』，鄭康成注引《孟子》『吾君不豫』以爲證，則知此傳譽字本作豫，故服、趙互引爲證。《孫子兵法》云：『人效死而上能用之，雖優游暇譽，令猶行也。』《外傳》作『暇豫』，李善云：『譽與豫古字通。』」《爾雅·釋詁》云：「休，息也。」《説文》云：「度，法制也。」故以「息」釋「休」，以「法」釋「度」。孔氏廣森《經學卮言》云：「《晏子春秋》曰：『春省耕而補不足者謂之遊，秋省實而助不給者謂之豫。』故於遊言休，謂休息耕者；於豫言助，所謂助不給也。《東京賦》云：『既春遊以發生，啓諸蟄於潛户；度秋豫以收成，觀豐年之多稌。』薛綜注：『秋行曰豫。』是漢人舊説猶以遊、豫分春、秋也，趙氏《章句》始混爲一。《管子》云：『先王之遊也，春出，原農事之不本者謂之遊；秋出，補人之不足者謂之夕。』變豫言夕，古音之轉注也。古讀夕如榭，《詩》曰：『三事大夫，莫肯夙夜。邦君諸侯，莫肯朝夕。』是也。古讀豫亦如榭，故《儀禮·鄉射禮》『豫則鉤楹内』，通作『宣榭』之榭。榭、豫並音序。『爲諸侯度』者，言諸侯法之，亦以春秋行其境内，歲舉不過再。」倪氏思寬《讀書記》云：「春爲發生，生氣可觀，故曰遊；秋爲收成，成功可喜，故曰豫。秋行曰豫，則春行曰遊可知。蓋先王之觀惟以物成爲可樂，他無所樂也。」翟氏灝《考異》云：「《管》《晏》二書俱有後人附托，或反從《孟子》襲入之，蓋百家之書尤多竄易。」**今也不然。師行而糧食，飢者弗食，勞者弗息，睊睊胥讒，民乃作慝。**【注】今也者，晏子言今時天下之民，人君興師行軍，皆遠轉糧食而食之，有飢不得飽食，勞者致重，亦不得休息。在位者又睊睊側目相視，更相讒惡。民由是化之而作慝惡也。【疏】注「人君」至「惡也」○正義曰：《周禮·夏官·序官》云：「二千有五百人爲師，萬有二千五百人爲軍。」師、軍亦通稱。《國語·魯語》「天子作師」，韋昭注云：「師謂六軍之衆也。」《小司徒》「五人爲伍，五伍爲兩，四兩爲卒，五卒爲旅，五旅爲師，五師爲軍」，注云：「伍、兩、卒、旅、師、軍皆衆之名。」是也。《論語·子路》曰「則禮樂不興」，皇侃《義疏》云：「興猶行也。」趙氏此注以「軍」釋「師」，以「興」釋「行」。閩、監、毛三本作「行師興軍」，按：經先師後行，趙氏以師行猶軍興而互明之也。毛氏奇齡《賸言補》云：「《管子·戒》篇云：『夫師行而糧食其民者謂之亡。』予幼讀『師行糧食』句，疑『糧食』二字難通，似有脱誤。今始知『糧食其民』爲確不可易也。」錢氏大昕《潛研堂答問》云：「《周禮·廩人》職云：『凡邦有會同師役之事則治其糧食。』注：『行道曰糧，謂糒也；止居曰食，謂米也。』鄭鍔云：遠者治其糧，《莊子》『適百里者宿舂糧，適千里者三月聚糧』，蓋言遠也；近者治其食，《詩》『朝食于株』，《左傳》『食時而至』，蓋言近也。予按，《說文》訓糒爲乾，《詩》『乃裹餱糧，于橐于囊』，《孟子》謂『居者有積倉，行者有裹糧』，此糧與食之辨。」按：趙氏云「遠轉糧食而食之」，此以「食」釋「糧」，「而食之」三字解「食」字。《説文》云：「糧，穀食也。」《國策・西周策》云「而藉兵乞食于西周」，注云：「食，糧也。」糧、食二字亦可通稱，故以食釋糧。「糧食」與「師行」對言，謂軍師之興以糧米爲食。糧既是行道所治之名，則以糧爲食必須「遠轉」。轉即運也。遠行轉運則必負重，不得休息矣。《晏子春秋・問下》篇云：「今君不然，師行而糧食。」與《孟子》同，則《孟子》「糧食」之下非有脱誤，亦非食于民之義也。《音義》云：「睊，古縣切，字亦作謂。」王氏念孫《廣雅疏證》云：「睊睊，視也。《説文》：『睊，視貌。』重言之則曰睊睊。」然則趙氏不單言視而云「側目相視」者，《漢書・鄒陽傳》云：「太后怫鬱泣血，無所發怒，切齒側目於貴臣矣。」然則側目者，忿恨之貌。《説文》心部云：「悁，忿也。」《後漢書・陳蕃傳》云「至于陛下，有何悁悁」，注：「悁悁，恚忿也。」蓋趙氏以睊睊與悁悁通，合言之。《爾雅・釋詁》云：「胥，相也。」《鄒陽傳》云「羊勝、公孫詭疾陽，惡之孝王」，下云「陽客遊以讒見禽」，是惡之即讒，故顔師古注云：「惡謂讒毁也。」《樊噲》《爰盎》等傳注亦多以惡爲讒，譖言人罪惡。更，代也。互相讒短，則其目亦互相忿視，故知「睊睊」爲「側目相視」。下言「民乃作慝」，知此「胥讒」者爲在位之人矣。閩、監、毛三本「在位」下有「在職」二字。《詩・大雅・民勞》篇云「無俾作慝」，毛傳云：「慝，惡也。」是「作慝」即「作惡」也。《周禮・秋官・小行人》云：「其悖逆、暴亂、作慝、猶犯令者爲一書。」注云：「慝，惡也。猶，圖也。」然則作惡謂悖逆、暴亂、希圖犯令之謂也。**方命虐民，飲食若流。流連荒亡，爲諸侯憂。** 注 方猶放也。放棄不用先王之命，但爲虐民之政。恣意飲食，若水流之無窮極也，謂沉湎于酒，熊蹯不熟，怒而殺人之類也。流連荒亡，皆驕君之溢行也。言王道虧，諸侯行霸，由當相匡正，故爲諸侯憂也。疏注「方猶」至「行也」○正義曰：「方猶放」者，假借字也。《堯典》云「方命圮族」，《漢書・傅喜傳》《朱博傳》並作「放命」。《尚書正義》鄭康成注云：❶「方，放。謂放棄教命。」趙氏與之同。閩、監、毛三本作「方猶逆也，逆先王之命」，非是。引「沉湎于酒」者，《尚書序》云：「羲、和湎淫，廢時亂日。」《酒誥》云：「罔敢湎于酒。」又云：「殷之迪諸臣，惟工乃湎于酒。」鄭氏注云：「飲酒齊色曰湎。」《詩・大雅・蕩》云「天不湎爾以酒」，箋云：「天不同女顔色以酒，有沉湎于酒，是乃過也。」《論衡》云：「紂沉湎于酒，以糟爲邱，以酒爲池，牛飲者三千人。」《説文》水部云：「湎，湛于酒也。」湛與沈同。「熊蹯不熟怒人」，晉靈公事，見《左傳》宣公四年。溢與泆通。「溢行」謂淫泆之行也。「驕君」指夏之羲、和，殷紂之臣工，周之晉靈公之屬。○注「言王」至「憂也」○正義曰：憂，思也，慮也，亦勞也。由與猶通。趙氏之意，謂驕君流連荒亡，王道既虧廢，天子雖不能討，而諸侯之行霸如齊桓、晉文者，思匡救其惡，猶將問罪而伐之。匡即正也，即「一匡天下」之義。行霸之諸侯不能置此驕君于度外，而加之師旅，則國且危矣，故云「猶當相匡正」。「當相匡正」解「憂」字，如《公羊傳》「桓公有憂中國之心」之憂也。蓋指當時晉、楚將加兵於齊。不質言者，對君之體，宜如此也。全氏祖望《經史問答》云：「『爲諸侯憂』，古注以爲列國諸侯。試觀僖公四年，桓公欲循海而歸，轅宣仲謂申侯曰：『師出陳、鄭之間，供其資糧屝屨，國必甚病。』哀公時，吳爲黄池之會，過宋、鄭，殺其丈夫，囚其婦人。霸者之世，役小役弱，不可勝道，豈但徵百牢、索三百乘而已？春秋之晚，雖魯亦困于征輸，願降而與邾、滕

❶「正義」下，依本書文例當有「引」字。

爲伍，而杞至自貶爲子，則其與附庸之君相去不遠。」此申趙氏之説，則以驕君之流連荒亡即指行霸之君，而爲諸侯憂之諸侯則事霸國之諸侯，非行霸之諸侯。乃趙氏稱「諸侯行霸」，是以行霸解爲諸侯憂之諸侯也；云「當相匡正」，似不謂驕君矣。或云：如同盟或婣國，皆憂其國之將亡。**從流下而忘反謂之流，從流上而忘反謂之連，從獸無厭謂之荒，樂酒無厭謂之亡。先王無流連之樂、荒亡之行，惟君所行也。』**注言驕君放遊，無所不爲。或浮水而下，樂而忘反，謂之流，若齊桓與蔡姬乘舟於囿之類也。連者，引也。使人徒引舟船上行而忘反，以爲樂，故謂之連。《書》曰：「罔水行舟。」丹朱慢遊，無水而行舟，豈不引舟於水而上行乎？此其類也。從獸無厭，若羿之好田獵無有厭極，以亡其身，故謂之荒亂也。樂酒無厭，若殷紂以酒喪國也，故謂之亡。言聖人之行無此四者，惟君所欲行也。晏子之意，不欲使景公空遊於琅邪而無益於民也。疏注「或浮」至「類也」○正義曰：浮水而下謂順流而下也。齊桓與蔡姬乘舟於囿，見僖公三年《左傳》。其下文云「蕩公，公懼變色」，杜氏注云：「蕩，摇也。囿，苑也，蓋魚池在苑中。」推其義，蓋蔡姬摇動桓公。趙氏引爲流之證者，流猶放也，放猶蕩也。《管子·宙合》篇云「君失音則風律必流」，注云：「流謂蕩散。」以蕩與流義合，取爲流之證也。○注「連引」至「類也」○正義曰：連訓引者，段氏玉裁《説文解字注》云：「連，負車也。各本作員連，今正。連即古文輦也。《周禮·鄉師》『葦輦』，故書輦作連，大鄭讀爲輦。《巾車》『連車』，本亦作『輦車』。負車者，人輓車而行，車在後如負也。」《説文》云：「輦，輓車也。从車、扶，扶在車前引之也。」又云：「輓，引車也。」連、輦同字，而輦爲輓，輓爲引，是連訓引也。逆水而上必用徒役輓引之，如負車然，故其名曰連。引《書》者，見《虞書·皋陶謨》。其文云：「無若丹朱傲，惟慢遊是好，傲虐是作，罔晝夜頟頟。」「罔水行舟」一句是《書》辭；「丹朱慢遊，無水而行舟」是趙氏申釋《書》辭，謂無水行舟必用人輓引，引以爲名連之證也。鄭氏注《書》此文云：「丹朱見洪水時人乘舟，今水已治，猶居舟中頟頟使人推行之。」王氏鳴盛《尚書後案》云：「鄭云云者即《孟子》『從流忘反』也。傳以《論語》『奡盪舟』孔安國云『陸地行舟』，遂取以解此經。陸地行舟，事之所無，孔彼注失之。」孔氏廣森《經學卮言》云：「《論語》『奡盪舟』即所謂『罔水行舟』也。舊説以爲夏時澆，非是。」按：無水行舟即陸地行舟。孔安國注《論語》以陸地行舟爲寒浞之子奡，而《説文》夰部云：「奡，嫚也。《虞書》曰：『若丹朱奡。』讀若傲。《論語》『奡盪舟』。」是當時有以盪舟即「丹朱傲」之事，故趙氏以「罔水」爲無水，即陸地行舟。鄭氏謂水已治，則以水由地中，前此氾濫已平，亦是以「罔水」爲無水。鴻水氾濫，人居舟中；今水已落，仍爲陸地，而丹朱猶居舟中，使人推行。鄭雖不明言陸地行舟而其意可見也。趙氏以陸地方使人推引，其在水使人推引可知，故以爲類例也。○注「從獸」至「亂也」○正義曰：《易·屯》六三「即鹿无虞」，傳云：「以從禽也。」從禽猶「從獸」也。厭，足也。引「羿之好田獵」者，襄公四年《左傳》云：「后羿自鉏遷於窮石，因夏民以代夏政。恃其射也，不修民事而淫于原獸。棄武羅、伯因、熊髡、尨圉而用寒浞以爲己相。浞行媚于内，施賂于外，愚弄其民而虞羿于田，樹之詐慝以取其國家，外内咸服。羿猶不悛，將歸自田，家衆殺而亨之。」此羿好田亡身之事也。《詩·魏風·蟋蟀》「好樂無荒」，箋云：「荒，廢亂也。」廢亂者，荒忽迷亂。羿好于田，遂忽于浞之謀己，是爲田所迷也。故引以爲名「荒」之證。○注「樂酒」至「之亡」○正義曰：引殷紂者，《史記·殷本紀》云：「帝紂好酒淫樂，以酒爲池，縣肉爲林，使男女倮，相逐其間，爲長夜之飲。百姓怨望而諸侯有畔者。」是「以酒喪國」事也。《翼孟音解》讀「樂酒」若樂山、樂水，樂酒即好酒也。《論語・雍也》篇「亡之命矣夫」，孔安國注云：「亡，喪也。」《白虎通・崩薨》篇云：「喪者，亡也。」故引以爲名「亡」之證。《管子・戒》篇云：「夫師行而糧食於民者謂之亡，從樂而不反者謂之荒。」《晏子春秋・問下》篇云：「夫從南歷時而不反謂之流，從下而不反謂之連，從獸而不歸謂之荒，從樂而不歸謂之亡。」《管》《晏》書刺取《孟子》而文有不同。○注「言聖」至「民也」○正義曰：聖人即先王也。先王但有春遊秋豫，一休一助，爲民而出，無此從上、從下、從獸、樂酒之事也。先王既非無事空行，故晏子欲效法，亦不無事空行也。對其「何修以比先王之觀」如此。

「景公説，大戒於國，出舍於郊。於是始興發，補不足。注景公説晏子之言也。戒，備也。大脩戒備於國，出舍於郊，示憂民困。始興惠政，發倉廩，以振貧下不足者也。疏注「戒備」至「者也」○正義曰：鄭康成注《禮記・曾子問》篇、高誘注《淮南子・精神訓》，皆云：「戒，備也。」「大修戒備」謂預備補助之事，即《晏子春秋》所謂「命吏計公掌之粟，籍長幼貧氓之數」是也。景公將身親振給，故出舍於郊，示憂民困也。興與發義同，並言則有別。《周禮・地官・遂大夫》「則帥其吏而興甿」，注云：「興，舉也。」故謂舉行惠政。《廣雅・釋詁》云：「發，開也。」《月令》「雷乃發聲」，注云：「發，出也。」故謂開發倉廩而出其粟。閩、監、毛三本作「以振貧困不足者也」。振即古賑字。《晏子春秋》云：「吏所委發倉廩出粟以予貧民者三千鍾，公所身見癃老者七十人，賑贍之然後歸也。」**召大師曰：『爲我作君臣相説之樂。』蓋《徵招》《角招》是也。**注大師，樂師也。《徵招》《角招》，其所作樂章名也。疏注「大師」至「名也」○正義曰：《周禮・春官》：「大司樂，中大夫二人；樂師，下大夫四人。大師，下大夫二人。」天子之官，樂師與大師自別。趙氏以太師爲樂師，蓋以諸侯之官，大師爲之長，即樂師也。胡氏匡衷《儀禮釋官》云：「『僕人正徒相大師，僕人師相少師，❶僕人士相上工。』注云：『大師、少師，工之長也，凡國之瞽矇正焉。杜蒯曰：曠也，大師也。』按，《論語》有大師摯、少師陽，是諸侯亦有大師、少師之官。凡言工，皆瞽矇也。大師、少師亦瞽者爲之，故通稱工。大師，樂工之長，非樂官之長。《周禮·春官》有大司樂、樂師，同官，其職掌教國子，與《尚書》典樂官同，非瞽者爲之。」劉氏台拱《經傳小記》云：「《國語》：『細鈞，有鐘無鎛，昭其大也；大鈞，有鎛無鐘，甚大無鎛，鳴其細也。大昭小鳴，和之道也。』按，細大有以聲言者，上章言『大不踰宫，細不過羽』是也；有以調言者，此言『細鈞』『大鈞』是也；有以器言者，此言『昭其大』『鳴其細』是也。鈞亦作均，《春秋》昭二十年服注云：『黄鐘之均：黄鐘爲宫，大蔟爲商，姑洗爲角，林鐘爲徵，南吕爲羽，應鐘爲變宫，蕤賓爲變徵。』《續漢志》云：『天子常以日冬夏至陰氣應，則樂均濁。』西京郊祀宗廟樂，惟用黄鐘一均。章帝時，太常丞鮑業始旋十二宫，旋宫以七聲爲鈞。蓋古所謂均即今所謂調。五聲十二律旋相爲宫，爲六十調，皆具五聲，故有五均。而韋注『細鈞爲徵羽角，大鈞爲宫商』者，古人以聲命調，若孟子言《徵招》《角招》，師曠言《清商》《清徵》《清角》，皆是調名。韋氏之意或亦爾也。」**其詩曰：『畜君何尤？』畜君者，好君也。」**注其詩，樂詩也。言臣説君，謂之好君。何尤者，無過也。孟子所以道晏子、景公之事者，欲以感喻宣王，非其矜夸雪宫而欲以苦賢者。疏注「言臣」至「過也」〇正義曰：王氏念孫《廣雅疏證》云：「《説文》：『嫿，媚也。』孟康注《漢書·

❶ 上「師」字上，原衍「正」字，今從沈校據《儀禮》删。

張敞傳》云：『北方人謂媚好爲詡畜。』畜與嬌通。《説文》：『媚，説也。』故媚好謂之畜，相悦亦謂之畜，又謂之好。《孟子·梁惠王》篇『畜君者，好君也』，本承上『君臣相悦』而言，故趙氏注云：『言臣悦君謂之好君。』好、畜古聲相近，『畜君何尤』即『好君何尤』。《祭統》云：『孝者，畜也。順於道不逆於倫，是之謂畜。』《孔子閒居》及《坊記》注並云：『畜，孝也。』《釋名》云：『孝，好也。愛好父母如所悦好也。』畜、孝、好聲並相近。『畜君者，好君也』，『洚水者，洪水也』，皆取聲近之字爲訓。後世聲轉義乖，而古訓遂不可通矣。」阮氏元《毛詩王欲玉女解》云：「許氏《説文》『金玉』之玉無一點，其加一點者解云：『朽玉也。從王有點。讀若「畜牧」之畜。』《毛詩》玉字皆『金玉』之玉，惟《民勞》篇『王欲玉女』玉字專是加點之玉。《詩》言『玉女』者，畜女也；畜女者，好女也； 好女者，臣悦君也。召穆公言王乎！我正惟欲好女畜女，不得不用大諫也。《孟子》曰：『爲我作君臣相悦之樂，其詩曰：畜君何尤？畜君者，好君也。』《孟子》之『畜君』與《毛詩》召穆公之『玉女』無異也。後人不知玉爲假借字，是以鄭箋誤解爲『金玉』之玉矣。」段氏玉裁《説文解字注》云：「訧，罪也。《邶風》毛傳：『訧，過也。』亦作郵，《釋言》：『郵，過也。』亦作尤，《孟子》引詩『畜君何尤』。」○注「孟子」至「賢者」○正義曰：道，言也。閩、監、毛三本作「導晏子、景公之事者」。阮氏元《校勘記》云：「道、導古今字。古書多用道。『矜夸雪宫』，閩、監、毛三本夸作誇，誤增言旁。『而欲以苦賢者』，閩、監、毛三本同。廖本、孔本、《考文》古本苦作若，形相涉而誤也。」按：苦有困辱之義，《漢書·馮奉世傳》「爲外國所苦」是也。《廣雅·釋詁》云：「苦，窮也。」謂宣王言「賢者亦有此樂乎」是自矜夸其雪宫而用以困辱賢者，故孟子言晏子、景公之事以感喻而非斥之。

章指：言與天下同憂者不爲慢遊之樂，不循肆溢之行。是以「文王不敢盤于遊田」也。

疏「與天」至「之行」○正義曰：賈子《新書·道術》篇云：「反敬爲嫚。」嫚與慢同。《説文》心部云：「慢，惰也。」先王因助給而遊，非無事而空行也；無事空行，是爲「慢遊」矣。肆，古本作四。周氏廣業云：「注云『流連荒亡』皆暴君之溢行，則『四溢』爲是。董子《繁露》云：『桀紂驕溢妄行。』」阮氏元《挍勘記》云：「孔本、韓本作肆是也。」❶○「是以」至「田也」○正義曰：「文王不敢盤于遊田」，《周書·無逸》篇文。

齊宣王問曰：「人皆謂我毁明堂，毁諸？已乎？」注謂泰山下明堂，本周天子東巡狩、朝諸侯之處也，齊侵地而得有之。人勸宣王，諸侯不用明堂，可毁壞，故疑而問於孟子，當毁之乎？已，止也。疏注「謂泰」至「毁壞」○正義曰：閻氏若璩《釋地》云：「《封禪書》：『初，天子封太山，太山東北阯，古時有明堂處。』是古明堂至漢武帝時猶有遺蹤。」《釋地續》云：「《左傳》隱八年：『鄭伯使宛來歸祊，不祀泰山也。』注云：『鄭桓公封鄭，有助祭泰山湯沐邑，在祊。』祊在琅邪國費縣東南，鄭以天子不能復巡狩，故欲以祊易於魯，以從魯所宜。計爾時距東遷五十六年，泰山下湯沐邑，鄭尚能守之，則明堂仍爲周天子所有，齊焉敢侵？不知幾何時而爲齊得。又至宣王時，不復東巡者四百四十年矣，人咸謂齊毁明堂，無王愈可知。」孔氏廣森《經學卮言》云：「此非如國中明堂爲五室十二堂之制。《荀子》曰：『築明堂于塞外而朝諸侯。』楊倞注

---

❶「肆」，原作「事」，今據阮校改。

云：『明堂，壇也。謂巡狩至方嶽之下，會諸侯，爲宮方三百步，四門，壇十有二尋，深四尺，加方明于壇上。』蓋其堂祀方明，故以『明堂』名之。而朝事義言方明之下，公侯伯子男覲位亦並與明堂位同。漢時公玉帶上《明堂圖》，中有一殿，四面無壁，近泰山明堂之遺象。」金氏榜《禮箋》云：「巡狩則方岳之下覲其方之群后，亦曰『明堂』。《孟子》書齊宣王曰『人皆謂我毁明堂』，《左氏傳》『爲王宮於踐土』，亦其類也。」宋吴仁傑《兩漢刊誤補遺》並主斯説。此皆用趙氏義。毛氏奇齡《四書賸言》云：「明堂在魯地，而後爲齊有，不知所始。若謂泰山明堂因巡狩而設，則西南諸嶽，其有無明堂，不見經傳。且欲行王政而但以文王治岐爲言，其於立言之意亦多不合。不知此即出王配帝所也。古明堂之制原爲饗帝而設，自黄帝以來，唐虞夏商俱有之。但饗帝必有配，后稷既配天於郊，而文王則配天於明堂。且天子繼祖爲宗必有宗祀，而周制以文王當之。《孝經》所云『宗祀文王於明堂』者是宗祖之祭，《周頌·我將》詩小序所云『祀文王於明堂』則配帝之祭也。特魯本侯國，諸侯不敢祖天子，則祖文宗武非魯宜有，而獨文王以出王之故，大宗之國不祖而宗，因特立周廟在祖廟之外，而又以文當配帝，特設明堂爲出王配帝之所。蓋天子二郊既祭昊天上帝，而於明堂則兼及五帝，原是殺禮，故明堂九室祇以中央太室與東西南北之太廟合名五室，而祀方明於其中。故天子祖文王於明堂而魯則得以大宗宗之，天子以歲祭饗上帝於明堂而魯亦得以四時迎氣，五方饗帝，十二月聽朔降及之。蓋周郊在二至而魯郊祇在孟春祈穀、季秋報享。鎬京明堂並祀文武，而泰山明堂則祇祀文王。《孝經》所謂『嚴父配天，則周公其人』者專指此泰山明堂爲言。若然，則其舉文王治岐亦即因祭文王而推本及之。以治岐者亦宗祀所自來也。」《春秋》文公十六年「毁泉臺」，注云：「毁，壞之也。」故趙氏以「壞」釋「毁」。○注「已止也」○正義曰：《毛詩》傳箋、鄭氏《禮》注、韋昭《國語》注、高誘《戰國策》《呂氏春秋》《淮南子》注皆然，不勝數。**孟子對曰：「夫明堂者，王者之堂也。王欲行王政，則勿毁之矣。」**注言王能行王道者，則可無毁也。疏「夫明堂者王者之堂也」○正義曰：阮氏元《明堂論》云：「粤惟上古，水土荒沈，橧穴猶在，政教朴略，宫室未興。神農氏作，始爲帝宫。上圓下方，重蓋以茅，外環以水，足以禦寒暑，待風雨，實惟明堂之始。明堂者，天子所居之初名也。是故祀上帝則於是，祭先祖則於是，朝諸侯則於是，養老、尊賢、教國子則於是，饗射、獻俘馘則於是，治天文、告朔則於是，抑且天子寢食恆於是，此古之明堂也。黄帝堯舜氏作，宫室乃備；洎夏商周三代，文治益隆。於是天子所居在邦畿王城之中，三門三朝，後曰『路寢』，四時不遷。路寢之制，準郊外明堂四方之一，鄉南而治，故路寢猶襲古號曰『明堂』。若於祭昊天上帝則有圓邱，祭祖考則有應門內左之宗廟，朝諸侯則有朝廷，養老、尊賢、教國子，獻俘馘則有辟雍、學校。其地既分，其禮益備，故城中無明堂也。然而聖人事必師古，禮不忘本，於近郊東南別建明堂，以存古制，藏古帝治法册典於此，或祀五帝、布時令、朝四方諸侯，非常典禮，乃於此行之，以繼古帝王之蹟。譬之上古衣裳未成，始有韍皮；椎輪初制，惟尚越席。後世聖人采備繪繡，無廢赤芾之垂；車成金玉，不增大路之飾。此後世之明堂也。自漢以來，儒者惟蔡邕、盧植實知異名同地之制，尚昧上古、中古之分。後之儒者，執其一端以蔽衆說，分合無定，制度鮮通。蓋未能融洽經傳，參驗古今，二千年來遂成絶學。試執吾言以求之經史百家，有相合無相戾者。別勒成書以備稽覽，括其大指著於斯篇。」

王曰：「王政，可得聞與？」注王言王政當何施，其法寧可得聞？**對曰：「昔者文王之治岐**

也，耕者九一，仕者世禄，關市譏而不征，澤梁無禁，罪人不孥。注言往者文王爲西伯時始行王政，使岐民脩井田。八家耕八百畝，其百畝者以爲公田及廬井，故曰九一也。紂時税重，文王復行古法也。仕者世禄，賢者子孫必有土地。關以譏難非常，不征税也。陂池魚梁不設禁，與民共之也。孥，妻、子也。《詩》云：「樂爾妻孥。」罪人不孥，惡惡止其身，不及妻、子也。疏注「言往」至「王政」○正義曰：往即昔也。《史記·周本紀》云：「公季卒，子昌立，是爲西伯。西伯曰『文王』。自岐下而徙都豐。明年，西伯崩。」然則文王爲西伯，治豐未久，故孟子以爲治岐，趙氏以爲爲西伯時也。○注「使岐」至「法也」○正義曰：《史記·殷本紀》言「紂厚賦税以實鹿臺之錢而盈鉅橋之粟」。《淮南子·要略訓》云：「紂爲天子，賦斂無度。」是紂時税重也。趙氏佑《温故録》云：「《王制》：『古者公田藉而不税，市廛而不税，關譏而不征，林麓川澤以時入而不禁，夫圭田無征。』與《孟子》此文脗合。鄭氏注謂古者爲殷時，則正是紂廢其法而文獨脩行之。」○注「賢者」至「土地」○正義曰：《王制》云：「天子之縣内，諸侯禄也；外，諸侯嗣也。」注云：「選賢置之於位，其國之禄如諸侯不得位。有功乃封之，使之世也。《冠禮記》曰：『繼世以立諸侯，象賢也。』」孔氏正義云：「得采國爲禄而不繼世，故云禄。下云『大夫不世爵』是也。此謂畿内公卿大夫之子，父死之後，得食父之故國采邑之地，不得繼父爲公卿大夫也。畿外諸侯世世象賢，傳嗣其國。公卿大夫輔佐于王，非賢不可，故不世也。」然則世、禄兩分，世謂繼世爲諸侯，禄謂但食采地。此「仕者世禄」比例天子之内諸侯，不可世爵，祇可世禄。則「世禄」謂世食其采地，故云「賢者子孫」，解「世」字也，「必有土地」，解「禄」字也。昭公三十一年《公羊傳》云：「賢者，子孫宜有地也。」趙氏所本也。《五經異義》引古《春秋》左氏説：「卿大夫得世禄，不世位。父爲大夫，死，子得食其故采地。如有賢才，則復父故位。」《毛詩・大雅・文王》篇「凡周之士，不顯亦世」，傳云：「世者，世禄也。」〇注「關以」至「稅也」〇正義曰：《廣雅・釋詁》云：「譏，問也。」問亦難也。《周禮・地官・大司徒》「制天下之地征」，注云：「征，稅也。」〇注「陂池」至「之也」〇正義曰：《毛詩・陳風》「彼澤之陂」，傳云：「陂，澤障也。」《周禮・雍氏》注云：「池謂陂漳之水道也。」是澤爲陂池也。《毛詩》「無逝我梁」，傳云：「梁，魚梁也。」《周禮・𩽹人》「掌以時𩽹爲梁」，鄭司農注云：「梁，水偃也。偃水爲關空，以笱承其空。」《王制》云「然後漁人入澤梁」，注云：「梁，絕水取魚者。」此云「澤梁」，故知爲魚梁也。〇注「孥妻」至「子也」〇正義曰：孥與奴同，假借作帑。《國語・鄭語》「寄孥與賄焉」，《楚語》「見藍尹亹載其孥」，注皆云：「妻、子曰孥。」《晉語》「以其孥適西山」，注云：「孥，妻、子也。」文公六年《左傳》「宣子使臾駢送其帑」，注云：「孥，妻、子也。」引《詩》者，《小雅・常棣》第八章。毛傳云：「帑，子也。」《禮記・中庸》引此詩，鄭氏注云：「古者謂子孫曰帑。」《詩正義》云：「上云『妻子好合』，子即此帑也。《左傳》曰『秦伯歸其帑』，《書》曰『予則帑戮汝』，皆是子也。」《周禮・秋官・司厲》：「其奴，男子入于罪隸，女子入于舂稾。」鄭司農云：「謂坐爲盜賊而爲奴者，輸于罪隸、舂人、稾人之官也。由是觀之，今之爲奴婢，古之罪人也。故《書》曰『予則奴戮汝』，《論語》曰『箕子爲之奴』，罪隸之奴也。故《春秋傳》曰：『斐豹隸也，著於丹書。請焚丹書，我殺督戎。』恥爲奴，欲焚其籍也。」玄謂：「奴，從坐而沒入縣官者，男女同名。」賈氏疏云：「先鄭引《尚書》『予則奴戮汝』及《論語》『箕子爲之奴』，皆與此經奴爲一。若後鄭義，《尚書》奴爲子，若《詩》『樂爾妻奴』，奴即子也。後鄭不破者，亦得爲一義。玄謂奴男女從坐沒入縣官者，謂身遭大罪合死，男女沒入縣官。漢時名官爲『縣官』，非謂州縣也。」按：《説文》女部云：「奴，奴婢，皆古之罪人也。《周禮》曰：『其奴，男子入于罪隸，女子入于舂藁。』」《吕氏春秋・開春》篇云「叔嚮爲之奴」，高誘注云：「奴，戮也。律，坐父兄，没入爲奴。」然則凡父兄妻子從坐没入之罪，名爲奴。「罪人不孥」，謂罪及本身，不没入其父兄妻子爲奴也。故賈氏謂先鄭、後鄭義同。不罪其妻子即是不以其妻子爲奴。《説文》别無孥字，是罪人爲奴婢爲此奴，因而妻子子孫通稱爲奴。古者大罪坐其妻子，亦僅没爲奴婢，殊于秦人族誅之法。而文王猶除之，僅及本身，非謂本身奴罪亦除之也。《潛夫論・述赦》篇云：「養稊稗者傷禾稼，惠姦軌者賊良民。《書》曰：『文王作罰，刑兹無赦。』先王制刑非好傷人肌膚、斷人壽命，乃以威姦懲惡，除民害也。」又《論榮》篇云：「堯，聖父也，而丹朱傲；舜，聖子也，而叟頑惡。鯀殛而禹興，管、蔡爲戮，周公祐王。故《書》稱『父子兄弟不相及』也。」僖三十三年《左傳》晉季臼引《康誥》云：「父不慈，子不祗，兄不友，弟不恭，不相及也。」昭公二十年《傳》苑何忌引《康誥》曰：「父子兄弟，罪不相及。」此正文王「罪人不孥」之事也。「罪人」謂加罪于人。即不慈不孝不友不恭，文王作罰，刑兹無赦也；不孥謂本身惡宜加罪，其父子兄弟不從惡則不坐也。若從惡即是本身有罪，當不止奴戮。故王符引丹朱有聖父，鯀有聖子，管、蔡有聖兄，不當因其本身之罪概及其父子兄弟也。孫氏星衍《罪不相及論》云：「《康誥》云『元惡大憝，矧惟不孝不友』者，《説文》：『矧，詞也。』字作矤。言此元惡大憝，其惟不孝不友之人；所爲大惡必不謀於骨肉親戚。下云『子不祗厥父事』等是也。云『惟弔兹不于我政人得罪』者，弔，善也。『弔兹』猶『兹弔』，言惟慈善者不爲政人所罪。『政人』即下文『惟厥正人』若大正、少正之屬也。下云『天惟與我民』，當斷句，言有常之民爲天意所與。下云『大泯亂，曰乃其速由』，又當斷句，言大泯亂彝常之人乃其召罪也。曰同爰。速，召也。由同郵，過也，謂罪也。『速由』即《酒誥》『自速辜』之義。《書》意言大惡之人，所聽父兄教誨、子弟勸阻，而其父兄子弟亦有善者，不可株連坐罪。此善人有彝常，爲天所與；惟泯亂彝常之人乃自取罪，尤應加以文王不教之罰耳。」**老而無妻曰鰥，老而無夫曰寡；老而無子曰獨，幼而無父曰孤。此四者，天下之窮民而無告者。文王發政施仁，必先斯四者。**注言此四者皆天下之窮民，文王常恤鰥寡、存孤獨也。疏「文王」至「四者」○正義曰：《書・無逸》：「文王懷保小民，惠鮮鰥寡。」是其事也。**《詩》云：『哿矣富人，哀此煢獨。』」**注《詩》，《小雅・正月》之篇。哿，可也。詩人言居今之世可矣，富人但憐憫此煢獨羸弱者耳。文王行政如此也。疏注「詩小」至「此也」○正義曰：引《詩》在《正月》篇第十三章，煢作惸。毛傳云：「哿，可；獨，單也。」箋云：「此言王政如是，富人猶可，惸獨將困也。」《說文》云：「哀，閔也。」憫即閔，閔亦憐也。單則弱，困則羸，趙氏本毛傳而申之也。王氏念孫《廣雅疏證》云：「鄭注《大司寇》云：『無兄弟曰惸。』《洪範》云『無虐煢獨』，《小雅・正月》篇云『哀此惸獨』，《唐風・杕杜》篇云『獨行睘睘』，《周頌・閔予小子》篇云『嬛嬛在疚』，《說文》『赹，獨行也』，並字異而義同。《孟子・梁惠王》篇：『老而無妻曰鰥，老而無夫曰寡；老而無子曰獨，幼而無父曰孤。』襄二十七年《左傳》『齊崔杼生成及彊而寡』，則無妻亦謂之寡。鰥、寡、孤，一聲之轉，皆與獨同義，因事而異名耳。」**王曰：「善哉，言乎！」**注善此王政之言。**曰：「王如善之，則何爲不行？」**注孟子言王如善此王政，則何爲不行也？

王曰：「寡人有疾，寡人好貨。」注王言我有疾，疾在好貨，故不能行。**對曰：「昔者公劉好**

貨。《詩》云：『乃積乃倉，乃裹糇糧，于橐于囊，思戢用光。弓矢斯張，干戈戚揚，爰方啓行。』故居者有積倉，行者有裹囊也，然後可以『爰方啓行』。王如好貨，與百姓同之，於王何有？」**注**《詩》，《大雅·公劉》之篇也。乃積穀於倉，乃裹盛乾食之糧於橐囊也。思安民，故用有寵光也。戚，斧；揚，鉞也。又以武備之四方，啓道路。孟子言公劉好貨若此，王若則之，於王何有不可也？**疏**「行者有裹囊也」○正義曰：阮氏元《校勘記》云：「宋本、孔本同。石經、閩監毛三本、韓本囊作糧。按，《鹽鐵論》：『公劉好貨，居者有積，行者有囊。』與裹囊合。」臧氏琳《經義雜記》云：「孟子以積與裹對，倉與囊對，謂積穀於倉，裹糧於囊也。《詩》云：『乃積乃倉，乃裹餱糧，于橐于囊。』有三乃字，二于字，曰餱又曰糧，曰橐又曰囊，皆重文以助句。至孟子釋《詩》，止『積』『倉』『裹』『囊』四言也。俗本改『裹囊』爲『裹糧』，則《詩》『于橐于囊』句似贅矣。舊疏釋孟子之言云：『故居者有穀積于倉，行者有糧裹于囊。』則北宋作疏時尚作『行者有裹囊』。」○注「詩大」至「光也」○正義曰：《詩》在《公劉》篇首章。乃，《詩》作廼，古字通也。《音義》作糇，《詩》作餱。《詩釋文》云：「字或作糇。」《説文》無糇字，食部：「餱，乾食也。」毛本作餱。戢，《詩》作輯。毛傳云：「公劉居於邰而遭夏人亂，迫逐公劉。公劉乃辟中國之難，遂平西戎而遷其民，邑於豳焉。廼積廼倉，言民事時和，國有積倉也。小曰橐，大曰囊。思輯用光，言民相與和睦，以顯於時也。」箋云：「邰國乃有積委及倉也。安安而能遷，積而能散，爲夏人迫逐己之故，不忍鬭其民，乃裹糧食於橐囊之中，棄其餘而去，思在和其民人用光大其道，爲今子孫之基。」《詩》以「積」「倉」與上「場」「疆」對。場、疆是二事，故鄭以積爲委積，與倉對，亦爲兩事。趙氏謂「積穀于倉」，與鄭異也。《爾雅·釋詁》云：「輯，和也。」故毛、鄭皆以和釋之。《説文》戈部云：「戢，藏兵也。《詩》云『載戢干戈』。」藏兵不戰，所以安民，故趙氏以安釋之。惟和則安，亦惟安則和，二義可相備。以「寵」釋「光」，《詩・長發》箋云：「寵，榮名之謂。」「榮名」即毛傳「顯於時」之義。鄭云「光大」，則讀光爲廣，與毛、趙異也。○注「戚斧揚鉞也」○正義曰：程氏瑶田《通藝録・考工創物小記》云：「斧屬之器，《説文》云：『斧，斫也。』『戉，大斧也。』『戚，戉也。』余謂斧斤異於戈戟者。戈戟鋭鋒，斧斤闊鋒也，故用之爲斫擊。戈戟之鋒鋭，同於矛之刺，但矛直刺而戈戟則横擊以刺之也。《公劉》之詩云『干戈戚揚』，毛傳云：『戚，斧也。揚，戉也。』正義云：『《廣雅》：「鉞、戚，斧也。」則戚、揚皆斧鉞之别名。傳以戚爲斧，以揚爲鉞，鉞大而斧小。太公《六韜》云：「太阿斧重八斤，一名大鉞。」是鉞大於斧也。』戚之言蹙也，其刃蹙狹。對戉名揚者言之，彼爲發越飛揚，故其刃侈張。蹙之張之，顧名思義，曰戚曰揚，弗可易也。戉今俗名月斧，以爲象形，然實戉聲之譌也。」趙氏不釋「干戈」。箋云：「干，盾也。戈，句矛戟也。」《考工創物小記》云：「冶氏爲戈，廣二寸，内倍之，胡三之，援四之。倨句外博，重三鋝。戟，廣寸有半寸，内三之，胡四之，援五之。倨句中矩，與刺重三鋝。戈、戟並有内有胡有援，二者之體大略同矣；其不同者，戟獨有刺耳。故《説文》云：『戈，平頭戟也。』『戟，有枝兵也。』然則戈爲戟之無枝者矣。《説文》言枝，《考工》言刺，枝、刺一物也。是故戈之制有援。援，其刃之正者，横出以啄人，其本即内也。内横貫于柲之鑿而出之，故謂之内。援接内處下垂謂之胡。胡上不冒援而出，故曰『平頭』也。《方言》：『凡戟而無刃，秦晉之間謂之釨，或謂之鏔，吴揚之間謂之戈。』此言内之無刃者謂之戈也。《説文》：『孑，無右臂也。』戈右無刃謂之孑者，假借會意而象其形以名之也。又云：『三刃枝，南楚、宛、郢謂之匽戟。』此言戈内之有刃者謂之戟也。戈之刃在援與胡，其用主於援；戟則刃之在援在胡依然一戈，而復有刺之刃，則其用主於刺。三刃者，一援一胡一刺也。」〇注「又以」至「道路」〇正義曰：閩、監、毛三本作：「又以武備之，曰方啓行道路。」按：毛傳云：「張其弓矢，束其干戈戚揚，以方開道路，去之豳。」箋云：「爰，曰也。公劉之去邰，整其師旅，設其兵器，告其士卒曰：『爲女方開道而行。』」鄭釋爰爲曰，用《爾雅・釋詁》文。毛但云「方開道路」，則不釋爰爲曰，第作于是而已。《爾雅・釋詁》又云：「爰，于也。」是也。趙氏云「又以武備」，解「弓矢斯張，干戈戚揚也」，云「之四方」，之字釋行，四方釋方，謂「爰方啓行」爲于四方啓行，參用毛傳，與鄭不同。以趙推毛，毛傳「以方」疑是「四方」之譌。

王曰：「寡人有疾，寡人好色。」注王言我有疾，疾在好色，不能行也。**對曰：「昔者太王好色，愛厥妃。《詩》云：『古公亶甫，來朝走馬。率西水滸，至于岐下。爰及姜女，聿來胥宇。』當是時也，內無怨女，外無曠夫。王如好色，與百姓同之，於王何有？」**注《詩》，《大雅・緜》之篇也。亶甫，太王名也，號稱古公。來朝走馬，遠避狄難，去惡疾也。率，循也。滸，水涯也。循西方水滸，來至岐山下也。姜女，太王妃也。於是與姜女俱來相土居也。言太王亦好色，非但與姜女俱行而已也，普使一國男女無有怨曠。王如則之，與百姓同欲，皆使無過時之思，則於王之政何有不可乎？疏注「詩大」至「古公」〇正義曰：《詩》在《緜》篇第二章。甫，《詩》作父，古字通也。毛傳於首章云：「古公，豳公也。古言久也。亶父，字，或殷以名言，質也。」爲名爲字，毛氏不定，趙氏以爲名者，如《春秋》齊侯禄父、季孫行父皆以父爲名，不必字也。按：古猶昔也，當謂古昔公亶甫。「公亶甫」三字稱號猶公劉、公非、公祖，類加公於名上而已。〇注「來朝」至「疾也」〇正義曰：箋云：「來朝走馬，言其辟惡早且疾也。」「早」解「來朝」，「疾」解

「走馬」，「辟惡」解其早且疾之故。劉熙《釋名·釋姿容》云：「疾行曰趨，疾趨曰走。」趙氏云「疾」，解「走」字也；來朝爲早，易明，故不釋耳。○注「率循」至「下也」○正義曰：毛傳云：「率，循也。滸，水厓也。」箋云：「循西水厓，沮、漆水側也。」「率，循」，《爾雅·釋詁》文。「滸，水厓」，《釋水》文。涯、厓，字通也。閻氏若璩《釋地》云：「太史公《周本紀》云：『遂去豳，渡漆、沮，踰梁山，止於岐下。』將自邠抵岐，東南二百五十餘里，登山涉水，敘次如畫。然程大昌《雍録》謂渭水實在梁山下之南，循渭西上可以達岐，則《詩》水字又與漆、沮無涉，似益精確矣。」○注「姜女」至「居也」○正義曰：毛傳云：「姜女，太姜也。胥，相也。宇，居也。」箋云：「爰，於。及，與。聿，自也。於是與其妃太姜自來相可居者。著太姜之賢智也。」太姜爲太王妃，與太任、太姒爲周室三母，詳見《列女傳》。趙氏以「於是」釋「爰」，以「與」釋「及」，以「相」釋「胥」，以「居」釋「宇」，與毛、鄭同；惟不用「自來」之訓，而以「聿來」爲「俱來」。聿猶律，《説文》彳部云：「律，均布也。」蔡邕《月令章句》云：「律，率也。」《漢書·宣帝紀》杜注云：「率者，總計之言也。」均、總即俱。趙氏以自來之義不協，故讀聿爲律爲率也。「相土居」即《詩正義》云「相土地之可居也」。《管子·樞言》篇「與人相胥」，注云：「胥，視也。」《説文》云：「相，省視也。」胥之爲視，即相之爲省視也。

章指：言夫子恂恂然善誘人，誘人以進於善也。齊王好貨、好色，孟子推以公劉、太王，所謂「責難於君，謂之恭」者也。疏「夫子」至「誘人」○正義曰：《論語·子罕》篇文。《論語》作「循循」。《後漢書·趙壹傳》云「失恂恂善誘之德」，《三國志·步隲傳》云「《論語》言夫子恂恂然善誘人」，並作「恂恂」，與此《章指》同。

孟子正義卷五

江都縣鄉貢士焦循譔集

孟子謂齊宣王曰：「王之臣有託其妻子於其友而之楚遊者，注假此言以爲喻。**比其反也，則凍餒其妻子，則如之何？」**注言無友道，當如之何？疏「比其反也」○正義曰：《音義》云：「比，丁必二切，及也。」高誘注《吕氏春秋·達鬱》篇云：「比猶致也。」致即密。推之，致爲至，故《論語》「比及三年」，皇侃《義疏》云：「比，至也。」孫氏以比、及連文，故以比有及義。按：比之義爲方，「比方」猶言「譬如」。孟子謂託孥於友而友諸之矣，設若其反，則其友未嘗顧恤而致凍餒其妻子。今人設言，尚云「比方」，正其義也。《論語》「比及三年」當亦云「比方及於三年」爾。**王曰：「棄之。」**注言當棄之，絶友道也。疏注「絶友道也」○正義曰：哀公十五年《左傳》云「絶世于良」，注云：「絶世猶言棄也。」**曰：「士師不能治士，則如之何？」**注士師，獄官吏也。不能治獄，當如之何？疏注「士師獄官吏也」○正義曰：見《周禮·秋官》。**王曰：「已之。」**注已之者，去之也。疏注「已之者去之也」○正義曰：《詩·陳風·墓門》篇「知而不已」，箋云：「已猶去也。」按：「去之」謂罷退其職。《禮記·學記》云：「古者仕焉而已者。」《論語》：「令尹子文三已之。」曰：「四境之内不治，則如之何？」注境内之事，王所當理。不勝其任，當如之何？孟子以此動王心，令戒懼也。王顧左右而言他。注王慙，而左右顧視，道他事。無以答此言也。疏注「王慙」至「言也」○《説文》頁部云：「顧，還視也。」《詩·晉風》「顧瞻周道」，箋云：「回首曰顧。」左右立王少後，視之必回首，故云「左右顧視」，即回旋視之也。《周禮·訓方氏》「掌道四方之政事」，《撢人》「道國之政事」，注並云：「道猶言也。」故以道解言。

章指：言君臣上下，各勤其任。無墮其職，乃安其身也。疏「無墮其職」○正義曰：墮，許規切，亦音隋。墮，《廣韻》在四支，俗作隳。《吕氏春秋·必己》篇「愛則隳」，高誘注云：「隳，廢也。」《禮記·月令》「毋有壞墮」，《釋文》云：「墮，本作隳。」《周禮·守祧》「既祭則藏其隋」，《儀禮·士虞禮》注作「既祭則藏其墮」，❶是墮又讀隋也。此當爲「墮敗」之墮。

孟子見齊宣王，曰：「所謂『故國』者，非謂有喬木之謂也。有世臣之謂也。注故者，舊也。喬，高也。人所謂是「舊國」也者，非但見其有高大樹木也。當有累世脩德之臣常能輔其君以道，乃爲舊國可法則也。疏注「故者」至「高也」之○正義曰：《國策·秦策》「寡人與子，故也」，《楚辭·招魂》「樂先故些」，高誘、王逸注並云：「故，舊也。」「喬，高」，《爾雅·釋詁》文。○注「人所」至「則也」○正義曰：《尚書·

❶「虞」，原作「儀」，按《儀禮》無「士儀禮」，今從沈校改。

君奭》云：「則商實百姓，王人罔不秉德明恤。小臣，屏侯甸矧咸奔走。❶惟茲惟德稱，用乂厥辟。」江氏聲《集注音疏》云：「百姓，異姓之臣。王人，王之族人，同姓之臣也。无不秉持其德，明恤政事。乂讀當爲艾。艾，相也。辟，君也。惟此群臣各稱其德以輔相其君。」此指上伊尹、伊陟、臣扈、巫咸、巫賢、甘盤等，所謂「累世修德之臣，常能輔其君以道也」。**王無親臣矣！** 注 今王無可親任之臣。 疏 注「今王」至「之臣」○正義曰：《詩·邶風》「仲氏任只」，箋云：「任，以恩相親信也。」《大戴記·文王官人》篇云「觀其任廉」，注云：「任，以信相親也。」是「親臣」爲「親任之臣」。**昔者所進，今日不知其亡也。」** 注 言王取臣不詳審。往日之所知，今日爲惡當誅亡，王無以知也。 疏 注「言王」至「知也」○正義曰：「往日」解「昔者」，「所知」解「所進」。進者，引也，登也。知其人乃登進之，使爲臣也。誅，責也。亡，喪，棄也。始不詳審而登進之，固以爲知其賢也，久而爲惡，至于誅責而棄去之，則是始以爲知之者原未嘗知之也。「今日不知其亡」謂不知其今日之亡，經文倒言之也，故下王問何以先知其不才。閩、監、毛作「我無以名之」，❷非。**王曰：「吾何以識其不才而舍之？」** 注 王言我當何以先知其不才而舍之不用也？ **曰：「國君進賢，如不得已，將使卑踰尊，疏踰戚，可不慎與？** 注 言國君欲進用人當留意考擇。如使忽然不精心意，如不得已而取備官，則將使尊卑親疏相踰，豈可不重慎之？ 疏 注「如使」至「慎之」○正義曰：忽之言迷忘也。《荀子·

❶ 「咸」，原作「惟」，今從沈校據《尚書》改。
❷ 「毛」下，經解本有「三本」二字。

正名》篇云：「故愚者之言，芴然而粗。」芴然即「忽然」，粗即「不精心意」。精猶静也，静其心意乃能詳審。今忽忽若迷若忘，解「如不得已」之狀也。已，止也。「不得已」者，本不當用，因無人充職，姑且用之，故云不得已而取備官。不得已而取備官乃是明知其不才而姑且用之，今原非明知其不才，但以不精心意，若迷若忘，昏昏忽忽，故言「如不得已」。如者，擬而形容之之詞也。經以「如不得已」形容不詳審之狀，趙氏以「忽然不精心意」形容「如不得已」之狀。《國語·魯語》「使僮子備官而未之聞耶」，注云：「僮，僮蒙，不達也。」正「忽然不精心意」之謂。**左右皆曰賢，未可也；諸大夫皆曰賢，未可也。國人皆曰賢然後察之，見賢焉然後用之。** **注** 謂選大臣，防比周之譽，核鄉愿之徒。《論語》曰：「衆好之，必察焉。」 **疏** 注「選大」至「察焉」○正義曰：累世修德，輔君以道，是「大臣」也。文公十八年《左傳》云：「昔帝鴻氏有不才子，掩義隱賊，好行凶德，醜類惡物，頑嚚不友，是與比周。」《漢書·谷永傳》云「無用比周之虚譽」，注云：「比周言阿黨親密也。」「鄉愿之徒」，若漢之胡廣、晉之王祥。以虚名而登上位，宜核其實。引《論語》者，《衛靈公》篇文。**左右皆曰不可，勿聽；諸大夫皆曰不可，勿聽。國人皆曰不可然後察之，見不可焉然後去之。** **注** 「衆惡之，必察焉。」惡直醜正，實繁有徒。防其朋黨，以毁忠正。 **疏** 注「衆惡之必察焉」○正義曰：亦《論語·衛靈公》篇文。○注「惡直」至「忠正」○正義曰：昭公二十八年《左傳》云：「《鄭書》有之：惡直醜正，實繁有徒。」《文選·上林賦》注云：「蕃與繁古字通。」《管子·參忠》篇云：「行邪者不變則群臣朋黨，才能之人去亡。」《荀子·臣道》篇云：「不卹公道通義，朋黨比周，以環主圖私爲務，是篡臣者也。」注云：「環主，環繞其主，不使賢臣得用。」此「朋黨毁忠正」也。《春秋繁露·五行相勝》篇云：「司農爲姦，朋黨比周以蔽主明，退匿賢士，絶滅公卿。」**左右皆曰可殺，勿聽；諸大夫皆曰可殺，勿聽。國人皆曰可殺然後察之，見可殺焉然後殺之。故曰『國人殺之』也。**注言當慎行大辟之罪，五聽三宥。古者刑人於市，與衆棄之。疏注「言當」至「三宥」○正義曰：《尚書・吕刑》云：「大辟之罰，其屬二百。」《禮記・文王世子》云：「其死罪，則曰某之罪在大辟。」《周禮・秋官・掌戮》「掌斬殺」，注云：「殺以刀刃，若今棄市也。」《司刑》「掌五刑之法，殺罪五百」，注云：「殺，死刑也。」經言「可殺」，故知爲「大辟之罪」也。「五聽」者，《周禮・秋官・小司寇》：「以五聲聽獄訟，求民情：一曰辭聽，二曰色聽，三曰氣聽，四曰耳聽，五曰目聽。」是也。「三宥」者，《司刺》：「掌三刺三宥三赦之法，以贊司寇聽獄訟：壹宥曰不識，再宥曰過失，三宥曰遺忘。」是也。○注「刑人於市與衆棄之」○正義曰：《禮記・王制》文。**如此，然後可以爲民父母。」**注行此三慎之聽，乃可以子畜百姓也。

章指：言人君進賢退惡，翔而後集。有世賢臣，稱曰「舊國」，則四方瞻仰之，以爲則矣。疏「人君進賢退惡」○正義曰：《白虎通》云：「進善乃以退惡。」○「翔而後集」○正義曰：《論語・鄉黨》篇文。周氏廣業《孟子古注考》云：❶「後，古本作后。《韓詩外傳》載楚王使人齎金請接輿治河南，辭不受，其妻曰：『不如去之。』乃變姓名，莫知所之。《論語》曰：『色斯舉矣，翔而後集。』接輿之妻是也。《詩・卷阿》『鳳凰鳴矣，于彼高岡』，鄭箋云：『喻賢者待禮乃行，翔而後集。』趙引此，見人君當審慎用人

❶「周氏廣業孟子古注考」，按引文非出此書，疑出周廣業《孟子章指考證》。

之意。『其進鋭者其退速』，注云：『不審人而過進不肖，越其倫，退而悔之必速矣。當翔而後集，慎如之何？』正與此同。」

齊宣王問曰：「湯放桀，武王伐紂，有諸？」【注】有之否乎？**孟子對曰：「於傳有之。」**【注】於傳文有之矣。**曰：「臣弑其君，可乎？」**【注】王問臣何以得弑其君？豈可行乎？**曰：「賊仁者謂之『賊』，賊義者謂之『殘』。殘賊之人，謂之『一夫』。聞誅一夫紂矣，未聞弑君也。」**【注】言殘賊仁義之道者，雖位在王公，將必降爲匹夫，故謂之「一夫」也。但聞武王誅一夫紂耳，不聞弑其君也。《書》云「獨夫紂」，此之謂也。【疏】注「書云獨夫紂」○正義曰：《荀子·議兵》篇云：「誅桀紂若誅獨夫，故《太誓》云『獨夫紂』，此之謂也。」趙氏引《書》蓋即謂此。又《正論》篇云：「誅暴國之君若誅獨夫。湯、武非取天下也，修其道，行其義，興天下之同利，除天下之同害，而天下歸之也。天下歸之之謂『王』，天下去之之謂『亡』。故桀紂無天下而湯武不弑君，由此效之也。」《漢書·劉向傳》「以蕭望之、周堪、劉向爲三獨夫」，顔師古云：「獨夫猶言匹夫。」

章指：言孟子言紂以崇惡失其尊名，不得以君臣論之。欲以深寤齊王，垂戒於後也。

孟子謂齊宣王曰：「爲巨室則必使工師求大木，工師得大木則王喜，以爲能勝其任也。

匠人斲而小之則王怒，以爲不勝其任矣。【注】巨室，大宮也。《爾雅》曰：「宮謂之室。」工師，主工匠之吏；匠人，工匠之人也。將以此喻之也。【疏】注「巨室」至「人也」○正義曰：《廣雅·釋詁》云：「巨，大也。」引《爾雅》者，《釋宮》文也。《春秋》隱公五年「考仲子之宮」，《公羊傳》云：「考宮者何？考猶入室也。」《詩·鄘風》「作于楚宮」，又「作于楚室」，毛傳云：「室猶宮也。」此皆宮、室通稱之證也。《呂氏春秋·驕恣》篇云：「齊宣王爲大室，大益百畝，堂上三百户。以齊之大，具之三年而未能成。」翟氏灝《考異》云：「孟子『巨室』之言疑即覩斯而發。」《月令》「季春之月，命工師令百工審五庫之量」，注云：「工師，司空屬官也。」又「孟冬之月，命工師效功」，注云：「工師，工官之長也。」爲司空屬官，故爲「主工匠之吏」，吏即官也。莊公二十二年《左傳》云「陳公子完奔齊，齊侯使爲工正」，注云：「掌百工之官。」胡氏匡衷《儀禮釋官》云：「工正，工官之長，總掌百工，如《月令》工師之職。」然則工師又名工正也。《攷工記》攻木之工有匠人，爲百工中之一工。《禮記·雜記》云「匠人執羽葆」，注云：「匠人，工人也。」是匠亦通稱工。此經上言「工師」，下言「匠人」，故趙氏於「工師」互稱「主工匠之吏」，於「匠人」互稱「工匠之人」。《國語·魯語》云「嚴公丹桓公之楹而刻其桷，匠師慶言於公」，注云：「匠師慶，掌匠大夫御孫之名。」《周禮·地官·鄉師》「及葬，執纛以與匠師御匶而治役；及窆，執斧以涖匠師」，注云：「匠師，事官之屬。其於司空若鄉師之於司徒。由鄉師主役，匠師主衆匠。」《儀禮釋官》云：「據《國語》則匠師之官，諸侯亦有之。鄉師，下大夫，匠師與鄉師同。諸侯之官降於天子，匠師蓋士爲之。」趙氏以「工師」爲「主工匠」，然則匠師即工師。《月令》以其令百工稱「工師」，《周禮》《國語》以其專主攻木稱匠師歟？抑主百工者自有工師，專主攻木者別有匠師歟？**夫人幼而學之，**

壯而欲行之，王曰『姑舍女所學而從我』，則何如？ 注 姑，且也。謂人少學先王之正法，壯大而仕，欲施行其道。而王止之曰，且舍置汝所學而從我之教命。此，何如也？ 疏 注「姑且」至「如也」○正義曰：《詩・卷耳》「我姑酌彼金罍」，毛傳云：「姑，且也。」姑、且，疊韻字也。定公五年《左傳》云「吾未知吴道」，❶註云：「道猶法術。」法即是道。《吕氏春秋・仲春》《上農》等篇，高誘皆注云：「舍，置也。」又《必己》篇云「舍故人之家」，高誘注云：「舍，止也。」故以「置」釋「舍」而云「王止之」。《説文》教部云：「教，上所施下所效也。」《易・象傳》「習教事」，虞氏注云：「巽爲教令。」令猶命也。下文言「何以異於教玉人」，則此「姑舍女所學而從我」即下所云「教」也，故預於此以命釋教。《爾雅・釋詁》云：「使，從也。」此云「使工師求大木」，下云「使玉人彫琢之」，皆任使之義。求木琢玉必從工匠，玉人爲之，能勝任與不能勝任，王董其成而喜之怒之可也。今不從彼而從我所以求之斲之雕琢之之法，豈能之？故云「從我之教命」。**今有璞玉於此，雖萬鎰，必使玉人彫琢之。至於治國家則曰『姑舍女所學而從我』，則何以異於教玉人彫琢玉哉？」** 注 二十兩爲鎰。彫琢，治飾玉也。《詩》曰「彫琢其章」。雖有萬鎰在此，言衆多也，必須玉人能治之耳。至於治國家而令從我，是爲教玉人治玉也。教人治玉不得其道，則玉不得美好；教人治國不以其道，則何由能治者乎？ 疏 注「二十兩爲鎰」○正義曰：《禮記・喪大記》云「朝一溢米，莫一溢米」，注云：「二十兩爲溢。於粟米之法，一溢爲米一升二十四分升之一。」《儀禮・既夕》注同。《史記・平準書》「黄金以溢

❶「吴」，原作「吾」，今從沈校據《左傳》改。

名」，孟康云：「二十兩爲溢。」《漢書·張良傳》「賜良金百溢」，服虔云：「二十兩爲溢。」《吕氏春秋·異寶》篇「金千鎰」高誘注云：「二十兩爲一鎰。」漢儒解鎰字皆與趙氏同。《國語·晉語》「黄金四十鎰」，韋昭注亦云：「二十兩爲鎰。」惟《文選·詠懷詩》「黄金百溢盡」，注引賈逵《國語》注云：「一鎰，二十四兩。」又《吴都賦》「金鎰磊砢」，劉淵林注云：「金二十四兩爲鎰。」二者皆見《文選》注，當是李善誤羨「四」字。賈公彦《既夕》疏云：「二十四兩曰溢。」亦羨「四」字。按：《孫子算經》云：「稱之所起，起於黍。十黍爲一絫，十絫爲一銖，二十四銖爲一兩，十六兩爲一斤，三十斤爲一鈞，四鈞爲一石。」四鈞爲一百二十斤，故一百二十斤爲一石。以每斤十六兩通之，是一石爲一千九百二十兩，一斗爲一百九十二兩，一升爲一十九兩二錢。古以二十四銖爲兩，不以十錢爲兩。以一十九兩二錢乘二十四銖，得四百六十銖零八絫。於四百八十銖減去四百六十銖零八絫，餘一十九銖零二絫。置一升四百六十銖零八絫，以二十四除之，確得一十九銖零二絫。是一升二十四分升之一爲四百八十銖，即是二十兩。甄鸞《五經算術》云：「置一斛米重一百二十斤，以十六乘之，爲積一千九百二十兩。以溢法二十兩除之，得九十六溢。爲法，以米一斛爲百升爲實，實如法，得一升，不盡四升，與法俱再半之，名曰二十四分升之一。」此不用銖法而用石法，以九十六溢除百升，每溢一升，除去九十六升尚餘四升，故云「不盡四升」。半其四升爲二升，再半其二升爲一升；半其九十六爲四十八，再半其四十八爲二十四。二十四分升之一即九十六分升之四以九十六分升之四約爲二十四分升之一，所謂「可半則半」之術也。鄭氏以爲粟米法本溢法、石法言之，則明其爲二十兩。賈氏作疏不致違背之。以爲「二十四」，知「二十四」之四必爲羨字。推之《文選》注，蓋亦羨也。阮氏元《挍勘記》云：「經注中鎰字皆俗字也，當依《儀禮》作溢。溢之言滿也，滿於十六兩，爲一斤之外也。」○注「彫琢」至「其章」○正義曰：《爾雅・釋器》云：「玉謂之雕。」又云：「玉謂之琢。」《説文》云：「雕，琢文也。」「琢，治玉也。」則雕、琢同。《禮記・少儀》注云：「雕，畫也。」《禮器》注云：「琢當爲篆。」畫者，分界之名；篆者，文飾之名。」是雕第治之，而琢則飾之。《説文》蓋互見之。散文則通，故雕亦爲琢，琢亦爲治也。《攷工記》玉人之事所掌圭、璧、冒、瓚、琮、璋等，有終葵首、羨、好、射、勺、鼻、衡等篆飾；别有雕人，文闕，蓋言雕琢之事也。璞猶樸也。玉之未治者爲璞，必治之飾之而後成器，故趙氏以「治飾」解之。引《詩》者，《大雅・棫樸》第五章也。《詩》作「追琢其章」，毛傳云：「追，彫也。金曰彫，玉曰琢。」毛以下言「金玉」故以彫屬金，與《爾雅》異。孔氏正義以爲對文則别，是也。鄭氏箋云：「追琢玉，使成文章。」趙氏以彫易追，本毛氏也；用以證治玉飾玉，專指玉言，則同鄭氏矣。○注「雖有」至「治乎」❶○正義曰：萬鎰爲一萬二千五百斤，故「衆多」。言玉雖衆多，不能不委任於人；猶國雖廣大，不能不委任於人也。蓋玉人學治玉之道乃能治。以其衆多而矜重之，既不能自治，而又不委任之而掣其肘，雖有良工，弗能善其事矣。「教人治玉」謂舍其彫琢之正法而從己之教命，所教違其所學，烏能得其道哉？

章指：言任賢使能，不違其學，則功成而不墮；屈人之是，從己之非，則人不成道，玉不成圭。善惡之致，何可不察哉？ 疏「人不成道玉不成圭」○正義曰：《禮記・學記》云：「玉不琢

❶「治乎」，合於宋十行、閩、監、毛等本，據本書及阮校所述廖、孔、韓等本注文，「治」下當有「者」字。

不成器，人不學不知道。」趙氏語本此。古本作「玉不成器」，周氏廣業云：❶「依韻當作主。」

齊人伐燕，勝之。宣王問曰：「或謂寡人勿取，或謂寡人取之。以萬乘之國伐萬乘之國，五旬而舉之，人力不至於此，不取必有天殃。取之，何如？」注 萬乘非諸侯之號。時燕國皆侵地廣大，僭號稱王，故曰「萬乘」。五旬，五十日也。《書》曰「朞三百有六旬」。言五旬未久而取之，非人力，乃天也。天與不取，懼有殃咎。取之，何如？疏 注「五旬」至「六旬」○正義曰：《說文》勹部云：「旬，徧也。十日爲旬。」鄭康成注《儀禮》《禮記》，高誘注《呂氏春秋》《淮南子》，皆以旬爲十日。故五旬爲五十日。《戰國策·齊策》云：「張儀以秦魏伐韓，齊王曰：『韓，吾與國也。秦伐之，吾將救之。』田臣思曰：『王之謀過矣，不如聽之。子噲與子之國，百姓不戴，諸侯弗與。秦伐韓，楚、趙必救之，是天下以燕賜我也。』王曰：『善。』因起兵攻燕，三十日而舉燕國。」此三字當是五字之譌。引《書》者，《堯典》文。王肅注《堯典》云：「期，四時也。一朞，三百六十五日四分日之一，又入六日之內。舉全數以言之，故云三百六十六日也。」引此以明旬爲十日之證。○注「天與不取懼有殃咎」○正義曰：《說文》歺部云：「殃，咎也。」《國語·越語》云：「得時無怠，時不再來。天與不取，反爲之災。」《史記·張耳陳餘列傳》云：「臣聞天與不取，反受其咎。」《淮陰侯列傳》云：「天與弗取，反受其咎；時至不行，反受其殃。」《說苑·說叢》引作「時至不迎」。**孟子對**

❶「廣業」，原倒，今據經解本改。

曰：「取之而燕民悦，則取之。古之人有行之者，武王是也。注武王伐紂而殷民喜悦，篚厥玄黄而來迎之，是以取之也。**取之而燕民之不悦，則勿取。古之人有行之者，文王是也。**注文王以三仁尚在，樂師未犇，取之懼殷民不悦，故未取之也。疏注「三仁尚在樂師未犇」○正義曰：《論語》云：「微子去之，箕子爲之奴，比干諫而死。孔子曰：『殷有三仁焉。』」《史記·殷本紀》云：「西伯既卒，周武王之東伐，至盟津，諸侯叛殷會周者八百。諸侯皆曰：『紂可伐也。』武王曰：『爾未知天命。』乃復歸。紂愈淫亂不止。微子數諫不聽，乃與太師、少師謀，遂去。比干曰：『爲人臣者，不得不以死爭。』乃强諫紂。紂怒曰：『吾聞聖人心有七竅。』剖比干，觀其心。箕子懼，乃徉狂爲奴，紂又囚之。殷之太師、少師乃持其祭樂器犇周。周武王遂率諸侯伐紂。」《周本紀》云：「諸侯不期而會盟津者，八百諸侯。諸侯皆曰：『紂可伐矣。』武王曰：『女未知天命未可也。』乃還師歸。居二年，聞紂昏亂暴虐滋甚，殺王子比干，囚箕子，太師疵、少師强抱其樂器而犇周。」「樂師」即所云太師疵、少師强也。當武王會孟津時，且以天命未去，未可伐紂。必俟三仁既喪，樂師既去，乃率諸侯伐紂。然則在文王時，其未可伐益可知也。《燕策》云：「孟軻謂齊宣王曰：『今伐燕，此文武之時，不可失也。』」孟子言「文武之時，不可失」即《孟子》所謂「取之而燕民悦則取之，武王是也；取之而燕民不悦則勿取，文王是也」。而《策》不達其辭耳。**以萬乘之國伐萬乘之國，簞食壺漿以迎王師，豈有他哉？避水火也。如水益深，如火益熱，亦運而已矣。」**注燕人所以持簞食壺漿來迎王師者，欲避水火難耳。如其所患益甚，則亦運行犇走而去矣。今王誠能使燕民免於水火，亦若武王伐紂殷民喜悦之時，則可取之。疏注「則亦運行犇走而去矣」○正義曰：《爾雅·釋詁》云：「運，徙也。」《淮南子·

原道》《終身》《覽冥》等篇，高誘注皆云：「運，行也。」故以行釋運。以行字未了，以犇走申之。犇走而去是行，亦即是避也。

章指：言征伐之道，當順民心。民心悦則天意得，天意得然後乃可以取人之國也。

疏「征伐」至「國也」○正義曰：《吕氏春秋·順民》篇云：「先王先順民，故功名成。」古本無複「天意得」三字。

齊人伐燕，取之。諸侯將謀救燕。宣王曰：「諸侯將謀伐寡人者，何以待之？」注宣王貪燕而取之。諸侯不義其事，將謀伐齊救燕。宣王懼而問之。**孟子對曰：「臣聞七十里爲政於天下者，湯是也，未聞以千里畏人者也。**注成湯修德，以七十里而得天下。今齊方千里，何畏懼哉？**《書》曰：『湯一征，自葛始。』天下信之。東面而征，西夷怨；南面而征，北狄怨。曰：『奚爲後我？』民望之若大旱之望雲霓也。歸市者不止，耕者不變，誅其君而弔其民，若時雨降。民大悦。《書》曰：『徯我后，后來其蘇。』**注此二篇皆《尚書》逸篇之文也。言湯初征，自葛始，誅其君，恤其民，天下信湯之德。面者，鄉也。東鄉征西夷怨者，去王城四千里夷服之國也，故謂之「四夷」。言遠國思望聖化之甚也，故曰：何爲後我？霓，虹也。雨則虹見，故大旱而思見之。徯，待也。后，君也。待我君來，則我蘇息也。疏注「此二」至「息也」○正義曰：逸篇義見前。王氏鳴盛《尚書後辨》云：「《書序》

云：『湯征諸侯，葛伯不祀，湯始征之。作《湯征》。』則『葛伯仇餉』及『湯一征，自葛始』云云，正《湯征》中語。」江氏聲《尚書集注音疏》云：「『天下信之』之言不似《尚書》之文。又《滕文公》篇云『湯始征，自葛載。十一征而無敵於天下，東面而征』云云，云『湯始征，自葛載』與《梁惠王》篇所引小異，而《梁惠王》篇明稱『書曰』，《滕文公》篇則否。言『十一征而無敵於天下』與『天下信之』之文絶殊，信乎皆非《尚書》文也。」僖四年《公羊傳》云：「古者周公東征則西國怨，西征則東國怨。」按：《荀子·王制》篇云：「周公南征而北國怨，曰：『何獨不來也？』東征而西國怨，曰：『何獨後我也？』」《後漢書》班固奏記：「古者周公一舉則三方怨，曰奚爲而後己。」然則「東西而征」云云乃本周公事，孟子引以釋《書》耳。襄公十四年《左傳》云「有君不弔」，注云：「弔，恤也。」《史記·宋微子世家》云「魯使臧文仲往弔水」，《集解》引賈逵云：「問凶曰弔。」恤即問凶也。鄭氏注《周禮·撢人》《考工記·匠人》《禮記·玉藻》，皆云：「面猶鄉也。」鄉同嚮，亦同向。鄭氏注《皋陶謨》云：「禹弼成五服：去王城五百里曰甸服，其弼當侯服，去王城千里。其外五百里爲侯服，當甸服，去王城一千五百里。其弼當男服，去王城二千里。又其外五百里爲綏服，當采服，❶去王城二千五百里。其弼當衛服，去王城三千里。又其外五百里爲蠻服，❷與周要服相當，去王城五千五百里。四面相距爲七千里，是九州之内也。要服之弼當其夷服，去王城四千里。又其外五百里曰荒服，當鎮服，其弼當蕃服，去

❶「服」，原脱，今從沈校據《禮記·王制》孔疏引鄭注補。

❷「蠻」，原涉下文作「要」，今從沈校據《禮記·王制》孔疏引鄭注補。

王城五千里。」趙氏此注云「去王城四千里夷服之國」，本「禹弼成五服」而言也。臧氏琳《經義雜記》云：「西夷、北狄，嘗見前明翻刻北宋板趙注本，上下皆作『夷』字。趙注《梁惠王》篇云：『東向征西夷怨者，去王城四千里夷服之國也，故謂之四夷。』又注《盡心》云：『四夷怨望。』《滕文公》正義云：『湯之十一征而天下無敵者，故東面而征其君則西夷之國怨之，以爲不先征其我君之罪；❶南面而征其君則北夷之國怨之，❷以爲不征其我君之罪而先於彼。』《盡心》正義云：『故南面而征則北夷怨，東面而征則西夷怨，曰奚爲後我？』惟《梁惠王》正義引《仲虺之誥》『乃葛伯仇餉，初征自葛，東征西夷怨，南征北狄怨』；次釋孟子『西夷』『北夷』之言亦同。《書》作『西夷』『北狄』，《孟子》三處皆作『西夷』『北夷』。魏晉間采《孟子》作《尚書》始改『北夷』爲『北狄』，以與『西夷』儷句。北宋時爲正義者猶未誤作狄字。」《爾雅·釋天》云：「螮蝀，虹也。霓爲挈貳。」注云：「雙出色鮮盛者爲雄曰虹，闇者爲雌曰霓。」《説文》雨部云：「霓，屈虹，青赤或白色。」蓋青赤，所謂雙色也；白色，所謂闇也。虹青赤而灣曲，故云屈也。《詩·蝃蝀》云：「朝隮于西，崇朝其雨。」《周禮·視祲》注云：「隮，虹也。」故云「雨則虹見」。當其望也，雨猶未降；及誅君弔民，乃若時雨降也。《呂氏春秋·慎大》篇云：「湯立爲天子，夏民大悅，朝不易位，農不去疇，商不變肆。」《大戴禮·主言》篇云：「孔子曰：『明主之所征，必道之所廢也。』彼廢道而不行，然後誅其君，致弔其民。故曰：『明主之征也，猶時雨也。』則

❶「先」，原脱，今據《孟子注疏》《經義雜記》補。

❷「北」，原作「西」，今據經解本、《孟子注疏》及《經義雜記》改。

民悦矣。」孟子釋《書》之辭，蓋當時傳聞如是也。「徯，待」，「后，君」，皆《爾雅・釋詁》文。《漢書・武帝紀》《集注》引應劭云：「蘇，息也。」王氏念孫《廣雅疏證》云：「穌，生也。鄭注《樂記》云：『更息曰蘇。』《孟子・梁惠王》篇引《書》『后來其蘇』，蘇與穌通。」**今燕虐其民，王往而征之，民以爲將拯己於水火之中也，簞食壺漿以迎王師。若殺其父兄，係累其子弟，毁其宗廟，遷其重器，如之何其可也？**

注 拯，濟也。係累猶縛結也。燕民所以悦喜迎王師者，謂濟救於水火之中耳。今又殘之若此，安可哉？

疏「今燕」至「王師」○正義曰：《戰國策・燕策》云：「燕王噲既立，蘇秦死於齊，齊宣王復用蘇代。燕噲三年，子之相燕。蘇代爲齊使於燕，燕王問之曰『齊宣王何如』云云，王因收印，自三百石吏而效之子之。子之南面行王事，而噲老不聽政，顧爲臣，國事皆決子之。子之三年，燕國大亂，百姓恫怨。儲子謂齊宣王：『因而仆之，破燕必矣。』孟軻謂齊宣王曰：『今伐燕，此文武之時，不可失也。』王因令章子將五都之兵，以因北地之衆以伐燕。士卒不戰，城門不閉，燕王噲死，齊大勝燕，子之亡。」此齊往征燕，燕民迎王師之事也。○「遷其重器」○正義曰：《戰國策》望諸君《報燕書》曰：「奉令擊齊，大勝之。輕卒鋭兵，長驅至國。齊王逃遁走莒，僅以身免。珠玉財寶，車甲珍器，盡收入燕。大吕陳於元英，故鼎反乎歷室。」高誘注云：「子噲亂，齊伐燕，殺噲，得鼎。」鮑彪注云：「故鼎，齊所得燕鼎。」然則重器即指歷室之鼎也。昭七年《左傳》云：「齊侯次於虢，燕人行成，曰：『敝邑知罪，敢不聽命，先君之敝器，請以謝罪。』二月戊午，盟于濡上，燕人歸姬，賂以瑶甕、玉櫝、斝耳，不克而還。」此亦燕器之可考者。○注「拯濟」至「可哉」○正義曰：《易・涣》初六「用拯馬壯吉」，《釋文》引伏曼容注云：「拯，濟也。」《文選・思玄賦》「蒙厖褫以拯民」，舊注同。《周禮・大司徒》

注云：「拚捄天民之窮者也。」拚同拯，捄同救。趙氏既以「濟」釋「拯」，又云「濟救」，義詳備也。閩、監、毛三本作「拯捄也」，十行本作「拯所也」，誤。《國語·吴語》「係馬舌」，注云：「係，縛也。」《禮記·儒行》「不累長上」，注云：「累猶繫也。」繫與係通。《説文》云：「係，絜束也。」絜猶結，束即縛。《漢書·張釋之傳》「跪而結之」，注云：「結讀曰絜。」《儀禮·士喪禮》注云：「組繫爲可結也。」是「係累」爲「縛結」也。《國策·秦策》云「張儀之殘樗里疾也」，高誘注云：「殘，害也。」又云「昔智伯瑶殘范中行」，注云：「殘，滅也。」《史記·樊酈滕灌傳》云「凡二十七縣殘」，《集解》引張晏云：「殘，有所毀也。」《列子·説符》篇云「遂共盜而殘之」，注云：「殘，賊殺之。」是殘兼殺害、毁滅之名，故統括「殺其父兄，係累其子弟，毁其宗廟，遷其重器」而謂之「殘」。

天下固畏齊之彊也，今又倍地，而不行仁政。是動天下之兵也。注 言天下諸侯素畏齊彊，今復并燕一倍之地，以是行暴則多所危，是動天下之兵共謀齊也。疏 注「言天」至「齊也」○正義曰：《禮記·投壺》注云：「固之言如故也。」《國策·魏策》注云：「固，久也。」《儀禮·喪服傳》「飯素食」，注云：「素猶故也。」《後漢書·吕布傳》注云：「素，舊也。」舊即久也。是素、固同義，故趙氏以「素」解「固」。不仁則爲暴，故以「行暴」解「不行仁政」，即上所謂「殘」也。《國策》云：「齊破燕，趙欲存之，乃以河東易齊。楚魏憎之，令淖滑、惠施之趙，請伐齊而存燕。」又云：「楚許魏六城，與之伐齊而存燕。」此天下諸侯謀齊救燕之事也。

王速出令，反其旄倪，止其重器，謀於燕衆，置君而後去之，則猶可及止也。」注 速，疾也。旄，老耄也。倪，弱小繄倪者也。孟子勸王急出令，先還其老小，止勿徙其寶重之器，與燕民謀，置所欲立君而去之歸齊，天下之兵猶可及其未發而止之也。疏 注「疾速」至「老小」○正義曰：「速，疾」，《爾雅·釋詁》文。

《禮記·曲禮》云：「八十九十曰耄。」《射義》「旄期」，注云：「八十九十曰旄。」是旄即耄也。劉熙《釋名·釋長幼》云：「人始生曰嬰兒，或曰嫛婗。嫛，是也，言是人也。婗，其啼聲也。」《説文》儿部云：「兒，孺子也。」女部云：「婗，嫛婗也。」《禮記·雜記》云：「中路嬰兒失其母焉，何常聲之有？」注云：「嬰猶鷖彌也。言其若小兒亡母啼號，安得常聲乎？」鷖即嫛，緊爲嬰字聲之轉。緊、婗疊韻字，爲小兒啼聲。「緊倪」即「嬰兒」，《釋名》解嫛爲「是人」，非也。王氏念孫《廣雅疏證》云：「《釋親》：『婗，兒子也。』婗亦兒也，方俗語有輕重耳。凡物之小者謂之倪，嬰兒謂之婗，鹿子謂之麑，小蟬謂之蜺，老人齒落更生細齒謂之齯齒，義並同也。」阮氏元《校勘記》云：「『弱小倪倪者也』，閩、監、毛三本同。《音義》出緊字，旄倪下云：『詳註意，倪謂緊倪，小兒也。』作倪倪者誤也。」《説文》云：「返，還也。《商書》曰：『祖甲返。』」返與反同，故以「還」釋「反」。《史記·燕世家》云：「燕人共立太子平，是爲燕昭王。」是燕所立君也。

章指：言伐惡養善，無貪其富，以小王大，夫將何懼也？ 疏「伐惡」至「懼也」○正義曰：宣公十一年《左傳》：「申叔時曰：『夏徵舒弒其君，其罪大矣。討而戮之，君之義也。今縣陳，貪其富也。以討召諸侯而以貪歸之，無乃不可乎？』」伐惡無貪富，義本此。《考文》古本作「以小至大」，足利本作「以大王小」。

鄒與魯鬨。穆公問曰：「吾有司死者三十三人而民莫之死也。誅之則不可勝誅，不誅則疾視其長上之死而不救，如之何則可也？」 注鬨，鬭聲也，猶搆兵而鬭也。長上，軍率也。鄒穆公忿其民不赴難而問其罰當謂何也。 疏注「鬨鬭」至「鬭也」○正義曰：《音義》云：「鬨，張胡弄切，云：『鬭聲。

從門下者下降切，義與巷同；此字從門，丁豆切，與門不同。」丁又胡降切。劉熙曰：『鬨，構也。構兵以鬭也。』《説文》云：『鬭也。』」王氏念孫《廣雅疏證》云：「字亦作鬩。《吕氏春秋・慎行》篇『崔杼之子相與私鬩』，高誘注云：『鬩，鬭也。』鬩讀近鴻，緩氣言之。《大雅・召旻》篇『蟊賊内訌』，鄭箋云：『訌，争訟相陷人之言也。』義與鬨相近。」○注「長上軍率也」○正義曰：《音義》本作率，率與帥通；監本、毛本誤作師，非也。《周禮・夏官・敘官》云：「凡制軍，萬有二千五百人爲軍。王六軍，大國三軍，次國二軍，小國一軍。軍將皆命卿。二千五百人爲師，師帥皆中大夫。五百人爲旅，旅帥皆下大夫。百人爲卒，卒長皆上士。二十五人爲兩，兩司馬皆中士。五人爲伍，伍皆有長。」注云：「軍、師、旅、卒、兩、伍，皆衆名也。伍一比，兩一閭，卒一旅，旅一黨，師一州，軍一鄉，家所出一人。將、帥、長、司馬者，其師吏也。言軍將皆命卿，則凡軍帥不特置，選於六官、六鄉之吏，自卿以下德任者使兼官焉。」賈氏疏云：「六軍之將，還選六卿中有武者爲軍將。又別言六鄉之吏者，據六鄉大夫及州長、黨正、族師、閭胥、比長中有武者，今出軍之爵，還遣在鄉所管之長爲軍吏也。兼官者，在鄉爲鄉官，在軍爲軍吏。若無武德不堪任爲軍吏者，則衆屬他軍吏，身不得爲軍吏。」此穆公以小國一軍所云「長上」，蓋合指軍、師、旅、卒、兩、伍等帥而言，故有三十三人之多；趙氏但舉軍帥以例其餘也，若以一軍言之，僅有一帥矣。以此時之軍吏即平時之鄉官，故凶年饑歲有救民之責，宜上告也。雖臨時選擇，有兼官，有不爲軍吏，不必皆所屬之鄉官，而有司平日不能愛民，不必所屬而皆疾視不救，其情勢有然矣。

孟子對曰：「凶年饑歲，君之民老弱轉乎溝壑，壯者散而之四方者，幾千人矣；而君之倉廩實，府庫充，有司莫以告。是上慢而殘下也。注言往者遭凶年之阨，民困如是，有司諸臣無告白於君，有以振救之。是上驕慢以殘賊其下也。疏注「有司」至「下也」○正義曰：《吕氏春秋・贊能》篇云「敢以告于先君」，高誘注云：「告，白也。」白乃明顯之義，民間困苦達之于君，使之明顯，不使壅於上聞，故以「白」釋「告」也。《戰國策・秦策》云「王兵勝而不驕」，高誘注云：「驕，慢也。」《吕氏春秋・期賢》篇云「吾安敢驕之」，高誘注云：「驕，慢之也。」《説文》歺部云：「殘，賊也。」故以「驕」釋「慢」，以「賊」釋「殘」。賊之言害也。**曾子曰：『戒之戒之！出乎爾者，反乎爾者也。』**注曾子有言，上所出善惡之命，下終反之。不可不戒也。**夫民今而後得反之也，君無尤焉。**注尤，過也。孟子言百姓乃今得反報諸臣不哀矜耳，君無過責之也。疏注「尤過也」○正義曰：《毛詩・鄘風》「許人尤之」，傳云：「尤，過也。」《爾雅・釋言》作「郵」，古字通。襄公十五年《左傳》云「尤其室」，注云：「尤，責過也。」**君行仁政，斯民親其上，死其長矣。」**注君行仁恩，憂民困窮，則民化而親其上，死其長矣。疏「君行」至「長矣」○正義曰：「夫民今而後得反之」，謂出命而惡，以惡反之也；「行仁政斯民親上死長」，謂出命而善，以善反之也。故前趙氏兼善惡之命言之。「憂民窮困」則是「哀矜」，「不哀矜」即是不「行仁政」，注亦互明之。周氏廣業《孟子出處時地考》云：「穆公行仁政，見於賈誼《新書》。有云：『鄒穆公有食鳧鴈者必以秕，毋得以粟，于是倉無秕而求易于民，二石粟得一石秕。吏以爲費，請以粟食鴈，公曰：「粟，人之上食也，奈何以養鳥也？君者，民之父母。取倉中之粟移之於民，此非吾子粟乎？粟在倉與在民，與我何擇？」鄒民聞之，皆知私積之與公家爲一體也。』又《新序》稱：『穆公食不重味，衣不雜采，自刻以廣民，親賢以定國，親民如子。鄒國之治，路不拾遺，臣下順從。故以鄒子之細，魯衛不能輕，齊楚不能脅。穆公死，鄒之百姓若失慈父，行哭三日。四境之鄰於鄒者，士民嚮方而道哭。』據其言，與孟子所謂『上慢而殘下』者迥異。豈壅於上聞，罪固專在有司，而孟子一言悟主，乃側身修行，發政施仁，以致此歟？」

章指：言上恤其下，下赴其難；惡出乎己，害及其身，如影響自然也。疏「如影響自然也」○正義曰：《管子·心術》篇云：「若影之象形，響之應聲也。」語亦見《任法》篇。《列子·天瑞》篇引《黄帝書》云：「形動不生形而生影，聲動不生聲而生響。」又《説符》篇云：「言美則響美，言惡則響惡。身長則影長，身短則影短。」董子《繁露·保位權》云：「有聲必有響，有形必有影。聲出於内，響報於外；形立於上，影報於下。」賈子《新書·大政》篇云：「君鄉善於此，則佚佚然協民皆鄉善於彼矣，猶景之寫形也；君爲惡於此，則啍啍然協民皆爲惡於彼矣，猶響之應聲也。」《漢書·天文志》云：「政失於此則變見於彼，如景之象形，響之應聲，自然之符也。」《論衡·寒温》篇云：「虎嘯而谷風至，龍興而景雲起。同氣共類，動相招致。故曰以形逐影，以龍致雨。雨應龍而來，影應形而去。」

滕文公問曰：「滕，小國也，間於齊楚。事齊乎，事楚乎？」注文公言我居齊楚之間，非其所事，不能自保也。疏注「非其所事」○正義曰：言非其所當事也。**孟子對曰：「是謀，非吾所能及也。無已，則有一焉。鑿斯池也，築斯城也，與民守之，效死而民弗去，則是可爲也。」**注孟子以二大國之君皆不由禮，我不能知誰可事者也。不得已，有一謀焉。惟施德義以養民，與之堅守城池，至死使民不畔去，則可爲矣。疏「無已」○正義曰：《管子·大匡》篇云：「公汗出，曰：『勿已，其勉霸乎？』」又《戒》篇云：「勿已，朋其可乎？」《吕氏春秋・尊師》篇云：「勿已者，則好學而不厭，好教而不倦。」「勿已」即「無已」。《史記》魯仲連説燕將曰：「亡意，亦捐燕棄世，東游於齊乎？」「亡意」即「無已」。

章指：言事無禮之國，不若得民心，與之守死善道也。

滕文公問曰：「齊人將築薛，吾甚恐。如之何則可？」注齊人并得薛，築其城以偪於滕，故文公恐也。疏注「齊人」至「恐也」○正義曰：杜預《春秋釋例・世族譜》云：「薛國任姓，黄帝之苗裔。奚仲封爲薛侯，今魯國薛縣是也。奚仲遷於邳，仲虺居薛，以爲湯左相。武王復以其胄爲薛侯。齊桓霸諸侯，黜爲伯，獻公始與魯同盟。小國無記，世不可知，亦不知爲誰所滅。」按：《孟子》言「齊人築薛」，則薛已屬齊，故以爲齊人所并，抑趙氏有所據，今不詳耳。江氏永《群經補義》云：「齊威王以薛封田嬰，爲靖郭君，齊人將築薛，其時薛已滅也。《史記正義》：『薛故城在徐州滕縣南四十四里，與滕切近。』是也。」閻氏若璩《釋地》依《田齊世家》《孟嘗君傳》，謂湣王三年庚子封田嬰於薛。今考《戰國策・齊策》：「靖郭之交，大不善於宣王，辭而之薛。齊貌辨見宣王曰：『靖郭君曰薛受於先王，且先王之廟在薛。』」此云「先王」，謂威王也。又，「齊王夫人死，有七孺子皆近，薛公欲知王所欲立」，高誘注云：「齊威王子宣王也。」又，「孟嘗君在薛，齊王制其顏色」，高誘注云：「齊宣王也，威王之子。」《淮南子・人間訓》云：「唐子短陳駢子於齊威王，威王欲殺之，陳駢子與其屬出亡奔薛。孟嘗君聞之，使人以車迎之。」然則田嬰封於薛在威王時無疑。此「築薛」即田氏築之。孟子於薛，薛餽兼金七十鎰，亦田氏也。周氏廣業《孟子出處時地考》云：「《國策》靖郭君將城薛，客多陳戒，謁者勿通。後有諫者曰：『君失齊，雖隆薛之城到於天，猶無益也。』乃輟城薛。薛本有城，靖郭君欲更築而崇隆之，故諫者甚多而客言如是。滕文公言『齊人將築薛』，築即『築斯城也』之築；曰『將』，則固其初議也。」**孟子對曰：「昔者大王居邠，狄人侵之，去之岐山之下居焉。非擇而取之，不得已也。**注大王非好岐山之下擇而居之。迫不得已，困於强暴，故避之。疏「居邠」○正義曰：顧氏炎武《日知録》云：「《唐書》言邠州故作豳，開元十三年以字類幽，故改爲邠。今惟《孟子》書用邠字。蓋唐以後傳録之變也。」翟氏灝《考異》云：「《説文》邠字下云：『周大王國。』重文作豳。是邠實古字。《漢書·匡衡傳》疏：『大王躬仁邠國，貴恕己用之。』師古注云：『邠即今豳州。』師古尚在開元前，得云傳録變乎？」段氏玉裁《説文解字注》云：「邠，周大王國，在右扶風美陽，❶从邑，分聲。豳，美陽亭即豳也。民俗以夜市，有豳山，从山，从豩，闕。按，此二篆説解可疑。豳者，公劉之國，《史記》云『慶節所國』，非大王國，疑一。《漢·地理志》、《毛詩》箋、《郡國志》，皆云『豳在右扶風栒邑』，不在美陽，疑二。《地理》《郡國》二志皆云栒邑有豳鄉。徐廣曰：『新平漆縣之東北有豳亭。』疑三。從山，豩聲，非有闕也，而云『从豩闕』，疑四。假令許果以豳合邠，當云『或邠字』，而不言及，疑五。蓋古地名作邠，山名作豳，而地名因於山名同音通用，如郊、岐之比。是以《周禮·籥章》經文作豳，注作邠。漢人於地名用邠不用豳，經典多作豳，惟《孟子》作邠；唐開元十三年始改豳州爲邠州，見《通典》《元和郡縣志》。郭忠恕云：『因如幽而易誤也。』」按：顧氏謂《孟子》多近

---

❶「在」，原作「左」，今據《説文解字注》及經解本改。

今字，於豳之作邠外，又舉强之作彊，知之作智，辟之作避，女之作汝，説之作悦。《説文》虫部云：「强，蚚也。」「蚚，强也。」是强爲蟲名。弓部「彊，有力也」，與强字異。其力部云：「勥，迫也。從力，强聲。」重文作勥，云：「古文從彊。」然則「彊而後可」之彊當作勥，《孟子》作彊，爲勥之省。勥省作彊，猶勥省作强也。《説文》矢部云：「知，詞也。」白部云：「𥏼，識詞也。」智乃𥏼省，禮智、小智解作智識者，皆宜作智；他書作知者，通用也。《説文》辵部云：「避，回也。」卩部云：❶「辟，法也。從卩，從辛，節制其罪也。」然則辟爲刑辟之辟，大王避狄之避，正宜作避；他書作辟者，省文也。《説文》汝爲水名，女爲婦人名，其爲爾汝之汝，本屬假借。《書·盤庚》「格汝衆」，《康誥》「汝爲小子」，亦作汝，則女之爲汝不特《孟子》也。悦字，《説文》所無。言部之説爲詞説之説。而《爾雅·釋詁》云：「悦，樂也。」亦從心。《孟子》諸字，皆非近今字也。顧氏失之。**苟爲善，後世子孫必有王者矣。** 注 誠能爲善，雖失其地，後世乃可有王者，若周家也。**君子創業垂統，爲可繼也；若夫成功，則天也。君如彼何哉？彊爲善而已矣。」** 注 君子造業垂統，貴令後世可繼續而行耳，又何能必有成功？成功，乃天助之也。君豈如彼齊何乎？但當自强爲善法以遺後世也。疏 注「君子」至「世也」○正義曰：《説文》云：「刱，造法刱業也。從井，刅聲。讀若創。」蓋創之義爲懲艾，經典多借創爲刱，故此經作創，趙氏以「造」釋之。《國語·周語》云「以創制天下」，注云：「創，造也。」亦刱作創矣。《説文》云：「繼，續也。」故以「續」釋「繼」。毛本經作彊，注作强，石經經作强，宋本經亦作强。翟氏灝《考

❶ 案：《説文解字》中「辟」字屬「辟部」，非「卩部」。

異》云：「注文以平聲讀，則爲有力之彊。」按《爾雅・釋詁》云：「彊，勤也。」《淮南子・修務訓》云「功可彊成」，高誘注云：「彊，勉也。」「自彊爲善法」即自勉爲善法也。

章指：言君子之道，正己任天；强暴之來，非己所招。謂「窮則獨善其身」者也。疏「正己任天」○正義曰：古本作「在天」。

滕文公問曰：「滕，小國也，竭力以事大國，則不得免焉。如之何則可？」注問免難全國於孟子。**孟子對曰：「昔者大王居邠，狄人侵之。事之以皮幣，不得免焉；事之以犬馬，不得免焉；事之以珠玉，不得免焉。**注皮，狐貉之裘；幣，繒帛之貨也。疏注「皮狐」至「貨也」○正義曰：《毛詩・豳風・七月》篇云：「一之日于貉，取彼狐狸，爲公子裘。」傳云：「于貉，謂取貉。貉，貉皮。狐狸，狐狸皮也。狐、貉之厚以居。」是狐、貉爲豳地所有，故趙氏以「皮」爲「狐貉之皮」也。《周禮・太宰》「九貢」有「幣貢」，鄭氏注云：「幣貢，玉馬皮帛也。」《小行人》：「合六幣圭以馬，璋以皮，璧以帛，琮以錦，琥以繡，璜以黼。」然則皮、馬、玉帛，皆通名爲幣。乃此「皮」「幣」對舉，下別言「犬馬」「珠玉」，則幣非統名，故以「帛繒」釋之。《説文》云：「幣，帛也。」《戰國策・齊策》云「請具車馬皮幣」，高誘注云：「幣，束帛也。」《淮南子・時則訓》云「用圭璧更皮幣」，高誘注云：「幣謂元纁束帛也。」《儀禮・士昏禮記》云「皮帛必可制」，注云：「皮帛，儷皮束帛也。」此皮帛即皮幣。《秦策》云「約車并幣」，高誘注云：「幣，貨也。」故趙氏釋「幣」爲「繒帛之貨」。《説文》云：「繒，帛也。」「帛，繒也。」《大宗伯》云「孤執皮帛」，注云：「帛如今璧色繒也。」是繒、帛一物。《毛詩・七月》篇云「八月載績，載玄載黄，我朱孔陽，❶爲公子裳」，傳云：「玄，黑而有赤也。朱，深纁也。陽，明也。祭服玄衣纁裳。」然則玄纁束帛亦豳地所有矣。**乃屬其耆老而告之曰：『狄人之所欲者，吾土地也。吾聞之也，君子不以其所以養人者害人。二三子何患乎無君？我將去之。』去邠，踰梁山，邑于岐山之下，居焉。**注屬，會也。土地生五穀，所以養人也。會長老，告之如此而去之。疏「踰梁」至「居焉」○正義曰：閻氏若璩《釋地續》云：「雍州有二梁山，一在今韓城、郃陽兩縣境，《書》『治梁及岐』，《詩》『奕奕梁山』，《春秋》『梁山崩』，《爾雅》『梁山，晉望也』，皆是，於《孟子》之梁山無涉。《孟子》梁山則在今乾州西北五里，其山横而長，自邠抵岐二百五十餘里，山適界乎一百三十里之間，太王當日必踰此山然後可遠狄患，營都邑，改國曰周。」○注「屬會」至「去之」○正義曰：伏生《尚書大傳略説》云：「狄人將攻大王亶父，召耆老而問焉，曰：『狄人何欲？』耆老對曰：『欲得菽粟財貨。』大王曰：『與之。』每與之至無而攻不止，大王贄其耆老而問之曰：『狄人又何欲乎？』耆老對曰：『欲君之土地。』大王曰：『與之。』耆老曰：『君不爲社稷乎？』大王曰：『社稷所以爲民也，不可以所爲民者亡民也。』耆老曰：『君縱不爲社稷，不爲宗廟乎？』大王曰：『宗廟，吾私也，不可以吾私害民也。』遂策杖而去，過梁山，邑岐山。國人之束修奔走而從之者三千乘，一止而成三千户之邑。」翟氏灝《考異》云：「按，《桑柔》詩『具贅卒荒』，傳訓贅爲屬，疏云『謂繫綴而屬之』，故《書大傳》述爲贅其耆老。」王氏念孫《廣雅疏證》云：「《説文》：『贅，最也。』隱元年《公羊傳》

❶「陽」，原作「揚」，今據疏文及《毛詩》改。

『會猶最也』，何休注云：『最，聚也。』《漢書・武帝紀》『毋贅聚』，如淳注云：『贅，會也。』會、最、聚並同義。《説苑・奉使》篇『梁王贅其群臣』即屬其群臣也。」又云：「《孟子》曰『大王屬其耆老』，《書傳》曰『贅其耆老』，是贅爲屬也。襄十六年《公羊傳》注云：『贅，繫屬之辭。』若今俗名『就壻』爲『贅壻』矣。劉熙《釋名》説『贅肬』之義云：『贅，屬也。横生一肉屬着體也。』並事異而義同。」然則趙氏以「會」釋「屬」，正以贅釋屬也。經上言「土地」，下言「養人」，土地何以能養人？以其能生五穀，供人飯食，故趙氏申言之。《列子・説符》篇：「牛缺謂盜曰：君子不以所養害其所養。」《鹽鐵論・刑德章》云：「聞以六畜禽獸養人，未聞以所養害人者也。」然則「不以其所以養人者害人」，蓋古有此語，不必專指土地。**邠人曰：『仁人也，不可失也。』從之者如歸市。** **注** 言樂隨大王如歸趨於市，若將有得也。**疏** 注「言樂」至「得也」○正義曰：《史記・孟嘗君傳》云：「君獨不見夫朝趨市者乎？」《淮南子・氾論訓》云「故終身而無所定趨」，《俶真訓》云「若周員而趨」，高誘注並云：「趨，歸也。」歸市即趨市，故趙氏以「趨」釋「歸」。凡赴市者以所有易所無，交易而退，各有所得，日用之需，皇皇求利，故樂趨之。邠人樂隨大王而趨，故云「若將有所得」也。孟子所述亦見《莊子・讓王》篇，云：「大王亶父居邠，狄人攻之。事之以皮帛而不受，事之以犬馬而不受，事之以珠玉而不受，狄人之所求者，土地也。大王亶父曰：『與人之兄居而殺其弟，與人之父居而殺其子，吾不忍也。子皆勉居矣。爲吾臣與爲狄人臣，奚以異？且吾聞之，不以所用養害所養。』因杖策而去之。民相連而從之，遂成國於岐山之下。」《吕氏春秋・審爲》篇、《淮南子・道應訓》俱録《莊子》之文。高誘注《吕氏春秋》云：「所以養者，土地也。所養者，謂民人也。連，結也。民相與結檐隨之衆多，復成爲國也。」《莊》與《孟》小異，而事略同。《史記·劉敬傳》説高帝云：「大王以狄伐故去豳，杖馬箠居岐，國人争隨之。」馬箠即策，所謂「來朝走馬」也。《毛詩·大雅·緜》篇傳云：「古公處豳，狄人侵之，事之以皮幣不得免焉，事之以犬馬不得免焉，事之以珠玉不得免焉。乃屬其耆老而告之曰：『狄人之所欲，吾土地。吾聞之，君子不以其所以養人而害人。二三子何患乎無君？』去之，踰梁山，邑乎岐山之下。豳人曰：『仁人之君，不可失也。』從之如歸市。」孔氏正義云：「皆孟子對滕文公之辭也。唯彼云『太王居豳』，此因古公之下即云『處豳』爲異耳。」《莊子》與《吕氏春秋》《書傳略説》與此，大意皆同。此言「不得免焉」，《略説》云「每與之不止」，《吕氏春秋》言「不受」，異人別説，故不同耳。此言「犬馬」，《略説》言「菽粟」，明國之所有莫不與之，故鄭於《稷起》及《易》注皆云「事之以牛羊」，明當時亦有之。《史記·周本紀》云：「古公亶父復修后稷、公劉之業，積德行義，國人皆戴之。薰育戎狄攻之，欲得財物，與之，已。復攻，欲得地與民，民皆怒，欲戰，古公曰：『有民立君，將利之。今戎狄所爲攻戰，以吾地與民。民之在我與其在彼何異？民欲以我故戰，殺人父子而君之，予不忍爲。』乃與私屬遂去豳，渡漆、沮，踰梁山，止于岐下。豳人舉國扶老攜弱，盡復歸古公於岐下。及他旁國聞古公仁，亦多歸之。」《説苑·至仁》篇云：「大王有至仁之恩，不忍戰其百姓，故事勳育戎氏以犬馬珍幣，而伐不止。問其所欲者，曰：『土地也。』於是屬其群臣耆老而告之曰：『土地者，所以養人也。不以所以養人而害其養也。吾將去之。』遂居岐山之下。邠人負幼扶老從之，如歸父母。」《吴越春秋·太伯傳》云：「古公亶甫修公劉、后稷之業，積德行義，爲狄人所慕，薰鬻戎姤而伐之。古公事之以犬馬牛羊，其伐不止；事之以皮幣金玉重寶，而亦伐之不止。古公問所欲，曰：『欲其土地。』古公曰：『君子不以養害所養。國所以亡也而爲身害，吾所不居也。』古公乃杖策去邠，踰梁山而處岐周，曰：『彼君與我何異？』邠人父子兄弟相帥負老攜幼，揭釜甑而歸古公。居三月，成城郭，一年成邑，二年成都，而民五倍其初。」周氏廣業《孟子逸文考》云：「趙注『交鄰』章云：『獯鬻，北狄强者，今匈奴也。』大王去邠，避獯鬻，此章『狄人』無注，是獯鬻即狄也。《吴越春秋》似狄與獯鬻爲二種。」按：《吴越春秋》後漢趙氏所撰，蓋刺取《史記》《説苑》等書爲之。其書視諸説最後，而獯鬻妬狄之説，前此無之，未足爲據也。**或曰：『世守也，非身之所能爲也。效死勿去。』君請擇於斯二者。」**注 或曰，土地乃先人之所受也，世世守之，非己身所能專爲。至死不可去也。欲令文公擇此二者，惟所行也。疏 注「非己」至「去也」○正義曰：《爾雅·釋詁》云：「身，我也。」趙氏注《盡心》篇「楊子取爲我」云：「爲我，爲己也。」是身、己、我三字轉注也。《吕氏春秋·貴生》篇云「譬之若官職，不得擅爲」，高誘注云：「爲，作也。」專爲猶擅爲。作者，自我作之，不繼述也，中本有專擅之義，故以「專」釋「爲」也。《淮南子·主術訓》云「以效其功」，又云「所以效善也」，高誘注皆云：「效，致也。」《戰國策》西周、齊、秦諸策，高誘注皆云：「效，致也。」致即至，故以致釋效。

章指：言太王去邠，權也；效死而守業，義也。義、權不並，故曰「擇而處之」也。疏「太王」至「之也」○正義曰：《毛詩·大雅·緜》正義云：「《曲禮下》曰：『國君死社稷。』《公羊傳》曰：『國滅君死之，正也。』則諸侯爲人侵伐，當以死守之，而公劉、太王皆避難遷徙者，《禮》之所言謂國正法；公劉、太王則權時之宜。《論語》曰：『可與適道，未可與權。』《公羊傳》云：『權者，反經合義。』權者，稱也。稱其輕重，度其利害而爲之。太王爲狄人所攻，必求土地；不得其地，攻將不止。戰以求勝，則人多殺傷，故棄戎狄而適岐陽，所以成三分之業，建七百之基。雖於禮爲非，而其義則是。此乃賢者達節，不可以常禮格之。」按：《梁惠王》上、下篇，至此二十二章，皆對時君之言，而結之以「君請擇於斯二者」，趙氏以「權」解之，是也。權之義，孟子自申明之。聖人通變神化之用，必要歸於《巽》之行權。「請擇」者，行權之要也。孟子深於《易》，七篇之作，所以發明伏羲、神農、黄帝、堯、舜之道，疏述文王、周公、孔子之言，端在于此。儒者未達其指，猶沾沾於井田、封建而不知變通，豈知孟子者哉？

魯平公將出，嬖人臧倉者請曰：「他日君出則必命有司所之。今乘輿已駕矣，有司未知所之，敢請。」 注 平，謚也。嬖人，愛幸小人也。 疏 注「平謚」至「人也」○正義曰：《史記・魯世家》云：「悼公之時三桓勝，魯如小侯，卑於三桓之家。三十七年，悼公卒，子嘉立，是爲元公。元公二十一年卒，子顯立，是爲穆公。穆公三十三年卒，子奮立，是爲共公。共公二十二年卒，子屯立，是爲康公。康公九年卒，子匽立，是爲景公。景公二十九年卒，子叔立，是爲平公。是時六國皆稱王。二十二年，平公卒。」《漢書・律曆志》魯平公名旅，與《史記》異。《周書・謚法解》云：「治而無眚曰平，執事有制曰平，布綱治紀曰平。」《説文》女部云：「嬖，便嬖，愛也。」隱公三年《左傳》「公子州吁，嬖人之子也」，注云：「嬖，親幸也。」此嬖人指妃妾之寵愛者。《禮記・緇衣》云「毋以嬖御人疾莊后，毋以嬖御士疾莊士大夫卿士」，注云：「嬖御人，愛妾也。嬖御士，愛臣也。」然則男女之賤而得幸者通稱嬖人。《史記》有《佞幸列傳》，云：「非獨女以色媚，而仕官亦有之。昔以色幸者多矣，高祖至暴抗也，然籍孺以佞幸，孝惠時有閎孺。此兩人非有才能，徒以婉佞貴幸，與上卧起。」嬖人臧倉，籍孺、閎孺之類也。**公曰：「將見孟子。」**注平公敬孟子有德，不敢請召，將往就見之。**曰：「何哉，君所爲輕身以先於匹夫者？以爲賢乎？禮義由賢者出，而孟子之後喪踰前喪，君無見焉。」**注匹夫，一夫也。臧倉言君何爲輕千乘而先匹夫乎？以爲孟子賢故也。賢者當行禮義，而孟子前喪父約，後喪母奢，君無見也。**公曰：「諾。」**注諾，止不出。疏注「諾止不出」○正義曰：《説文》言部云：「諾，譍也。」宣公十五年《公羊傳》注云：「諾者，受語辭。」臧倉云「君無見焉」，戒止平公之出見孟子也。平公諾之，即受其無見之言，故以「止不出」解之。**樂正子入見，曰：「君奚爲不見孟軻也？」**注樂正，姓；子，通稱。孟子弟子也，爲魯臣。問公何爲不便見孟軻。疏注「樂正」至「孟軻」○正義曰：《禮記·王制》云「樂正崇四術」，注云：「樂正，樂官之長。」樂正蓋以官爲氏者。魯人曾子弟子有樂正子春，是也。《論語·學而》篇「子曰」，《集解》引馬注云：「子者，男子之通稱也。」《白虎通》云：「子者，丈夫之通稱也。」云「不便見孟軻」也，便猶利也，利猶快也。謂其遲滯不即見。**曰：「或告寡人曰孟子之後喪踰前喪，是以不往見也。」**注公言以此故也。**曰：「何哉，君所謂踰者？前以士，後以大夫；前以三鼎而後以五鼎與？」**注樂正子曰，君所謂踰者，前者以士禮，後者以大夫。禮，士祭三鼎，大夫祭五鼎，故也。疏注「禮士」至「五鼎」○正義曰：《儀禮·士虞禮》云：「陳三鼎於門外之右，北面北上，設扃鼏。」是士用三鼎也。《少牢饋食禮》云：「雍人陳鼎五，三鼎在羊鑊之西，二鼎在豕鑊之西。」是大夫用五鼎也。《禮記·郊特牲》云「鼎俎奇而籩豆偶」，孔氏正義云：「少牢陳五鼎：羊一，豕二，膚三，魚四，腊五。特牲三鼎：牲鼎一，魚鼎二，腊鼎三。」楊復《儀禮旁通鼎數圖》云：「三鼎：特豕而以魚腊配之也。羊豕曰少牢。凡五鼎皆用羊豕而以魚腊配之。少牢五鼎，大夫之常事，又有殺禮而用三鼎者，如《有司徹》乃升羊豕魚三鼎，腊爲庶羞，膚從豕，去腊膚二鼎，陳於門外如初，以其繹祭殺於正祭，故用少牢而鼎三也。又士禮特牲三鼎，有以盛葬奠加一等用少牢者，如《既夕》遣奠，陳鼎五於門外，是也。」桓二年《公羊傳》注云：「禮祭，天子九鼎，諸侯七，卿大夫五，元士三。」徐氏疏云：「《春秋》《説文》《士冠禮》《士喪禮》皆一鼎者，士冠、士喪略於正祭故也。」**曰：「否，謂棺椁衣衾之美也。」**注公曰，不謂鼎數也，以其棺椁衣衾之美惡也。**曰：「非所謂踰也，貧富不同也。」**注樂正子曰：此非薄父厚母，令母喪踰父也。喪父時爲士，喪母時爲大夫。大夫禄重於士，故使然，貧富不同也。

樂正子見孟子，曰：「克告於君，君爲來見也。嬖人有臧倉者沮君，君是以不果來也。」注克，樂正子名也。果，能也。曰，克告君以孟子之賢，君將欲來。臧倉者沮君，故君不能來也。疏「君爲來見也」○正義曰：《禮記・檀弓》注云：「爲猶行也。」「君爲來見」猶云君行來見也。今人稱事之將然者，每云「行將」。《毛詩》傳多以行訓將，《廣雅・釋詁》云：「將，欲也。」是將、欲、爲三字轉注互訓。「君爲來」即君行將來，君行將來即君將欲來，故趙氏以「將欲」釋「爲」字也。王氏引之《經傳釋詞》云：「爲猶將也。」趙氏注『君將欲來』是也。《史記・盧綰傳》：『盧綰妻子亡降漢，會高后病，不能見。舍燕邸，爲欲置酒見之，高后竟崩，不得見。』言高后將欲置酒見之，會高后崩，不得見也。《衛將軍驃騎傳》曰：『驃騎始爲出定襄當單于，捕虜。虜言單于東，乃更令驃騎出代郡。』言始將出定襄，後更出代郡也。」○「沮君」○正義曰：《音義》出沮字，云：「本亦作阻。」按：《毛詩・巧言》篇「亂庶遄沮」，傳云：

「沮，止也。」《吕氏春秋・至忠》篇「人不知不爲沮」，高誘注云：「沮，止也。」又《知士》篇云「故非之弗爲阻」，高誘注亦云：「阻，止也。」是沮、阻同訓止，其字可通也。○注「果能也」○正義曰：王氏念孫《廣雅疏證》云：「『果，能也』，見《西征賦》注。《孟子・梁惠王》篇『君是以不果來也』，《離婁》篇『果有以異於人乎』，趙氏注並云：『果，能也。』《晉語》『是之不果奉而暇晉是皇』，韋昭注云：『果，克也。』克亦能也。」

曰：「行，或使之；止，或尼之。行止，非人所能也。吾之不遇魯侯，天也，臧氏之子焉能使予不遇哉？」注 尼，止也。孟子之意以爲，魯侯欲行，天使之矣；及其欲止，天令嬖人止之耳。行止天意，非人所能爲也。如使吾見魯侯，冀得行道，天欲使濟斯民也。故曰，吾之不遭遇魯侯，乃天所爲也，臧倉小人何能使我不遇哉？疏 注「尼止也」○正義曰：《爾雅・釋詁》文。《音義》云：「尼，女乙切。丁本作屔，云居字。」按《吕氏春秋・慎人》篇云「胼胝不居」，高誘注云：「居，止也。」義亦同。周氏廣業《孟子逸文考》云：「顏元孫《干禄字書》平聲有𡰥、尼二字。注云：『上俗下正。』疑屔是𡰥之譌。」○注「吾之不遭遇魯侯」○正義曰：《吕氏春秋・長攻》篇云「必有其遇」，注云：「遇猶遭也。」《説文》辵部云：「遭，遇也。」遭、遇二字轉注。

章指：言讒邪構賢，賢者歸天，不尤人也。疏「讒邪構賢」○正義曰：《漢書》劉向上封事云：「讒邪進則衆賢退。」周氏廣業《逸文考》云：「劉峻《辨命篇》云：『孟子輿困臧倉之訴。』李師政《辨惑論》云：『孟軻干魯，不憾臧倉之蔽。』夫孟子既非干魯，亦何嘗爲臧倉所困哉？」按：治平之要，歸之於權；出處之命，歸之於天。此《梁惠王》一篇之大旨，亦即七篇之大旨也。

孟子正義卷六

江都縣鄉貢士焦循譔集

孟子卷第三

公孫丑章句上凡九章。**注**公孫丑者，公孫，姓；丑，名。孟子弟子也。丑有政事之才，問管、晏之功，猶《論語》子路問政，故以題篇。**疏**注「公孫」至「題篇」○正義曰：魯公孫茲爲叔孫氏，公孫敖爲仲孫氏，公孫歸父爲東門氏，公孫嬰齊爲叔氏。鄭公孫舍之爲罕氏，公孫申爲孔氏，公孫黑、公孫夏爲駟氏，公孫僑爲國氏，公孫蠆爲游氏。此如「公子」「王子」之稱，非氏也。齊有公孫氏，未知所出。董子《繁露》云：「公孫之養氣曰：禮義泰實則氣不通，泰虛則氣不足，泰勞則氣不入，泰佚則氣宛，至怒則氣高，喜則氣衰，憂則氣狂，懼則氣懾。凡此皆氣之害。」陶淵明《聖賢群輔録·八儒》篇云：❶「公孫氏傳《易》爲道，爲潔净精微之儒。樂正氏傳《春秋》爲道，爲屬辭比

❶「賢」，原作「聖」，今據《陶淵明集》及經解本改。

事之儒。」説者謂即公孫丑、樂正克。趙氏謂丑有政事之才，未詳所出。《齊乘・人物》篇云：「公孫丑，滕州北公村有墓。」

公孫丑問曰：「夫子當路於齊，管仲、晏子之功可復許乎？」注夫子謂孟子。許猶興也。如使夫子得當仕路於齊而可以行道，管夷吾、晏嬰之功寧可復興乎？疏注「許猶興也」○正義曰：《毛詩・大雅》「昭茲來許」，傳云：「許，進也。」興亦進義，故以興釋許。○注「當仕路於齊」○正義曰：《文選》阮嗣宗《詠懷詩》注引晉綦毋邃《孟子注》云：「當路，當仕路也。」**孟子曰：「子誠齊人也，知管仲、晏子而已矣。**注誠，實也。子實齊人也，但知二子而已，豈復知王者之佐乎？疏注「誠實也」○正義曰：《吕氏春秋・論威》篇云「此之謂至威之誠」，《淮南子・主術訓》云「抱德推誠」，高誘注並云：「誠，實也。」**或問乎曾西曰：『吾子與子路孰賢？』曾西蹵然曰：『吾先子之所畏也。』**注曾西，曾子之孫。蹵然猶蹵踖也。先子，曾子也。子路在四友，故曾子畏敬之，曾西不敢比。疏注「曾西」至「敢比」○正義曰：毛氏奇齡《四書賸言》云：「《經典序録》：『曾申字子西，子夏以《詩》傳曾申。左丘明作傳以授曾申。』則是曾西即曾申，爲曾子之子，非孫也。其以申字西者，或以申枝爲西方之辰，如《春秋》楚鬬宜申、公子申皆字子西可驗。」江氏永《群經補義》云：「曾西即曾申，曾子之子，非曾子之孫。稱『先子』者謂父，非謂祖父也。」閻氏若璩《釋地》亦同。周氏柄中《辨正》云：「曾子二子元、申，見《禮記・檀弓》。而《大戴禮》云：『曾子疾病，曾元持首，曾華抱足。』華即申之字也。申既字華，不當又字子西。《曲禮》孔疏亦以曾西爲曾子之孫。疑趙注爲是。」趙氏佑《温故録》云：「以楚鬬宜申字子西，公子申字子西例之，申、西止爲一人名字近是。但必謂曾西是曾子子非孫，則未見其確。何者？第言曾元養曾子，《檀弓》所記曾子寢疾病，曾元、曾申坐於足者，安見其非子孫並侍？曾子以老壽終，自宜有孫也。」翟氏灝《四書考異》云：「《禮記・曲禮》注引曾子曰『吾先子之所畏』，《檀弓》『穆公之母卒，使人問於曾子』，時稱曾申爲『曾子』也。《史記》『吴起事曾子』。其曾子亦是曾申。記述曾子語獨多，未必皆子輿子矣。」王氏念孫《廣雅疏證》云：「《釋訓》：『跊踖，畏敬也。』《論語・鄉黨》篇『踧踖如也』，馬融注云：『踧踖，恭敬之貌。』《孟子・公孫丑》篇『曾西蹵然』，趙氏注云：『蹵然猶蹵踖也。』踖、蹵並與跊同。」伏生《尚書大傳》云：「周文王胥附、奔輳、先後、禦侮，謂之『四鄰』，以免乎牖里之害。懿子曰：『夫子亦有四鄰乎？』孔子曰：『吾有「四友」焉：自吾得回也，門人加親，是非胥附乎？自吾得賜也，遠方之士日至，是非奔輳乎？自吾得師也，前有光，後有輝，是非先後乎？自吾得由也，惡言不至於門，是非禦侮乎？』」**曰：『然則吾子與管仲孰賢？』曾西艴然不悦，曰：『爾何曾比予於管仲？**

注 艴然，愠怒色也。何曾猶何乃也。**疏** 注「艴然」至「乃也」〇正義曰：王氏念孫《廣雅疏證》云：「《説文》艴字注引《論語》『色艴如也』，今本作『勃』。《玉篇》《廣韻》《類篇》艴字並音勃。《集韻》《類篇》引《廣雅》『艴，頩色也』。頩與艴同。凡人敬則色變，若《論語》『色勃如』，是也；怒則色變，若《孟子》『曾西艴然不悦』，『王勃然變乎色』，是也。《説文》孛字注又引《論語》『色孛如也』，《秦策》云『秦王悖然而怒』，《楚策》云『王怫然作色』，《淮南子・道應訓》云『佽非瞋目教然』，並字異而義同。」段氏玉裁《説文解字注》云：「曾之言乃也。《詩》『曾是不意』『曾是在位』『曾是在服』『曾是莫聽』，《論語》『曾是以爲孝乎』『曾謂泰山不如林放乎』，《孟子》『爾何曾比予於管仲』，皆訓爲乃。」按：《爾雅·釋詁》云：「仍，乃也。」仍從乃聲，乃聲古與仍同，與曾爲疊韻，故曾、乃義同。**管仲得君如彼其專也，行乎國政如彼其久也，功烈如彼其卑也。爾何曾比予於是？」」**注 曾西答或人，言管仲得遇桓公使之專國政如彼，行政於國其久如彼，功烈卑陋如彼。謂不帥齊桓公行王道而行霸道，故言卑也。重言「何曾比我」，恥見比之甚也。疏 注「得遇桓公」○正義曰：《莊子·大宗師》注云：「當所遇之時，世謂之得。」《淮南子·精神訓》云「故事有求之於四海之外而不能遇」，高誘注云：「遇，得也。」《易·小過》「弗過遇之」，注云：「過而得之謂之遇。」故趙氏以「遇」釋「得」。

曰：「管仲，曾西之所不爲也，而子爲我願之乎？」注 孟子心狹曾西，曾西尚不欲爲管仲而子爲我願之乎？ 非丑之言小也。疏「曰管」至「之乎」○正義曰：《四書辨疑》云：「自『子誠齊人也』下，連此節，皆孟子言，此處不當又有孟子發語之辭。曰本衍字無疑。」王氏引之《經傳釋詞》云：「此述古語既畢而更及今事也。《吕氏春秋·驕恣》篇李悝述楚莊王之言畢，則云『曰此霸王之所憂也，而君獨伐之』，文義與此同。」「而子爲我願之」者，《國語·晉語》云「爲後世之見之也」，《魯語》云「其爲後世昭前之令聞也」，韋昭注並云：「爲，使也。」此爲字同之，蓋謂子乃使我願之乎。《經傳釋詞》云：「家大人曰：爲猶謂也，言子謂我願之也。宣二年《穀梁傳》曰：『天乎天乎，予無罪，孰爲盾而忍弒其君者乎？』《公羊傳》曰：『吾不弒君，誰謂吾弒君者乎？』是其證。」廷琥云：「《史記·殷本紀》曰：『帝乙崩，子辛立，是爲帝辛，天下爲之紂。』按，『爲之紂』即謂之紂也。亦爲、謂可通之證。」○注「孟子心狹曾西」○正義曰：《説文》𨸏部云：「陜，隘也。」陜與狹同。《文選·東京賦》云「狹三王之趢趗」，薛綜注云：「狹謂陋也。」狹隘即小，故云「非丑之言小」。

曰：「管仲以其君霸，晏子以其君顯。管仲、晏子猶不足爲與？」注丑曰：管仲輔桓公以霸道，晏子相景公以顯名。二子如此，尚不可以爲邪？疏「晏子以其君顯」○正義曰：馬氏驌《繹史》云：「晏平仲之在齊也，歷事三君，皆暗主也。崔、慶既亡，陳氏得政，所際之時，則季世也。方莊公之弑，晏子伏尸成禮；大宮之歃，舍命不渝，是可謂仁者之勇矣。景公嗣位，若能委權任用，承霸國之餘烈，晉失諸侯，齊國之興，日可俟也。乃景公固非能大有爲之君也。所寵任者，梁丘據、裔欵之流；所好者，宮室臺榭之崇，聲色狗馬之玩。嬰也隨事補救，以諷諫匡君心者，朝夕不怠。危行言孫，故能身處亂世，顯名諸侯，而齊國賴之。」曰：「以齊王，由反手也。」注孟子言以齊國之大而行王道，其易若反手耳。故譏管、晏不勉其君以王業也。疏「由反手也」○正義曰：《音義》云：「由，義當作猶，古字借用耳。」按：趙氏以「若」字釋「由」字，則由讀爲猶矣。曰：「若是則弟子之惑滋甚。且以文王之德，百年而後崩，猶未洽於天下；武王、周公繼之，然後大行。今言王若易然，則文王不足法與？」注丑曰：如是言則弟子惑益甚也。文王尚不能及身而王，何謂王易然也？若是則文王不足以爲法邪？疏「今言王若易然」○正義曰：翟氏灝《考異》云：「或讀然屬下文，後文『今時則易然也』，知此然字必不當屬下。」按：趙氏云「何謂王易然也」，斷「然」字句，甚明。曰：「文王何可當也？由湯至於武丁，賢聖之君六七作。天下歸殷久矣，久則難變也。武丁朝諸侯，有天下，猶運之掌也。注武丁，高宗也。孟子言文王之時難爲功，故言「何可當」也。從湯以下，賢聖之君六七興，謂太甲、太戊、盤庚等也。運之掌，言易也。疏注「武丁高宗也」

○正義曰：《史記·殷本紀》云：「武丁修政行德，天下咸驩，殷道復興。帝武丁崩，子帝祖庚立，祖己嘉武丁之以祥雉爲德，立其廟爲高宗。」是武丁爲高宗也。○注「孟子」至「當也」○正義曰：此當字與下「當今之時」當字相應。趙氏注下「是以難也」云：「文王當此時，故難也。」與此注互明。近通解謂文王之德，何可敵也，與趙氏異。○注「從湯」至「等也」○正義曰：《殷本紀》云：「湯崩，太子太丁未立而卒，立太丁之弟外丙。帝外丙即位三年崩，立外丙之弟中壬。帝中壬即位四年崩，伊尹乃立太丁之子太甲。帝太甲稱『太宗』，太宗崩，子沃丁立。沃丁崩，弟太庚立。帝太庚崩，子帝小甲立。帝小甲崩，弟雍己立。殷道衰，諸侯或不至。帝雍己崩，弟太戊立，殷復興，諸侯歸之，故稱『中宗』。中宗崩，子帝仲丁立。帝仲丁崩，弟外壬立。帝外壬崩，弟河亶甲立，殷復衰。河亶甲崩，子帝祖乙立，殷復興。祖乙崩，子帝祖辛立。帝祖辛崩，弟沃甲立。帝沃甲崩，立沃甲兄祖辛之子祖丁。帝祖丁崩，立弟沃甲之子南庚。帝南庚崩，立帝祖丁之子陽甲，殷衰。帝陽甲崩，弟盤庚立。渡河南，復居成湯之故居，殷道復興。帝盤庚崩，弟小辛立，殷復衰。帝小辛崩，弟小乙立。帝小乙崩，子帝武丁立，修政行德，天下咸驩，殷道復興。」然自湯興以來，若太甲，若太戊，若祖乙，若盤庚，若武丁，皆當殷衰而復興之君共六人。《尚書序》湯、武丁之間太甲、沃丁、太戊、仲丁、河亶甲、祖乙、盤庚七君皆有所紀述，則「六七作」者，或離湯、武丁，即指其間之六七君。乃《史記》稱河亶甲時殷復衰，則不得與于賢聖之君矣。趙氏僅數太甲、太戊、盤庚，以太甲、盤庚，《尚書》詳之。而太戊爲中宗，見稱于《無逸》，亦明有可徵，故略舉此耳。趙氏佑《温故録》云：「注謂自湯以下，太甲、太戊、盤庚等，脱去祖乙。然以四君連湯、武丁，亦止六而非七，豈孟子『七』字虚設邪？竊以《書·無逸》明言及高宗及祖甲，祖甲爲武丁後一代賢君，自《史記》以爲帝甲淫亂，殷復衰，蓋因《國語》『帝甲亂之，五世而隕』之文，于是二孔皆以太甲當祖甲。鄭氏注：『祖甲，武丁子帝甲也。有兄祖庚賢，武丁欲廢兄立弟，祖甲以爲不義，逃之民間，故曰不義惟王，舊爲小人。』以經證史，亦可見《殷紀》之疏。是『六七作』宜兼數祖甲。或曰：然則孟子何以獨言『由湯至于武丁』，『紂之去武丁』，皆不及祖甲？曰：子統於父也。祖甲即武丁子，且其兄亦賢，兩世皆承武丁之烈，則以武丁統之可矣。惟由武丁歷祖甲皆能以賢嗣賢，享年又長，有深仁厚澤，以綿殷道，故益見其久而難變。不然，僅至武丁而止，則紂之去武丁，中間更無接續，相越且百年，亦不得言『未久』也。」按：此説是也。「六七」非約略之辭，湯、太甲、太戊、祖乙、盤庚、武丁六作，及祖甲則七作，不直云「七作」「六作」，連云「六七作」，正以祖甲在武丁後，故如此屬文也。馬融《無逸》注云：「祖甲有兄祖庚，而祖甲賢，武丁欲立之。祖甲以王廢長立少不義，逃之民間。」此是也。惟祖庚不甚賢，祖甲賢，故武丁欲廢長立少。鄭氏注：「有兄祖庚賢，武丁欲廢兄立弟。」豈武丁而有此？鄭注已殘，當是傳寫者有缺誤。不然，則鄭不及馬。若祖庚亦賢，則是賢聖之君不止六七，惟祖庚不甚賢，不能承武丁之化，祖甲復振興之，與太戊、祖乙、盤庚、武丁同，乃爲六七作也。《吕氏春秋・義賞》篇高誘注云：「興，作也。」《周禮・舞師》注云：「興猶作也。」故以「興」釋「作」。

紂之去武丁未久也，其故家遺俗、流風善政猶有存者，又有微子、微仲、王子比干、箕子、膠鬲，皆賢人也，相與輔相之，故久而後失之也。尺地莫非其有也，一民莫非其臣也，然而文王猶方百里起，是以難也。

注　紂得高宗餘化，又多良臣，故久乃亡也。微仲、膠鬲，皆良臣也，但不在三仁中耳。文王當此時，故難也。

疏　「紂之去武丁未久也」○正義曰：《史記・殷本

紀》云：「帝武丁崩，子帝祖庚立。帝祖庚崩，弟祖甲立，是爲帝甲。帝甲崩，子帝廩辛立。帝廩辛崩，弟庚丁立。帝庚丁崩，子帝武乙立。武乙無道，震死，子帝太丁立。帝太丁崩，子帝乙立。帝乙長子曰微子啓，啓母賤，不得嗣；少子辛，辛母正后，辛爲嗣。帝乙崩，子辛立，是爲帝辛，天下爲之紂。」蓋武丁之後，祖甲爰知小人之依能保惠于庶民，故高宗嘉靖殷邦之化，雖歷武乙之無道，餘化猶存。今文《尚書》「高宗饗國百年」，《漢書·五行志》及《劉向》《杜欽》二傳，王充《論衡·無形》《異虚》二篇，皆本今文，則以高宗百年，加以祖甲三十三年，百餘年深仁厚澤，其下歷五世至紂。《無逸》固云：「或十年，或七八年，或五六年，或四三年。」此即指廩辛、庚丁、武乙、太丁、帝乙而言，❶故孟子言「未久」。晉人僞作《竹書紀年》謂武乙三十五年，太丁十三年，顯與《無逸》相悖，是不足議也。○「其故」至「存者」○正義曰：故家，勳舊世家，謂臣也；遺俗，敦龐善俗，謂民也；　流風之播，恩澤之政，謂君上也。《尚書·微子》篇云：「殷罔不小大好草竊姦宄，卿士師師非度，凡有辜罪，乃罔恆獲，小民方興，相爲敵讎。」馬融注云：「非但小人學爲姦宄，卿士以下轉相師效，爲非法度。」鄭氏注云：「群臣皆有是罪，其爵禄又無常得之者，言屢相攻奪。」又云：「天毒降災荒殷邦，方興沉酗于酒，乃罔畏畏，咈其耇長舊有位人。今殷民乃攘竊神祇之犧牷牲，❷用以容，將食無災。」按：卿士爲非，群臣相奪，則故家不存矣。小民姦宄，竊攘以容，則遺俗無存矣。顧氏炎武《日知録》云：「自古國

---

❶「太」，原作「文」，今據上文引《史記》及經解本改。下「太丁」字同。

❷「牷」，原作「拴」，今據經解本及《尚書》改。

家承平日久，法制廢弛而上之令不能行於下，未有不亡者也。紂以不仁而亡天下，人人知之，吾謂不盡然。紂之爲君，沉湎於酒，而逞一時之威，至於刳孕斮脛，蓋齊文宣之比耳。商之衰也久矣，一變而《盤庚》之書，則卿大夫不從君令；再變而《微子》之書，則小民不畏國法；至於『攘竊神祇之犧牷牲，用以容，將食無災』，可謂民玩其上而威刑不立者矣。即以中主守之猶不能保，而況以紂之狂酗昏虐，又祖伊奔告而不省乎？文宣之惡未必減於紂而齊以强，高緯之惡未必甚於文宣而齊以亡者，文宣承神武之餘，紀綱粗立，而又有楊愔輩爲之佐，主昏於上而政清於下也。至高緯而國法蕩然矣，故宇文得而取之。」按：小民草竊，至于盜犧牷牲而容之不問，此遺俗之所以不存而姦民無忌畏矣。《酒誥》云：「在昔殷先哲王，自成湯咸至於帝乙，不敢自暇自逸，矧曰其敢崇飲。越在外服，侯、甸、男、衛、邦伯，越在内服，百僚庶尹，惟亞惟服宗工。越百姓里居，罔敢湎于酒。」周續之《詩序義》云：「由我化物，則謂之風。上不崇飲，則下不湎酒，此遺風之善也。自紂酣身，荒腆于酒，于是庶群自酒，至《康誥》尚諄諄以群飲民湎于酒爲戒，此流風不存而愚民無懲戒矣。至於重刑辟有炮烙之法，厚賦税以實鹿臺之錢，盈鉅橋之粟，則祖宗之善政乃無存而良民皆盡畫矣。」云「猶有存」者，文王時尚未盡喪也。故家與國同休戚，與民相係屬，故盤庚遷殷，民因在位之言不樂從，盤庚必再三告誡，反復於乃祖乃父，以馴服其心。然則故家存則君有所顧忌，不即妄作；民有所係屬，不即離心。於《盤庚》之誥，正見陽甲時亂雖九世，而故家大臣尚存，故盤庚藉是而興，此孟子所以以「故家之存」冠乎「遺俗」「流風善政」之首也。○「又有」至「相之」○正義曰：微子、箕子、比干，孔子稱三仁，其賢可知。微仲、膠鬲，非孔子所稱，故趙特表云：「皆良臣也，但不在三仁中耳。」《吕氏春秋·當務》篇云：「紂之同母三人，其長曰微子啓，其次曰仲衍，其次曰受德，受德乃紂也。紂之母生微子啓與仲衍也，其時尚猶爲妾。已而爲妻而生紂。」《史記·宋微子世家》云：「微子故能仁賢，微子開卒，立其弟衍，是爲微仲。」是皆以微仲爲微子弟。唯鄭氏注《禮記·檀弓》「舍其孫腯而立衍」云：「微子適子死，立其弟衍，殷禮也。」似是以衍爲微子適子之弟。閻氏若璩《釋地續》云：「微，畿内國名。微子既國於此，其長子應曰微伯，早卒，有子名腯。次子曰微仲，名衍，即後國於宋者。以周禮適子死立適孫，次子不得干焉。微子則從其故殷之禮，舍己之長子之子腯而立己次子衍。故微仲實微子之第二子，非其弟也。此與子服伯子引以況公儀仲子者脗合。其證一。班固《古今人表》於『微子』下注云『紂兄』，『宋微仲』下注云『啓子』。其證二。啓既殷帝乙之元子，衍果屬次子。王畿千里，豈少閒土？斷無兄弟並封一國之理。其證三。則知微仲也者，子襲父氏，上有伯兄，字降而次。氏者，胙之土而命之氏；字者，五十以伯仲之字也。」顧氏炎武《日知録》云：「微子之於周，但受國而不受爵。受國所以存先王之祀，不受爵所以示不臣之節，故終身稱『微子』也。微子卒，立其弟衍，是爲微仲。然繼宋非繼微也，而稱『微仲』者，猶微子之心也。至于衍之子稽則遠矣，於是始稱宋公。後之經生不知此義，而抱器之臣，倒戈之士，接跡於天下矣。」毛氏奇齡《經問》云：「《檀弓》所謂舍孫腯而立衍者，固是微仲。然是微子之弟，非微子子也。其云舍孫立衍者，謂微子之子死，不立孫腯而立弟微仲也。自鄭氏注《禮記》，遂有疑衍是庶子，爲適子之弟者。此終是誤解。考殷代傳弟之法，先傳及而後傳世。及者，兄終弟及，如微子傳弟衍是也；世者，父子相繼，謂傳弟之後，弟即傳己子，而不傳兄子兄孫，如微仲傳己子稽而不傳微子之孫腯是也。此是殷法。至微仲傳子宋公稽後，始不稱微而稱宋，始遵周法。若微仲是微子之子，則微子舍適立庶，非殷法亦非周法，于禮家何取焉？且微子之子不得稱「微伯」與「微仲」也。微是畿内國名，紂以封其兄；而其後武王伐紂，仍使居微，故仲以微君介弟稱爲微仲，猶季札以吴君之弟稱吴季也。若微子之子，則長世子，次公子也。雖蔡叔之子亦稱「蔡仲」，然彼仍封於蔡，故仍以蔡名，微子之子未嘗再封微也。即周初立國，尚有襲殷遺法傳弟者，魯伯禽之子考公傳弟煬公是也，然斷無魯公之子稱魯伯、魯仲者。此必見《衛世家》康叔之子即名康伯，謂國號可襲稱，而作《系本》《世記》及《古史考》諸書者遂僞造此名，不知康叔國號，康伯者謚也。且孟子稱微子、微仲、王子比干、箕子、膠鬲輩，同時並稱，且稱爲賢人，又稱相與輔相之，又稱久而後失，則直是商辛老臣，何微子之子之有？」又辨《日知録》云：「微子存國抱器是實，若封微又封宋，則直受爵矣。微，商畿内國號，商所封也。至武王伐紂，微子持祭器造于軍門，史稱武王乃釋微子，復其位如故，則在周已仍封微矣。至成王戮武庚，封微子於宋，則初以武庚續殷祀，微子不過具臣備子爵耳，至是改封宋爲公，承殷祀以守三恪，則既爲周臣，復爲周賓。《詩》稱『侯服于周，祼將于京』者，其始終臣周之心，極其明白。若其終身稱微子而不稱宋公，康叔初封康，亦畿内國也，及成王封康叔于衛，則衛侯矣，然而《尚書》《春秋傳》皆稱《康誥》不稱《衛誥》，叔亦終其身稱『康叔』不稱『衛侯』，豈康叔受國不受爵邪？抑亦倒戈之士有不臣之心邪？然則弟衍稱微仲，則衍未嘗封微也。何也？周有同封而同稱者，虢仲、虢叔是也。仲、叔皆封號而兩分其地，遂以並稱，微仲不同封也。有先後立國而亦同稱者矣，吴太伯、吴仲雍是也。太伯、仲雍先後君吴國而亦以並稱。微仲同宋國，未嘗同微國也。然而稱『微仲』者，其稱『微』則以國君介弟原得稱兄之國號以爲號，《春秋》書吴季是也；其稱『仲』則以既爲國君，仍得稱己之字以爲字，《詩序》美秦仲是也。皆史例也。」周氏柄中《辨正》云：「《檀弓》鄭注：『微子適子死，立其弟衍，殷禮也。』北齊刁柔云：『然則殷適子死，立適子之母弟。』按，《詩・大明》疏引鄭康成《書序》注云：『紂母本帝乙之妾，生啓及衍，後立爲后，生受德。』是鄭本以衍爲微子之弟，非謂立適子之弟也。刁柔誤解鄭注，不可爲據。」膠鬲之事見於《吕氏春秋》者二：一《誠廉》篇云：「武王即位，使叔旦就膠鬲於次四内而與之盟曰：『加富三等，就官一列。』爲三書同辭，血之以牲，埋一於四内，皆以一歸。」其一《貴因》篇云：「武王至鮪水，殷使膠鬲候周師，武王見之，膠鬲曰：『西伯將何之？無欺我也。』武王曰：『不子欺，將之殷也。』膠鬲曰：『朅至？』武王曰：『將㠯甲子至殷郊，子㠯是報矣。』膠鬲行，天雨，日夜不休，武王疾行不輟，軍師皆諫曰：『卒病，請休之。』武王曰：『吾已令膠鬲㠯甲子之期報其主矣。今甲子不至，是令膠鬲不信也。膠鬲不信也，其主必殺之，吾疾行以救膠鬲之死也。』」《國語・晉語》云：「妹喜有寵，於是乎與伊尹比而亡夏；妲己有寵，❶於是乎與膠鬲比而亡殷。」注云：「比，比功也。伊尹欲亡夏，妹喜爲之作禍，其功同也。膠鬲，殷賢臣，自殷適周，佐武王以亡殷也。」《韓非子・喻老》篇云：「周有玉版，紂令膠鬲索之，文王不予。費仲來求，因予之。是膠鬲賢而費仲無道也。」《音義》出「輔相」二字，云：「丁作押，音甲，《廣雅》云『輔也』。義與夾同。」王氏念孫《廣雅疏證》云：「《說文》云：『挾，押持也。』古通作夾。押、挾聲相近。」**齊人有言曰：『雖有智慧，不如乘勢；雖有鎡基，不如待時。』今時則易然也。**注 齊人諺言也。乘勢，居富貴之勢。鎡基，田器，

❶「妲」，原作「姐」，今據《國語》及經解本改。

耒耜之屬。待時，三農時也。今時易以行王化者也。**疏**注「鎡基」至「之屬」○正義曰：王氏念孫《廣雅疏證》云：「《釋器》：『鎡錤，鉏也。』鉏之言除也。《説文》：『鉏，立薅斫也。』又云：『斫，齊謂之茲其。』《衆經音義》引《倉頡篇》云：『鉏，茲其也。』《孟子》『雖有鎡基，不如待時』，《漢書·樊酈滕灌傅靳周傳》贊作『茲其』，《周官·薙氏》注作『茲其』，《月令》注作『鎡錤』，並字異而義同。」程氏瑶田《通藝録·磬折古義》云：「《考工》車人之事，半矩之倨句謂之宣。宣之爲物，未知其審也。又判其宣爲半宣以加於半矩之宣，其倨句謂之欘。欘之爲物，鉏屬也。鄭注云：『欘，斲斤。』引《爾雅》『句欘謂之定』。《爾雅》字作『斪斸』。《説文》：『欘，斫也。齊謂之鎡錤。』按，《説文》有欘字，又有斸字，並訓斫。斫訓擊。吾於欘從木當爲鉏，斸從斤則斤屬，一以起土，田器之句而斫之者也，故曰鎡錤；一以攻木，今木工斧劈之後，木已粗平，然後用闊斤向懷句斫之，俗呼『錛子』。二者同名異實，然皆擊而用之，故同訓斫也。蓋曰欘曰斸，皆言其器之爲曲體，無論治田攻木，並向懷而斫擊之。其倨句之度，則皆一宣有半。元人王楨《農書》載三器，一曰鎛，耨别名也。《良耜》詩曰：『其鎛斯趙，以薅荼蓼。』《釋名》：『鎛，迫也。迫地去草也。』二曰耨，除草器。《吕氏春秋》曰：『耨柄尺，此其度也。其耨六寸，所以間稼也。』三曰櫌鉏，古云斪斸，一名定，櫌爲鉏柄也。《齊民要術》曰：『其刃如半月，比木壟稍狹，上有短銎，以受鉏鉤，鉤如鵝項，下帶深袴，皆以鐵爲之，以受木柄。鉤長二尺五寸，柄亦如之。』上三事皆鉏屬，倨句形之已句者而有淺深之殊。又云：『車人爲耒，庇長尺有一寸，中直者三尺有三寸，上句者二尺有二寸。自其庇緣其外以至於首以弦，其内六尺有六寸，與步相中也。』瑶田謹謂注『内』『外』二字誤解。『其内六尺有六寸』七字連讀爲一句。『自其庇緣其外以至於首以弦』十二字連讀爲一句。

内謂本體之實數，耒木三折之，六尺有六寸也；外謂空中之虛數，所弦中步之六尺也。此持表弦之法以示人，謂欲据其内之六尺有六寸而弦之，其法當如何，只須自其庛緣其外以至於首，如是以弦之，則得其弦之數爲六尺，以與步相中也。後鄭注：『庛讀爲棘刺之刺。刺，耒下前曲接耜。』則耜爲耒頭金，上有銎以貫耒末，庛即耒末之木以納於耜銎者。先鄭以庛爲耜之異文，謂耒下岐。耒下岐者，後鄭『耜廣五寸』注所謂『今之耜岐頭兩金』也。今指庛爲木材，故宜與耜金材異也。」程氏所説鎡基耒耜，分別精詳。趙氏以皆田器，故以相貺耳。○注「待時三農時也」○正義曰：《周禮・天官・大宰》「以九職任萬民，一曰三農生九穀」，注：「鄭司農云：『三農，平地、山、澤也。』玄謂：三農，原、隰及平地。」三農時，謂此原隰平地之農所種九穀，各有其時。**夏后、殷、周之盛，地未有過千里者也，而齊有其地矣；雞鳴狗吠相聞而達乎四境，而齊有其民矣。地不改辟矣，民不改聚矣，行仁政而王，莫之能禦也。****注**三代之盛，封畿千里耳，今齊地土民人已足矣，不更辟土聚民也。雞鳴狗吠相聞，言民室屋相望而衆多也。以此行仁而王，誰能止之也？**疏**注「不更辟土聚民也」○正義曰：《説文》云：「改，更也。」此經言「地不改辟」即是地不更辟，「民不改聚」即是民不更聚，故趙氏以「更」釋「改」。○注「雞鳴」至「多也」○正義曰：《莊子・胠篋》篇云：「昔者，齊國鄰邑相望，雞狗之音相聞。」翟氏灝《考異》云：「此必時俗語，故《老子》亦云：『樂其俗，安其居，鄰里相望，雞犬之聲相聞。』百家之書，凡非孟子後時而其辭有同者，如『挾山超海』『杯水車薪』『絶長補短』『過化存神』之類，均當持此論觀。」**且王者之不作未有疏於此時者也，民之憔悴於虐政未有甚於此時者也。飢者易爲食，渴者易爲飲。孔子曰：『德之流行速於置郵而傳命。』****注**言王政不興久矣，民患虐政甚矣。若飢者食易爲美，渴者飲易爲甘，德之流行疾於置郵傳書命也。**疏**注「言王」至「甚矣」〇正義曰：作，興也。故以「不興」釋「不作」。《淮南子・氾論訓》云「體大者節疏」，高誘注云：「疏，長也。」長與久同義，故以「久」釋「疏」。《説文》云：「顇，顦顇也。」顦顇與憔悴古字通。《楚辭・離世》篇云「身憔悴而考旦」，王逸注云：「憔悴，憂貌也。」憂與患同義，故以「患」釋「憔悴」。〇注「疾於置郵傳書命也」〇正義曰：《爾雅・釋詁》云：「速，疾也。」閻氏若璩《釋地續》云：「顏師古《漢書》注云：『傳若今之驛。古者以車，謂之傳車。其後單置馬，謂之驛騎。』字書曰：『馬遞曰置，步遞曰郵。』馬遞指駕車之馬，非徒馬也。」周氏廣業《孟子異本考》云：❶「毛晃《禮部增韻》：『馬遞曰置，步遞曰郵。』《漢・烏孫傳》『有便宜因騎置以聞』，師古曰：『即今鋪置也。』《黄霸傳》『郵亭鄉官』，師古曰：『行書舍，傳送文書所止處，如今驛館。』引《孟子》爲證。」此解置郵甚明。王氏念孫《廣雅疏證》云：「郵，置驛也。《方言》：『驛，傳也。』郭璞注云：『傳，宣語也。』《爾雅》：『馹，遽，傳也。』注云：『皆傳車驛馬之名。』《玉篇》云：『驛，譯也。』三者皆取傳遞之義，故皆謂之驛。置郵者，❷《説文》：『郵，竟上行書舍也。』『驛，置騎也。』《孟子》『速於置郵而傳命』。」段氏玉裁《説文解字注》云：「《釋言》『郵，過也』。按，經過與過失，古不分平去，故經過曰郵，過失亦曰郵。」按：置、郵、傳三字同爲傳遞之稱。以其車馬傳遞，謂之置郵，謂之驛；其傳遞行書之舍，亦即謂之置郵，謂之驛。自竟上

❶「異本」，原作「逸文」，今從沈校據《孟子四考》改。

❷「置郵」，原作「郵置」，今從沈校據注文改。

行書之舍而傳，亦即傳遞所行之書于舍止之處。「置郵」即「傳命」之名，經文「傳命」二字已足申明「置郵」二字，故趙氏於「置郵」二字不復解；「置郵」本亦名「傳」，而經文「傳命」之傳則言其傳遞，故以「而」字間之。《周禮・春官・典命》注云：「命謂王遷秩群臣之書。」是書謂之命，故以「書」釋「命」。《吕氏春秋・上德》篇云：「三苗不服，禹請攻之。舜曰：『以德可也。』行德三年而三苗服。孔子聞之曰：『通乎德之情，則孟門、太行不爲險矣。故曰：德之速，疾乎吕郵傳命。』」此爲孟子引孔子言之證。**當今之時，萬乘之國行仁政，民之悦之猶解倒懸也。故事半古之人，功必倍之，惟此時爲然。」**注倒懸喻困苦也。當今所施恩惠之事半於古人，而功倍之矣。言今行之易也。疏「民之悦之」○正義曰：《文選・論盛孝章書》注引《孟子》作「民悦而歸之」，又《馬汧督誄》注作「民悦之」。按李善注《文選》與李賢注《後漢書》每引《孟子》不與今本同，當是唐人以意增損，或據以爲别本，非也。陸機《豪士賦序》云：「故曰才不半古，而功已倍之，蓋得之於時勢也。」用《孟子》語，以事爲才。按：趙氏自是「事」，機文士，亦不足爲《孟子》解矣。

章指：言德流之速，過於置郵。君子得時，大行其道。是以吕望覩文王而陳王圖，管、晏雖勤，猶爲曾西所羞也。疏「吕望覩文王而陳王圖」○正義曰：覩，見也。圖，謀也。《史記・齊太公世家》云：「周西伯政平，及斷虞、芮之訟，而詩人稱西伯受命曰『文王』。伐崇、密須、犬夷，大作豐邑。天下三分，其二歸周者，太公之謀計居多。」《漢書・藝文志》：「《太公》二百三十七篇：《謀》八十一篇，《言》七十一篇，《兵》八十五篇。」

公孫丑曰：「夫子加齊之卿相，得行道焉，雖由此霸王，不異矣。如此，則動心否乎？」

注加猶居也。丑問孟子，如使夫子得居齊卿相之位，行其道德，雖用此臣位而輔君行之，亦不異於古霸王之君矣。如是寧動心畏難，自恐不能行否邪？丑以此爲大道不易，人當畏懼之，不敢欲行也。疏注「加猶居也」〇正義曰：《淮南子・主術訓》云「雖愚者不加體焉」，高誘注云：「加猶止也。」《吕氏春秋・慎人》篇云「胼胝不居」，高誘注云：「居，止也。」加、居並有止義，故轉注加亦猶居也。《説文》云：「家，居也。」家通嘉，桓公《公羊》《左傳》「家父」，《漢書・古今人表》作「嘉父」，是也。嘉亦通加，《詩・行葦》箋云「以脾函爲加，故謂之嘉」是也。加之猶居，又家之假借也。〇注「行其」至「君矣」〇正義曰：《大戴禮・王言》篇云：「道者，所以明德也。」又《盛德》篇云：「冢宰之官以成道，司徒之官以成德。」賈誼《新書・道德》篇云：「道者，德之本也。」故經言「行道」，趙氏以「行其道德」解之。《毛詩》「君子陽陽，右招我由房」，傳云：「由，用也。」趙氏斷「雖由此」三字爲句，以此字指卿相之位，故云「用此臣位輔君行之」，「行」即「行道」也。云「不異於古霸王之君」，是解異爲「同異」之異。公孫丑倒言之，注順解之也。近解「不異」謂雖從此而成霸王之業，不足怪異。與趙氏異。**孟子曰：「否，我四十不動心。」**注孟子言，禮，四十强而仕。我志氣已定，不妄動心有所畏也。疏注「禮四十强而仕」〇正義曰：「四十曰强而仕」，《禮記・曲禮上》篇文。孔氏正義云：「强有二義，一則四十不惑，是智慮强；一則氣力强也。」《吕氏春秋・知分》篇云「有所達則物弗能惑」，高誘注云：「惑，動也。」然則强即不惑，不惑即不動，故引以釋「不動心」也。惟智慮氣力未能堅强則有所疑惑，疑惑則生畏懼，故以動心爲畏難自恐也。顧氏炎武《日知録》云：「凡人之動心與否，固在其加卿相行道之時也。

枉道事人，曲學阿世，皆從此而始矣。『我四十不動心』者，不動其『行一不義，殺一不辜而得天下，有不爲也』之心。」**曰：「若是則夫子過孟賁遠矣。」**注丑曰，若此，夫子志意堅勇過孟賁。賁，勇士也。孟子勇於德。疏注「賁勇士也」○正義曰：《吕氏春秋・用衆》篇云：「故以衆勇無畏乎孟賁矣。田駢謂齊王曰：『孟賁庶乎患術而邊境弗患。』」注云：「孟賁，古之大勇士。」《必己》篇云：「孟賁過於河，先其五。船人怒而以楫虓其頭，顧不知其孟賁也。中河，孟賁瞋目而視船人，髮植目裂鬢指，舟中之人盡揚播入於河。使船人知其孟賁，弗敢直視，涉無先者，又況於辱之乎？此以不知故也。」高誘注云：「船人不知孟賁爲勇士故也。」《史記・范雎列傳》《集解》引許慎曰：「孟賁，衛人。」《史記・袁盎傳》《索隱》引《尸子》云：「孟賁水行不避蛟龍，陸行不避兕虎。」《漢書・東方朔傳》注引《尸子》云：「人問孟賁：『生乎？勇乎？』曰：『勇。』『貴乎？勇乎？』曰：『勇。』『富乎？勇乎？』曰：『勇。』三者人之所難能而皆不足以易勇，此其所以能攝三軍、服猛獸之故也。」毛氏奇齡《逸講箋》云：「夫子過孟賁，非借之贊不動心之難，正以氣强之人，心有捍護，易於不動，故勇者多桀傲自逞，遺落一切，此正與養勇、養氣相接入。」○注「孟子勇於德」○正義曰：《音義》引《揚子》曰：「請問孟軻之勇，曰：勇於義而果於德，不以貧富貴賤死生動其心，於勇也其庶乎！」**曰：「是不難，告子先我不動心。」**注孟子言是不難也，告子之勇未四十而不動心矣。**曰：「不動心有道乎？」**注丑問不動心之道云何？**曰：「有。**注孟子欲爲言之。**北宮黝之養勇也，不膚橈，不目逃，思以一豪挫於人若撻之於市朝；不受於褐寬博，亦不受於萬乘之君，視刺萬乘之君若刺褐夫，無**

嚴諸侯；惡聲至，必反之。注北宮，姓；黝，名也。人刺其肌膚，❶不爲橈卻；刺其目，目不轉精逃避之矣；人拔一毛，若見捶撻於市朝之中矣。褐寬博，獨夫被褐者。嚴，尊也。無有尊嚴諸侯可敬者也。以惡聲加己，己必惡聲報之。言所養育勇氣如是。疏注「北宮」至「中矣」○正義曰：錢氏大昕《潛研堂答問》云：「問《孟子》書有北宮黝、北宮錡，趙氏注以錡爲衛人，而黝獨未詳，亦可考否？曰：黝事固不可考，然《淮南子》有云：『握劍鋒以离北宮子、司馬蒯蕢，不使應敵。操其觚，招其末，則庸人能以制勝。』高誘注：『北宮子，齊人也。孟子所謂北宮黝也。』誘生於漢世，所見書籍尚多，以黝爲齊人，宜可信。春秋之世，衛亦有北宮氏，世爲正卿。《戰國策》趙威后問齊使云：『北宮之女，嬰兒子無恙？』則齊亦有北宮氏也。」翟氏灝《考異》云：「《韓非子·顯學》篇云：『漆雕之議，不色橈，不目逃，行曲則違於臧獲，行直則怒於諸侯，世主以爲廉而禮之。』按韓非所稱漆雕之議，上二語與此文同，下二語與曾子謂子襄意似。其『漆雕』爲北宮黝字歟？抑子襄之出於漆雕氏也？韓言儒分爲八，有漆雕氏之儒，《漢志》儒家有《漆雕子》十二篇，其書久亡，無能案驗矣。」《春秋繁露·度制》篇云「肌膚血氣之情也」。劉熙《釋名·釋形體》云：「肌，懻也。膚幕堅懻也。」故以「肌」釋「膚」。《音義》云：「橈，丁奴効切。《五經文字》云：『枉橈之橈，女絞反。俗從手者，撓擾之撓，火刀反。』」阮氏元《校勘記》云：「閩、監、毛三本橈作撓。按，《音義》出橈字，作撓非也。」《易·大過》「棟橈」，《釋文》云：「曲折也。」成公二年《左傳》云「師徒橈敗」，注云：「橈，曲也。」曲猶屈也。卻同却，《廣雅·

---

❶「肌」，原作「飢」，今據經解本改。

釋言》云：「卻，退也。」《史記・魯仲連鄒陽傳》云「勇士不却死而滅名」，《索隱》云：「却死猶避死也。」《廣雅・釋詁》云：「逃，避也。」畏其刺則必退却逃避。黝不畏其刺，是不因膚被刺而屈，不因目被刺而避也。「橈卻」「逃避」互明。《文選》注引《聲類》云：「豪，長毛也。」故以「毛」釋「豪」。挫之訓爲摧，《素問・五常政大論》云「其變振拉摧拔」，是挫亦拔也。《説文》手部云：「撻，《鄉飲酒》：『罰不敬，撻其背。』達，古文撻。《周書》：『遽以記之。』」捶同箠，司馬遷《報任安書》云：「其次關木索、被箠楚受辱。」《漢書・吾丘壽王傳》云：「民以耰鉏捶挺相撻擊。」捶本馬杖之名，用以撻擊，故撻亦謂之捶矣。顧氏炎武《日知録》云：「『若撻之於市朝』即《書》所言『若撻於市』。古者朝無撻人之事，市則有之。《周禮・司市》：『市刑，小刑憲罰，中刑徇罰，大刑扑罰。』又曰：『胥執鞭度而巡其前，掌其坐作出入之禁令，凡有罪者撻戮而罰之。』是也。《禮記・檀弓》：『遇諸市朝，不反兵而鬭。』兵器非可入朝之物。奔喪哭辟市朝，奔喪亦但過市，無過朝之事也。其謂之『市朝』者，《史記・孟嘗君傳》『日莫之後，過市朝者掉臂不顧』，《索隱》云：『言市之行列，有如朝位，故曰市朝。』」閻氏若璩《釋地續》云：「『市朝』二字，見《論語》者，乃殺人陳尸之所。《左傳》殺三郤，皆尸諸朝；董安于縊而死，趙孟尸諸市是也。見《孟子》者，僅得一市字，蓋古者撻人各有其所，容有於市，於市則辱之極矣，是以斷斷無撻之於朝者。或曰：『市朝』乃連類而及之文，若躬稼本稷，而亦稱禹；三過不入本禹，而亦稱稷；以紂爲兄之子本指王子比干，而亦及微子啓；善哭其夫而變國俗本指杞梁之妻，而亦及華周之妻。皆因其一而並言其一，古文體則有然者。」趙氏佑《温故録》云：「朝市雙言，朝也，市也；朝市單言，市之朝也。『若撻之於市朝』，正是司市之朝耳。古者朝之名通於上下。冉子退朝，周生烈云『君之朝』，鄭康成云『季氏朝』，則有司聽事之處言朝，猶是公所矣。今京城内外衢市，多立堆撥，設員役以備巡儆，其大者謂之官廳，漢唐謂之街彈室。」○注「褐寬」至「褐者」○正義曰：《詩・七月》篇「無衣無褐，何以卒歲」，箋云：「人之貴者無衣，賤者無褐。」是褐爲賤者所服。上言「褐寬博」，下言「褐夫」，則褐寬博即是衣褐之匹夫，故云「獨夫被褐」者。「褐寬博」蓋當時有此稱也。《老子》云：「聖人被褐懷玉。」○注「嚴尊」至「如是」❶○正義曰：《吕氏春秋・審應》篇高誘注云：「嚴，尊也。」《禮記・學記》云「嚴師爲難」，注云：「嚴，尊敬也。」《廣雅・釋詁》云：「尊，敬也。」尊、嚴、敬三字義同。嚴字連諸侯，謂可尊敬之諸侯。黝心目中蔑視之，無有可尊敬之諸侯，故云「無尊嚴諸侯可敬者也」。先以「尊」釋「嚴」，又申言「可敬」，謂無尊嚴即無可敬也。「惡聲」猶惡言也。《史記・仲尼弟子列傳》云：「自吾得由，惡言不入於耳。」《集解》引王肅云：「子路爲孔子侍衛，故侮慢之人不敢有惡言。」惡猶過也，指斥過惡之言也。至猶來也。「惡聲至」即惡言來矣。《漢書・外戚傳》云「爲致椁」，注云：「致謂累也。」又《酷吏傳》云「致令辟爲」，郭注云：「致謂積累之也。致，至也；積累，加也。」是至亦有加義，故云「加己」。《國語・晉語》云「反使者」，注云：「反，報也。」「必反之」是必報之也。《爾雅・釋詁》云：「育，養也。」故以「育」釋「養」。《禮記・中庸》「萬物育焉」，注云：「育，生也，長也。」養育勇氣即是生長勇氣，養勇即是養氣。但孟子之氣以直養而無害，則爲善養；黝等之氣不以直養，則不善也。善在直其養，所以不同也。**孟施舍之所養勇也，曰：『視不勝猶勝也。量敵而後進，慮勝**

❶「如是」，原作「是也」，合於宋十行、閩、監、毛等本，今據本書注文及阮校所述孔、韓等本改。

而後會，是畏三軍者也。舍豈能爲必勝哉？能無懼而已矣。』注孟，姓；舍，名；施，發音也，施舍自言其名則但曰「舍」。舍豈能爲必勝哉？要不恐懼而已也。以爲量敵少而進，慮勝者足勝乃會。若此，畏三軍之衆者耳，非勇者也。疏「慮勝而後會」○正義曰：《詩·大明》篇「會朝清明」，箋云：「會，合也，合兵以清明。」《詩》又云「殷商之旅，其會如林」，箋云：「殷盛合其兵衆，陳于商郊之牧野。」此云「慮勝而後會」，謂合兵也。○注「孟姓」至「曰舍」○正義曰：閻氏若璩《釋地又續》云：「原趙氏之意，以古人二字名，無單稱一字者。今曰舍，則舍其名也。古未見有複姓孟施者，則孟其姓也。遂以發音當施字。不知發聲在首，如吴曰勾吴，越曰於越。若在中，則語助詞多用之字，未聞以施字者。且孔子時魯有少施氏，安知孟施非少施一例乎？」翟氏灝《考異》云：「古人二字名或稱一字。如紂名受德，《書》但稱商王受。曹叔名振鐸，《國語》但稱叔振。晉文公名重耳，《左傳》但稱晉重。魯叔孫氏名何忌，《春秋》經定六年但稱忌。孟施舍不嫌其自稱『舍』也。」○注「舍豈」至「而已也」❶○正義曰：孔本、韓本、《考文》古本無「舍」字，閩、毛、監三本有之。經言「能無懼」，趙氏言「要不恐懼」者，要，約也，以下言「孟施舍守約」，豫言之也。**孟施舍似曾子，北宮黝似子夏。夫二子之勇未知其孰賢，然而孟施舍守約也。**注孟子以爲曾子長於孝。孝，百行之本。子夏知道雖衆，不如曾子孝之大也，故以舍譬曾子，黝譬子夏。以施舍要之以不懼爲約要也。疏注「孟子」至「要也」○正義曰：《史記·仲尼弟子列傳》云：「曾參，南武城人，字子輿。孔子以其能通孝道，

❶「也」，原作「矣」，合於宋十行、閩、監、毛、孔等本，今據本書注文及阮校所述韓本等本改。

故受之業，作《孝經》。」陸賈《新語》云：「曾子孝於父母，昏定晨省，調寒温，適輕重，勉之於糜粥之間，行之於衽席之上，而德美重於後世。」是「曾子長於孝」也。《孝經》云：「孝，德之本也。」《論衡・書説》篇云：「實行爲德。」《周禮・師氏》注云：「德行，内外之稱。在心爲德，施之爲行。百行之本即是德之本。」《後漢書・江革傳》云：「夫孝，百行之冠，衆善之始也。」《顔氏家訓・勉學》篇云：「孝爲百行之首。」是也。《説苑》言子夏讀《易》，《尚書大傳》言子夏讀《書》，《韓詩外傳》言子夏讀《詩》，《新序》稱其論五帝師，《大戴禮記》稱其言《易》之生人，是「知道衆」也。《大戴記・曾子大孝》篇云：「夫孝者，天下之大經也。」是道雖衆，不如孝之大也。北宮黝事事皆求勝人，故似子夏知道之衆；孟施舍不問能必勝與否，但專守己之不懼，故似曾子得道之大。約之訓爲要。於衆道之中得其大，是得其要也。下言「大勇」，是知得其要爲得其大也。**昔者曾子謂子襄曰：『子好勇乎？吾嘗聞大勇於夫子矣：自反而不縮，雖褐寬博，吾不惴焉；自反而縮，雖千萬人，吾往矣。』孟施舍之守氣，又不如曾子之守約也。」**注 子襄，曾子弟子也。夫子謂孔子也。縮，義也。惴，懼也。《詩》云：「惴惴其慄。」曾子謂子襄，言孔子告我大勇之道：人加惡於己，己内自省有不義不直之心，雖敵人被褐寬博一夫，不當輕驚懼之也；自省有義，雖敵家千萬人，我直往突之。言義之强也。施舍雖守勇氣，不如曾子守義之爲約也。疏 注「子襄」至「約也」○正義曰：子襄，薛應旂《人物考》以爲南武城人，未知所本。《禮記・投壺》篇注「奇則縮諸純」，❶《釋文》云：「縮，直也。」《廣雅・釋詁》

❶「注」，原無。「縮」，原作「直」。按引文出《禮記・投壺》鄭注，今從沈校補、改。

云：「直，義也。」縮之爲義，猶縮之爲直。蓋縮之訓爲從，從故直。從亦順也，順故義；義者，宜也。趙氏既以「義」訓「縮」，又申之云「不義不直」，明義即直也。引《詩》者，《秦風·黄鳥》篇。傳云：「惴惴，懼也。」是「惴」即「懼」也。《易傳》言「驚遠而懼邇」，是驚、懼義同。褐夫易於驚懼之，「不惴」是「不驚懼之」也，謂不以氣臨之，使之惴惴也。王若虛《孟子辨惑》云：「不字爲衍，不然則誤爾。」閻氏若璩《釋地三續》云：「不，豈不也。猶經傳中『敢』爲『不敢』，『如』爲『不如』之類。」此以惴爲自己驚懼，與趙氏異。王氏引之《經傳釋詞》云：「不，語詞。不惴，惴也。言雖被褐之夫吾懼之。」趙氏前引《禮記》以不動心爲强，强猶勇也。黝以必勝爲强，不如施舍以不懼爲强。然施舍之不懼但以氣自守，不問其義不義也；曾子之强則以義自守，是爲義之强也。推黝之勇，生于必勝，設有不勝，則氣屈矣；施舍之勇，生於不懼，則雖不勝，其氣亦不屈，故較黝爲得其要。然施舍一以不懼爲勇而不論義不義，曾子之勇則有懼有不懼，一以義不義爲斷。此不獨北宫黝之勇不如，即孟施舍之守氣亦不如也。

曰：「敢問夫子之不動心與告子之不動心，可得聞與？」注丑曰，不動心之勇，其意豈可得聞與？　**「告子曰：『不得於言，勿求於心；　不得於心，勿求於氣。』不得於心，勿求於氣，可；不得於言，勿求於心，不可。**注不得者，不得人之善心善言也。求者，取也。告子爲人勇而無慮，不原其情。人有不善之言加於己，不復取其心有善也，直怒之矣，孟子以爲不可也；告子知人之有惡心，雖以善辭氣來加己，亦直怒之矣，孟子以爲是則可，言人當以心爲正也。告子非純賢，其不動心之事，一可用一不可用也。疏「告子」至「不可」〇正義曰：「不得於言」「不得於心」與「不得於君」「不得於親」句同。不得於君親爲失意於君親，則此不得於言、不得於心亦指人之言、人之心，謂人以惡言加己而己受之，人以惡心待己而己受之也。成公三年《公羊傳》注云：「得曰取。」《淮南子·說山訓》高誘注云：「求猶得也。」然則求、得、取三字可同義。蓋人有惡心而詐善其辭氣以欺我，我之心不爲之動，則能知其心而不惑於其詐，故可也；若人本有善心而言語之間不免暴戾，如鬻拳之諫、先軫之唾是矣，我則但怒其言，不復能知其心，故不可也。若是則告子所言「勿求於心」「不得於心」皆人之心，而告子之「不動心」第於兩「勿求」見之。毛氏奇齡《逸講箋》云：「告子惟恐求心即動心，故自言『勿求於心』。心焉能不動？裁說不動，便是道家之『嗒然若喪』，佛氏之『離心意識參』，儒者無是也。孟子平日亦以『存心』『求放心』爲主，未嘗言『不動』。存心是工夫，不動心是效驗。心之本體不能不動。學人用功，則不使不動；此不過以卿相王霸不攖於心，直是得失不讋，寵辱不驚，一鎮定境界，故孟子自言『不動心有道』，則明有前事矣。卿相王霸，有何恐懼？孟子生平何許學問，而慮其恐懼？在公孫弟子並無此意。此『不動心』衹是老子所云『寵辱不驚』，孟子所云『大行不加』，孟子自言『將降大任，必動心忍性』，豈有大任是身而尚可侈言無懼，肆然稱不動心者？」又云：「不動心有『養勇』一道，皆以氣制心而使之不動，此即告子所云『求氣』也；有『直養』一道，則專以直道養其心，使心得慊然而氣不餒，此即孟子所云『持志』，告子所云『求心』也。是不動心之道有直從心上求者，自反是也；有轉從心之所制上求者，養勇是也。曾子自反衹求心，北宮黝、孟施舍養勇則但求氣，惟告子則不求心，并不求氣。大抵生人言行皆從心出，言行得失即與心之動不動兩相關合。假如心不得於言，則當求心。何則？言之陂淫邪遁皆由心之蔽陷離窮所生，所云『生於其心』是也。則言有不得，毋論人之言與己之言，皆當推其所由生而求之於心，此所貴乎知言也。而告子則惟恐動心而强而勿求。又如行不得於心，則仍當求心。何則？志與氣本不相持而轉相爲用，故以直養者言之，則自反而縮，使氣常不餒，則不問得心與不得心而心自不動，此曾子與孟子求心不求氣也。以養勇者言之，則稍不得於心，惟恐心動，當急求之氣以强制其心，此黝、舍之所養勇也，求於氣也。而告子則又但力制其心而并不求氣，是既不能反又不能養，舉凡心所不得與不得於心皆一概屏絶，而更不求一得心與心得之道，徒抱此冥頑方寸謂之不動，此其所以卿相不驚，霸王不怪，有先於孟子者。蓋其自言有如此，不得心而勿求氣，則合當如是，故曰可也。生平既不能自反，直養無害，而一有不得則又借此虛矯之氣以爲心之制，此黝、舍之學，豈可爲法？且養氣能得心，不能强之制不得之心。自反而惴，行不慊於心，則動心已耳，焉得有急急求氣之理？若心不得於言，則言爲心聲，心有所害則正當在心上求。於此不急求，當復何待？故猶是心之不得與不得於心，而不求氣則可，不求心則不可，此斷斷然者。」**夫志，氣之帥也；氣，體之充也。** 注 志，心所念慮也；氣，所以充滿形體爲喜怒也。志帥氣而行之，度其可否也。疏「夫志」至「充也」○正義曰：《毛詩序》云：「在心爲志。」《儀禮・聘禮記》注云：「志猶念也。」《大射儀》注云：「志，意所擬度也。」故趙氏以「心所念慮」爲志，又云「度其可否」。《禮記・祭義》云：「氣也者，神之盛也。」《淮南子・原道訓》云：「夫形者，生之舍也；氣者，生之充也；神者，生之制也。」夫舉天下萬物蚑蟯貞蟲蝡動蚑作，皆知其所喜憎利害者，何也？以其性之在焉而不離也。忽去之，則骨肉無論矣。今人之所以眭然能視，營然能聽，形體能抗而百節可屈伸，察能分白黑、視醜美而知能別同異、明是非者，何也？氣爲之充而神爲之使也。」《論衡・無形》篇云：「形、氣、性，天也。生之舍，生之充，生之制，生即性也。性情神志，皆不離乎氣。以其能别同異，明是非，則爲志以帥乎氣。萬物皆有喜憎利害而不能别同異、明是非，則第爲物之性而非人之性，僅爲氣而已。故喜憎利害、視聽屈伸皆氣也，骨肉則形體也。」趙氏言氣專指喜怒，以上勿求於心，勿求於氣作以怒言，❶故於此言之耳。人有志而物無志，故人物皆有是性，皆有是氣，而人能以志帥則能度其可否，而性乃所以善也。阮氏元《挍勘記》云：「《音義》出『之帥』，云：『本亦作師。』按：據《干禄字書》，唐人帥字多作師，乃俗字也。既又譌師。」**夫志至焉，氣次焉。**注志爲至要之本，氣爲其次。疏注「志爲」至「其次」❷〇正義曰：趙氏以至爲至極，次爲《説文》「不前」之義，謂次于志也。毛氏奇齡《逸講箋》云：「此次字如《毛詩》傳『主人入次』，《周禮》『宫正掌次』之次，言舍止也。」若然，則至爲「來至」之至，志之所至，氣即隨之而止，正與趙氏下注「志嚮氣隨」之意合。**故曰：持其志，無暴其氣。」**注暴，亂也。言志所嚮，氣隨之。當正持其志，無亂其氣，妄以喜怒加人也。

疏注「暴亂」至「人也」〇正義曰：《淮南子·主術訓》高誘注云：「暴，虐亂也。」《吕氏春秋·慎大》篇高誘注云：「持，守也。」「持其志」即曾子之「守義」，異乎孟施舍之「守氣」矣。直即正也。自反而縮，故爲「正持其志」。可喜則喜，可怒乃怒，即義也，即不「妄以喜怒加人」也。毛氏奇齡《逸講箋》云：「心爲氣之主，氣爲心之輔，志與氣不相離也；然而心之所至，氣即隨之，志與氣又適相須也。故但持其志，力求之本心，以直自

❶「作」，據文義疑誤。

❷「其」，原無，今從沈校據全書体例及注文補。

守，而氣之在體，則第不虐戾而使之充周已耳。是不求於心者謂之不持志，無一而可。」**「既曰『志至焉，氣次焉』，又曰『持其志，無暴其氣』者，何也？」**注丑問暴亂其氣云何？**曰：「志壹則動氣，氣壹則動志也。今夫蹶者趨者，是氣也而反動其心。」**注孟子言，壹者，志、氣閉而爲壹也。志閉塞則氣不行，氣閉塞則志不通。蹶者，相動。今夫行而蹶者，氣閉不能自持，故志氣顛倒。顛倒之間，無不動心而恐矣。則志、氣之相動也。疏「志壹」至「其心」○正義曰：趙氏讀「壹」爲「噎」。《説文》口部云：「噎，飯窒也。」《一切經音義》引《通俗文》：「塞喉曰壹。」《史記・賈誼傳》云：「子獨壹鬱其誰語？」段氏玉裁《説文解字注》云：「《易》曰『天地壹壺』，虞翻以《否》之閉塞解絪緼，❶趙岐亦以閉塞釋志壹氣壹，其轉語爲抑鬱。」《淮南子・精神訓》云「形勞而不休則蹶」，高誘注云：「蹶，顛也。」《荀子・富國》篇注云：「蹶，顛倒也。」《國語・越語》云「蹶而趨之」，注云：「蹶，走也。」《吕氏春秋・慎小》篇云「人之情不蹶於山」，❷則蹶由於行。《廣雅・釋詁》云：「趨，行也。」經云「蹶者趨者」，趙氏以「行而蹶者」解之，則「蹶者趨」猶云「蹶而趨」矣。志壹則動氣，氣壹則動志，故云「相動」。按：《説文》壹部云：「壹，專壹也。」文公三年《左傳》云「與人之壹也」，注云：「壹，無貳心。」持其志，使專壹而不貳，是爲「志壹」；守其氣，使專壹而不貳，❸是爲「氣壹」。黝之氣

---

❶「緼」，原作「温」，今據《説文解字注》改。
❷「情」，原作「行」，當誤據《經籍籑詁》，今據《吕氏春秋》改。
❸「使」，原作「便」，今據上句「使專壹而不貳」及經解本改。

在「必勝」，舍之氣在「無懼」，是氣壹也；曾子「自反而縮，雖千萬人吾往」，是志壹也。毛氏奇齡《逸講箋》云：「志一動氣，自然之理。且志亦不容不一者，不一則二三，安所持志？此所謂一正志至之解。惟志一能動氣，故志帥而氣即止也。若氣一動志，則帥轉爲卒所動，反常之道。故須善養，使不一耳。」按：毛氏此說，陳組綬《近聖居燃犀解》已言之，云：「『志至』之至是至到之至，❶『氣次』之次是次舍之次。至如行，次如止。曰『氣之帥』，『體之充』，是帥其氣以充體者，志也。曰至曰次，言至其處即次其處。丑問，志、氣既不相離，持志即是養氣，何必又無暴其氣？志本不動，不壹則涣散無其帥；氣本周流，不動則枯槁無其充。故志可壹而氣不可壹，氣可動而志不可動。如無心而蹶，是所壹之氣也而反動其心，非氣壹動志之明驗歟？此告子勿求氣可也。但既不得於心，則全不知持志之道耳。」按：丑問夫子之不動心與告子之不動心，孟子述告子之言以明告子之不動心有可有不可也。「志至氣次」，所以申言可不可之故。志帥氣以充體，志至而氣即隨之而止，此勿求氣所以可，而勿求心所以不可也。「求於心」即「持其志」也，「毋暴其氣」，似是又當求氣，故丑又問之，趙氏言「丑問暴亂其氣云何」，是也。故孟子發明之，仍申明勿求於氣之可也。不得於心，有所逆于心也。斯時能持其志，則度其可否而知其直不直、義不義，義則伸吾氣以往矣，不義則屈吾氣以退矣，此持志以帥氣之道也，志壹則動氣也；若不能持志，不度其可否，不問其直不直、義不義，而專以伸吾氣爲主，是氣壹也，此孟施舍守氣之道也，是不持志而暴其氣也。彼不論直義而徒暴其氣，固以此爲不動

❶ 第二「至」字，原作「志」，今據文義改。

心，而不知氣壹心轉不能不動，故云「氣壹則動志」也。因舉一行而顛蹶者以例之。行而顛蹶，是不持志而暴其氣也。當其蹶也，心且因之動矣，則可知徒任氣者不能不動其心，此告子「不得於心，勿求於氣」所以爲可也。然告子勿求於氣，並不求於心；雖不暴其氣，而亦不持其志。則是屏心與氣於空虛寂滅，雖直與義所在而亦却而不前，視曾子自反而持守其志者殊矣。雖不求氣而不可不善養氣。求氣以爲養氣，是黝之養勇、舍之守氣，不如告子之勿求於氣也；不求氣而求心以爲養氣，是曾子之「自反」，孟子之「持志」，乃爲善養氣也。施舍有氣無志，告子無志無氣，曾子孟子以志帥氣，則有志有氣。施舍，養氣而不善者也；告子，不善養氣者也。以氣養氣，則不善養；以心志養氣，乃爲善養。所養者，氣；所以善養者，心；心之所以善養者，在直與義。此孟子所以爲善養浩然之氣也。此上但言告子之不動心，未明孟子之不動心，故下文丑又問孟子何以長於告子也。

「敢問夫子惡乎長？」 注 丑問孟子才志所長何等？**曰：「我知言，我善養吾浩然之氣。」** 注 孟子云，我聞人言能知其情所趨，我能自養育我之所有浩然之大氣也。疏 注「我能」至「氣也」○正義曰：《淮南子·墬形訓》高誘注云：「浩亦大也。」故以「浩然之氣」爲「大氣」。臧氏琳《經義雜記》云：「《文選》班孟堅《答賓戲》：『仲尼抗浮雲之志，孟軻養浩然之氣。』李善注：『孟子曰：我善養吾浩然之氣。項岱曰：皓，白也。如天之氣皓然也。』《後漢書·傅燮傳》『世亂，不能養浩然之氣』，李賢注：『孟子曰：養吾浩然之氣。趙岐曰：浩然，天氣也。』按，《春秋繁露·循天之道》云：『陽者，天之寬也；陰者，天之急也。中者，天之用也；和者，天之功也。舉天地之道而美於和，是故物生皆貴氣而迎養之。孟子曰：我養吾浩然之氣者也。』則董子以養浩然之氣爲養天之和氣，班孟堅以浩然與浮雲相對，亦是以浩然爲天氣，趙、項之釋有所本矣。今本趙注作『浩然之大氣』，當是俗人所改。《漢書・敘傳上》注，師古曰：『浩然，純一之氣也。』《文選》五臣注劉良曰：『浩然，自放逸也。』與古義異。」**「敢問何謂浩然之氣？」**注丑問，浩然之氣，狀何如？

曰：「難言也。其爲氣也，至大至剛。以直養而無害，則塞於天地之間。注言此至大至剛正直之氣也。然而貫洞纖微，洽於神明，故言之難也。養之以義，不以邪事干害之，則可使滋蔓塞滿天地之間，布施德教無窮極也。疏注「言此」至「極也」○正義曰：云「至大至剛正直之氣」者，惟正直故剛大。下言「養之以義」解「以直養」三字，直即義也。緣以直養之，故爲正直之氣；爲正直之氣，故至大至剛。或謂趙氏以「至大至剛以直」爲句，非也。《淮南子・原道訓》云：「故植之而塞于天地，横之而彌於四海，施之無窮，而無所朝夕。」高誘注云：「塞，滿也。施，用也。用之無窮竭也。」又云：「約而能張，幽而能明，甚淖而滒，甚纖而微。」高誘注云：「言道能小能大，能昧能明。」《精神訓》云：「夫静漠者，神明之宅也。」趙氏云「貫洞纖微，洽於神明」，謂其微而未著，虚而未彰，故難於言也。《説文》干部云：「干，犯也。」《國語・周語》云「水火之所犯」，注云：「犯，害也。」故以「干」釋「害」，謂「以邪事干害之」也。既以「滿」釋「塞」，又云「滋蔓」者，隱公元年《左傳》云「無使滋蔓」，謂如草之由小而蔓延也。當其纖微静漠，難於言之；及其養以直而無干害以邪，則蔓延由微而著，由静而動，則用之德教無窮竭也。毛氏奇齡《逸講箋》云：「以直養者，集義所生，自反而縮也；無害者，不助長也。以助長則非徒無益而又害之也。」**其爲氣也，配義與道。無是，餒也。**注重説是氣。言此氣與道、義相配偶俱行。義謂仁義，可以立德之本也；道謂陰陽大道，無形而生有形，舒之彌六合，卷之不盈握，包落天地，稟授群生者也。言能養此道氣而行義理，常以充滿五藏。若其無此，則腹腸飢虚，若人之餒餓也。**疏**注「重説」至「餓也」○正義曰：《易·豐》初九「遇其配主」，《釋文》云：「鄭作妃。」桓公二年《左傳》云：「嘉耦曰妃。」耦通作偶。《周禮·掌次》「射則張耦次」，注云：「耦，俱升射者。」故以「偶」釋「配」，又申之以「俱行」也。賈誼《新書·道德説》云：「義者，理也。」又云：「義者，德之理也。」《禮記·禮運》云：「義者，仁之節也。」《祭統》云：「夫義者，所以濟志也，諸德之發也。」故以「義」兼言「仁」，又以「理」釋「義」，而爲「立德之本」也。道謂陰陽大道者，阮氏元《挍勘記》云：「漢人皆以陰陽五行爲天道。《易》曰：『一陰一陽之謂道。』趙氏用此語。」按：《列子》云：「昔者，聖人因陰陽以統天地。夫有形者生於無形。」有形生於無形，故云「無形生有形」也。疏本作「生於無形」，非是。《淮南子·原道訓》云：「包裹天地，稟受無形。」又云：「舒之幎於六合，卷之不盈於一握。」趙氏本此。以上言「無形」，故改云「群生」。落與絡古字通。絡爲纏繞，亦裹之義也。道既爲陰陽，陰陽是氣，故云「道氣」。陰陽分之爲五行，五行各屬於五藏。《白虎通·性情》篇云：「人本含五行六律之氣而生，而内有五藏六府，此情性之所由出入也。五藏：肝仁，肺義，心禮，腎智，脾信也。」《淮南子·精神訓》云：「血氣者，人之華也；而五藏者，人之精也。夫血氣能專於五藏而不外越，則胸腹充而嗜欲省矣。胸腹充而嗜欲省，則耳目清、聽視達矣。耳目清、聽視達謂之明。五藏能屬於心而無乖，則教志勝而行不僻矣。教志勝而行之不僻，則精神盛而氣不散矣。」又云：「使耳目精明元達而無誘慕，氣志虚静恬愉而省嗜欲，五藏定安充盈而不泄。」此趙氏所本也。《説文》食部云：「餧，飢也。」餧同餒，飢即餓也。不能以直養而邪或干害之，則氣以誘慕嗜欲而散，五藏外越而不能充滿，故腸腹飢虚，若人之不飲食而餧餓也。毛氏奇齡《逸講箋》云：「『配義與道』正分疏『直養』。無論氣配道義，道義配氣，總是氣之浩然者藉道義以充塞耳。『無是』者是無道義，『餒』者是氣餒，道義不能餒也。」李氏紱《配義與道解》云：「心之裁制爲義，因事而發，即羞惡之心也；身所踐履爲道，順理而行，即率性之謂也。未嘗集義、養氣之人，自反不縮。嘗有心知其事之是非而不敢斷者，氣不足以配義也；亦有心能斷其是非而身不敢行者，氣不足以配道也。吾性之義，遇事而裁制見焉；循此裁制而行之，乃謂之道。義先而道後，故曰『配義與道』，不曰『配道與義』也。」全氏祖望《經史問答》云：「配義則直養而無害矣。苟無是義，便無是氣，安能免於餒？然配義之功在集義。集義者，聚於心以待其氣之生也。曰生，則知所謂配者非合而有助之謂也，蓋氤氲而化之謂也。不能集而生之而以襲而取之，則是外之也。襲則偶有合，仍有不合而不慊於心，氣與義不相配，仍不免於餒矣。」**是集義所生者，非義襲而取之也。**注集，雜也。密聲取敵曰襲。言此浩然之氣與義雜生，從内而出，人生受氣所自有者。疏注「集雜」至「有者」○正義曰：雜從集，《方言》云：「雜，集也。」古雜、集二字皆訓合。「與義雜生」即與義合生也；與義合生，是即配義與道而生也。生即育也，育即養也。氣因配義而生，故爲善養，與徒養勇、守氣者異矣。莊公二十九年《左傳》云：「凡師有鐘鼓曰伐，無曰侵，輕曰襲。」《淮南子·氾論訓》云「秦穆興兵襲鄭」，高誘注云：「以兵伐國，不擊鼓密聲曰襲。」僖公三十三年《公羊傳》注云：「輕行疾至，不戒以入，曰襲。」**行有不慊於心，則餒矣。**注慊，快也。自省所行仁義不備，干害浩氣，則心腹飢餒矣。疏注「慊快也」○正義曰：《吕氏春秋·本生》篇云「耳聽之必慊」，又《知接》篇云「以慊寡人」，高誘注並云：「慊，快也。」慊與嗛同。《國策·魏策》「齊桓公夜半不嗛」，高誘注云：「嗛，快也。」**我故曰『告子未嘗知義』，以其外之也。**注孟子曰仁義皆出於內，而告子嘗以爲仁內義外，故言其未嘗知義也。疏注「孟子」至「義也」○正義曰：趙氏以「密聲取敵」解「襲」字，而未詳「義襲而取」之意。推其解「集義而生」爲「從內而出」，則「義襲而取」乃自外而取矣。氣合義而生，則有此氣即有此義，故爲人生受氣所自有者；義襲而取，則義本在氣之外，取以附於氣耳。若然，則義不關於內，即所行義有不附，將於心無涉矣。乃自省所行，仁義不具備，而邪事干之則心必不快。可見義在於內，關係於心，不與氣配，氣則餒矣。告子勿求於氣，並不求於心，是不知義在於內，與氣俱生，故造爲外義之説。不知義，故不知持志，即不知善養浩然之氣也。趙氏佑《温故録》云：「告子固譏孟子之集義爲襲而取之也，由其不知在內，妄疑爲徒取於外。取如『色取仁而行違』之取，加一襲字，如表裘、襲裘之襲，言其多事增益掩蓋之勞，孟子特辨正之。此『非義襲而取之也』句意與『非由外鑠我也』皆反覆揭示。講者以『義襲而取之』屬告子説。告子本外義，安肯取義？彼全是助長，與襲取亦殊。」按：以直養，則氣合義，自內而生；不以直養而邪事干害之，則氣不與義合，即是暴其氣，無所爲義襲也。『義襲而取』自指言義外者之説如此，故直非斥之。一事合義即是以直養，一事不合義即是事害之。集爲雜，雜爲合，合爲配，一也；生爲育，育爲養，一也；義爲直，直爲縮，一也；取爲求，一也。趙氏訓詁能貫通其脉。集合在內，襲取在外，是集非襲，則是內非外。集之訓未明則襲之説遂窒，六書訓詁所關於道義者深矣。**必有事焉而勿正，心勿忘，勿助長也。**注言人行仁義之事，必有福在其中，而勿正但以爲福故爲仁義也。但心勿忘其爲福，亦勿汲汲助長其福也。汲汲則似宋人也。疏注「言行」至「福也」○正義曰：經言「必有事」，趙氏以「必有福在其中」解之，是以「福」釋「事」，乃事無福訓也。翟氏灝《考異》云：「通段凡十見福字。古文福但作畐，中筆引長，形便類事。舊本《孟子》當作『必有畐焉』，故趙氏注之如此。」「而勿正但以爲福故爲仁義也」者，❶蓋以但字解正字。趙氏於訓詁，每以二字相疊爲釋，此常例也。《詩·終風》序箋云：「正猶止也。」《莊子·應帝王》篇云「不正」，《釋文》云：「正，本作止。」正之義通於止也。「爲仁義」即上云行仁義之事，自然得福；不可止以得福之故，始行仁義之事。「而勿正但以爲福故爲仁義也」十二字一氣。「正但」連下，此趙氏之義也。《淮南子·精神訓》云「非直夏后氏之璜也」，高誘注云：「直，但也。」直、正義同，正之爲但猶直之爲但也。趙氏以「必有事焉」爲「必有福焉」，故「而勿正」是不可止爲此福也，「心勿忘」是心不忘其爲福也，「勿助長」是不可助長其福也。隱公元年《公羊傳》云：「及猶汲汲也。及，我欲之。」此云「汲汲助長其福」，謂心急欲其長而助之也。按：趙氏讀「事」爲「福」，其所本不可詳；其讀正爲止而以「心勿忘」爲句，則經義可明。蓋正之爲止即是「已止」之止，「必有事焉而勿止」謂必有事於集義而不可止也。何以不止？心勿忘則不止也。心何以勿忘？時時以不得於言者求諸心，即時時以不得於心者求諸心，使行無不慊於心，則心勿忘而義集也。凡事求諸心，即曾子之「自反而縮，雖千萬人吾往」。往者氣也，然自反而縮乃往，自反而不縮則不往，是不徒恃氣而以心帥氣。以心帥氣，則能善養氣而不暴其氣；若不求諸心而但求諸氣，則無論縮不縮而皆往，務以氣勝人，是爲北宫黝、孟施舍之養勇也，是暴其氣也。能自反，則持其志，不致暴其氣。凡氣之所往，皆

---

❶「仁」，原脱，合於閩、監、毛等本，今據經解本及本書、阮校所述岳、廖、孔、韓等本注文補。

自反而縮。自反而縮，則配義與道；配義與道，則以直養而無害其氣。緣集義而生，乃浩然充塞於天地之間而不餒矣。北宫黝、孟施舍，不求諸心但求諸氣者也。故告子不得於心勿求於氣，孟子以爲可也。不得於言勿求於心，❶即是不得於氣勿求於心。蓋告子以外其義者忘其心，以忘其心者制其氣。北宫黝、孟施舍一味用氣，告子一味不用氣，而皆不求心，皆不持志，即皆不能集義。在黝、舍則暴其氣，在告子則餒其氣，惟孟子之學在自反以求心，持志以帥氣。縮而合乎義道則氣不餒，不縮而乖乎義道則氣不暴，全以「心勿忘」爲要而已。忘通妄，即《易》「无妄」之妄；事即「通變之謂事」之事。正通止，即「終止則亂」之止。通變則爲道爲義，勿止則自彊不息，勿妄則進德修業，此孟子發明《周易》之旨。故深於《易》者，莫如孟子也。

無若宋人然。宋人有閔其苗之不長而揠之者，芒芒然歸，謂其人曰：『今日病矣，予助苗長矣。』其子趨而往視之，苗則槁矣。[注]揠，挺拔之，欲亟長也。病，罷也。芒芒，罷倦之貌。其人，家人也。其子，揠苗者之子也。趨，走也。槁，乾枯也。以喻人助情邀福也必有害，若欲急長苗而反使之枯死也。[疏]注「揠挺」至「死也」○正義曰：《方言》云：「揠、擢、拂、戎，拔也。自關而西或曰拔，或曰擢。自關而東，江淮南楚之間或曰戎。東齊海岱之間曰揠。」郭璞注云：「今呼拔草心者爲揠。」《説文》手部云：「挺，拔也。」《吕氏春秋・仲冬紀》云「荔挺出」，高誘注云：「挺，生出也。」拔或連根拔起，云「挺拔」則但拔之使高出，如荔之挺生，不出其根也，故云「挺拔之欲亟長」。《禮記・少儀》云「師役曰罷」，注云：「罷之言罷勞也。」

❶ 下「於」字，原脱，今據經文及經解本補。

《春秋傳》曰『師還曰疲』。」孔氏正義引莊公八年《公羊傳》云：「此滅同姓，何善爾？病之也。」何休云：「慰勞其罷病也。」是鄭用《公羊》爲注也。罷與疲同，《廣雅·釋詁》疲、罷皆訓勞，《國語·齊語》云「罷士無伍，罷女無家」，注云：「罷，病也。」「今日病」謂今日勞苦疲憊也。趙氏以「芒芒」爲「罷倦之貌」，《音義》云：「丁音忙。」則讀若茫茫。《方言》云：「茫，遽也。」急遽所以致罷倦，罷倦則怠緩不急遽矣。《詩》「僕夫況瘁」，《楚辭·憂苦》篇作「僕夫慌悴」。《廣雅·釋言》云：「慌，夢也。」《釋詁》云：「怱，慌忘也。」《文選·歎逝賦》「何視天之芒芒」，注云：「芒芒猶夢夢也。」《爾雅·釋訓》云：「夢夢訰訰，亂也。儚儚，昏也。」孫炎注云：「夢夢昏昏，昏亂也。」《釋文》引顧野王云：「夢夢訰訰，煩懣亂也。」《楚辭·九章》云：「中悶瞀瞀忳忳。」賈誼《新書·先醒》篇云：「不知治亂存亡之所由，忳忳然猶醉也。」云「煩懣」，云「悶瞀」，云「如醉」，皆倦罷之狀。趙氏蓋讀芒芒爲夢夢，慌之訓爲夢與芒芒爲夢夢同。慌悴謂慌忽憔悴，慌忽者疲其神，憔悴者疲其形，此「芒芒」所以爲「倦罷之貌」也。《詩·桃夭》「宜其家人」，毛傳云：「一家之人。」箋云：「猶室家也。」趙氏以「其人」爲「家人」，蓋即謂一家之人也。若《國語·齊語》云「罷女無家」，注云：「夫稱家。」是婦以夫爲家。《楚辭·離騷》云「浞又貪夫厥家」，注云：「婦謂之家。」是夫亦以妻爲家。《周禮·小司徒》注云：「有夫有婦，然後爲家。」故《周易·家人》卦統言男女父子夫婦兄弟，而《詩》箋以家人猶室家，亦男女夫婦統稱。此宋人爲男子，其揠苗而歸，不必專告一人，則「其人」之爲「家人」，概指一家而言耳。「其子」亦家人中之一人也。《説文》走部云：「趨，走也。」高誘注《吕氏春秋》《淮南子》皆以走釋趨。《説文》木部云：「槀，木枯也。」《周禮·小行人》注云：「故書槁爲槀。」《國語·魯語》云「稓魚鼈以爲夏槁」，注云：「槁，乾也。」是乾、枯、槁義同。閩、監、毛三本作「喻人之情邀福者必有害」，者與也義同，俱連下之詞。《列子・黄帝》篇「邀於郊」，《釋文》云：「邀，抄也，遮也。」情非中節而發，則氣不由直養而生，助其喜怒之情以要求呵護之福，勢敗援緩，身名俱喪，是反使有害也。趙氏義如此。**天下之不助苗長者，寡矣。以爲無益而舍之者，不耘苗者也；助之長者，揠苗者也。非徒無益，而又害之。」**注天下人行善皆欲速得其福，恬然者少也。以爲福禄在天，求之無益，舍置仁義，不求爲善，是由農夫任天，不復耘治其苗也。其邀福欲急得之者，由此揠苗之人也，非徒無益於苗，而反害之。言告子外義，常恐其行義欲急得其福，故爲丑言，人之行當内治善，不當急欲求其福。疏注「天下」至「者矣」○正義曰：「邀福」，閩、監、毛三本作「遲福」。阮氏元《挍勘記》云：「遲是也。讀如遲容之遲。」「常恐其行義」，《考文》古本作「常恐其作義」。又閩、監、毛三本注末多「亦若此揠苗者矣」七字。按：《孟子》經文辭句明達，不似《詩》《書》艱奥，而趙氏注順通其意亦極詳了，不似毛、鄭簡嚴，待於申發。故但疏明訓詁典籍，則趙氏解經之意明而經自明；而趙氏有未得經義者，以經文涵泳之，亦可會悟而得其真，固無取乎强經以從注也。此注既讀「必有事」爲「必有福」，故皆以邀福、得福、求福言之。《説文》心部云：「恬，安也。」《老子》云「恬澹爲上」，謂不求福也。由即猶也。《毛詩・甫田》「或耘或耔」，傳云：「耘，除草也。」《禮記・曲禮》云「馳道不除」，注云：「除，治也。」故以「治」釋「耘」。「言告子外義，常恐其行義欲急得其福」，蓋謂告子既以義爲外，則必不行義，故惟恐其行義也。行義，福不可必得，故不行義而别有以助之，以急求其福。行義即是内治善，内治善則福不能急得。欲急得福，故告子不内治善，且惟恐其行義以碍其急求福也。孟子與之相反，故言「當内治善，不當急求其福」。此趙氏義也。乃以《孟子》經文核之：告子者，「不得於言，勿求於心；不得於心，勿求於氣」者也。勿求心、勿求氣，正《老子》所謂「恬澹」，《淮南子》所謂「恬愉」，豈尚有急求其福之事？則是以急求其福擬告子者，誣也。若謂勿求心、勿求氣即是助長，長即生也，亦即養也。告子勿求心則不集義，因不能如孟子之善養氣；告子勿求氣則不守氣，亦並不似孟施舍之養勇。告子本不欲氣之生長，又何用助長？且告子之學雖偏，而其勿求心、勿求氣，自造爲義外之説，亦當時處士之傑出者。使助長即指告子，則孟子明云「天下之不助苗長者寡矣」，然則天下皆助長之人，豈天下皆爲告子之勿求心、勿求氣？則趙氏以揠苗助長比急求其福，以急求其福爲告子之惟恐行義，於《孟子》經文殊難脗合矣。試即經文涵詠之：「不得於言，勿求於心」，忘其爲心者也。忘其心而勿求則無事，此告子外義、不善養浩然之氣之説也。孟子既辨明義非外襲，必事内集，故云「必有事焉而勿正」。必有事則必求於心，而勿止則非一求而已，且「心勿忘」矣。此辨明告子之不動心與孟子之不動心已畢，以下「勿助長」則推黝、舍之養勇而言之，謂不可爲告子之必無事而餒，亦不可爲黝、舍之守氣以養氣也。守氣以養氣，是助長也。長即養也，亦即生也。「以直養而無害」，則氣由義生，爲善養即爲善長而非助長助養；以守氣爲養勇，則氣由氣生，爲不善養，即不善長，而爲助長助養。天下能自反持志，直養集義者，能有幾人？大抵多暴其氣以生長其氣，故云「天下之不助苗長者寡矣」。「以爲無益而舍之」，是不有事而止而不求氣者也，此不芸苗者也，是告子之「不得于心，勿求其氣」而「可」者也，故無害也；助之長者，氣本不能從義直而生而助之生，此揠苗者也，是黝、舍之守氣以暴其氣者也。暴其氣則不能自反，不能持志，不能集義。凡無義無道，雖不慊於心，而一以其氣行之。以直長養之而無害者，以不直長養而有害必矣，故

「非徒無益，而又害之」也。此害字即申明「以直養而無害」之害。以直養則氣自生長於義而無容助之，然則助長者，不能以直養之謂也。治田者，培其苗之根，除其非種，苗自生于根矣，無以揠爲也。總之，以持志自反爲要，則「心勿忘」三字爲善養浩然之學。忘其心爲黜、舍之暴氣，非也；爲告子之勿求氣，亦非也。勿求氣雖較暴氣爲無害，然勿求氣即不復求心以生氣，雖無害而實無益。譬如不揠苗亦不耘苗，苗之槁雖不自我害之，而苗亦莫能長矣，安用此枯槁寂寞之學爲哉？程氏瑶田《通藝録・論學小記》云：「人於日用之間，無時無地之非事，即無時無地之非動。聖人之言敬也，道國曰敬事，事君曰敬其事，論仁曰執事敬，論君子曰執事敬，又曰事上敬、交久敬、行篤敬、敬鬼神、祭思敬，蓋悉數之不能終其物。靜時涵養以收斂放心，是敬之一事。蓋人生日用之間，動處多，靜處少。以三達德行五達道，處處是動，處處當用敬。其或有少間靜時，亦須以敬聯屬之，故曰『君子不動而敬』，『君子戒慎乎其所不睹，恐懼乎其所不聞』。言其用功於動，用功於睹聞，已無絲毫之不敬；而于萬動中或有一靜，于萬睹聞中或有一不睹不聞，亦以敬聯屬之。如此言敬，始謂之『修己以敬』，始謂之『敬而無失』。以靜時繼續其動時之敬，非主於靜而以動時繼續其靜時之敬也。孟子不動心有道，以能養氣也。氣何以得養？以集義也。義何以集？以格物而致其知也。能致其知，則心有主而義以集，然後見之於行事，事皆合於義，《易》所謂『義以方外』。如此義方外者，必敬直内。敬義相須，無舍敬而能義，亦無舍義而能敬者。故義雖方外，而實謂之内。行吾敬，故謂之内。告子未嘗知義，以其外之也。此孟子之論義，即孟子之論敬也。敬也者，用其心焉而已矣。夫子曰『無所用心』，心不用則於不可已者而亦已，故斥之曰難。孟子之不動心，非釋氏之專一寂守以主靜得以冒其號而謂之曰不動心也。而告子之不動心，所以異於孟子之不動心，一在動處用功，一在静處用功，烏得不相背而馳哉？」「**何謂知言？」**注丑問知言之意謂何？**曰：「詖辭知其所蔽，淫辭知其所陷，邪辭知其所離，遁辭知其所窮。**注孟子曰：人有險詖之言，引事以褒人，若賓孟言雄雞自斷其尾之事，能知其欲以譽子朝、蔽子猛也。有淫美不信之辭，若驪姬勸晉獻公與申生之事，能知其欲以陷害之也。有邪辟不正之事，若豎牛勸仲任賜環之事，能知其欲行譖毁以離之於叔孫也。有隱遁之辭，若秦客之廋辭於朝，能知其欲以窮晉諸大夫也。若此四者之類，我聞能知其所趨者也。疏注「人有」至「猛也」○正義曰：王氏念孫《廣雅疏證》云：「『詖，詖也』，見《集韻》《類篇》。詖，《玉篇》音虚儉、息廉二切。《説文》引《立政》『勿以詖人』，徐鍇傳云：『詖猶險也。』今本詖作憸，馬融注云：『憸利，佞人也。』《説文》：『憸，憸詖也。憸利於上，佞人也。』『思，疾利口也。』引《盤庚》『相時思民』。今本思作憸。馬融注云：『憸利，小小見事之人也。』《韓非子・詭使》篇云：『損仁逐利，謂之疾險。』並字異而義同。《文選》顔延之《和謝監靈運詩》，注引《倉頡篇》云：『詖，佞諂也。』《孟子・公孫丑》篇『詖辭知其所蔽』，趙岐注云：『險詖之言。』《荀子・成相》篇云：『讒人罔極，險詖傾側。』❶《詩序》云：『内有進賢之志，而無險詖私謁之心。』並字異而義同。」「賓孟言雄雞自斷其尾」之事，見昭公二十二年《左傳》。《廣雅・釋詁》云：「蔽，障也。」景王太子壽卒，既立子猛，又欲立王子朝，故賓起因雄雞斷尾以説王。《國語・周語》賓起云：「吾見雄雞自斷其尾，而人曰憚其犧也。吾以爲信畜矣，人犧實難，

❶「傾側」，原作「顛倒」，今從沈校據《荀子》及《廣雅疏證》改。

己犧何害？抑其惡爲人用也乎？則可也。人異于是，犧者實用人也。」注云：「人犧，謂雞也，爲人作犧實難，❶言將見殺也；己謂子朝，己自爲犧，當何害乎？雞惡爲人所用，自斷其尾，可也；人之美，則宜君人事宗廟也。」人自作犧則能治人，此譬子朝欲王立之，不必毁子猛。子朝立，猛自廢矣，故云「蔽」也。賓起爲子朝傳，謀立子朝以廢子猛，是爲「詖詖」。○注「有淫美」至「之也」○正義曰：《説文》水部云：「淫，浸淫隨理也。」浸猶漸也。由漸而入，隨其脉理則不違逆，故云「淫美」。《毛詩·雨無正》「巧言如流」，箋云：「巧猶善也。」善即美也。淫美猶云淫巧。《詩·小雅》「僭始既涵」，箋云：「僭，不信也。」「驪姬勸晉獻公與申生」之事，見莊公二十八年《左傳》。驪姬本欲廢申生，而先言「曲沃，君之宗也，不可以無主。若使大子主曲沃，則可以威民而懼戎，且旌君伐」。晉侯説之。是巧言不信，欲殺之先與之也。惟其與之，使居曲沃，而乃由是得罪，是「陷害之」也。《周禮·雍氏》注云：「穿地爲塹，所以禦禽獸，其或超踰則陷焉，世謂之陷阱。」禽獸不知有坑阱，人巧設以害之；驪姬欲害申生，故先爲此巧美之言，使之墜入，如禽獸之陷於阱，故爲「陷害」也。○注「有邪」至「孫也」○正義曰：邪，辟也。邪則不正，故云「邪辟不正」。「豎牛勸仲任賜環」之事，見昭公四年《左傳》。豎牛者，叔孫穆子在庚宗所私婦生也；仲壬，穆子在齊娶國姜所生也。壬與公御萊書私遊于公宫，昭公與仲壬玉環。壬使牛入告穆子，牛入不告而詐傳穆子命使壬佩之，乃譖於叔孫曰：「不見而自見矣，公與之環而佩之矣。」遂逐仲壬。仲壬被逐，是父子相離也。○注「有隱」至「夫也」○正義曰：《淮

❶「爲」，原作「謂」，今據《國語》改。

南子・繆稱訓》云「不身遁，斯亦不遁人」，高誘注云：「遁，隱也。」故「遁辭」爲「隱遁之辭」。「秦客廋辭於朝」，事見《國語・晉語》。韋昭注云：「廋，隱也。謂以隱伏譎詭之言聞於朝也。東方朔曰：『非敢試也，乃與爲隱耳。』是也。」大夫莫之能對，故云「欲以窮晉諸大夫」也。○注「若此」至「趨也」❶○正義曰：「知其所趨」謂知其趨向所在也。按：賓孟、驪姬、豎牛同一讒詐，無以分其爲詖、淫、邪，且當時晉獻公、周景王雖惑之，而史蘇、劉蚠輩皆能知之，不必孟子大賢也。至秦客廋辭，即所謂「隱」。《漢・藝文志》有《隱書》八十篇，劉向《别録》云：「《隱書》者，疑其言以相問，對者以慮思之，可以無不諭。」《吕氏春秋・重言》篇言「荆莊王好隱」，《韓非子・難》篇言「人有設桓公隱者」，古人托言譎諫，與詩人比興正同，無所爲窮知之，尤無足爲難，故晉大夫莫能對，范文子且知其三也，豈遂爲孟子之知言乎？《鶡冠子・能天》篇云：「詖辭者，革物者也，聖人知其所離；淫辭者，因物者也，聖人知其所合；詐辭者，沮物者也，聖人知其所飾；遁辭者，請物者也，聖人知其所極。」陸佃注云：「詖辭，蓋若告子之類。告子外義，聖人無之，故曰革物者也。淫辭，蓋若墨子之類。兼愛，聖人有之，故曰因物者也。詐猶邪也。飾又從而爲之辭。極猶窮也。」鶡冠之説與孟子小異。以詖辭聖人知其所離，蓋此「詖辭」即孟子所云「邪辭」；其别云「詐辭」，則孟子所未言也。《説文》言部云：「詖，辨論也。古文以爲頗字。」頗，《廣雅》訓邪，《説文》訓偏，《書・洪範》云「頗僻」即邪僻，故鶡冠以詖即邪。又「無偏無頗，遵王之義」，此頗與偏並舉，頗即偏也。段氏玉裁《説文解字注》云：「凡從皮之字皆有

❶「趨也」，合於宋十行、閩、監、毛等本，本書注文及阮校所述廖、孔、韓等本「趨」下有「者」字。

分析之意。」分則偏，偏則各持一説，則辨論，此詖之正義也。聖人變通神化，不執於一，孔子稱六言六蔽，雖仁、知、信、直、勇、剛，不學以通之，則有所蔽而爲愚、蕩、賊、絞、亂、狂。《荀子·解蔽》篇云：「凡人之患，蔽于一曲而闇於大理。」又云：「凡萬物異則莫不相爲蔽。墨子蔽於欲而不知得，慎子蔽於法而不知賢，申子蔽於執而不知知，惠子蔽於辭而不知實，莊子蔽於天而不知人。」即詖辭之由於有所蔽也。淫爲浸淫隨理，鶡冠以爲因，陸佃證以墨子之兼愛是也。班固《漢書·藝文志》言九流之學：「儒家出於司徒之官，道家出於史官，陰陽家出於羲和之官，法家出於理官，名家出於禮官，墨家出於清廟之守，從横家出於行人之官，雜家出於議官，農家出於農稷之官。」所謂「因」也。然各引一端，崇其所善：儒則違離道本，五經乖析，道則獨任清虛，兼棄仁義，陰陽則舍人事而任鬼神，法則傷恩薄厚，名則鉤鈲析亂，墨則不知别親疏，從横則上詐諼而棄其信，雜則漫羨而無所歸，農則欲使君臣並耕，誖上下之序：蓋水循理隙而入，浸漸其中，不能復出。《荀子·非十二子》所謂「持之有故，言之成理」，是淫辭之有所陷入也。至於「邪辟之辭」，則顯然悖謬於倫理道義，鶡冠所謂「革」是也。萬氏斯大《學春秋隨筆》云：「《春秋》弑君有稱名、稱人、稱國之異。《左氏》定例以爲『稱君君無道，稱臣臣之罪』，甚矣其説之頗也。孟子曰：『世衰道微，邪説暴行有作。』所謂『暴行』，即弑父、弑君是也；所謂『邪説』，即亂臣賊子與其儕類，將不利於君，必飾君之惡，張己之功，造作語言，誣惑衆庶是也。有邪説以濟其暴，遂若其君真可弑而己可告無罪然者。相習既久，政柄下移，群臣知有私門而不知有公室。且鄰封執政，相倚爲姦，凡有逆節，多蔽過於君，鮮有罪及其臣者，如魯、衛出君，師曠、史墨之言可證也。《左氏》之例亦猶是耳。於弑君而謂君無道，是《春秋》非討亂賊而反爲之先導矣。邪説之惑人,一至是乎!」蓋邪説直造爲悖道之言,其甘於爲此説者則心久離於倫理道義,乃至於是,故邪辭由於有所離也。沮之言止,請之言乞。止之使去,乞之使來。若明白直質言之未能售也,故曲言之,亦隱言之。鵙冠合邪辭于詖辭,而分遁辭爲詐辭,陸佃以詐爲邪,非也。何則?所憎者欲其止,所好者欲其來。不能必其止與來也,故以詭詐行之。在本意則隱而不明,是爲遁;在所言則妄而不實,是爲詐。遁即詐也。離謂離於道義,窮謂窮於道義。心中本無義無道,惟恃此詭詐隱藏以爲鈎致,此遁辭所以由於窮也。戰國時張儀、蘇代等之言大多如是也。此四者,非通於大道,明於六經,貫乎伏羲、神農、黄帝、堯、舜、文王、周公、孔子之學,鮮克知之。孟子聞而能知其趨,則好古窮經之學深矣。**生於其心,害於其政;發於其政,害於其事。聖人復起,必從吾言矣。」** 注 生於其心,譬若人君有好殘賊嚴酷心,必妨害仁政,不得行之也;發於其政者,若出令欲以非時田獵、築作宫室,必妨害民之農事,使百姓有飢寒之患也。吾見其端,欲妨而止之。❶如使聖人復興,必從吾言也。疏「生於」至「言矣」○正義曰:按:此與《滕文公下》篇「好辯」章互相發。彼云:「吾爲此懼,閑先聖之道,距楊墨,放淫辭,邪説者不得作。作於其心,害於其事;作於其事,害於其政。聖人復起,不易吾言矣。」又云:「我亦欲正人心,息邪説,放淫辭。」則是詖、淫、邪三者,楊、墨兼有之。蓋楊偏執於爲我,墨偏執於兼愛,是詖也。楊之爲我有合於曾子居武城,墨子兼愛有合於禹、稷三過其門而不入,各浸淫失其本,則淫也。至於無父無君,則邪也,特不似儀、秦之詐飾耳。此「生於其心」四句

---

❶「妨」,廖本作「防」。

承上。蔽、陷、離、窮皆心也，詖、淫、邪、遁生於心之蔽陷離窮，是「生於其心」也。此詖淫邪遁之言，造之自下，大有礙乎聖人治天下之法，故「害於政」也。若將此詖淫邪遁之言見之於政，則天下效之，三綱由是淪，百行由是壞，故「害於事」也。政謂法教也，事謂事爲也。「吾言」指「以直養而無害」以下，至「必有事焉而勿正，心勿忘，勿助長」之言。告子義外之言不免詖邪，聖人復起，必從吾「配義」「集義」之言也。注以政爲仁政，故指人君言之。

「宰我、子貢善爲説辭，冉牛、閔子、顔淵善言德行，孔子兼之。曰：我於辭命則不能也。

注言人各有能。我於言辭命教則不能如二子。疏注「言辭命教」❶○正義曰：《禮記·表記》注云：「辭謂解説也。」説亦言也。上言「説辭」，則「辭」即「言」也。《詩·下武》「永言配命」，箋云：「命，教令也。」是「命」爲「教」。**然則夫子既聖矣乎？」**注丑見孟子但言不能辭命，不言不能德行，謂孟子欲自比孔子，故曰，夫子既已聖矣乎？疏注「丑見」至「矣乎」○正義曰：趙氏以上節仍孟子之言，「曰我於辭命則不能也」爲孟子自言其不能此，「然則」乃丑問之言。然「必從吾言矣」已結上文。近時通解以「宰我」以下皆丑問之言，「曰我於辭命則不能也」乃孔子之言，是也。**曰：「惡，是何言也？昔者子貢問於孔子曰：『夫子聖矣乎？』孔子曰：『聖則吾不能，我學不厭而教不倦也。』子貢曰：『學不厭，智也；教不倦，仁也。仁且智，夫子既聖矣。』夫聖，孔子不居。是何言也？」**注惡者，不安事之歎辭也。孟子答

❶「命教」，原作「教命」，合於韓本，今從沈本據本書注文及阮校所述孔本改。

丑，言往者子貢、孔子相答如此。孔子尚不敢安居於聖，我何敢自謂爲聖？故再言「是何言」也。疏注「惡者」至「辭也」○正義曰：葉夢得《避暑録話》述此文，惡作烏，云：「烏蓋齊魯發語不然之辭，至今用之，作鼻音，亦通於汝、潁。」周氏廣業《孟子逸文考》云：「《音義》惡音烏，非作烏也。《韓詩外傳》《新序》載楚邱先生答孟嘗君曰：『惡，何君謂我老？』則烏、惡信齊音。」王氏引之《經傳釋詞》云：「惡，不然之詞也。《莊子・人間世》篇曰：『惡，惡可？』上惡字不然之詞，下惡字訓爲安。《荀子・法行》篇云：『惡，賜，是何言也？』《韓子・難》篇云：『啞，是非君人者之言也。』啞與惡同。」按：啞、惡二音今皆有之，實一聲之轉。意不然而驚咤之則云啞，意不然而直拒之則云惡。○注「言往者孔子子貢相答如此」○正義曰：《吕氏春秋・尊師》篇云：「子貢問孔子曰：『後世將何以稱夫子？』孔子曰：『吾何足以稱哉？勿已者，則好學而不厭，好教而不倦，其惟此耶？』」翟氏灝《考異》云：「《論語》『爲之不厭，誨人不倦』，是向公西華言之，此向子貢言之。《日知録》謂《孟子》書所引孔子之言，其載於《論語》者八，『學不厭而教不倦』一也。今據《吕氏春秋》，則此實别一時語。」「學不厭」，《論衡》引作饜。

「昔者竊聞之：子夏、子游、子張皆有聖人之一體，冉牛、閔子、顔淵則具體而微。注體者，四枝股肱也。孟子言昔日竊聞師言也。丑方問欲知孟子之德，故謙辭言「竊聞」也。一體者，得一枝也；具體者，四枝皆具。微，小也，比聖人之體微小耳。體以喻德也。疏「昔者」至「而微」○正義曰：近通解以爲丑問之言，是也。○注「體者四枝股肱也」○正義曰：《文選》注引劉熙注云：「體者，四支股腳也。具體者皆微者也，皆具聖人之體微小耳。體以喻德也。」與趙氏此注同。《毛詩・相鼠》「人而無體」，傳云：「體，支體也。」《禮記・喪大記》注云：「體，手足也。」《周書・武順》篇云：「左右手各握五，左右足各履五，曰四枝。」肱屬手，股屬足，故云「四枝股肱」。枝與支通，《説文》作胑，亦作肢。**敢問所安？」** 注 丑問孟子所安比也。疏 注「所安比也」○正義曰：趙氏讀安爲案。《周禮・縣正》「各掌其縣之政令徵比」，注云：「比，案比也。」按安猶處也，處猶居也。謂夫子於諸賢，欲何居也。**曰：「姑舍是。」** 注 姑，且也。孟子曰，且置是。我不願比也。疏 注「姑且」至「比也」○正義曰：《毛詩・卷耳》傳云：「姑，且也。」《呂氏春秋・貴生》《上農》等篇高誘注並云：「舍，置也。」**曰：「伯夷、伊尹何如？」** 注 丑曰，伯夷之行何如？孟子心可願比伯夷不？疏 注「可願比伯夷不」❶○正義曰：阮氏元《挍勘記》云：「盧文弨《抱經堂文集》云：『依趙氏注，經文但云伯夷何如，無「伊尹」二字。』按，此説極確，趙注本憭然，丑問伯夷一人，孟子乃及伊尹。」**曰：「不同道。** 注 言伯夷之行不與孔子、伊尹同道也。**非其君不事，非其民不使，治則進，亂則退，伯夷也；** 注 非其君，非己所好之君也；非其民，不以正道而得民，伯夷不願使之，故謂之非其民也。**何事非君？何使非民？治亦進，亂亦進，伊尹也。** 注 伊尹曰，事非其君者，何傷也？使非其民者，何傷也？要欲爲天理物，冀得行道而已矣。疏 注「要欲」至「已矣」○正義曰：《五經通義》云：「荷天命以爲王，使理群生。」此所謂「爲天理物」也。**可以仕則仕，可以止則止，可以久則久，可以速則速，孔子也。** 注 止，處也。久，留也。速，疾去也。疏 注「止處」至「去也」○正義曰：《説文》几部

❶「不」，原作「否」，今據本書及廖本注文改。

云：「処，❶止也。」重文作處。是「止」即「處」也。莊公八年《公羊傳》云「何言乎祠兵爲久也」，注云：「爲久，稽留之辭。」《説文》辵部云：「速，疾也。」久屬仕言，故云留；速屬止言，故云去。**皆古聖人也，吾未能有行焉。乃所願，則學孔子也。」**注此皆古之聖人，我未能有所行。若此乃言我心之所庶幾，則願欲學孔子所履，進退無常，量時爲宜也。疏注「乃言」至「宜也」〇正義曰：《爾雅·釋詁》云：「幾，近也。」《淮南子·要略》云「所以使學者孳孳以自幾也」，高誘注云：「幾，庶幾也。」然則「庶幾」即幾也，「我心之所庶幾」，言我心之所近也。「進退無常，量時爲宜」，即集義矣。義之所在，即仕即久，是進也；義之所不在，即止即速，是退也。《禮記·學記》云：「當其可之謂時。」仕止久速，皆視其可，是爲「量時」。**「伯夷、伊尹於孔子，若是班乎？」**注班，齊等之貌也。丑嫌伯夷、伊尹與孔子相比，問此三人之德班然而等乎？疏注「班齊」至「等乎」〇正義曰：《方言》云：「班，列也。北燕曰班。」《儀禮·既夕》注云：「班，次也。」《文選·東京賦》云「次和樹表」，薛綜注云：「次，比也。」《禮記·服問》注云：「列，等比也。」《淮南子·精神訓》高誘注云：「齊，等也。」《原道訓》高誘注云：「齊，列也。」是班、列、次、比、等、齊同義轉注，故趙氏以「齊等」解「班」，又以「相比」解之。《説文》女部云：「嫌，疑也。」謂丑疑三人相等也。**曰：「否。自有生民以來，未有孔子也。」**注孟子曰，不等也。從有生民以來，非純聖人，則未有與孔子齊德也。**曰：「然則有同與？」**注

❶「処」，原作「處」，今據《説文》及經解本改。

丑曰：然則此三人有同者邪？ 曰：「有。得百里之地而君之，皆能以朝諸侯，有天下。行一不義，殺一不辜而得天下，皆不爲也。是則同。」注孟子曰，此三人君國，皆能使鄰國諸侯尊敬其德而朝之。不以其義得之，皆不爲也。是則孔子同之矣。疏「行一」至「爲也」○正義曰：《荀子・王霸》篇云：「故用國者，義立而王，信立而霸。行一不義，殺一無罪而得天下，仁者不爲也。」又《儒效》篇云：「行一不義，殺一無罪而得天下，不爲也。」與《孟子》同。不義則自反而不縮也，不爲則不惴也。**曰：「敢問其所以異。」**注丑問孔子與二人異謂何？ **曰：「宰我、子貢、有若，智足以知聖人，汙不至阿其所好。**注孟子曰，宰我等三人之智足以識聖人。汙，下也。言三人雖小汙不平，亦不至阿其所好以非其事，阿私所愛而空譽之，其言有可用者。欲爲丑陳三子之道孔子也。疏注「汙下」至「用者」○正義曰：《說文》水部云：「窪，窊也。」穴部云：「窊，汙衺下也。」《音義》云：「丁音蛙，不平貌。趙氏讀汙爲窪也。」按：汙本作洿，孟子蓋用爲夸字之假借。夸者，大也。謂言雖大而不至於阿曲。成公綏《嘯賦》云：「大而不洿。」蘇洵有《三子知聖人汙論》，以汙屬上讀，則「智足以知聖人汙」亦是智足以知聖人之大也。**宰我曰：『以予觀於夫子，賢於堯舜遠矣。』**注予，宰我名也。以爲孔子賢於堯舜。以孔子但爲聖，不王天下而能制作素王之道，故美之。如使當堯舜之處，賢之遠矣。疏注「如使當堯舜之處」❶○正義曰：阮氏元《挍勘記》云：「『如

❶「處」，原作「世」，合於宋十行、閩、監、毛等本，今據本書及阮校所述廖、孔、韓等本注文改。

使當堯舜之世觀其制度』，閩、監、毛三本，足利本同。廖本、孔本、韓本、《考文》古本世作處，無『觀其制度』四字。按，無者是。」**子貢曰：『見其禮而知其政，聞其樂而知其德。由百世之後等百世之王，莫之能違也。自生民以來，未有夫子也。』**注見其制作之禮，知其政之可以致太平也；聽聞其《雅》《頌》之樂，而知其德之可與文武同也。《春秋外傳》曰「五聲昭德」，言五音之樂聲可以明德也。從孔子後百世，上推等其德於前百世之聖王，無能違離孔子道者。自從生民以來，未有能備若孔子也。疏「子貢」至「子也」○正義曰：趙氏佑《温故録》云：「李文貞《讀孟子劄記》云：『夫子所以超於群聖者，以其祖述堯舜，憲章文武，使先王之道傳之無窮也。宰我、子貢、有若推尊之意，蓋皆以此，而子貢獨顯言之。如能言夏殷之禮，知《韶武》之美善，告顔子爲邦之類，皆所謂「見禮知政，聞樂知德，等百王而莫違」者也。孟子引之，以是爲孔子所以異者，蓋聖則同德，孔子則神明天縱，有以考前王而不謬，俟後聖而不惑，非列聖所可同也。』」○注「春秋」至「德也」○正義曰：引見《國語·周語·隨會聘周》篇。韋昭《國語解敘》云：「昔孔子發憤於舊史，垂法於素王。左丘明因聖言以攄意，託王義以流藻，以爲《國語》。其文不主於經，故號曰《外傳》。」宋庠《國語補音敘》云：「魏晉以後書録所題皆曰『春秋外傳國語』，是則《左傳》爲内，《國語》爲外。」按：趙氏生後漢，已稱《外傳》，則「外傳」之題不始魏晉矣。韋昭注云：「昭德謂政平者其樂和也。」亦謂見其樂知其德。○注「從孔」至「道者」○正義曰：《吕氏春秋·貴公》篇云「而莫知其所由始」，注云：「由，從也。」《毛詩·谷風》傳及《説文》辵部皆云：「違，離也。」故以「從」釋「由」，以「離」釋「違」。孔子無可無不可，其道大備，故從孔子百世後上推孔子，又比孔子之德於百世前之聖王，皆莫能越孔子之範圍。「上推」即「推而放諸東海而準」之推。**有若曰：『豈惟民哉？麒麟之於走獸，鳳凰之於飛鳥，泰山之於丘垤，河海之於行潦，類也；聖人之於民，亦類也。出於其類，拔乎其萃，自生民以來，未有盛於孔子也。』」**注 垤，蟻封也。行潦，道傍流潦也。萃，聚也。有若以爲，萬類之中各有殊異，至於人類卓絶，未有盛美過於孔子者也。若三子之言孔子，則所以異於伯夷、伊尹也。夫聖人之道，同符合契，前聖後聖，其揆一也，不得相踰。云生民以來無有者，此三子皆孔子弟子，緣孔子聖德高美而盛稱之也。孟子知其言太過，故貶謂之「汙下」，但不以無爲有耳。因事則褒辭在其中矣，亦以明師徒之義得相褒揚也。疏 注「垤蟻」至「聚也」○正義曰：《詩·豳風》「鸛鳴于垤」，毛傳云：「垤，螘冢也。」《方言》云：「垤，封場也。楚郢以南蟻土謂之封。垤，中齊語也。」螘同蟻。《禮記·樂記》云「封比干之冢」，注云：「積土爲封。」《廣雅·釋丘》云：「封，冢也。」是「蟻封」即螘冢也。《法言·問神》篇云：「太山之於螘垤。」《詩·召南》「于彼行潦」，《大雅·泂酌》「彼行潦」，毛傳皆云：「行潦，流潦也。」孔氏正義云：「行者，道也。」《説文》水部云：「潦，雨水也。」然則行潦，道路之上流行之水。《漢書·司馬相如傳》注引應劭云：「潦，流也。」此云「道旁流潦」，以「道」釋「行」，以「流」釋「潦」也。「萃，聚也」，《周易·彖傳》文。阮氏元《校勘記》云：「『泰山之於丘垤』，咸淳衢州本泰作太。」○注「有若」至「尹也」○正義曰：《呂氏春秋·論人》篇云「人同類而智殊」，高誘注云：「殊，異也。」《文選·薦禰衡表》云「英才卓躒」，注云：「卓躒，絶異也。」「萬類」，統人物而言。麒麟與衆獸異，鳳凰與衆鳥異，泰山、河海與丘垤、行潦異，聖人與凡民異，是「萬類各有殊異」也。聖人在人類之中，本是卓然絶異於凡俗，是「出於其類，拔乎其萃」也。而孔子在卓絶之中尤爲盛美，此所以異于伯夷、伊尹也。蓋以黝、舍、告子之不知求心，不知集義，必要之於曾子之「自反」。自反而縮，則得百里之地而君，皆能朝諸侯，有天下；自反不縮，則行一不義，殺一不辜，得天下，皆不爲。是伯夷、伊尹與孔子皆自反而配道義矣。乃伯夷之「非其君不仕，非其民不使」，尚專於清；伊尹之「何仕非君，何使非民」，尚專於任。任之不已，則流於黝、舍；清之不已，則流於告子。故雖能「集義」，又必「量時合宜」，而要之於孔子之「可仕可止，可久可速」。《易》之道，大中而上下應之，此志帥氣之學也。分陰分陽，迭用柔剛，通其變使民不倦，神而化之使民宜之，此「可仕可止，可久可速」之學也。至於通變神化，而「集義」之功極於精義，求心之要妙於先心。此伏羲、神農、黄帝、堯、舜、文王、周公相傳之教，孔子備之而孟子傳之。惟得乎此，而詖、淫、邪、遁之言乃不致以似是而非者惑亂而昧所從也。○注「夫聖」至「揚也」○正義曰：趙氏佑《温故録》云：「此章舊注特多違失，如以子夏不如曾子孝之大，以告子之言心氣皆屬人言，『宰我、子貢善爲説辭』一節、『昔者竊聞之』一節皆爲孟子自言，於『有若曰』節注『此三人皆孔子弟子』云云，❶直説成阿其所好，全相觸背。此漢注之所以不可廢而有可廢也。」

章指：言義以行勇，則不動心；養氣順道，無效宋人。聖人量時，賢人道偏。是以孟子究言情理，而歸之學孔子也。

---

❶ 「於」上，原有「莫不善」三字，乃節略《四書温故録》「賴《集註》始正之，莫不善」而未盡者，今删去。

孟子正義卷七

江都縣鄉貢士焦循譔集

孟子曰：「以力假仁者霸，霸必有大國；以德行仁者王，王不待大。湯以七十里，文王以百里。注言霸者以大國之力假仁義之道，然後能霸，若齊桓、晉文等是也；以己之德行仁政於民，小國則可以致王，若湯文王是也。疏「湯以」至「百里」○正義曰：顧氏炎武《日知録》云：「『湯以七十里，文王以百里』，孟子爲此言以證王之不待大爾。其實文王之國不止百里。周自王季伐諸戎，疆土日大，文王自岐遷豐，其國已跨三四百里之地，伐崇伐密，自河以西，舉屬之周。至於武王而西及梁、益，東臨上黨，無非周地。紂之所有不過河内殷墟，其從之者亦但東方諸國而已。一舉而克商，宜其如振槁也。《書》之言文王曰『大邦畏其力』，文王何嘗不藉力哉？」按：孟子前言「文王由方百里起，是以難也」，謂其起自百里，非謂遷豐之後仍止百里也。孟子之文彼此互見，貫而通之乃見其備。湯、文始小而終大，由能行仁政而諸侯歸之；謂文王藉力，當未必然。《史記·平原君列傳》毛遂曰：「遂聞湯以七十里之地王天下，文王以百里之地而臣諸侯。」《荀子·仲尼》篇云：「文王載百里地而天下一。」《韓詩外傳》云：「客有説春申君者曰：湯以七十里，文王以百里，皆兼天下，一海内。」陸賈《新語·明誠》篇云：「湯以七十里之封而升帝王之位。」《史記·三代世表》後，褚先生答張夫子問云：「堯知稷、契皆賢人，天之所生，故封之契七十里；後十餘世，至湯王天下；堯知后稷子孫之後王也，故益封之百里，其後世且千歲，至文王而有天下。」**以力服人者，非心服也，力不贍也；以德服人者，中心悦而誠服也，如七十子之服孔子也。**注贍，足也。以己力不足而往服從於人，非心服也；以己德不如彼而往服從之，誠心服者也。如顏淵、子貢等之服於仲尼，心服者也。疏注「贍足」至「者也」○正義曰：贍，古作澹。《吕氏春秋·順民》篇云「愁悴不贍者」，高誘注云：「贍猶足也。」又《先己》篇云「期年而有扈氏服」，注云：「服，從也。」閩、監、毛三本作「服就於人」。《廣雅·釋詁》云：「就，歸也。」「非心服」承「以力服人」，則以力服人即指此非心服者而言，故云「以己力不足而往服從於人」。上但言「以力」，未言以力不贍，故下以「力不贍也」補明之。「以力服人」既是以力不贍而從人，則「以德服人」即是以德不贍而從人，故云「以己德不如彼而往服從之」。顏淵、子貢於孔子，無力可言，其從之惟心悦於德耳。若「以力服人者」即上「以力假仁」之人，則與下「非心服也」不貫；且以德行仁者豈用以服人乎？**《詩》云：『自西自東，自南自北，無思不服。』此之謂也。」**注《詩》，《大雅·文王有聲》之篇。言從四方來者，無思不服武王之德。此亦「心服」之謂也。疏注「詩大」至「謂也」○正義曰：《詩》在《大雅·文王有聲》篇第六章。箋云：「自，由也。武王於鎬京行辟廱之禮，自四方來觀者皆感化其德，心無不歸服者。」是《詩》謂服武王之德也。自訓由，亦訓從。東、西、南、北謂自鎬京之四方來也。「無思不服」猶云無不心服，故鄭箋謂「心無不歸服」，趙氏亦云「此亦心服之謂」。

章指：言王者任德，霸者兼力。力服心服，優劣不同。故曰：「遠人不服，修文德以懷之。」**疏**「王者任德」○正義曰：《漢書・禮樂志》云：「天任德不任刑。」○「遠人」至「懷之」○正義曰：《論語・季氏》篇文。足利本懷作來，韓本同。

孟子曰：「仁則榮，不仁則辱。今惡辱而居不仁，是猶惡濕而居下也。**注**行仁政則國昌而民安，得其榮樂；行不仁則國破民殘，蒙其恥辱。惡辱而不行仁，譬猶惡濕而居埤下近水泉之地也。**疏**注「行仁」至「地也」○正義曰：《國語・晉語》云「非以翟爲榮」，注云：「榮，樂也。」濕宜作溼，《素問・生氣通天論》云「秋傷於溼」，注云：「溼謂地溼氣也。」埤，閩、監、毛三本作卑，卑、埤通。《管子・水地》篇云：「人皆赴高，己獨赴下，卑也。卑也者，水以爲都居。」注云：「都，聚也。水聚居於下，卑也。」《荀子・宥生》篇云：「其流也埤下，裾拘必循其理。」注云：「埤讀爲卑。裾與倨同，方也。拘讀爲鉤，曲也。其流必就卑下，或方或曲，必循卑下之理。」是卑下爲近水泉之處，爲水漸洳，不免於溼也。如惡之，莫如貴德而尊士。賢者在位，能者在職，**注**諸侯如惡辱之來，則當貴德以治身，尊士以敬人，使賢者居位得其人，能者居職任其事也。**疏**注「使賢」至「事也」○正義曰：《廣雅・釋詁》云：「在，凥也。」《說文》几部云：「凥，處也。」今通作居，故以兩「居」釋兩「在」。《禮記・文王世子》云：「記曰：虞夏商周，有師保，有疑丞，設四輔及三公，不必備，唯其人。」注云：「無則已，小人處其位不如且闕。」今賢者處位，是有其人，故云「得其人」。《淮南子・俶真訓》云「大夫安其職」，高誘注云：「職，事也。」「居職」故「任其事」。**國家閒暇，及是時明其政刑，雖大國必畏之矣。**注及無鄰國之虞，以是閒暇之時，明修其政教，審其刑罰，雖天下大國必來畏服。疏注「及無」至「畏服」〇正義曰：《國語·晉語》：「平公謂陽畢曰：『自穆侯以至於今，亂兵不輟，民志無厭，禍敗無已，離民且速寇，恐及吾身，若之何？』陽畢對曰：『今若大其柯，去其枝葉，絕其本根，可以少閒。』」注云：「閒，息也。」「閒暇」謂安息，此以除去欒氏內亂爲「少閒」，則不獨無敵國之虞。「國家閒暇」謂不用兵戈，無論外患內亂，戰攻則不得休息。趙氏舉其外以概其內也。《國語·晉語》注云：「明，著也。」《說文》彡部云：「修，飾也。」《廣雅·釋詁》云：「飾，著也。」是明、著、修三字義通。《管子·宙合》篇云：「見察之謂明。」《淮南子·本經訓》云「審於符者」，高誘注云：「審，明也。」明之義一爲修明，一爲明審。趙氏以政教宜修，刑罰宜審，故分釋之。畏之訓亦有二，一爲畏懼，《廣雅·釋詁》「畏，懼也」是也；一爲畏服，《曲禮》「畏而愛之」，注云「心服曰畏」是也。大國無容畏懼，故以「畏服」言之。**《詩》云：『迨天之未陰雨，徹彼桑土，綢繆牖户。今此下民，或敢侮予？』孔子曰：『爲此詩者，其知道乎？能治其國家，誰敢侮之？』**

注《詩》，《邠國·鴟鴞》之篇。迨，及；徹，取也。桑土，桑根也。言此鴟鴞小鳥尚知及天未陰雨，而取桑根之皮，以纏緜牖户；人君能治其國家，誰敢侮之？刺邠君曾不如此鳥。孔子善之，故謂此詩知道也。疏注「詩邠」至「道也」〇正義曰：《詩》在今《毛詩·鴟鴞》篇第二章。傳云：「迨，及。徹，剥也。桑土，桑根也。」箋云：「綢繆，言纏緜也。」趙氏注與傳、箋同。王肅云：「鴟鴞及天之未陰雨，剥取彼桑根，以纏緜其牖户。」桑根之皮，必須剥而取之，故毛傳訓徹爲剥。趙氏訓徹爲取，《廣雅·釋詁》云：「撤，取也。」撤、徹字通。

《毛詩釋文》云：「土音杜，《韓詩》作杜。《方言》云：『東齊謂根曰杜。』」《大雅》「自土沮漆」，《漢書・地理志》注云：「《齊詩》作自杜。」《荀子・解蔽》篇所言「乘杜」即「相土」，是土、杜古字通也。「綢繆」即「纏緜」之轉聲，《廣雅・釋詁》云：「綢繆，纏也。」謂以桑根之皮絞結束縛之成巢也。《爾雅・釋鳥》云：「鴟鴞，鸋鴂。」陸璣《詩疏》云：「鴟鴞，似黄雀而小。」是鴟鴞爲「小鳥」也。「今此下民」，今《毛詩》作「今女下民」。《詩序》云：「《鴟鴞》，周公救亂也。成王未知周公之志，公乃爲詩以遺王，名之曰《鴟鴞》焉。」事見《周書・金縢》篇。❶趙氏則以爲刺邠君曾不如此鳥，此蓋三家之説與毛異者。**今國家閒暇，及是時般樂怠敖，是自求禍也。禍、福無不自己求之者。**注 般，大也。孟子傷今時之君，國家適有閒暇，且以大作樂，怠惰敖遊，不修政刑，是以見侵而不能距，皆自求禍者也。疏 注「般大也」〇正義曰：段氏玉裁《説文解字注》云：「伴，大皃。《方言》《廣雅》《孟子》注皆云：『般，大也。』亦謂般即伴。」〇注「怠惰敖遊」〇正義曰：《禮記・少儀》云「怠則張而相之」，注云：「怠，惰也。」《毛詩・小雅》「嘉賓式燕以敖」，傳云：「敖，遊也。」《説文》出部云：「敖，出遊也。」敖同遨。**《詩》云：『永言配命，自求多福。』**注 《詩》，《大雅・文王》之篇。永，長；言，我也。長我周家之命，配當善道，皆内自求責，故有多福也。疏 注「詩大」至「福也」〇正義曰：詩在《文王》篇第六章。毛傳云：「永，長。言，我也。」趙氏訓詁與毛同，皆《爾雅・釋詁》文。《廣雅・釋詁》云：「配，當也。」箋云：「常言當配天命而行，則福禄自來。」亦以當釋配。分於道謂之命，「配當善道」則配當天命矣。

❶「縢」，原作「滕」，今據經解本改。

莊公二十五年《公羊傳》云「求乎陰之道也」，注云：「求，責求也。」故「自求」即是「自責」。《易・雜卦傳》云：「大有，衆也。」衆與多義同，故以「有」釋「多」，謂能自責則有福也。**太甲曰：『天作孽，猶可違；自作孽，不可活。』此之謂也。」**注殷王太甲言天之妖孽尚可違避，譬若高宗雊雉、宋景守心之變，皆可以德消去也；自己作孽者，若帝乙慢神震死，是爲不可活也。疏注「殷王」至「活也」○正義曰：《尚書・太甲》三篇，今文、古文皆不傳，不在逸《書》之列，故趙氏但云「殷王太甲言」，不言「逸《書》」也。周氏廣業《孟子逸文考》云：「《説文》：『蠥，从虫，辥聲。衣服歌謡草木之怪謂之祅，禽獸蟲蝗之怪謂之蠥。』又：『孽，庶子也。从子，薛聲。』《玉篇》：『蠥或作孽。』」江氏聲《尚書集注音疏》：「云『高宗雊雉』者，經云『高宗融日，越有雊雉』。敘云：『高宗祭成湯，有飛雉升鼎耳而雊。』《史記》云：『武丁祭成湯，明日有飛雉登鼎耳而雊。武丁懼，祖己曰：王勿憂，先修政事。武丁修政行德，天下咸驩，殷道復興。』是其事。云『宋景守心』者，《吕氏春秋・制樂》篇云：『宋景公之時，熒惑在心。公懼，召子韋而問焉。子韋曰：熒惑者，天罰也。心者，宋之分野也。禍當於君。雖然，可移於宰相。公曰：宰相，所與治國家也，而移死焉，不祥。子韋曰：可移於民。公曰：民死，寡人將誰爲君乎？寧獨死。子韋曰：可移於歲。公曰：歲害則民饑，民饑必死。爲人君而殺其民以自活，其誰以我爲君乎？是寡人之命固盡矣。子毋復言矣。子韋還走，北面再拜曰：臣敢賀君，天處高而聽卑，君有至德之言三，天必三賞君。今夕熒惑其徙三舍，君延年二十一歲。公曰：子何以知之？對曰：有三善言必有三賞。熒惑三徙舍，舍行七星，星一徙當一年，三七二十一，臣故曰君延年二十一歲。臣請伏於陛下以司候之。熒惑不徙，臣請死。公曰：可。是夕，熒惑果徙三舍。』是其事也。高宗、宋景皆以德弭災，故云『皆可以德消去也』。云『帝乙慢神震死』者，《史記》云：『帝武乙無道，爲偶人謂之天神，與之搏，令人爲行，天神不勝，乃僇辱之。爲革囊盛血，仰而射之，命曰射天。武乙獵於河渭之間，暴雷，武乙震死。』是其事也，故云『是爲不可活』。聲謂活或爲逭。《禮記·緇衣》引《太甲》曰：『天作孽，可違也；自作孽，不可以逭。』與《孟子》所引字雖有異而大恉無殊，惟逭之與活義訓不同。鄭康成曰：『逭，逃也。』」

章指：言國必修政，君必行仁。禍福由己，不專在天。言當防患於未亂也。 疏「言當防患於未亂也」〇正義曰：《易·既濟》《象傳》云：「君子以思患而豫防之。」老子《德經》云：「其安易持，其未兆易謀，其脆易泮，其微易散。爲之於未有，治之於未亂。」

孟子曰：「尊賢使能，俊傑在位，則天下之士皆悦而願立於其朝矣。 注俊，美才出衆者也。萬人者稱傑。疏注「俊美」至「稱傑」〇正義曰：《鶡冠子·能天》篇云：「德萬人者謂之俊，德千人者謂之豪，德百人者謂之英。」《史記·屈原賈生傳》《索隱》引《尹文子》云：「千人曰俊，萬人曰傑。」《春秋繁露·爵國》篇云：「故萬人者曰英，千人者曰俊，百人者曰傑，十人者曰豪。」《淮南子·泰族訓》云：「故智過萬人者謂之英，千人者謂之俊，百人者謂之豪，十人者謂之傑。明於天道，察於地理，通於人情，大足以容衆，德足以懷遠，信足以一異，知足以知變者，人之英也。德足以教化，行足以隱義，仁足以得衆，明足以照下者，人之俊也。行足以爲儀表，知足以決嫌疑，廉足以分財，信可使守約，作事可法，出言可道者，人之豪也。守職而不廢，處義而不比，見難不苟免，見利不苟得者，人之傑也。英俊豪傑，各以小大之材處其位，得其宜。」

《白虎通・聖人》篇引《禮別名記》云：「五人曰茂，十人曰選，百人曰俊，千人曰英，倍英曰賢，萬人曰傑，萬傑曰聖。」《禮記・月令》正義引《蔡氏辯名記》，宣公十五年《左傳正義》亦引《辯名記》，「辯名」即「別名」也，惟作「倍人曰茂」，「倍選曰俊」。所説各異。東漢人注書：《説文》人部云：「俊，材過千人也。」「傑，執也。材過萬人也。」高誘注《吕氏春秋・孟秋》《孟夏》兩紀皆云：「才過萬人曰桀，千人曰俊。」而注《功名》篇則云：「才過百人曰豪，千人曰桀。」注《國策・齊策》又云：「才勝萬人曰英，千人曰傑。」王逸注《楚辭・大招》云：「千人才曰豪，萬人才曰傑。」注《九章・懷沙》篇云：「千人才曰俊，一國高曰傑焉。」鄭注《尚書・皋陶謨》云：「才德過千人爲俊，百人爲乂。」均無定説。大要皆才美出衆者之名，故典籍隨舉爲稱，或言「俊傑」，或言「俊乂」，或言「豪傑」，或言「英傑」。趙氏雖以「萬人者稱傑」，而俊則不言千人，而但云「美才出衆」也。**市廛而不征，法而不廛，則天下之商皆悦而願藏於其市矣。**【注】廛，市宅也。古者無征，衰世征之。《王制》曰：「市廛而不税。」《周禮・載師》曰：「國宅無征。」法而不廛者，當以什一之法征其地耳，不當征其廛宅也。【疏】注「市廛」至「宅也」○正義曰：《王制》，《小戴禮記》篇名。鄭氏注云：「廛，市物邸舍。税其舍不税其物。」《載師》，《周禮》地官之職。注云：「征，税也。鄭司農云：『國宅，城中宅也。無征，無税也。』玄謂：國宅，凡官所有宫室，吏所治者也。」《載師》職云：「以廛里任國中之地。」注云：❶「鄭司農云：『廛，市中空地未有肆，城中空地未有宅者。』玄謂：廛里者，若今云邑里居矣。廛，民居之區域也。里，居也。」蓋商與

---

❶「注云」，原無，今從沈校據前引《王制》鄭注文例補。

民居於國中，皆有廛。商賈所居之廛在市，《王制》「市廛而不税」是也。此「國宅」不專指市中之宅，凡民之居與官吏之居，皆可統稱。趙氏以市宅亦在其中，故引以爲證。然則「廛而不征」謂商賈居此宅不征其税，與鄭氏「税其舍不税其物」之説不同，故云「古者無征，衰世征之」，謂古者並此舍亦不征税，税其舍者，衰世也。《地官·廛人》：「凡珍異之有滯者，斂而入於膳府。」注云：「故書滯或作廛。鄭司農云：『謂滯貨不售者，官爲居之。❶貨物沉滯於廛中不決，民待其直以給喪疾，而不可售賈賤者也。廛謂市中之地未有肆而可居以蓄藏貨物者也。《孟子》曰：市廛而不征，法而不廛，則天下之商，皆悦而願藏於其市矣。謂貨物儲藏於市中而不租税也，故曰廛而不征；其有貨物久滯於廛而不售者，官以法爲居取之，故曰法而不廛。』玄謂：不售而在廛久則將瘦臞腐敗，爲買之入膳夫之府，所以舒民事而官不失實。」此先鄭解説「廛而不征」謂貨物藏於此而不征税，與後鄭異。趙氏蓋本先鄭。《廛人》「掌斂布、絘布、總布、質布、罰布、廛布而入於泉府」，注云：「廛布者，貨賄諸物邸舍之税。」後鄭據此，故注《王制》以廛爲「税其舍」，即此「貨賄諸物邸舍之税」也。但明曰「廛而不征」，是不征即不征此廛之税。賈公彦疏云：「周則廛有征，上文『廛布』是也，云『不征』者非周法。」蓋趙氏以《周禮》非文王之法，文王治岐，關市不征，故不依《周禮》也。趙氏謂「法而不廛者，當以什一之法，征其地耳，不當征其廛宅」，則是「法而不廛」乃申明上「廛而」所以「不征」之故，謂當以什一之法征其一夫百畝之地，不當征其市中之舍，與先鄭所説亦不同。先鄭以貨物有滯而不售，以法出之，使不

❶ 「爲」，原作「而」，今從沈校據《周禮》鄭注改。

久滯于市廛，趙氏所不用也。《序官》「廛人」注云：「故書廛爲壇。杜子春讀壇爲廛，説云『市中空地』。玄謂：廛，民居區域之稱。」賈氏疏云：「《遂人》云『夫一廛，田百畝』及《載師》『廛里任國中之地』，皆是民之所居區域。又其職有廛布，謂貨賄停儲邸舍之税，即市屋舍名之爲廛，不得爲市中空地。」按：杜子春仍兼顧「壇墠」之義，故以市中空地解之，司農與之同。然廛非壇墠也。星之次舍爲躔，廛猶躔也。故後鄭以爲民居區域市物邸舍，商賈貨物宜藏居舍之中，不得貯於空地。趙氏不用空地之説，以爲市宅，是也。**關譏而不征，則天下之旅皆悦而願出於其路矣。** 注 言古之設關但譏禁異言、識異服耳，不征税出入者也。故《王制》曰：「古者關譏而不征。」《周禮・大宰》曰：「九賦，七曰關市之賦。」《司關》曰：「國凶札則無關門之征，猶譏。」《王制》謂文王以前也。文王治岐，關譏而不征。《周禮》有征者，謂周公以來。孟子欲令復古去征，使天下行旅悦之也。疏 注「言古」至「之也」○正義曰：《王制》注云：「譏，譏異服，識異言。征，亦税也。《周禮》：『國凶札，則無門關之征，猶譏也。』」孔氏正義云：「關，境上門也。譏謂呵察。公家但呵察非違，不税行人之物。此夏殷法，周則有門關之征，但不知税之輕重。若凶年則無税也，猶須譏禁。」大宰，天官冢宰也。司關，地官職，司貨賄之出入者，掌其治禁與其征廛，注云：「征廛者，貨賄之税與所止邸舍也。」關下亦有邸客舍，其出布如市之廛，是《周禮》關市有征也。《周禮》相傳以爲周公所作，故以爲「周公以來」也。「猶譏」，《周禮》作「幾」，古字通。賈氏疏云：「孟子陳正法，與周異。」閩、監、毛三本「關市之賦」作「之征」，「去征」作「之征」，並非。**耕者助而不税，則天下之農皆悦而願耕於其野矣。** 注 助者，井田什一，助佐公家治公田。不横税賦，若履畝之類。疏 注「助者」至「之類」○正義曰：《王制》云「古者公田藉而不稅」，注云：「藉之言借也。借民治公田，美惡取於此，不稅民之所自治也。孟子曰：『夏后氏五十而貢，殷人七十而助，周人百畝而徹。』則所云古者謂殷時。」借民力，則藉即是助。「履畝」者，《春秋》宣公十五年「初稅畝」，《公羊傳》云：「初者何？始也。稅畝者何？履畝而稅也。古者什一而藉。」注云：「時宣公無恩信於民，民不肯盡力於公田，故履踐按行，擇其善畝穀最好者稅取之。」《左傳》云：「初稅畝，非禮也。穀出不過藉，以豐財也。」注云：「公田之法，十取其一，今又履其餘畝，復十收其一，故哀公曰『二吾猶不足』，遂以爲常。」按：何休、杜預二説不同，然因民不力於公田，因踐其私田而收其善畝之穀，仍是什一，不爲橫征。若民因有懲，明年加力於公田，使公田之穀好於私田，則仍收公田之穀，不踐其私田矣。惟於公田之外又收其私田之什一，乃是加賦。趙氏以爲「橫」，則當如杜説矣。**廛無夫里之布，則天下之民皆悦而願爲之氓矣。** 注 里，居也。布，錢也。夫，一夫也。《周禮·載師》曰：「宅不毛者有里布，田不耕者出屋粟。凡民無職事者，出夫家之征。」孟子欲使寬獨夫、去里布，則人皆樂爲之民矣。氓者，謂其民也。疏 注「里居」至「民也」〇正義曰：《載師》注：「鄭司農云：『宅不毛者謂不樹桑麻也。布，泉也。孟子曰：廛無夫里之布，則天下之民皆説而願爲其民矣。故曰宅不毛者有里布，民無職事，出夫家之征。欲令宅樹桑麻，民就四業，則無稅賦以勸之也。』玄謂：宅不毛者，罰以一里二十五家之泉。空田者，罰以三家之稅粟。民雖有閒無職事者，猶出夫稅家稅也。夫稅者，百畝之稅；家稅者，士徒車輦給繇役。」鄭氏注《禮記·檀弓》云：「古者謂錢爲帛布。」韋昭注《國語·周語》云：「錢者，金幣之名，古曰泉，後轉曰錢。」是布爲錢，即爲泉也。江氏永《群經補義》云：「凡民居區域關市邸舍通謂之廛，上文『廛而不征，法而不廛』之廛是市宅，此廛謂民居，即

《周禮》「上地夫廛」「許行願受一廛」之廛，非市宅也。布者，泉也，亦即錢也，非布帛之布。夫布見《周禮·閭師》「凡無職者出夫布」，謂閭民爲民傭力者不能赴公旬三日之役，使之出一夫力役之泉，猶後世之僱役錢也。里謂里居，即孟子「收其田里」之里，非二十五家也。里布見《地官·載師》：「凡宅不毛者有里布。」謂有宅不種桑麻，或荒其地，或爲臺榭游觀，則使之出里布，猶後世凡地皆有地税也。此皆民之常賦。戰國時一切取之。非傭力之閒民，已有力役之征而仍使之別出夫布；宅有種桑麻，有嬪婦布縷之征而仍使之別出里布。是額外之征，借夫布、里布之名而横取者。今皆除之，則居廛者皆受惠也。」周氏柄中《辨正》云：「《周禮·閭師》『凡民無職者出夫布』，《載師》『凡宅不毛者有里布』，即此『夫里之布』是已。注中止據《載師》而不及《閭師》。《載師》之『無職事』者是游手浮泛之人，夫家之征所以罰之也。《閭師》之『無職』者則九職中之閒民，非游手也。夫布乃其常賦，非罰也。太宰九職，一曰閭民無常職，轉移執事。《載師》之『無職事』者，無職而並不事事也；《閭師》之『無職』者，無常職也，而轉移職事則猶有事也，故但曰『無職』而不曰『無職事』。《閭師》疏：劉氏問：『夫家之征與夫布，其異如何？』鄭答云：『夫家之征者田税，如今租矣；夫布者，如今算斂在凡賦中者也。』按，鄭氏解兩夫字不同。解夫字不當用一夫百畝之税之説。夫布者，論丁出錢以爲賦，猶漢口税之法。漢口率出泉，概施之有職，周則惟施之閒民而已。」趙氏佑《温故録》云：「夫家之征乃夫税、家税二事，本非經所及。趙氏注廣言之也。」段氏玉裁《説文解字注》云：「氓，民也。从民，亡聲。讀若盲。《詩》『氓之蚩蚩』，傳云：『氓，民也。』《方言》亦云：『氓，民也。』《孟子》：『則天下之民皆悦而願爲之氓矣。』趙注：『氓者，謂其民也。』按，此則氓與民小别，蓋自他歸往之民則謂之氓，故字从民亡。」

阮氏元《挍勘記》云：「《音義》出氓字，云：『或作萌，或作甿。』按，作萌最古，漢人多用萌字。經典内萌多改氓、改甿，如《說文》引《周禮》『以興鋤利萌』是也。『氓者謂其民也』，閩、監、毛三本同，廖本、孔本、韓本、《考文》古本無『者謂其』三字。按，尋謂字，則經文當本作萌。」翟氏灝《考異》云：「一讀以『天下之民皆悅』斷句。上士商旅農，悉連下『皆悅』二字句，似亦可通。」王氏引之《經傳釋詞》云：「《吕氏春秋·音律》篇注云：『之，其也。』故『爲之氓』《周官·載師》注引作『爲其民』。之可訓爲其，其亦可訓爲之。」**信能行此五者，則鄰國之民仰之若父母矣。率其子弟攻其父母，自有生民以來未有能濟者也。**注今諸侯誠能行此五事，四鄰之民仰望而愛之如父母矣。鄰國之君欲將其民來伐之，譬率勉人子弟使自攻其父母。生民以來，何能以此濟成其所欲者也？疏注「今諸」至「者也」○正義曰：《說文》言部云：「信，誠也。」故以「誠」釋「信」。「仰」之義爲向。自卑向高，自近向遠，皆望也。《孟子·離婁》篇言「仰望而終身」，則仰之義同於望，故云「仰望」。《廣雅·釋詁》云：「愛，仁也。」仁之於父子云「若父母」，是愛之也。《小爾雅·廣詁》云：「率，勸也。」勸之義與勉同，故以「勉」釋「率」。《爾雅·釋言》云：「濟，成也。」故以「成」釋「濟」。**如此，則無敵於天下。無敵於天下者，天吏也。然而不王者，未之有也。」**注言諸侯所行能如此者，何敵之有？是爲天吏。天吏者，天使也。爲政當爲天所使，誅伐無道，故謂之天吏也。疏注「言諸」至「吏也」○正義曰：使從吏聲，故吏之義通於使。襄公三十年《左傳》「使走問於朝」，《釋文》云：「使，本作吏。」段氏玉裁《說文解字》人部注云：「水部：『沑，水吏也。』吏同使。」

章指：言修古之道，鄰國之民以爲父母；行今之政，自己之民不得而子。是故衆夫

擾擾，非所常有。命曰「天吏」，明天所使也。疏「衆夫擾擾」○正義曰：《國語・晉語》云：范文子謂厲公曰：「唯有諸侯，故擾擾焉。」《廣雅・釋訓》云：「擾擾，亂也。」

孟子曰：「人皆有不忍人之心。注言人人皆有不忍加惡於人之心也。**先王有不忍人之心，斯有不忍人之政矣。以不忍人之心行不忍人之政，治天下可運之掌上。**注先聖王推不忍害人之心以行不忍傷民之政，以是治天下，易於轉丸於掌上也。疏注「易於轉丸於掌上」○正義曰：《說文》丸部云：「丸，圜也。傾側而轉者。」置丸掌上，其轉易易也。**所以謂人皆有不忍人之心者，今人乍見孺子將入於井，皆有怵惕惻隱之心。非所以內交於孺子之父母也，非所以要譽於鄉黨朋友也，非惡其聲而然也。**注乍，暫也。孺子，未有知小子也。所以言人皆有是心，凡人暫見小小孺子將入井，賢愚皆有驚駭之情。情發於中，非爲人也，非惡有不仁之聲名，故怵惕也。疏注「乍暫」至「怵惕也」○正義曰：僖公三十三年《公羊傳》云「詐戰不日」，注云：「詐，卒也。」《廣雅・釋詁》云：「暫，猝也。」《釋言》云：「乍，暫也。」乍與詐通，卒與猝通。乍、暫、卒三字轉注也。《說文》子部云：「孺，乳子也。」劉熙《釋名・釋長幼》云：「兒始能行曰孺子。孺，濡也，言濡弱也。」《禮記・內則》云「孺子蚤寢晏起」，注云：「孺子，小子也。」始能行而尚無知識，不知井之溺人，故將入井也。《國語・周語》芮良夫云：「猶日怵惕，懼怨之來也。」注云：「怵惕，恐懼也。」《文選・東京賦》云「猶怵惕於一夫」，薛綜注云：「惕，驚也。」驚即駭，「驚駭」猶恐懼也。

趙氏解《梁惠王上》篇「隱其無罪」爲「痛」。《説文》心部云：「惻，痛也。」《漢書・鮑宣傳》云「豈有肯加惻隱於細民」，注云：「惻、隱，皆痛也。」然則「怵惕惻隱」謂驚懼其入井又哀痛其入井也。以「隱」之義已見前，經文下亦自申明之，言惻隱爲仁，故略之耳。《音義》云：「内，本亦作納。」納交於孺子之父母、要譽於鄉黨朋友，皆爲人之事，故統之云「非爲人也」。孔本作「發於中，非爲其人也」，無情字，有其字。《吕氏春秋・過理》篇云「臣聞其聲」，《淮南子・修務訓》云「聲施千里」，高誘注並云：「聲，名也。」《禮記・表記》云「先王謚以尊名」，注云：「名者，謂聲譽也。」故以「名」釋「聲」。**由是觀之，無惻隱之心，非人也；無羞惡之心，非人也；無辭讓之心，非人也；無是非之心，非人也。**注言無此四者當若禽獸，非人心耳。爲人則有之矣，凡人但不能演用爲行耳。疏注「言此」至「行耳」○正義曰：孟子道性善，謂人之性皆善，禽獸之性則不善也。禽獸之性不善，故無此四者。禽獸無此四者，以其非人之心也。若爲人之心，無論賢愚，則皆有之矣。孟子四言「非人」，乃極言人心必有此四者。趙氏此注，深得孟子之指，不愧通儒。《三國志・鍾繇傳》注引《先賢行狀》，李膺謂鍾覲曰：「孟子以爲，人無好惡是非之心，非人也。」《禮記・曲禮》注引《孟子》「人無是非之心，非人也」，孔氏正義兼引「人無惻隱之心，非人也；人無是非之心，非人也」，於句首俱加人字，則四稱「非人」竟爲指斥駡詈之辭，非孟子義。趙氏云「人但不能演用爲行」，正申明人必有此心，惟禽獸無之耳。**惻隱之心，仁之端也；羞惡之心，義之端也；辭讓之心，禮之端也；是非之心，智之端也。**注端者，首也。人皆有仁義禮智之首，可引用之。疏注「端首」至「用之」○正義曰：《儀禮・鄉射禮》注云：「序端，東序頭也。」頭，首也。故端爲首。端與耑通。《説文》耑部云：「耑，物初生之題也。」題亦頭也，故《考工記》「輪人鑿端」，注云：「内題方有頭，可由此推及全體。」惠氏士奇《大學説》云：「《大學》致知，《中庸》致曲，皆自明誠也。《中庸》謂之曲，《孟子》謂之端，在物爲曲，在心爲端。致者，擴而充之也。」戴氏震《孟子字義疏證》云：「仁者，生生之德也。『民之質矣，日用飲食。』無非人道所以生生者。一人遂其生，推之而與天下共遂其生，仁也。言仁可以賅義，使親愛長養不協於正大之情，則義有未盡，亦即仁有未至。言仁可以賅禮，使無親疏上下之辨，則禮失而仁亦未爲得。且言義可以賅禮，言禮可以賅義。先王之以禮教，無非正大之情；君子之精義也，斷乎親疏上下，不爽幾微。而舉義舉禮可以賅仁，又無疑也。舉仁舉禮可以賅智，智者，知此者也。《易》曰：『立人之道，曰仁與義。』而《中庸》曰：『仁者，人也，親親爲大；義者，宜也，尊賢爲大。親親之殺，尊賢之等，禮所生也。』益之以禮，所以爲仁至義盡也。語德之盛者，全乎智仁而已矣，而《中庸》曰：『智仁勇三者，天下之達德也。』益之以勇，蓋德之所以成也。就人倫日用究其精微之極致，曰仁，曰義，曰禮。合三者以斷天下之事，如權衡之於輕重。於仁無憾，於禮義不愆，而道盡矣。自人道遡之天道，自人之德性遡之天德，則氣化流行，生生不息，仁也。由其生生有自然之條理，觀其條理之秩然有序，可以知禮矣；觀於條理之截然不可亂，可以知義矣。在天爲氣化之生生，在人爲生生之心，是乃仁之爲德也；在天爲氣化推行之條理，❶在人爲其心知之通乎條理而不紊，是乃智之爲德也。惟條理，是以生生。條理苟失，則生生之道絶。凡仁義對文及智仁對文，皆兼生生、條理而言之者也。」程氏瑶田《通藝

❶「天」，原作「人」，今據戴震《孟子字義疏證》改。

録・論學小記》云：「仁主於愛，與忍相反，故言仁政則曰『以不忍人之心，行不忍人之政』也。凡視聽言動之入於非禮者，皆生於己心之忍，忍則己去仁，己去仁則己去禮，故曰『克己復禮爲仁』。」按：賈誼《新書・道術》篇云：「惻隱憐人謂之慈，反慈爲忍。」不忍人之心即是惻隱之心。惻隱爲仁之端，仁義禮智，四端一貫，故但舉惻隱而羞惡、辭讓、是非即具矣，但有仁之端而義禮智之端即具矣。**人之有是四端也，猶其有四體也。有是四端而自謂不能者，自賊者也。**注自謂不能爲善，自賊害其性，使不爲善也。疏「人之」至「體也」○正義曰：四端之有於心，猶四支之有於身，言必有也。毛氏奇齡《賸言補》云：「『惻隱之心，仁之端也』，言仁之端在心，不言心之端在仁。四德是性之所發，藉心見端，然不可云心本於性。觀性之得名。專以生於心爲言，則本可生道，道不可生本明矣。」**謂其君不能者，賊其君者也。**注謂君不能爲善而不匡正者，賊其君使陷惡也。**凡有四端於我者，知皆擴而充之矣。若火之始然，泉之始達。苟能充之，足以保四海；苟不充之，不足以事父母。」**注擴，廓也。凡有端在於我者，知皆廓而充大之，若水火之始微小，廣大之則無所不至，以喻人之四端也，人誠能充大之，可保安四海之民；誠不充大之，內不足以事父母。言無仁義禮智，何以事父母也？疏注「擴廓」至「母也」○正義曰：《音義》云：「擴，音郭，字亦作彍，音霍。」王氏念孫《廣雅疏證》云：「《説文》：『彉，滿弩也。』《孫子・兵勢》篇云：『勢如彍弩。』《太平御覽》引《尸子》云：『扞弓鞟弩。』《漢書・吾丘壽王傳》『十賊彍弩』，顔師古注云：『引滿曰彍。』並字異而義同。《孟子・公孫丑》篇『知皆擴而充之矣』，趙氏注云：『擴，廓也。』《方言》云：『張小使大謂之廓。』義亦與彉同。」按：《説文》弓部云：「彉，讀若郭。」郭即廓，《釋名》云：「郭，廓也。廓落在城外。」是也。趙氏本作「彍」，以滿弩之訓於此文不切，故以廓解之，即《説文》「讀若郭」之義。《淮南子·原道訓》云「廓四方」，高誘注云：「廓，張也。」《説文》弓部云：「引，開弓也。」開弓與滿弩義同。趙氏上注云「可引用之」，「引用」即此彍矣。彍亦廣也，下注云「廣大之」即謂「彍而充之」。《淮南子·説山訓》云「近之則鐘聲充」，高誘注云：「充，大也。」故以「大」釋「充」，「彍而充之」即引而大之也。《説文》火部云：「然，燒也。」火始燒泉始通，其勢不可遏止，故由微小而無所不至，猶人之有四端，既知擴而充之，則亦無所不至也。惟無所不至，故放諸四海而民皆安保也。《論語·里仁》篇「苟志於仁矣」孔氏注、《毛詩·秦風》「苟亦無信」傳，皆云：「苟，誠也。」《毛詩·小雅》「保艾爾後」，傳云：「保，安也。」「保四海」即安四海之民也。人不能事父母，即是不仁不義，無禮無智。雖愚蒙，豈不知父母之當事？惟賊害其性，遂至不能順於父母。趙氏言「無仁義禮智，何以事父母」，不能事父母，豈尚能保安四海？此言性善之切，可謂通儒矣。

章指：言人之行當內求諸己，以演大四端，充廣其道。上以匡君，下以榮身也。

孟子曰：「矢人豈不仁於函人哉？矢人惟恐不傷人，函人惟恐傷人，巫、匠亦然。故術不可不慎也。注矢，箭也。函，鎧也。《周禮》曰：「函人爲甲。」作箭之人其性非獨不仁於作鎧之人也，術使之然。巫欲祝活人。匠，梓匠，作棺欲其蚤售，利在於人死也。故治術當慎，脩其善者也。疏注「矢箭」至「爲甲」〇正義曰：《方言》云：「箭，自關而東謂之矢，江淮之間謂之鍭，關西曰箭。」《爾雅·釋地》云：「東南之美者，有會稽之竹箭焉。」《太平御覽》引《字林》云：「箭，矢竹也。」箭爲竹名，可爲矢，故矢即名箭也。閩、監、毛三本作「函甲也」，《音義》出鎧字，則鎧是也。武氏億《釋甲》云：「鎧爲甲之通名。《釋名》：『鎧猶塏，堅重之言也。』《禮記》注：『甲，鎧也。』《廣雅》：『函、甲、介，鎧也。』自《周禮・司甲》注『甲，今之鎧也』，世乃有以金制鎧之名。《禮記》疏言古用皮謂之甲，今用金謂之鎧。《書・費誓》正義：『古之作甲用皮，秦漢以來用鐵。鎧、鍪二字皆從金，蓋用鐵爲之而因以爲名。』《儀禮・既夕禮》『甲冑干笮』，疏：『甲鎧冑兜鍪者，古者用皮，故名甲、冑；後代用金，故名鎧、兜鍪，隨世爲名故也。』億考之，獨不謂然。鄭氏注『甲今之鎧』者，今蓋以漢制況之，謂漢名甲爲鎧。《詩正義》云：『經典皆謂之甲，後世乃名爲鎧，箋以今曉古。』此疏所指亦謂以漢制況也。其實用皮用金，在古並有此制。《管子・地數》篇：『葛盧之山發而出水，金從之，蚩尤受而制之，以爲劍鎧矛戟。』蚩尤，造兵之始者，已以金作鎧。鎧所由來遠矣，非自後世爲然。春秋時，此制益廣，車馬被甲，皆得用金。《鄭風》『駟介旁旁』，傳云：『介，甲也。』《秦風》『俴駟孔群』，箋云：『俴，淺也，謂以薄金爲介之札。介，甲也。』僖二十八年《傳》『駟介百乘』，成二年《傳》『不介馬而馳之』，注：『介，甲也。』是馬亦用金爲鎧。定八年《傳》『主人焚衝』，注云：『衝，戰車。』考《淮南子・覽冥訓》『大衝車』，高氏注云：『衝車，大鐵著其轅端。馬被甲，車被兵，所以衝於敵城也。』是車亦用金爲鎧。昭二十五年《傳》：『季氏介其雞，郈氏爲之金距。』《呂氏春秋・察微》篇注：『介，甲也。作小鎧著雞頭。』鄭衆亦云：『介，甲。爲雞著甲。』見《儀禮》疏。按，此介與金距對，則小鎧亦以金爲之。此又可爲證，以見當時鬬雞之戲尚如此，蓋必有所仿效爲然。其人得用金爲鎧者，《吳越春秋》：『王僚乃被棠鐵之甲。』又《戰國策》『當敵則斬堅甲盾鞮鍪鐵幕』，劉氏云：『謂以鐵幕爲臂脛之衣。』《呂氏春秋・貴卒》篇：『趙氏攻中山，中山之人多力者，曰：吾兵鴆衣鐵甲，操鐵杖以戰，而所擊無不碎，所衝無不陷。』此又自春秋至戰國，世變益甚，所備益密。則甲用金與革，古蓋兼之，而諸説妄爲區分，其義非也。」「函人爲甲」，見《考工記》。○注「巫欲」至「死也」○正義曰：《周禮・春官・男巫》：「掌望祀、望衍、授號，旁招以茅；冬堂贈，無方無算；春招弭以除疾病。」注云：「衍讀爲延。望祀謂有牲粢盛者。延，進也，謂但用幣致其神。二者詛祝所授類造攻説禬禜之神號，男巫爲之招。杜子春云：『堂贈謂逐疫也。』招，招福也。弭，讀爲敉。敉，安也，安凶禍也。招、敉皆有祀衍之禮。」祝號掌於大祝小祝而授男巫，是祝之事巫爲之也。逐疫，祝於未病時；除疾病，祝於已病時。皆所以求活人也。惠氏士奇《禮説》云：「古者巫彭初作醫，故有祝由之術，移精變氣以治病。《春官》大祝、小祝、男巫、女巫皆傳其術焉。大祝言甸讀禱，代受眚烖；小祝將事候禳，求遠辠疾；男巫祀、衍、旁招，弭寧疾病；女巫歲時釁浴，祓除不祥：故曰病者寢席，醫之用針石，巫之用糈藉，所救鈞也。」梓人、匠人並見《考工記》，皆不言作棺，而宫室屬之匠人，棺椁亦宫室之類。《地官・鄉師》：「及葬，執纛以與匠師御匶而治役。及窆，執斧以涖匠師。」注云：「匠師主衆匠。」又云：「匠師主豐碑之事。」《檀弓》云：「公室視豐碑，三家視桓楹。」注云：「豐碑，天子斲大木爲之，形如石碑，於椁前後四角樹之。桓楹，斲之形如大楹耳，四植謂之桓。」窆内之碑，匠師主之，則棺椁亦匠人所爲明矣。故《儀禮・既夕記》云：「既正柩，賓出，遂匠納車于階間。」注云：「遂匠，遂人、匠人也。匠人主載柩窆。」《雜記》云：「匠人執羽葆御柩。」襄公四年《左傳》：「定姒薨。初，季孫爲己樹六檟於蒲圃東門之外，匠慶請木。」請木則棺爲匠所作。惟匠人作棺，故載柩、御柩之事，皆匠人主之。此國之職事，而士大夫之棺亦必匠人所作，故孟子爲母治棺，使虞敦匠事。此云「作棺欲其蚤售」者，則主買棺者而言。蓋士庶之家不能自治，必市於匠人；而匠人即以棺爲售。閻氏若璩《釋地三續》云：「《漢書・刑法志》引諺曰：『鬻棺者欲歲之疫，非憎人欲殺之，利在於人死也。』即《孟子》『巫匠亦然』意。」**孔子曰：『里仁爲美。擇不處仁，焉得智？』**注里，居也。仁，最其美者也。夫簡擇不處仁爲不智。疏注「簡擇不處仁」〇正義曰：《爾雅・釋詁》云：「柬，擇也。」《説文》手部云：「擇，柬選也。」柬部云：「柬，分別簡之也。」柬，古簡字。**夫仁，天之尊爵也，人之安宅也。莫之禦而不仁，是不智也。**注爲仁則可以長天下，故曰天所以假人尊爵也，居之則安。無止之者而人不能知入是仁道者，何得爲智乎？疏注「爲仁」至「智乎」〇正義曰：《易・文言傳》云「元者，善之長也」「體仁足以長人」，故「爲仁可以長天下」也。假，如《漢書・儒林傳》「假固利兵」之假，顔師古注云：「給與也。」謂天以仁給與人，使得長人也。《爾雅・釋言》云：「宅，居也。」「安宅」是安居，故云「居之則安」。禦，止也。「莫之禦」是「無止之者」也。智屬知，此言「不仁，是不智」，故云「不能知入是仁道」也。**不仁不智，無禮無義，人役也。**注若此，爲人所役者也。**人役而恥爲役，由弓人而恥爲弓，矢人而恥爲矢也。**注治其事而恥其業者，惑也。疏注「惑也」〇正義曰：智者不惑，上云「不仁，是不智」，故云「惑」。阮氏元《校勘記》云：「『矢人而恥爲矢也』，各本同，孔本上有由字。按，《音義》『由反手』下云：『下文由弓人由矢人義同。』是《音義》本此文上有由字。」**如恥之，莫如爲仁。**注如其恥爲人役而爲仁，仁則不爲役也。**仁者如射。射者正己而後發。發而不中，不怨勝己者，反求諸己而已矣。」**注以射喻人爲仁，不得其報，當反責己仁恩之未至。疏「仁者」至「已矣」○正義曰：《禮記・射義》云：「射者，仁之道也。射求正諸己，己正而後發。發而不中則不怨勝己者，反求諸己而已矣。」《孟子》此文蓋有所本。首言術不可不慎，術承上矢、函、巫、匠，則指藝術而言。藝術，人之所習也。習於争戰則麋爛其民，如矢人之不仁矣。所以習於争戰者，以欲勝人也。故此以射爲喻而戒其不怨勝己也。不特諸侯之習争戰也，推之士庶人，惟知利己損人，則時以忮害爲心以争勝於人，此不能勝，必多方乞助於他人。役於彼以求伸於此，心日益刻，氣日益卑。苟始以正己，繼以反求，本無傾軋之心，無事屈身之辱。儒者求勝以學，市人求勝以利，朋黨阿比，托一人以爲庇，其趨同也。

章指：言各治其術，術有善惡；禍福之來，隨行而作。恥爲人役，不若居仁；治術之忌，勿爲矢人也。

孟子曰：「子路人告之以有過則喜，禹聞善言則拜。」注子路樂聞其過，過而能改也。《尚書》曰：「禹拜讜言。」疏注「尚書」至「讜言」○正義曰：段氏玉裁《説文解字注》云：「《咎繇謨》曰『禹拜昌言』，今文《尚書》作『黨』。趙注《孟子》引《尚書》『禹拜黨言』，《逸周書・祭公解》『拜手稽首黨言』，《張平子碑》『黨言允諧』，《劉寬碑》『對策嘉黨』，皆『昌言』，字之假借也。至於『讜言』，亦見漢人文字。《字林》『讜言，美言也』。此又因『黨言』而爲之言傍，謂之正俗字可。」盧氏文弨按《逸周書・祭公解》云：「『黨、讜古字通。』《荀子・非相》篇『博而黨正』，注：『謂直言也。』」**大舜有大焉，善與人同。舍己從人，樂取於人以爲善。**注大舜，虞帝也。孔子稱曰「巍巍」，故言「大」。舜有大焉，能舍己從人，故爲大也。於子路與禹同者也。

疏 注「大舜」至「者也」○正義曰：阮氏元《挍勘記》云：「『虞帝也』，閩、監、毛三本，孔本、韓本同。廖本、《考文》古本作『虞也』。按，當本作『虞舜也』，淺人或删舜，或改爲帝。」《論語・子罕》篇云：「巍巍乎，舜禹之有天下也而不與焉！」又云：「大哉堯之爲君也，巍巍乎！」是孔子稱舜「巍巍」，而巍巍則爲大也。云「於子路與禹同」者，趙氏以「善與人同」之人指子路與禹。謂舜之善在舍己從人，而舍己從人，此舜之善與子路、禹同者也。經文「善與人同」在上，注倒言之耳。按：《周易・同人》《彖傳》云：「同人，柔得位得中而應乎乾，曰同人。惟君子惟能通天下之志。」《序卦傳》云：「物不可以終否，故受之以同人。與人同者，物必歸焉。」同即通也。上下交而其志同，所謂「善與人同」也。《禮記・中庸》云：「舜其大知矣乎！舜好問而好察邇言，隱惡而揚善。執其兩端，用其中於民。」其兩端，人之兩端也。執兩而用中，則非執一而無權。執一無權則與人異，執兩用中則與人同。執一者，守乎己而不能舍己，故欲天下人皆從乎己；通天下之志者，惟善之從，故舍己從人，樂取於人以爲善。《意林》引《尸子》云：「見人有善如己有善，見人有過如己有過：此虞氏之盛德也。」《禮記・大學》篇引《秦誓》云：「斷斷兮無他技，其心休休焉，其如有容焉。人之有技，若己有之；人之彥聖，其心好之：不啻若自其口出。」注云：「他技，異端之技也。若己有之，不啻若自其口出，皆樂人有善之甚也。」樂人有善，則無他技；無他技，是不爲異端；不爲異端，是善與人同也。「舍己」即子路之「改過」；「從人」即禹之「拜昌言」。聖賢之學，不過「舍己從人」而已。孟子闢楊墨，以其執一，此章發明專己執一之非也。

自耕稼陶漁以至爲帝，無非取於人者。取諸人以爲善，是與人爲善者也。故君子莫大乎與人爲善。」注 舜從耕於歷山及其陶漁，皆取人之善謀而從之，故曰莫大乎與人爲善。

疏 注

「舜從」至「爲善」○正義曰：《史記·五帝本紀》云：「舜耕歷山，歷山之人皆讓畔；漁雷澤，雷澤上人皆讓居；陶河濱，河濱器皆不苦窳。一年所居成聚，二年成邑，三年成都。」此舜「耕稼陶漁」之事也。《爾雅·釋詁》云：「謨，謀也。」《書序》云：「皋陶矢厥謨，禹成厥功，帝舜申之，作《大禹》《皋陶謨》《棄稷》。」今《大禹》《棄稷》篇不存，唯存《皋陶謨》。禹既拜皋陶之言，帝乃命「禹亦昌言」，又曰「迪朕德，時乃功惟敘」，及「皋陶拜手稽首颺言」，賡元首叢脞之歌，而帝且拜而俞之，可爲舜取善謀之證，乃此其「爲帝」時也。孟子則遡言「自耕稼陶漁以至於帝，無非取於人者」，然則舍己從人之道，自天子以至庶人，無不當如是。「取諸人以爲善，是與人爲善者也。」「與人爲善」猶云「善與人同」。上言「善與人同」，而下申言其所以同者爲「舍己從人」。舍己從人即是「樂取于人以爲善」，是取人爲善，即是與人同爲此善也。「莫大乎與人爲善」，此舜之「舍己從人」所以大也。

章指：言大聖之君，由采善於人，故曰「計及下者無遺策，舉及衆者無廢功」也。 疏

「由采善於人」○正義曰：董子《春秋繁露》云：「《春秋》采善不遺小。」○「故曰」至「功也」○正義曰：桓寬《鹽鐵論·刺驕》篇云：「謀及下者無失策，舉及衆者無頓功。」周氏廣業云：「《文選》注有『計及下』句，豈此二語皆《外書》之文，而趙稱之歟？」

孟子曰：「伯夷非其君不事，非其友不友。不立於惡人之朝，不與惡人言；立於惡人之朝，與惡人言，如以朝衣朝冠坐於塗炭。推惡惡之心，思與鄉人立，其冠不正，望望然去之，

若將浼焉。注伯夷，孤竹君之長子，讓國而隱居者也。塗，泥；炭，墨也。浼，污也。思，念也。與鄉人立，見其冠不正，望望然，慙愧之貌也，去之，恐其污己也。疏注「伯夷」至「己也」〇正義曰：《史記·伯夷列傳》云：「伯夷、叔齊，孤竹君之二子也。父欲立叔齊。及父卒，叔齊讓伯夷，伯夷曰『父命也』，遂逃去。叔齊亦不肯立而逃之。國人立其中子。於是伯夷、叔齊聞西伯昌善養老，盍往歸焉。及至，西伯卒，武王載木主，號爲『文王』，東伐紂。伯夷、叔齊叩馬而諫曰：『父死不葬，爰及干戈，可謂孝乎？以臣弑君，可謂仁乎？』左右欲兵之。太公曰：『此異人也。』扶而去之。武王已平殷亂，天下宗周，而伯夷、叔齊恥之，義不食周粟，隱於首陽山，采薇而食之，及餓且死。」此「讓國而隱居」之事也。《毛詩·角弓》「如塗塗附」，傳云：「塗，泥也。」《説文》火部云：「炭，燒木未灰也。」「灰，死火餘𤇆也。从火又。又，手也。火既滅，可以執持。」「灺，燭𤇆也。」「𤇆，火餘也。」《廣雅·釋詁》云：「炭，𤇆灺也。」然則炭爲燒木已𤇆之名，但未成死灰而已無火矣。木經火燒未灰，其黑能污白，故趙氏以「墨」釋之。《滕文公上》篇「面深墨」，注云：「墨，黑也。」王氏鳴盛《尚書後辨》云：「炭與塗聯言，是無火之黑炭，非如《左傳》『廢於爐炭』之炭。」周氏柄中《辨正》云：「若是炭火，豈必朝衣朝冠而後不坐哉？趙氏云『塗，泥；炭，墨』，則非炭火明矣。」王氏念孫《廣雅疏證》云：「䣼，污也。《方言》：『氾、浼、潤、洼，洿也。自關而東或曰洼，或曰氾。東齊海岱之間或曰浼，或曰潤。』洿與汙同。《孟子·公孫丑》篇『若將浼焉』，趙岐注云：『浼，污也。』丁公著音漫。《莊子·讓王》篇云：『欲以辱行漫我。』《呂氏春秋·離俗覽》『不漫於利』，高誘注云：『漫，污也。』漫、浼並與䣼通。《莊子·讓王》篇云：『其並乎周以塗吾身也，不如避之以絜吾行。』《呂氏春秋·誠廉》篇塗作漫。《漢書·王尊傳》云：『塗污宰相，摧辱公卿。』污、塗、漫義相同，故污謂之漫，亦謂之塗。塗牆謂之墁，亦謂之圬矣。」《爾雅·釋詁》云：「望、「念，思也。」是「思」爲「念」也。《禮記·問喪》云：「其送往也，望望然，汲汲然，如有追而弗及也。」注云：「望望，瞻望之貌也。」此云「慚愧」，趙氏蓋讀爲「惘惘」。惘惘即罔罔，《文選·西征賦》注云：「惘猶罔。罔，失志之貌。」失志故慚愧也。按：《毛詩·大雅》「思皇多士」，傳云：「思，辭也。」此「思與鄉人立」，思當亦語辭，非有義也。**是故諸侯雖有善其辭命而至者，不受也。不受也者，是亦不屑就已。**注屑，絜也。《詩》云：「不我屑已。」伯夷不絜諸侯之行，故不忍就見也。殷之末世，諸侯多不義，故不就之，後乃歸西伯也。疏注「屑絜」至「伯也」○正義曰：絜與潔通。《楚辭·招魂》篇云「朕幼清以廉潔兮」，注云：「不污曰潔。」引《詩》者，《邶風·谷風》第三章，已作以，古已、以通。《毛傳》云：「屑，潔也。」箋云：「言君子不復潔用我。」蓋「不我屑以」謂不以我爲潔而用我也，此「不屑就」謂不以諸侯爲潔而就之也。言「不忍就見」者，《説文》心部云：「忍，能也。」能即耐，故《廣雅·釋言》云：「忍，耐也。」既以爲汙，故不耐就之矣。《毛詩·大雅·蕩》篇云：「文王曰咨，咨女殷商，如蜩如螗，如沸如羹，小大近喪，人尚乎由行，内奰於中國，覃及鬼方。」此言商紂失道，其奰然惡行延及中國之外，至於遠方諸侯。是當時諸侯皆化于紂之不善，多黨紂而爲暴亂大惡，所謂詢爾仇方，如虞、芮未質成之先，則争田而訟，此不義之小者。文王所伐有犬戎、密須、阮徂、共，耆、邘，孟莒等，皆不義之國，不獨崇侯虎蔑侮父兄，不敬長老，聽獄不中，分財不均，百姓盡力，不得衣食也。故云：「殷之末世，諸侯多不義。」**柳下惠不羞污君，不卑小官。進不隱賢，必以其道；遺佚而不怨，阨窮而不憫。故曰：『爾爲爾，我爲我。雖袒裼裸裎於我側，爾焉能浼我哉？』**注柳下惠，魯公族大夫也。姓展，名禽，字季，柳下是其號也。進不隱己之賢才，必欲行其道也。憫，懣也。云善己而已，惡人何能污我也？**疏**「遺佚而不怨阨窮而不憫」○正義曰：阮氏元《挍勘記》云：「《音義》出『遺佚』，云：『或作迭，或作失，皆音逸。』《音義》出『阨窮』，云：『本亦作厄。』」按：《說文》兔部云：「逸，失也。」人部云：「佚，佚民也。」逸、佚、失三字古通。此云「遺佚」，即遺失也。柳下惠賢人，而魯不能得之，是遺失之也。《一切經音義》引《蒼頡篇》云：「厄，困也。」《漢書・翟義傳》《集注》引晉灼云：「阨，古厄字。」「阨窮」即困窮，由遺佚至於困窮也。《文選》嵇康《絶交書》注引《孟子》阨字作「厄」。○「袒裼裸裎」○正義曰：段氏玉裁《說文解字注》云：「但，裼也。衣部曰：『裼者，但也。』古『但裼』字如此。袒則訓衣縫，今之綻裂字也。今經典凡『但裼』字皆改爲『袒裼』矣。衣部又云：『臝者，但也。』『裎者，但也。』《釋訓》、毛傳皆曰：『袒裼，肉袒也。』肉袒者，肉外見無衣也。引申爲徒。凡曰徒曰但，皆一聲之轉，空也。」王氏念孫《廣雅疏證》云：「臝、裎、徒、裼，袒也。臝者，《說文》：『臝，袒也。』僖公二十三年《左傳》『欲觀其裸』，《王制》『臝股肱』，《釋文》『臝本又作臝』，《大戴禮・天圓》篇『唯人爲倮匈而生也』，《史記・陳丞相世家》『躶身而佐刺船』，並字異義同。臝之言露也，《月令》『中央土，其蟲倮』，鄭注云：『物象露見不隱藏，虎豹之屬恆淺毛。』《荀子・蠶賦》『有物於此，儽儽兮其狀』，楊倞注云：『儽儽，無毛羽之貌。』義並與臝同。裎者，《說文》『裎，袒也』。《孟子・公孫丑》篇云：『雖袒裼裸裎於我側。』裎之言呈也，《方言》：『襌衣無袍者，趙魏之間謂之裎衣。』義亦相近也。徒與袒一聲之轉也。《韓非子・初見秦》篇云：『頓足徒裼。』《韓策》云：『秦人捐甲徒裎以趨敵。』裼者，《說文》：『裼，袒也。』凡去上衣見裼衣謂之裼，或謂之袒裼。《玉藻》『裘之裼也，見美也』，《內則》『不有敬事，不敢袒裼』，是也。其去衣見體，亦謂之袒裼。《鄭風・太叔于田》篇『襢裼暴虎』，《爾雅》云『襢裼肉袒』，是也。襢與袒同。」毛氏奇齡《經問》云：「沈玉亮問：《内則》云：『不有敬事，不敢袒裼。』夫『袒裼裸裎』見於《孟子》，此大不敬之事，乃以袒裼屬敬事。鄭康成注則云『父黨無容』，謂居父之側不事容飾。則袒與裼有何容飾？經與注皆不可解。曰：往讀《樂記》云『周旋裼襲，禮之文也』，又《玉藻》云『不文飾也不裼』，又云『裘之裼也，見美也。君在則裼者，盡飾也』。此所爲裼，謂裼衣裼裘，使美見於外，正文飾之事，與《孟子》袒裼穢褻截然不同。袒裼見美，本爲文飾，而即以之爲敬君之事，此正與『不有敬事，不敢袒裼』兩相發明。蓋袒裼者，事君之敬；不敢袒裼者，事父母之情也。然則何以同一袒裼，而一以爲褻，一以爲敬？曰：袒裼本不同，有去衣之袒裼，有加衣之袒裼。去衣之袒裼，如《射禮》『袒決』，《喪禮》『袒括髮』，《鄭詩》『袒裼暴虎』，《郊特牲》『肉袒割牲』，《左傳》『鄭伯肉袒牽羊』，《史記・微子世家》『面縛肉袒』，俱是也。此脱衣見體，不必皆敬事也。若加衣之袒裼，則《衛風》『衣錦絅衣』『裳錦絅裳』，謂夫人衣錦，必加單衣於其上，謂之裼衣。但又加一衣，袒而不襲，則其美見焉。又有裼裘，如狐白加錦衣，狐青加綃衣，狐黄加黄衣，羔裘加緇衣，皆加單衣於裘上。但外又加一衣，袒則裼之而美見，襲則揜之而美不見。《檀弓》所云『襲裘而弔』『裼裘而弔』是也。去衣之袒裼爲褻，加衣之袒裼爲敬，明有分別矣。」○注「柳下」至「我也」❶○正義曰：《春秋釋例・世族譜》云：「展氏，司空無駭，公子展之孫。魯公族夷伯，展氏祖父。展禽食邑柳下。」隱公八年《左傳》云：「無

---

❶「也」，原作「邪」，合於宋十行、閩、監、毛等本，今據本書及阮校所述廖、孔、韓等本注文改。

駭卒，公命以字爲展氏。」注云：「無駭，公子展之孫，故爲展氏。」僖公十五年《左傳》云：「震夷伯之廟，罪之也。於是展氏有隱慝焉。」注云：「夷伯，魯大夫展氏之祖父。」二十六年《左傳》云：「公使展喜犒師，使受命於展禽。」注云：「柳下惠。」《國語・魯語》云：「齊孝公來伐，臧文仲欲以辭告，問於展禽，對曰：『獲聞之。』」注云：「展禽，魯大夫展無駭之後柳下惠也。字季禽。獲，展禽之名也。」是「爲魯公族大夫」也。又《魯語・海鳥爰居》篇云「文仲聞柳下季之言」，注云：「柳下，展禽之邑。季，字也。」《莊子・盜跖》篇稱「孔子與柳下季友」，《國策・齊策》顔斶對齊宣王亦稱「秦攻齊，令有敢去柳下季壟五十步而樵採者」，則季爲字也。《文選・陶徵士誄》注引鄭氏《論語》注云：「柳下惠，魯大夫展禽。食采柳下，謚曰惠。」《淮南子・説林訓》「柳下惠見飴」，高誘注云：「柳下惠，魯大夫展無駭之子，名獲。字禽。家有大柳樹，惠德，因號柳下惠。一曰：柳下，邑。」柳下有此二説，趙氏同高前説，以爲號也。號如《史記》「吕尚號曰太公望」，《荀子》「南郭惠子居南郭，因以爲號」，是也。惟名獲字季，而趙氏以爲名禽字季，未知所本。孔氏《左傳正義》云「季是五十字，禽是二十字」，是也。隱，藏也。以，❶用也。「不隱己之賢才」謂不肯自藏晦其賢才也，「必以其道」是必用其道，即是必欲行其道也。《韓非子・難三》云：「故群公公正而無私，不隱賢，不進不肖。」《鹽鐵論・刺權》篇云：「受禄以潤賢，非私其利；見賢不隱，食禄不專：此公叔之所以爲文，❷魏成子之所以爲賢也。」《潛夫

---

❶「以」，據注文當作「行」，下「必以其道」同。然焦疏確依「以」字疏釋，未詳所本。

❷「叔」，原作「禄」，今從沈校據《鹽鐵論》改。

論・明闇》篇云：「且凡驕臣之好隱賢也，既患其正義以繩己矣，又恥居上位而明不及下，尹其職而策不出於己。」此「隱賢」謂隱蔽賢人，與趙氏義異。《淮南子・主術訓》云「年衰志憫」，注云：「憫，憂也。」《漢書・佞幸・石顯傳》「憂滿不食」，注云：「滿，讀曰懣。」《説文》心部云：「悶，懣也。」《鬼谷子》云：「憂者，閉塞而不泄也。」然則憫即憂悶，凡憂悶不能泄則憤，故懣又訓憤也。「善己而已」解「我爲我」，「惡人何能污我」，❶以「惡人」解「袒裼裸裎」之人。**故由由然與之偕而不自失焉，援而止之而止。援而止之而止者，是亦不屑去已。」**注 由由，浩浩之貌。不憚與惡人同朝並立。偕，俱也。與之儷行於朝何傷？但不失己之正心而已耳。援而止之，謂三絀不暫去也。是柳下惠不以去爲潔也。疏 注「由由」至「潔也」○正義曰：《廣雅・釋訓》云：「浩浩、油油，流也。」由與油通，故以「由由」爲「浩浩」。趙氏解「浩然之氣」爲「大氣」，注「予然後浩然有歸志」云：「浩然，心浩浩有遠志也。」遠與大義同。《楚辭・懷沙》云「浩浩沅湘」，王逸注云：「浩浩，廣大貌。」是也。此「由由」爲「浩浩」，亦謂其不似伯夷之隘，而寬然大而能容也。乃油油，本新生之狀，詳見前「油然作雲」。而《禮記・玉藻》云「三爵而油油然」，注云：「油油，悦敬貌。」《史記・微子世家》云「禾黍油油」，《索隱》云：「油油，禾黍之苗光悦貌。」「油油」爲悦，故《韓詩外傳》引《萬章》「由由然不忍去也」作「愉愉然不去也」。《大戴記・文王官人》云：「喜色由然以生。」由爲生，亦爲喜。喜悦，生之象也；流動，生之機也。水生則流，物生則悦。禾黍之油油，猶云木欣欣而向榮也。《列女傳・賢明》篇云：

❶「污」下，原有「於」字，合於宋十行、閩、監、毛等本，今據本書及阮校所述廖、孔、韓等本改。

「柳下惠處魯，三黜而不去，憂民救亂，妻曰：『無乃瀆乎？』柳下惠曰：『油油之民將陷於害，吾能已乎？且彼爲彼，我爲我，彼雖裸裎，安能污我？』油油然與之處，仕於下位。其妻誄曰：『夫子之不伐兮，夫子之不竭兮！夫子之信誠而與人無害兮！屈柔從俗，不强察兮！蒙恥救民，德彌大兮！雖遇三黜，終不蔽兮！愷悌君子，永能厲兮！嗟乎惜哉，乃下世兮！庶幾遐年，今遂逝兮！嗚呼哀哉，魂神泄兮，夫子之謚，宜爲惠兮！』門人從之以爲誄。」此與《孟子》相表裏。兩言「油油」，其云「油油之民」即謂此「生生之民」，與下「將陷於害」相貫。害則將戕其生矣，故憂之而救之。惟憂民救亂之心切，故不憚委蛇容忍，周旋補救於其間，所謂「進不隱賢，必行其道」，謂不藏此憂民救亂之才，欲行此蒙恥救民之道也。推此，裸裎之人即害民之人，彼自害民，我自救民，所爲「爾爲爾，我爲我」也。因其人害民而潔身遠去，則不與之偕；因其人害民而詭隨阿附，則與之偕而自失。惟惠則油油然救斯民，全其生生者。與此害民之人並處於朝，彼焉能浼我？蓋我染其所爲而附之，則彼能浼我；我以救民者補救挽回其害，則與之偕而不自失，彼焉能浼我哉？不自失，所以不能浼；必行其道，所以三黜不去。以兩「油油」相例，則油油即由由，由由即生生矣。趙氏不解「袒裼裸裎」四字而云「與惡人同朝」。即使脱衣露體，何致遂爲惡人？且惡人居朝，亦豈脱衣露體？則趙氏明本《列女傳》爲説，以此袒裼裸裎即指陷害斯民之人，故以一「惡」字明之。《管子·七臣七主》篇云：「春無殺伐，無割大陵，倮大衍。」注云：「倮謂焚燒，令蕩然俱盡。」《周禮·大司徒》「以虎豹爲羸物」，《列子》「以豹爲裎羸」，裎即裸裎也。然則柳下惠所云「裸裎」，假借脱衣赤體以喻害民者之割剥，猶《管子》以焚燒爲倮也。《荀子·議兵》篇云：「仁人之兵，不可詐也。彼可詐者，怠慢者也，路亶者也。」注云：

「路，暴露也。亶讀爲袒，謂上下不相覆。」「露袒」與「怠慢」並言，亦假借之言矣，故爲惡人也。若徒以赤體之人在側而以爲「焉能浼我」，此即尋常之人，亦豈見有爲赤體之人浼者？無救民行道之心，援之即止，黜之不去，何以爲柳下惠哉？後世秉國者，一言未合，乞骸而退，以爲潔身去亂，不知執一己倖直之名而以軍國生民之重一任諸群小之爲，莫或救止，則亦豈得爲潔哉？故惠不以去爲潔，而悠游下位，足爲以矯潔爲高者示之鵠也。孟子舉一伯夷以戒人之輕進，舉一柳下惠以戒人之輕退，豈徒然哉？阮氏元《挍勘記》云：「『謂三黜』，閩、監、毛三本同。廖本、孔本、韓本黜作絀，是。《音義》出絀字。」**孟子曰：「伯夷隘，柳下惠不恭。隘與不恭，君子不由也。」**【注】伯夷隘，懼人之污來及己，故無所含容，言其太隘狹也；柳下惠輕忽時人，禽獸畜之，無欲彈正之心，言其大不恭敬也。聖人之道，不取於此，故曰「君子不由」也。先言二人之行，孟子乃評之。【疏】注「伯夷」至「評之」○正義曰：《禮記・禮器》云「君子以爲隘矣」，注云：「隘猶狹陋也。」《音義》云：「隘，或作阸，或作阨，並烏懈切。」《文選・吴都賦》「邦有湫阨」，劉逵注云：「阨，小也。」「湫阨」即「湫隘」，小猶狹也。《文選》注引晉綦毋邃《孟子》注云：「隘謂疾惡太甚，無所容。不恭謂禽獸畜人是不敬。然此不爲褊隘，不爲不恭。」此解「隘」「不恭」與趙氏同。而其不同趙氏者，趙氏謂伯夷之不屑就爲「隘」，柳下惠之不屑去爲「不恭」，以「君子不由」爲聖人不取。由，用也。取，亦用也。然孟子以夷爲聖之清，惠爲聖之和，夷、惠既是聖人，則隘、不恭聖人不由，不得謂夷、惠爲隘、不恭，故綦毋邃易趙氏義云：「此不爲褊隘，不爲不恭。」此字指夷之「不屑就」、惠之「不屑去」，謂如是爲隘如是爲不恭，若謂伯夷隘、柳下惠不恭，則伯夷、柳下惠皆君子也，隘與不恭君子所不爲，則夷不爲隘，惠不爲不恭也。《後漢書・黃瓊傳》李固《遺瓊書》云：「君子謂伯夷隘，柳下惠不恭，故傳曰：『不夷不惠，可否之間。』」趙氏之義固有所本矣。

章指：言伯夷、柳下惠，古之大賢，猶有所闕。介者必偏，中和爲貴，純聖能然。君子所由，堯舜是尊。 疏「介者必偏」○正義曰：《文選》注引者作然，《音義》云：「介者，丁云：『字多作分，誤也。』」

孟子正義卷八

江都縣鄉貢士焦循譔集

孟子卷第四

公孫丑章句下凡十四章。

孟子曰：「天時不如地利，地利不如人和。三里之城，七里之郭，環而攻之而不勝。夫環而攻之，必有得天時者矣。然而不勝者，是天時不如地利也。注天時謂時日支干、五行王相、孤虛之屬也；地利，險阻城池之固也；人和，得民心之所和樂也。環城圍之，必有得天時之善處者。然而城有不下，是不如地利。疏「天時」至「人和」〇正義曰：《尉繚子·戰威》篇云：「故曰天時不如地利，地利不如人和。聖人所貴，人事而已。」又《武議》篇引此二句，亦斷之曰「古之聖人，謹人事而已」。翟氏灝《考異》云：「尉繚與孟子同時，兩述斯言，皆以聖人稱之。《荀子·王霸》篇亦云：『上不失天時，下不失地利，中得人和。』斯言也，孟子之前應見古別典。」○「三里」至「利也」○正義曰：臧氏琳《經義雜記》云：❶「《晉書·段灼傳》云：『臣聞天時不如地利，地利不如人和。三里之城，五里之郭，圓圍而攻之，有不尅者，此天時不如地利。城非不高，池非不深，殺非不多，兵非不利，委而去之，此地利不如人和。然古之王者非不先推恩德，結固人心。人心苟和，雖三里之城，五里之郭，不可攻也；人心不和，雖金城湯池，不能守也。』此本《孟子》。今《公孫丑下》作『三里之城，七里之郭』，疑誤也。郭爲外城，猶椁爲外棺，開廣二里已不爲狹；若城三里而郭七里，是外城反過倍於内城矣。外城既有七里，内城又當不止三里。段兩言『五里之郭』，必非誤。」按：《戰國策·齊策》貂勃云「三里之城，五里之郭」，田單又云「五里之城，七里之郭」，皆指即墨而言。其城郭之小，七里五里，固未可拘也。閻氏若璩《釋地又續》云：「《左傳》疏曰：『天子之城方九里，諸侯禮當降殺，則知公七里，侯伯五里，子男三里。』《尚書大傳》云：『古者七十里之國，三里之城。』然則孟子蓋謂伯子男之城也。」《尉繚子·天官》篇云：「今有城，東西攻不能取，南北攻不能取。四方豈無順時而乘之者耶？不能取者，城高池深，兵器備具，財穀多積，豪士一謀者也。若城下池淺守弱，則取之矣。由是觀之，天官時日不若人事也。」此言東西攻，南北攻，即所云「環而攻之」。《吕氏春秋·愛士》篇云「晉人已環繆公之車矣」，高誘注云：「環，圍也。謂周旋圍繞之也。」周氏柄中《辨正》云：「《周禮·春官·簭人》『九曰簭環』，註：『謂筮可致師不也。』《孟子》『環而攻之』之環即《周禮》『筮環』之環。『環而攻之』謂筮而攻之也。」

❶「琳」，原作「玉林」，今從沈校據全書文例改。

張氏爾岐《蒿菴閒話》云：「趙注似長兵家。言天時多言向背，如『背孤擊虚』『背亭亭擊白奸』之類。每日每時各有其宜背宜向之方，環而攻之，則四面必有一處合天時之善者。」○注「天時」至「屬也」○正義曰：時，十二辰，地支也。日即十日，天干也。《太玄·玄數》篇云：「五行用事者王。王所生相，故王廢，勝王囚，王所勝死。」《淮南子·地形訓》云：「木壯，水老，火生，金囚，土死。火壯，木老，土生，水囚，金死。土壯，火老，金生，木囚，水死。金壯，土老，水生，火囚，木死。水壯，金老，木生，土囚，火死。」《論衡·難歲》篇云：「立春，艮王震相，巽胎離没，坤死兑囚，乾廢坎休。王之衝死，相之衝囚。王相衝位，有死囚之氣。」此「王相」之説也。《史記·龜筴列傳》云：「日辰不全，故有孤虚。」《集解》云：「甲乙謂之日，子丑謂之辰。六甲孤虚法：甲子旬中無戌亥，戌亥即爲孤，辰巳即爲虚。甲戌旬中無申酉，申酉爲孤，寅卯爲虚。甲申旬中無午未，午未爲孤，子丑爲虚。甲午旬中無辰巳，辰巳爲孤，戌亥即爲虚。甲辰旬中無寅卯，寅卯爲孤，申酉即爲虚。甲寅旬中無子丑，子丑爲孤，午未即爲虚。劉歆《七略》有《風后孤虚》二十卷。」此「孤虚」之説也。《周禮·春官·太史》職：「太師，抱天時，與太師同車。」鄭司農云：「大出師，則太史主抱式，以知天時，處吉凶。史官主知天道，故《國語》曰：『吾非瞽史，焉知天道？』《春秋傳》云：『楚有雲如衆赤鳥，夾日以飛。楚子使問諸周太史。』太史主天道。」周時術士以七政占驗爲天道，故裨竈云：「天道多在西北。」子産雖正斥之云：「天道遠，人道邇，竈焉知天道？」然其時則混以天時爲天道。至孔子贊《易》，明元亨利貞爲天之道，言「天道虧盈而益謙」，言「立天之道曰陰與陽，立地之道曰柔與剛，立人之道曰仁與義」，而天道乃明。孟子以「天道」與「仁義禮智」並言，而此五行時日之術別之爲「天時」，而天時、天道乃曉然明於世也。**城非不高也，**

池非不深也，兵革非不堅利也，米粟非不多也，委而去之，是地利不如人和也。注有堅强如此而破之走者，不得民心，民不爲守。衛懿公之民曰：「君其使鶴戰，余焉能戰？」是也。疏注「有堅」至「是也」○正義曰：「破之走者」解「委而去之」，「走」字釋「去之」矣。委無破義，阮氏元《挍勘記》云：「岳本破作被。」《淮南子・精神訓》云「委萬物而不利」，高誘注云：「委，棄也。」《漢書・地理志》「千乘郡被陽」，注引如淳云：「一作疲，音罷軍之罷。」罷即疲，《國語・周語》注云：「棄，廢也。」《禮記・中庸》「半塗而廢」，注云：「廢猶罷止也。」《表記》「中道而廢」，注云：「廢，喻力極罷頓，不能復行，則止也。」趙氏當作「疲之走者」，通疲爲被，傳寫誤作破也。罷而去之即棄而去之也，岳本得之。引「衛懿公」之事，見閔公二年《左傳》，云：「狄人伐衛。衛懿公好鶴，鶴有乘軒者。將戰，國人受甲者皆曰：『使鶴。鶴實有禄位，余焉能戰？』」是其事也。**故曰：域民不以封疆之界，固國不以山谿之險，威天下不以兵革之利。**注域民，居民也。不以封疆之界禁之，使民懷德也；不依險阻之固，恃仁惠也；不馮兵革之威，仗道德也。疏注「域民居民也」○正義曰：《荀子・禮論篇》云：「是君子之壇宇宫廷也。人有是，士君子也。」《史記・禮書》云：「是以君子之性，守宫廷也。人域是域，士君子也。」《毛詩》「正域彼四方」，傳云：「域，有也。」有是即域是。❶《索隱》云：「域，居也。言君子之行，非人居亦弗居也。」上言宫廷，下言域，故知域是居。與趙氏同也。閻氏若璩《釋地》云：「《漢・地理志》言齊初封地舄鹵，寡人民，迺勸業通商，而人物始輻湊。先發端云『古者

❶「毛詩」至「域是」，疑當在上句「史記禮書」前，於前後文義爲順。

有分土，無分民』，顔師古注：『無分民者，謂通往來，不常厥居也。』最是。所以《碩鼠》之詩『逝將去女』，《論語》之書『襁負而至』。若至七國便不然。『域民不以封疆之界』，則當時封疆之界固以域其民矣。」按：《呂氏春秋・慎人》篇云「胼胝不居」，高誘注云：「居，止也。」以法禁之，使民止於此居也；以德懷之，未嘗禁之，而民自止於此，亦居也。居民不以封疆之界，謂止民不以法禁之，以德懷之也。居此民則止此民，止此民即有此民矣。**得道者多助，失道者寡助。寡助之至，親戚畔之；多助之至，天下順之。以天下之所順，攻親戚之所畔，故君子有不戰，戰必勝矣。」**注得道之君，何嚮不平？君子之道，貴不戰耳；如其當戰，戰則勝矣。疏「得道」至「勝矣」○正義曰：《音義》云：「『寡助之至』，至或作主。」按：「多助之至」亦當作「多助之主」。趙氏云「得道之君」，即解「多助之主」。上言「得道者多助」，則多助之主即是得道之君也。「有不戰」，不當戰也，當戰則戰矣。當戰則戰，所以必勝。

章指：言民和爲貴，貴於天地。故曰「得乎丘民爲天子」也。

孟子將朝王。王使人來曰：「寡人如就見者也，有寒疾，不可以風。朝，將視朝，不識可使寡人得見乎？」注孟子雖仕於齊，處賓師之位，以道見敬。或稱以病，未嘗趨朝而拜也，王欲見之，先朝使人往謂孟子云：寡人如就見者，若言就孟子之館相見也。有惡寒之病，不可見風。儻可來朝，欲力疾臨視朝，因得見孟子也。不知可使寡人得相見否？疏注「王欲」至「見否」○正義曰：「云寡人如就見者，若言就孟子之館相見也」，此以「若言」釋「如」字。《儀禮・鄉飲酒禮》云「如大夫入」，註云：「如，讀若今之若。」《廣雅・釋言》云：「如，若也。」云「若言」者，《爾雅・釋詁》云：「圖、如、猷，謀也。」《釋言》云：「猷，圖也。」「猷，若也。」然則如與若義同，而如之爲謀、爲圖、爲猷，與若之爲猷、爲圖同。「寡人如就見者也」即寡人圖就見者也。《釋詁》又云：「猷，言也。」趙氏疊「若言」二字釋如字，謂如者若也，言也。若之爲如，不必爲圖猷之義；必疊「言」字，則其爲猷爲圖，了然明白。此趙氏訓釋之精也。或訓如爲往，不及趙氏遠矣。王氏引之《經傳釋詞》云：「如字亦與將同義。」閻氏若璩《釋地三續》云：「古者雞鳴而起，朝辨色始入，君日出而視之。以知孟子將朝王蓋雞鳴之後，辨色之前；朝將之朝，則日出時也。愚初解如此，復閱趙注云：『儻可來朝，欲力疾臨視朝。』『視朝』內仍帶有力疾不得已之意，頗妙。不然，既惡寒，大廷之上與道塗奚別焉？『朝將視朝』，上朝字當讀住。齊王以孟子肯來朝，方視朝，不然，仍以疾罷，語頗婉切。」按：張仲景《傷寒論》云：「太陽之爲病，脈浮，頭項强痛而惡寒。」又云：「太陽中風，嗇嗇惡寒，淅淅惡風。」此云「不可以風」，則是惡風，惡風而云寒疾，蓋是太陽中風，寒水之經疾也。趙以云「寒疾不可以風」，故以爲惡寒之疾。高誘注《呂氏春秋》《淮南子》，多云：「識，知也。」故以「不知」解「不識」。**對曰：「不幸而有疾，不能造朝。」** 注 孟子不悦王之欲使朝，故稱有疾。**明日，出弔於東郭氏。公孫丑曰：「昔者辭以病，今日弔，或者不可乎？」** 注 東郭氏，齊大夫家也。昔者，昨日也。丑以爲不可。疏 注「東郭」至「日也」○正義曰：《史記・平準書》「東郭咸陽」，《索隱》引《風俗通》云：「東郭牙，齊大夫。咸陽，其後也。」是齊有東郭氏爲大夫家也。翟氏灝《考異》云：「孟子所重，賢而已矣，何必定大夫？《韓詩外傳》云：❶『齊

❶「韓詩外傳云」，原在上句「考異云」下，今從沈校據《四書考異》改。

有東郭先生梁石君，不詘身下志以求仕，世之賢也。』孟子所弔，梁石君應其人耳。」按：東郭先生蓋住居東郭，未必即東郭氏，此明稱「氏」，爲大夫家，是也。《文選・悼亡詩》，注引《蒼頡篇》云：「昨，隔日也。」《廣韻》云：「昨，隔一宵也。」昔之訓，爲久、爲舊、爲往，則通隔日以前俱謂之昔。孟子辭疾僅隔一宵，故云明日出弔。下計隔日爲明日，上計隔日爲昨日，故以「昔者」爲「昨日」也。《莊子・齊物論》云「今日適越而昔至也」，《釋文》引向秀注云：「昔者，昨日之謂也。」與趙氏此注同。阮氏元《校勘記》云：「『今日弔』，閩、監本、孔本、韓本同。廖本、毛本日作以，形近之譌。《考文》引作『今以弔』，云『今下古本有日字』。足利本同。尤非。」**曰：「昔者疾，今日愈，如之何不弔？」**注孟子言我昨日病，今日愈，我何爲不可以弔？ **王使人問疾，醫來。**注王以孟子實病，遣人將醫來，且問疾也。 **孟仲子對曰：「昔者有王命，有采薪之憂，不能造朝。今病小愈，趨造於朝。我不識能至否乎。」**注孟仲子，孟子之從昆弟學於孟子者也。 權辭以對如此。憂，病也。《曲禮》云：「有負薪之憂。」疏注「孟仲」至「者也」○正義曰：孟仲子之名，兩見《毛詩》傳所引。一《維天之命》傳云：「孟仲子曰：大哉，天命之無極，而美周之禮也。」一《閟宮》傳云：「孟仲子曰：是禖宮也。」孔氏正義云：「《孟子》云：『齊王以孟子辭病，使人問醫來，孟仲子對。』趙岐云：『孟仲子，孟子從昆弟學於孟子者也。』《譜》云：『孟仲子者，子思弟子。』蓋與孟子共事子思，後學於孟軻，著書論《詩》。』毛氏取以爲説。」曹氏之升《摭餘説》云：「孟子且不親受業於子思之門，何有仲子？ 以趙氏從昆弟之説爲信，而《告子》篇之孟季子又當爲仲子之弟也。 至《序録》所稱子夏傳曾申，申傳魏人李克，❶克傳魯

❶「李」，原作「季」，今據《經典釋文》及經解本改。

人孟仲子者，當别是一人。」按：《東萊讀詩記》引陸璣《草木鳥獸蟲魚疏》云：「子夏傳魯人申公，申公傳魏人李尅，李尅傳魯人孟仲子，孟仲子傳趙人孫卿。」陸德明《釋文序録》既引徐整説，謂子夏授高行子，高行子授薛倉子，薛倉子授帛妙子，帛妙子授河間人大毛公；又引一説云：「子夏傳曾申，申傳魏人李克，克傳魯人孟仲子，孟仲子傳根牟子，根牟子傳趙人孫卿子，孫卿子傳魯人大毛公。」後一説同於陸氏，而仲子於孫卿中間多一根牟子，皆不言孟仲子受學於子思、孟子。趙氏謂爲孟子從昆弟，必有所出，今未詳矣。《禮記·樂記》云「病不得其衆也」，注云：「病，憂也。」是「憂」即「病」也。引《曲禮》者，見《禮記·曲禮下》篇，云：「君使士射，不能則辭以疾，言曰：『某有負薪之憂。』」是也。**使數人要於路，曰：「請必無歸而造於朝！」**注仲子使數人要告孟子，君命宜敬，當必造朝也。**不得已而之景丑氏，宿焉。**注孟子迫於仲子之言，不得已，而心不欲至朝，因之其所知齊大夫景丑之家而宿焉，且以語景子。疏「景丑氏」○正義曰：翟氏灝《考異》云：「《漢書·藝文志》有《景子》三篇，列儒家者流。此稱景丑爲景子，其言『父子主恩，君臣主敬』，及引禮『父召』『君召』諸文，頗有見於儒家大意，景子似即著書之景子也。孟子宿於其家，蓋亦以氣誼稍合往焉。」○注「而心不欲至朝」○正義曰：《儀禮·鄉飲酒禮》賈氏疏云：「齊王召孟子，不肯朝，後不得已而朝之，宿於大夫景丑氏之家。」此解「不得已」爲不得已而朝，是也。趙氏言「迫於仲子之言不得已」，已，止也。不得止者，不得不往朝也。但身雖至朝而心不欲至朝，蓋是時王未視朝，或已視朝而退，孟子雖造朝而未見王，故宿於景丑氏，而以所以辭疾之故告也。《考文》古本心作必，非。**景子曰：「內則父子，外則君臣，人之大倫也。父子主恩，君臣主敬。丑見王之敬子也，未見所以敬王也。」**注景丑責孟子，不敬

何義也？ 曰：「惡，是何言也？ 齊人無以仁義與王言者，豈以仁義爲不美也？ 其心曰，『是何足與言仁義也』云爾，則不敬莫大乎是。 注 曰惡者，深嗟嘆。云景子之責我，何言乎？今人皆謂王無知，不足與言仁義。云爾，絶語之辭也。人之不敬無大於是者也。 疏 注「云爾絶語之辭也」○正義曰：云、爾分言之，皆語詞也。《文選·古詩》「故人心尚爾」，注引《字書》云：「爾，詞之終也。」疊「云爾」兩字，是終竟無疑之詞，故爲語絶也。 **我非堯舜之道不敢以陳於王前，故齊人莫如我敬王也。」** 注 孟子言我每見王，常陳堯舜之道以勸勉王。齊人豈如我敬王者邪？ **景子曰：「否，非此之謂也。禮曰：『父召無諾，君命召不俟駕。』固將朝也。聞王命而遂不果，宜與夫禮若不相似然？」** 注 景子曰：非謂不陳堯舜之道，謂爲臣固自當朝也。今有王命而不果行。果，能也。禮，父召無諾，無諾而不至也；君命召，輦車就牧，不坐待駕。而夫子若是，事宜與夫禮若不相似然乎？愚竊惑焉。 疏 注「景子」至「惑焉」○正義曰：「非謂不陳堯舜之道」解「否，非此之謂也」句，「謂爲臣固自當朝也」解「固將朝也」，以「自當」二字釋「將」字。自當，將之緩聲。近時通解謂「將朝」即指「孟子將朝王」而言。《禮記·曲禮》云：「父召無諾，先生召無諾，唯而起。」《玉藻》云：「父命呼，唯而不諾。」又云：「君召以三節：二節以走，一節以趨。在官不俟屨，在外不俟車。」《曲禮》注云：「應辭，唯恭於諾。」《論語·鄉黨》篇云「君命召，不俟駕行矣」，《集解》云：「鄭曰：急趨君命，行出而車駕隨之。」趙氏言「無諾而不至」，與「唯而不諾」義異。云「輦車就牧」者，《荀子·大略》篇云：「諸侯召其臣，臣不俟駕，顛倒衣裳而走，禮也。《詩》曰：『顛之倒之，自公召之。』天子召諸侯，輦輿就馬，禮也。《詩》曰：『我出我車，于彼牧矣，自天子所，謂我來矣。』」注云：「輦謂人挽車。言不暇待馬至，故輂輿就馬也。」出車就馬于牧地，趙氏撮其辭。《音義》云：「『宜與』，丁音餘。下『是與』『死與』『言與』『伐與』『殺與』『之與』『過與』皆同。此『宜與』亦如字。」翟氏灝《考異》云：「《書齋夜話》曰：『宜與』之與音歟。古者歟字皆作與字，『宜歟』即可乎之謂，當以與字絶句，不當連下文。」《爾雅·釋詁》云：「宜，事也。」故以「事」釋「宜」。「宜與夫禮」謂夫子之事，與禮所云若不相似。趙氏讀與如字，孫奭謂「宜與」如字是也；丁讀宜與爲句，非也。王氏引之《經傳釋詞》云：「家大人曰：宜猶殆也。成二年《左傳》『宜將竊妻以逃者也』，《孟子·公孫丑》篇『宜與夫禮若不相似然』，《滕文公》篇『不見諸侯，宜若小然』，又『枉尺而直尋，宜若可爲也』，《離婁》篇『宜若無罪焉』，《盡心》篇『宜若登天然』，《齊策》『救趙之務，宜若奉漏甕，沃焦釜』，宜字並與殆同義。」**曰：「豈謂是與？曾子曰：『晉楚之富，不可及也。彼以其富，我以吾仁；彼以其爵，我以吾義。吾何慊乎哉？』夫豈不義而曾子言之？是或一道也。**【注】孟子答景丑云：我豈謂是君臣召呼之間乎？謂王不禮賢下士。故道曾子之言，自以不慊晉楚之君。慊，少也。曾子豈嘗言不義之事邪？是或者自得道之一義，欲以喻王猶晉楚，我猶曾子，我豈輕於王乎？【疏】注「慊少也」○正義曰：王氏念孫《廣雅疏證》云：「歉，少也。《説文》：『歉，食不滿也。』襄二十四年《穀梁傳》『一穀不升謂之嗛』，范甯注云：『嗛，不足貌。』《韓詩外傳》作鎌，《廣雅·釋天》作歉。《孟子·公孫丑》篇『吾何慊乎哉』，趙岐注云：『慊，少也。』《逸周書·武稱解》云：『爵位不謙，田宅不虧。』並字異而義同。」翟氏灝《考異》云：「《吕氏春秋》魏文侯曰：『段干木光乎德，寡人光乎地；段干木富乎義，寡人富乎財。吾安敢驕之？』與此語意相同。文侯嘗受經義於子夏，宜得聞曾子言也。」**天下有達尊三：爵一，齒一，德一。朝廷莫如**

爵，鄉黨莫如齒，輔世長民莫如德。惡得有其一以慢其二哉？注三者，天下之所通尊也。孟子謂賢者長者有德有齒，人君無德，但有爵耳。故云：何得以一慢二乎？疏注「賢者長者有德有齒」○正義曰：《儀禮·鄉飲酒禮》注云：「凡鄉黨飲酒，必於民聚之時，欲其見化，知尚賢尊長也。《孟子》曰：『天下有達尊三：爵也，德也，齒也。』」德是尚賢，齒是尊長，故云「賢者長者」。**故將大有爲之君，必有所不召之臣。欲有謀焉，則就之。其尊德樂道，不如是不足與有爲也。**注言古之大聖大賢有所興爲之君，必就大賢臣而謀事，不敢召也。王者師臣，霸者友臣也。疏注「有所興爲之君」○正義曰：爲，作也；興，亦作也。故以「興」釋「爲」。○注「王者師臣霸者友臣」○正義曰：《荀子·王制》篇云：「臣諸侯者王，友諸侯者霸，敵諸侯者亡。」又《堯問》篇引中蘬之言云：「諸侯自爲得師者王，得友者霸，得疑者存，自爲謀而莫己若者亡。」《白虎通·王者不臣》篇引《韓詩内傳》云：「師臣者帝，友臣者王，臣臣者霸，魯臣者亡。」**故湯之於伊尹，學焉而後臣之，故不勞而王；桓公之於管仲，學焉而後臣之，故不勞而霸。**注言師臣者王。桓公能師臣而管仲不勉之於王，故孟子於上章陳其義，譏其烈之卑也。**今天下地醜德齊，莫能相尚。無他，好臣其所教而不好臣其所受教。**注醜，類也。言今天下之人君土地相類，德教齊等，不能相絶者，無他，但好臣其所教敕役使之才可驕者耳，不能好臣大賢可從受教者。疏注「醜類」至「教者」○正義曰：《禮記·哀公問》云「節醜其衣服」，注云：「醜，類也。」是「醜」之義爲「類」。戴氏震《方言疏證》云：「《方言》：『掩、醜、掍、綷，同也。江淮、南楚之間曰掩，宋衛之間曰綷，或曰掍，東齊曰醜。』按，掩、奄古通用，《詩·周頌》「奄有四方」，毛傳：「奄，同也。」醜訓類，類亦同也。《孟子》「今天下地醜德齊，莫能相尚」，趙岐注云：「醜，類也。」以《方言》證之，於義尤明。」高誘注《吕氏春秋》《淮南子》皆云：「齊，等也。絶，過也。」故以「等」釋「齊」。相類、相等，則不能相過矣。《廣雅·釋詁》云：「教，敕語也。」是教與敕義同。劉熙《釋名·釋書契》云：「敕，飭也。使自警飭，不敢廢慢也。」「教敕」之使不敢慢，是我所「使役之才」也。《禮記·内則》云「降德於衆兆民」，注云：「德猶教也。」當時諸侯，無德可言故「德齊」亦謂其所教敕於臣民者同也。湯之於伊尹，桓公之於管仲，則不敢召。管仲且猶不可召，而況不爲管仲者乎？」

注孟子自謂不爲管仲，故非齊王之召己，己是以不往也。

章指：言人君以尊德樂義爲賢，君子以守道不回爲志。 **疏**「君子」至「爲志」○正義曰：《毛詩·大雅》「厥德不回」，傳云：「回，違也。」《小雅》「其德不回」，傳云：「回，邪也。」

陳臻問曰：「前日於齊，王餽兼金一百而不受；於宋，餽七十鎰而受；於薛，餽五十鎰而受。前日之不受是，則今日之受非也；今日之受是，則前日之不受非也。夫子必居一於此矣。」 **注**陳臻，孟子弟子。兼金，好金也，其價兼倍於常者，故謂之兼金。一百，百鎰也。古者以一鎰爲一金。鎰，二十兩也。**疏**注「古者」至「兩也」○正義曰：《國策·秦策》云「黄金萬溢」，高誘注云：「萬溢，萬金也。」二十兩爲一溢，是一溢爲一金也。閩、監、毛三本誤作「二十四兩」，阮氏元《挍勘記》云：「廖本、《考文》

古本、孔本、韓本作『鎰二十兩也』。作二十兩乃與『爲巨室』章合。」**孟子曰：「皆是也。當在宋也，予將有遠行。行者必以贐，辭曰『餽贐』，予何爲不受？**注贐，送行者贈賄之禮也。時人謂之贐。

疏注「贐送」至「之贐」○正義曰：臧氏庸述其高祖琳《經義雜記》云：「《論衡·刺孟》引《孟子》云：『行者必以賮，辭曰歸賮。』《文選·魏都賦》『襁負賮贄』，劉淵林注：『賮，禮贄也。《孟子》曰：將有遠行，行者必以賮。《蒼頡篇》曰：賮，財貨也。』《赭白馬賦》『或踰遠而納賮』，李善注：『《孟子》曰：有遠行者必以賮。』知《孟子》本作賮，今作贐乃俗字。」段氏玉裁《說文解字注》云：「賮，會禮也。以財貨爲會合之禮也。或假進爲之，如《漢高紀》曰『蕭何爲主吏主進』是也。」**當在薛也，予有戒心。辭曰『聞戒』，故爲兵餽之，予何爲不受？**注戒，有戒備不虞之心也。時有惡人欲害孟子，孟子戒備。薛君曰：聞有戒，此金可鬻以作兵備，故餽之。我何爲不受也？疏「當在薛也」○正義曰：周氏廣業《孟子出處時地考》云：「孟子所在之薛，乃齊靖郭君田嬰封邑，非春秋之薛也。《左傳》隱十一年『薛侯』，注云：『魯國薛縣。』《公羊》哀四年注云：『滕薛俠轂。』此春秋之薛也。《史記·孟嘗君列傳》：『湣王三年，封嬰於薛。嬰卒，子文代立。』《續漢志》『魯國薛縣』，本注云：『本國六國時曰徐州。』《補注》引《皇覽》曰：『靖郭君冢在城中東南陬。』此戰國之薛也。其時薛爲齊有，地鄰於楚，故《國策》載齊將封嬰於薛，楚王聞之大怒，將伐齊。公孫閈往見楚王曰：『齊削地以封嬰，是以所以弱也。』楚王乃止。後昭陽又請以數倍之地易薛，❶嬰不可。時嬰以宣王庶弟相

❶「易」，原脱，今從沈校據《戰國策》及《孟子四考》補。

齊十數年，得於薛立先王之廟，至田文直稱薛公，蓋不特大都耦國，其名數亦儼同列侯，故孟子過此亦受其餽也。薛與滕近，文公聞築薛而恐是也。齊湣王將之薛，假途於鄒；而太史公言吾嘗過薛，其俗與鄒、魯殊，則地近鄒、魯又可知矣。方孟子在宋而有遠行，其欲遊梁無疑。但梁宋接境，《史記·貨殖傳》：『自鴻溝以東，芒碭以北，屬鉅鹿，此梁宋也。陶睢陽，亦一都會也。』徐廣曰：『梁爲今陶之浚儀。陶睢陽，今之定陶。』又《國策》：『魏太子申之攻齊也。過宋外黄。』高誘曰：『今陳留外黄，故宋城也。後徙睢陽。』然則自梁至齊必先過宋，孟子之遊梁，固宜由睢陽西達大梁，否亦徑歸鄒。而反折而東，自薛歸鄒者，有戒心故也。趙岐言『時有惡人欲害孟子』，應劭云：『又絶糧於鄒、薛，困殆甚。』薛之俗在孟嘗未招致任俠奸人之前，其子弟已多暴桀，異於鄒、魯，故惡孟子，欲害之耶？抑上下無交，有如孔子之阨於陳蔡者耶？是皆未可知。而孟子設兵戒備，則非尋常剽掠明矣。孟子在齊，東郭、公行輩皆所往還，寧獨遺一田嬰？是其取道於薛，固因避禍，而餽金以其困乏，亦東道主之義也。」江氏永《群經補義》云：「孟子過薛，薛君餽五十鎰，當宣王時，即孟嘗君田文也。」〇注「戒有」至「受也」〇正義曰：襄公三年《左傳》云「不虞之不戒」，又十三年《左傳》云「吴乘我喪，謂我不能師也，必易我而不戒」，注並云：「戒，備也。」《説文》云：「戒，警也。從廾持戈，以戒不虞。」爲猶作也。趙氏以「作兵」釋「爲兵」。

若於齊，則未有處也。無處而餽之，是貨之也。焉有君子而可以貨取乎？」注我在齊時無事，於義未有所處也。義無所處而餽之，是以貨財取我，欲使我懷惠也。安有君子而以貨財見取乎？

章指：言取與之道，必得其禮。於其可也，雖少不辭；義之無處，兼金不顧。疏「義之無處兼金不顧」〇正義曰：《後漢書·張衡傳》衡作《應間》云：「意之無疑，則兼金盈百而不嫌辭，孟軻以之。」

孟子之平陸。謂其大夫曰：「子之持戟之士，一日而三失伍，則去之否乎？」注平陸，齊下邑也。大夫，治邑大夫也。持戟，戰士也。一日三失其行伍，則去之否乎？去之，殺之也。戎昭果毅。

疏注「平陸」至「果毅」〇正義曰：《毛詩·鄘風》「在浚之都」，傳云：「下邑曰都。」下言「王之爲都者」，平陸是都，故云「下邑」也。《秦風·無衣》云：「王于興師，修我矛戟。」《序》云：「秦人刺其君好攻戰，亟用兵。」宣二年《左傳》云：「靈輒爲公介，倒戟以禦公徒。」《韓非子·勢難》篇云：「地方數千里，持戟數千萬。」《戰國策·秦策》云：「楚地持戟百萬。」是「持戟」爲「戰士」也。「戎昭果毅」，亦見宣二年《左傳》，云：「戎昭果毅以聽之之謂禮。殺敵爲果，致果爲毅。易之，戮也。」軍法以殺敵爲令，故宜聽之常存於耳，若易之則戮。此「失伍」是不聽政令，故當殺戮之。《國語·吴語》云：「明日徙舍，斬有罪者以徇，曰：『莫如此不從其伍之令。』」是失伍者當殺也。閻氏若璩《釋地》云：「讀《史記·商君列傳》『持矛而操闟戟者，❶旁車而趨』，《聶政列傳》『韓相俠累方坐府上，持兵戟而衛侍者甚衆』，因悟《孟子》『持戟之士』亦然。蓋爲大夫守衛者，非指戰士，伍亦非行間。七國時尚武備，多姦變生於不測，而平陸又屬齊邊邑，故雖治邑大夫，亦日日陳兵自衛，孟

❶「讀」，原脱，今從沈校據《四書釋地》補。

子即所見以爲喻。郝京山曰：『伍，班次也。失伍，不在班也。去之，罷去也。』亦指守衛者言。或問：平陸之爲齊邊邑者，何也？余曰：《六國表》《田齊世家》康公貸十五年，『魯敗我平陸』，徐廣曰：『東平陸縣。』余謂漢屬東平國，爲古厥國，孔子時爲魯中都邑地，爾時屬齊，即今汶上縣是。又『有陶平陸，則梁門不開』，張守節云：『平陸，唐兖州縣。』即中都，在大梁東界。故曰：平陸，齊邊邑也。」周氏柄中《辨正》云：「《史記·封禪書》《漢書·郊祀志》云：『蚩尤在東平陸監鄉，齊之西竟。』《水經注》：『汶水又西南逕東平陸故城北。』應劭曰：『古厥國也。』『又西南逕致密城』，《郡國志》曰：『須昌縣有致密城，古中都也。』即夫子所宰之邑。」則東平陸爲厥國，須昌爲中都，其地相近。後漢省平陸入須昌，遂合而爲一耳。」**曰：「不待三。」** **注** 大夫曰：一失之則行罰，不及待三失伍也。**「然則子之失伍也，亦多矣。凶年饑歲，子之民，老羸轉於溝壑，壯者散而之四方者，幾千人矣。」** **注** 轉，轉尸於溝壑也。此則子之失伍也。**疏** 注「轉轉」至「壑也」○正義曰：《淮南子·主術訓》云「生無乏用，死無轉尸」，高誘注云：「轉，棄也。」劉熙《釋名·釋喪制》云：「不得埋曰棄，謂棄之於野也。」《國語·吴語》云「子有父母耆老，而子爲我死，子之父母將轉於溝壑」，註云：「轉，入也。」入於溝壑，亦謂無以送死，與「轉尸」之義同耳。《周書·大聚解》「則生無乏用，死無傳尸」，注云：「傳於溝壑。」惠氏棟云：「傳尸猶轉尸也。《淮南子》『轡而無轉』，高誘注云：『轉讀作傳。』」《鹽鐵論·通有》篇云：「今吴越之竹、隨唐之材不可勝用，而曹、衛、梁、宋采棺轉尸。」盧氏文弨《群書拾補》云：「當即近世以舊用之棺賣與人者。」按：《文學對》云：「是以生無乏資，死無轉尸。」即用《周書》，與《淮南·主術》同。**曰：「此非距心之所得爲也。」** **注** 距心，大夫名。曰：此乃齊王之大政，不肯賑窮，非我所得專

爲也。曰：「今有受人之牛羊而爲之牧之者，則必爲之求牧與芻矣。求牧與芻而不得，則反諸其人乎？抑亦立而視其死與？」注 牧，牧地。以此喻距心不得自專，何不致爲臣而去乎？何爲立視民之死也？疏 注「牧牧地」○正義曰：《周禮・天官・大宰》「以九職任萬民，四曰藪牧，養蕃鳥獸」，注云：「牧，牧田，在遠郊，皆畜牧之地。」賈氏疏云：「《載師》云『牧田賞田任遠郊之地』，鄭注云：『牧田，畜牧者之家所受田也。』非畜牧之地。但牧六畜之地無文，鄭約與家人所受田處即有六畜之地，故云在遠郊也。」《國語・周語》云「周制有之曰，國有郊牧」，注云：「國外曰郊牧，放牧之地。」**曰：「此則距心之罪也。」**注 距心自知以不去位爲罪也。**他日，見於王，曰：「王之爲都者，臣知五人焉。知其罪者惟孔距心。」爲王誦之。王曰：「此則寡人之罪也。」**注 孔，姓也。爲都，治都也。邑有先君之宗廟曰都。誦，言也。爲王言所與孔距心語者也。王知本之在己，故受其罪。疏 注「孔姓」至「其罪」○正義曰：前自稱「距心」是名，此加「孔」字，知是姓也。爲，治也。「爲都」猶《論語》言「善人爲邦，能以禮讓爲國」，《呂氏春秋・舉難》篇言「説桓公以爲天下」，《淮南子・俶真訓》言「與造物者爲人」，是即「治都」也。莊二十八年《左傳》云：「凡邑有宗廟先君之主曰都，無曰邑。」《説文》邑部云：「有先君之舊宗廟曰都。」閻氏若璩《釋地續》云：「都與邑，雖有大小，君所居、民所聚，有宗廟及無之別，其實古多通稱。如『商邑翼翼，四方之極』，『即伐于崇，作邑于豐』，此都稱邑之明徵也。趙良曰『君何不歸十五都』，孟子曰『王之爲都者』，此邑稱都之明徵也。」《釋地又續》云：「向謂都與邑可通稱，今不若直以曲沃證。莊二十八年『宗邑無主』，閔元年云『分之都城』。更證以費。昭十三年云『誰與居邑』，定十二年云『將墮三都』，是非《爾雅》『宮謂之室，室謂之宮』一例乎？」以「言」釋「誦」者，亦見《廣雅・釋詁》。《漢書・吕后紀》云：「勃尚恐不勝，未敢誦言誅之。」注引鄧展云：「誦言，公言也。」《説文》言部云：「諷，誦也。」「誦，諷也。」《周禮・春官・大司樂》「以樂語教國子：興、道、諷、誦、言、語」，注云：「倍文曰諷，以聲節之曰誦，發端爲言，答述曰語。」蓋諷、誦、言、語四字，分言之義别，單舉之義通。誦可訓諷，亦可訓言矣。《毛詩・公劉》傳云：「直言曰言。」直言即公言。「爲王誦之」，爲王直言之；與孔距心語爲王述之，即是倍誦之也。

章指：言人臣以道事君，否則奉身以退。《詩》云：「彼君子兮，不素餐兮。」言不尸其禄也。【疏】「人臣」至「禄也」〇正義曰：《論語・先進》篇云：「所謂大臣者，以道事君，不可則止。」襄公二十六年《左傳》云：「臣之禄，君實有之。義則進，否則奉身而退。專禄以周旋，戮也。」哀公六年《左傳》云：「義則進，否則退。」引《詩》者，《魏風・伐檀》篇文。毛傳云：「素，空也。」《文選》注引薛君《韓詩章句》云：「何謂『素餐』？素者，質也。人但有質樸而無治民之材，名曰素餐。『尸禄』者，頗有所知，善惡不言，❶默之不語，苟欲得禄而已，譬若尸焉。」《漢書・鮑宣傳》上書云「以拱默尸禄爲智」，顔師古注云：「尸，主也。不憂其職，但言食禄而已。」又《貢禹傳》上書云：「所謂素餐尸禄，洿朝之臣。」「尸禄」猶云「專禄」也。

孟子謂蚳鼃曰：「子之辭靈丘而請士師，似也，爲其可以言也。今既數月矣，未可以言

❶「言」，原作「官」，今據《文選》注改。

與？」注 蚳鼃，齊大夫。靈丘，齊下邑。士師，治獄官也。《周禮·士師》曰：「以五戒先後刑罰，毋使罪麗於民。」孟子見蚳鼃辭外邑大夫，請爲士師，知其欲近王以諫正刑罰之不中者。數月而不言，故曰「未可以言與」以感責之也。疏 注「蚳鼃」至「之也」○正義曰：楊桓《六書統》引石經《孟子》作「蝱鼃」。周氏廣業《孟子逸文考》云：「此石經當是蜀中所刻。《説文》蚳字重文有三，其籀文从氏从䖵，疑蝱爲𧊳字之譌也。」閻氏若璩《釋地》云：「靈丘亦屬齊邊邑。《趙世家》『敬侯二年，敗齊於靈丘』，《六國表》『敬侯九年，魏武侯九年，韓文侯九年，因齊喪共伐之，至靈丘』，又《趙世家》『惠文王十四年，樂毅將趙、秦、韓、魏攻齊，取靈丘，明年，燕獨深入，取臨淄』。加以蚳鼃去王遠，無以箴王闕，特辭靈丘，請士師，足徵爲邊邑。實不知其所在。爾時趙別有靈丘，以葬武靈王得名，即今靈丘縣。孝成王以靈丘封黄歇。絳侯擊破陳豨於靈丘，皆其地。注《史記》者以此之靈丘爲齊之靈丘，無論齊境不得至代北，而敬侯時安得國有靈丘？胡三省注齊靈丘又以漢清河郡之靈縣當之，抑出臆度，毋寧闕疑。」江氏永《群經補義》云：「蚳鼃辭靈丘，趙岐注云『齊下邑』，胡三省注《通鑑》謂即漢清河郡之靈縣，今之高唐、夏津皆其地，疑此説是。楚、魏皆嘗伐齊至靈丘，正是漢清河郡，今之東昌府地也。于欽《齊乘》則云：『今滕縣東三十里明水河之南有靈丘故城。』未知何據。」「士師」爲刑官之屬，在大司寇、小司寇下，是爲「治獄官」。「五戒」者，「一曰誓，用之於軍旅。二曰誥，用之於會同。三曰禁，用諸田役。四曰糾，用諸國中。五曰憲，用諸都鄙」。註云：「先後猶左右也。」五戒皆告語於民，使不犯刑罰，則士師得掌刑獄之言語。但五戒下告於民，推之則刑罰不中亦可上諫於君，故引以爲「可言」之證也。

蚳鼃諫於王而不用，致爲臣而去。注 三諫不用，致仕而去。疏 注「三諫」至「而去」○正義曰：

《禮記·曲禮下》云：「爲人臣之禮，不顯諫。三諫而不聽，則逃之。」莊公二十四年《公羊傳》云：「三諫不從，遂去之。故君子以爲得君臣之義也。」何休注云：「諫必三者，取月生三日而成魄，臣道就也。不從得去者，仕爲行道，道不行，義不可以素餐。」**齊人曰：「所以爲蚳鼃，則善矣；所以自爲，則吾不知也。」**

注 齊人論者譏孟子爲蚳鼃謀，使之諫而去，則善矣；不知自諫，又不去，故曰「我不見其自爲謀者」。疏 注「我不見其自爲謀者」○正義曰：《呂氏春秋·自知》篇云「知於顔色」，注云：「知猶見也。」蓋調之云：❶孟子既爲蚳鼃謀如是，則亦必自爲謀，特吾未見之耳。**公都子以告。**注 公都子，孟子弟子也。以齊人語告孟子也。疏 注「公都」至「子也」○正義曰：《廣韻》公字注云：「漢複姓八十五氏。孟子稱公都子有學業。楚公子食邑於都，後氏焉。」**曰：「吾聞之也：有官守者，不得其職則去；有言責者，不得其言則去。我無官守，我無言責也，則吾進退，豈不綽綽然有餘裕哉？」**注 官守，居官守職者。言責，獻言之責，諫争之官也。孟子言人臣居官，不得守其職，諫正君不見納者，皆當致仕而去。今我居師賓之位，進退自由，豈不綽綽乎？綽、裕，皆寬也。疏 注「官守」至「寬也」○正義曰：《漢書·谷永傳》永對曰：「臣爲大中大夫，備拾遺之臣，從朝者之後。進不能盡思納忠，輔宣聖德，遷至北地太守。臣聞事君之義：有言責者盡其忠，有官守者修其職。臣永幸得免於言責之辜，有官守之任。當畢力遵職，❷養綏百姓而已，不宜

❶「調」，疑爲誤字。
❷「畢」，原作「果」，今從沈校據《漢書》改。

復關得失之辭。」《淮南子·俶真訓》云「大夫安其職」，高誘注云：「職，事也。」「師賓之位」者，《禮記·文王世子》云：「記曰：虞夏商周，有師保，有疑丞。」《學記》云：「君之所不臣於其臣者二。當其爲師則弗臣也。」注云：「尊師重道，不使處臣位也。武王踐阼，召師尚父而問焉。曰：『昔黄帝、顓頊之道有乎？意亦忽不可得見與？』師尚父曰：『在丹書。王欲聞之，則齊矣。』王齊三日，端冕，師尚父亦端冕，奉書而入，負屏而立。王下堂，南面而立，師尚父曰：『先王之道，不北面。』王行西折而南，東面而立，師尚父西面，道書之言。」《史記·齊太公世家》云：「周西伯遇太公於渭之陽，載與俱歸，立爲師。」此不臣而「師」之事也。《周禮·地官·鄉大夫》：「三年則大比，考其德行道藝，而興賢者能者。鄉老及鄉大夫帥其吏，與其衆寡，以禮禮賓之。」注云：「鄭司農云：❶『賓，敬也。敬所舉賢者能者。』玄謂：合衆而尊寵之，以鄉飲酒之禮，禮以賓之。」《吕氏春秋·高義》篇云：「墨子曰：『若越王聽吾言，用吾道，翟度身而衣，量腹而食，比於賓萌，未敢求仕。』」高誘注云：「賓，客也。萌，民也。」《莊子·徐無鬼》篇云：「徐無鬼見武侯，武侯曰：『先生居山林，食芧栗以賓寡人，久矣。』」《釋文》引李氏云：「賓，客也。」然則凡賢能盛德之士，未食君禄，俱爲賓。此「賓」之事也。孟子之盛德足爲諸侯師，而仕不受禄，所以爲師賓也。周氏廣業《孟子出處時地考》云：「山東之國，號齊强大，其地勢雄於天下。宣王侈然有撫蒞華夷之意，招徠文學游學之士，以爲圖王不成，猶可以霸也。孟子見天下大亂，民生憔悴，冀王可爲湯武，跋涉千里。始至境，問禁而入，然未即見王也。過平陸，與大夫

❶「鄭司農云」，原脱，今從沈校據本書文例及《周禮》鄭注補。

孔距心善處焉。齊相儲子以幣交，且言於王。王疑其必有異，使人瞷之，而孟子終守不見之義。萬章、陳代之徒並疑之。既而王求見甚迫，乃由平陸之齊，屋廬子以季任故事，度必一往報儲子，孟子卒不往。三見齊王，未嘗言事。適從胡齕聞易牛之事，喜曰：『是心可以王矣。』他日，王問桓文，孟子即語以王道。王雖自言惛不能進，而敬禮有加，奉爲賓師，班視列大夫。前後進説甚多，所陳必堯舜之道，王稍稍厭之，甚至語以『境内不治』，顧左右而言他。而孟子亦以母喪去職。自齊葬魯，棺椁衣衾之美殆過父喪時，後竟因此爲臧倉所毀。事畢，反于齊，止于嬴。既免喪，自范之齊，見王于崇，退，有去志。王命孟子爲卿，致禄十萬，辭不受禄，號爲客卿。蓋不欲變其初心，且可爲進退地也。時弟子日益進，公孫丑、公都子、陳臻、咸邱蒙、盆成括、高子等，皆齊人來學者。因材施教，引而不發，躍如也。顧孟子志在行道以王齊，而國無親臣，都無良牧，蓋大夫王驩方嬖幸用事，進爵右師。舉朝視其君如國人，絶無以仁義與王言者。王怠於政事，或數日不視朝，諫言不用。孟子進見固罕，而王之意且欲孟子舍所學而從之。會燕王噲讓國子之，齊伐燕，勝之。王謂天與不可不取，于是毁其宗廟，遷其重器，盡有其地。諸侯多謀伐齊，孟子言急爲燕置君，則諸侯之師可及止也。王勿聽，未幾，燕人畔，王甚慚悔，有陳賈者乃從爲之辭。而當時且有謡傳孟子勸齊伐燕者，齊人之虚詐不情、好議論如此。初，孟子無意仕齊，有以師命不可以請，然非有官守言責之得失也。齊人不知，漫以蚳鼃之義繩之，而公孫丑亦以素餐爲疑。不知君子居國，爲功於君及子弟者甚大，即有故而去，亦豈小丈夫之悻悻哉？孟子知難與有爲，不得已致爲臣而歸。王卒不改，猶欲以授室萬鍾，餽金一百，爲虚拘貨取之計，齊人亦卒無善於留行者。及出晝而終不追，然後浩然有歸志。此則愛君澤民之深意，固非尹士所知；而淳于髡『名實未加』之謂，尤不識君子所爲矣。孟子在齊最久，先後凡數載。時年已六十内外，去齊之日，計自周以來七百餘歲。方孟子在齊，自王子以及卿大夫皆願見顏色，承風旨。子敖驟膺寵任，尤以得見親比爲幸，然出弔于滕，朝夕進見，欲一與言行事而不可得。至公行之喪，朝士爭趨，孟子獨否，卒亦不能加惡焉。同寮則莊暴、時子、景子、東郭、公行，雖嘗往來，不必莫逆。至若不孝之匡章，獨與之遊；巨擘之仲子，則不之信：則更有察之衆好衆惡者。初至日少，繼至日多，初至爲大夫，繼至加卿相。七篇中紀齊事者凡四十六章，稱宣王者十四章，亦可見其久居於齊也。」《毛詩·小雅·角弓》「綽綽有裕」，傳云：「綽綽，寬也。」《禮記·表記》引此詩，注云：「綽綽，寬裕貌也。」《周易·蠱》六四「裕父之蠱」，《釋文》引馬注云：「裕，寬也。」是「綽、裕皆寬」也。閩、監、毛三本作「豈不綽綽然舒緩有餘裕乎」，舒緩亦寬也。

章指：言執職者劣，藉道者優。是以臧武仲雨行而不息，段干木偃寢而式閭。疏「臧武仲雨行而不息」○正義曰：臧武仲，魯大夫臧孫紇也。襄公二十二年《左傳》云：「臧武仲如晉，雨。過御叔，御叔在其邑，將飲酒，曰：『焉用聖人？我將飲酒而已。雨行，何以聖爲？』穆叔聞之曰：『不可使也，而傲使人。』」注云：「言御叔不任使四方。」此引以爲「執職者劣」證也。武仲有官守，當使四方，故雖遇雨，不敢止息，所以爲劣。《廣雅·釋言》云：「劣，鄙也。」猶云「食肉者鄙」也。○「段干木偃寢而式閭」○正義曰：《吕氏春秋·尊師》篇云：「段干木，晉國之大駔也。學於子夏。」高誘注云：「駔，儈人也。」《期賢》篇云：「魏文侯過段干木之閭而軾之。其僕曰：『君胡爲軾？』曰：『此非段干木之閭與？段干木蓋賢者也，吾安敢不軾？且吾聞段干木未嘗肯以己易寡人也，吾安敢驕之？段干木光乎德，寡人光乎地，段干木富乎義，寡人富乎財。』其僕曰：『然則君何不相之？』於是君請相之，段干木不肯受，則君乃致禄百萬而時往館之。於是國人皆喜，相與誦之曰：『吾君好正，段干木之敬。吾君好忠，段干木之隆。』居無幾何，秦興兵欲攻魏。司馬唐諫秦君曰：『段干木，賢者也，而魏禮之，天下莫不聞。無乃不可加兵乎？』秦君以爲然，乃按兵輟，不敢攻之。」高誘注云：「閭，里也。軾，伏軾也。」又《順説》篇云：「田贊可謂能立其方矣。若夫偃息之義，則未之識也。」高誘注云：「段干木偃息以安魏，田贊辯説以服荆，比之偃息，故曰未知。」《淮南子·修務訓》云：「段干木闔門不出，以安秦魏。」所述事與《吕氏春秋·期賢》篇同。《文選》班孟堅《幽通賦》云：「木偃息以蕃魏兮。」左太沖《魏都賦》云：「閒居隘巷，室邇心遐。富仁寵義，職競弗羅。千乘爲之軾廬，諸侯爲之止戈，則干木之德，自解紛也。」又《詠史詩》云：「吾希段干木，偃息藩魏君。」趙氏云「偃寢」，即「偃息」也。引此以爲「藉道者優」之證也。謂段干木無官守之職，故優裕而閒居，偃息於隘巷之間，致魏文侯過而軾之也。

孟子爲卿於齊。出弔於滕，王使蓋大夫王驩爲輔行。王驩朝暮見，反齊、滕之路，未嘗與之言行事也。注孟子嘗爲齊卿。出弔滕君。蓋，齊下邑也。王以治蓋之大夫王驩爲輔行。輔，副使也。王驩，齊之諂人，有寵於王，後爲右師。孟子不悦其爲人，雖與同使而行，未嘗與之言行事。不願與之相比也。疏注「孟子」至「滕君」〇正義曰：《告子下》篇淳于髡曰：「夫子在三卿之中。」是孟子嘗爲齊卿也。閻氏若璩《釋地》云：「予少時習《孟子》，疑『蓋大夫王驩』與『兄戴蓋禄』之蓋當是二邑。後讀《左氏春秋傳》

『趙衰爲原大夫』，於時先軫亦稱原軫，子趙同爲原同，於時先穀亦稱原穀，唐孔氏云：『蓋分原邑而共食之。』僖二十五年『狐溱爲温大夫』，文六年『陽處父至自温』，故成十一年劉子、單子曰：『襄王勞文公而賜之温，狐氏、陽氏先處之。』亦共食一邑者。因悟蓋一也，以半爲王朝之下邑，王驩治之；以半爲卿族之私邑，陳氏世有之。」按：《漢書·地理志》泰山郡有蓋，本注云：「臨樂于山，洙水所出，西北至蓋入池水，又沂水南至下邳入泗。」即此蓋也。毛氏奇齡《改錯》云：「明稱齊卿，且云位不小。古侯國卿有左師、右師，故趙有左師觸龍，宋有右師華元，皆是正卿。驩是右師，侯國上卿多以邑冠，如楚司馬沈氏以食葉名葉公，晉卿趙氏以守原名原大夫，不止邑宰專稱也。趙岐謂右師在後，總疑右師必不當與蓋大夫作同時稱耳。宋向戌以左師而食采於合，《春秋傳》名合左師。則此蓋大夫即直云蓋右師，何不可焉？」周氏柄中《辨正》云：「《左傳》凡大夫加邑號者，皆治邑之大夫。僖二十五年《傳》『晉趙衰爲原大夫』，二十七年《傳》『命衰爲卿』，則當其守原之日未爲卿也。楚僭號，縣尹俱稱公，如申公、鄖公、白公之類，皆邑大夫；惟葉公嘗爲令尹司馬，以老於葉，故始終稱葉公，此固不可爲例者。王驩爲蓋大夫，猶距心爲平陸大夫也。」陳組綬《燃犀解》引徐伯聚云：「經文明言孟子爲卿，驩爲大夫，則公孫丑所言之卿蓋孟子也。」按：此説是也。趙氏言「王以蓋邑之大夫王驩爲輔行」，輔是副使，是時孟子以卿爲正使，驩以大夫副之，副使原不必攝卿。且卿遂可與言，大夫遂不可與言乎？惟是時，孟子以卿爲正使，驩以大夫爲副使，凡一切使事，驩宜聽命於孟子；乃驩則自專而行，此丑所以問也。言夫子以卿爲正使，位不爲小，何得聽其自專而不與言？故孟子所答云云。趙氏於「齊卿之位」二句不注者，正以此卿位即孟子爲卿之卿，不必更注。而下言驩「專知自善」，則孟子之不與言，正非徒以不悦其爲人而不與相比而已也。「出弔於滕」，趙氏云「出弔滕君」，按：滕定公薨，孟子時居鄒，非此爲齊卿時也。季本《孟子事蹟圖譜》云：「其與王驩使滕，爲文公之喪也。非大國之君，無使貴卿及介往弔之禮。此固重文公之賢而隆其數，亦孟子欲親往弔以盡存没始終之大禮也。」事雖無據，可存以備參考。或謂即滕定公之喪，則謬矣。

公孫丑曰：「齊卿之位不爲小矣，齊、滕之路不爲近矣。反之而未嘗與言行事，何也？」注 丑怪孟子不與驩議行事也。**曰：「夫既或治之，予何言哉？」**注 既，已也。或，有也。孟子曰：夫人既自謂有治行事，我將復何言哉？言其專知自善，不知諮於人也。

疏 注「既已」至「人也」○正義曰：《毛詩·周南》「既見君子」，傳云：「既，已也。」王氏念孫《廣雅疏證》云：「《微子》『殷其弗或亂正四方』，《史記·宋世家》作『殷不有治政，不治四方』。《洪範》『無有作好』，《吕氏春秋·貴公》篇作『無或作好』。高誘注云：『或，有也。』《小雅·天保》篇『無不爾或承』，鄭箋云：『或之言有也。』」此「或」訓「有」之證。《禮記·曲禮》「若夫坐如尸」，注云：「言若欲爲丈夫也。」《檀弓》云「夫猶賜也見我」，《釋文》云：「夫，舊音扶，皇如字，謂丈夫，即伯高。」又云「二夫人相爲服」，注云：「二夫人猶言此二人也。」昭公十年《左傳》云「喪夫人之力」，注云：「夫人謂子尾。」又三十一年《左傳》云「則不能見夫人，已所能見夫人者，有如河」，注云：「夫人謂季孫。」此孟子稱王驩爲「夫」，趙氏以「夫人」解之，其義一也。驩原爲副使而自專行事，孟子若與之言，謙卑則轉似爲驩所帥，高亢則又似忌其攬權而争之，故爲往反千里，一概以默而不言處之。既不啻彼司其職，我統其成；又不致以伺問之嫌陰成疑隙，孟子與權臣共事，所處如此。若驩果以孟子爲之主，事事諸問而行，則孟子豈拒之不言乎？丑因驩自專行事，疑孟子當言，孟子因驩已自專行事，而以爲又何言。丑以孟子卿位不小於驩，疑孟子當言；孟子正以卿位不小於驩而不必言。至驩爲諂人，孟子不悦與比，此丑所知之。苟孟子徒以其諂人，不悦與比而不言，則亦狹隘者所有，非大賢之學矣。

章指：言道不合者，不相與言。王驩之操，與孟子殊。君子處時，危行言遜，故不尤之，但不與言。至於公行之喪，以禮爲解也。疏「道不」至「解也」○正義曰：「道不同，不相爲謀」，「邦有道，危言危行；邦無道，危行言遜」，皆《論語》文。閩本以「道不合者不相與言」誤入注中。

孟子正義卷九

江都縣鄉貢士焦循譔集

孟子自齊葬於魯。反於齊，止於嬴。充虞請曰：「前日不知虞之不肖，使虞敦匠。事嚴，虞不敢請，今願竊有請也：木若以美然。」【注】孟子仕於齊，喪母，歸葬於魯。嬴，齊南邑。充虞，孟子弟子。敦匠，厚作棺也。事嚴，喪事急。木若以泰美然也。【疏】注「孟子」至「然也」○正義曰：顧氏炎武《日知録》云：「孟子自齊葬於魯，言葬而不言喪，此改葬也。禮，改葬緦，事畢而除。故反於齊，止於嬴，而充虞乃得承間而問。若曰奔喪而還，營葬方畢即出赴齊卿之位，而門人未得發言，可謂『三月無君則皇皇如也』。而身且不行三年之喪，何以教滕世子哉？」閻氏若璩《釋地》云：「京山郝氏解孟子爲行三年之喪云：『或問：孟子歸葬於魯，時未幾也。充虞治木言前日耳。輒反於齊，豈不終喪而遂復爲齊卿乎？按，喪禮三日成服，杖拜君命及衆賓，不拜棺中之賜。禮，凡尊者有賜則明日往拜，喪則孝子不忍遽死其親，故贈襚之賜拜於葬後。孟子奉母仕於齊，母卒，王以卿禮含襚。及歸魯三月而葬，反於齊，拜君賜也。其止於嬴，何也？禮，衰絰不入公門。大夫去國，踰竟爲壇位，鄉國而哭，此喪禮也，故自魯越國至齊境上爲壇位，成禮於嬴。畢，將遂反也。』郝氏可爲精矣，少錯解『止於嬴』句。嬴，齊南邑。《春秋》桓三年『公會齊侯於嬴』，杜注云：『嬴，今泰山嬴縣。』按，嬴縣故城在萊蕪縣西北四十里，北汶水之北，去齊都臨淄尚三百餘里，安有拜君賜於三百餘里之外者？且衰絰不入公門，未聞不入國門也。爲壇位而哭乃出亡禮，非喪者所用。蓋孟子母殁於齊，及奉喪來歸，皆哀戚匆遽，無暇可語，惟至往齊拜賜，舍於逆旅，始得以一論匠事耳。」又曰：「或問：子以孟子奉母仕於齊，亦有徵乎？余曰：徵之劉向《列女傳》，云『孟子處齊，有憂色，擁楹而歎，孟母見之』云云，則知母蓋同在齊；自齊葬於魯，則知母即殁於齊也。然則既殁而葬，宜終喪於家，曷爲而遽反於齊？余曰：此蓋終三年喪，復至齊而爲卿，非遽也。果爾，何以爲『前日』解？余曰：《孟子》之書，有以昔與今對言，昔似在所遠而亦有指昨日者，『昔者辭以疾』是也；以前日與今日對言，前日似在所近而亦有指最遠者，『前日願見而不可得』是也。夫孟子久於齊而後去，去齊之日上溯其未游齊之日，猶目之爲『前日』，安在僅三年者而不可目以『前日』耶？或訝曰：充虞蓄一疑於心，至三年始發之與？余曰：此尤足見孟門弟子之好問也。陳臻從於齊、於宋、於薛辭受之後而問，屋廬子從居鄒、處平陸，以至見季任、不見儲子之後而問，其事之相距誠非止一二年，而歷歷記憶，反覆以究其師之用心者，猶一日也。夫充虞亦猶是耳。且尤可證者，孝子之喪親，言不文。今也援古論今，幾於文矣。三年之喪，言而不語。語，爲人論説也。後魏孝文帝以與公卿往復追用慟絶，曰：『朕在不言之地，不應如此喋喋。』然則孟子反喋喋邪？故充虞問答，斷自於免喪之後者爲得其實。」毛氏奇齡《經問》云：「孔子要絰而赴季氏之饗，孟子甫葬即來齊，聖賢行事有不可以憑臆斷者。先仲氏嘗謂：自齊葬魯，則必喪在齊而葬於魯者；若母喪在魯，則其文當云『孟子自齊奔喪於魯」。戰國游士多家於寄。以孟母嫠婦，孟子孤兒，則出必偕出，處必偕處，未有拋母居魯而可獨身仕齊者。故《列女傳》云：『孟子處齊，有憂色。孟母見之。』是孟母與孟子同在齊國，有明據矣。特以墳墓在魯，不得不至魯合葬。而究之，魯翻無家而齊有家，故記曰『反於齊』。反者，反哭之反也。且本文序事，原有文法。其云『自齊』者謂葬自齊也，非謂孟子自齊而還魯也。若謂孟子自齊還魯，則葬需三月，未有甫還魯即葬者，亦未有在齊聞赴，至三月而始還葬於魯者。是必斂尸殯堂、獻材井椁諸節行之在齊，至三月而歸葬於魯，故甫葬而即反齊，以亡者噫歆尚在齊也。近儒閻潛丘云葬魯反齊，當是終三年喪後復至齊爲卿云云。吾仍以《孟子》本文解之。其曰止嬴而充虞問者，謂充虞之問在止嬴時也。然則何故止嬴以反於齊也？何以反齊以葬於魯也？然則此止嬴接葬魯時矣。若在三年後，則直以『充虞問曰』記作起句，與『陳臻問曰』正等，何必序自齊反齊諸來歷乎？且充虞明曰『嚴，虞不敢請，今願有請』，兩請相接，正頂嚴字，謂大斂時也。三年後，不嚴久矣。其所以不敢請者，以三年不言故，初非以三年嚴故，何必又接此句？若以孝子喪親言不文、三年之喪言而不語爲據，則居喪不言不對之説，言人人殊。《孝經》云『言不文』，謂不飾語詞耳，非不言也。若《曲禮》『居喪不言樂』，第不言作樂之事而他事皆可言；《雜記》云『三年之喪，言而不語，對而不問』，則他事自可言而不得告語，可對人之問而不得問人，非謂言事與答問皆當絶也。至《問傳》與《喪服四制》皆云『斬衰唯而不對，齋衰對而不言』，此則又稍刻者。然孟子齋衰，亦尚在對之之列，雖在他事尚可對，而況衹問喪。而三年之間，竟不置對，並無此禮。況人第知居喪不言，而不知居喪則必言。蓋論議喪事重大，正須言説講論以求其故。故《既夕禮》云『非喪事不言』，謂喪事必言，非喪事故不言耳。

喪事，古分貴賤。天子諸侯不自言喪事，臣下得代言之。《四制》所云『百官備，百官具，不言而事行』者，此天子諸侯禮也。若大夫與士，則必身爲論議然後得備物具禮。《四制》所云『言而後事行』者，此大夫士禮也。至庶人則不止言之，論議之，且必身執其事，故曰『身自執事而後行』。則在大夫與士，正當論議；而以不對不言之例律之，是戒諫官以緘口，於禮悖矣。是以《曲禮》『居喪未葬讀喪禮，既葬讀祭禮』。所謂讀者，謂講說而討論之。則孟子此時可講祭禮，而況棺椁厚薄之間乎？」周氏廣業《孟子出處時地考》云：「孟子居母憂三年，非喪事不言，獨充虞一答爲喪葬盡禮之大者，故記之。『自齊』至『止嬴』十一字括數年行止，藏無限心事。後人誤認『止』爲舍於逆旅，遂使異説紛起，可歎也。夫止嬴非即至齊也。止如《緜》詩『曰止曰時』之止，留也，留於此而終喪也。誠使既至於齊，則言反足矣，❶何必復言止於嬴？若云因充虞敦匠事於此，故繫之，則後有路問之例，亦不必詳其地。況往送如慕，其反如疑，當此時而信宿中途，何爲乎？蓋嬴去臨淄尚遠，《史記正義》：『故嬴縣在兖州博城縣東北百里。』乃齊之邊境近魯與鄒者也。或謂：孟子葬母於魯，乃不即廬於魯或徑歸鄒，而必反齊止嬴，何也？古無廬墓之説。蓋葬以藏體魄，其魂氣每於居常遊息之地有餘戀焉，故送形而往，迎精而反。葬日必速反而虞，孟子所以不廬於魯而反也。遭喪去國，未嘗致爲臣，安得遽旋故里？孟子所以不反於鄒而反於齊也。反齊矣，於嬴是止者，孟子之自齊葬魯，以孟母之生就養於齊也。《列女傳》載：孟子處齊，有憂色，孟母問之，對曰：『道不用於齊，願行而母老，是以憂也。』

❶「反」，原作「及」，今據《孟子四考》改。

孟母曰：『夫死從子，禮也。子行乎子禮，吾行乎吾禮。』揆當日情事，孟子之久留齊固由王足爲善，實因母老待養。而又不欲藉口禄仕，故特不受其田里，亦不拘於職守，因得優游終養以終母餘年。《晉書》劉長盛曰：『子輿所以辭大夫，良以色養無主故耳。』斯言深得其意。迨葬母而反，終喪之禮，又可以義起。《喪服小記》云：『遠葬者，❶比反哭者皆冠，及郊而後免反哭。』此言本國臣民墓在四郊之外者也。孟子居師賓之位，不與在朝廷諸臣一律。且已奉喪越竟而葬，其去始死纔三月餘。方哀親之在外而居於倚廬，❷哀親之在土而寢苫枕塊。豈忍遽加冠飾，遠入人國都之理？於是權其所止。嬴爲齊地而介鄒、魯之間，可以展墳墓，望宗廟，銜恤以待喪畢，因以爲五虞卒哭練祥之所。此實孟子有望弗至之至情，權而不失其經者也。」《毛詩・邶風》「王事敦我」，傳云：「敦，厚也。」故以「敦」爲「厚」。匠爲作棺，事爲喪事，嚴爲急，急者謂不暇也。趙氏讀「敦匠」句，「事嚴」句。孔氏廣森《經學卮言》云：「敦，治也。讀如『敦商之旅』之敦。」曰：**「古者棺椁無度。中古棺七寸，椁稱之，自天子達於庶人。非直爲觀美也，然後盡於人心。**

注孟子言古者棺椁薄厚無尺寸之度。中古謂周公制禮以來。棺厚七寸，椁薄於棺，厚薄相稱相得也。從天子至於庶人，厚薄皆然，但重累之數、牆翣之飾有異，非直爲人觀視之美好也。厚者難腐朽，然後能盡於人心所不忍也。謂一世之後，孝子更去辟世，是爲人盡心也；過是以往，變化自其理也。

疏注「中古」至「理也」〇

❶「遠」，原作「速」，今從沈校據《禮記》及《孟子四考》改。

❷「親」，原脱，今從沈校據《孟子四考》補。

正義曰：《周易・繫辭傳》云：「古之葬者，厚衣之以薪，葬之中野，不封不樹，喪期無數。後世聖人易之以棺椁，蓋取諸《大過》。」《禮記・檀弓》云「有虞氏瓦棺」，注云：「始不用薪也。」又云「夏后氏堲周，殷人棺椁，周人牆置翣」，注云：「有虞氏上陶。火熟曰堲。燒土，冶以周於棺也。或謂之土周，由是也。椁，大也，以木爲之，言椁大於棺也。殷人上梓。牆，柳衣也。」然則棺始於唐虞而椁始於殷人。殷雖備棺椁，尚無尺寸之度，是古者指殷以前；而周乃有尺寸，是中古指「周公制禮以來」也。孔氏廣森《經學巵言》云：「中古尚指周公以前。周公制禮，則自天子至於庶人皆有等。故《喪大記》曰：『君大棺八寸，屬六寸。下大夫大棺六寸，屬四寸。士棺六寸。』夫子制於中都，亦爲四寸之棺，五寸之椁，是庶人不得棺椁同七寸矣。《易・繫辭》『後世聖人易之以棺椁』，大抵通言黄帝堯舜。墨子偏主節葬之説，然已云『禹有桐棺三寸』，則木椁代瓦不始於殷，而《檀弓》特舉殷人棺椁，似殷正始定棺椁尺寸之度者也。孟子多言殷法。分田則取助不取徹，分國則言三等不言五等。《春秋》變周之文，從殷之質。孟子學長《春秋》，每於此見之。」趙氏云「重累之數、牆翣之飾」者，《檀弓》云：「天子之棺四重。水兕革棺被之，其厚三寸，杝棺一，梓棺二。四者皆周。」注云：「諸公三重，諸侯再重，大夫一重，士不重。以水牛兕牛之革以爲棺，被革各厚三寸，合六寸。此爲一重。杝棺，所謂椑棺也。梓棺，所謂屬與大棺。」《喪大記》於天子言屬六寸，椑四寸，上大夫屬六寸，下大夫屬四寸，注云「大棺，棺之在表者也。《檀弓》曰『天子之棺四重』」云云，此以内説而出也。然則大棺及屬用梓，椑用杝，以是差之。上公革棺，不被三重也；諸侯無革棺，再重也；大夫無椑，一重也；士無屬，不重也。《禮器》云：「天子七月而葬，五重八翣；諸侯五月而葬，三重六翣；大夫三月而葬，再重四翣。」注云：「五重者，謂抗木與茵也。葬者抗木在上，茵在下士。」《喪禮》下篇陳器曰：「抗木橫三縮二，加抗席三，加茵用疏布，緇剪有幅，亦縮二橫三。」此士之禮一重者。以此差之，上公四重。正義引皇氏云：「下棺之後，先加折於壙上以承抗席。折猶庪也，方鑿連木爲之，蓋如牀。縮者三橫者五，無簀，於上加抗木，抗木之上加抗席三，此爲一重。如是者五則爲五重。」然則棺有重數在棺內，椁有重數在棺外，所謂「重累之數」也。《周禮·天官·縫人》：「掌王宮之縫線之事，縫棺飾焉，衣翣柳之材。」注云：「孝子既啓見棺，猶見親之身。既載飾而以行，遂以葬。若存時居於帷幕而加文繡。」《喪大記》所云諸侯禮也。《禮器》曰：「天子八翣。」漢禮器制度：飾棺，天子龍火黼黻，皆五列，又有龍翣二，其戴皆加璧。柳之言聚，諸飾之所聚。《喪大記》云：「飾棺，君龍帷，三池，振容，黼荒，火三列，黻三列，素錦褚，加僞荒，纁紐六，齊五采五貝，黼翣二，黻翣二，畫翣二，皆戴圭。魚躍拂池。君纁戴六，纁披六。大夫畫帷，二池，不振容，畫荒，火三列，黻三列，素錦褚，纁紐二，玄紐二，齊三采三貝，黼翣二，畫翣二，皆戴綏。魚躍拂池。大夫戴前纁後玄，披亦如之。士布帷布荒，一池，揄絞，纁紐二，緇紐二，齊三采一貝，畫翣二，皆戴綏。士戴前纁後緇，二披用纁。」注云：「飾棺者，以華道路及壙中，不欲衆惡其親也。荒，蒙也。在旁曰帷，在上曰荒。皆所以衣柳也。士布帷布荒者，白布也，君大夫加文章焉。黼荒，緣邊爲黼文；畫荒，緣邊爲雲氣，火黻爲列於其中耳。『僞』當爲『帷』。大夫以上有褚，以襯覆棺，乃加帷荒於其上。紐，所以結連帷荒者也。池，以竹爲之，如小車笭，衣以青布。柳象宮室，縣池於荒之爪端，若承霤然。云君大夫以銅爲魚，縣於池下。揄，揄翟也。青質五色，畫之於絞，繒而垂之，以爲振容，象水草之動摇，行則又魚上拂池。《雜記》云：『大夫不揄絞，屬於池下。』是不振容也。士則去魚。齊象車蓋，蕤縫合雜采爲之，形如瓜分然，綴貝絡其上及旁。戴之言值也，所以連繫棺束與柳材，使相值，因而結前後披也。漢禮：翣以木爲筐，廣三尺，高二尺四寸，方兩角高，衣以白布。畫者，畫雲氣，其餘各如其象。柄長五尺，車行使人持之而從；既窆，樹於壙中。《檀弓》曰『周人牆置翣』，是也。綏當爲緌，讀如冠蕤之蕤，蓋五采羽注於翣首也。」此所謂「牆置翣之飾」也。❶「孝子更去辟世」，「辟世」猶歿世也。父死子繼曰世，終己之身，不可使父母棺椁腐朽；己身後以往，其腐朽原不能免，但及人子之身不腐朽爲盡人心所不忍也。**不得，不可以爲悦；無財，不可以爲悦。得之爲有財，古之人皆用之，吾何爲獨不然？** 注 悦者，孝子之欲厚送親，得之則悦也。王制所禁，不得用之，不可以悦心也。無財以供，則度而用之。禮，喪事不外求，不可稱貸而爲悦也。禮得用之，財足備之，古人皆用之，我何爲獨不然？然，如是也。疏「不得」至「不然」

○正義曰：翟氏灝《考異》云：「《檀弓》子思與柳若論喪禮曰：『吾聞：有其禮無其財，君子弗行也；有其禮有其財，❷無其時，君子弗行也。』孟子此言乃即受之於子思者。」「得之爲」猶云「有其禮」。《禮記·檀弓》上云「不仁而不可爲也」，注云：「爲猶行也。」《方言》云：「用，行也。」爲、用皆訓行，故《荀子·富國》篇云「仁人之用國」，注云：「用，爲也。」《郊特牲》云「以爲稷牛」，注云：「爲，用也。」趙氏云「禮得用之」，解「得之爲」句，「財足備之」解「有財」句，以「用」釋「爲」，以「足備」釋「有」也。《大傳》云「其義然也」，注云：「然，如是也。」

---

❶ 「置」，據疏例及注文當衍。

❷ 下「有」字，原作「無」，今據《禮記》改。

《淮南子·主術訓》云「治國則不然」，高誘注亦云：「然，如是也。」《吕氏春秋·應言》篇云「墨者師曰然」，高誘注云：「然，如是也。」趙氏以「如是」釋「然」字，與鄭氏、高氏同。閩、監、毛三本作「不然者不如是也」，意亦同。王引之《經傳釋詞》云：「家大人曰：爲猶與也。《管子·戒》篇『自妾之身之不爲人持接也』，尹知章注云：『爲猶與也。』《孟子》『得之爲有財』，言得之與有財也。」○注「喪事不外求」○正義曰：隱公三年《公羊傳》云：「武氏子來求賻，何以書？譏。何譏爾？喪事無求。求賻，非禮也。」注云：「禮本爲有財者制。有則送之，無則制哀而已，不當求。求則主傷孝子之心。」即趙氏「不外求」之説也。莊公二十八年《穀梁傳》云：「古者税什一，豐年補敗，不外求而上下皆足。」此「不外求」謂糞田已足，不煩稱貸益之。**且比化者，無使土親膚，於人心獨無恔乎？** 注 恔，快也。棺椁敦厚，比親體之變化，且無令土親肌膚，於人子之心獨不快然無所恨乎？ 疏 注「恔快」至「恨乎」○正義曰：《方言》云：「逞、曉、恔、苦，快也。自關而東或曰曉，或曰逞，江淮陳楚之間曰逞，宋鄭周洛韓魏之間曰苦，東齊海岱之間曰恔，自關而西曰快。」戴氏震《方言疏證》云：「《孟子》『於人心獨無恔乎』，趙氏云：『恔，快也。』義本此。」高誘注《吕氏春秋》《淮南子》皆云：「化，變也。」《淮南子·精神訓》云：「故形有摩而神未嘗化者，以不化應化，千變萬抮而未始有極。化者復歸於無形也。」高誘注云：「化猶死也。不化者，精神；化者，形骸。死者形爲灰土，爲日化也。」《説文》肉部云：「肌，肉也。」《廣雅·釋詁》云：「膚，肉也。」劉熙《釋名·釋形體》云：「體，第也。骨肉毛血表裏大小相次第也。」是膚即肌，肌膚即體。比猶至也。親，近也。棺椁不厚則木先腐，肌膚尚存，必與土近。惟棺椁敦厚則肌膚先木而化，故至肌膚不存而木猶足以護之，不使近於土。化雖有死訓而不言死言化者，以形體變化言也。成公二年《左傳》臧宣叔言「知難而有備，乃可以逞」，注云：「逞，解也。」亦本《方言》。逞之訓爲快亦爲解，恔之訓爲快即爲逞，「獨無恔乎」猶云乃可以逞。知齊楚之同我而有以備之，則難可解免；知親體之將親於土而先厚其棺椁以護之，則恨可解免。倘無財，不可以厚，則一思及泉壤之間，終身大恨，何日解乎？**吾聞之：君子不以天下儉其親。」** 注 我聞，君子之道，不以天下人所得用之物儉約於其親。言事親竭其力者也。

章指：言孝必盡心，匪禮之踰。《論語》曰：「生，事之以禮；死，葬之以禮。」可謂孝矣。 疏「論語」至「孝矣」○正義曰：「生事之以禮，死葬之以禮」，見《爲政》篇第二，「可謂孝矣」見《學而》篇第一。閩、監、毛三本以此羼入注中。

沈同以其私問曰：「燕可伐與？」孟子曰：「可。子噲不得與人燕，子之不得受燕於子噲。 注 沈同，齊大臣。自以其私情問，非王命也，故曰「私」。子噲，燕王也；子之，燕相也。孟子曰「可」者，以子噲不以天子之命而擅以國與子之，子之亦不受天子之命而私受國於子噲，故曰其罪可伐。疏「沈同」至「子噲」○正義曰：《史記·燕世家》云：「易王立十二年卒，子燕噲立。燕噲既立，齊人殺蘇秦。蘇秦之在燕，與其相子之爲婚，而蘇代與子之交。及蘇秦死，而齊宣王復用蘇代。燕噲三年，與楚、三晉攻秦。不勝而還。子之相燕，貴重主斷。蘇代爲齊使於燕，燕王問曰：『齊王奚如？』對曰：『必不霸。』燕王曰：『何也？』對曰：『不信其臣。』蘇代欲以激燕王以尊子之也。於是燕王大信子之。子之因遺蘇代百金而聽其所使。鹿毛壽謂燕王不如以國讓相子之，燕王因屬國於子之。子之南面行王事而噲老不聽政，顧爲臣，國事皆決於子之。」此燕王子噲讓國與其相子之之事也。《史記》此文全本《戰國策·燕策》，明云「齊宣王復用蘇代」，與《策》同也。惟《策》云：「儲子謂齊宣王：『因而仆之，破燕必矣。』孟子謂齊宣王曰：『今伐燕，此文武之時，不可失也。』」《燕世家》則改云：「諸將謂齊湣王曰：『因而赴之，破燕必矣。』孟子謂齊王曰：『今伐燕，此文武之時，不可失也。』」閻氏若璩《孟子生卒年月考》云：「《史記》與《孟子》不同者，惟伐燕一事。《史記》以爲湣王，《孟子》以爲宣王。然就《史記·燕世家》載噲初立，有『齊宣王復用蘇代』之文，是噲與宣王同時，與《孟子》合而與《六國表》異。《六國表》燕王噲五年乙巳讓國於子之，當湣王八年。七年丁未，噲及子之死，當湣王十年。後年己酉，燕立太子平，是爲昭王，當湣王十二年。若移此五年事置於宣王八年丙戌後丁酉前，以合孟子游齊之歲月，則《戰國策》載儲子謂宣王宜仆燕而儲子正爲相者也，王令章子將五都兵以伐燕而章子正與游者也。」王氏懋竑《白田雜著·孟子敘説考》云：「《通鑑》據《孟子》以伐燕爲齊宣王，而宣王卒於周顯王之四十五年，又三年慎靚王元年，燕王噲始立，又七年，齊人伐燕，則不可以爲宣王之事也。於是上增齊威王之十年，下減湣王之十年，以就伐燕之歲，其增減皆未有據。而又以伐燕爲宣王時，燕人畔爲湣王時，與《孟子》亦不合。齊湣王初年彊於天下，與秦爲東西帝，其所以自治其國者亦必有異矣，末年驕暴以至於敗亡。此則唐玄宗、秦苻堅之比。❶玄宗開元之治幾於貞觀，苻堅始用王猛，有天下大半，其

❶「則」，原作「時」，今從沈校據《白田雜著》改。

初豈可不謂之賢君哉？故孟子謂『以齊王由反手』『王由足用爲善』，皆語其實；而湣王之『好色』『好貨』『好樂』『好勇』卒不能以自克，末年之禍亦基於此。後來傳《孟子》者乃改『湣王』爲『宣王』以爲孟子諱，蓋未識此意。今以宣王爲湣王則處處相合，而《通鑑》之失亦可置而不論矣。」周氏廣業《孟子出處時地考》云：「孟子事齊宣王始末，本書甚明。自《史記》誤以伐燕一事繫之湣王十年，以致諸家聚訟。《通鑑》割湣王十年以屬宣王，似矣，而録其文不計其世。赧王元年逆推至武王有天下已八百有九年，可云『由周以來七百有餘歲』乎？《古史》直云先事齊宣王，後見梁惠、襄，又事齊湣。《黄氏日抄》據《史記》伐燕有二事：一爲宣王，即《梁惠王》篇所載；一爲湣王，即《公孫丑》篇所載。時湣王尚在，故不稱謚，止稱齊王。皆泥《史記》而變亂孟子之遊歷者也。《史記》於攻伐靡不詳記，獨齊之伐燕，《世家》《年表》俱絶不道一字。惟《燕表》書君噲及相子之皆死，其年當湣王十年耳，然亦不言爲齊所破。至《燕世家》，本極疎略，如惠侯以下皆失名，又不言屬，桓、獻二公爲他書所無，而伐燕事則撏撦《國策》之文云：『易王初立，齊宣因喪伐我，取十城。蘇秦説，使復歸。』又云：『噲既立，齊人殺蘇秦，齊宣王復用蘇代。』夫復用蘇代者爲齊宣王，則噲立、秦死俱不在湣王初，明矣，而其下又言湣言齊，何也？且秦惠王十一年，燕王讓其臣子之。據《表》，是年子之死，是較遲二年。《趙世家》武靈王十年，齊破燕，燕相子之爲君，君反爲臣。據《表》，在十二年。十一年，王召公子職於韓，立爲燕王，使樂池送之，是較早二年。而立職即在明年，則燕之畔齊亦不待二年矣。同在一書而前後背馳若此！試以《國策》考之。《燕策》『燕王噲既立』篇，其用蘇代及儲子勸齊宣王伐燕、孟軻謂齊王等語俱明指宣王，與《孟子》悉合。《史》乃取其文而改『儲子』爲『諸將』，於宣王之字一改爲『湣王』以曲護《年表》之失，一改爲『齊王』以影附《孟子》之書，此其當從《策》而棄《世家》，不待智者，決矣。又其前『蘇秦死』一篇載蘇代見燕王噲曰：『臣聞王居處不安，飲食不甘，思報齊，有之乎？』王曰：『我有深意積怒於齊，欲報之，二年矣。齊者，我讎國也，寡人所欲報也。』代又言『齊王，長主也。南攻楚，西攻秦，又舉五千乘之勁宋』云云。《大事記》謂此説昭王之辭，《策》誤爲噲，是也，然此齊王決非湣王。何也？湣王即位未久，其對齊貌辨，自言『寡人少，殊不知此』，❶何得遽稱『長主』，其所稱『舉宋』者，據《宋策》，康王前兩言『齊攻宋』，又言『拔宋五城』，即其事也。如依《田完世家》以湣王三十八年滅宋事當之，則燕昭王已立二十六年，與『欲報二年』更不合。則知是時宣王尚在也。宣王年老，故稱『長主』也。《齊策》曰：『張儀以秦、魏伐韓，齊王將救之。田臣思曰：「王之謀過矣。子噲與子之國，百姓勿戴，諸侯勿與。秦伐韓、楚，趙必救之。是天以燕賜我也。」齊因起兵攻燕。三十日而舉燕。』所謂『三十日舉燕』者，非即《孟子》稱『五旬而舉』者乎？《策》係之閔王即湣王，固誤。《史》則删却『子噲』句，輒舉其詞，雜入邯鄲之難、南梁之難二篇，繫之桓公五年，又係之威王二十六年，又係之宣王二十二年。文雖三見，終不及伐燕子噲一語，大可怪也。按，田臣思，《索隱》謂即田忌。《史》謂其與鄒忌不善，亡之楚，宣王召而復之。其説王伐燕爲宣王甚明。又《趙策》武靈王首篇云：『齊破燕，趙欲存之。樂毅請以河東易燕地於齊王，從之。楚、魏憎之，令淖滑、惠施之趙，請伐齊而存燕。』武靈元年《史表》當齊宣王十八年，《策》係於首，則知破燕在其前矣。《魏策》襄王記云：『楚許魏六城，

❶「殊」，原作「殆」，今據《战國策》及《孟子四考》改。

與之伐齊而存燕。張儀欲敗之，謂魏王曰：「齊畏三國之合也，必反燕地以下楚。」』據《史》，儀相魏在襄十三年。《張儀傳》魏入上郡、少梁於秦，又在其前數年。則知敗魏伐齊之事必在相秦惠王時。約其年，亦宣王時也。夫《史》之踳駁既如彼，《策》之明白又如此，伐燕之斷非湣王十年而在宣王三十年内外，灼然無疑矣。至謂伐燕前事即《梁惠王》篇所載，尤非。夫易王初立，何至虐民而謀置君？乘喪伐人，豈得云『拯之水火』？取僅十城，旋因蘇秦之説歸之，何云『倍地』，且欲出令反旄倪、止重器也？若以稱謚與否爲斷，則『莊暴』章終篇不見『宣』字，將亦謂之湣王邪？林希元《四書存疑》云：『宣王曾以取燕問，不用孟子言而致燕畔，此所以慙於孟子也。若湣王，何慙之有？不曰宣王而曰王，亦偶然致辭不同耳。』」○注「沈同齊大臣」❶○正義曰：沈同無考。知爲齊大臣者以下云「彼然而伐之」，則同必齊王左右之臣，能主軍國大事。是大臣也。**有仕於此而子悦之，不告於王而私與之吾子之禄爵；夫士也，亦無王命而私受之於子。則可乎？何以異於是？」**注子謂沈同也。孟子設此以譬燕王之罪。疏「有仕於此」○正義曰：《論衡·刺孟》篇述此文，仕作士。《四書辨疑》云：「仕當作士，傳寫之差也。」翟氏灝《考異》云：「《禮記·曲禮》『士載言』，注云：『士或爲仕。』《周禮·載師》『以宅田、士田、賈田任近郊之地』，注云：『士，讀爲仕。』《後漢書·趙壹傳》『昔人或思士而無從』，注以『思士』爲孟軻，蓋亦以士讀仕。仕與士古多通用，不必定傳寫差也。」○「夫士也」○正義曰：「夫士」猶言「夫人」。王氏引之《經傳釋詞》云：「夫猶此也。《禮記·檀弓》曰

---

❶「臣」，原作「夫」，今據注文及疏文改。

『夫夫也，爲習於禮者』，鄭注曰：『夫夫猶言此丈夫也。』僖三十年《左傳》曰：『微夫人之力不及此。』成十六年曰：『夫二人者，魯國社稷之臣也。』襄二十六年曰：『君淹恤在外十二年矣，而無憂色，亦無寬言，猶夫人也。』言猶然如此之人也。《魯語》曰：『鼈於何有而使夫人怒也？』《論語・先進》篇曰：『夫人不言，言必有中。』《孟子・公孫丑》篇曰：『夫士也，亦無王命而私受之於子。』夫皆此也。」**齊人伐燕。**注沈同以孟子言可，因歸勸其王伐燕。

或問曰：「勸齊伐燕，有諸？」注有人問，孟子勸齊王伐燕，有之？**曰：「未也。沈同問燕可伐與，吾應之曰可，彼然而伐之也。**注孟子曰：我未勸王也。同問可伐乎，吾曰可，彼然而伐之。**彼如曰：『孰可以伐之？』則將應之曰：『爲天吏則可以伐之。』**注彼如將問我曰：誰可以伐之？我將曰：爲天吏則可以伐之。天吏，天所使，謂王者得天意者也。彼不復問孰可，便自往伐之。**今有殺人者，或問之曰：『人可殺與？』則將應之曰：『可。』彼如曰：『孰可以殺之？』則將應之曰：『爲士師則可以殺之。』今以燕伐燕，何爲勸之哉？」**注今有殺人者，問此人可殺否？將應之曰可。爲士官主獄則可以殺之矣。言燕雖有罪，猶當王者誅之耳。譬如殺人者雖當死，士師乃得殺之耳。今齊國之政猶燕政也，不能相踰，又非天吏也，我何爲當勸齊伐燕乎？疏注「問此人可殺否」○正義曰：問人可殺，不得應之曰可；惟殺人者死，則可殺也。故「人可殺」之人指此殺人之人。○注「我何爲當勸齊伐燕乎」○正義曰：《國語・晉語》云「非德不當雝」，注云：「當猶任也。」謂沈同等勸王伐燕，何爲以我爲任此勸齊伐燕之事乎？《文選・甘泉賦》注引鄭氏注云：「當，主也。」意亦與任同。《論衡・刺孟》云：「夫或問孟子勸王伐燕，不誠是乎？沈同問燕可伐與，此挾私意欲自伐之也。知其意慊於是，宜曰：『燕雖可伐，須爲天吏乃可以伐之。』沈同意絶，則無伐燕之計矣。不知有此私意而徑應之，不省其語，是不知言也。孟子，知言者也，又知言之所起之禍，其極所致之福，見彼之問則知其措辭所欲之矣。」按：燕噲之事，君臣易位，其亂極矣。觀燕民簞食壺漿以迎齊師，則燕民望救如望雲霓矣。例以孔子沐浴而朝，則爲齊贊畫出師，固孟子之心也。而不遽發者，特以握權主事别自有人，萬一齊師既出，未必終其拯救之心，將有如儲子之破燕必矣。田臣思云「天以燕賜我」者，溯厥所由，倡謀有在，形迹已著，分辨未能。迨至沈同私問，未必非陰承王旨，將假大賢一語以爲戡克借端。斯時孟子豈不知之？阻之，非拯亂之心；詳之，失進言之體。第以「可」應之，言子噲子之當伐，誠立言之當矣。自是匡章將五都之兵，因北地之衆，士卒不戰，城門不閉，雖湯武之舉，誠未過此，所謂「齊人伐燕，勝之」也。是時宣王以齊師之出，端由孟子，故質之以諸臣之議，告之以「天與」之機。孟子是時慨然陳文王、武王之事，戒之以「益深益熱」之虞，是即明告以天吏之爲與所以可伐之故。使宣王是時聽而從之，則以德行仁之道於齊見之，而勸齊伐燕之策，孟子亦何不可當之乎？乃廟毁器遷，諸侯兵動，王又咨焉。孟子是時固又反覆詳明，陳其利害，顯告以王速出令，反旄倪，止重器，謀于燕衆，爲之置君，則仍天吏之所爲也。乃至王終不悟而諸侯之謀定，燕人立太子平，此王所以慙也。而時人不知，仍以勸伐之謀惟孟子當之，此孟子所以以「天吏」明之而以爲「燕伐燕」也。蓋沈同之私問在未伐燕之先，斯時誠無容阻而絶之。既兩對宣王之問，則燕所以可伐，所以須爲天吏，孟子非不朖朖言之。而時人勸齊伐燕之疑則在取燕之後。方伐燕未取燕，王師也，拯民水火也，非「燕伐燕」也，可勸也；既取燕，則水益深也，火益熱也，是乃「燕伐燕」也，不可勸也。至于以燕伐燕而以勸齊疑孟子，孟子所不受矣。《梁惠王》篇所載皆對齊王之言，故與梁惠王、滕文公、鄒穆公、魯平公等相次。《公孫丑》篇所載皆對齊臣之言，故與景丑氏、孔距心、蚳鼃、王讙等相次。其互見之旨，思之自著。孟子兩對宣王，皆明燕雖可伐，須爲天吏之説，豈必沈同私問之時不耐而預刺刺言之乎？王充淺學，詎足知大賢哉？

章指：言誅不義者必須聖賢。禮樂征伐自天子出，王道之正也。 疏「禮樂征伐自天子出」〇正義曰：見《論語·季氏》篇第十六。

燕人畔。王曰：「吾甚慙於孟子。」 注燕人畔，不肯歸齊。齊王聞孟子與沈同言爲未勸王，今竟不能有燕，故慙之。疏注「燕人」至「慙之」〇正義曰：宣王欲取燕，孟子告以置君。及燕人立公子平，則燕人自立君，不肯歸附於齊矣。此所謂「燕人畔」也。畔與叛同，違背之意，故以不肯歸齊爲畔。此皆宣王事。至燕昭王用樂毅下齊城，乃湣王事耳。**陳賈曰：「王無患焉。王自以爲與周公孰仁且智？」王曰：「惡！是何言也？」** 注陳賈，齊大夫也。問王曰：自視何如周公仁智乎？欲爲王解孟子意，故曰：王無患焉。王歎曰：是何言？言周公何可及也？疏注「陳賈齊大夫」〇正義曰：《國策·秦策》「四國爲一，將以攻秦，秦王召群臣賓客六十人而問焉。姚賈對曰」云云。高誘注云：「姚賈讒周公誅管蔡不仁不智者，在《孟子》之篇也。」鮑彪注云：「高誘，妄人也。此策以姚賈爲陳賈，初不考其歲月。賈乃與李斯同時，安得見於《孟子》之書？」《魏策》：「周最入齊，秦王怒，令姚賈讓魏王。」鮑彪注云：「按，此姚賈與始皇所問之人相去八十餘年，高誘欲以爲陳賈，若此人者可也。蓋陳，舜後，得爲姚姓，而孟子與秦武、魏哀時猶得相及，獨以最、韓非相毀之人爲此人，❶則年時相絕太遠矣。」按：高誘嘗注《孟子》。其以陳賈即秦臣姚賈，當時必有書可證。《趙策》又有姚賈，趙使約韓、魏，茅舉以爲趙之忠臣，吴師道以爲時不可考。顧韓非以賈爲梁之大盗、趙之逐臣而不言其仕齊，此陳賈爲齊王説，則齊臣也。趙氏注《孟子》，訓詁多與高氏同，而此但云「齊大夫」，其言慎矣。曰：「周公使管叔監殷，管叔以殷畔。知而使之，是不仁也；不知而使之，是不智也。仁、智，周公未之盡也，而況於王乎？賈請見而解之。」**注**賈欲以此説孟子也。**疏**注「賈欲以此説孟子也」○正義曰：《詩·衛風·氓》「猶可説也」，❷《淮南子·道應訓》「以説於衆」高誘注，皆云：「説，解也。」故以「説」釋「解」。見孟子，問曰：「周公，何人也？」**注**賈問之也。曰：「古聖人也。」**注**孟子曰：周公，古之聖人也。曰：「使管叔監殷，管叔以殷畔也，有諸？」**注**賈問有之否乎？曰：「然。」**注**孟子曰：如是也。曰：「周公知其將畔而使之與？」**注**賈問之也。曰：「不知也。」**注**孟子曰：周公不知其將畔也。「然則聖人且有過與？」**注**過，謬也。賈曰：聖人且猶有謬誤。**疏**注「過謬」至「謬誤」○正義曰：《國策·秦策》云「王之料天下，過矣」，高誘注云：「過，謬也。」又「過聽於張儀」，高誘注云：「過，誤也。」曰：「周公，弟也；管叔，兄也。周公之過，不亦宜乎？**注**孟子以爲，周公雖知管叔不賢，亦不必知其將畔。周公惟管叔弟也，故愛之；管叔念周公兄也，故望之，親親之

❶「最」，原作「毀」，今從沈校據《战國策》鮑注改。

❷「也」下，據全書文例當脱一「箋」字，或焦疏誤以此處亦屬高誘注，故下云「皆」。

恩也。周公於此過謬，不亦宜乎？疏注「周公」至「恩也」○正義曰：《周書・金縢》云「管叔及其群弟乃流言於國」，某氏傳云：「周公攝政，其弟管叔及蔡叔、霍叔乃放言於國以誣周公。」孔氏正義云：「《孟子》曰：『周公，弟也；管叔，兄也。』《史記》亦以管叔爲周公之兄。」孔似不用《孟子》之説，或可；孔以其弟謂武王之弟，與《史記》亦不違也。乃下「公將不利於孺子」，傳云：「三叔以周公大聖，有次立之勢。」然則孔自以周公爲武王弟，管叔爲周公弟，乃爲有「次立」之勢。「其弟管叔」承「周公攝政」之下，自指爲周公弟，非承上爲武王弟也。蓋漢時原有二説。《史記・管蔡世家》：「武王同母兄弟十人，其長子曰伯邑考，次曰武王發，次曰管叔鮮，次曰周公旦。」此以管叔爲周公之兄也。《列女傳・母儀》篇云：「太姒生十男，長伯邑考，次武王發，次周公旦，次管叔鮮。」《白虎通・姓名》篇「文王十子」引《詩》傳云：「伯邑考，武王發，周公旦，管叔鮮。」此以周公爲管叔之兄也。盧氏文弨校《白虎通》引孫侍御云：「此所引《詩》傳疑出《韓詩内傳》，以周公爲管叔之兄，與趙岐注《孟子》合。」按：《白虎通・誅伐》篇云：「《尚書》曰『肆朕誕以爾東征』，誅弟也。」又云：「『誕以爾東征』，誅禄甫也。」誅弟正指管、蔡，不可以蔡統管。若管是周公兄，則宜以管統蔡云「誅兄」。今云「誅弟」，則管、蔡皆周公弟也。高誘注《淮南子・氾論訓》云：「管叔，周公兄也。」此用《史記》；注《吕氏春秋・開春》篇云：「管叔，周公弟。」又注《察微》篇云：「管叔，周公弟也；蔡叔，周公兄也。」誘亦嘗注《孟子》者也。《後漢書・樊儵傳》儵云「周公誅弟」，注云：「周公之弟管蔡二叔流言於國。」又《張衡傳・思玄賦》云：「旦獲讟於群弟兮，啓金縢而乃信。」注云：「成王立，周公攝政。其弟管叔、蔡叔等謗言云：『公將不利於孺子。』周公乃誅二叔。」《魏志》毌丘儉《討司馬師表》云：「《春秋》之義，大義滅親。故周公誅弟。」嵇康

《管蔡論》云：「按記，管、蔡流言，叛戾東都。周公征討，誅凶逆。頑惡顯著，流名千里。且明父聖兄曾不鑒凶愚於幼稺，覺無良之子弟，而乃使理亂殷之弊民。」下云：「文王列而顯之，發、旦二聖舉而任之。」又云：「三聖未爲不明，則聖不佑惡而任頑凶，不容於時世，則管、蔡無取私於父兄。」此論正本《孟子》發之，而以文、武、周公爲管、蔡之父兄，與趙氏同。李商隱《雜記》云：「周公去弟。」此皆以周公爲兄者。毛氏奇齡《四書賸言》云：「予嘗以此質之仲兄及張南士，亦云此事有可疑者三。周公稱公而管叔以下皆稱叔，一；周公先封周，又封魯，而管叔並無畿内之封，二；周制立宗法以嫡弟之長者爲大宗，周公、管、蔡皆嫡弟而周公爲大宗，稱魯宗國，三。趙氏所注，非無據也。」周氏柄中《辨正》云：「趙氏以周公爲兄，管叔爲弟，《列女傳・母儀》篇數太姒十子，亦以管、蔡爲周公弟。《鄧析子・無厚》篇云：『周公誅管、蔡，此於弟無厚也。』《傅子・通志》篇云：『管叔，蔡叔弟也，爲惡，周公誅之。』又《舉賢》篇云：『周公誅弟而典型立。』漢晉諸儒固有以管叔爲周公弟者，不特臺卿此注也。」按：趙氏自有所本，但孟子直云：「周公，弟也；管叔，兄也。」自是以管叔爲周公之兄。程氏瑶田《通藝録・論學小記》云：「父子相隱，是事已露而私之也；周公使管叔監殷，是事未形而私之也。周公之爲不知而使，不待言。然自陳賈言之，以爲不智，何説之辭？自孟子言之，則曰『周公，弟也；管叔，兄也』，故私其兄而不疑之。此乃天理人情之至，斷無疑其兄畔之理。故曰：『周公之過，不亦宜乎？』惟孟子爲能善道聖人。天下無於兄弟而動畔之念者，則無疑於兄弟畔之人也。一切『不仁』『不智』皆以私心測聖人，而不知聖人之公，不過自遂其私而已。故可以使而使之，可以過而過之。陳賈何知焉！」**且古之君子，過則改之；今之君子，過則順之。古之君子，其過也，如日月之食，民**

皆見之；及其更也，民皆仰之。今之君子豈徒順之，又從爲之辭！」注古之所謂君子，真聖人賢人君子也。周公雖有此過，乃誅三監，作《大誥》，明勑庶國，是周公改之也。今之所謂君子，非真君子也。順過飾非，就爲之辭。孟子言此，以譏賈不能匡君而欲以辭解之。疏注「乃誅」至「之也」○正義曰：《尚書序》云：「武王崩，三監及淮夷畔。周公相成王，將黜殷，作《大誥》。」《毛詩正義》引鄭氏注云：「三監，管叔、蔡叔、霍叔三人，爲武庚監於殷國者也。」王氏鳴盛《尚書後案》云：「《逸周書·作雒解》云：『武王克殷，立王子禄父，俾守商祀。建管叔於東，蔡叔、霍叔於殷，俾殷監臣。』是管、蔡、霍爲三監之明文。」《金縢》云：「武王既喪，管叔及其群弟乃流言於國曰：『公將不利於孺子。』周公乃告二公曰：『我之弗辟，我無以告我先王。』周公居東二年，則罪人斯得。」《列子·楊朱》篇云：「四國流言，周公居東三年，誅兄放弟。」《史記·周本紀》云：「管叔、蔡叔群弟疑周公，與武庚作亂畔周。周公奉成王命伐誅武庚、管叔，放蔡叔。」此周公「誅三監」之事也。《大誥》云：「王若曰：『猷大誥爾多邦，越爾御事。』」又云：「肆予告我友邦君，越尹氏、庶士、御事曰：『予得吉卜，予惟以爾庶邦于伐殷逋播臣。』」是「明敕庶國」之事也。劉氏台拱《周公居東論》云：「武庚席勝國之餘業，地方千里，連大國以窺周室。而管、蔡以骨肉至親爲之陰伺虚實，相機舉事，表裏相應，動出百全。然猶以周公之故，不敢遽發。故以流言之謗爲反間之謀，意欲先陷周公而後逞志於成王。《詩》曰：『相彼雨雪，先集爲霰。』禍亂之萌見於此矣。而周公於此顧乃懵然而不察，坦然而無疑，引嫌畏罪去，不旋踵以墮於敵人之術中。直至四國並起，猖獗中原，然後倉皇奔命，僥倖於一日之成功。則周公之智，何遠出管、蔡下哉？論者必曰：『周公，弟也；管叔，兄也。豈忍料其將變哉？』此以施於使監之時則至言也，施之於流言之後則妄說也。今有人聞謗而不辨者，是君子也；無故加己以篡弒之名而安然不問，則冥頑不靈之人而已矣。況其爲反間之謀，覬覦之漸，豈有安然受之而不究所從來者乎？是故流言之初起也，周公萬萬不料其爲管、蔡而心識其爲商人之間已，則不敢以不察。察而得之，必且始而駭，中而疑，終則痛哭流涕，引以爲終身之大慼。此天理人情之至，以義推之而可見者也。而謂周公必當守不忍料之意以終身，則舜何以知象之將殺己哉？『鴟鴞鴟鴞，既取我子，無毀我室。』『迨天之未陰雨，徹彼桑土，綢繆牖户。』成王二公未始以爲憂而公獨識之，❶此所謂『罪人斯得』者也。鴟鴞取子以喻管、蔡爲武庚之所脅從。『恩斯勤斯，鬻子之閔斯』，所以未減其倡亂之罪而不忍盡其辭，親親之道也。至於閔王業之艱難，懼覆亡之無日，情危辭蹙，幾於大聲而疾呼，自書契以來，哀慟迫切，未有若此詩之甚者。而說者紛紜顛倒，致使周公救亂之志闇而不章，豈不惜哉？」按：三監之建在武王時，賈以爲周公使之，已非其實。至於東征破斧，零雨心悲，公自行其所當然，原非謂先此誤使，爲斯救敗之舉也。惟孟子不爲周公辨過而轉爲周公任過，且謂其能改過，特以取燕之舉過於前不能改於後，假周公之事以貺齊耳。必謂誅三監、作《大誥》爲周公改過之徵，尚非孟子之恉矣。○注「順過飾非」○正義曰：《荀子・成相》篇云：「拒諫飾非，愚而上同。」

章指：言聖人親親，不文其過；小人順非，以諂其上也。疏「聖人」至「上也」○正義曰：《論語・子張》第十九云：「小人之過也，必文。」《禮記・王制》云「順非而澤」，《荀子・宥坐》篇孔子論少

❶「而」下，經解本有「周」字。

正卯亦云「順非而澤」。按：澤即釋，謂順其非而爲之解釋。或云潤澤，失之。

孟子致爲臣而歸。注辭齊卿而歸其室也。疏注「辭齊」至「室也」○正義曰：《禮記・王制》云「七十致政」，注云：「致政，還君事。」《明堂位》云「七年致政於成王」，注云：「致政，以王事歸授之。」宣公元年《公羊傳》云「退而致仕」，注云：「退，退身也。致仕，還禄位於君。」然則「致」之義爲還。孟子爲卿於齊，是爲齊之臣也。致爲臣，是還此爲臣於齊，不爲其臣也。還此爲臣於齊，即是辭齊卿也。下「王就見」則孟子尚在齊，故非歸鄒，是不立朝而退歸其室也。**王就見孟子，曰：「前日願見而不可得，**注謂未來仕齊也，遥聞孟子之賢而不能得見之。**得侍同朝，甚喜。**注來就爲卿，君臣同朝，得相見，故喜也。疏注「來就」至「喜也」○正義曰：孔氏廣森《經學卮言》云：「《章句》言來就爲卿，君臣同朝，得相見，故喜之也。然則『得侍同朝』者，謙辭，言與孟子得爲君臣而同朝也。『甚喜』，王自言甚喜也。俗讀『得侍』絶句者，謬。」按：《説文》人部云：「侍，承也。」手部云：「承，奉也，受也。」惟孟子來就齊王，乃得承受之，與之同朝。《禮記・喪大記》云「大夫之喪，大胥侍之」，注云：「侍猶臨也。」或趙氏解侍爲臨，謂孟子來臨於齊，故云「來就爲卿」。**今又棄寡人而歸，**注今致爲臣，棄寡人而歸也。**不識可以繼此而得見乎？」**注不知可以續今日之後，遂使寡人得相見否？**對曰：「不敢請耳，固所願也。」**注孟子對王，言不敢自請耳，固心之所願也。孟子意欲使王繼今當自來謀也。**他日，王謂時子曰：「我欲中國而授孟子室，養弟子以萬鍾，使諸大夫、國人皆有所矜式。子盍爲我言之？」**注時子，齊臣也。王欲於國中央爲孟子築室，使養教一國君臣之子弟，與之萬鍾之禄。中國者，使學者遠近鈞也。矜，敬也；式，法也。欲使諸大夫國人皆敬法其道。盍，何不也。謂時子何不爲我言之於孟子，知肯就之否？疏注「時子」至「之否」○正義曰：薛應旂《人物考》云：「齊大夫時子，《古今姓纂》：『齊有賢人時子著書，見《孟子》《新論》。』」《荀子·大略》篇云：「欲近四旁，莫如中央。」趙氏以中央解「中國」，謂中於國也。鈞，閩、監、毛三本作均。均、鈞字通。《論語·衛靈公》篇云「君子矜而不争」，包氏注云：「矜，莊也。」《吕氏春秋·孝行》篇云「居處不莊」，高誘注云：「莊，敬也。」以此通之，是「矜」爲敬也。「式，法也」，見《周書·謚法解》。《禮記·檀弓》云「盍嘗問焉」，《論語·公冶長》篇云「盍各言爾志」，注皆云：「盍，何不也。」**時子因陳子而以告孟子。**注陳子，孟子弟子陳臻。

陳子以時子之言告孟子，孟子曰：「然，夫時子惡知其不可也？如使予欲富，辭十萬而受萬，是爲欲富乎？」注孟子曰：如是，夫時子安能知其不可乎？時子以我爲欲富，故以禄誘我。我往者饗十萬鍾之禄，以大道不行，故去耳。今更當受萬鍾，是爲欲富乎？距時子之言也。疏注「孟子」至「言也」○正義曰：以「如是」釋「然」字，以「安」釋「惡」。王氏引之《經傳釋詞》云：「范望注《太玄·務測》云：『然猶是也，常語也。』《廣雅》：『然，譍也。』《禮記·檀弓》有子曰：『然。然則夫子有爲言之也。』《論語·陽貨》篇：『然，有是言也。』《孟子·公孫丑》篇曰：『然，夫時子惡知其不可也？』此三然字但爲應詞而不訓爲是。」《吕氏春秋·忠廉》《謹聽》《務本》《遇合》《慎大》《權勳》《長利》《求人》等篇，高誘注皆云：「惡，安也。」惡與烏、焉通。《荀子》多言「案」，即「安」也；《漢書》多言「烏」，即「惡」也。襄公二十九年《公羊傳》云「僚焉得爲君乎」，《釋文》：「焉，本又作惡。」《廣雅·釋詁》云：「焉，安也。」閻氏若璩《孟子生卒年月考》云：

「或問於余曰：『「養弟子以萬鍾」，齊宣亦自侈其厚矣，而孟子又云「曾辭十萬鍾」，然則齊卿之祿厚至此與？』余應之曰：此蓋孟子通計仕齊所辭之數，非一歲有也。晏子曰：『齊舊四量，豆、區、釜、鍾。四升爲豆，各自其四以登於釜，釜十則鍾。』然則區，一斗六升也；釜，六斗四升也；鍾，六石四斗也。萬鍾則六萬四千石矣，十萬鍾則六十四萬石矣。此豈齊卿一歲所能有哉？以孟子所云陳戴『蓋祿萬鍾』，戴爲齊公族，祿所入如此，而孟子在三卿之中，使其祿同於陳戴，則仕齊當十年矣；倍於陳戴，則仕齊當五年矣；或少倍於陳戴，當亦不下六七年矣。夫燕噲讓國，君臣被戮，太子復興，俱孟子仕齊所見聞者，則固已歷五年矣，又況於崇見王，喪母後歸，又必有一二年，故曰：當不下六七年也。」周氏廣業《孟子出處時地考》引馮氏景少作《論萬鍾》云：「六石四斗曰鍾，則六萬四千石足以食其徒一萬八千餘人。蓋古量甚小，漢二斗七升當今五升四，合六萬四千石，今猶得一萬二千八百石。乃歎崇儒重道之風，雖戰國，不替也。」弟子爲一國君臣之子弟，使孟子教養之，則讀「養弟子」三字爲句屬上。《爾雅・釋詁》云：「應，當也。」《廣雅・釋言》云：「應，受也。」《毛詩・周頌》「我應受之」，當受即應受也。故以「當」釋「受」。**季孫曰：「異哉！」子叔疑。** 注 二子，孟子弟子也。季孫知孟子意不欲而心欲使孟子就之，故曰：異哉，弟子之所聞也！子叔心疑，亦以爲可就也。疏 注「二子」至「就也」〇正義曰：周氏廣業《孟子出處時地考》云：「魯有季孫氏、子叔氏，並見《左傳》。二子當是其後，氏而不名，與公都子同例。孟門從遊者，趙氏注弟子十五人：樂正子、公孫丑、陳臻、公都子、充虞、季孫、子叔、高子、徐辟、咸丘蒙、陳代、彭更、萬章、屋廬子、桃應；學於孟子四人：孟仲子、告子、滕更、盆成括。見《漢書・古今人表》者五人：公孫丑、萬章、告子、樂正子、高子。宋政和五年從祀孟廟，視趙注無盆成括，爲十八人，詳《宋史・禮志》。吴萊《孟子弟子考序》稱十九人，則與趙注同。張九韶《群言拾唾》載孟門十七弟子，去季孫、子叔、滕更、盆成括而益以孟季子、周霄。《經義考》亦去季孫、子叔而謂告子與浩生不害是二人，因去告子而列浩生不害。竊謂從者數百，彭更既明言之，則弟子之姓名湮没者何可勝數？季孫、子叔、盆成括等幸附見七篇，尚何去取之紛紜乎？」❶**「使己爲政，不用則亦已矣，又使其子弟爲卿。人亦孰不欲富貴？而獨於富貴之中有私龍斷焉。**注 孟子解二子之異意疑心，曰：齊王使我爲政，不用則亦自止矣，今又欲以其子弟故使我爲卿而與我萬鍾之禄。人亦誰不欲富貴乎？是猶獨於富貴之中有此私登龍斷之類也。我則恥之。疏 注「孟子」至「恥之」○正義曰：趙氏以季孫、子叔爲孟子二弟子。「子叔疑」猶《論語》言「門人惑」也。此則孟子解之之辭。「又使其子弟爲卿」，「子弟」即上「弟子」，使教養其子弟。「使我爲卿」，則讀「爲卿」二字不屬上。趙氏佑《温故録》云：「以季孫、子叔爲孟子弟子，不應但書氏而絶無名稱。不合一也。『異哉』一語既不了，疑字更未有言，遽接以孟子自解語，與上節全不相屬。不合二也。就注文『齊王使我爲政，不用則亦自止矣，今又欲以其子弟故使我爲卿』云云，孟子正因王不使爲政而去，何忽云爾？本文『使其子弟爲卿』，忽倒换『使我爲卿』；上文『養弟子以萬鍾』自當指孟子之弟子，忽易爲齊王子弟。不合三也。」按：今通解以此皆季孫譏子叔疑之言。周氏廣業《孟子出處時地考》云：「以子叔疑爲名，莫知其爲何人。惟《左傳》昭二十九年經『叔詣卒』，《公羊》《穀梁》俱作『叔

---

❶「紜」，原作「紛」，今據《孟子四考》改。

倪』。《釋文》倪有五計、五兮二音，五兮頗與疑音相近，意即其人。此子叔敬子之孫，嘗欲納昭公，故季孫意如曰：『叔倪無疾而死，此皆無公也，是天命也，非我罪也。』以是推之，龍斷之説或出愛憎之口歟？然趙岐熟於《左傳》，不應忘之。」**古之爲市也，以其所有易其所無者，有司者治之耳。有賤丈夫焉，必求龍斷而登之，以左右望而罔市利。人皆以爲賤，故從而征之。征商自此賤丈夫始矣。」**注古者市置有司，但治其爭訟，不征税也。賤丈夫，貪人可賤者也。入市則求龍斷而登之。龍斷謂堁斷而高者也。左右占望，見市中有利，罔羅而取之。人皆賤其貪，故就征取其利。後世緣此，遂征商人。孟子言我苟貪萬鍾，不恥屈道，亦與此賤丈夫何異也？古者謂周公以前。《周禮》有關市之賦也。疏「古之」至「無者」○正義曰：《易・繫辭傳》云：「日中爲市，致天下之民，聚天下之貨。交易而退，各得其所。蓋取諸《噬嗑》。」「交易」即「以所有易所無」。彼此各有所有，各有所無，一交易而無者皆有，故各得其所。《虞書・皋陶謨》云：「貿遷有無化居。」《史記・夏本紀》云：「食少，調有餘補不足，徙居。」是也。周氏廣業《逸文考》云：「『古之爲市也』，石經、宋本同，《白帖》引作者。」翟氏灝《考異》云：「『古之爲市者』，宋本、宋石經『者』俱作『也』。張南軒本、《孟子集疏》本亦俱作『也』。《文選・魏都賦》注引作『也』。」阮氏元《校勘記》云：「『古之爲市也』，石經、閩、監、毛三本、韓本同。孔本『也』作『者』。」○注「古者」至「税也」○正義曰：《周禮・地官》有司市、質人、廛人、胥師、賈師、司虣、司稽，皆市官。司市以質劑結信而止訟，以賈民禁僞而除詐，以刑罰禁虣而去盜，凡市入胥執鞭度守門，市之群吏平肆，展成奠賈，上旌于思次以令市，市師涖焉而聽大治大訟。胥師、賈師涖于介次而聽小治小訟。此「有司治爭訟」也。廛人掌斂布、絘布、總布、質布、罰布、廛布而入于泉府，是周時有征税，不征税是周公以前也。詳見上篇。《音義》出「龍斷」云：「丁云：『案，龍與隆聲相近。隆，高也。蓋古人之言耳，如胥、須之類也。』張云：『斷，如字。或讀如斷割之斷，非也。』陸云：『龍斷謂岡壟斷而高者。』如陸之釋，則龍音壟。」又出「堁」字云：「丁云：『《廣雅》音課，《開元文字》音塊。』」翟氏灝《考異》云：「《列子·湯問》篇説愚公移山事云：『自此冀之南，漢之陰，無隴斷焉。』可爲陸善經説龍斷之確證。《説文》『買』字下引下文直作『登壟斷』。三家之釋，要惟陸氏爲長。」段氏玉裁《説文解字注》云：「買，市也。从网、貝。《孟子》曰『登壟斷而网市利』。❶此引以證從网、貝之意也。壟，《孟子》作龍，丁公著讀爲隆，陸善經乃讀爲壟，謂岡壟斷而高者。按，趙注釋爲『堁斷而高者也』。堁，塵壒也。高誘云：『楚人謂塵爲堁。』趙本蓋作『尨斷』。尨，塵雜之貌，囂塵不到地勢畧高之處也。古書尨、龍二字多相亂，許書亦當作『尨斷』，淺人以陸善經説改爲壟耳。」《方言》云：「占猶瞻也。」《毛詩·邶風》「瞻望弗及」，此以占釋望，占望即瞻望也。罔，《説文》作网，重文罔，今作網。《毛詩·王風》「雉離于羅」，傳云：「鳥網曰羅。」是「罔市利」爲「罔羅而取利」也。《禮記·檀弓》云「從而謝焉」，注云：「從猶就也。」故以「就」釋「從」。

章指：言君子正身行道。道之不行，命也。不爲利回，創業可繼。是以君子以龍斷之人爲惡戒也。疏「道之不行命也」○正義曰：《論語·憲問》第十四云：「道之將行也與？命也。」○「不爲利回」○正義曰：昭公二十年《左傳》云「不爲利疚於回」，注云：「疚，病也。回，邪也。以利故不

---

❶「子」，原脱，今據《説文解字注》補。

能去，是病身於邪。」又三十一年《左傳》云：「君子動則思禮，行則思義。不爲利回，不爲義疚。」注云：「回正心也。」

孟子去齊，宿於晝。有欲爲王留行者，注 晝，齊西南近邑也。孟子去齊，欲歸鄒，至晝地而宿也。齊人之知孟子者追送見之，欲爲王留孟子之行。疏「孟子」至「行者」○正義曰：閻氏若璩《孟子生卒年月考》云：「繫『致爲臣』章於『燕畔王慙』之後，蓋君臣之隙既開，有不可以復合者矣。故孟子決然請去。」《釋地又續》云：「當日爲王留行者，豈有不通姓名之理？爲其人可略，作七篇時遂從而略之。」○注「晝齊」至「宿也」○正義曰：周密《齊東野語》云：「高郵黄彦利謂孟子去齊宿晝讀如『晝夜』之晝，非也。《史記·田單傳》『畫邑』，注云：『齊西南近邑，音獲。』故孟子三宿而出，時人以爲濡滯也。」毛氏奇齡《經問》云：「齊固有畫邑，然焉知無晝邑？趙岐云：『晝，齊西南近邑。』是明有晝邑矣。且趙岐注《孟子》正在齊郡，其地有晝邑，城在臨淄縣西南，相傳孟子出宿處，故鑿然注此。此真身歷其地，見之真，故言之確者。若畫邑，在臨淄西北三十里，即戟里城。戰國燕破齊時將封王蠋以萬家，即此地。是燕從西北至齊，當是畫邑；孟子從西南至滕，當是晝邑。一南一北，字形雖相蒙，地勢無可混也。」阮氏元《校勘記》云：「『宿於晝』，各本同。孔本、韓本晝作畫，注同。按，此當是采用舊説。《廣韻》四十九宥『晝』字下云：『又姓。晝邑大夫之後，因氏焉。出《風俗通》。』《孟子》『晝』字不當改爲『畫』字。」按：《史記·田單列傳》：「燕之初入齊，聞畫邑人王蠋賢。」《集解》引劉熙云：「齊西南近邑。畫音獲。」此劉熙云云蓋即其《孟子注》。裴駰引以爲畫邑之注，則是騶所見《孟子》本固作畫字邪？**坐而言。不應，隱几而卧。** 注 客危坐而言留孟子之言也。孟子不應答，因隱倚其几而卧也。 疏 注「客危」至「而卧」❶〇正義曰：劉熙《釋名·釋姿容》云：「跪，危也。兩膝隱地，體危阢也。」《禮記·曲禮》「授立不跪，授坐不立」，《釋文》云：「跪，本又作危。」昭公二十七年《左傳》云「坐行而入」，注云：「坐行，膝行。」《禮記·曲禮》云「先生書策，琴瑟在前，坐而遷之」，孔氏正義云：「坐亦跪也。坐通名跪，跪名不通坐。」趙氏以「危坐」解「坐」字，謂此坐爲跪也。《白虎通·衣裳》篇云：「衣者，隱也。」《説文》衣部云：「衣，依也。」𠬪部云：「𢀄，所依據也。」𢀄即隱。《毛詩·商頌》「依我磬聲」，傳云：「依，倚也。」隱、依、倚三字義同，故以「倚」釋「隱」。段氏玉裁《説文解字注》云：「卧，伏也。从人、臣，取其伏也。伏，大徐作休，誤。卧與寢異。寢於牀，《論語》『寢不尸』是也；卧於几，《孟子》『隱几而卧』是也。卧於几，故曰『伏』。統言之則不别，故宀部云：『寢者，卧也。』《曲禮》云『寢毋伏』，則謂寢於牀者毋得俯伏也。」**客不悦，曰：「弟子齊宿而後敢言，夫子卧而不聽，請勿復敢見矣。」** 注 齊，敬；宿，素也。弟子素持敬心來言，夫子慢我，不受我言。言而遂起，退欲去，請絶也。 疏 注「齊敬」至「我言」〇正義曰：《音義》云：「齊字亦作齋。」今孔氏本作齋，經典通作齊。《毛詩·召南》「有齊季女」，傳云：「齊，敬也。」是「齊」爲「敬」也。《禮記·禮器》云「三日宿」，注云：「宿，致齊也。」趙氏釋爲「素」者，宿、素一聲之轉。《小爾雅·廣詁》云：「宿，久也。」《漢書·霍去病傳》注云：「宿，舊也。」桓公元年《公羊傳》注云：「宿，先誡之辭。」《論語》「子

---

❶ 「而卧」，據疏例當作「卧也」，蓋涉經文而誤。

路無宿諾」，注云：「宿，預也。」《後漢書・吕布傳》注云：「素，舊也。」《禮記・喪大記》正義引皇氏云：「素，先也。」《文選・關中詩》注引《國語》賈逵注云：「素，預也。」是宿、素二字之義本得相通。「素持敬心」謂預持敬心，亦久持敬心也。《周禮・地官・鄭長》「凡歲時之戒令皆聽之」，注云：「聽之，受之而行也。」《國策・秦策》云「則王勿聽其事」，注云：「聽，從也，受也。」隱几而卧，《禮記・樂記》云：「吾端冕而聽古樂，則惟恐卧；聽鄭衛之音，則不知倦。」是卧爲倦怠。心愛之，故不倦；心厭之，故卧。《説文》心部云：「慢，惰也。」惰猶倦也。是倦怠疏慢之也。不聽，是不受其言也。○注「言而」至「絶也」○正義曰：閻氏若璩《釋地又續》云：「兩膝著地，伸腰及股而勢危者爲跪；兩膝著地，以尻著蹠而少安者爲坐。趙氏於『坐而言』曰『危坐』，於『坐，我明語子』單曰『坐』。蓋危坐者，客跪而言留孟子之言，迨不聽然後變色而起，孟子於是命之以安坐以聽我語。此兩『坐』字殊不同，趙氏注於『勿敢見』下先云『言而遂起，退欲去，請絶也』，爲下文『坐』字張本。郝氏解亦云：『請勿復敢見矣，起而告退之辭。』」**曰：「坐，我明語子。**注孟子止客曰：且坐，我明告語子。疏注「我明告語子」○正義曰：《周禮・春官・大司樂》「諷誦言語」，注云：「答述曰語。」《吕氏春秋・節喪》篇云「傳以相告」，高誘注云：「告，語也。」**昔者，魯繆公無人乎子思之側，則不能安子思；泄柳申詳無人乎繆公之側，則不能安其身。**注往者，魯繆公尊禮子思。子思以道不行則欲去，繆公常使賢人往留之，説以方，且聽子爲政，然後子思復留。泄柳申詳，亦賢者也。繆公尊之不如子思。二子常有賢者在繆公之側，勸以復之，其身乃安也。疏注「往者」至「復留」○正義曰：以「往」釋「昔」。《爾雅・釋詁》云：「安，止也。」《説文》田部云：「留，止也。」安、留皆訓止，故以「留」釋「安」。○注「泄柳」至「安也」○正義曰：《禮記・雜記》「泄柳之母死」，注云：「泄柳，魯繆公時賢人也。」孔氏正義云：「《孟子》云魯繆公之時，公儀子爲政，子柳、子思爲臣，魯之削也滋甚。若是乎，賢者之無益於國也？彼『子柳』即此『泄柳』也，故云『魯繆公時賢人』。」《檀弓》云：「子張病，召申詳而語之。」注云：「申詳，子張子。太史公《傳》曰子張姓顓孫。今曰申詳，周秦之聲二者相近。未聞孰是。」又「申詳之哭言思也亦然」，注云：「説者曰：言思，子游之子，申詳妻之昆弟。」故閻氏若璩《釋地又續》云：「申詳，子張之子，子游之壻。是陳之顓孫氏與吴之言氏遠爲婚姻。」《檀弓》又云：「季子皋葬其妻，犯人之禾。申詳以告，曰：『請庚之。』」注云：「申祥，子張子。」祥、詳古字通。《説文》力部云：「勸，勉也。」《文選》注云：「勸者，進善之名。」《周禮・夏官・大僕》注云：「復謂奏事也。」《吕氏春秋・勿躬》篇云「管仲復於桓公」，高誘注云：「復，白也。」「勸而復之」，謂有賢者在繆公之側以善言勸勉而奏白之，泄柳、申詳乃留止于魯而不去。子思之賢，魯人無過之者，故必聽子思之言爲政，乃不去。二子賢不及子思，不必聽二子之言；必有賢如子思進言於君，而君聽之，二子乃留。二子視子思之留爲留也，非虛言所能止。**子爲長者慮而不及子思。子絶長者乎，長者絶子乎？」**注長者，老者也。孟子年老，故自稱長者。言子爲我慮，不如子思時賢人也。不勸王使我得行道，而但勸我留。留者，何爲哉？此爲子絶我乎，又我絶子乎？何爲而愠恨也？疏注「長者」至「長者」○正義曰：《儀禮・鄉飲酒禮》《鄉射禮》皆云「衆賓之長升」，注皆云：「長，其老者。」是「長者」爲「老者」也。

章指：言惟賢能安賢，智能知微。以愚喻智，道之所以乖也。

孟子去齊。尹士語人曰：「不識王之不可以爲湯武，則是不明也；識其不可，然且至，則是干澤也。千里而見王，不遇故去。三宿而後出晝，是何濡滯也？士則兹不悦。」注尹士，齊人也。干，求也；澤，禄也。尹士與論者言之，云：孟子不知，則爲求禄。濡滯猶稽也。既去，近留於晝三日，怪其猶久，故云：士於此事不悦也。疏注「干求」至「悦也」○正義曰：「干，求也」，《爾雅·釋言》文。澤無禄訓。《風俗通·窮通》篇云：「孟子嘗仕於齊，位至卿。後不能用，孟子去齊。尹士曰：『不識王之不可以爲湯武，則是不明也；識其不可，然且至，則是干禄也。』」此亦以禄代澤。《説文》水部云：「澤，光潤也。」干求人君光寵以得禄位，故「干澤」亦即「干禄」也。阮氏元《校勘記》云：「濡滯，淹久也。閩、監、毛三本、足利本同。廖本、孔本作『猶稽也』，韓本作『孰稽也』，《考文》古本作『熟稽也』，《考文》一本作『淹留』。」按：《史記·平準書》《集解》引李奇云：「稽，貯滯也。」貯滯猶濡滯。《説文》稽部云：「稽，留止也。从禾，从尤，旨聲。」《淮南子·時則訓》云「流而不滯」，高誘注云：「滯，止也。」《楚辭·涉江》篇云「淹回水而凝流」，注云：「滯留也。」滯與稽義同。滯從帶聲，帶聲與旨聲同韻。段氏玉裁《六書音均表》同列十五部，孔氏廣森《詩聲類》六脂、十二齊、五十二霽同屬陰聲脂類第十二，則滯、稽音近。故以「濡滯猶稽」也。《爾雅·釋詁》云：「佇，久也。」《國語·魯語》云「敢告滯積，以舒執事」，注云：「滯，久也。」故又以「久」解之。云「猶久」者，對下孟子以三宿爲「猶速」也。兹之義爲此，故解「兹」爲「此事」。悦之義爲解，「士則兹不悦」謂士於此事不解也。**高子以告。**注高子，亦齊人，孟子弟子。以尹士之言告孟子也。**曰：「夫尹士惡知予哉？千里而見王，是予所欲也；不遇故去，豈予所欲哉？予不得已也。**注孟子曰：夫尹士安能知我哉？我不得已而去耳，何汲汲而驅馳乎？**予三宿而出晝，於予心猶以爲速。王庶幾改之！王如改諸，則必反予。**注 我自謂行速疾矣。冀王庶幾能反覆，招還我矣。疏 注「我自」至「我矣」〇正義曰：速之義爲疾，即上所云「汲汲驅馳」也。《毛詩·周頌》「福禄來反」，傳云：「反，復也。」《説文》又部云：「反，還也。」支部云：「改，更也。」《吕氏春秋·慎人》篇云「反瑟而弦」，高誘注云：「反，更也。」此經文云「王庶幾改之。王如改諸，則必反予」，趙氏以「冀王庶幾能反覆招還我」解之，以「反復」釋「改」字，以「招還」釋「反」字也。**夫出晝而王不予追也，予然後浩然有歸志。**注 浩然，心浩浩然有遠志也。**予雖然，豈舍王哉？王由足用爲善。王如用予，則豈徒齊民安？天下之民舉安。王庶幾改之，予日望之。**注 孟子以齊大國，知其可以行善政，故戀戀望王之改而反之，是以安行也。豈徒齊民安，言君子「達則兼善天下」也。疏 注「孟子」至「下也」〇正義曰：用，以也。爲猶行也。故「足用爲善」是「可以行善政」也。《易·小畜》「有孚攣如」，《釋文》云：「《子夏傳》作戀。」《漢書·外戚李夫人傳》云「上所以攣攣顧念我者」，注云：「攣音力全反，又讀曰戀。」此經云「豈舍王哉」，趙氏解云「戀戀」，即攣攣，謂係念於王，不忍舍也。襄公七年《左傳》云「吾子其少安」，注云：「安，徐也。」《後漢書·崔駰傳》駰作《達旨》，云「縶余馬以安行」，注云：「安行，不奔馳也。」三宿而後出晝，故爲徐行，即不汲汲驅馳也。「達則兼善天下」，見下《盡心》篇。**予豈若是小丈夫然哉？諫於其君而不受則怒，悻悻然見於其面，去則窮日之力而後宿哉？」**注 我豈若悁急小丈夫，恚怒其君而去，極日力而宿，懼其不遠者哉？《論語》曰：「悻悻然，小人哉！」言己志大，在於濟一世之民，不爲小節也。疏注「我豈」至「節也」○正義曰：《説文》心部云：「悁，忿也。」急，《説文》作⿱及心，云：「褊也。」《淮南子・繆稱訓》云「忣於不己知者」，注云：「忣，急也。」「悁急」，趙氏爲「怒」字解也。所以爲「小丈夫」者，緣其諫君不受則怒也。因怒而小，故以「悁急」加「小丈夫」上，謂其因忿忣而小也。怒即恚也。窮之言極也。《音義》云：「悻悻，丁云：『字當作婞，形頂切，很也，直也。』又胡耿切。字或作⿰忄巠⿰忄巠然，《論語》音鏗。」今《論語・子路》篇作「硜硜然小人哉」。《禮記・樂記》「石聲磬」，《史記・樂書》作「石聲硜」，《集解》引王肅《禮記》注云：「硜聲果勁。」《説文》石部「磬」，古文從巠。硜即磬字。劉熙《釋名・釋樂器》云：「磬，罄也。其聲罄罄然堅緻也。」《離騷》云：「鮌婞直以亡身兮。」《説文》女部云：「婞，很也。《楚辭》曰『鮌婞直』。」果勁與很直義近。蓋堅執不回，不知通變，故鄭氏注《論語》云：「硜硜，小人之貌也。」婞婞、磬磬，聲近相通借也。閩、監、毛三本作「論曰」。阮氏元《校勘記》云：「趙注多稱『論』。」趙氏不解是字，蓋以是字爲語助，無所指實。王氏引之《經傳釋詞》云：「是猶夫也。《禮記・三年問》『今是大鳥獸』，《荀子・禮論》篇作『今夫』。《宥坐》篇『今夫世之陵遲，亦久矣』，《韓詩外傳》作『今是』。是小丈夫，夫小丈夫也。是訓爲夫，故夫亦訓爲是。」尹士聞之，曰：「士誠小人也。」注尹士聞義則服。

章指：言大德洋洋，介士察察。賢者志其大者，不賢者志其小者。此之謂也。疏「大德」至「謂也」○正義曰：《史記・禮書》云「洋洋美德乎」，《索隱》云：「洋洋，美盛貌。」《老子》云「俗人察察」，注云：「察察，疾且急也。」《論語・子張》第十九「賢者識其大者，不賢者識其小者」，漢石經「識」作「志」，《漢書・劉歆傳》讓太常博士引亦作「志」，與此同。《周禮・保章氏》注云：「志，古文識。」

孟子去齊。充虞路問曰：「夫子若有不豫色然。前日虞聞諸夫子曰：『君子不怨天，不尤人。』」注路，道也。於路中問也。充虞謂孟子去齊有恨心，顏色不悅也。疏注「路道」至「悅也」○正義曰：「路，道也」，《爾雅·釋宮》文。《論衡·刺孟》篇以「塗」代「路」，路亦塗也。《易·豫卦》鄭氏注云：「豫，喜豫悅樂之貌也。」是「不豫」即「不悅」也。《說文》心部云：「恨，怨也。」心有怨恨則顏色不悅。**曰：「彼一時，此一時也。五百年，必有王者興，其間必有名世者。由周而來，七百有餘歲矣。以其數則過矣，以其時考之則可矣。**注彼前聖賢之出，是有時也。今此時亦是其一時也。五百年有王者興，有興王道者也。名世，次聖之才，物來能名正一世者。生於聖人之間也。七百有餘歲，謂周家王迹始興，大王、文王以來。考驗其時，則可有也。疏注「彼前」至「有也」○正義曰：趙氏以「彼一時」爲以前聖賢興王道之時。聖指王者，賢指名世者，彼即前也。謂前此聖賢之出，是應此五百年之運而出，是聖賢之出有時也。此即今也。「此一時」爲孟子之時，謂今時已是聖賢當出之時也。《論衡》引此作「彼一時也，此一時也」，《文選·答客難》《五等諸侯論》二注引《孟子》亦云「彼一時也，此一時也」。觀趙氏注，則「彼一時」下當有「也」字。近通解以「彼一時」爲充虞所聞「君子不怨天，不尤人」之時，時爲暇豫之時，則論爲經常之論也；「此一時」爲今孟子去齊之時，爲行藏治亂關係之時也，則憂天憫人之意不得不形諸顏色也。《國語·魯語》云：「黄帝能成命百物，以明民共財。」注云：「命，名也。」《尹文子》云：「大道無形，稱器有名。名也者，正形者也。形正由名，則名不可差。故仲尼曰：『必也，正名乎？名不正則言不順也。』名有三科：一曰命物之名，方圓白黑是也；二曰毀譽之名，善惡貴賤是也；三曰況位之名，賢愚愛憎是也。今萬物具存，不以名正之則亂。」《荀子》有《正名》篇，云：「聖王没，名守慢，奇辭起，名實亂，是非之形不明，則雖守法之吏、誦數之儒亦皆亂也。若有王者起，必將有循於舊名，有作於新名。貴賤不明，同異不别，如是則志必有不喻之患而事必有困廢之禍。故知者爲之分别，制名以指實。上以明貴賤，下以别同異。貴賤明，同異别，如是則志無不喻之患，事無困廢之禍。此所爲有名也。物來能以名正於一世，則貴賤明而同異别。」《漢書·古今人表》列九等之敘：上上爲聖人，上中爲仁人，上下爲智人。此明貴賤、别同異之人爲智者，故爲「次聖之才」。《漢書·楚元王傳》贊云：「仲尼稱材難，不其然歟？自孔子後，輟文之士衆矣，唯孟軻、孫況、董仲舒、司馬遷、劉向、揚雄，此數公者，皆博物洽聞，通達古今，其言有補於世。傳曰：『聖人不出，其間必有命世者焉。』豈近是乎？」「命世」即「名世」，謂前聖既没，後聖未起之間，有能通經辨物，以表章聖道，使世不惑者也。江氏永《群經補義》云：「孟子去齊在燕人畔之後，蓋當周赧王三年己酉。孟子言『由周而來七百有餘歲』。以邵子《皇極經世》、金吉甫《通鑑綱目前編》考之，❶周武王伐殷己卯距赧王己酉八百一十一年，與孟子言不合。蓋周初自共和庚申以前有誤衍之年，其誤衍始於劉歆《曆譜》也。共和庚申以前之年，史遷不能紀，惟《魯世家》自考公以下有其年。考公四年，煬公六年，幽公十四年，魏公五十年，厲公三十七年，獻公三十二年，真公三十年。真公之十四年，厲王出奔彘，共和行政，爲共和前年己未。自考公至真公十四年凡一百五十七

❶「以」，原脱，今據江永《群經補義》補。

年，魯公伯禽《史記》未著卒年，《曆譜》謂成王元年爲命魯公之歲，魯公四十六年，至康王六年而薨。以四十六加一百五十七，則成王元年至厲王己未二百單三年耳，而《曆譜》累推七十六年之朔旦、冬至，數諸公之年，謂《世家》煬公即位六十年，是得《史記》誤本以六年爲六十年也。又謂獻公即位五十年，是又誤以三十二年爲五十年也。煬公衍五十四年，獻公衍十八年，共衍七十二年，則自成王元年至厲王己未有二百七十五年。今《經世》諸書成王立於乙酉，至厲王己未二百七十五年，正承劉歆之誤也。前計武王己卯至赧王己酉八百一十一年，除去七十二年，實得七百三十九年，正與孟子語『七百有餘歲』合矣。否則孟子生於周，豈不知其年數，乃缺去七十餘年邪？」按：趙氏解七百有餘歲，推本太王文王以來，於劉歆《曆譜》之年尤羨矣。趙氏蓋以孟子去齊在顯王時。閻氏若璩《孟子生卒年月考》云：「孟子在齊不獨不在赧王時，亦不在慎靚王時，當在顯王四十五年。乃趙氏謂孟子去齊後至梁。既以顯王三十三年乙酉至梁，則去齊在三十三年以前。於武王己卯至赧王己酉七百三十九年，又除去赧王己酉上溯顯王甲申共二十五年，止存七百一十四年，加以太王、文王之年，仍是七百有餘歲也。」《周禮・大司馬》「以待考其誅賞」，注云：「考謂考校其功。」《吕氏春秋・察傳》篇云「必驗之以理」，高誘注云：「驗，效也。」《淮南子・主術訓》云「驗在近」，高誘注云：「驗，效也。」効、效、校通。是「考」即「驗」也。**夫天未欲平治天下也。如欲平治天下，當今之世，舍我其誰也？吾何爲不豫哉！」**注孟子自謂能當名世之士，時又值之，而不得施此，乃天自未欲平治天下耳，非我之愆。我固不怨天，何爲不悦豫乎？疏「夫天」至「豫哉」○正義曰：趙氏佑《温故録》云：「此正申所以不豫之故。上言數已過，時已可，而未有王者興，是天未欲平治天下也。我所以有不豫，爲此也。否則天誠厭亂而興王者，使我得如古之名世，大展其堯舜君民之素，何不豫之有？蓋舊解如此。」按：趙氏之意，云「我固不怨天，何爲不悦豫哉」，乃是辨其未嘗怨天、未嘗不豫，謂是天不欲平治天下，非我之愆，我自不必怨天而不悦也。故章指言「知命者不憂不懼」。

章指：言聖賢興作，與時消息。天非人不因，人非天不成。是故知命者不憂不懼也。

疏「天非人不因人非天不成」○正義曰：揚子《法言·重黎》篇云：「兼才尚權，右計左數，動謹於時，人也。天不人不因，人不天不成。」《管子·勢》篇云：「天因人，聖人因天。」揚氏所本也。

孟子去齊，居休。公孫丑問曰：「仕而不受禄，古之道乎？」注休，地名。丑問，古人之道，仕不受禄邪？怪孟子於齊不受其禄也。疏注「休地名」○正義曰：閻氏若璩《釋地續》云：「孟子致爲臣而歸，歸於鄒也。中間經過地名休者，少憩焉，與丑論在齊事，故曰『居休』。故休城在今兖州府滕縣北一十五里，距孟子家約百里。」**曰：「非也。於崇，吾得見王，退而有去志。不欲變，故不受也。**注崇，地名。孟子言，不受禄，非古之道也。於崇，吾始見齊王。知其不能納善，退出，志欲去矣。不欲即去，若爲變詭，見非泰甚，故且宿留。心欲去，故不復受禄。疏注「崇地名」○正義曰：周氏廣業《孟子古注考》云：「宋本作『崇齊地』，今作『地名』。」○注「不欲」至「即受禄」❶○正義曰：趙氏云「不欲即去，若爲變詭」，以「詭」字

❶「即」，據注文當衍，或爲「復」字之訛。

釋「變」字也。《禮記・曾子問》「日有食之則變乎」，注云：「變謂異體。」《荀子・禮論》云「憆詭」，注云：「憆，變也；詭，異也。」《呂氏春秋・孟春紀》云「無變天之道」，高誘注云：「變，戾也。」《文選・長笛賦》「窊隆詭戾」，注云：「詭戾，乖違之貌。」又《幽通賦》云「變化故而相詭兮」，曹大家注云：「詭，反也。」是變與詭義同。始見於王，退而即去，形迹近似乖戾詭異，變動不常。非猶責也。爲此詭異，人必以太甚見責矣。不欲即去，是不欲跡似詭異，致見譏讓爲太甚也。閩、監、毛三本泰作太。太、泰字通也。不欲迹似詭異，致見譏讓爲太甚，故宿留不即去也。《音義》云：「宿留，上音秀，下音霤。」孔氏廣森《經學卮言》云：「《易・需》《彖傳》鄭君注云：『需讀爲秀。』古語遲延有所俟曰宿留。《封禪書》『宿留海上』，《漢・五行志》『其宿留告曉人，具備深切』，《李尋傳》『宿留瞽言』，《來歷傳》『此誠聖恩所宜宿留』，何氏《春秋》僖元年解詁『宿留城之』，趙氏《孟子・萬章下》章句『宿留以答之』，並上音秀，下音溜。《東觀漢記》『和帝詔且復宿留』，《後漢書》作『須留』。需與須同，故讀爲秀也。漢世訓詁皆音義相將，即六書轉注之學。」按：《風俗通・過譽》篇亦云「何敢宿留」。**繼而有師命，不可以請。久於齊，非我志也。」** 注 言我本志欲速去。繼見之後，有師旅之命，不得請去，故使我久而不受禄耳。久，非我本志也。 疏 注「言我」至「志也」○正義曰：知「師命」是「師旅之命」者，聖賢之道不爲太甚，旁通以情，故孟子於始見王，志雖不合，必宿留而後去；既宿留，可以去矣，而仍不去者，既居其國，被其欵遇，惟此軍戎大事即當休戚相關，豈容度外置之，飄然遠引？此所以不可以請也。說者不察，徒以孟子爲巖巖難近。舊疏以不欲變爲不欲遽變其欲去之心，❶又以師命爲賓師之命。顧

---

❶ 上「欲」字，原作「可」，今從沈校據經文改。

命以賓師，有何不可請之有？中國授室，養弟子以萬鍾，使諸大夫國人有所矜式，此正命之爲師矣，何以辭而不就邪？孟子之學，惟趙氏知之深矣。

章指：言禄以食功，志以率事。無其事而食其禄，君子不由也。

孟子正義卷十

江都縣鄉貢士焦循譔集

孟子卷第五

滕文公章句上凡五章。

注滕文公者，滕，國名；文，謚也；公者，國人尊君之稱也。文公於當時尊敬孟子，問以古道，猶衛靈公問陳於孔子，《論語》因以題篇。疏注「滕文」至「題篇」○正義曰：《春秋》隱公七年「滕侯卒」，始見於經。《漢書·地理志》「沛郡公丘」，注云：「故滕國，周懿王子錯叔繡所封，三十一世爲齊所滅。」師古云：「《左氏傳》云：『郜、雍、曹、滕，文之昭也。』《系本》亦云：『錯叔繡，文王子。』此志云懿王子，未詳其義。」《春秋釋例·土地名》云：「沛國公丘縣東南有滕城。」《世族譜》云：「自叔繡及宣公十七世，乃見《春秋》隱公以下。春秋後六世而齊滅滕矣。」《周書·謚法解》文之謚有六：一「經緯天地」，二「道德博聞」，三「學勤好問」，四「慈惠愛民」，五「愍民惠禮」，六「錫民爵位」。又云「施爲文也」。乃宣公嬰齊之孫、昭公毛伯之子文公繡亦謚文公，名與叔繡相犯。而《孟子》之文公又複謚「文」，未可考也。《爾雅·釋詁》云：「公，君也。」國君有公、侯、伯、子、男五等，公之爵最尊。自侯以下，國人統稱爲公，是尊之也。

滕文公爲世子，將之楚，過宋而見孟子。孟子道性善，言必稱堯舜。注文公爲世子，使於楚而過宋。孟子時在宋，與相見也。滕侯，周文王之後也。《古紀世本》録諸侯之世，滕國有考公麋，與文公之父定公相直；其子元公宏，與文公相直。以後世避諱，改「考公」爲「定公」；以元公行文德，故謂之文公也。孟子與世子言人生皆有善性，但當充而用之耳，又言堯舜之治天下，不失仁義之道，欲勸勉世子也。疏「滕文」至「孟子」○正義曰：莊公三十二年「子般卒」，《公羊傳》云：「君存稱世子。」注云：「明當世父位爲君。」僖公五年「春，晉侯殺其世子申生。夏，會王世子于首戴」，《公羊傳》云：「世子貴也，猶世世子也。」《禮記·喪服小記》注云：「世子，天子諸侯之適子也。」是時滕定公在位，故文公稱爲世子。則其之楚，是君命之也。閻氏若璩《釋地續》云：「余向主孟子游宋當在愼靚王三年癸卯後，宋稱王故也。是時楚地久廣至泗上，泗上十二諸侯者，宋、魯、滕、薛、邾、莒，在淮泗之上國。滕南與楚鄰，苟有事於楚，一舉足則已入其境，何必迂而西南行三百五十餘里過宋都乎？過宋都者，以孟子在焉。往也如是，反也如是，不憚假道於宋之勞，其賢可知。」周氏柄中《辨正》云：「頃襄王二十一年，始徙都陳。是時楚都於鄀，在今湖北襄陽府宜城縣西南九十里；宋都商丘，在今河南歸德府商丘縣。滕在今山東兖州府滕縣西南十四里。自滕之楚而取道商丘，路稍回遠。謂非迂道固謬，謂一舉足即入其境，亦未明悉。」周氏廣業《孟子出處時地考》云：「孟子去齊居休，旋歸於鄒，年六十餘矣。聞宋王偃將行仁政，往游焉。時滕文公爲世子，將之楚，過宋來見，蓋孟子嘗以齊卿出弔於滕，稔知其賢故也。」○「孟子道性善言必稱堯舜」○正義曰：孟子生平之學在道性善、稱堯舜，故於此標之。太史公以孟子、荀子合傳，乃孟子道性善，荀子則言性惡，孟子稱堯舜，荀子則法後王。其言云：「今人之性，生而離其朴，離其資，必失而喪之。所謂性善者，不離其朴而美之，不離其資而利之也。人之性惡明矣，其善者僞也。」此駁孟子道性善也。又云：「略法先王而不知其統，案往舊造説，謂之五行，甚僻違而無類，幽隱而無説，閉約而無解。」此譏孟子稱堯舜也。爲荀氏之學者調和而文飾之云：「孟子言性善，欲人之盡性而樂於善；荀言性惡，欲人之化性而勉於善。僞即爲也，乃作爲之爲，非詐僞之僞。孟、荀生於衰周之季，閔戰國之暴，欲以王道救之。孟子言先王，荀言後王，皆謂周王，與孔子從周之義不異也。」按：孟子之學，述孔子者也。孔子之學，述伏羲、神農、堯、舜、文王、周公者也。陸賈《新語·道基》篇云：「先聖仰觀天文，俯察地理，圖畫乾坤，以定人道。民始開悟，知有父子之親、君臣之義、夫婦之道、長幼之序，於是百官立，王道乃生。」《白虎通》暢其説云：「古之時未有三綱六紀，民人但知其母不知其父，能覆前不能覆後，卧之詓詓，起之吁吁，飢即求食，飽即棄餘，茹毛飲血而衣皮葦。於是伏羲觀象於天，俯法於地，因夫婦，正五行，始定人道，畫八卦，以治天下。」《繫辭傳》云：「以通神明之德，以類萬物之情。」「神明之德」即所謂「性善」也。善即靈也，靈即神明也。荀子云：「今人之性，飢而欲飽，寒而欲煖，勞而欲休，此人之情性也。」是也。人如此，禽獸亦如此也。荀子又云：「今人飢，見長而不敢先食者，將有所讓也。勞而不敢求息者，將有所代也。」夫子之讓乎父，弟之讓乎兄；子之代乎父，弟之代乎兄：此正人性之善之證也，而荀子乃以爲性惡之證焉。試言之，人之有男女猶禽獸之有牝牡也。其先男女無别，有聖人出，示之以嫁娶之禮，而民知有人倫矣。示之以耕耨之法，而民知自食其力矣。以此教禽獸，禽獸不知也。禽獸不知，則禽獸之性不善；人知之，則人之性善矣。聖人何以知人性之善也？以己之性推之也。己之性既能覺於善，則人之性亦能覺於善，第無有開之者耳。使己之性不善，則不能覺；己能覺，則己之性善。己與人同此性，則人之性亦善，故知人性之善也。人之性不能自覺，必待先覺者覺之。故非性善無以施其教，非教無以通其性之善。「教」即荀子所謂「僞」也「爲」也。爲之而能善，由其性之善也。如鳥獸，則性不善者也。故同此飲食男女，嫁娶以別夫婦，人知之，禽獸不知之；耕鑿以濟飢渴，人知之，禽獸不知之。禽獸既不能自知，人又不能使之知，雖爲之亦不能善。然人之性爲之即善，非由性善而何？人縱淫昏無恥，而己之妻不可爲人之妻，固心知之也；人縱貪饕殘暴，而人之食不可爲己之食，固心知之也。是性善也。故孔子論性，以「不移」者屬之上知下愚，愚則仍有知；禽獸直無知，非徒愚而已矣。世有伏羲，不能使禽獸知有夫婦之別；雖有神農，不能使鳥獸知有耕稼之教。善豈由爲之哉？文學技藝，才巧勇力，有一人能之，不能人人能之；惟男女飲食，則人人同此心。人不能孝其父，亦必知子之當孝乎己；不能敬其長，亦必知卑賤之當敬乎己。子讓食於父而代勞於兄，此可由教而能之，所謂爲之者，善也。然荀子能令鳥讓食乎？能令獸代勞乎？此正「率性」之明證，乃以爲「悖性」之證乎？故孟子之道性善，由讀書好古，能貫通乎伏羲、神農、堯、舜、文王、周公、孔子之道而後言之者也，非荀子所知也。羲農之前，人苦於不知，既人人知有三綱六紀，其識日開，其智日深，浸而至於黃帝、堯、舜之世，則民不患其不知，轉患其太知。許氏《說文解字敘》云：「庶業其繁，飾僞萌生，黃帝之史蒼頡，初造書契。」是知黃帝之時，民情飾僞矣。於是堯舜時有「靜言庸違，象恭滔天」之人，於是有「方命圮族」之人。當羲農之前，人苦於不知，故羲農盡人物之性以通其神明，其時善不善顯然易見；積之既久，靈智日開，凡仁義道德忠孝友悌，人非不能知，而巧僞由以生，奸詐由以起，故治唐虞以後之天下異於治羲農以後之天下。夫謀而能言，以方自命善也，而實則「庸違」「滔天」「圮族」，「績用弗成」，朝士如是，庶民可知，固羲農以來所未有，亦堯舜以前之人所未知。故聖人治天下之道至堯舜而一變。《繫辭傳》云：「黄帝、堯、舜氏作，通其變，使民不倦；神而化之，使民宜之。」又云：「易窮則變，變則通，通則久。」「黄帝、堯、舜，垂衣裳而天下治。」蓋堯舜以變通神化治天下，不執一而執兩端，用中於民，實爲萬世治天下之法。故孔子删《書》首唐虞，而贊《易》特以「通變」「神化」詳著於堯舜。孟子稱堯舜，正稱其通變神化也。荀子云：「逢衣淺帶，解果其冠，略法先王而足亂世術，呼先王以欺愚者而求衣食焉。」此正不知通變神化之道者也。夫通變神化之道，堯舜所以繼羲農而開萬世，故「稱堯舜」，欲天下後世法其通變神化，不執一而執兩端以用中於民，非徒以其揖讓都俞，命羲、和、咨二十二人之迹也。若云「法後王」，後王，無定之稱也。荀子固云「有治人無治法」矣，治人即能通變神化之人也。後王而如是，則是能法堯舜者，法後王仍法堯舜矣。故「稱堯舜」即法後王之能通變神化者，若但云「法後王」，則後王不皆能通變神化如堯舜，其説爲誠矣。蓋孟子之稱堯舜即孔子删《書》首唐虞，贊《易》特以通變神化歸於堯舜之意也，又非荀子所知也。孟子學孔子之學，惟此「道性善」「稱堯舜」兩言盡之。提其綱於此篇之首，其後申言之，可按而得也。○注「古紀」至「公也」○正義曰：《漢書・藝文志》：《春秋》二十三家，有《世本》十五篇，注云：「古史官記黄帝以來訖春秋時諸侯大夫。」此云《古紀世本》是也。《禮記・檀弓》「邾婁考公之喪」，注云：「考或爲定。」高誘注《吕氏春秋》《淮南子》皆云：「定，成也。」隱公五年《穀梁傳》云：「考之者，成之也。」是考與成字義皆通，此考公所以爲定公也。翟氏灝《考異》云：「《春秋傳》：『成十六年夏四月，滕文公卒。』滕之先君已有謚文者，後世不應犯同，信乎文非本謚，而但以行文德稱也。同時魯文公見於《史記》，在《世本》乃云湣公；宋康王見於《國策》，在《荀子》乃云獻王。微弱之國，垂至於亡，故臣民各懷舊德，私謚不獨一滕君矣。」趙氏佑《温故録》云：「滕文公爲周末弟一賢君，孟子深取其人，故一見即舉生平所得於聖教者教之。惜其國小而偪，終以不振，至今廟食在滕，猶與鄒國鄰並相望。誰謂賢愚？千古知誰是也。」注據《古紀世本》以文公當元公宏，則文公名宏。然「元」亦「文」之譌耳，未必既謚元又謚文也。**世子自楚反，復見孟子。**注從楚還，復詣孟子，欲重受法則也。**孟子曰：「世子疑吾言乎？夫道，一而已矣。**注世子疑吾言有不盡乎？夫天下之道，一言而已，惟有行善耳。復何疑也？疏「夫道一而已矣」○正義曰：戴氏震《孟子字義疏證》云：「孟子答公孫丑曰：『大匠不爲拙工改廢繩墨，羿不爲拙射變其彀率。』言不因人之聖智不若堯舜文王，有二道也。蓋才質不齊，有生知、安行，有學知、利行，且有困知及勉强行。《中庸》曰：『及其知之一也，及其成功一也。』」**成覸謂齊景公曰：『彼，丈夫也；我，丈夫也。吾何畏彼哉？』**注成覸，勇果者也。與景公言曰：尊貴者與我同丈夫耳，我亦能爲之，何爲畏之哉？疏注「成覸勇果者也」○正義曰：《音義》云：「覸，古莧切，一音閑。」古莧切是瞯字。《説文》云：「戴目也。江淮之間謂眡曰瞯。」「王使人瞯夫子」，是此字也。音閑則當作覵。《説文》云：「覵，很視也。齊景公之勇臣有成覵者。」《廣韻》云：「覵，人名，出《孟子》。」段氏玉裁《説文解字注》云：「成覵，《淮南子・齊俗訓》作『成荊』。覵爲荊，猶《考工記》故書顐或作桱也。」按：《淮南子・齊俗訓》云「孟賁成荊無所行其威」，注云：「成荊，古勇士也。」《漢書・廣川王傳》「其殿門有成慶畫，短衣大絝長劍」，師古云：「成慶，古之勇士，事見《淮南子》。」成慶即成荆。《戰國策・趙策》鄭同云「内無孟賁之威，荆、慶之斷」，鮑彪注云：「荆，成荆。」《史記・范雎傳》云「成荆、孟賁、王慶忌、夏育之勇焉而死」，《集解》引許慎云：「成荆，古勇士。」荆、慶、覸古字通也。趙氏以「彼」爲「尊貴者」，蓋指景公言，即所爲「無嚴諸侯」也。

顏淵曰：『舜，何人也？予，何人也？』有爲者亦若是。注言欲有所爲，當若顏淵庶幾，成覸不畏，乃能有所成耳。又以是勉世子也。疏注「欲有」至「子也」○正義曰：趙氏以「舜何人也，予何人也」二句爲顏淵之言。「有爲者亦若是」乃總上成覸顏淵兩言，爲孟子勉世子之言。經文「是」字指顏淵庶幾，成覸不畏。《鹽鐵論・執務章》引顏淵曰「舜獨何人也，回何人也」，亦不連下句。近通解以「有爲者亦若是」爲顏淵之言，謂有爲者亦如舜。

公明儀曰：『文王，我師也。周公豈欺我哉？』注公明儀，賢者也。師文王，信周公，言其知所法則也。疏注「公明」至「則也」○正義曰：《禮記・檀弓》云：「子張之喪，公明儀爲志焉。」《祭義》云「公明儀問於曾子曰，夫子可爲孝乎」，注云：「公明儀，曾子弟子。」儀學於曾子而得聞其道，當時稱賢者，故子張卒乞其爲志。孔穎達謂是子張弟子，則注無文也。趙氏言「師文王，信周公」，下云「言其知所法則」，則是知法文王、周公兩人。

今滕絶長補短，將五十里也，猶可以爲善國。注滕雖小，其境界長短相補，可得大五十里子男之國也，尚可以行善者也。疏「今滕」至「善國」○正義曰：翟氏灝《考異》云：「《墨子・非命》篇云：『古者湯封於亳，絶長繼短，方地百里；文王封於岐周，絶長繼短，方地百里。』《戰國策》韓非説秦王曰：『今秦地形斷長續短，方數千里。』又莊辛對楚王曰：『今楚雖小，絶長續短，猶以數千里。』『絶長補短』乃當時通言，故諸家俱言之。❶《周禮・醫師》疏引《孟子》：『滕文公爲世子，將之楚，過宋見孟子而謂之云：今滕絶長補短，將五十里，猶可以爲善國乎？』以此爲文公問辭。」按趙氏不以爲問辭，賈氏未知何本，當有誤也。○注「可得大五十里」○正義曰：《爾雅・釋詁》云：「將，大也。」趙氏以「大」釋「將」，故云「大五十里」。《廣雅・釋詁》云：「方，大也。」大五十里即方五十里也。**《書》曰：『若藥不瞑眩，厥疾不瘳。』」**注《書》，逸篇也。瞑眩，藥攻人疾，先使瞑眩憒亂，乃得瘳愈也。喻行仁當精熟，德惠乃洽。疏注「書逸」至「乃洽」○正義曰：《國語・楚語》云：「武丁於是作書曰：『以余正四方，恐余德之不類，茲故不言。』如是而又使以象夢求四方之賢聖，得傅説以來，升以爲公而使朝夕規諫，曰：『若金，用汝作礪；若津水，用汝作舟；若天旱，用汝作霖雨。啓乃心，沃朕心。若藥不瞑眩，厥疾不瘳；若跣不視地，厥足用傷。』」江氏聲《尚書集注音疏》云：「賈逵、唐因皆以武丁所作書爲《説命》，韋昭曰：『非也，其時未得傅説。』聲按，『以余正四方』云云不類《尚書》之文，蓋是白公子張説武丁求傅説之意，『若金』以下則皆命説之辭。《孟子・滕文公》篇引『若藥不瞑眩』，明稱『《書》曰』，自是《説命》之文矣。」按：《説命》三篇，今文、古文皆無，此云「逸篇」，未知所屬也。《音義》云：「瞑眩，莫甸切，下音縣。又作『眠眴』，音同。」《周禮・天官・醫師》「聚毒藥以共醫事」，注云：「毒藥，藥之辛苦者。藥之物恆多毒，《孟子》曰：『若藥不瞑眩，厥疾不瘳。』」《方言》云：「凡飲藥傅藥而毒，南楚之外謂之瘌，北燕朝鮮之間謂之癆，東齊海岱之間謂之瞑，或謂之眩，自關而西謂之毒。」韋昭注《楚語》云：「瞑

❶「家」，原脱，今據經解本補。

眩頓瞀，攻已急也。」《金匱・痓濕暍病脉》篇「白术附子湯」下云：「一服覺身痺，半日許再服。三服都盡，其人如冒狀，勿怪。」如冒狀即頓瞀也。一服、再服、三服都盡，藥乃充滿而得此狀，故喻仁當精熟，德惠乃洽。《史記・司馬相如傳》《大人賦》云「視眩眠而無見兮」，《漢書・揚雄傳》《甘泉賦》云「目冥眴而亡見」，凡冒者眩亂目視不明，憒亂亦猶是也。《毛詩・鄭風》云「胡不瘳」，傳云：「瘳，愈也。」《方言》云：「愈，或謂之瘳。」

章指：言人當上則聖人，秉仁行義。高山景行，庶幾不倦。《論語》曰「力行近仁」，蓋不虛云。疏「人當」至「虛云」○正義曰：阮氏元《校勘記》云：「韓本人下有主字。」《音義》云：「『力行近仁』，《論語》無此語，是《禮記・中庸》篇。趙氏以爲《論語》，文之誤也。」

滕定公薨，世子謂然友曰：「昔者孟子嘗與我言於宋，於心終不忘。今也不幸至於大故，吾欲使子問於孟子，然後行事。」注定公，文公父也。然友，世子之傅也。大故謂大喪也。疏注「然友世子之傅也」○正義曰：《說文》人部云：「傅，相也。」《禮記・文王世子》云：「太傅在前，少傅在後。」是世子有傅相也。○注「大故謂大喪也」○正義曰：《禮記・曲禮》云「君無故，玉不去身」，注云：「故謂災患喪病。」《周禮・春官・大宗伯》「國有大故」，注云：「故謂凶裁。」**然友之鄒，問於孟子。**注孟子歸，在鄒也。疏注「孟子歸在鄒也」○正義曰：孟子蓋自宋歸鄒也。《史記正義》云：「今鄒縣去徐州滕縣四十餘里。」蓋往反不過大半日，故可問而後行事。**孟子曰：「不亦善乎？親喪，固所自盡也。**注不亦者，亦也。問此，亦其善也。疏注「不亦」至「善也」○正義曰：亦，重也。世子本善，今又問此，不重見其善乎？

曾子曰：『生事之以禮，死葬之以禮，祭之以禮，可謂孝矣。』注曾子傳孔子之言，孟子欲令世子如曾子之從禮也。時諸侯皆不行禮，故使獨行之也。疏注「曾子」至「之也」○正義曰：曾子之言見《論語·爲政》弟二，乃孔子對樊遲之言，故云傳孔子之言也。翟氏灝《考異》云：「《四書辨疑》言曾字本是孔字，蓋後人傳寫之誤。按，《大戴禮·曾子本孝》篇：『孝子之於親也，生則有義以輔之，死則哀以涖焉，祭祀則涖之以敬。』曾子固嘗誦此告門人矣。下文『齊疏』數語亦明出自曾子。《祭義》：『樂正子春云：吾聞曾子，曾子聞諸夫子。』彼原其詳，此從其省。孟子學由曾子遞傳，據所及聞，曾字何足疑焉？」曾子從禮，故欲世子亦如曾子之從禮。云「諸侯皆不行禮，故使獨行之」，解上「故所自盡」之意。「自盡」即獨行也。**諸侯之禮，吾未之學也，雖然，吾嘗聞之矣。三年之喪，齊疏之服，飦粥之食，自天子達於庶人，三代共之。」**注孟子言我雖不學諸侯之禮，嘗聞師言。三代以前，君臣皆行三年之喪。齊疏，齊衰也。飦，糜粥也。

疏注「嘗聞師言」至「粥也」○正義曰：《禮記·檀弓》云：「穆公之母卒，使人問於曾子曰：『如之何？』對曰：『申也聞諸申之父曰：哭泣之哀，齊斬之情，饘粥之食，自天子達。』」是孟子亦述曾子之言，蓋嘗聞諸師者也。阮氏元《校勘記》云：「『齌疏之服』，❶閩、監、毛三本、孔本齋作齊，韓本作齌。按，《音義》出齌。作齊，經典假借字也；作齌者，正字也；作齋者，齌之誤。」《儀禮·喪服》首章云「斬衰裳、苴絰、杖、絞帶、冠繩

❶「齌」，原作「齊」，據阮校改。按阮刻《孟子注疏》經注均作「齋」，出文當作「齋疏之服」。

纓、菅屨者」，❶次章云「疏衰裳齊、牡麻絰、冠布纓、削杖、布帶、疏屨三年者」，三章云「疏衰裳齊、牡麻絰、冠布纓、削杖、布帶、疏屨期者」，傳云：「斬者何？不緝也。齊者何？緝也。」注云：「凡服，上曰衰，下曰裳。疏猶麤也。」按：此自齊衰三年以下，皆用疏衰，故趙氏以「齊衰」釋「齊疏」也。襄公十七年《左傳》云：「齊晏桓子卒，晏嬰麤縗斬，其老曰：『非大夫之禮也。』曰：『唯卿爲大夫。』」《禮記·雜記》云：「大夫爲其父母兄弟之未爲大夫者之喪服如士服，士爲其父母兄弟之爲大夫者之喪服如士服。」注引晏嬰麤衰斬以證云：「言己非大夫，故爲父服士服耳。麤衰斬者，其縷在齊、斬之間，謂縷如三升半而三升不緝也。斬衰以三升爲正，微細焉，則屬於麤也。然則士與大夫爲父服異者，有麤衰斬、枕草矣。其爲母五升縷而四升，爲兄弟六升縷而五升乎？惟大夫以上乃能備儀盡飾，士以下則以臣服君之斬衰爲其父，以臣從君而服之齊衰爲其母與兄弟，亦勉人爲高行也。」按：斬衰不稱疏，齊衰以下乃稱疏，此天子諸侯大夫之禮。士既降於大夫，則斬亦用疏，此晏嬰用士禮，所以稱麤衰斬也。孟子言未學諸侯之禮，則所言乃士禮，其稱齊疏内原包有斬衰。孟子言齊疏，猶曾申言齊斬耳。孔氏《雜記》正義云：「士與大夫爲父異，大夫以上斬衰、枕草，❷士則疏衰、枕草。」是也。《檀弓》《釋文》云：「饘，本作飦。」是飦、饘字通。《説文》食部云：「饘，糜也。周謂之饘，❸宋衛謂之䬪。」又䰞部云：「鬻，鬻也。」重文「餰」「飦」「鍵」。又云：「鬻，鍵也。」「鬻，鍵也。」《爾雅·釋言》

❶「冠」，原脱，今從沈校據《儀禮》及下二段引文補。

❷「草」，阮刻本《禮記注疏》作「凷」，參沈校。

❸「周」，原作「同」，今從沈校據《説文》改。

云：「餬，饘也。」餬即鬻，粥即鬻。劉熙《釋名・釋飲食》云：「糜，煑米使糜爛也。粥，濁於糜，粥粥然也。」蓋今俗以整米煑爲粥，粉米煑爲餬。古之饘即今之粥，古之粥則今之餬。饘爲糜，飦爲粥；而糜亦通稱餬，粥亦通稱饘。趙氏釋飦爲糜粥，則粥之清而稀者異於餬之濁而膏者，是飦宜爲饘也。趙注「飦糜粥也」，汲古本作糜，孔本作𩟗，《音義》出𩟗，云：「字亦作𩟗，音義與糜同。」按：《説文》有糜字，無𩟗、𩟔字。

然友反命，定爲三年之喪。父兄百官皆不欲，曰：「吾宗國魯先君莫之行，吾先君亦莫之行也。至於子之身而反之，不可。注 父兄百官，滕之同姓異姓諸臣也。皆不欲使世子行三年。滕、魯同姓，俱出文王。魯，周公之後；滕，叔繡之後。敬聖人，故宗魯者也。疏「定爲」至「之喪」○正義曰：毛氏奇齡《賸言》云：「滕文公問孟子，始定爲三年之喪，豈戰國諸侯皆不行三年喪乎？若然，則齊宣欲短喪，何與？然且曰『吾宗國魯先君不行，吾先君亦不行』，則是魯周公、伯禽、滕叔繡，並無一行三年之喪者。往讀《論語》，子張問高宗三年不言，夫子曰：『何必高宗？古之人皆然。』遂疑子張此問，夫子此答，其周制當必無此事可知。何則？子張以高宗爲創見，而夫子又言古之人，其非今制昭然也。及讀《周書・康王之誥》，成王崩方九日，康王遽即位冕服，出命令、誥諸侯，與『三年不言』絶不相同。然猶曰此天子事耳。後讀《春秋傳》，晉平公初即位，改服命官，而通列國盟戒之事。始悟孟子所定三年之喪，引『三年不言』爲訓，而滕文奉行，即又曰『五月居廬，未有命戒』，是皆商以前之制，並非周制。周公所制禮，並未有此，故侃侃然曰：『周公不行，叔繡不行，悖先祖，違授受。』歷歷有辭。而世讀其書而通不察也。蓋其云『定三年之喪』，謂定三年之喪制也。然則孟子何以使行商制？曰：使滕行助法，亦商制也。」顧氏棟高《春秋大事表》

云：「滕文公欲行三年之喪，父兄百官群然駭怪。孟子去孔子之世未百年，而當日之習尚如此，則其泯焉廢墜，豈一朝夕之故哉？余嘗詳考《左氏傳》，而知天子諸侯喪紀已廢絶於春秋時無疑也。蓋自周道陵遲，皇綱解紐，有以諸侯不奔天子之喪，不會天王之葬，而甘僕僕於晉楚者矣。有以天子貧乏，不備喪具，至七年乃葬，於魯求賻求金，甚至景王三月而葬，以天子而用大夫之禮者矣。逮子朝作亂，王室如沸，奉周之典籍以奔楚，而周天子之禮遂亡。列國不守侯度，其侈者如宋文公之椁有四阿，棺有翰檜，儼然用王禮。而苟簡不備者，如晉欒書以車一乘葬公於東門之外；齊崔杼葬莊公，四翣不蹕，鄰封不與知，公卿不備位；魯號秉禮，而葬昭公於墓道之南；《檀弓》載孟敬子之言，明知食粥爲天下之達禮，而居然食食。其餘列國，尤放肆不軌。由是惡其害己而皆去其籍，而諸侯之禮亦亡。孔子以大聖人而不得位，退與門弟子講習於杏壇之上，故孺悲曾學士喪禮於孔子，而天子諸侯之禮無由釐正。三《傳》之所記僅存什一於千百，至孟子時，有土之君，靦焉人面，以三年之喪之達禮而怪駭爲不經，杞、宋之無徵，豈獨爲夏殷之禮嘆哉！」○「吾宗國魯先君莫之行」○正義曰：閻氏若璩《釋地續》云：「漢梅福有言『諸侯奪宗』，如淳曰：『奪宗，始封之君尊爲諸侯，則奪其舊爲宗子之事也。』蓋大小宗法，大夫士有之，諸侯則絶。然亦間有見於諸侯者，如魯與邢、凡、蔣、茅、胙、祭同出於周公，故稱六國爲同宗。襄十二年：『凡諸侯之喪，同宗臨於祖廟。』是管、蔡、郕、霍、衛、毛、聃、郜、雍、曹、滕、畢、原、酆、郇，與魯同出於文王，皆稱魯爲宗國。滕父兄百官所謂『吾宗國魯先君』，是。趙氏注云：『魯，周公之後。滕，叔繡之後。敬聖人，故宗魯。』真得其旨矣。」毛氏奇齡《經問》云：「古者立宗法，國君無宗，衹以相傳之諸君爲宗，故除一祖外，餘皆爲宗，不立小宗。若天子諸侯之弟，則不敢與天子諸侯爲一宗而别爲宗族，使天子諸侯之嫡弟一人立爲大宗，而諸兄弟之爲小宗者宗之。如魯，周公之弟皆宗周公而稱魯國爲宗國。然人孰無父？周公不敢祖王季而可立文王之廟於魯國，鄭桓公不敢祖夷王而可立厲王之廟於鄭國。不敢祖，非不敢父也。故《大傳》云：『宗其繼别子之所自出者，百世不遷者也。』夫别子，宗子也。别子所自出，則宗子之父也。繼宗子之父而可有百世不遷之廟，則父君矣。趙氏注云滕與魯皆出自文王，此據《春秋》魯以文王名『出王』，以文王之廟名『出王廟』而言，此正是宗法。特其稱『宗聖』則不可解。或者周公以宗子而爲聖人，當時或原有宗聖之稱，亦未可知。或曰：『宗國者，同宗之稱。滕可稱魯，魯亦可稱滕。』則不然。《國語》舟之僑曰：『宗國既卑，諸侯遠己，内外無親，其誰救之？』專以宗國指魯言，宗在故也。哀八年，公山不狃對叔孫輒曰：『以小惡而覆宗國，不亦難乎？』哀十五年，子貢見公孫成曰：『利不可得而喪宗國，將焉用之？』皆指魯國言，宗在故也。宗法，自天子諸侯外，固以庶子宗嫡子。倘皆庶，則以長庶爲别子，而諸庶子皆宗之；倘皆嫡，則祇以次嫡爲别子，而其餘諸嫡皆宗之。周公爲武王母弟之弟二人，不當爲宗，無如長伯邑考早卒，次武王爲天子，次管叔已辟，則周公升爲次嫡，即别子矣。」程氏瑶田《通藝録·宗法小紀》云：「宗法載《大傳》及《喪服小記》，列其節目，明其指歸。大宗小宗之名，有遷與不遷之别，又爲之通宗道之窮，究立宗之始，此所謂宗法也。宗法者，大夫士别於天子諸侯者也。公子不得禰先君，公孫不得祖諸侯矣。使無宗法，則支分派衍無所統，諸侯將無以治其國，天子將無以治其天下。故宗法者爲大夫士立之，以上承夫天子諸侯而治其家者也。若夫太戊之稱中宗，傳以爲殷家中世，尊其德也；武丁之稱高宗，傳以爲德高可尊也。皆與宗法無與。至於《公劉》之詩，雖毛氏傳以謂『爲之大宗』，而鄭箋則曰『群臣尊之』。所以易傳者，以國君尊族人，不敢以其戚戚君，不當有大小宗之名也。故毛氏於《板》之詩亦曰『王者，天下之大宗』，而鄭氏亦易之以爲『大宗，王同姓之適子』。同姓之適子，所謂『繼別爲宗』者也。若天子諸侯，則固絶其宗名矣。維『宗子維城』，鄭氏以爲『王之適子』。蓋宗者，主也，即《震·象傳》所謂『守宗廟社稷以爲祭主』，《春秋傳》里克所謂『太子奉冢祀社稷之粢盛』，而士蔿以爲『修德以固宗子』者也。皆非宗法之謂。《祭法》：『有虞氏宗堯，夏后氏宗禹，殷人宗湯，周人宗武王。』此祭上帝於明堂，尊之以配食，《孝經》所謂『宗祀文王於明堂以配上帝』是也。蓋宗之言尊也，凡有所尊，皆可以宗。《孟子》稱滕之父兄百官曰『吾宗國魯先君』，亦謂兄弟之國尊之，豈得以宗法例之哉！」**且志曰：『喪祭從先祖。』」曰：「吾有所受之也。」**注父兄百官且復言也。志，記也。《周禮》「小史掌邦國之志」。曰喪祭之事各從其先祖之法，言我轉有所承受之，不可於己身獨改更也。一説「吾有所受之」，世子言我受之於孟子也。疏注「父兄百官且復言也」○正義曰：阮氏元《挍勘記》云：「『且志曰』，此與《左傳》『且諺曰「匪宅是卜，惟鄰是卜」』，文法正同。依注，疑且字下奪曰字，《左傳》亦然。」○注「志記」至「子也」○正義曰：劉熙《釋名·釋典藝》云：「記，紀也。紀識之也。」《周禮·保章氏》注云：「志，古文識。」志之爲記，即記之爲識也。小史屬天官，❶鄭司農云：「志謂記也。《春秋傳》所謂《周志》、《國語》所謂《鄭書》之屬是也。」小史所掌之志，記世系昭穆之事，容有「喪祭從先祖」云云，故趙氏引以爲證，實不知爲何書也。《儀禮·喪服》云「受

❶「天官」，按小史屬春官，參沈校。

以小功衰」，注云：「受猶承也。」故以「承」釋「受」。承受則遵而從之，故不改更也。閻氏若璩《釋地又續》云：「『吾有所受之也』爲世子答父兄百官語。『吾』與下『謂然友曰吾』字，正一人。此解首發於趙氏。」按：趙氏前説以此言父兄百官之言，受是承受先祖，然則句上不應加「曰」字。加「曰」字則自明其爲世子答言。言定爲三年之喪，非我臆見，吾受之於孟子，孟子則聞之於師説也。故下「謂然友曰」上，更不加「世子」，否則謂然友竟似父兄百官謂然友矣。趙氏不以前説爲安，故稱「一説」，蓋前説當時相傳之説，一説則趙氏所折衷也。**謂然友曰：「吾他日未嘗學問，好馳馬試劍。今也父兄百官不我足也，恐其不能盡於大事。子爲我問孟子。」**注父兄百官見我他日所行，謂我志行不足，似恐我不能盡大事之禮，故止我也。爲我問孟子當何以服其心，使信我也。疏「恐其不能盡於大事」○正義曰：趙氏以「其」字乃指他人之辭。若世子自恐，不當用「其」字，直云「恐不能盡於大事」可矣。今云「恐其不能」，是連上句一貫。乃父兄百官恐世子且不我足也，連下意乃足也。**然友復之鄒問孟子。孟子曰：「然，不可以他求者也。孔子曰：『君薨，聽於冢宰。』歠粥，面深墨，即位而哭，百官有司莫敢不哀，先之也。**注孟子言，如是，不可用他事求也。喪尚哀，惟當以哀戚感之耳。國君薨，委政冢宰大臣。嗣君但盡哀情，歠粥不食，顔色深墨。深，甚也；墨，黑也。即喪位而哭，百官有司莫敢不哀者，以君先哀故也。疏注「孟子」至「故也」○正義曰：以「如是」釋「然」字，以「用」字釋「以」字。「他」爲「他事」，虚言之以起下文也。《論語・子張》篇云「喪思哀」，《爲政》篇云「喪與其易也寧戚」，《禮記・少儀》云「喪事主哀」，《莊子・漁父》篇云「處喪以哀爲主」，是「喪尚哀」也。《論語・憲問》篇云：「子張曰：『《書》云：「高宗諒陰，三年不言。」何謂也？』子曰：

『何必高宗？古之人皆然。君薨，百官總己，以聽於冢宰三年。』」《集解》孔氏云：「冢宰，天官卿，佐王治者也。三年喪畢，然後王自聽政也。」《禮記·檀弓》云：「子張問曰：『《書》云：「高宗三年不言，言乃讙。」有諸？』仲尼曰：『胡爲其不然也？古者天子崩，王世子聽於冢宰三年。』」注云：「冢宰，天官卿，貳王事者。三年之喪，使之聽朝。」《尚書大傳》亦引《書》曰：「高宗梁闇，三年不言。子張曰：『何謂也？』孔子曰：『古者君薨，世子聽於冢宰三年，不敢服先王之服，履先王之位而聽焉。』」是「君薨，聽於冢宰」爲孔子之言也。《禮記·曲禮》云「食居人之左」，注云：「食，飯屬也。」《説文》歠部云：「歠，飲也。」重文吷。「歠粥不食」謂但飲粥不飯也。深、甚音近相通。《國策·秦策》云「三國之兵深矣」，高誘注云：「深猶盛也。」盛、甚義皆爲多。《吕氏春秋·禁塞》篇云「害莫深焉」，高誘注云：「深，重也。」惟其甚，故重，義亦同也。哀十三年《左傳》云：「肉食者墨，今吴王有墨，國勝乎？」《國語·吴語》云：「臣觀吴王之色，類有大憂。」注引《左傳》云：「墨，黑氣也。」蓋心憂痛不舒，則色形於面。居喪，哀戚之甚，故面上晦黑深重也。《士喪禮》云：「有大夫，則特拜之。即位如西階下，庶兄弟襚，使人以將命於室，主人拜於位。設明衣裳，主人入即位。奉尸俠於堂。男女如室位，踊無算，主人拜賓，即位，踊。卒塗，祝取銘置於肂，主人復位，踊，襲。闔門，主人揖就次。三日成服，朝夕哭，不辟子卯。婦人即位於堂，南上，哭。丈夫即位於門外，西面北上。辟門。」是自始死以至朝夕哭皆有位，所謂「喪位」也。是時父兄百官俱在，故主人即位哭，則衆主人、衆兄弟、衆賓無不感而哭矣。**上有好者，下必有甚焉者矣。君子之德，風也；小人之德，草也。草尚之風，必偃。是在世子。」**注上之所欲，下以爲俗。尚，加也。偃，伏也。以風加草，莫不偃伏也。是在世子以身師之也。

疏注「上之」至「之也」○正義曰：《禮記·緇衣》篇云：「子曰：『下之事上也，不從其所令，從其所行。上好是物，下必有甚者矣。』」注云：「甚者，甚於君也。」《論語·顔淵》篇云：「孔子曰：『子欲善而民善矣。君子之德，風；小人之德，草。草上之風必偃。』」《集解》孔氏曰：「偃，仆也。加草以風，無不仆者，猶民之化於上也。」《釋文》云：「尚，本或作上。」是陸德明所見《論語》作「草尚之風」，與《孟子》同。趙氏以「加」解「尚」，與孔氏同也。《説文》人部云：「偃，僵也。」《淮南子·説山訓》云「致釋駕而僵」，注云：「僵，仆也。」趙氏以僵仆乃僨斃之義，於小人向化之義不合，故改訓爲「伏」。《易·繫辭》《釋文》引孟喜、京房云：「伏，服也。伏地猶仆地。」伏爲服，則從化之象也。「必偃」以上皆孟子述孔子之言，「是在世子」爲孟子勉世子之言。**然友反命。世子曰：「然，是誠在我。」****注**世子聞之，知其在身，欲行之也。**五月居廬，未有命戒。百官族人可謂曰知。****注**諸侯五月而葬。未葬，居倚廬於中門之内也。未有命戒，居喪不言也。異姓同姓之臣可謂曰：「知世子之能行禮也。」**疏**「百官族人可謂曰知」○正義曰：《説文》可部云：「可，肯也。」《爾雅·釋言》云：「肯，可也。」始而云「至於子之身而反之，不可」，是不肯謂之曰知也；至是乃肯謂曰知，心服而首肯之也。○注「諸侯」至「禮也」○正義曰：隱公元年《左傳》云：「天子七月而葬，同軌畢至；諸侯五月，同盟至；大夫三月，同位至；士踰月，外姻至。」是「諸侯五月而葬」也。《儀禮·喪服》「斬衰」章《傳》云：「居倚廬，寢苫枕塊，哭晝夜無時。歠粥，朝一溢米，夕一溢米。寢不脱絰帶。既虞，翦屏柱楣，寢有席。」注云：「楣謂之梁，柱楣所謂梁闇。舍外寢於中門之外，屋下壘墼爲之，不塗塈，所謂堊室也。」《既夕記》云「居倚廬」，注云：「倚木爲廬，在中門外，東方北户。」賈氏疏云：「北户者，以倚東壁爲廬，一頭至北，明北户鄉陰。

至既虞之後，柱楣翦屏，乃西鄉開户也。」按：既虞之後始有楣有柱。謂之「堊室」，以其雖有梁楣，而冥闇不高明，故亦謂之「梁闇」，即「諒陰」也。其未葬之前無柱無楣，但用兩木斜倚於東壁，作塹堵形。向西順斜倚之木，以草爲屏，故名「倚廬」。高宗三年不言，謂既葬居梁闇中，故云高宗諒陰。滕文五月居廬，謂未葬居倚廬中。在高宗三年居梁闇，則未葬之七月居倚廬可知；滕文既定三年之喪，則未葬居倚廬，其既葬亦居梁闇可知。何以知之？方父兄百官不可時，且必使然友之鄒，反復咨問；至是百官族人無不感悦，則孟子之言已驗，世子之心益堅，五月既葬，豈反自怠乎？或謂文公僅能五月未葬前守諒陰之制，洵坐井之見耳。「可謂曰知」，趙氏增成其義云「可謂曰知世子之能行禮也」，是「知」謂百官族人自謂其知。始時皆不欲其行三年之喪，以爲不可；至是首肯而謂之曰吾今乃知。知猶覺也，亦解也。若曰吾始聞其定行三年之喪，不以爲可者，不解其義也，今則解矣。「知」如字，平聲；或讀若智，非也。《孟子》之文微奥通神，每同《左傳》《檀弓》。「可謂曰知」，「曰」字是矣。 **及至葬，四方來觀之。顔色之戚，哭泣之哀，弔者大悦。** 注 四方諸侯之賓來弔會者，見世子之憔悴哀戚，大悦其孝行之高美也。

章指：言事莫大於奉禮，孝莫大於哀慟。「從善如流」，文公之謂也。 疏「從善如流」○正義曰：昭公十三年《左傳》文。

滕文公問爲國。孟子曰：「民事不可緩也。 注 問治國之道也。民事不可緩之使怠惰，當以政督趣，教以生産之務也。疏 注「問治」至「務也」○正義曰：高誘注《呂氏春秋》《淮南子》，皆云：「爲，治也。」

是「爲國」即「治國」也。《易・序卦傳》云：「解者，緩也。」解即懈，義爲怠惰。「不可緩」即「不可使怠惰」也。何以不使怠惰？故又申言之云：「以政督趣，教以生産之務。」如下所云。**《詩》曰：『晝爾于茅，宵爾索綯，亟其乘屋，其始播百穀。』** 注 《詩》，《邠風・七月》之篇。言教民晝取茅草，夜索以爲綯。綯，絞也。及爾閒暇，亟而乘蓋爾野外之屋。春事起，爾將始播百穀矣。言農民之事無休已。疏 注「詩邠」至「休已」○正義曰：《詩》在《七月》弟七章。毛傳云：「宵，夜。綯，絞也。乘，升也。」箋云：「爾，女也。女當晝日往取茅，歸，夜作絞索，以待時用。亟，急；乘，治也。十月定星將中，急當治野廬之屋。❶其始播百穀，謂祈來年百穀於公社。」趙氏與之略同。《毛詩・周南》「之子于歸」，傳云：「于，往也。」鄭氏以往釋于，以取茅釋茅，趙氏不言往者，以于之爲往易知也。取茅謂之茅，猶搏貉謂之貉也。「綯，絞也」，《爾雅・釋言》文。李巡云：「綯，繩之絞也。」《方言》云：「車紂，❷自關而東，周、洛、韓、鄭、汝、潁而東，謂之緧，或謂之曲綯。」郭氏注云：「綯亦繩名。」《儀禮・喪服傳》云：「絞帶者，繩帶也。」是絞即繩。綯是絞，即是繩矣。《易・説卦傳》云「一索而得男」，馬融注云：「索，數也。」《毛詩・陳風》「越以鬷邁」，❸傳云：「鬷，數也。」箋云：「鬷，總也。」蓋以兩股摩而交之，總爲一繩。以其絞之索之而成，故亦名爲索爲絞。猶繩爲定名，而彈正之即謂之

❶「屋」，原從毛本《毛詩注疏》作「外」，今從沈校據阮刻本改。
❷「車紂」，原作「當查」，今據《方言》及經解本改。
❸「詩」，原作「傳」，今從沈本據文義改。

孟子正義卷十　　滕文公章句上

繩，《爾雅·釋器》「繩之謂之縮之」是也。此又綯是繩，索是索此綯，故云「夜索以爲綯」。鄭云「夜作絞索」，則以絞釋索，以索釋綯，其義同也。以茅蓋屋，用繩固之，故云「乘蓋爾野外之屋」。農至冬月，可以閒暇，猶督趣其取茅，索綯以治屋，晝夜不緩，恐妨來春田事，所以終歲無休已也。箋以「播百穀」爲祈穀於公社，與趙氏説異。**民之爲道也，有恆產者有恆心，無恆產者無恆心。苟無恆心，放辟邪侈，無不爲已。及陷乎罪，然後從而刑之，是罔民也。焉有仁人在位，罔民而可爲也？**【注】義與上篇同。孟子既爲齊宣王言之，滕文公問，復爲究陳其義，故各自載之也。**是故賢君必恭儉禮下，取於民有制。**【注】古之賢君身行恭儉，禮下大臣，賦取於民不過什一之制也。**陽虎曰：『爲富不仁矣，爲仁不富矣。』**【注】陽虎，魯季氏家臣也。富者好聚，仁者好施。施不得聚，道相反也。陽虎非賢者也，言有可采，不以人廢言也。【疏】注「陽虎」至「言也」○正義曰：《春秋》定公九年「盜竊寶玉大弓」，❶《公羊傳》云：「盜者孰謂？謂陽虎也。陽虎者，曷爲者也？季氏之宰也。季氏之宰，則微者也。」九年《左傳》齊鮑文子曰：「夫陽虎有寵於季氏，而將殺季孫以不利魯國而求容焉。親富不親仁，君焉用之？」《論語·陽貨》篇「陽貨欲見孔子」，《集解》孔氏曰：「陽貨，陽虎也。季氏家臣，而專魯國之政。」家臣即宰也。專政，《春秋》以「盜」書，是「非賢者」也。虎親富不親仁，則重在富，孟子引之，則重在仁。仁人不爲罔民之政，則不爲富而爲仁矣。「不以人廢言」，《論語·衛靈公》篇文。《鹽鐵論》「地廣」章引楊子云「爲仁不富，爲富不仁」，誤以陽虎爲楊子。

❶「九」，按引文在八年。

「夏后氏五十而貢，殷人七十而助，周人百畝而徹，其實皆什一也。徹者，徹也；助者，藉也。**注**夏禹之世號「夏后氏」。后，君也。禹受禪於君，故夏稱「后」；殷、周順人心而征伐，故言「人」也。民耕五十畝，貢上五畝；耕七十畝者，以七畝助公家；耕百畝者，徹取十畝以爲賦。雖異名而多少同，故曰「皆什一」也。徹猶人徹取物也。藉者，借也，猶人相借力助之也。**疏**注「夏禹」至「人也」○正義曰：《禮記・檀弓》正義引《白虎通》云：「夏稱后者以揖讓受於君，故稱后；殷周稱人者，以行仁義，人所歸往，故稱人。」此趙氏所本也。皇侃《論語義疏》謂：「夏以揖讓受禪爲君，故褒之稱后。后，君也。又重其世，故氏係之也。殷周以干戈取天下，故貶稱人也。」以稱人爲貶，非趙氏義矣。○注「民耕」至「一也」○正義曰：顧氏炎武《日知録》云：「古來田賦之制實始於禹。水土既平，咸則三壤，後之王者不過因其成蹟而已。故《詩》曰：『信彼南山，維禹甸之。畇畇原隰，曾孫田之。我疆我理，南東其畝。』然則周之疆理，猶禹之遺法也。孟子乃曰：『夏后氏五十而貢，殷人七十而助，周人百畝而徹。』夫井田之制，一井之地畫爲九區，故蘇洵謂萬夫之地。蓋三十二里有半，而其間爲川爲路者一，爲澮爲道者九，爲洫爲涂者百，爲溝爲畛者千，爲遂爲經者萬。使夏必五十，殷必七十，周必百，則是一王之興，必將改畛涂，變溝洫，移道路以就之，爲此煩擾無益於民之事也，豈其然乎？蓋三代取民之異在乎貢、助、徹，不在乎五十、七十、百畝。其五十、七十、百畝特丈尺之不同，而田未嘗易也，故曰其實皆什一也。《王制》曰：『古者以周尺八尺爲步，今以周尺六尺四寸爲步。』而當日因時制宜之法，亦有可言：夏時土曠人稀，故其畝特大；殷周土易人多，故其畝漸小。以夏之一畝爲二畝，其名殊而實一矣。」錢氏塘《溉堂述古録·三代田制考》云：❶「三代田制曷以異？曰：無異也。無異則孟子何以言五十畝、七十與百畝？曰：名異而實不異。非不欲異其制，固不能異也。其不能異，奈何？曰：井田始於黄帝，洪水之後，禹修而復之，孔子所謂『盡力乎溝洫』也。溝洫既定，不可復變，殷周遵而用之耳。《考工記》匠人爲溝洫，始於廣尺深尺之甽，田首倍之爲遂，爲井間之溝，倍其溝爲成間之洫，倍其洫爲同間之澮。賈公彦繪一成之圖，謂甽縱遂横，溝縱洫横，澮縱自然川横。然則見甽知畝，見遂知夫，見溝知井，見洫知成，見澮知同也。一同之田，川與澮爲方；一成之田，洫與溝爲方；一井之田，溝與遂爲方；一夫之田，遂與甽爲方。甽，伐也。不爲夫田限，故夫三爲屋，遂與溝遇也。至溝與洫遇，則爲通矣；洫與澮遇，則爲終矣。屋者，三分夫之一；通者，十分成之一；終者，十分同之一：皆不爲方，水道有縱横故也。禹自言『濬甽澮距川』，明甽澮縱而川則横，周制本乎夏制矣。使周異於殷，殷異於夏，必盡更夏后氏之制。更其甽遂固易也，溝洫則難矣，川澮抑又難矣。我因川澮溝洫之不能更而知周用夏制也，我因周用夏制而知殷與周之未嘗各異也。然則畝數之不同，何歟？曰：所謂異其名也。其名何以異？曰：以度法之各異也。蔡邕謂夏以十寸爲尺，殷以九寸爲尺，周以八寸爲尺。夫殷之尺非遂得夏之九寸也，蓋九寸則不足；周之尺非止得夏之八寸也，蓋八寸而有餘。何則？夏之百分，殷以爲百一十二分，周以爲百二十分，通其率，則五十之爲五十六與六十也，而夫田之廣長與其步法俱得矣。是故同此一夫之田：夏以廣十

❶「述」，原作「考」，今從沈校據原書名改。

尺長五百尺爲畝，殷以廣八尺長五百六十尺爲畝，周以廣六尺長六百尺爲畝。如其畝法，而五十、七十與百畝之數立矣。步則夏以五尺，殷以五尺六寸，周以六尺。一畝同長百步，而夏廣二步，殷廣一步五十六分步之二十四，周廣一步。推之一里，則廣長皆三百步，其積皆九萬步也。夫如是，則自遂以上，殷周皆不必更，而獨更其畎，豈不甚易也哉？夫三代步法與其夫田之廣長皆與率數相應，故夫有異畝，畝無異步，是之謂名異而實同。少康有田一成，即《考工》之十里，其明證也。曰：井與夫皆方，畝何以不方？曰：畝之水注於遂，遂在田首，故不能方。猶溝之水注於洫；洫在通首，亦不能方。即《詩》所謂『南東其畝』，而韓嬰謂之『長一步，廣一步』者也。南畝之長即東畝之廣，分言之則皆一步。而或者疑之；則畝必廣長皆十步邪？曷爲晉欲令齊盡東其畝也？孟子又謂皆什一，奈何？曰：此殷周侯國之制也。康成所謂『公田不稅夫』，故其名曰助與徹；夏則稅夫，無公田而名爲貢。貢爲什一，助與徹爲九一。九一之與什一，盈朒異名耳，故曰皆什一。《禹貢》賦有九等，果什一歟？曰：禹以九州爲等，非一井也，烏得言非什一？」錢氏大昕《潛研堂答問》云：「鄭康成注《周禮》，嘗引《孟子》『野九夫而稅一，國中什一』之文，孔穎達《詩正義》申其旨云：『周制有貢有助：助者，九夫而稅一夫之田；貢者，什一而貢一夫之穀。通之二十夫而稅二夫，是爲什中稅一也。九一而助，爲九中一。知「什一自賦」非什中一者，以言「九一」即云「而助」，明九中一助也；「國中」言「什一」，乃云「使自賦」，是什一之中使自賦之，明非什中一爲賦也。《孟子》又云：「方里而井，井九百畝。其中爲公田，八家皆私百畝同養公田。公事畢，然後敢治私事，所以別野人也。」言「別野人」者，別野人之法，使與國中不同也。《爾雅》云「郊外曰野」，則「野人」爲郊外也；野人爲郊外，則「國中」爲郊內也。郊內謂之國中者，以近國，故繫國言之亦可。地在郊内，居在國中故也。』郊外國中人各受田百畝，或九而取一，或什一而取一，通内外之率則爲什而取一，故曰徹。徹之爲言通也。康成之義，得孔氏而益明。若分公田爲廬舍，八家各二畝半，其説始於班固，而何休注《公羊》、趙岐注《孟子》、范甯注《穀梁》、宋均注《樂緯》皆因之，非鄭義也。」段氏玉裁《説文解字注》云：「耡，殷人七十而耡。耡，耤税也。从耒，助聲。《周禮》曰：『㠯興耡利萌。』今《孟子》作助，《周禮》注引作莇。耡即以耤釋之。耤税者，借民力以食税也。《遂人》注云：『鄭大夫讀耡爲藉。杜子春讀耡爲助，謂起民人令相佐助。』按鄭意，耡者，合耦相助，以歲時合耦於耡，謂於里宰治處合耦，因謂里宰治處爲耡也。許意以《周禮》證七十而耡，謂其意同。」王氏念孫《廣雅疏證》云：「《大雅·韓奕》篇『實畝實藉』，鄭箋云：『藉，税也。』宣十六年《左傳》『穀出不過藉』，杜預注云：『周法，民耕百畝，公田十畝，借民力而治之，税不過此。』《王制》『古者公田藉而不税』，鄭注云：『藉之言借也，借民力治公田，美惡取於此，不税民之所自治也。』《説文》：『殷人七十而耡。耡，耤税也。』耡字亦作莇，又作助，助與藉古同聲，《孟子·公孫丑》篇『耕者助而不税』，即藉而不税也。《論語·顔淵》篇『盍徹乎』，鄭注云：『周法什一而税謂之徹。徹，通也。爲天下之通法。』《孟子·滕文公》篇：『夏后氏五十而貢，殷人七十而助，周人百畝而徹，其實皆什一也。徹者，徹也；助者，藉也。』趙氏注云云。鄭氏注《匠人》云：『貢者，自治其所受田，貢其税穀。莇者，借民之力以治公田，又使收斂焉。徹者，通其率以什一爲正也。』」按：趙氏注「徹彼桑土」，釋「徹」爲「取」，此注同之。《孝經正義》引劉熙《孟子注》云：「家耕百畝，徹取十畝以爲賦也。」亦以徹爲取，與鄭氏義異。姚氏文田《求是齋自訂稿》云：「徹之名義，嘗屢求其説而不得，因考《公劉》《崧高》兩詩，毛傳皆訓徹爲治。鄭氏《公劉》箋云：『什一而税謂之徹。』又於《匠人》注云：『周之畿内，税有輕重，諸侯謂之徹者，通其率以什一爲正。』《論語》注云：『徹，通也。爲天下之通法。』趙氏《孟子》注：『耕百畝者，徹取十畝以爲賦。徹猶人徹取物也。』賈氏《匠人》疏引之。孔氏《公劉》疏亦云：『徹取此隰原所收之粟，以爲軍國之糧。』是又以徹爲取。以他處『徹俎』『徹樂』之類證之，皆是收取之義。《孟子》亦言『徹者徹也』，不煩更增一解，似『徹取』之義尤爲了當。然其制度何若，終不能明。惟《周官·司稼》云：『巡野觀稼，以年之上下出斂法。』是知徹無常額，唯視年之凶豐，此其與貢異處。助法正是八家合作，而上收其公田之入，無須更出斂法，然其弊必有如何休所云『不盡力於公田者』，故周直以公田分授八夫，至斂時則巡野觀稼，合百一十畝通計之，而取其什一，其法亦不異於助，故《左傳》云『穀出不過藉』。然民自無公私緩急之異，此其與助異處。至魯宣公因其舊法而倍收之，是爲什而税二矣。謂之徹者，直是通盤核算，猶徹上徹下之謂，並非『通融』之義。於此求之，則徹法亦可想見。故孟子既分釋徹助之義，而又據《大田》之詩以證其與助同法。先儒以貢助兼用爲詞，殆未然矣。」倪氏思寬《讀書記》云：「『徹者徹也』二句承上文言之。不及貢法者，有龍子云云在也。商助周徹，乃先説徹後説助者，孟子意在行助，徹爲賓，助爲主。謂徹之爲徹，其法固良，而助之爲藉，其法尤美也。」**龍子曰：『治地莫善於助，莫不善於貢。』貢者，挍數歲之中以爲常。**【注】龍子，古賢人也。言治土地之賦無善於助者也。貢者，挍數歲以爲常類而上之，民供奉之，有易有不易，故謂之「莫不善」也。【疏】「挍數歲之中以爲常」○正義曰：翟氏灝《考異》云：「舊趙注本校字從手作挍，與下學校字不同。《釋文》云：『校，户教反，从木。若从手，是比挍字，今人多亂之。』《五經文字》云：『校，音教，又音效，皆從木。』《字鑑》云：『校字元有二音，借爲比挍字，明末避諱，校省作挍。』汲古閣注疏本此校與下學校，俱作挍。」○注「龍子古賢人也」○正義曰：《列子·仲尼》篇有龍叔，謂文摯云：「吾鄉譽不以爲榮，國毁不以爲辱，得而不喜，失而弗憂，視生如死，視富如貧，視人如豕，視吾如人。處吾之家，如逆旅之舍；觀吾之鄉，如戎蠻之國。」或其人與？**樂歲粒米狼戾，多取之而不爲虐，則寡取之；凶年糞其田而不足，則必取盈焉。**注樂歲，豐年。狼戾猶狼藉也。粒米，粟米之粒也。饒多狼藉，棄捐於地。是時多取於民不爲暴虐也，而反以常數少取之。至於凶年飢歲，民人糞治其田尚無所得，不足以食，而公家取其税必滿其常數焉。不若從歲飢穰以爲多少，與民同之也。疏注「樂歲」至「之也」○正義曰：《鶡冠子·學問》篇云：「所謂樂者，無菑者也。」年豐無菑，故稱樂歲。《淮南子·覽冥訓》云「孟嘗君爲之增欷歍唈，流涕狼戾不可止」，高誘注云：「狼戾猶交横也。」《廣雅·釋詁》云：「狼，盭也。」盭即戾。狼、戾一聲之轉。《國策·燕策》云「趙王狼戾無親」，《漢書·嚴助傳》「狼戾不仁」，以其遺棄不甚愛恤，故爲不仁無親之名。而涕之零落於地與粟之拋棄於地，其名不同而義實相引也。《告子》篇「狼疾」，趙氏亦以「狼藉」釋之。《漢書·燕剌王旦傳》云「首籍籍兮亡居」，注云：「籍籍，縱横貌。」縱横猶交横，故狼戾猶狼籍也。段氏玉裁《説文解字注》云：「今俗語謂米一顆爲一粒，《孟子》『樂歲粒米狼戾』，趙注云：『粒米，粟米之粒也。』《皋陶謨》：『烝民乃粒。』《周頌》『立我烝民』，鄭箋：『立當作粒。』《詩》《書》之粒，皆《王制》所謂粒食。」按：「粒米狼戾」，言米之粒不愛恤而縱横於地也。因豐年饒多，故不愛恤而棄捐之也。《鹽鐵論·未通》篇云「樂歲粒米粱糲而寡取之」，此即本之《孟子》，粱糲即狼戾之同聲。張之象注本依《孟子》改作「狼戾」，不知古人聲音通借之例也。《周書·金滕》「遘厲虐疾」，某氏傳云：「虐，暴也。」高誘《淮南子》注訓虐爲害，《説文》訓虐爲殘，殘害亦暴也。《周禮・地官・司關》「國凶札」，鄭司農注云：「凶謂凶年饑荒也。」《孟子》亦言凶年飢歲，是凶年即飢歲也。《禮記・月令》：「季夏大雨時行，燒薙行水，利以殺草，如以熱湯，可以糞田疇，可以美土疆。」孔氏正義云：「糞，壅苗之根也。蔡云：『穀田曰田，麻田曰疇，言爛草可以糞田使肥也。』」是糞其田即是治其田，故云「糞治其田」。《説文》皿部云：「盈，滿器也。」「取盈」是取其税而滿其常數，如器定受若干，如其量以盈之也。從歲飢穰以爲多少，則助是矣。孔氏廣森《經學卮言》云：「均是田也，糞之則收自倍，然未有不費而食利者也。羊麋犬豕之骨汁，所以爲糞種之具者，孰非待粟而易之？歲凶則粟不足食，幸而足食，亦無餘粟以易其所無，於是來歲所以糞其田者無以爲資矣。又凶之甚者，其所穫不足以償今歲糞田之費矣，遑供税乎？且來歲之田糞既不足，則土疆不美，雖自天降康，亦將不逮其平歲之穫，故一歲遇凶厘，三歲而後其力可復，此稼穡之艱難，有國所當知也。」**爲民父母，使民盻盻然將終歲勤動不得以養其父母，又稱貸而益之，使老稚轉乎溝壑。惡在，其爲民父母也？** 注 盻盻，勤苦不休息之貌。動，作；稱，舉也。言民勤身動作，終歲不得以養食其父母。公賦當畢，有不足者，又當舉貸子倍而益滿之。至使老小轉尸溝壑。安可以爲民之父母也？疏 注「盻盻」至「母也」○正義曰：《音義》云：「盻，《説文》五禮切，亦四莧切。丁作『肸肸然』，許乙切。」阮氏元《挍勘記》云：「盻字見《説文》，云『恨視貌』。但趙注以『勤苦不休息』爲訓，趙作肸不作盻也。《説文》：『肸，蠁布也。』『㸒，振也。』肸、㸒古通用。肸肸猶屑屑，《方言》云：『屑屑，不安也。』」「動，作也」，《爾雅・釋詁》文。《周禮・天官・小宰》「以官府之八成經邦國，四曰聽稱責以傳別」，鄭司農云：「稱責謂貸子。」賈氏疏云：「稱責謂舉責生子，彼此俱爲稱意，於官於民，俱是稱也。」段氏玉裁《説文解字注》云：「爯，并舉也。从爪、冓省。冓爲二爪者，手也。一手舉二，故曰并舉。趙注《孟子》『稱貸』曰：『稱，舉也。』凡手舉字當作爯，凡偁揚當作偁，凡詮衡當作稱，今字通用稱。」《禮記·郊特牲》云：「食養，陰氣也。」《淮南子·説山訓》云「幸善食之而勿苦」，高誘注云：「食，養也。」「養其父母」即「食其父母」。貸，借也。《周禮·地官·泉府》「凡民之貸者，與其有司辨而授之，以國服爲之息」，鄭司農云：「貸者，謂從官借本賈也，故有息使民弗利。」「玄謂以國服爲之息，受園廛之田而貸萬泉者，則朞出息五百。」《禮記·月令》注云：「火出而畢賦。」此言賦冰。此「公賦當畢」謂公家之税當完納也。税盡賦猶冰盡賦矣。當盡賦則不敢虧缺，無如田之所出不足，故假借於人而舉債焉。子即息也。《史記·貨殖傳》云：「子貸金千貫。」又云：「吴楚七國兵起，時長安中列侯封君，行從軍旅，齎貸子錢，子錢家以爲侯邑國在關東，關東成敗未決，莫肯與唯無鹽氏出捐千金貸，其息什之。三月，吴楚平。一歲之中，則無鹽氏之息什倍。」蓋每歲萬息二千，此常息也。至窘急時，則利息必加倍於常，如無鹽氏之利所以什之矣。萬息二千，二其子也。什之，則貸萬息亦萬爲倍，故云「子倍」。益之言加也，即上「取盈」之義。因畢賦不足，又稱貸於子錢家以益滿此不足之數，而所貸子錢乃倍於所不足之數。由此積累，至使父母妻子飢寒而死矣。閻氏若璩《釋地三續》云：「胡朏明曰：『龍子言貢者挍數歲之中以爲常。樂歲粒米狼戾，多取之而不爲虐則寡取之，凶年糞其田而不足則必取盈焉。此貢之所以不善也。某謂貢異於助，惟無公田耳。其取民之制，❶雖云於一夫受田五十畝之中，

❶「民」，原脱，今從沈校據《四書釋地》改。

税其五畝之所收，然亦每歲各視其豐凶以爲所入之多寡，與助法無異，非上之人科定此五畝者出穀若干斗斛以爲常也。藉令樂歲不多取，凶年必取盈，賦何以有上上錯乎？然則龍子之言非與？曰：龍子蓋有爲言之也。夏氏僎曰：「戰國諸侯重斂掊克，立定法以取民，不因豐凶而損益，且托貢法以文過，故孟子有激而云。其所謂不善者，特救戰國之失耳，禹法實不然也。」蓋自魯宣公税畝以後，諸侯廢公田而行貢法，取民數倍於古，樂歲猶可勉供，凶年則不勝其誅求之苦，而皆藉口於夏后氏以文其貪暴，龍子所以痛心疾首而爲是言。孟子方勸滕君行助，以革當時之弊，意在伸助，不得不抑貢，故舉龍子之言以相形，而未暇深求其義理。其實龍子所謂莫不善者，乃戰國諸侯之貢法，非夏后氏之貢法也。』」**夫世禄，滕固行之矣。**注古者諸侯卿大夫士有功德，則世禄賜族者也。官有世功者，其子雖未任居官，得世食其父禄。賢者子孫必有土之義也。滕固知行是矣。言亦當恤民之子弟，閔其勤勞者也。疏注「古者」至「義也」○正義曰：隱公八年《左傳》云：「天子建德，因生以賜姓，胙之土而命之氏。諸侯以字爲謚，因以爲族。官有世功則有官族，邑亦如之。」《白虎通·封公侯》篇云：「大夫功成未封子得封者，善之及子孫也。《春秋傳》曰：『賢者子孫宜有土地也。』」趙氏本此爲説也。詳見《梁惠王下》篇。阮氏元《挍勘記》云：「『其子雖未任居官』，閩、監、毛三本、韓本同。孔本、《考文》古本任作士。《音義》出『未任』，音壬。作任是也。」**《詩》云：『雨我公田，遂及我私。』惟助爲有公田。由此觀之，雖周亦助也。**注《詩》，《小雅·大田》之篇。言太平時民悦其上，願欲天之先雨公田，遂以次及我私田也。猶殷人助者，爲有公田耳。此周詩也而云「雨公田」，知雖周家時亦助也。疏注「詩小」至「助也」○正義曰：《詩》在《小雅·大田》第三章。箋云：「古者陰陽和，風雨時，其來祈祈然而不暴疾，其民之心先公後私。今天主雨於公田，因及私田爾。此言民怙君德，蒙其餘惠。」趙氏言「太平時」，本上「興雨祈祈」言也。萬氏斯大《學春秋隨筆》云：「孟子言三代田制莫善於助，言助法之形體曰：『方里而井，井九百畝，其中爲公田，八家皆私百畝，同養公田。』非謂成周之徹法如此也。《漢書·食貨志》直本此以言周制，後儒多相因不變。若是，則周人乃百畝而助矣，何名爲徹哉？惟趙岐《孟子》注云：『周人耕百畝者，徹取十畝以爲賦。』斯言得之矣。《司馬法》云：『畝百爲夫，夫三爲屋，屋三爲井。』《小司徒》亦云：『九夫爲井。』據此二文，是周人井九百畝，分之九夫，每夫百畝，中以十畝爲公田，君取其入而不收餘畝之税。宣公於公田之外，更税餘畝之十一，故曰税畝也。」周氏柄中《辨正》云：「充宗之説良不誣也。徹本無公田，故《孟子》云『惟助爲有公田』，言惟助有則徹無，以明其制之異。言『雖周亦助』，見助豐凶相通，徹亦豐凶相通，明其意之同。若徹原是助，則人人共知，孟子何用辭費？徹無公田，《詩》曰『雨我公田』者，商家同井，公田在私田外；周九夫爲井，公田在私田中。《夏小正》云：『三農服於公田。』公田之稱可施於貢，獨不可施於徹乎？然則周何以變八家爲九夫，此則任釣臺嘗言之矣。蓋自商至周歷六百餘年，生齒必日繁，無田可給，不得不舉公田授之民。及列國兵争，殺戮過甚，民數反少於周初，而徹法之壞已甚，故孟子欲改行助法，所謂『與時宜之』者，此真通人之論也。」鍾氏懷《菣厓考古録》云：「孟子論井田之制，以夏爲貢，殷爲助，周爲徹，顯分其制。及引《大田》之詩，又謂雖周亦助，可知助、徹乃通名也。夏后氏五十而貢，其實亦是什一，獨不得通助、徹之名者，蓋因諸侯去籍，孟子末由考之耳。《夏小正》：『正月，農及雪澤，初服于公田。』傳云：『古有公田焉者。古言先服公田，而後服其田也。』可知公田之制自夏已然，公劉雖由夏居戎，亦循有部之舊而不改也。然則貢即助即徹，皆不離乎什一而稅。誤以公劉創什一之稅，可乎？大抵周家一切典禮多夏殷之制，特其斟酌損益少有不同耳。」阮氏元《校勘記》云：「『猶殷人助者』，宋本、孔本、《考文》古本、足利本同。閩、監、毛三本、韓本猶作惟。按猶當獨字之誤，閩本改爲惟，非也。」

「設爲庠序學校以教之。 注 以學習禮教，化於國。**庠者，養也；校者，教也；序者，射也。夏曰校，殷曰序，周曰庠，學則三代共之。皆所以明人倫也。** 注 養者，養耆老；教者，教以禮樂；射者，三耦四矢以達物導氣也；學則三代同名，皆謂之學。學乎人倫。人倫者，人事也，猶《洪範》曰「彝倫攸敘」，謂常事所敘也。疏「庠者」至「倫也」〇正義曰：《史記・儒林傳》：「公孫宏乃謹與太常臧、博士平等議曰：『聞三代之道，鄉里有教。夏曰校，殷曰序，周曰庠。』」《漢書・儒林傳》則作「殷曰庠，周曰序」，《説文》與《漢書》同，未知孰是也。閻氏若璩《釋地又續》云：「陳氏《禮書》曰：『孟子論井地而及夏曰校，商曰序，周曰庠，蓋校、庠、序者，鄉學也。《鄉飲酒》：主人迎賓於庠門之外，鄉簡不帥教，耆老皆朝於庠。則庠，鄉學名也。《周官》州長會民射於州序，黨正屬民飲酒於序，則序，亦鄉學名也。鄭人之所欲毀者謂之鄉校，則校亦鄉學名也。然鄉曰庠，《記》言黨有庠；州曰序，《記》言遂有序，何也？古之致仕者教子弟於閭塾之基，則家有塾云者，非家塾也。合二十五家而教之閭塾，謂之家有塾，則合五黨而教之鄉庠，謂之黨有庠可也。《周禮》遂官各降鄉官一等，則遂之學亦降鄉一等矣。降鄉一等而謂之州長，其爵與遂大夫同，則遂之學，其名與州序同可也。』《小戴》本雜記之書，陳氏能將《儀禮》《周官》《左氏》及《孟子》融會於一，無少抵牾，真經術之文也。」周氏柄中《辨正》云：「孟子言夏曰校、殷曰序、周曰庠，此鄉學也，而《王制》所載虞曰庠，夏曰序爲國學之稱。考之《周禮》，則州黨之學皆曰序，而庠、校不見於經。《學記》云『黨有庠』者，庾氏謂夏殷制，非周法，其説皆與《孟子》不合。讀《孟子》書當就孟子求其義，不得又以他説汩亂之。安溪李文貞公云：『立太學以教於國，設庠序以化於邑，董子雖言之而莫行也。故在漢代，辟雍太學之制，博士弟子員之設，僅於京師而已。自後天下州邑亦徒廟事孔子而無學。宋之中世始詔天下有州者皆得立學，而縣之學士滿二百人始得爲之，少則不能中律。今荒州僻縣無不設之學矣。意三代相承亦如此。夏之時，鄉爲置校而已；殷之時，州莫不有序焉；周人修而兼用之，而黨庠以偏：此自古及今，其制浸廣也。黨近於民，故主於上齒尊長而以養爲義；鄉近於國，故總乎德行道藝，而以教爲義；州則自黨而升而將賓於鄉，故修乎禮樂容節而以射爲義：此則自上而下，其法浸備也。』文貞此説最善。蓋黨統於州，州統於鄉，故序以承校，庠以承序，制以漸而始大備。俗説謂三代之鄉學各一而惟遞變其名，不可通矣。」王氏念孫《廣雅疏證》云：「《孟子·滕文公》篇：『庠者，養也；校者，教也；序者，射也。』《廣雅》卷四云：『校，教也。』卷五云：『序，射也。』皆本《孟子》。引之云：《説文》：『庠，禮官養老也。』《王制》『有虞氏養國老於上庠』，鄭注云：『庠之言養也。』趙岐注《孟子》云：『養者，養耆老；射者，三耦四矢以達物導氣。』此皆緣辭生訓，非經文本意也。養國老於上庠謂在庠中養老，非謂庠以養老名也；《州長》職云『春秋以禮會民而射於州序』，謂在序中習射，非謂序以習射名也。《王制》：『耆老皆朝於庠，元日習射上功。』而庠之義獨取義於養老，何也？《文王世子》：『適東序養老。』而序之義獨取於習射，何也？庠、序、學、校，皆爲教學而設，養老習射偶一行之，不得專命名之義。庠訓爲養，序訓爲射，皆是教導之名，初無别異也。《文王世子》：『立太傅少傅以養之，欲其知父子君臣之道也。」鄭注云：『養猶教也。』言養者，積浸養成之。《保氏》職云：『掌養國子以道。』此庠訓養之説也。射、繹古字通。《爾雅》云：『繹，陳也。』《周語》云：『無射，所以宣布哲人之令德，示民軌儀也。』則射者陳列而宣示之，所謂『謹庠序之教，申之以孝弟之義』也。此序訓爲射之説也。養、射皆教也。教之爲父子，教之爲君臣，教之爲長幼，故曰『皆所以明人倫』也。徹者，徹也；助者，藉也；庠者，養也；校者，教也；序者，射也：皆因本事以立訓，豈嘗别指一事以名之哉？」○注「養者」至「敘也」○正義曰：趙氏以「養」爲「養耆老」，即本《王制》「養國老於上庠」。《説文》亦以庠爲「禮官養老」也。《鄭風》詩序云：「《子衿》，刺學校廢也。亂世則學校不修焉。」其三章「一日不見，如三月兮」，毛傳云：「言禮樂不可一日而廢。」趙氏本此，故以「教禮樂」言之。其實不僅教以禮樂，故鄭箋云：「鄭國謂學爲校，言可以挍正道藝。」道藝則不止禮樂也。《儀禮·鄉射》云「豫則鈎楹内」，注云：「豫者，謂州學也。讀如『成周宣榭災』之榭，《周禮》作序，今文豫爲序。」序即榭，榭、射聲通，是榭因鄉射而立名。《鄉射禮》云「三耦俟於堂西」，❶注云：「選弟子之中德行道藝之高者以爲三耦。」❷又云「兼挾乘矢」，又云「三耦皆執弓，搢三而挾一个」，注云：「乘矢，四矢也。」《白虎通·鄉射》篇云：「天子所以親射，何？助陽氣達萬物也。春氣微弱，恐物有窒塞，不能自達者。夫射，自内發外，貫堅入剛，象物之生，故以射達之也。」是所云「達物導氣」之義也。學謂大學也，庠、序、校皆

❶「西」，原作「東」，今從沈校據《儀禮》改。

❷「選」，原作「遷」，今從沈校據《儀禮》鄭注改。

鄉學，在郊。《禮記・王制》云：「耆老皆朝於庠，元日習射上功，習鄉上齒，大司徒帥國之俊士與執事焉。不變，命國之右鄉簡不帥教者移之左，命國之左鄉簡不帥教者移之右。不變，移之郊。不變，移之遂。」此由鄉下移於郊、遂，皆鄉學也。又云：「命鄉論秀士升之司徒曰選士，司徒論選士之秀者而升之學。」此學即大學，在城中王宮之左者也。三代同名爲學，無異名也。《文王世子》云：「春夏學干戈，秋冬學羽籥，皆於東序。春誦夏弦，大師詔之瞽宗。秋學禮，執禮者詔之；冬讀書，典書者詔之。禮在瞽宗，書在上庠。」又云：「凡祭與養老、乞言、合語之禮，皆小樂正詔之於東序。」《周禮・大司樂》：「掌成均之法，以治建國之學政而合國之子弟焉。凡有道有德者使教焉，死則以爲樂祖，祭於瞽宗。」又有「成均」「東序」「瞽宗」「上庠」等名者，蓋統名爲學而分爲四：其東爲東序也。其西爲瞽宗，瞽宗即西學，故《祭義》云「祀先賢於西學」，即「祭有道德者於瞽宗」也。其北爲上庠，秋學禮在瞽宗爲西學，則冬學書在上庠爲北學矣。東序、瞽宗、上庠分列東、西、北三方，則成均爲南學。青陽、總章、玄堂統其名於明堂；則東序、瞽宗、上庠統其名於成均。故《大司樂》分言之則云東序、瞽宗，統言之則言掌成均之法也；雖分有四名，而實統謂之學。《祭義》云：「天子設四學。」《大戴記》云：「帝入東學，帝入南學，帝入西學，帝入北學。」但仍僅謂之學也。吴氏鼎《易堂問目》云：「今考定五學：東學，周名東膠，又名東序，本夏學總名；西學，周名瞽宗，又名右學，本殷學總名；北學，周名上庠，本虞學總名；南學，周名成均，舊説五帝學名，蓋陶唐以前，學之總名；大學，周名辟雍。魯兼四代之學，序在東，瞽宗在西，米廩在北，頖宫在南。《文王世子》：『王乃命公侯伯子男及群吏曰：反養老幼於東序。』則諸侯國學疑皆同此制。」鄭氏注《禮記・曲禮》《樂記》皆以倫爲類，高誘注《呂氏春秋・達鬱》

《淮南子·説林》等篇，皆以類爲事。趙氏注《告子》篇「此之謂不知類也」，亦云「類，事也」。此以「倫」爲「事」，即以倫爲類也。《洪範》，《周書》篇名。「惟十有三祀，王訪於箕子，王乃言曰：『嗚乎箕子，惟天陰騭下民，相協厥居，我不知其彝倫攸敘。』」王肅注云：「言天深定下民，與之五常之性，王者當助天和合其居所，行天之性。我不知常道倫理所以次敘。」《漢書·五行志》引《洪範》此文，應劭注云：「陰，覆；騭，升；相，助；協，和；倫，理；攸，所也。言天覆下民，王者當助天居，我不知居天常理所次敘也。」《禮記·樂記》云「理之不可易者也」，注云：「理猶事也。」倫之爲事，即倫之爲理，與應劭、王肅義同。顧氏炎武《日知録》云：「彝倫者，天地人之常道，如下所云五行、五事、八政、五紀、皇極三德、稽疑庶徵、五福、六極，皆在其中，不止孟子之言人倫而已。能盡人之性，盡物之性，則可以贊天地之化育，而彝倫敘矣。」按：趙氏引《洪範》「彝倫」以證《孟子》之「人倫」，謂其常事有敘，則正以孟子此言「人倫」即《洪範》之「彝倫」。蓋國學、鄉學爲王大子、王子、群后之大子、卿大夫元士之適子、國之俊選，皆由此出。樂正崇四術，立四教，順先王《詩》《書》禮樂以造士，雖「申之以孝弟之義」，而一切人事常理無不講明也。**人倫明於上，小民親於下。有王者起，必來取法，是爲王者師也。**注 有行三王之道而興起者，當取法於有道之國也。**《詩》云：『周雖舊邦，其命惟新。』文王之謂也。子力行之，亦以新子之國！」**注《詩》，《大雅·文王》之篇。言周雖后稷以來舊爲諸侯，其受王命，惟文王新復修治禮義以致之耳。以是勸勉文公，欲使庶幾新其國也。

疏 注「詩大」至「國也」○正義曰：《詩》在《文王》篇首章。閩、監、毛三本惟作維。閻氏若璩《孟子生卒年月考》云：「《春秋公羊傳》君存稱世子，君薨稱子某，既葬稱子，踰年稱公。《左氏》例則未葬稱子，既葬稱君，不待踰年始稱君。此二《傳》之同異也。及以《孟子》證則又有異，君存稱世子，『滕文公爲世子』是；君薨亦稱世子，『滕定公薨，世子謂然友』是。未葬稱子，不獨既葬爲然，『至於子之身而反之』是。若孟子所稱『子力行之』則在既葬之後，但未踰年耳。何以驗之？滕文公既定爲三年之喪，五月屋廬，未有命戒，則亦無禮聘賢人之事可知。惟至葬後，始以禮聘孟子至滕而問國事焉，故孟子猶稱之爲『子』。直至踰年改元，然後兩稱爲君，曰『君如彼何哉』，曰『君請擇於斯二者』，然則孟子於滕行蹤歲月亦略可覩矣。」按：《禮記・坊記》云：「未没喪不稱君，示民不争也。故魯《春秋》記晉喪曰：『殺其君之子奚齊及其君卓。』」注云：「没，終也。《春秋傳》曰『諸侯於其封内三年稱子』，至其臣子，踰年則謂之君矣。」孟子未臣於齊，恐其稱君在終喪之後，未必既葬即聘賢人。蓋滕文行三年之喪，喪將終，乃聘孟子；孟子至，未幾即終喪。故此仍在三年之内，則稱子；既三年喪畢，則稱君也。

使畢戰問井地。 注 畢戰，滕臣也。問古井田之法。時諸侯各去典籍，人自爲政，故井田之道不明也。疏 注「畢戰」至「明也」○正義曰：畢戰爲文公所使，知爲滕臣也。《考工記・匠人》注引「滕文公問爲國於孟子」云云，「文公又問井田」，賈氏疏云：「彼是文公使畢戰問，今以爲文公問者，畢戰，文公臣。君統臣功，亦得爲文公問也。鄭氏以井田代井地，是井地即井田也。」毛氏奇齡《經問》云：「滕文公使畢戰問井地，豈戰國時無井地與？曰：據《春秋》有『井衍沃』之文，則晉亦尚作井地，但惟坦衍而沃膏者間一行之，他無是也。若戰國則未必有矣。《史記》秦孝公四十一年，爲田開阡陌，正在戰國，與魏惠王、齊威王同時，則此時方改阡陌、廢井地之際，雖間或有是，亦將毀棄，況未必有也。」**孟子曰：「子之君將行仁政，選擇**

而使子，子必勉之。夫仁政，必自經界始。經界不正，井地不鈞，穀禄不平。注子，畢戰也。經亦界也。必先正其經界，勿侵鄰國，乃可鈞井田，平穀禄。穀，所以爲禄也。《周禮·小司徒》曰「乃經土地而井牧其田野」，言正其土地之界，乃定受其井牧之處也。疏注「子畢」至「處也」○正義曰：畢戰來問，此云「子之君」，君指文公，則子指畢戰也。《周禮·地官·司市》「以次敘分地而經市」，注云：「經，界也。」趙氏以此「經界」即各國之疆界。封建與井田相表裏，故先不相侵奪，而井田乃可鈞也。阮氏元《挍勘記》云：「『井地不鈞』，石經、岳本、咸淳衢州本、廖本、孔本、韓本、《考文》古本、足利本同。閩、監、毛三本鈞作均。按均、鈞古字通也。」「穀，禄也」，《爾雅·釋言》文。《周禮·天官·冢宰》「以八柄詔王馭群臣，二曰禄以馭其富」，注云：「班禄所以富臣下。」《書》曰：『凡厥正人，既富方穀。』」是以「穀」釋「禄」。《天府》「祭天之司民司禄」，注云：「禄之言穀也。」《詩·小雅》「葴葴方有穀」，箋亦云：「穀，禄也。」禄奉以穀，故穀即禄矣。《小司徒》，《地官》職也，云：「乃經土地而井牧其田野，九夫爲井，四井爲邑，四邑爲丘，四丘爲甸，四甸爲縣，四縣爲都，以任地事而令貢賦。凡税斂之事。」注云：「此謂造都鄙也。采地制井田異於鄉遂。重立國，小司徒爲經之，立其五溝、五塗之界，其制似井之字，因取名焉。《孟子》曰：『夫仁政必自經界始。經界不正，井地不均，穀禄不平。是故暴君姦吏必慢其經界。經界既正，分田制禄可坐而定也。』九夫爲井者，方一里九夫所治之田也。此制小司徒經之，匠人爲之，溝洫相包乃成耳。」鄭氏以小司徒所經即井田之界，「經土地」之經爲「經始靈臺」之經，謂小司徒經度之，與趙氏説異。**是故暴君汙吏必慢其經界。經界既正，分田制禄可坐而定也。**注暴君，殘虐之君；汙吏，貪吏也。慢經界，不正本也。必相侵陵、長争訟也。

分田，賦廬井也；制禄，以庶人在官者比上農夫，轉以爲差。故可坐而定也。疏注「暴君」至「定也」○正義曰：《周禮·地官·大司徒》：「辨其邦國都鄙之數，制其畿疆而溝封之。凡建邦國，以土圭土其地而制其域；凡造都鄙，制其地域而封溝之。」邦國爲公侯伯子男附庸，各有界矣；都鄙爲王子弟公卿大夫采地，亦各有界矣。蓋建邦國，造都鄙，必審井田之形勢以爲之界，各滿其爲通、爲成、爲終、爲同、爲封、爲畿以界之。邦國都鄙之界視井田之界而定，則井田之在各國各采邑者乃均。自諸侯之殘虐者侵奪鄰國，而邦國之界不正；自卿大夫之貪汙者侵占鄰邑，而采地之界不正：於是爲成、爲通、爲井者將不能滿其數，合其度，而亦不均矣。惟外而邦國之大界正，内而都鄙采邑之小界正，而井田乃正。以之分授於夫，以之制諸臣之禄，皆可定也。此趙氏以「正經界」爲「勿侵鄰國」之義也。《荀子·性惡》篇云：「所見者，汙慢淫邪貪利之行也。」《列女傳·貞順》篇云：「且夫棄義從欲者，汙也；見利忘死者，貪也。夫貪汙之人，王何以爲哉？」是「汙」即「貪」也。劉熙《釋名·釋言語》云：「慢，漫也。漫漫，心無所限忌也。」心輕慢之，不以先王所定爲制。在邦國必相侵陵，即所云「侵鄰國」也；在都鄙則「長争訟」，如郤錡奪夷陽五田，郤犨與長魚矯争田是也。前但言「侵鄰國」，此兼言之也。廬謂二畝半在田，井謂一夫百畝也。「以庶人在官者比上農夫，轉以爲差」者，《禮記·王制》篇云：「諸侯之下士禄食九人，中士食十八人，上士食三十六人，下大夫食七十二人，卿食二百八十人，君食二千八百八十人。」是也。

夫滕，壤地褊小，將爲君子焉，將爲野人焉。無君子，莫治野人；無野人，莫養君子。注褊小，謂五十里也。爲，有也。雖小國亦有君子，亦有野人。言足以爲善政也。疏注「爲有也」○正義曰：《梁惠王》篇「善推其所爲而已矣」，《説苑》引作「善推其所有而已」。

《詩·大雅》「婦有長舌」，《大戴記·本命》注作「婦爲長舌」。是有、爲二字古通。**請野九一而助，國中什一使自賦。**注九一者，井田以九頃爲數而供什一，郊野之賦也。助者，殷家税名也，周亦用之，龍子所謂「莫善於助」也。時諸侯不行助法。國中什一者，《周禮》：「園廛二十而税一。」時行重賦，責之什一也。而，如也；自，從也。孟子欲請使野人如助法，什一而税之；國中從其本賦，二十而税一，以寛之也。疏注「九一」至「之也」○正義曰：宣公十五年《公羊傳》云：「古者什一而籍，什一者，天下之中正也。」注云：「夫饑寒並至，雖堯舜躬化，不能使野無寇盜；貧富兼并，雖皋陶制法，不能使彊不淩弱。是故聖人制井田之法而口分之。一夫一婦受田百畝，以養父母妻子。五口爲一家，公田十畝。即所謂什一而税也。廬舍二畝半，凡爲田一頃十二畝半，八家而九頃共爲一井。」蓋百畝爲一頃，九頃者九百畝也。郊野在郊外，自百里至五百里，通都鄙言之也。《地官·載師》：「園廛二十而一。」又云：「以廛里任國中之地，以場圃任園地。」是園廛在國中，故以此「國中」爲園廛，二十有一也。而與汝通，故亦與如通，《詩·小雅》「垂帶而厲」，箋云：「而，如也。」是也。鄭康成箋《毛詩》、高誘注《呂氏春秋》《淮南子》，皆以自爲從。趙氏以當時郊野之税不止什一，孟子欲其什一而藉，如殷人之行助。其國中園廛之税本二十取一，當時則什取一，是爲行重賦。民不能什一而以什一誅求之，故云「責之什一」也。野宜什一，則不止什一；國中不宜什一，乃重賦而責其什一，是國中什一也非郊野什一也。國中不可什一而什一，孟子則欲其仍從舊賦二十取一，故云「寛之」也。趙氏義如此。程氏瑶田《通藝録·周官畿内經地考》云：「王畿千里，自王城居中視之，四面皆五百里。五十里爲近郊，百里爲遠郊，二百里爲甸地，三百里爲稍地，四百里爲縣地，五百里爲畺地。《大司徒》之職：『令五家爲比，五比爲閭，四閭爲族，五族爲黨，五黨爲州，五州爲鄉。』鄉凡萬二千五百家。如此者六，綜計之，受地者凡七萬五千家也。六鄉之地在郊。《遂人》：『掌邦之野，造都鄙形體之法：五家爲鄰，五鄰爲里，四里爲酇，五酇爲鄙，五鄙爲縣，五縣爲遂。』六遂亦受地者凡七萬五千家，數如六鄉，但異其名耳。其地在甸。六遂之授地也，亦遂人掌之。其職云：『辨其野之土上地中地下地，以頒田里：上地夫一廛，田百畮，萊五十畮，餘夫亦如之；中地夫一廛，田百畮，萊百畮，餘夫亦如之；下地夫一廛，田百畮，萊二百畮，餘夫亦如之。』其治溝洫以制地也，亦遂人掌之。其職云：『凡治野，夫閒有遂，遂上有徑；十夫有溝，溝上有畛；百夫有洫，洫上有涂；千夫有澮，澮上有道；萬夫有川，川上有路，以達於畿。』此六遂之田制也。而六鄉田制不見於經。經獨見鄉之軍法，故鄭氏注云：『鄉之田制與遂同，遂之軍法如六鄉。』六鄉軍法在《小司徒》之職：『五人爲伍，五伍爲兩，四兩爲卒，五卒爲旅，五旅爲師，五師爲軍。』軍萬二千五百人，出於鄉，家一人也。六鄉六軍，《夏官・大司馬》之職所謂『王六軍』也。此郊甸經地之法，在二百里內者也。其外則稍地、縣地、畺地，謂之都鄙。都鄙者，王子弟及公卿大夫之采地，其界曰都，而鄙則其所居者也。《大司徒》之職：『凡造都鄙，制其地域而封溝之，以其室數制之。不易之地家百畮，一易之地家二百畮，再易之地家三百畮。』其造都鄙也，則小司徒經之。其職云：『乃經土地而井牧其田野：九夫爲井，四井爲邑，四邑爲丘，四丘爲甸，四甸爲縣，四縣爲都。』鄭氏注云：『隰皋之地，九夫爲牧，二牧而當一井。今造都鄙，授民田，有不易，有一易，有再易，通率二而當一，是之謂井牧。』據此，是鄭氏以都鄙授井田，爲不易、一易、再易之地，與經所謂『以室數制之』者無異義矣。乃其注《載師職》之『任地』，則又以易不易之田歸之六鄉，以上中下有萊之田歸之甸稍縣都，且云：『郊内謂之易，郊外謂之萊，善言近。』❶『六遂之民奇受一廛，❷上地有萊，爲所以饒遠也。』不但與經相戾，即與其自注亦不相蒙。豈謂遂人所掌之野得包甸、稍、縣、都，授以有萊之地爲從其類，而易不易之田在大司徒，司徒主六鄉，因以所制田授之與？井田溝洫之制，在《考工記》：『匠人爲溝洫，耜廣五寸，❸二耜爲耦。一耦之伐，廣尺深尺謂之甽。田首倍之，廣二尺深二尺謂之遂。九夫爲井，井間廣四尺深四尺謂之溝。方十里爲成，成間廣八尺深八尺謂之洫。方百里爲同，同間廣二尋深二仞謂之澮。專達於川。』鄭氏所謂『井牧之制，小司徒經之，匠人爲之，溝洫相包乃成』者，是也。此都鄙經地之法也。《載師職》云：『以廛里任國中之地，以場圃任園地，以宅田、士田、賈田任近郊之地，以官田、牛田、賞田、牧田任遠郊之地，以公邑之田任甸地，以家邑之田任稍地，以小都之田任縣地，以大都之田任畺地。』按，六鄉之田在郊，宅田、士田、賈田、官田、牛田、賞田、牧田，則六鄉之餘地也。六遂之田在甸，公邑則六遂之餘地也。家邑之田在稍，小都之田在縣，大都之田在畺，稍、縣、畺皆有餘地，亦謂之公邑。今於甸言餘地，於稍、縣、畺言其正田，既互相足，亦以鄉遂形體詳《司徒》《遂人職》中，不煩復言其正田也。家邑方二十五里，凡四甸，大夫之采地也；小都方五十里，凡四縣，卿之采地也；大都方百里，凡四都，公之采地也。王母弟、王之庶子，與公同食百里地於畺；王子弟稍疏者，與卿同食五十里地於縣；其又疏者與大夫同食二十五里地於稍。其入

---

❶ 「善」上，原衍「爲」字，今從沈校據《周禮》鄭注删。

❷ 「一」，原脱，今從沈校據《周禮》鄭注補。

❸ 「五」，原作「二」，今從沈校據《周禮》改。

税於王也，皆四之一，四甸入一甸，四縣入一縣，四都入一都。四都者，一同之地，故曰大都；四縣者，一都之地，故曰小都；四甸者，一縣之地，故曰家邑。」王氏鳴盛《周禮軍賦説》云：「鄭康成以《遂人》所言爲溝洫之法即夏之貢法，鄉遂公邑用之；《匠人》所言爲井田之法，即殷之助法，都鄙用之。其溝洫與井田之異，則正義：『《遂人》云：夫間有遂，十夫有溝，百夫有洫，千夫有澮，萬夫有川，方三十三里少半里。九而方一同，九澮而川周其外，則百里之内，九九八十一澮。井田則一同惟一澮。』一溝澮稠多，一溝澮稀少。其異一。《匠人》井田之法，甽縱遂横，溝縱洫横，澮縱川横。其夫間縱者，分夫間之界耳，無遂；其遂注入溝，溝注入洫，洫注入澮，澮注入川，略舉一成，以三隅反之，一同可見矣。《遂人》云『夫間有遂』，以南畝圖之，則遂縱而溝横。《匠人》不云夫間有遂，云『田首倍之謂之遂』，遂則横，溝縱也。自餘洫澮川依此遂溝縱横參之可知。其異二。《遂人》云『九澮而川周其外』，川是人造之。《匠人》百里有澮，澮水注入川，相去逆，宜爲自然大川，非人所造。其異三。溝洫之法祇就夫税之十一而貢，井田之法，九夫爲井，井税一夫，美惡取於此，不税民之所自治。其異四。」倪氏思寬《讀書記》云：「鄭氏《匠人》注云：『野九夫而税一。』《甫田》箋云：『井税一夫，其田百畝。』竊嘗據鄭旨核分數，八家九百畝而公田百畝，通公私之率，無異家别一百一十二畝半。於一百一十二畝半抽其一十二畝半，則於九分之中而税其一分，正合九一之旨。其數甚明，不待持籌而知也。馬端臨謂《遂人》之十夫特姑舉成數言之，不必拘以十數。此言殊謬。十夫有溝，明係古人成法。蓋國中行鄉遂之法，皆五五相連屬，而五倍之則十也。如五家爲比，二比則十夫；五家爲鄰，二鄰則十夫。十夫有溝，當起義於此，豈得謂姑舉成數言之？至謂行貢之地，無問高原下隰，截長補短，所爲溝洫者，不過隨地高下而爲之蓄洩，異於井田之溝洫，❶有一定之尺寸。此言也，適足以啓慢其經界之弊矣。古人於高原下隰，别有通融之法，如楚蔿掩所書者。既言鄉遂用貢法，十夫有溝，則經界森列，有條不紊，庸詎得如馬説也？『其實皆什一也』，聖賢立言，文無虚設。假令貢助果皆什一，則『其實』一語爲贅文矣。唯立法『九一』『什一』不同，而論其實，則於中正之準，初無不合。鄭注《載師》云：『周稅輕近而重遠，近者多役也。』則是國中什一而役多，野九一而役少，會而通之，總皆什一，其理易明。孟子特立此文，以明助法九一之善。若鄭氏又謂孟子言『其實皆什一』據通率而言耳，則經文『九一』『什一』，文聯義對，鄭説雖巧而近於鑿，不得從之。」按：趙氏以「國中」爲城中，野爲鄉遂都鄙通稱，則九一之制自國門外皆然。依鄭氏則以國中當鄉遂用貢，野當都鄙用助。乃鄭氏又以周制畿内用夏之貢法，稅夫無公田；邦國用殷之助法，制公田不稅夫。既以都鄙井田異於鄉遂，《遂人》注又謂野爲甸、稍、縣都，甸是六遂，則遂亦通爲野，與都鄙異於鄉遂之説異。蓋又以郊内六鄉爲國中，遂以外皆野矣。一人之説已參差不一，其與趙氏之異，又何若矣？備載之以俟考。**卿以下必有圭田，圭田五十畝，餘夫二十五畝。**注古者卿以下至於士，皆受圭田五十畝，所以共祭祀。圭，絜也。士田，故謂之圭田。所謂「惟士無田則亦不祭」，言絀士無絜田也。井田之民，養公田者受百畝，圭田半之，故五十畝。餘夫者，一家一人受田，其餘老小尚有餘力者受二十五畝，半於圭田，謂之餘夫也。受田者，田萊多少有上中下，《周禮》曰「餘夫亦如之」，亦如上中下之制也。《王制》曰「夫圭田無征」，

❶「於」，原作「曰」，今據《二初齋讀書記》改。

謂餘夫、圭田皆不出征賦也。時無圭田、餘夫，孟子欲令復古，所以重祭祀、利民之道也。疏注「古者」至「十畝」○正義曰：《周禮・地官・載師》「以士田任近郊之地」，注云：「鄭司農云：『士田者，士大夫之子得而耕之田也。』玄謂士讀爲仕，仕者亦受田，所謂圭田也。《孟子》曰：『自卿以下必有圭田，圭田五十畝。』」圭田既是仕田，則「卿以下」通大夫士而言，即《載師》之士田也。《毛詩・小雅・天保》篇「吉蠲爲饎」，傳云：「蠲，絜也。」《秋官・蜡氏》「凡國之大祭祀，令州里除不蠲」，注云：「蠲讀爲『吉圭惟饎』之圭。圭，潔也。」《儀禮・士虞禮記》云「圭爲而哀薦之饗」，注亦云：「圭，絜也。《詩》曰：『吉圭爲饎。』」《呂氏春秋・尊師》篇云「必蠲絜」，高誘注云「蠲讀曰圭」，是「圭」之義爲「絜」也。《禮記・王制》云「夫圭田無征」，注云：「夫猶治也。征，税也。《孟子》曰：『卿以下必有圭田。』治圭田者不税，所以厚賢也。此則《周禮》之士田，以任近郊之地税什一。」孔氏正義云：「圭，潔也。言德行潔白也而與之田。殷所不税者，殷政寬厚，重賢人。周則税之。」士以潔白而升，則與以圭田，使供祭祀，若以不潔白而黜，則收其田里，故士無田則不祭。有田以表其潔，無田以罰其不潔也。《説文》田部云：「畦，田五十畝曰畦。从田，圭聲。」段氏玉裁《説文解字注》云：「《離騷》『畦留夷與揭車』，❶王逸注：『五十畝曰畦。』《蜀都賦》劉注云：『《楚辭》倚沼畦瀛，王逸云：瀛，澤中也。班固以爲畦田五十畝也。』《孟子》曰：『圭田五十畝。』然則畦从圭田，會意兼形聲與。」孫氏蘭《輿地隅説》云：「《孟子》『圭田』，或以圭訓潔，非也。《九章・方田》有圭田求廣從法，有直田截圭田法，有圭田截

❶「離騷」，原脱，今從沈校據《説文解字注》補。

小截大法，凡零星不成井之田，一以圭法量之。圭者，合二句股之形。井田之外有圭田，明係零星不井者也。」此上二説與趙氏異。按：鄭司農以士田爲士大夫之子所耕，《荀子·王制》篇云：「雖王公士大夫之子孫，不能屬於禮義，則歸之庶人。」然則士大夫之子孫，其不能嗣爲士大夫者，即授之田，正與餘夫一例。若然，則圭田不以潔取義，正指不能成井者而言。不能成井則以五十畝爲一畦，畦之數又即由圭形而稱焉者也。《史記·貨殖傳》云「千畦薑韭」，《集解》引徐廣云：「一畦二十五畝。」《文選》注引劉熙注「病於夏畦」云：「今俗以二十五畝爲小畦，以五十畝爲大畦。」然則「餘夫二十五畝」亦即蒙上圭田而言。○注「餘夫」至「制也」❶○正義曰：宣公十五年《公羊傳》注云：「多於五口，名曰餘夫，以率受田二十五畝。」此趙氏義也。多於五口則不拘何人，故趙氏兼言老小也。《漢書·食貨志》云：「民受田，上田夫百晦，中田夫二百晦，下田夫三百晦。歲耕種者爲不易上田，休一歲者爲一易中田，休二歲者爲再易下田，三歲更耕之，自爰其處。農民户人已受田，其家衆男爲餘夫，亦以口受田如比。士工商家受田，五口乃當農夫一人。」此云「如比」，則如一夫百畝之例，與《孟子》「餘夫二十五畝」之餘夫不同。《地官·遂人》：「辨其野之土上地中地下地，以頒田里：上地夫一廛，田百晦，萊五十晦，餘夫亦如之；中地夫一廛，田百晦，萊百晦，餘夫亦如之；下地夫一廛，田百晦，萊二百晦，餘夫亦如之。」注云：「萊，休不耕者。鄭司農云：『户計一夫一婦而賦之田，其一户有數口者，餘夫亦受此田也。廛，居也。揚子雲有田一廛，謂百畝之居也。』」後鄭此處不注，而注於《載師》，

❶ 「制」，原作「等」，合於閩、監、毛等本，今據本書及阮校所述宋、孔、韓等本注文改。

云：「餘夫在遂地之中如比，則士工商以事入在官，而餘夫以力出耕公邑。」賈氏疏云：「六鄉七萬五千家，家以七夫爲計，餘子弟多，三十壯有室，其合受地，亦與正夫同。《孟子》云：『圭田五十畝，餘夫二十五畝。』彼餘夫與正夫不同者，彼餘夫是二十九已下未有妻，受口田，故二十五畝。若三十有妻，則受夫田百畝。故鄭注《内則》云：『三十受田，給征役。』士與工商之家，丈夫成人，受田各受一夫，則云半農夫者是也。其家内無丈夫，其餘家口不得如成人，故五口乃當農夫一人。百里内置六鄉，以九等受地，皆以一夫爲計，其地則盡。至於餘夫無地可受，則六鄉餘夫等並出耕在遂地之中，百里之外，其六遂之餘夫，並亦在遂地之中受田矣。」如是則《遂人》之餘夫不同於《孟子》之餘夫。乃趙氏引《周禮·遂人》「餘夫」以證《孟子》，則是以《遂人》所云「餘夫亦如之」，即此「餘夫二十五畝」之餘夫也。彼注者因上言「夫一廛，田百畮」，下言「餘夫亦如之」，故以爲此三十授田之餘夫，所授亦如一夫之百畝。趙氏解《遂人》，謂一夫所受田萊多少有上中下，餘夫亦如上中下之等，非亦如百畝也。陳祥道《禮書》云：「先王之於民，受地雖均百畝，然其子弟之衆或食不足而力有餘，則又以餘夫任之。此《載芟》詩所謂『侯彊』，《周禮》所謂『以彊予任甿』者也。然餘夫之田不過二十五畝，以其家既受田百畝而又以百畝予之，則彼力有所不逮矣。故其田四分農夫之一而已。上地田二十五畮，萊半之，中地二十五畮，萊亦二十五畮，下地二十五畮，萊五十畮。所謂『如之』者，如田萊之多寡而已，非謂餘夫亦受百畝之田如正農夫也。」此得趙氏義矣。○注「王制」至「道也」○正義曰：趙氏佑《温故録》云：「《王制》『夫圭田無征』，注云云。依鄭注，則《王制》夫字直下讀，而夫之訓治，既少證佐；依趙注，則以夫爲餘夫，當讀夫字斷，與圭田爲二事，而餘夫獨省去餘字，以何明之？或讀夫音扶，則本文上承『古者，公田藉而不稅，市廛而不稅，關譏而不征，林麓川澤以時入而不禁」，皆以次銜接，不應別用助辭。今按，《周禮》每言夫受田征稅，皆必計夫爲率，故有『夫家之征』，注謂『夫稅家稅』。夫稅者，百畝之稅，家稅者，出士徒車輦給繇役。《考工記·匠人》注以《載師職》云『園廛二十而一，近郊十一，遠郊二十而三，甸、稍、縣、都，皆無過十二』謂『田稅也，皆就夫稅之近輕遠重耳』，下即引《孟子》此章文，云：『以《載師》職及《司馬法》論之，則周制畿内用夏之貢法，稅夫無公田；以《詩》《春秋》《論語》《孟子》論之，周制邦國用殷之助法，制公田不稅夫也。』則此圭田在畿内，當稅夫而謂無征，正言圭田不稅夫，倒『夫』字於句上也。蓋井田計夫，畝百爲夫，圭田半之，不合計夫，故不稅夫，以優恤卿士之子孫，使得專力於祭祀也。是《王制》原可作夫字一句讀，與上市、關等一例，不必訓治，更無餘夫在内。餘夫二十五畝，又半於圭田，其人老弱，或當亦不計夫。」**死徙無出鄉，**注 死謂葬死也，徙謂爰土易居，平肥磽也。不出其鄉，易爲功也。疏 注「死謂」至「功也」○正義曰：《荀子·禮論》云：「死，人之終也。夫厚其生而薄其死，是敬其有知而慢其無知也。」此但云「死」，則送死也。送死惟葬則有出鄉不出鄉之別，故云「葬死」也。《周書·大聚解》云：「墳墓相連，民乃有親。」是也。阮氏元《校勘記》云：「『謂受土易居也肥磽也』，閩、監、毛三本如此。廖本、孔本、韓本受作爰，上也字作平。作爰作平是。爰土即《國語》之轅田。賈侍中云：『轅，易也。爲易田之法。』《左傳》作『爰田』。《食貨志》云：『三歲更耕之，自爰其處。』《公羊傳》注云：『三年一換土易居。』然則爰者，換也。平肥磽者，謂一易之地家百畝，再易之地家二百畝，三易之地家三百畝，無偏枯不均也。」按：「晉於是作爰田」見僖公十五年《左傳》，孔疏引服虔、孔晁皆云：「爰，易也。」賞衆以田，易其彊畔，易亦換也。古爰音與換近，故畔換即畔援也。《説文》走部云：「𧻚田，易居也。」段氏玉裁《説文解字注》云：「《周禮·大司徒》：『不易之地家百晦，一易之地家二百晦，再易之地家三百晦。』大鄭云：『不易之地，歲種之，美，故家百晦。一易之地，休一歲乃復，地薄，故家二百晦。再易之地，休二歲乃復種，故家三百晦。』《遂人》：『辨其野之土上地中地下地，以頒田里：上地夫一廛，田百晦，萊五十晦。中地夫一廛，田百晦，萊百晦。下地夫一廛，田百晦，萊二百晦。』注：『萊謂休不耕者。』《公羊》何注云：『司空謹别田之高下美惡，分爲三品：上田一歲一墾，中田二歲一墾，下田三歲一墾。肥饒不得獨樂，墝埆不得獨苦，故三年一換主易居，財均力平。』《漢書·食貨志》云：『民受田，上田夫百晦，中田夫二百晦，下田夫三百晦。歲耕種者爲不易上田，休一歲者爲一易中田，休二歲者爲再易下田。三歲更耕，自爰其處。』《地理志》云『秦孝公用商君制轅田』，張晏云：『周制三年一易，以同美惡。商鞅始割列田地，開立阡陌，令民各有常制。』孟康云：『三年爰土易居，古制也。末世浸廢。商鞅相秦，復立爰田。上田不易，中田一易，下田再易。爰自在其田，不復易居也。』按，何云『換主易居』，班云『更耕自爰其處』，趙云『爰土易居』，許云『𧻚田易居』，爰、轅、𧻚、换四字音義同也。古者每歲易其所耕，則田廬皆易。云三年者，三年而上中下田徧焉。三年後一年仍耕上田，故曰『自爰其處』。孟康説古制易居爲爰田，商鞅自在其田不復易居爲轅田，名同實異，孟説是也。依孟，則商鞅田分上中下而少多之。得上田者百畝，得中田者二百畝，得下田者三百畝，不令得田者彼此相易。其得中田二百畝者，每年耕百畝，二年而徧。得下田三百畝者，亦每年耕百畝，三年而徧。故曰上田不易，中田一易，下田再易，爰自在其田，不復易居。《周禮》之制，得三等田者彼此相易，今年耕上田百畝，明年耕中田二百畝之百畝，又明年耕下田三百畝之百畝，又明年仍耕上田之百畝，如是乃得有休一歲、休二歲之法，故曰『三歲更耕，自爰其處』。與商鞅法雖異而同也。鞅之害民，在開阡陌。」**鄉田同井，出入相友，守望相助，疾病相扶持，則百姓親睦。** 注 同鄉之田，共井之家，各相營勞也。出入相友，相友耦也。《周禮·太宰》曰：「八曰友，以任得民。」守望相助，助察姦也。疾病相扶持，扶持其羸弱，救其困急。皆所以教民相親睦之道。睦，和也。疏 注「同鄉」至「和也」○正義曰：《説文》𨛜部云：「鄉，國離邑，民所封鄉也。❶嗇夫别治。封圻之内六鄉，六卿治之。」段氏玉裁《説文解字注》云：「離邑，如言離宫别館。國與邑，名可互稱。析言之，則國大邑小，一國中離析爲若干邑。封猶域也。所封謂民域其中，所鄉，謂歸往也。劉熙《釋名·釋州國》云：『鄉，向也。衆所向也。』以同音爲訓也。嗇夫别治，言漢制；六鄉六卿治之，謂周禮。」按：此分别鄉之名甚析。畿内六鄉，别乎六遂都鄙而言，此鄉之專名也；凡民所向往，國之别邑，皆謂之鄉，此鄉之通名也。《逸周書·大聚解》云：「以國爲邑，以邑爲鄉，以鄉爲閭。禍災相恤，資喪比服；合閭立教，以威爲長；合族同親，以敬爲長；飲食相約，興彈相庸；耦耕曰耘，男女有婚；墳墓相連，民乃有親。」《孟子》此文略同。「同鄉之田」即同國同邑之謂，非專指六鄉也。《韓詩外傳》云：「古者八家而井。田方里而爲井，廣三百步，長三百步，一里其田九百畝。八家爲鄰，家得百畝，餘夫各得二十五畝。家爲公田十畝，餘二十畝共爲廬舍，各得二畝半。八家相保，出入更守，疾病相憂，患難相救，有無相貸，飲食相召，嫁娶相謀，漁獵分得，仁恩施行。是以其民和親

❶「鄉」，原脱，今從沈校據《説文解字》補。

而相好。」此本《孟子》而衍之。「共井之人」即此八家爲鄰之謂也。《吕氏春秋・辨土》篇云：「所謂今之耕也，營而無獲者。」《廣雅・釋地》云：「營，耕也。」《爾雅・釋詁》云：「勞，勤也。」「各相營勞」謂各耕治其田而各盡其勤苦也。《周禮・天官・大宰》：「以九兩繫邦國之民，八曰友，以任得民。」注云：「友謂同井相合耦耡作者。」引《孟子》此文。趙氏以「耦」釋「友」，故引《大宰》職證之。《説文》又部云：「同志爲友。」《淮南子・時則訓》云「令農計耦耕事」，高誘注云：「耦，合也。」農夫同志合耕，亦是友也。《廣雅・釋詁》云：「望，候䚇也。」䚇同伺，《一切經音義》引《字林》云：「伺，候也，察也。」伺亦通作司，《秋官・禁殺戮》「掌司斬殺戮者」，注云：「司，察也。」是也。故趙氏解「守望相助」云「助察姦」，❶以察釋望也。《楚辭・招魂》云：「天地四方，多賊姦些。」《淮南子・氾論訓》「姦符節」，高誘注云：「姦私，亦盗也。」是姦指盗賊而言。守者，防備所已知；望者，伺察所未形。守之義易明，故略之，專言察。伺察之，又戒備之，言察而守在矣。《鬼谷子・捭闔》篇云：「是故望人一守司其門户，審察其所先後。」守司即守望。上兼言守、司而以「審察」自解之，則「審察」明司亦兼明守矣。《漢書・食貨志》引《孟子》云：「出入相友，守望相助，疾病相救，民是以和睦，而教化齊同，力役生産，可得而平也。」以救字代扶持。《方言》云：「扶，護也。」護亦救也。《荀子・榮辱》篇云「以相群居，以相持養」，注云：「持養，保養也。」扶、持二字義同。人有疾病則羸弱困急，保養之，即救護之矣。

❶「姦」下，原有「惡」字，合於宋十行、閩、監、毛等本，今據本書及阮校所述廖、孔、韓等本注文删。

凡此皆由有以教化之本。《食貨志》言之。《志》言「民是以和睦」，❶是睦即和也。**方里而井。井九百畝，其中爲公田，八家皆私百畝，同養公田。公事畢，然後敢治私事，所以別野人也。**注方一里者，九百畝之地也，爲一井。八家各私得百畝，同共養其公田之苗稼。公田八十畝，其餘二十畝以爲廬井宅園圃，家二畝半也。先公後私，「遂及我私」之義也。則是野人之事所以別於士伍者也。疏注「方一」至「伍者也」○正義曰：方者，開方也。「方一里」謂縱横皆一里。畫爲九，則積九百畝者，其方三百畝也。其形如井字，故爲一井也。或云：方是法，不是形。古九數，一曰方田。若其田本方，安用算？山水之性，皆以曲而善走，即廣野平疇，其脈必自山出。大約中出者必中高，邊出者必邊高，斷無百十里直如繩、平如砥者。《孟子》方里云云，亦舉一方者以爲例耳。阮氏元《校勘記》云：「『以爲廬井宅園圃家一畝半也』，閩、監、毛三本同，廖本、孔本、韓本、《攷文》古本無井字，一作二。無井字非也。《穀梁傳》云：『古者公田爲居，井竈蔥韭取焉。』一作二，是也。此二畝半合城保二畝半，是爲五畝之宅。」徹法九夫爲井，則每家受田一頃一十二畝半，税其一十二畝半，是九分取一也，無所爲公私也。助法八家皆私百畝，同養公田，則每以二畝半爲廬井宅園圃，餘八十畝八家同養，是八百八十畝税其八十畝，名爲九一，實乃什一分之一也。此助法所以善也。惟是公私之田既分，而先後之期乃定也。「野人」謂都鄙之人。《國語·齊語》云「罷士無伍」，注云：「無行曰罷。無伍，無與爲伍也。」然則「士伍」猶云士列也，即謂食禄之君子。公田，君子所食，先之；私

❶「志言之志言」，據文義，疑衍「之志言」三字。

田，野人所食，後之：是「別野人於君子」也。又《地官・小司徒》：「乃會萬民之卒伍而用之：五人爲伍，五伍爲兩，四兩爲卒，五卒爲旅，五旅爲師，五師爲軍。」《尚書・費誓》云：「魯人三郊三遂。」孔氏正義云：「天子六軍，出自六鄉。」則諸侯大國三軍亦當出自三鄉也。《周禮》又云：「萬二千五百人爲遂。」《遂人》職云：「以歲時稽其人民，簡其兵器，以起征役。」則六遂亦當出六軍，鄉爲正，遂爲副也。設百里之國，去國十里爲郊，則諸侯之制亦當鄉在郊内，遂在郊外。然則軍伍屬鄉郊。《毛詩・小雅・采芑》傳云：「宣王能新美天下之士。」箋云：「士，軍士也。」《荀子・王制》篇云：「故王者富民，霸者富士。」注云：「士，卒伍也。」則「士伍」指鄉遂之人。鄉遂什一自賦，無公田私田之分，則無先公後私之法，是「別都鄙之人於鄉遂之人」也。二者未知孰是。《校勘記》云：「韓本、《考文》古本伍作位。」**此其大略也。若夫潤澤之，則在君與子矣。」**注略，要也。其井田之大要如是。而加慈惠潤澤之，則在滕君與子共戮力撫循之也。疏注「略要」至「如是」○正義曰：《淮南子・本經訓》云「其言略而循理」，高誘注云：「略，約要也。」約之義爲要，略、約音近義通也。○注「而加」至「循之也」❶○正義曰：《風俗通・山澤》篇云：「澤者，言其潤澤萬物以阜民用也。」井田大要如是。此法也，若無慈惠之心行之，則法雖立而民仍不被其澤。《荀子・富國》篇云：「垂事養民，拊循之，呴嘔之。」注云：「拊與撫同。撫循，慰悦之也。」無井田之法而徒撫循呴嘔之，則爲小惠，井田之法立而無撫循慈惠之意，則法亦槁餒而無光澤，所謂「有治人無治法」也。注「而加慈惠潤澤之」，孔本無而字。

❶「而」，原無，今據疏例及注文補。

章指：言尊賢師，知采人之善，善之至也；修學校，勸禮義，勑民事，正經界，均井田，賦什一，則爲國之大本也。疏「知采人之善」○正義曰：《史記·太史公自序》云：「《春秋》采善貶惡。」又《禮書》云：「悉内六國禮儀，采擇其善。」韓本無「善之至也」四字。

孟子正義卷十一

江都縣鄉貢士焦循譔集

有爲神農之言者許行，自楚之滕，踵門而告文公曰：「遠方之人聞君行仁政，願受一廛而爲氓。」注神農，三皇之君，炎帝神農氏也。許，姓；行，名也。治爲神農之道者。踵，至也。廛，居也。自稱「遠方之人」。願爲氓，氓，野人之稱。疏注「神農」至「之稱」〇正義曰：以神農氏爲「三皇」者，《白虎通·號》篇云：「三皇者，何謂也？謂伏羲、神農、燧人也。或曰：伏羲、神農、祝融也。」按：《易·繫辭傳》首稱伏羲，次神農，次黄帝、堯、舜並稱；《淮南子》以伏羲、神農爲「泰古二皇」，是也。女媧、祝融，孔子所未言，何足以配羲、農哉？《漢書·藝文志》云：「農家者流，《神農》二十篇，六國時諸子疾時怠於農業，道耕農事，託之神農。」顏師古云：「劉向《別録》云：『疑李悝及商君所説。』」《商子·畫策》篇云：「神農之世，公耕而食，婦織而衣，刑政不用而治。」《吕氏春秋·愛類》篇云：「神農之教曰：士有當年而不耕者，則天下或受其饑矣；女有當年而不績者，則天下或受其寒矣。故身親耕，妻親績，所以見致民利也。」「神農之教」即所謂「神農之言」也。《太平御覽·皇王部》引《尸子》云：「神農氏夫負妻戴以治天下。堯曰：朕之比神農，猶旦之與昏也。」《北堂書鈔·帝王部》引《尸子》云：「神農氏並耕而食以勸農也。」尸佼，魯人，其書屬雜家，商鞅師之，其言「並耕而治」，與許行同。許行之學，蓋出於尸佼。《吕氏春秋·審時》篇「夫稼爲之者人也」，高誘注云：「爲，治也。」《禮記·大學》篇「道學也」，注云：「道，言也。」是「爲神農之言」即「治神農之道」也。古之人民食鳥獸蠃蛖之肉，多疾病毒傷之害，故神農因天時，分地利，制耒耜，教民播種五穀，久而耒耨之利，民皆粒食；黄帝堯舜垂衣裳而天下治，通變神化，定尊卑，辨上下，爲萬世法，故孟子言必稱堯舜。尸、商之徒，仍託神農之言以惑天下，許行從而衍之，猶墨者之於翟耳。《國策·齊策》「軍重踵高宛」，高誘注云：「踵，至也。」《毛詩》「胡取禾三百廛兮」，傳云：「一夫之居曰廛。」是廛即居也。氓與甿同，《周禮·地官·遂人》「凡治野，以下劑治甿」云云，注云：「變民言甿，異外内也。甿猶懵。懵，無知貌也。」賈氏疏云：「大司徒、小司徒主六鄉，皆云民不言甿；此變民言甿，直是異内外而已。」然則鄉遂稱民，都鄙稱甿。甿屬都鄙，故爲「野人」。《國策·秦策》云「而不憂民氓」，《淮南子·脩務訓》云「以寬民氓」，高誘注皆云：「野民曰氓。」《史記·三王世家》《索隱》出「邊甿」，云：「《三蒼》云邊人云甿。」邊人亦即都鄙之民也。

文公與之處，其徒數十人皆衣褐，捆屨織席以爲食。注文公與之居處，舍之宅也。其徒，學其業者也。衣褐，貧也。捆猶叩椓也。織屨欲使堅，故叩之也。賣屨席以供食飲也。疏注「文公與之居處舍之宅也」○正義曰：《吕氏春秋·功名》篇云「故民無常處」，高誘注云：「處，居也。」「文公與之處」即文公與之居，故以「居」解「處」。《毛詩·羔裘》箋云：「舍猶處也。」《爾雅·釋言》云：「宅，居也。」《荀子·王制》篇云：「定廛宅。」趙氏既以「居」釋「宅」，仍以其意未明，故又以「舍之宅」申明之，謂與之居處者，止舍之以廛宅也。○注「捆猶」至「叩之也」○正義曰：《音義》出「捆屨」，云：「丁音闔。案，許叔重曰：『捆，織也。』《埤倉》曰：『捆，傚也。』從扌。從木者誤也。張作裍，音同。」又出「叩椓」，云：「丁音卓，擊也。從扌旁豖。」此所引許説蓋《淮南子》注。《淮南子·脩務訓》云：「蔡之幼女，衛之稚質，捆纂組。」高誘注云：「捆，叩椓。纂，織。❶組，邪文，如今之綬，没黑見赤，亦其巧也。」謂織組而叩椓之也。《毛詩·大雅》「室家之壺」，箋云：「壺之言捆也。室家先以相捆緻。」孔氏正義云：「捆逼而密緻。」傚即緻。「叩之使堅」，堅亦緻也。高注《淮南》同於許，趙注《孟子》同於高矣。捆屨織席，何以爲食？知其「賣之以供飲食」也。**陳良之徒陳相與其弟辛，負耒耜而自宋之滕，曰：「聞君行聖人之政，是亦聖人也，願爲聖人氓。」**注陳良，儒者也；陳相，良之門徒也；辛，相弟。聖人之政，謂仁政也。**陳相見許行而大悦，盡棄其學而學焉。**注棄陳良之儒道，更學許行神農之道也。疏注「棄陳良之儒道」○正義曰：《漢書·藝文志》云：「儒家者流，游文於六經之中，留意於仁義之際，祖述堯舜，憲章文武，宗師仲尼，以重其言，於道爲最高。」《荀子·儒效》篇言大儒之效，首推周公，其對秦昭王，則以仲尼爲歸。陳良「悦周公仲尼之道」，是儒家者流也。

陳相見孟子，道許行之言曰：「滕君，則誠賢君也。雖然，未聞道也。注陳相言許行以爲滕君未達至道也。**賢者與民並耕而食，饔飧而治。今也滕有倉廩府庫，則是厲民而以自養也，惡得賢？」**注相言許子以爲古賢君當與民並耕而各自食其力。饔飧，熟食也。朝曰饔，夕曰飧。當身自

❶「織」，原脱，今從沈校據《淮南子》高注補。

具其食，兼治民事耳。今滕賦税有倉廩府庫之富，是爲厲病其民以自奉養，安得爲賢君乎？三皇之時質樸無事，故道若此也。疏注「饔飧」至「事耳」○正義曰：《説文》食部云：「饔，孰食也。」「飧，餔也。从夕食。」「餔，申時食也。」段氏玉裁《説文解字注》云：「《小雅》傳云『孰食曰饔』，《魏風》傳云『孰食曰飧』，然則饔、飧皆謂孰食，分別之則謂朝食夕食。許於饔不言朝，於飧不言孰，互文錯見也。趙注《孟子》曰：『朝食曰饔，夕曰飧。』此析言之。《公羊傳》『趙盾食魚飧』，《左傳》『僖負羈饋盤飧，趙衰以壺飧從』，皆不必夕時，渾言之也。《司儀》注云：『小禮曰飧，大禮曰饔餼。』《掌客》：『上公飧五牢，饔餼九牢；侯伯飧四牢，饔餼七牢；子男飧三牢，饔餼五牢。』此饔飧與常食不同，且多腥，不皆孰食。」王氏念孫《廣雅疏證》云：「《釋器》：『孰食謂之餕饔。』餕讀若飧。《小雅·祈父》篇『有母之尸饔』，毛傳云：『孰食曰饔。』《大東》篇『有饛簋飧』，❶傳云：『飧，熟食也。』合言之則曰飧饔，《周禮·外饔》云『賓客之飧饔饗食之事』是也。昭二十五年《公羊傳》『餕饔未就』，何休注云：『餕，熟食。饔，熟肉。』餕饔即飧饔。《淮南子·道應訓》『釐負羈遺之壺餕而加璧焉』，壺餕即壺飧。是飧餕古通用。倒言之則曰饔飧，《孟子·滕文公》篇『饔飧而治』是也。」○注「是爲」至「君乎」○正義曰：《毛詩·大雅·思齊》篇「烈假不瑕」，箋讀烈爲厲，云：「厲，病也。」《論語·子張》篇云「信而後勞其民，未信則以爲厲己也」，王肅云：「厲，病也。」此「厲民」正《論語》所云「厲己」，故以「病」釋之也。昭公六年《左傳》云「奉之以仁」，注云：「奉，養也。」《説文》食部云：「養，供養也。」《周書·謚法》「敬事供上曰恭」，

❶「有」，原作「可」，今從沈校據《毛詩》改。

注云：「供，奉也。」是「養」爲「奉養」也。上云「滕君則誠賢君」，此又云「惡得賢」，「賢」即指上賢君。惡之言安也。

孟子曰：「許子必種粟而後食乎？」注問許子必自身種粟乃食之邪？**曰：「然。」**注相曰：然，許子自種之。**「許子必織布而後衣乎？」**注孟子曰：許子自織布然後衣之乎？**曰：「否，許子衣褐。」**注相曰：不自織布，許子衣褐。以毳織之，若今馬衣者也。或曰：褐，枲衣也。一曰：粗布衣也。疏注「以毳」至「衣也」〇正義曰：《周禮·春官·司服》鄭司農注云：「毳，罽衣也。」《天官·掌皮》「共其毳毛爲氈」，注云：「毳毛，毛細縟者。」《淮南子·覽冥訓》云「短褐不完」，注云：「短褐，處器物之人也。褐，毛布，如今之馬衣也。」定公八年《左傳》云「侵齊，攻廩丘之郛，主人焚衝，或濡馬褐以救之」，注云：「馬褐，馬衣。」《説文》衣部云：「褐，編枲韤，一曰粗衣。」趙氏云「馬衣」，本《左傳》及高注也；云「枲衣」，本《説文》「編枲韤」也；云「粗布衣」，本《説文》「粗衣」也。段氏玉裁《説文解字注》云：「取未績之麻，編之爲足衣，如今草鞵之類。枲衣亦謂編枲爲衣。」按：《説文》云「編枲韤」，此云「衣褐」非韤，故趙氏不言韤但言衣也。任氏大椿《深衣釋例》云：「《説文》：『褐，編枲韤，一曰粗衣。』《急就篇》『靸鞮卬角褐韤巾』，注：『褐，毛爲衣，或曰麤衣也。』按，《詩·七月》箋、《孟子》注、《急就篇》注，並以褐爲毛布，《孟子》注又以褐爲編枲衣，又以褐爲粗布衣。《淮南子·齊物訓》注：『楚人謂袍爲短褐大布。』潘岳《籍田賦》『被褐振裾』，注：『褐，麤布也。』然則褐一衣耳，而毛、枲、布各異。《説文》曰『粗衣』，蓋統毛、枲、布而言之也。《詩·七月》『無衣無褐』，箋云：『貴者無衣，賤衣無褐。』則別褐於衣。《史記》劉敬曰『臣衣褐，衣褐見；衣帛，衣帛見』，則別褐於帛，即《説文》所云『粗衣』也。褐爲粗衣，又爲短衣，《晏子·諫上》篇：『百姓老弱凍寒，不得短褐而欲竊。』《荀子·大略》

篇『衣則豎褐不完』，注：『豎褐童豎之褐，亦短褐也。』《淮南子·齊俗訓》：『必有管躧跐踦短褐不完者。』《覽冥訓》：『霜雪亟集，短褐不完。』《新序》：『無鹽乃拂短褐，自請宣王。』《史記·秦始皇帝紀》『夫寒者利短褐』，《索隱》曰：『謂褐布豎裁爲勞役之衣，短而且狹，故謂之短褐，亦曰豎褐。』凡此言褐者，必曰短褐。師古《貢禹傳》注以褐爲布長襦，《演繁露》又以褐爲『裾垂至地』，豈褐之長短亦有古今之異與？」**「許子冠乎？」**注孟子問相。**曰：「冠。」**注相曰：冠也。**曰：「奚冠？」**注孟子問許子何冠也？**曰：「冠素。」**注相曰：許子冠素。**曰：「自織之與？」**注孟子曰：許子自織素與？**曰：「否，以粟易之。」**注相言許子以粟易素。**曰：「許子奚爲不自織？」**注孟子曰：許子何爲不自織素乎？**曰：「害於耕。」**注相曰：織妨害於耕，故不自織也。疏注「織妨害於耕」○正義曰：阮氏元《校勘記》云：「『織紡害於耕』，閩、監、毛三本、孔本、韓本同，廖本紡作妨。按，作『妨』是也。」《説文》女部云：「妨，害也。」故以「妨」釋「害」。

曰：「許子以釜甑爨，以鐵耕乎？」注爨，炊也。孟子曰：許子寧以釜甑炊食，以鐵爲犂用之耕否邪？

疏注「爨炊也」○正義曰：《説文》火部云：「炊，爨也。」又爨部云：「爨，齊謂炊爨。」段氏玉裁《説文解字注》云：「齊謂炊爨者，齊人謂炊曰爨。古言謂則不言曰，如毛傳『婦人謂嫁歸』是也。《特牲》《少牢禮》注皆曰：『爨，竈也。』此因爨必於竈，故謂竈爲爨。《楚茨》傳云：『爨，雍爨、廩爨也。』此謂竈。又曰：『踖踖，爨竈有容也。』此謂炊。」按：此言以釜甑爨，釜甑作竈，則爨不得又爲竈，故是「炊」矣。《説文》牛部云：「犂，耕也。」段氏玉裁《説文解字注》云：「犂、耕二字互訓；皆謂田器。」故云「以鐵爲犂」。爨本竈名，用以炊即以炊爲爨，猶犂本田器，用以耕即以耕爲犂也。**曰：「然。」**注相曰：用之。**「自爲之與？」**注孟子曰：許子自冶鐵陶瓦器邪？疏注「冶鐵陶瓦器」○正義曰：《攷工記》：「㮚氏爲量，改煎金錫則不耗，量之以爲鬴，深尺，内方尺而圜其外，其實一鬴。」《説文》鬲部云：「鬴，鍑屬也。」重文：「釜，或從父金聲。」是釜屬金冶爲之也，故云「冶鐵」。《攷工記》：「陶人爲甗，實二鬴，厚半寸，脣寸。甑實二鬴，厚半寸，脣寸，七穿。」鄭司農云：「甗，無底甑。」《説文》瓦部云：「甑，甗也。」「甗，甑也，一穿。」段氏玉裁《説文解字注》云：「無底即所謂一穿。蓋甑七穿而小，甗一穿而大。一穿而大，則無底矣。」「其底七穿，故必以箅蔽甑底而加米其上，而餴之而餾之。」甑屬瓦陶爲之也，故云「陶瓦器」。按：古釜有足如鼎，今釜無足，别以土爲鑪承其下，《説文》言「秦名土鬴曰鬲」是也。鬲讀若過，今俗作鍋。然土其下仍鐵其上，俗猶呼其上之鐵爲鍋，其下土爲鍋臺耳。甑今以木爲之，其下亦以木爲㰈，則七穿之遺制矣；或以竹爲之，俗呼蒸籠，亦甑之類也。曰：「否，以粟易之。」注相曰：不自作鐵瓦，以粟易之也。「以粟易械器者不爲厲陶冶，陶冶亦以其械器易粟者，豈爲厲農夫哉？且許子何不爲陶冶，舍皆取諸其宫中而用之？何爲紛紛然與百工交易？何許子之不憚煩？」注械，器之總名也。厲，病也。以粟易器，不病陶冶，陶冶亦何以爲病農夫乎？且許子何爲不自陶冶？舍者，止也。止不肯皆自取之其宫宅中而用之。何爲反與百工交易，紛紛爲煩也？疏注「械器之總名也」○正義曰：《説文》木部云：「械，桎梏也。一曰器之總名。」桎梏爲刑罰之器。莊三十二年《公羊傳》以攻守之器爲械，而實非桎梏兵甲之專名，故《荀子·王制》篇言「喪祭械用」，《禮記·王制》云「器械異制」，注云：「謂作務之用。」《孟子》此文，又指釜甑耕犂而言，是凡器皆得稱械，故云「器之總名」也。○注「舍止也」至「用之」○正義曰：舍爲「居止」之止，此爲「禁止」之止，故又申解止爲「不肯」。

《爾雅·釋宫》云：「宫謂之室，室謂之宫。」邵氏晉涵《正義》云：「《春秋》隱五年：『考仲子之宫。』《穀梁》文十三年傳云：『伯禽曰大室，❶群公曰宫。』是宫廟通稱宫室也。《左氏》莊二十一年傳云：『虢公爲王宫於玤。』《鄘詩》：『定之方中，作于楚宫。』又云：『作于楚室。』是天子諸侯所居通稱宫室也。《左氏》僖二十八年傳云：『令無入僖負羈之宫。』《檀弓》云：『季武子成寢，杜氏之喪在西階之下，請合葬焉。許之。入宫而不敢哭。』是大夫通稱宫室也。《士昏禮》云：『請吾子之就宫。』《喪服傳》云：『所適者，以其貨財爲之築宫廟。』《大戴禮·千乘》篇云：『百姓不安其居，不樂其宫。』是士庶人通稱宫室也。《釋文》云：『古者貴賤同稱宫，秦漢以來惟王者所居稱宫焉。』」按：宫是貴賤通稱，此許行所居即廛宅，故以「宅」解「宫」也。毛氏奇齡《四書賸言》云：「『舍皆取諸其宫中而用之』，舍，止也。言止取宫中，不須外求也。趙注『舍』止，又以『不肯』爲止，謂不肯皆自取宫室之中，則猶是止字而解又不同。」曰：「百工之事，固不可耕且爲也。」**注**相曰：百工之事固不可耕且爲，故交易也。

「然則治天下獨可耕且爲與？**注**孟子言百工各爲其事，尚不可得耕且兼之，人君自天子以下當治天下政事，此反可得耕且爲邪？欲以窮許行之非滕君不親耕也。孟子謂五帝以來有禮義上下之事，不可復若三皇之道也。言許子不知禮也。有大人之事，有小人之事。且一人之身而百工之所爲，備如必自爲而後用之，是率天下而路也。**注**孟子言人道自有大人之事，謂人君行教化也；小人之

❶「大」，原從邵書作「世」，今從沈校據《穀梁傳》改。

事，謂農工商也。一人而備百工之所作，作之乃得用之者，是率導天下之人以羸路也。**疏**注「一人而備百工之所作」○正義曰：《爾雅・釋言》云：「作，爲也。」諸經注或以爲釋作，或以作釋爲，二字轉注。此以「百工之所作」解「百工之所爲」，以備字倒加句上，明爲字斷，不與備字連也。「作之乃得用之」解「自爲而後用之」，作即爲也。《荀子・富國》篇云：「故百技所成，所以養一人也。而能不能兼技，人不能兼官。」○注「是率導」至「路也」○正義曰：《禮記・中庸》云：「率性之謂道。」《管子・君臣》篇云：「道也者，上之所以導民也。」道爲導，而以「率性」解之，是「率」即「導」也。《音義》出「路也」，云：「丁、張並云：『路與露同。』」又出「羸路」，云：「力爲切，字亦作羸，郎果切。」各本作「是率天下之人以羸困之路也」。阮氏元《校勘記》云：「《音義》出『羸路』，云：『字亦作羸。』則宣公所見本無『困之』二字。路與露古通用。『露羸』見於古書者多矣。《大雅》『串夷載路』，鄭箋以瘠釋路，俗人乃改瘠爲應。此添『困之』二字，其謬同也。力爲切，瘦也。羸路謂瘦瘠暴露也。《音義》前説是，亦作者非。」翟氏灝《攷異》云：「趙注謂『導人羸困之路』，丁、張覺其未安而欲改字爲露，不若奔走道路爲得。《管子・四時》篇云『不知五穀之故，國家乃路』，房氏注曰：『路謂失其常居。』可爲此路字之證。」**故曰：『或勞心，或勞力。』勞心者治人，勞力者治於人。治於人者食人，治人者食於人。天下之通義也。****注**勞心者，君也；勞力者，民也。君施教以治理之，民竭力治公田以奉養其上。天下通義，所常行也。**疏**「故曰」至「義也」○正義曰：襄公九年《左傳》知武子云：「君子勞心，小人勞力，先王之制也。」《國語・魯語》公父文伯之母云：「君子勞心，小人勞力，先王之訓也。」是勞心勞力，古有此法。孟子上言大人小人，此云「或勞心」，即君子勞心也；云「或勞力」，即小人勞力也。以先王之法，是以加「故曰」二字。「勞心者治人」以下，則孟子申上之辭也。○注「君施」至「其上」○正義曰：《荀子·修身》篇云「少而理曰治」，《淮南子·説山訓》云「幸善食之而勿苦」，注云：「食，養也。」前章言「無君子莫治野人，無野人莫養君子」。此云「勞心者治人，治人者食於人」，即君子治野人也；此云「勞力者治於人，治於人者食人」，即野人養君子也。彼云養云食，正是食即是養，故以「理」釋「治」而以「奉養」釋「食」。「施教化以治理之」，即使之同鄉共井，相友相助相扶持以親睦也；「民竭力治公田」，則八家同養公田，公事畢然後敢治私事也。戰國時諸侯卿大夫但知多取於民，故不樂分別公私之界。不知助法行則先公後私之分定而君子野人之辨明，不特小人之利，正君子之福也。許行以孟子分別尊卑貴賤，持其並耕之説，同君子於小人，思有以破之，故孟子復引先王「勞心勞力」之辨以申明君子治野人、野人養君子之義。「義」而「通」，非一人之私言矣，故云「所常行」者也。

「當堯之時，天下猶未平。洪水横流，氾濫於天下。草木暢茂，禽獸繁殖。五穀不登，禽獸偪人，獸蹄鳥迹之道交於中國。堯獨憂之，舉舜而敷治焉。注遭洪水，故天下未平；水盛，故草木暢茂；草木盛，故禽獸繁息衆多也。登，升也。五穀不足升用也。猛獸之迹當在山林而反交於中國。懼害人，故堯獨憂念之。敷，治也。《書》曰「禹敷土」，治土也。疏「當堯之時」○正義曰：孟子舉堯舜之事，明通變神化，必法堯舜。神農之言，非其時也。○注「遭洪」至「害人」○正義曰：洪與鴻通。《呂氏春秋·執一》篇「神農以鴻」，高誘注云：「鴻，盛也。」《説文》水部云：「濫，氾也。」「氾，濫也。」二字轉注。以疊韻，故連稱之。《楚辭·九辯》云「何氾濫之浮雲兮」，注云：「浮雲晻翳。」晻翳，雲之盛也。《史記·韓非傳》

云：「氾濫博文，則多而久之。」博多，説之盛也。劉向《九歎·憂苦》篇云「折鋭摧矜，凝氾濫兮」，注云：「氾濫猶浮沉也。」水盛，故浮沉於中國。經先言「天下未平」，注先言洪水，明「洪水横流」二句申上「天下猶未平」也。凡事縱則順，横則逆。横行，水逆行也。天下所以未平，緣洪水；水所以盛，緣逆流。惟逆流則浮沉於天下，而天下所以未平也。《毛詩·秦風·小戎》傳云：「暢轂，長轂也。」《吕氏春秋·知度》篇「此神農之所以長」，高誘注云：「長猶盛也。」《説文》艸部云：「茂，草豐盛。」是「暢茂」爲「草木之盛」也。《毛詩》「正月繁霜」，傳云：「繁，多也。」《淮南子·氾論訓》「當市繁之時」高誘注、《楚辭·離騷》「佩繽紛其繁飾兮」王逸注，皆云：「繁，衆也。」繁通作蕃，《周禮·地官·大司徒》「以蕃鳥獸」，注云：「蕃，蕃息也。」《國語·晉語》「惡不殖也」，注云：「殖，蕃也。」《魯語》云「所以生殖也」，注云：「殖，長也。」昭公十八年《左傳》云「夫學殖也」，注云：「殖，生長也。」《史記·孔子世家》云「自大賢之息」，《索隱》云：「息者，生也。」然則繁、殖二字義同，「繁殖」即「繁息」，「繁息」即「衆多」也。隱公五年《左傳》「不登於俎」，❶服虔注云：「登爲升。」是登即升也。《爾雅·釋詁》云：「登，成也。」《淮南子·時則訓》云「農始升穀」，高誘注云：「升，成也。」其義亦同。《吕氏春秋·明理》篇云「五穀萎敗不成」，又《貴信》篇云「則五種不成」，高誘注並云：「成，熟也。」「五穀不登」則五穀不成，故登即成。《禮記·檀弓》云「是故竹不成用」，《毛詩·齊風》「儀既成兮」，箋云：「成猶備也。」「成用」猶「備用」，「備用」猶「升用」也。鄭氏解不成用爲不可善用，竹無邊縢則不可善用，猶穀不秀實

❶ 「登」，原作「升」，今據《左傳》改。

則不足升用也。偪，古逼字。《爾雅・釋言》云：「逼，迫也。」猛獸與人相迫近則害人，惟害人故堯獨憂念之，謂堯懼其傷害人，故憂念之也。經言「禽獸」注單言「猛獸」者，舉獸以見鳥也。見於《山海經》者，多猛獸，亦多怪鳥矣。《爾雅・釋詁》云：「憂，思也。」「念，思也。」是「憂」亦「念」也。王氏念孫《廣雅疏證》云：「傅，治也。《孟子・滕文公》篇『堯獨憂之，舉舜而敷焉』，趙岐注云：『敷，治也。』引《禹貢》『禹敷土』。敷與傅同，故《史記・夏本紀》作『傅土』。今本《孟子》敷下有治字，後人取注義加之也。」按：《禹貢》「禹敷土」，《史記集解》引馬氏注云：「敷，分也。」敷之訓布，布，散也，散亦分也。然則「敷治」即「分治」，堯一人獨憂，不能一人獨治，故使舜分治之。下文使益掌火，使禹疏河，舜又使益、禹等分治之也。趙氏以「治」釋「敷」，則趙本似無「治」字，乃今各本皆無無「治」字者。《儀禮・喪服傳》云「故名者，人治之大者也」，注云：「治猶理也。」《淮南子・原道訓》「夫能理三苗」，高誘注云：「理，治也。」二字轉注。《毛詩・小雅》「我疆我理」，傳云：「理，分地里也。」《禮記・樂記》云「樂者，通倫理者也」，注云：「理，分也。」理之訓分，則治之義亦爲分。蓋趙氏以「治」釋「敷」，即以理釋敷，亦正以分釋敷。趙氏注經，每有此例，無礙經之有治字也。**舜使益掌火。益烈山澤而焚之，禽獸逃匿。**【注】掌，主也。主火之官，猶古火正也。烈，熾也。益視山澤草木熾盛者而焚燒之，故禽獸逃匿而遠竄也。【疏】注「掌主」至「正也」○正義曰：《周禮・天官》「凌人掌冰」，杜子春讀掌冰爲主冰，是「掌」爲「主」也。掌火猶掌冰，故「掌火」即「主火之官」。云「猶古之火正」者，襄公九年《左傳》晉士弱對晉侯曰：「古之火正，或食於心，或食於味，以出内火。陶唐氏之火正閼伯居商丘，祀大火而火紀時焉。相土因之，故商主大火。」唐時有此官，蓋先使益爲之，後命益爲虞，閼伯乃代益爲火正，其後又相土代之也。《説文》火部云：「烈，火猛也。」《吕氏春秋・盡數》篇「無以烈味重酒」，高誘注云：「烈猶酷也。」趙氏以益焚草木乃焚所當焚，不可謂之酷猛。以烈之從火與熾同，《爾雅・釋言》：「熾，盛也。」《毛詩・商頌》「如火烈烈」，箋云：「其威勢如猛火之炎熾。」是烈可訓熾。熾爲盛，烈亦爲盛，即上所云「草木暢茂」也。故以烈屬草木，謂「視山澤艸木熾盛」者，以「熾」釋「烈」，又以「盛」釋「熾」也。視山澤爲熾，故云「熾山澤」；猶視以爲陋則云陋之，視以爲美則云美之。此視以爲烈，則云「烈山澤」也。胡氏渭《禹貢錐指》云：「《書》言『刊木』，而《孟子》云『舜使益掌火，益烈山澤而焚之』，其説不同。蓋刊乃常法，間有深林窮谷，薈蔚蒙蘢，斧斤不可勝除者，則以炬空之，殊省人力。」按：《皋陶謨》「隨山刊木」，江氏聲《尚書集注音疏》云：「《史記・夏本紀》作『行山栞木』，又録《禹貢》『隨山栞木』作『行山表木』。《説文》：『栞，槎識也。』《國語・魯語》云『山不槎櫱』，賈逵注云：『槎，衺斫也。』《説文》木部亦云：『槎，衺斫也。』『槎識』謂衺斫其木以爲表識也。」段氏玉裁《説文解字注》云：「斫之以爲表識，如孫臏斫大樹白而書之曰『龐涓死此樹下』，是其意也。」然則刊木自爲表識道里，與此焚草木、驅禽獸不同，非《孟子》異於《尚書》也。《楚辭・大招》云「魂無逃只」，注云：「逃，竄也。」《淮南子・説林訓》云「清則見物之形，弗能匿也」，高誘注云：「匿猶逃也。」《説文》穴部云：「竄，匿也。」三字轉注，故以「竄」釋「逃匿」。逃竄，則遠去，故加「遠」字也。閩、監、毛三本「遠竄」上多「奔走」二字。

禹疏九河，瀹濟、漯而注諸海，決汝、漢，排淮、泗而注之江，然後中國可得而食也。當是時也，禹八年於外，三過其門而不入，雖欲耕，得乎？

注 疏，通也。瀹，治也；排，壅也。於是水害除，故中國之地可得耕而食也。禹勤事於外，八年之中三過其家門而不得入。《書》曰：「辛壬癸甲，啓呱呱而泣，'予弗子。'如此，寧得耕乎？**疏**「禹疏九河」○正義曰：《禹貢》：「濟、河爲兖州，九河既道。」又云：「導河積石，至于龍門，南至于華陰，東至于底柱，又東至于孟津，東過洛汭，至于大伾，北過洚水，至于大陸，又北播爲九河，同爲逆河，入于海。」《毛詩正義》引鄭氏注云：「河水自上至此，流盛而地平無岸，故能分爲九以衰其勢。壅塞，故通利之也。九河之名：徒駭、太史、馬頰、覆釜、胡蘇、簡、絜、鉤盤、鬲津。周時齊桓公塞之，同爲一河。今河間、弓高以東，至平原、鬲津，往往有其遺處焉。」又云：「播，散也。」謝氏身山《黄河圖説》云：「水降土升，則河底日低而地日高；水升土降，則河底日高而地日低。凡水過寒涼，則反凝結堅實而成冰；土過寒涼，則反融化柔虚而爲塵。黄河之水出積石之西，寒涼之甚者也。但水雖堅，流於衆石之間則不能濁，此積石以西之水所以最清；至積石東，漸遇柔虚之土，所以漸濁。水降土升，隨之而去，則溝底漸下。今觀底柱以上，地高河低，則水降土升，確然可見；滎陽以下，則水復上升，土復下降，此河底所以日高。在西北寒涼之地則水反堅實，土反柔虚，此滎武以上所以水降土升也；至東南温煖之地則水復柔虚，土復堅實，此滎武以下所以水升土降也。且汾、洛、涇、渭之源皆出西北寒涼之地，故水上容土，土下容水，彼此相混而皆爲濁河，此滎武以上所以水降土升也；濟、伊、洛、瀍、澗、池、沁之源皆出東南温煖之地，故水不容土，土不容水，彼此相拒而皆爲清河焉，此滎武以下所以水升土降也。夫濁河之水，容土者也；清河之水，不容土者也。清河之水入於濁河之中，則濁河之土必不容於清水之上，自必漸降於下而河底漸高以致水行地上，左右衝決也。鯀之治河，績用弗成，固宜罪之，然九載河事，所行雖錯，亦未必非大禹八年於外之一助。蓋大禹兩世於此，熟悉水土之性，故深以水由地上行爲憂，故掘地注海，使水由地中行，又何氾濫衝決之有？而聖人猶憂深慮遠，惟恐日後之水升土降，水復行於地上，乃思惟有濬去河底之淤。然黃河之水，萬里奔濤，直趨而下，又何能使之暫停於上以取其泥哉？聖人於此再四躊躕，乃於河外加河而作逐一遞濬之法，遂將一河播爲九道，每至夏秋水涸之後，乃以八河通流注海，一河閘斷上流之口，使河底之淤盡露，然後濬而去之。則此一河之内無淤塞之泥，因而二河三河以及八九河，復至一二河，輪流更替，一歲必深濬一河，九歲必各濬一次，周而復始，永濬勿廢，萬載千年，可無患焉。後世不明其意，乃誤解之曰，播九河者，殺水勢也。是豈知水之勢者哉？」○「瀹濟漯」○正義曰：《禹貢》云：「導沇水，東流爲濟，入于河，溢爲滎，東出于陶丘北，又東至于菏，又東北會于汶，又北東入于海。」兖州云：「浮于濟、漯，達于河。」段氏玉裁《説文解字注》云：「泲，沇也。東入于海。从水，𠂔聲。四瀆之泲字如此，而《尚書》、《周禮》、《春秋》三傳、《爾雅》、《史記》、《風俗通》、《釋名》皆作濟。《毛詩・邶風》有泲字，而傳云『地名』，則非水也。惟《地理志》引《禹貢》《職方》作泲，然以濟南、濟陰名郡，《志》及漢碑皆作濟，則知漢人皆用濟，班《志》、許書僅存古字耳。」胡氏渭《禹貢錐指》云：「《孟子》曰『禹疏九河，瀹濟漯』，皆在兖域。而經於濟、漯不言施功，以貢道見之，曰『浮于濟、漯』，則二水之治可知矣。『濟漯』之漯《説文》本作濕，燥溼之溼《説文》本作溼。隸改日爲田，又省一糸，遂作漯，而濕轉爲溼。濕、溼二字混而無别。」王氏鳴盛《尚書後案》云：「《漢志》言漯水所經，除東武陽，尚有四縣：一，平原郡高唐，桑欽言漯水所出；二，漯陰；三，千乘郡千乘；四，漯沃。所過郡三者，謂東郡、平原、千乘也。高唐之水當爲漯水别支，《河渠書》云：『禹導河，至大伾，於是禹以爲河所從來者，高水湍悍，數爲敗，乃斷二渠以引其河。』孟康曰：『二渠，其一出貝丘西南南折者，即河之經流也，其一則漯川也。河自王莽時遂定，惟用漯耳。』孟康言河徙惟用漯，雖似小誤，其以禹釃二渠，一爲漯川，此用古義，不可改也。以《水經注》《元和志》《寰宇記》諸書考之，濟水最南，漯水在中，河水最北。今小清河所經，自歷城以東，如章丘、長山、新城、高苑、博興、樂安諸縣，皆古濟水所行，而大清河所經，自歷城以上至東阿，固皆濟水故道；而自歷城東北，如濟陽、齊東、青城諸縣，則皆古漯水所行，蒲臺以北則古河水所經。蓋宋時河嘗行漯瀆，及河去則大清河兼行河、漯二瀆，其小清河則斷爲濟水故道也。」○「決汝漢」○正義曰：《禹貢》云：「嶓冢導漾，東流爲漢，又東爲滄浪之水，過三澨，至于大别，南入于江。」而汝水，《禹貢》無之。《漢書·地理志》汝南郡定陵云：「高陵山，汝水出，東南至新蔡，入淮，過郡四，行千三百四十里。」南陽郡魯陽縣注云：「有魯山，滍水所出，東北至定陵，入汝。又有昆水，東南至定入汝。」潁川郡亦有定陵，《續郡國志》潁川郡有定陵，汝南郡無定陵。劉昭注於潁川定陵引《地道記》云：「『高陵山，汝水所出。』汝南定陵蓋即潁川定陵，前漢有一縣分隸兩郡者，定陵在汝南、潁川之間，故分屬之。光武時省併爲一，僅存爲一，故《續志》屬潁川耳。」班氏於魯陽序滍水至定陵入汝，於定陵序汝入淮，定陵以西統汝於滍，滍亦汝也。連滍水數之，歷南陽、河南、潁川、汝南，故有四縣。杜預《春秋釋例》、郭璞《山海經》注並云：「汝出南陽魯陽縣大盂山東北，至河南梁縣東南，經襄城、潁川、汝南，至汝陰褒信縣入淮。」襄城晉置，汝陰魏置，在晉則歷六縣也。《説文》言汝水出宏農盧氏還歸山，班《志》：盧氏縣熊耳在東，伊水出東北，然則漢時盧氏縣在伊水之南，與魯陽爲接壤，酈氏目驗之，故《水經注》言汝出魯陽大盂縣山蒙栢谷西，即盧氏界。許氏雖與班氏異，而其指則同。若《水經》言出河南梁縣勉鄉西天息山，此本《山海經》，非班、許義也。酈注於滍、汝分流，始言汝水趣狼皋山。狼皋在梁縣西南六十里，見《寰宇記》。蓋汝自魯陽，越百餘里始至梁縣，《元和志》謂出魯山縣是矣。謂出魯山縣之天息山，是又以魯陽大盂混入勉鄉之天息也。《淮南子·地形訓》云：「汝出猛山。」猛與蒙栢長短讀，蒙谷即猛山，而猛與盂形近而譌，大盂山即猛山也。高誘注云：「猛山，一名高陸也。」在汝南定陵縣，汝水所出，東南至新蔡入淮。」此據班氏而未知其指。○「排淮泗而注之江」○正義曰：《禹貢》云：「導淮自桐栢，東會于泗、沂，東入于海。」揚州云：「沿于江海，達于淮、泗。」孫氏蘭《輿地隅説》云：「淮水發源胎簪，至桐栢流百里而伏，溢爲二潭。又見流千里會泗，至清江浦入海。揚州地勢散漫，不能約束淮流，禹則開清江一渠，堰其下流入揚之處，一自清江浦入海，其餘波之流散不盡者，又導之由廬州巢湖、胭脂河以入江，又導之由天長、六合以入江，所謂『排淮泗』者也。久而入江之口漸淤，今故蹟猶存也。或曰高堰始於陳登，是不然。若禹不築堰，則下流散漫，何以入海？蓋高堰創於神禹，修補或登耳。」蘭字滋九，居吾鄉北湖，順治、康熙時人，於天算地圖研究極精，此説實能羽翼《孟子》。近時則有陽湖孫氏星衍作《分江導淮論》，大略與蘭同而加詳，其言云：「《孟子》言『排淮、泗而注之江』，今不得其解，或以爲誤，或以爲據吴溝通江、淮之後言之。不知《禹貢》揚州已云『沿于江海，達于淮泗』，解者又謂沿江入海，自淮入泗，此僞孔之言，本不足信。貢道迂回海運，古無是法。又有泥四瀆各獨入海，以爲淮必不注江者。不知各獨入海，言入海處與江分道，不謂上游支流也。《孟子》言排者，通其上游支流以殺淮之勢。《水經注》：『淮水與泄水、泄水、施水合。』泄水注濡須口，施水受肥東南流，逕合肥縣城，又東注巢湖，謂之施口。而應劭《漢書注》並以夏水爲出城父東南，至此與肥合，故曰合肥。合肥壽春之間有芍陂、船官湖、東臺湖、逍遥津，見於《水經注》。王象之《輿地紀勝》云：『古巢湖水北合於肥河，故魏窺江南則循渦入淮，自淮入肥，由肥而趨巢湖。吴人撓魏，亦必由此。』又引《貨殖傳》『合肥受南北湖』，今《史記》湖誤作潮也。歐陽忞《輿地廣記》、王存元《豐九域志》：『合肥有肥水、淮水，宋時廬州有鎮淮樓。』蓋肥合於淮，淮水盛則被於肥，此淮水至合肥之証。孫叔敖時開芍陂，當因舊迹爲渠。《方輿勝覽》引《合肥舊志》『肥水北支入淮，南支入巢湖』，合於《爾雅》歸異同出之説。合肥城在四水中，故梁韋叡堰水破城。近世水利不修，淮、肥流斷，然巢湖之水，夏間猶達合肥，古迹可尋求也。且古説大别在安豐，爲今霍丘地，禹迹至此排淮，故導江有『至大别』之文，此又淮流與江通之證矣。然則夏時貢道，正可由巢湖溯施、泄、肥水之流通淮，達於菏澤，菏澤合泲、泗之流，故云『達于淮、泗』。從此達河，則至禹都矣。江、淮、泗通流，不必在吴王溝通之後也。淮之上游壽春，東則有施、肥通流，西則有芍陂宣洩，盛夏水漲，則逕合肥入巢湖以達於江，故宋以前淮流不爲洪澤湖之患。」上言「注諸海」，此言「注之江」，之、諸異者，王氏引之《經傳釋詞》云：「之猶諸也。之、諸一聲之轉，互文耳。《詩·伐檀》篇『寘之河之側兮』，《漢書·地理志》作『寘諸』。襄二十六年《左傳》『棄諸堤下』，《五行志》作『棄之』。」

○注「疏通」至「壅也」○正義曰：《説文》疋部云：「疏，通也。」《國語·周語》云「疏爲川谷，以導其氣」是也。《説文》水部云：「瀹，漬也。」字同於鬻。《一切經音義》引《通俗文》云：「以湯煑物曰瀹。」皆與此文不合。《莊子·知北遊》云：「汝齊戒疏瀹其心。」瀹與疏連文，當與疏同義。《廣雅》云：「疏，治也。」趙氏以「治」釋之，仍以爲疏耳。按：《淮南子·原道訓》高誘注云：「疏，分也。既釃爲二，又播爲九。」釃、播皆分，疏、瀹亦皆分也。開通亦分義。趙氏上以「治」釋「敷」，此以「治」釋「瀹」，皆兼有分義也。《説文》手部云：「排，擠也。」「擠，排也。」「抵，擠也。」「推，排也。」排、抵、擠、推，皆拒而退去之之名，與通相反，故趙氏以「壅」解之。壅與雍同，《周禮·雍氏》注云：「雍，謂隄防，止水者也。」淮將南溢，蔽塞其南以拒之，壅即抵之推之使東去也。趙氏蓋指高堰與？且説者疑淮、泗不入江，乃汝入淮，亦不入江。而《孟子》以汝、漢並稱爲決，下承「注江」，豈孟子不知淮，並不知汝邪？嘗細推之，有精義焉。淮自桐柏而東，在上則汝、潁、沙、渦等水入之，在下則泗挾沂入之。以一淮受諸水，泗口以東，地勢散漫，難於專流入海，故在上則決之，在下則排之。趙氏以壅解排，義爲至精。何爲壅？於泗口之下築隄以束之，不使其流漲洩於樊良、射陽之間，推抵之，偪令東入於海。有此排而淮乃挾泗入海，而不致南漲於江矣。乃壅障之功，施於泗入淮以下，可以壅泗；而汝、潁諸流之入於淮者，不可以此壅之，故於泗口以西，決之使注於江。此地泗未入淮，所決者淮，實決汝也；泗既入淮，所壅者淮，實壅泗也。言「排泗」而沂在其中，言「決汝」而潁、渦等水在其中。下以泗與淮並言，明泗入淮；此汝即入淮之汝，不可云「決淮、汝」，致與下句沓複，故云「決汝、漢」。是時漢在安豐之間入江，汝入淮而決之入江，蓋與漢合，故云「決汝、漢」，謂決汝以合於漢，而南注之江也。蓋注江者，汝、漢之決也；注海者，淮、泗之排也。以上文言「注諸海」，故此但言「注江」，此古人屬文互見之法也。以今推之，汝水至汝寧、鳳陽之間汝口入淮，至霍丘西決出會於巢湖入江，淮決即汝決，而汝入淮之勢洩矣。又東則潁水自潁上縣入淮，沙水、渦水自懷遠縣入淮，而淮勢又盛。至盱眙又決出，由天長、六合入江，而潁、沙、渦諸水入淮之勢又洩矣。又東，沂、泗乃自宿遷入淮，而淮勢又盛，遂不決之入江，轉壅障入江之路，排之使專由安東注海。汝入淮則決之使合漢水以注之江，泗入淮則壅之使並入於海，故云「決汝漢，排淮泗而注之江」。

自漢不至安豐而汝、漢之合遂莫可解。於《孟子》稱「決汝、漢」，可以考見當時之地勢，益知杜預、酈元疑大別不在安豐之非也。宣王命召公平淮夷而《詩》言「江漢浮浮」，孔氏正義引大別在廬江安豐縣界，則江漢合處在揚州之境。漢近淮，故淮水之決出者與之合。不言「決淮」而言「決汝」，明決淮所以決汝入淮之勢也；不言「決汝、淮」而言「決汝、漢」，明淮決於六安、安豐間入漢，與漢合入江也。孟子此文，至精至妙，補《禹貢》所未詳。趙氏以壅釋排，《孟子》之義益顯。班固撰《漢書·地理志》，其言水道多用互見，最爲奇奥，而爲地理之學者，尚不能識之，況《孟子》乎？○注「書曰」至「弗子」○正義曰：《皋陶謨》文。

「后稷教民稼穡，樹藝五穀。五穀熟而民人育。」 注 棄爲后稷也。樹，種；藝，殖也。五穀謂稻、黍、稷、麥、菽也。❶五穀所以養人也，故言「民人育」也。疏 注「棄爲后稷也」○正義曰：《尚書·堯典》云：「帝曰：棄，黎民阻飢，汝后稷播時百穀。」是棄爲后稷也。○注「樹種藝殖也」。○正義曰：《呂氏春秋·任地》篇云「而樹麻與菽」，《淮南子·本經訓》「益樹蓮菱」，高誘並注云：「樹，種也。」《方言》云：「樹植，立也。」《禮記·中庸》「地道敏樹」，注云：「樹，殖也。」《毛詩·齊風》「藝麻如之何」，傳云：「藝，樹也。」《説文》丮部云：「藝，❷種也。」木部云：「樹，生植之總名也。」是樹、藝、種、植四字義通，故樹可訓種亦可訓植，藝可訓植亦可訓種也。○注「五穀謂稻黍稷麥菽也」○正義曰：《素問·金匱真言論》云：「東方青色，其穀

❶「謂」，原作「爲」，今據廖本改。
❷案，據《説文解字》，「藝」字當作「埶」。二字義同。

麥；南方赤色，其穀黍；中央黃色，其穀稷；西方白色，其穀稻；北方黑色，其穀豆。」《周禮·夏官·職方》：「揚州、荆州宜稻，豫州、并州宜五種，青州宜稻麥，兖州宜四種，雍州、冀州宜黍稷，幽州宜三種。」注云：「三種，黍、稷、稻。四種，黍、稷、稻、麥。五種，黍、稷、菽、稻、麥。」趙氏所本也。程氏瑶田《九穀攷》云：「鄭康成氏注《周官·大宰》職之『九穀』：黍、稷、稻、粱、麻、大豆、小豆、麥、苽。南方無黍，而稷、粱二者，言人人殊。鄭氏注三禮及箋《詩》，獨不詳稷之形狀，吕氏、淮南子，其所著書，往往言諸穀之得時，及太歲所值之年，穀之或昌或疾，東西南朔之地，地各有所宜種矣，而獨不及於稷；而鄭衆、班固、服虔、孫炎、韋昭、郭璞之流，其言稷者，類皆冒粟之名。唐以前，以粟爲稷，唐以後或以黍之黏者爲稷，或以黍之不黏者爲稷。今讀《説文》，較然不可相冒。及搜尋鄭氏説，稷、粱兼收，黍、稷不溷，足正諸家之謬。」其攷粱云：「《説文》：『禾，嘉穀也。二月始生，八月而孰，得時之中，故謂之禾。禾，木也。木王而生，金王而死。』『粟，嘉穀實也。』『米，粟實也。』『粱，米名也。』《聘禮》米禾，皆兼黍、稷、稻、粱言之。以他穀連稾者，不别立名，假借通稱，抑以事難件繫，有足相包者，屬文之法耳，非謂禾爲諸穀大名也。《七月》詩云『禾麻菽麥』，禾爲諸穀中之一物明矣。納稼專言禾者，稼以禾爲主，故重見於上以目之也。《周官·倉人職》『掌粟入之藏』，注：『九穀盡藏焉，以粟爲主。』鄭氏注《大宰職》『九穀』中無粟，此言九穀以粟爲主，則是粱即粟矣。《史記索隱》載《三蒼》云：『粱，好粟。』其証也。《内則》言飯有粱，又有黄粱，是粱者白粱也，今北方猶呼粟米之純白者曰粱米。先鄭注『九穀』有稷無粱，然於『六穀』則稷、粱並録。韋昭注《國語》，直曰『稷，粱也』。顯與《禮經》相畔，及其注『百穀』，於稷之外又復舉粱。稷、粱二穀見於經者判然兩事，秦漢以後溷而一之，舉粱輒逸稷，舉稷又逸粱。後鄭知稷、粱之不可相無也而毅然改司農九穀之説，吾於是服康成氏之識之卓也。其注《疾醫職》之『五穀』曰『麻、黍、稷、麥、豆』，據《月令》之文；《膳夫》『王用六穀』，从司農説『稌、黍、稷、粱、麥、苽』，蓋據《食醫》『會膳食之宜』而知之；於九穀必入粱者，據《食醫》『六穀』有粱而入之也。五穀於六穀中缺其一，不知宜缺何穀，不能據六穀意爲增損。且五穀養疾，宜與藏氣相應，故直據《月令》配五行者爲之注。其注《職方》『宜五種』不据《月令》者，以本經他州所見有稻、黍、稷、麥四種，四種有稻，而《月令》五穀無稻，故据所已見之四種而益之以菽。諸家言五穀者，《月令》曰『麻、黍、稷、麥、豆』，鄭氏據之注《疾醫》。《史記·天官書》與《月令》同物。顔師古注《漢書·食貨志》之『五種』，盧辨《大戴禮》注，亦皆同之。《素問》論五方之穀曰：『麥、黍、稷、稻、豆。』鄭氏注《職方氏》之『五種』曰『黍、稷、菽、麥、稻』，《漢書·地理志》引《職方氏》，師古注之，全同後鄭。《管子·地員》：『五土所宜，曰黍、秫、菽、麥、稻。』《淮南子》『五穀』注：『菽、麥、黍、稷、稻。』《漢書音義》韋昭曰：『五種：黍、稷、菽、麥、稻也。』《五常政大論》又進麻爲『木穀』，至『火穀』則麥、黍互用。以上言五穀者十二事，皆有稷無粱。《楚辭·大招》『五穀六仞，設菰粱只』，王逸注：『五穀：稻、稷、麥、豆、麻也。』《大招》於五穀外明言有菰有粱，而王逸則以粱爲菰米之美稱，是亦有稷無粱。《汲冢周書》言五方之穀曰麥、黍、稻、粟、菽。粟，粱也，是爲有粱無稷。《漢書·平當傳》注如淳曰：『律：稻米一斗得酒一斗爲上尊，稷米一斗得酒一斗爲中尊；粟米一斗得酒一斗爲下尊。』稷、粟二穀，兩不相冒，亦可以爲諸經之左證矣。」其攷稷云：「《説文》：『稷，齋也，五穀之長。』『齋，稷也。』粢，齋重文。』『秫，稷之黏者。』稷，齋大名也。黏者爲秫，北方謂之高粱，或謂之紅粱，通謂之秫。秫又謂之蜀黍，蓋穄之類而高大似蘆。《月令》：『孟春行冬令，首種不入。』鄭氏注：『舊説首種謂稷。』今以北方諸穀播種先後攷之：高粱最先，粟次之，黍穈又次之，則首種者高粱也。諸穀惟高粱最高大而又先種，謂之五穀之長，不亦宜乎？《周官·食醫職》宜稌，宜黍，宜稷，宜粱，宜麥，宜苽，見稷則不見秫。《内則》『菽、麥、蕡、稻、黍、粱、秫，惟所欲』，見秫則不見稷。故鄭司農説九穀，稷、秫並見；後鄭不從，入粱去秫，以其闕粱而秫重稷也。《良耜》之箋云：『豐年之時雖賤者猶食黍。』疏云：『賤者食稷耳。』今北方富室食以粟爲主，賤者食以高粱爲主，是賤者食稷，不可以冒粟爲稷也。」其攷黍云：「《説文》：『黍，禾屬而黏者也。以大暑而種，故謂之黍。』『穈，穄也。』『穄，穈也。』《説文》以禾況黍，謂黍爲禾屬而黏者，非謂禾爲黍屬而不黏者也。禾屬而黏者黍，則禾屬而不黏者穈，對文異，散文則通。飯用不黏者，黏者釀酒及爲餌餈酏粥之屬，故簠簋實穈爲之以供祭祀，故異其名曰穄。黍之不黏者獨有異名，祭尚黍也；不黏者有穈與穄之名，於是黏者得專稱黍矣。《説文》穈、穄互釋，稷、齋互釋，其爲二物甚明。」程氏攷「九穀」精確不移，見載《通藝録》中，略録其粱、稷、黍三條，其麥、稻、菽、苽等攷不具録。〇注「五穀所以養人也」〇正義曰：《説文》去部云：「育，養子使作善也。」是育即養，故以「五穀養」解「民人育」。

人之有道也，飽食、煖衣、逸居而無教，則近於禽獸。聖人有憂之，使契爲司徒，教以人倫：父子有親，君臣有義，夫婦有別，長幼有敘，朋友有信。注司徒主人，教以人事。父父子子、君君臣臣、夫夫婦婦、兄兄弟弟、朋友貴信，是爲契之教也。疏「人之」至「有信」〇正義曰：《虞書·堯典》云：「帝曰：契，百姓不親，五品不遜，汝作司徒，敬敷五教，在寬。」此「使契爲司徒」之事也。戴氏震《孟子字義疏證》云：「人道，人倫日用，身之所行皆是也。在天地則氣化流行，生生不息，是謂道；在人物則凡生生所有事，亦如氣化之不可已，是謂道。《易》曰：『一陰一陽之謂道。繼之者，善也。成之者，性也。』言有天道以有人物也。《大戴禮記》曰：『分於道謂之命，形於一謂之性。』言人物分於天道，是以不齊也。《中庸》曰：『天命之謂性，率性之謂道。』言日用事爲皆由性起，無非本於天道然也。《中庸》又曰：『君臣也，父子也，夫婦也，昆弟也，朋友之交也，五者天下之達道也。』言身之所行，舉凡日用事爲，其大經不出乎五者也。孟子稱『契爲司徒，教以人倫，父子有親，君臣有義，夫婦有别，長幼有序，朋友有信』，此即《中庸》所言『脩道之謂教』也。曰性曰道，指其實體實事之名；曰仁曰禮曰義，稱其純粹中正之名。人道本於性，而性原於天道。天地之氣化流行不已，生生不息。然而生於陸者入水而死，生於水者離水而死；生於南者習於温而不耐寒，生於北者習於寒而不耐温：此資之以爲養者，彼受之以害生。天地之大德曰生，物之不以生而以殺者，豈天地之失德哉！故語道於天地，舉其實體實事而道自見，『一陰一陽之謂道』『立天之道曰陰與陽，立地之道曰柔與剛』是也；人之心知有明闇，當其明則不失，當其闇則有差謬之失，故語道於人，人倫日用，咸道之實事，『率性之謂道』『脩身以道』『天下之達道五』是也。此所謂『道不可不脩』者也，『脩道以仁』及『聖人脩之以爲教』是也。其純粹中正，則所謂『立人之道曰仁與義』，所謂『中節之爲達道』是也。中節之爲達道，純粹中正，推之天下而準也。君臣父子夫婦昆弟朋友之交，五者爲達道，但舉實事而已；智仁勇以行之而後純粹中正，然而即謂之達道者，達諸天下而不可廢也。《易》言『天道』而下及『人物』，不徒曰『成之者性』，而先曰『繼之者善』，繼謂人物於天地，其善固繼承不隔者也。善者，稱其純粹中正之名；性者，指其實體實事之名。一事之善，則一事合於天，成性雖殊而其善也則一。善，其必然也；性，其自然也。歸於必然，適完其自然，此之謂自然之極致，天地人物之道於是乎盡。在天道不分言，而在人物分言之始明。《易》又曰：『仁者見之謂之仁，智者見之謂之智，百姓日用而不知，故君子之道鮮矣。』言限於成性而後，不能盡斯道者，衆也。」程氏瑶田《通藝録·論學小記》云：「吾學之道在有，釋氏之道在無。有父子，有君臣，有夫婦，有長幼，有朋友。父子則有親，君臣則有義，夫婦則有別，長幼則有序，朋友則有信。以有倫故盡倫，以有職故盡職。誠者，實有焉而已矣。」毛氏奇齡《四書賸言補》云：「契所教人倫，在《尚書》舊傳，極是明白。總見《春秋》文十八年傳季文子引臧文仲之言，使史克告曰：『高辛氏舉八元，使布五教於四方，父義，母慈，兄友，弟恭，子孝，謂之五教。』而杜預注云：『契作司徒，五教在寬。』是當時五倫只父母兄弟子五者，而其爲教則又與《春秋》『義方』，《大學》『慈孝』，《康誥》『友恭』相左證。《五帝紀》述五教亦無異辭。因之《虞書》『慎徽五典』，傳云：『五典者，五常之教，父義，母慈，兄友，弟恭，子孝，五者是也。』至『五品不遜』，正義謂『五品即父母兄弟子五者』；『敬敷五教』，正義謂『五教即教之義、慈、友、恭、孝五者』。漢唐儒者不以五達道爲五倫，不使《孟子》『人倫』闌入一字。孟子所言，必戰國相傳別有如此。大來曰：孟子所言『人倫』在春秋時已有之。《論語》子路曰：『長幼之節，不可廢也。君臣之義，如之何其廢之？欲潔其身而亂大倫。』則亦以君臣、長幼爲人倫之二矣。曰：古經極重名實，猶是君臣父子諸倫而名實不苟，偶有稱舉，必各爲區目，如《管子》稱『六親』是父、母、兄、弟、妻、子，衛石碏稱『六順』是君義、臣行、父慈、子孝、兄愛、弟敬，《王制》稱『七教』是父子、兄弟、夫婦、君臣、長幼、朋友、賓客，《禮運》稱『十義』是父慈、子孝、兄良、弟弟、夫義、婦聽、長惠、幼順、君仁、臣忠；齊晏嬰稱『十禮』是君令、臣恭、父慈、子孝、兄愛、弟敬、夫和、妻柔、姑義、婦聽，《祭統》稱『十倫』是事鬼神、君臣、父子、貴賤、親疏、爵賞、夫婦、政事、長幼、上下，《白虎通》稱『三綱六紀』是君臣、父子、夫婦、兄弟、諸父、族人、諸舅、師長、朋友。雖朝三暮四，總此物數，而十倫非十義，五道非五常，《中庸》『三德』斷非《洪範》之『三德』，則五達道必非五倫也。」按：《史記集解》引鄭氏注《堯典》云：「五品，父母兄弟子也。」又云：「五典，五教也。」蓋試以司徒之職。馬融注《堯典》云：「五教，五品之教。」王肅注云：「五品，五常也。」鄭氏自本文十八年《左傳》，以所云「五教」之目如是，乃取以爲《堯典》「五教」注耳。然史克所舉不必即爲《尚書》疏義，《書》命契，此舉八元，已不相合。如《管子·五輔》篇言「聖王飭八禮以道民」，八者，君中正無私，臣忠信不黨，父慈惠以教，子孝弟以肅，兄寬裕以誨，弟比順以敬，夫敦懞以固，妻勸勉以貞。夫然，則下不倍上，臣不殺君，賤不踰貴，少不陵長，遠不間親，新不間舊，小不加大，淫不破義。隱公三年《左傳》石碏言「六逆」「六順」，則省「下倍上」「臣殺君」，但言「君義」「臣行」「父慈」「子孝」「兄愛」「弟敬」。惠氏棟《九經古義》云：「石碏止舉六者，爲君陳古義，倍弑之事非所宜言。又公方暱嬖人，夫婦之際，所宜深諱。」然則古人議事，原無一定，史克所説，烏知非石碏一例？孟子深於《詩》《書》，所目「五教」，宜得其真。《禮記·樂記》云：「道五常之行。」《論衡·問孔》篇云：「五常之道，仁義禮智信也。」王肅以五常爲五品，亦不同於鄭氏。司徒五教，宜以《孟子》爲定論，未可據《左傳》以疑《孟子》也。王氏引之《經傳釋詞》云：「家大人曰：『人之有道也』，言人之爲道如此也，若言人之爲道也。『有恒産者有恒心，無恒産者無恒心。』爲、有一聲之轉。『聖人有憂之』，言聖人又憂之也。又字承上文憂洪水而言。」○注「司徒」至「教也」○正義曰：《禮記·祭法》云：「契爲司徒而民成。」民即人也。《白虎通·封公侯》篇云：「司徒主人：不言人言徒者，徒，衆也。重民衆。」趙氏所本也。趙氏前解明「人倫」爲「人事」，此「教以人事」，亦以人事解人倫也。《易·家人》《象傳》云：「父父、子子、兄兄、弟弟、夫夫、婦婦而家道正。」《論語·顔淵》篇：「孔子對齊景公曰：君君、臣臣、父父、子子。」《家人》專以門內言之，故不及君臣朋友；❶對齊景切其時事，故僅舉君臣、父子，亦立言各有其當。乃《序卦傳》云：「有夫婦而後有父子，有父子而後有君臣。」《兑》《象傳》言「朋友講習」，則君臣、夫婦、朋友與父子、兄弟五者，自不可缺一，故趙氏合《易》《論語》而言父父、子子、君君、臣臣、夫夫、婦婦、兄兄、弟弟，又益以「朋友貴信」也。是爲契之所教，則五教之中不得偏指父子、兄弟而缺君臣、夫婦、朋友矣。**放勳日勞之來之，匡之直之，輔之翼之，使自得之，又從而振德之。** 注 放勳，堯號也。遭水災，恐其小民放辟邪侈，故勞來之，匡正直其曲心，使自得其本善性，然後又復從而振其羸窮，加德惠也。疏「放勳日」○正義曰：臧氏琳《經義雜記》云：「孫宣公《音義》引丁音日音馹，或作曰，誤也。按，趙注云云，意不以爲堯之言，則今讀日爲越者，誤。自上文『當堯之時天下猶未平』至此，皆敘事之辭也。蓋曰、日二字形近易譌，唐石經日字皆作曰，《釋文》於曰字每加音別之，亦有不能別而具越、實兩音者。無識者橫取此『勞之來之』以下竄入《尚書》『敬敷五教在寬』之後，妄甚。」按：孔本作「放勳日」，與《音義》同，他本俱作曰。作日是也。言既命益、禹、稷、契而不自已也，日日勞來，匡直輔翼，所以然者，使自得之也而未已也，又從而振德之。日字與又字相應，與《大學》「日日新又日新」同。下云「聖人之憂民如此」緊承此數

❶「臣」，原作「原」，今據經解本改。

語。不然，徒使益、禹等勤勞，放勳轉有暇矣。「而暇耕乎」四字正從「日」字一貫。○注「放勳堯號也」○正義曰：閻氏若璩《釋地又續》云：「古帝王有名有號，如堯、舜、禹，其名也；放勳、重華、文命，皆其號也。《孟子》引古《堯典》曰『放勳乃殂落』，許氏《説文》正同。《屈原賦》二十五篇最近古，《離騷》云『就重華而陳詞』，《九章・涉江》云『吾與重華遊乎瑶之圃』，《懷沙》云『重華不可牾兮』，重華凡三見，皆實謂舜，豈本史臣贊舜之詞，屈子因以爲舜號乎？」江氏聲《尚書集注音疏》云：「《大戴禮・帝系》篇云：『少典産軒轅，是爲黄帝。』又：『昌意産高陽，是爲帝顓頊。』又：『蟜極産高辛，是爲帝嚳。帝嚳産放勳，是爲帝堯。』是放勳與軒轅、高陽等同稱也。《漢書・古今人表》云黄帝軒轅氏，帝顓頊高陽氏，《左傳》亦稱高陽氏、高辛氏，軒轅、高陽等既皆是氏，則放勳當同。」按：古之稱氏，如宓犧氏、神農氏、女媧氏、共工氏、夏后氏，是其號；如斟灌氏、斟尋氏，皆國號而係以氏。以軒轅、高陽例之，放勳之爲號信矣。《堯典》稱「允子朱」，稱「鯀」，皆名，其云「有鰥在下曰虞舜」，鄭氏注云「虞氏舜名」，是也。《史記・五帝本紀》云：「黄帝者，名曰軒轅。虞舜者，名曰重華。夏禹，名曰文命。」名號通稱。《淮南子・原道訓》云「則名實同居」，高誘注云：「勢位爵號之名也。」《周書・謚法解》云「大行受大名，細行受細名」，注云：「名謂號謚。」是也。○注「遭水」至「惠也」❶○正義曰：趙氏讀「放勳日」，故如是解也。遭水災，民爲不善，故堯勞來之，不罰責之也。王氏念孫《廣雅疏證》云：「《説文》：『勑，勞勑也。』《爾雅》：『勞、來，勤也。』《大雅・下武》篇『昭茲來許』，鄭箋云：『來，勤也。』《史

❶ 「惠」，原作「德」，合於宋十行、閩、監、毛等本，今據本書及阮校所述廖、孔、韓等本注文改。

記・周紀》武王曰『日夜勞來，定我西土』，《墨子・尚賢》篇云『垂其股肱之力而不相勞來』，皆謂勤也。《孟子・滕文公》篇『放勳日勞之來之』，亦謂聖人之勤民也。」又云：「輒，盭也。戾與盭通。《說文》：『輒，車戾也。』字通作匡。《攷工記・輪人》『則輪雖敝不匡』，鄭衆注云：『匡，枉也。』枉亦匡也，《說文》云：『獸皮之韋，可以束枉戾相違背。』是也。《管子・輕重甲》篇云：『弓弩多匡軫者。』枉謂之匡，故正枉亦謂之匡，《孟子・滕文公》篇云：『匡之直之。』義有相反而實相因者，皆此類也。」趙氏以「正」釋「匡」。「匡，正也」，《爾雅・釋言》文。「直其曲心」，則匡爲正其邪心也。人性本善，遭水災則心曲而不直，邪而不正，放勳不憚其勤而匡之直之，使有以開牖其蒙而復歸於善焉。「匡正」而必申以「使自得」者，此聖人無爲而治，無一日息其勤民之念，實無一日見其勤民之迹，通其變使民不倦，神而化之使民宜之，所以匡之直之者，如是所爲使自得之也。《大戴記・子張問入官》篇云：「枉而直之，使自得之。」孟氏所本歟？《呂氏春秋・季春紀》「振乏絶」，高誘注云：「振，救也。」昭公十四年《傳》云「分貧振窮」，此振義同。「贏窮」即乏絶貧窮也。《呂氏春秋・報恩》篇云「張儀所德於天下者」，高誘注云：「德猶恩也。」《論語・憲問》篇云「何以報德」，注云：「德，恩惠之德也。」又從而振救其贏窮而加以恩德，皆孟子稱述放勳勤民之事也。阮氏元《挍勘記》云：「『堯號也』，廖本、《攷文》古本號作名。『遭水災恐其小民放僻邪侈』，宋本恐作愆。閩、監、毛三本『災恐』作『逆行』。」聖人之憂民如此，而暇耕乎？**注**重喻陳相。

「堯以不得舜爲己憂，舜以不得禹、皋陶爲己憂。夫以百畝之不易爲己憂者，農夫也。分人以財謂之惠，教人以善謂之忠，爲天下得人者謂之仁。**注**言聖人以不得賢聖之臣爲己憂，農

夫以百畝不易治爲己憂。 疏「舜以不得禹皋陶爲己憂」○正義曰：《大戴禮·主言》篇云：「昔者舜左禹而右皋陶，不下席而天下治。」孟子本曾子之言，故於舜所得賢聖之臣，舉禹、皋陶也。○注「農夫以不易治爲己憂」○正義曰：《毛詩·甫田》「禾易長畝」，傳云：「易，治也。」故以「治」釋「易」。**是故以天下與人易，爲天下得人難。** 注爲天下求能治天下者難得也，故言以天下傳與人尚爲易也。**孔子曰：『大哉，堯之爲君！惟天爲大，惟堯則之，蕩蕩乎民無能名焉。君哉，舜也！巍巍乎有天下而不與焉。』堯舜之治天下，豈無所用其心哉？亦不用於耕耳。** 注天道蕩蕩乎大無私，生萬物而不知其所由來。堯法天，故民無能名堯德者也。舜得人君之道哉！德盛乎，巍巍乎有天下之位，雖貴盛不能與益。舜巍巍之德，言德之大，大於天子位也。堯舜蕩蕩、巍巍如此，但不用心於躬自耕也。疏注「天道」至「耕也」○正義曰：引孔子之言見《論語·泰伯》第八。其云「巍巍乎舜禹之有天下也而不與焉」，與此小異。《集解》引包云：「蕩蕩，廣遠之稱。」廣遠亦大也。所以大者以其無私，故趙氏既以「大」釋「蕩蕩」，又以「無私」申大之義也。《方言》云：「巍，高也。」《楚辭·遠遊》「貌揭揭以巍巍」，注云：「巍巍，大貌。」高、大亦盛，故趙氏以「盛」釋之。《禮記·射義》云「與爲人後者」，注云：「與猶奇也。」《儀禮·士昏禮記》「我與在」，注云：「與猶兼也。」奇、兼皆加多之義，故以「益」釋「與」。《音義》出「不與」，云：「下音預，又如字。」如字則讀「與之庾」「與之釜」之與，有所施於人，亦有所滋益於人也。《周書·謚法解》云：「民無能名曰神。」孟子言「聖而不可知之之謂神」，「殺之而不怨，利之而不庸，民日遷善而不知爲之者，故君子所過者化，所存者神」。不可知，故無能名；無爲而治，故不可知。《論語》：「爲政以德，譬如北辰，居其所而衆星共之。」包氏注云：

「德者無爲。」天以寒暑日月運行爲道，聖人以元亨利貞運行爲德，用中而不執一，故無爲。民運行於聖人之元亨利貞，猶衆星運行於天之寒暑日月，故黄帝堯舜承伏羲神農之後，以通變神化立萬世治天下之法。《論語》凡言堯舜，皆發明之也。孟子述孔子之言而申明之云「豈無所用心哉」，蓋惟恐説者誤以「民無能名」「有天下而不與」爲屏棄一切，無所用心。蓋堯舜之「無爲」，正堯舜之「用心」。曰「爲政以德」，曰「恭己正南面」，曰「脩己以敬」，曰「使民不倦」，曰「使民宜之」，非用心，何以爲德？何以爲恭爲敬？何以能使民不倦，使民宜之？故堯舜治天下，非不以政不以法，其政逸而心以運之則勞，其法疏而心以聯之則密。非運以心，聯以心，不能「無爲而治」，即不能「民無能名」，亦即不能「有天下而不與」，是爲「爲政以德」。執其兩端，用其中於民，此堯舜所以通變神化，此堯舜之「用其心」也。「用心」即「勞心」，勞心如此，何能勞力以躬耕乎？

「吾聞用夏變夷者，未聞變於夷者也。 注 當以諸夏之禮義化變夷蠻之人耳，未聞變化於夷蠻之人，則其道也。 疏 注「則其道也」○正義曰：則，法也。謂效法夷蠻之道。閩、監、毛三本作「同其道」。**陳良，楚産也，悦周公仲尼之道，北學於中國。北方之學者未能或之先也。彼，所謂豪傑之士也。子之兄弟事之數十年，師死而遂倍之！** 注 陳良生於楚，北游中國，學者不能有先之者也，可謂豪傑過人之士也。子之兄弟，謂陳相、陳辛也。數十年師事陳良，良死而倍之，更學於許行。非之也。 疏 「師死而遂倍之」○正義曰：《音義》出「倍之」，云：「丁云：『義當作偝，古字借用耳。』下『子倍』同。」按：《荀子・大略》篇云：「教而不稱師，謂之倍。」《禮記・大學》云「而民不倍」，注云：「倍，或作偝。」劉熙《釋名・釋形體》云：「背，倍也。在後稱也。」《楚辭・招魂》云「工祝招君，背行先些」，注亦云：「背，倍也。」偝、背、倍三字通。偝字見《禮記・坊記》。**昔者孔子没，三年之外，門人治任將歸，入揖於子貢，相嚮而哭，皆失聲，然後歸。子貢反築室於場，獨居三年，然後歸。**注任，擔也。失聲，悲不能成聲。場，孔子冢上祭祀壇場也。子貢獨於場左右築室復三年，「慎終追遠」也。疏注「任擔也」○正義曰：《毛詩・大雅・生民》篇云「是任是負」，箋云：「抱負以歸。」《國語・齊語》云「負任儋何，服牛軺馬，以周四方」，注云：「背曰負，肩曰儋。任，抱也。何，揭也。」《毛詩・小雅》「我任我輦，我車我牛」，傳云：「任者，輦者，車者，牛者。」箋云：「有負任者，有輓輦者，有將車者，有牽傍牛者。」《淮南子・道應訓》云：「甯越欲干齊桓公，困窮無以自達，於是爲商旅，將任車以商於齊。」高誘注云：「任，載也。」按：婦人懷子爲任子，《禮記・樂記》注云：「孕，任也。」《郊特牲》注云：「孕，任子也。」孕懷抱在前，則任之爲抱，其本義也。因而擔於肩者，載於車者，通謂之任，散言之則通也。○注「失聲悲不能成聲」○正義曰：《方言》云：「自關而西秦晉之間，凡大人小兒泣而不止謂之唴，哭極音絶，亦謂之唴，平原謂啼極無聲謂之唴哴。」哭極音絶，啼極無聲，此趙氏所云「悲不能成聲」也。按：失亦與佚通，佚之言放，「失聲」或亦謂「放聲」也。《禮記・檀弓》云：「文伯卒，朋友諸臣未有出涕者，而内人皆哭失聲。」此失聲正謂放聲。《太平御覽》引《漢名臣奏》云：「王莽斥出王閎，太后憐之，閎伏泣失聲，太后親自以手巾拭閎泣。」此言先伏地而泣，繼而至於放聲也。○注「場孔」至「三年」○正義曰：《爾雅・釋宫》云：「場，道也。」《説文》土部云：「場，祭神道也。」《國語・楚語》云「壇場之所」，注云：「除地曰場。」蓋於冢墓之南，築地使平坦以爲祭祀，揚子《法言》謂之「靈場」，《説文》謂之「祭神道也」，後人樹碑於此，謂之神道碑。神道在冢前，未可當正中而室，故知在偏左偏右，猶倚廬、堊室之偏倚東壁也。《毛詩·周頌》「福祿來反」，傳云：「反，復也。」趙氏以「復」釋「反」，故云「復三年」，讀「子貢反築室於場」爲一句，「反」字連「築室」也。閻氏若璩《釋地續》云：「反云者，子貢送諸弟子各歸去，己獨還次於墓所。或曰反，復也。」**他日，子夏、子張、子游以有若似聖人，欲以所事孔子事之。彊曾子，曾子曰：「不可。江漢以濯之，秋陽以暴之，皜皜乎不可尚已！」**注有若之貌似孔子，此三子者思孔子而不可復見，故欲尊有若以作聖人，朝夕奉事之，如事孔子，以慰思也。曾子不肯，以爲聖人之絜白如濯之江漢，暴之秋陽。秋陽，周之秋，夏五六月，盛陽也。皜皜，甚白也。何可尚？而乃欲以有若之質放聖人之坐席乎？尊師道，故不肯。疏注「有若」至「孔子」○正義曰：《史記·仲尼弟子列傳》云：「孔子既没，弟子思慕，有若狀似孔子，弟子相與共立爲師，師之如夫子時也。」趙氏所本也。《禮記·檀弓》云：「子游曰：『甚哉，有子之言似夫子也！』」然則有子之似夫子，不特狀貌然矣。○注「秋陽」至「陽也」○正義曰：段氏玉裁《說文解字注》云：「暘，日出也。《洪範》『八庶徵，曰雨曰暘』，某氏傳云：『雨以潤物，暘以乾物。』《祭義》『夏后氏祭其闇，殷人祭其陽，周人祭日，以朝及闇』，鄭云：『闇，昏時也。陽讀爲「日雨日暘」之暘，謂日中時也。朝，日出時也。』暘之義當從鄭。《孟子》『秋陽以暴之』亦當作『秋暘』。」周正建子，改時改月，故周之秋乃夏之夏，周之七八月乃夏之五六月，又當日中，最能乾物。《文選》注引綦母邃《孟子注》云：「周之秋，於夏爲盛陽也。」亦仍趙氏也。○注「皜皜甚白也」○正義曰：王氏念孫《廣雅疏證》云：「《釋訓》：『杲杲，白也。』《漢書·司馬相如傳》云：『暠然白首。』暠與杲同，字又作皜，重言之則曰皜皜。」又云：「杲之言皎皎也。《說文》：『杲，明也。』《衛風・伯兮》篇：『杲杲出日。』《管子・内業》篇云：『杲乎如登乎天。』《孟子・滕文公》篇『皜皜乎不可尚已』，趙氏注云：『皜皜，甚白也。』義與杲相近。」毛氏奇齡《四書索解》云：「『江漢以濯之，秋陽以暴之』，從來訓作潔白。夫道德無言潔白者，惟志行分清濁，則有是名。故夫子稱『丈人欲潔其身』，孟子稱『西子蒙不潔』，又稱狷者爲『不屑不潔之士』，司馬遷稱屈原『其志潔』，大抵獨行自好者始有高潔之目，此非聖德也。夫子自云『不曰白乎，涅而不緇』，祇以不爲物污，與《屈原傳》之『皭然泥而不滓』語同。豈有曾子擬夫子，反不若子貢之『如天如日』，宰我之『超堯越舜』，而僅云『潔白』，非其旨矣。況潔白二字，曾見之《詩序》《白華》，孝子之潔白』，此但以物言，並不以德言也。」按：毛氏說是也。《列子・湯問》篇云「皜然疑乎雪」，《釋文》云：「皜，又作皓。」《文選・李少卿與蘇武詩》云「皓首以爲期」，注云：「皓與顥，古字通。」《說文》頁部云：「顥，白皃。《楚詞》曰：『天白顥顥。』」皜皜即是顥顥。《爾雅・釋天》云：「夏爲昊天。」劉熙《釋名・釋天》云：「其氣布散皓皓也。」然則皜皜謂孔子盛德如天之元氣皓旰。尚即上也，「不可上」即子貢云「猶天之不可階而升也」。以此推之「江漢以濯之」，以江漢比夫子也；「秋陽以暴之」，以秋陽比夫子也。「皜皜乎不可上」，以天比夫子也。同一水，池沼可濯也，不能及江漢之濯也；同一火，燔燎可暴也，不能及秋陽之暴也。乃以江漢擬之猶未足也，以秋陽擬之猶未盡也，其如天之皜皜不可上矣，此曾子之推崇比擬尤逾於宰我、子貢也。徒以爲潔白，良非矣。○注「放聖」至「席乎」○正義曰：《史記・仲尼弟子列傳》云「他日弟子進問曰」云云，「有若默然無以應。弟子起曰：『有子避之，此非子之座也。』」趙氏意本此。阮氏元《挍勘記》云：「『於聖人之坐席乎』，閩、監、毛三本同。廖本、孔本、韓本、《攷文》古本於作放。《音義》出

『質放』。放是也。放者，今之倣字。」**今也南蠻鴃舌之人，非先王之道。子倍子之師而學之，亦異於曾子矣。吾聞出於幽谷遷于喬木者，未聞下喬木而入於幽谷者。**注今此許行乃南楚蠻夷，其舌之惡如鴃鳥耳。鴃，博勞也。《詩》云「七月鳴鴃」，應陰而殺物者也。許子托於大古，非先聖王堯舜之道，不務仁義而欲使君臣並耕，傷害道德，惡如鴃舌，與曾子之心亦異遠也。人當出深谷，上喬木，今子反下喬木，入深谷。疏注「其舌」至「物者也」○正義曰：《爾雅·釋鳥》云：「鵙，伯勞也。」引《詩》在《豳風·七月》篇第二章，亦云「七月鳴鵙」。《禮記·月令》云：「仲夏之月，鵙始鳴。」《大戴禮·夏小正》云：「五月鴃則鳴。鴃者，百鷯也。」百鷯即伯勞，是鵙通作鴃，故趙氏以「鴃」爲「博勞」。鄭氏《月令》注亦云：「鵙，博勞也。」高誘注《呂氏春秋·仲夏紀》云：「鵙，伯勞也。是月，陰作於下，陽發於上，伯勞夏至後，應陰而殺蛇，磔之於棘而鳴其上。」注《淮南·時則訓》云：「五月，陰氣生於下，伯勞夏至應陰而鳴。」伯勞即博勞，伯、博一聲之轉也。《豳風》獨云七月者，王肅謂古五字如七，則《詩》亦本是五月鳴鵙。鄭氏謂「豳地晚寒」，豳極西北，寒當早於中國，晚寒之説恐未然也。曹植《惡鳥論》云：「伯勞以五月鳴，應陰氣而動。陽爲生仁養，陰爲殺殘賊。伯勞蓋賊害之鳥也。」趙氏謂許子「傷害道德，惡如鴃舌」，正以鴃應陰氣而鳴，鳴則傷害天地之生氣。堯舜仁義之道，亦天地之生氣也。許子以並耕之説害之，故惡如伯勞之舌，非謂其聲之嘵嘵啅譟也。《禮記·王制》云：「南方曰蠻。」許行楚人，故稱「南蠻」。趙氏明以「夷」釋「蠻」，非謂其音之蠻與鴃舌同也。南蠻不皆鴃舌，鴃舌不必南蠻。南蠻言其地，鴃舌言其賊害也。○注「與曾子」至「入深谷」○正義曰：《説文》異部云：「異，分也。」《呂氏春秋·知接》篇「願君之遠易牙」，高誘注云：「遠猶疏也。」《淮南子·道應訓》「襄子疏隊而擊之」，高誘注云：「疏，分也。」以是通之，則異有遠義，故以「遠」釋「異」。孟子謂陳相之倍陳良而從許行，異於曾子之尊孔子而不事有若。趙氏注「惡如鴃舌」以上斥許行，「與曾子之心亦遠異也」貫下斥陳相。《爾雅·釋言》云：「幽，深也。」故解「幽谷」爲「深谷」。下云「下喬木」，則「遷」是「上喬木」矣。俗本作「止喬木」，非是。**《魯頌》曰：『戎狄是膺，荆舒是懲。』周公方且膺之，子是之學，亦爲不善變矣。」**

注《詩》，《魯頌·閟宫》之篇也。膺，擊也；懲，艾也。周家時擊戎狄之不善者，懲止荆、舒之人，使不敢侵陵也。周公常欲擊之，言南夷之人難用，而子反悦是人而學其道，亦爲不善變更矣。孟子究陳此者，深以責陳相也。

疏注「詩魯」至「相也」○正義曰：引詩在《魯頌·閟宫》第三章。毛傳云：「膺，當也。」箋云：「懲，艾也。」《爾雅·釋詁》云：❶「應，當也。」毛氏讀膺爲應，故以當訓之。《史記·建元以來侯者年表》引作「戎狄是應」。❷《音義》出「膺擊」，云：「丁本作應，云：『按，古訓應訓當，此注訓擊，蓋以當對是擊敵之義，故轉訓耳。』」《吕氏春秋·察微》篇「宋華元帥師應之大棘」，又《處方》篇「荆令唐蔑將而應之」，高誘注並云：「應，擊也。」《淮南子·主術訓》云「不使應敵」，高誘注云：「應猶擊也。」是應有擊義，趙氏亦讀膺爲應矣。《國策·齊策》云「車轚擊」，注云：「擊，相當。」是當與擊義亦相近。下文「周公方且膺之」，不可云「方且當之」，故以「擊」釋之也。《毛詩·小雅·沔水》篇「寧莫之懲」，傳云：「懲，止也。」趙氏既釋以「艾」，又釋以

---

❶「詁」，原作「詩」，今據《爾雅》改。

❷「年」，原作「王」，今從沈本據《史記》改。

「止」，明艾之即所以止之。《禮記・内則》云「方物出謀發慮」，注云：「方猶常也。」故以「常」釋「方」。鄭氏以此爲僖公與齊桓舉義兵之事。閻氏若璩《釋地又續》云：「《左氏》僖十三年秋，爲戎難故，諸侯戍周，齊仲孫湫致之。十六年秋，王以戎難告於齊，齊徵諸侯而戍周。齊桓舉義兵，僖公無役不從，況勤王戍周尤爲第一義，豈有兩諸侯無魯在其中者？」周氏柄中《辨正》云：「《春秋》宣八年楚滅舒蓼，成十七年滅舒庸，襄二十五年滅舒鳩。當僖公從齊桓伐楚時，舒尚未滅。正義云：『舒，楚之與國，故連言荆、舒。』此説得之。」翟氏灝《攷異》云：「《詩序》云：『《閟宫》，頌僖公能復周公之宇也。』首二章止陳姜嫄、后稷、太王、文武之勳。三章言成王封魯，魯子孫率由不愆，祭則受福。『戎狄是膺，荆舒是懲』，第四章文也。上三章未暇序及周公，所云『周公之宇』者，非於此章頌之而孰頌哉？故自『公車千乘』至『莫我敢承』皆周公而不屬僖公也。『俾爾昌而熾，俾爾壽而富』，周公俾之也。五章六章，繼周公而頌伯禽，所謂『淮夷來同，遂荒徐宅』，顯係伯禽事，見諸《尚書・費誓》者也。七章八章，方頌僖公復宇。如此説之，則《詩》《書》《春秋》《孟子》彼此悉無疑義，而《詩》簡亦未嘗有錯。孟子兩引此文，皆確指爲周公，必有自聖門授受師説，不得以漢儒箋注之訛反疑孟子。」「子是之學」，子字一頓，是指許行，故云「子反悦是人而學其道」。「反悦」者，應上「方且」之詞也。

「從許子之道，則市賈不貳，國中無僞。雖使五尺之童適市，莫之或欺。布帛長短同則賈相若，麻縷絲絮輕重同則賈相若，五穀多寡同則賈相若，屨大小同則賈相若。」【注】陳相復爲孟子言此。如使從許子淳樸之道，可使市無二賈，不相僞誕，不相欺愚小也。長短謂丈尺，輕重謂斤兩，多寡謂斗石，大小謂尺寸，皆言其同賈，故曰「無二賈」者也。【疏】注「可使市無二賈」○正義曰：《禮記・王制》

「喪事不貳」，注云：「貳之言二也。」故經言「市價不貳」，趙氏云「無二賈」也。閩、監、毛三本賈作價。○注「不相僞誕」○正義曰：《説文》人部云：「僞，詐也。」趙氏注《萬章》篇「然則舜僞喜者與」亦云：「僞，詐也。」《淮南子·本經訓》「其心愉而不僞」，高誘注云：「僞，虛詐也。」詐兼以虛，《國語·楚語》「是言誕也」，注云：「誕，虛也。」《吕氏春秋·應言》篇云「令許綰誕魏王」，高誘注云：「誕，詐也。」故趙氏此注以「誕」釋「僞」。閩、監、毛本作「僞詐」，義同；十行本作「爲詐」，爲即僞也。○注「不相欺愚小也」○正義曰：閩、監、毛三本作「不相欺愚小大」，阮氏元《挍勘記》云：「孔本、韓本作『不欺愚小民也』，《考文》古本作『不相欺愚小也』。愚小謂五尺之童也，《考文》古本得之。」○注「大小謂尺寸」○正義曰：布帛長至數丈，故云「丈尺」；屨大極尺，無至丈者，故云「尺寸」。

曰：「夫物之不齊，物之情也。或相倍蓰，或相什百，或相千萬，子比而同之，是亂天下也。巨屨小屨同賈，人豈爲之哉？從許子之道，相率而爲僞者也，惡能治國家？」注孟子曰：夫萬物好醜異賈，精粗異功，其不齊同，乃物之情性也。蓰，五倍也；什，十倍也。至於千萬相倍。譬若和氏之璧雖與凡玉之璧尺寸厚薄適等，其賈豈可同哉？子欲以大小相比而同之，則使天下有爭亂之道也。巨，粗屨也；小，細屨也。如使同賈而賣之，人豈肯作其細者哉？時許子教人僞者耳，安能治國家者也？疏注「其不齊同乃物之情性也」○正義曰：《楚辭·雲中君》「與日月兮齊光」，注云：「齊，同也。」是「不齊」即「不同」也。《吕氏春秋·上德》篇「此之謂順情」，《淮南子·本經訓》「人愛其情」，高誘注並云：「情，性也。」性、情有陰陽之分而實一貫。《荀子·正名》篇云：「性之好惡喜怒哀樂謂之情。」《易·文言傳》云：「利貞者，性情也。」亦性情並稱。故趙氏以「性」釋「情」。長短、輕重、多寡、大小，此形也；形同而情或不同，則好醜、精粗是也。○注「蓰五倍也什十倍也」○正義曰：《音義》出「倍蓰」，云：「丁音師，云『從竹下徙』。《開元禮文字音義》曰：『倍謂半倍而益之。』又音麗，山綺切。《史記》作『倍灑』，徐廣云：『一作五倍曰蓰。』」按，倍爲半倍而益者，即一倍也。如本有三，倍之爲六，得六而三爲半矣。主原數則益數爲倍，主益數則原數爲半，故云「半倍而益之」。「蓰」字《說文》所無。「竹下徙」《說文》訓「簁箄，竹器也。所綺切」。丁音師，則宜是籭。《說文》竹器可以取麤去細，籭亦通簁也。簁通籭，故亦作灑。《爾雅·釋樂》「大瑟謂之灑，大琴謂之離」，離亦麗也。麗者，連也。蓋五弦相麗則離也，由琴之五弦，五倍之爲二十五弦而爲灑。以其數五五而稱灑，故凡五倍即通稱爲灑。灑通籭，又通於簁，蓰則傳寫之譌也。《周書·大聚》篇云：「十夫爲什。」《管子·立政》篇云：「十家爲什。」由一夫一家數之，皆十倍也。○注「譬若和氏」至「同哉」○正義曰：《史記·藺相如傳》云：「趙惠文王時得和氏璧，秦昭王聞之，使人遺趙王書，願以十五城請易璧。」璧之尺寸等耳，此璧值十五城，不已千萬相倍乎？○注「則使天下有爭亂之道也」○正義曰：《大戴禮記·曾子事父母》篇云：「爭辨者，作亂之所由興也。」故以「爭」釋「亂」。○注「巨粗屨也小細屨也」○正義曰：《呂氏春秋·蕩兵》篇云「有巨有微而已矣」，高誘注云：「巨，觕略也。」觕同粗，即麤字。《淮南子·主術訓》云「而枹鼓爲小」，高誘注云：「小，細也。」《漢書·揚雄傳》《集注》引應劭云：「精，細也。」《禮記·樂記》云「凝是精粗之體」，注云：「精粗謂萬物大小也。」是「精粗」通謂之「大小」。巨爲大，即爲麤也；小爲精，即爲細也。粗疏易成，細巧功密，此物情之迥異。許子屨大小以形論，此巨小以情論。治國家以情不以形，此堯舜所以用心而通變神化也，豈特一屨之微哉！

章指：言神農務本，教於凡民；許行蔽道，同之君臣。陳相倍師，降於幽谷，不理萬情，謂之敦樸。是以孟子博陳堯舜上下之敘以匡之也。疏「神農務本」○正義曰：《吕氏春秋·上農》篇云：「古先聖王之所以導其民者，先務於農。民農非徒爲地利也，貴其志也。民農則樸，樸則易用。」又云：「民舍本而事末則不令，后稷曰：『所以務耕織者，以爲本教也。』」○「不理萬情謂之敦樸」○正義曰：萬，《攷文》古本作万，足利本、韓本作「物情」。敦樸者，老子云：「敦兮其若樸。」趙氏所本也。《攷文》引足利本作「淳樸」。敦通純，純亦通淳也。○「博陳堯舜上下之敘以匡之」○正義曰：《漢書·藝文志》云：「農家者流，及鄙者爲之，以爲無所事聖王，欲使君臣並耕，誖上下之序。」又云：「儒家者流，祖述堯舜。」君臣並耕，即所爲「同之君臣」也。❶ 誖亂上下之敘，故以「上下之敘」匡正之。

墨者夷之因徐辟而求見孟子。注夷之，治墨家之道者；徐辟，孟子弟子也。求見孟子，欲以辯道也。疏注「夷之治墨家之道者」○正義曰：《漢書·藝文志》云：「墨家者流，蓋出於清廟之守。茅屋采椽，是以貴儉；養三老五更，是以兼愛；選士大射，是以上賢；宗祀嚴父，是以右鬼；順四時而行，是以非命；以孝視天下，是以上同：此其所長也。及蔽者爲之，見儉之利，因以非禮；推兼愛之意，而不知別親疏。」共六家：《尹佚》二篇、《田俅子》三篇、《我子》一篇、《隨巢子》六篇、《胡非子》三篇、《墨子》七十一篇。隨巢、胡

❶「爲」，沈校據文義改作「謂」。

非皆墨翟弟子，我子爲墨子之學。《韓非子·顯學》篇云：「自墨子之死也，有相里氏之墨，有相夫氏之墨，有鄧陵氏之墨。儒分爲八，墨分爲三。」《呂氏春秋》墨者有鉅子腹䵍居秦，又墨者鉅子孟勝，又東方之墨者謝子。《淮南子》墨者有田鳩者。田鳩亦見《韓非子》。馬氏驌《繹史》云：「田鳩蓋即田俅子。」《論衡》「墨家之役纏子」。皆所謂「墨者」也。**孟子曰：「吾固願見，今吾尚病。病愈，我且往見。」**注我常願見之，今值我病，不能見也，病愈將自往見。以辭卻之。**夷子不來。他日，又求見孟子。**注是日夷子聞孟子病，故不來，他日復往求見。疏「夷子不來」○正義曰：趙氏以「夷子不來」是記其實事，近時通解謂亦孟子言，謂我病愈，往見夷子，夷子不必來。王氏引之《經傳釋詞》云：「不，毋也，勿也。言我將往見夷子，夷子勿來也。」**孟子曰：「吾今則可以見矣。不直，則道不見。我且直之。**注告徐子曰：今我可以見夷子矣。不直言攻之，則儒家聖道不見。我且欲直攻之也。**吾聞夷子墨者。墨之治喪也，以薄爲其道也。夷子思以易天下，豈以爲非是而不貴也？然而夷子葬其親厚，則是以所賤事親也。」**注我聞夷子爲墨道。墨者治喪貴薄而賤厚，夷子思欲以此道易天下之化使從己，豈肯以薄爲非是而不貴之也？如使夷子葬其父母厚也，是以所賤之道奉其親也；如其薄也，下言「上世不葬」者又可鄙，足爲戒也。吾欲以此攻之也。疏「墨之治喪以薄爲其道也」○正義曰：《墨子》有《節葬》三篇，上中亡，下篇尚存。其言云：「古聖王治爲葬埋之法，曰棺三寸，足以朽體；衣衾三領，足以覆惡。以及其葬也，下毋及泉，上毋通臭。壟若參畊之畝，則止矣。」此以薄爲道也。孫氏星衍《墨子後序》云：「其節葬，亦禹法也。《尸子》稱禹之喪法：死於陵者葬於陵，死於澤者葬於澤，桐棺三寸，制喪三月。見《後漢書》注。《韓非子·顯學》稱墨者之葬也，冬日冬服，夏日夏服，桐棺三寸，服喪三月。然則三月之喪，夏有是制，墨始法之矣。」汪氏中《述學》云：「古者喪期無數。黄帝堯舜垂衣裳而天下治，則五服精粗之制立矣。放勳殂落，百姓如喪考妣，其可見者也。夏后氏三年之喪，既殯而致事，則禹之爲父三年矣。禹崩，三年之喪畢，益避禹之子於箕山之陰，則夏之爲君三年矣。《士喪禮》自小斂奠，朔月半薦，遣奠，大遣奠，皆用夏祝。使夏后氏制喪三月，祝豈能習其禮以贊周人三年之喪哉？若夫『陵死陵葬，澤死澤葬』，此爲天下大水不能具禮者言之；荒政殺哀，周何嘗不因於夏禮以聚萬民哉？墨子者，蓋學焉而自爲其道者也。故其節葬曰：『聖王制爲節葬之法。』又曰：『墨子制爲節葬之法。』則謂墨子自製者是也。故曰『墨子之治喪，以薄爲其道』也。」○「然而夷子葬其親厚」○正義曰：趙氏「如使」云云，則是説辭。近時通解以「夷子葬其親厚」乃是夷子實事，孟子因其有此實事，異乎墨子之道，故直指爲「以所賤事親」，攻其隙所以激發其性也。此説爲得。

徐子以告夷子。夷子曰：「儒者之道，古之人『若保赤子』，此言何謂也？之則以爲愛無差等，施由親始。」注之，夷子名也。言儒家曰：「古之治民若安赤子。」此何謂乎？之以爲當同其恩愛，無有差次等級相殊也，但施愛之事先從己親屬始耳。若此，何爲獨非墨道也？疏注「若安赤子」○正義曰：「若保赤子」，《周書·康誥》文。《毛詩·魏風》「他人是保」，傳云：「保，安也。」故以「安」釋「保」。○注「之以爲」至「始耳」○正義曰：《毛詩·豳風·鴟鴞》篇云「恩斯勤斯」，傳云：「恩，愛也。」是「愛」即「恩」也。《廣雅·釋詁》云：「差，次也。」《吕氏春秋·召類》篇「土階三等」，高誘注云：「等，級也。」《禮記·樂記》「然後立之樂等」，注云：「等，差也。」是差、等二字義同。有階級即有次第也。《國語・晉語》「夫齊侯好示務施」，注云：「施，惠也。」《周書・謚法解》云：「惠，愛也。」《爾雅・釋詁》同。故趙氏以「愛」釋「施」，恩、施、愛三字義通。「愛無差等」即「施無差等」，「施由親始」即「愛由親始」。孔本、韓本作「施厚之事」。**徐子以告孟子。孟子曰：「夫夷子信以爲人之親其兄之子爲若親其鄰之赤子乎？彼有取爾也。赤子匍匐將入井，非赤子之罪也。**注親，愛也。夫夷子以爲人愛兄子與愛鄰人之子等邪？彼取赤子將入井，雖他人子亦愛救之，❶謂之愛同也。但以赤子無知，非其罪惡，故救之耳。夷子必以此況之，未盡達人情者也。疏「赤子」至「罪也」○正義曰：江氏聲《尚書集注音疏》云：「赤子無知，或觸陷於死地，惟在保之者安全之，小民亦猶是也。保民如保赤子，則民其安治矣。《孟子・滕文公》篇墨者夷之求見孟子，稱儒者之道，古之人『若保赤子』，以爲『愛無差等，施由親始』。孟子解之曰：『彼有取爾也。赤子匍匐將入井，非赤子之罪也。』詳孟子之意，謂愚民無知，與赤子同其或入於刑辟，猶赤子之入井，非其罪也。保赤子者必能扶持防護之，使不至於入井；保民者當明其政教以教道之，使不陷於罪戾，是之謂『若保赤子』。此孟子説《書》之意。」○注「親愛也」○正義曰：《論語》：「樊遲問仁，子曰愛人。」《禮記・中庸》云：「仁者，人也。親親爲大。」《一切經音義》引《蒼頡篇》云：「親，愛也。」親之爲愛，猶愛之爲仁也。《康誥》此言主用刑，言民無知而將犯刑罰，不必爲吾之親近始保救之；猶赤子無知而將入井，不必爲吾兄之子始保救之。故云若。

❶「愛」，原作「驚」，合於廖、孔、韓等本，今據疏文複舉注文及對孔、韓本之交代改。

若之言同也。故趙氏云：「雖他人子亦愛救之，謂之愛同也。」蓋赤子唯保救其將入井，愚民惟保救其將犯刑罰。至於平時親愛之，則鄰之赤子終不若兄之子，愚民終不若己之父兄。是以鄰里有喪非不助之殯葬，然斷不必厚如葬其親也，此人情也。夷子不知此，是爲不達人情。孔本、韓本「亦愛救之」作「驚救之」。**且天之生物也使之一本，而夷子二本故也。**【注】天生萬物，各由一本而出。今夷子以他人之親與己親等，是爲二本，故欲同其愛也。**蓋上世嘗有不葬其親者。其親死，則舉而委之於壑。**【注】上世，未制禮之時。壑，路旁坑壑也。其父母終，舉而委棄之壑中也。【疏】注「上世未制禮之時」○正義曰：❶《易・繫辭傳》云：「古之葬者，厚衣之以薪，葬之中野。」翟氏灝《考異》云：「此云『上世』，乃上古也，故與《易》所言古事不同。然二事相因，自有虆梩之掩遂漸成衣薪葬野之世。」○注「壑路」至「中也」○正義曰：《爾雅・釋詁》云：「壑、阬阬，虚也。」注云：「壑，谿壑也。阬阬謂阬壍也。」阬即坑字。《禮記・郊特牲》「水歸其壑」，注云：「壑，猶坑也。」趙氏以「坑」釋「壑」而云「路旁」者，以下云「他日過之」，過則偶然行路過此，是壑在路旁也。《楚辭・離騷》云「委厥美以從容兮」，注云：「委，棄也。」故以「棄」釋「委」。**他日過之，狐狸食之，蠅蚋姑嘬之。其顙有泚，睨而不視。夫泚也，非爲人泚，中心達於面目。蓋歸，反虆梩而掩之。掩之誠是也，則孝子仁人之掩其親亦必有道矣。」**【注】嘬，攢，共食之也。顙，額也。泚，汗出泚泚然也。見其親爲獸蟲所食，形體毀敗，中心慙，故汗泚泚然出於額。非爲他人而慙也，自出其心。聖人緣

❶「正」，原脱，今據經解本補。

人心而制禮也。虆梩，籠臿之屬，可以取土者也。而掩之實是其道，則孝子仁人掩其親有以也。**疏**「狐狸食之」○正義曰：阮氏元《挍勘記》云：「石經狸作貍。案，《詩》『取彼狐狸』，《釋文》、唐石經皆作貍。」○「蠅蚋姑」○正義曰：《音義》出此三字，云：「張音訥，云：『諸本或作蟉，誤也。』丁云：『蟉，未詳所出。或以蟉與集蝣同，謂蜉蝣也。音由。』又一説云：『蟉姑即螻姑也。』」趙氏佑《温故録》云：「姑，螻蛄也。南人謂之地轂。轂讀爲狗。北人謂之喇喇姑，亦曰螻狗。初生鳴土中，食穀種，最在螟蟘蟊賊先。東俗每於布穀後，候苗將發，則以小石輪周塍左右壓治之。及秋飛出，趁燈光，能咬人起瘡，蟲之毒者。《音義》一説蚋或作蟉，一説『蟉姑即螻姑也』，則似以『蚋姑』爲一物。予在山東，一老門子爲予言甚詳，因及《月令》『孟夏螻蟈鳴』，即此物也。蟈與姑聲相亂耳。」王氏念孫《廣雅疏證》云：「螻蛄，疊韻字，聲轉爲螻蜮，倒言之則爲蛞螻。《方言》：『螻螲謂之螻蛄，或謂之蟓蛉。南楚謂之杜狗，或謂蛞螻。』今人謂此蟲爲土狗，即杜狗也。順天人謂之拉拉古，即螻蛄之轉聲也。其單言之則或爲螻，《吕氏春秋·應同》篇『黄帝之時，天先見大螾大螻』，❶高誘注云：『螻，螻蛄也。』《慎小》篇云『巨防容螻』，注云：『隄有孔穴，容螻蛄也。』或又謂之蟉蛄，《埤雅》引《廣志·小學》篇云：『螻蛄，會稽謂之蟉蛄。』《孟子音義》：『蚋，諸本或作蟉。一説云：螻姑即螻蛄也。』蟉與螻聲正相近矣。螻蛄，短翅四足，穴土而居，至夜則鳴，聲如蚯蚓。」按：趙氏無訓，但以一蟲字括之。爲蠅，爲蟉蛄，則二物；爲蠅，爲蚋，爲姑，則三物。《説文》虫部云：「蚋，秦晉謂之蚋，楚謂之蟁。」阮氏元《釋且》云：

❶「螾」，原作「蟥」，今據經解本及《廣雅疏證》《吕氏春秋》改。

「且字加口爲咀。《春秋左傳》僖二十八年『晉侯夢楚子伏己而盬其腦』，盬與咀同，謂咀嗻其腦。故《方言》云：『盬，且也。』且與姑同音，故姑亦有咀義。《孟子·滕文公》『蠅蚋姑嘬』之姑，與《方言》盬同，即咀也。謂蠅與蚋同咀嘬之也。」○注「嘬攢共食之也」○正義曰：《禮記·曲禮》云「毋嘬炙」，注云：「嘬謂一舉盡臠。」蓋獸食之餘，諸蟲又盡之也。趙氏謂「攢共食之」者，嘬從最，隱公元年《公羊傳》云「會猶最也」，注云：「最，聚也。」最之爲言聚。《文選·西都賦》注引《蒼頡篇》云：「攢，聚也。」趙氏讀嘬爲聚，故以「攢共」解之。○注「顙額」至「出於額」○正義曰：《方言》云：「中夏謂之頟，東齊謂之顙。」頟即額也。《考工記》「車人爲耒，庛長尺有一寸」，注云：「庛，讀爲『其顙有疵』之疵。」賈氏疏云：「俗人謂顙頟之上有疵病，故從之也。」《爾雅·釋詁》云：「疵，病也。」是《孟子》本有作「疵」者。「其顙有疵」謂頭頟病，猶云「疾首」也。趙氏本作「泚」，《毛詩·邶風》「新臺有泚」，傳云：「泚，鮮明貌。」《説文》作「玼」，而訓泚爲清。蓋顙色鮮明，必爲汗漬，故以爲汗出泚泚然。《説文》心部云：「慙，媿也。」人媿則汗出於額，故以爲「慙」。然以爲慙不如以爲哀痛而疾首，泚宜爲疵之借耳。○注「虆梩」至「取土者也」○正義曰：段氏玉裁《説文解字注》云：「梠，臿也。從木，㠯聲。一曰徙土輂，齊人語也。梩，或從里。《周禮》注引《司馬法》曰：『輂，一斧一斤一鑿一梩。』疏云：『梩，或解作臿，或解作鍬。鍬，臿亦不殊。』《孟子》『蓋歸反虆梩而掩之』，趙曰：『虆梩，籠臿之屬，可以取土者也。』虆即欙之假借，可以舁土者；梩同梠，可以臿地擾土者。一曰徙土輂，此別一義，謂梠即欙。孫奭《孟子音義》云：『梩，土轝也。』本此。」王氏念孫《廣雅疏證》云：「《爾雅》『斛謂之疀』，郭注云：『皆古鍫鍤字。』《管子·度地》篇云『籠臿版築各什六』，《齊策》云『坐而織蕢，立而杖插』，並字異而義同。」按：籠蕢即虆臿，插即梩，故云「籠臿之屬」。〇注「而掩之實是其道」〇正義曰：高誘注《吕氏春秋》《淮南子》皆云：「誠，實也。」**徐子以告夷子。夷子憮然，爲間，曰：「命之矣。」**注孟子言是以爲墨家薄葬不合道也。徐子復以告夷子。夷子憮然者，猶悵然也；爲間者，有頃之間也。「命之」猶言「受命教矣」。疏注「夷子憮然者猶悵然也」〇正義曰：《一切經音義》引《三蒼》云：「憮然，失意貌也。」失意則悵恨，故以爲「猶悵然」也。按：《論語·微子》篇「子路行以告，夫子憮然」，《集解》云：「謂其不達己意。」與趙氏此注義同。乃《説文》心部云：「憮，愛也。韓鄭曰憮。一曰不動。」《爾雅·釋言》云：「憮，撫也。」《廣雅·釋詁》既訓撫爲安，又訓撫爲定，安、定皆不動之義。蓋夫子聞子路述沮、溺之言，寂然不動，久而乃有「鳥獸不可同群」之言；此夷之聞徐辟述孟子之言，寂然不動，久而乃有「命之」之言。是「夷子憮然」四字絶句，「爲間」二字絶句，謂不動聲色者良久也。《後漢書·文苑·禰衡傳》云：「表嘗與諸文人共草章奏，並極其才思。時衡出，還見之，開省未周，因毁以抵地。表憮然爲駭。」蓋是時劉表必正稱譽歡笑，衡突將章奏擲諸地，表乃寂然不動。揣其心，以爲此時所以不動者，爲駭之也。《蔡邕傳》：「邕在陳留，其鄰人有以酒食召邕者。客有彈琴於屏，邕至門，試潛聽之，曰：『憘！以樂召我而有殺心，何也？』遂反。主人遽自追問其故，邕具以告，莫不憮然。」此「憮然」亦謂衆聞邕言，莫知所謂，都寂然不動也。《孔融傳》：「曹操激厲融云：『當收舊好，而怨毒漸積，志相危害，聞之憮然，中夜而起。』」大凡聞人之言，見人之事，與己所期所見不同，往往静默不動。躊躕既久，有以見其説之非，則夫子之辨沮、溺是也；有以見其説之是，則夷之之從孟子是也；亦有躊躕不解其故，或蓄怒而未形，或懷疑而莫決，如劉表之於禰衡、陳留賓客之於蔡邕是也。《説文》以「不動」二字括之，精矣。〇注

「爲間者有頃之間也」○正義曰：《吕氏春秋·去私》篇云「居有間」，高誘注云：「間，頃也。」《國策·秦策》云「乃留止間曰」，高誘注云：「間，須臾也。」《列子·黄帝》篇云「立有間，不言而出」，《釋文》云：「間，少時也。」○注「命之猶言受命教矣」○正義曰：《禮記·坊記》云「命以防欲」，注云：「命謂教命。」

章指：言聖人緣情，制禮奉終；墨子元同，質而違中。以直正枉，憮然改容，蓋其理也。

疏「墨子元同質而違中」○正義曰：《墨子》有《尚同》三篇，同即「無差等」之謂也。《老子》云：「和其光，同其塵。」是謂「元同」。左思《魏都賦》云：「道洪化隆，世篤元同。」《後漢書·張衡傳》注引桓譚《新論》云：「元者，天也，道也。」此「元同」謂道同也。《太史公自序》云：「墨者儉而難遵，是以其事不徧循。」質猶儉也。違中，故不可徧從也。

孟子正義卷十二

江都縣鄉貢士焦循譔集

孟子卷第六

滕文公章句下凡十章。

陳代曰：「不見諸侯，宜若小然。今一見之，大則以王，小則以霸。且志曰『枉尺而直尋』，宜若可爲也。」注陳代，孟子弟子也。代見諸侯有來聘請孟子，孟子有所不見，以爲孟子欲以是爲介，故言此介得無爲狹小乎？如一見之，儻得行道，可以輔致霸王乎？志，記也。枉尺直尋，欲使孟子屈己信道，故言宜若可爲也。疏「且志曰枉尺而直尋」○正義曰：翟氏灝《考異》云：「《隸釋・議郎元賓碑》『進退不枉尺直撏』，用《孟子》而以撏爲尋。《文子・上義》篇：『屈寸而申尺，小枉而大直，聖人爲之。』《尸子》引孔子曰：『詘寸而信尺，小枉而大直，吾爲之也。』文子，東周初人；而尸佼爲商鞅師，《穀梁傳》嘗引其言，亦略前於孟子。陳代所云志，或者即此等書。」○注「得無爲狹小乎」○正義曰：漢金廣延《毋紀産碑》云「耕殖陜少」，陜少即狹小也。《禮記・表記》云「仁有數，義有長短小大」，注云：「性仁義者，其數長大；取仁義者，其數短小。」孔氏正義云：「小謂所施狹近也。」**孟子曰：「昔齊景公田，招虞人以旌，不至，將殺之。**【注】虞人，守苑囿之吏也。招之當以皮冠而以旌，故不至也。【疏】「昔齊」至「殺之」○正義曰：昭公二十年《左傳》云：「十二月，齊侯田于沛，招虞人以弓，不進。公使執之，辭曰：『昔我先君之田也，旃以招大夫，弓以招士，皮冠以招虞人。臣不見皮冠，故不敢進。』乃舍之。仲尼曰：『守道不如守官，君子韙之。』」閻氏若璩《釋地三續》云：「虞人，守苑囿之吏也。《周禮》山虞每大山中士四人，澤虞每大澤大藪中士四人，迹人掌田獵者，亦中士四人，餘皆下士及府史等，自不敢上擬乎大夫，招以旌，豈敢進？此守官也而即守道也。左氏生六國初，孟子之前，不知於何聞之。所傳尹公佗學射庾公差，齊侯田于沛二事，與《孟子》輒異。」**『志士不忘在溝壑，勇士不忘喪其元。』孔子奚取焉？取非其招不往也。如不待其招而往何哉？**【注】志士，守義者也。君子固窮，故常念死無棺槨，没溝壑而不恨也。勇士，義勇者也。元，首也。以義則喪首不顧也。孔子奚取？取「守死善道」，非禮招己則不往。言虞人不得其招尚不往，如何君子而不待其招，直事妄見諸侯者，何爲也？【疏】注「志士」至「善道」○正義曰：《韓詩外傳》云：「子路與巫馬期薪於韞丘之下，陳之富人有處師氏者，脂車百乘，觴於韞丘之上。子路與巫馬期曰：『使子無忘子之所知，亦無進子之所能，得此富終身，無復見夫子，子爲之乎？』巫馬期喟然仰天而嘆，闟然投鎌於地曰：『吾嘗聞之夫子：勇士不忘喪其元，志士仁人不忘在溝壑。子不知予與，試予與？意者其志與？』」此以「志士」「仁人」並稱。《論語·衛靈公》篇云：「志士仁人無求生以害仁，有殺身以成仁。」《集解》引孔曰：「無求生以害仁，死而後成仁，則志士仁人不愛其身也。」孔子謂「殺身成仁」，孟子謂「舍生取義」，惟取義乃成仁，故志士爲仁人，即亦守義者也。巫馬期不願處師氏之富，固死無棺椁，棄尸溝壑而不恨者也。死不愛其身，則生可喪其元；生不愛其元，則死何難於在溝壑。志與勇皆以義揆之，故趙氏均以「義」言。《論語·陽貨》篇云：「君子義以爲上。君子有勇而無義爲亂，小人有勇而無義爲盜。」故云「義勇者」也。勇而非義，雖喪元不顧，第要離、聶政之流，非君子所貴矣。「元，首也」，《爾雅·釋詁》文。僖公三十三年《左傳》：「先軫曰：『匹夫逞志於君而無討，敢不自討乎？』免冑入狄師，死焉。狄人歸其元，面如生。」哀公十一年《傳》：「公使大史固歸國子之元。」皆喪其元之事也。「守死善道」，《論語·泰伯》篇文。○注「直事妄見諸侯者」○正義曰：《韓非子·喻老》篇云：「事，爲也。」「直事」者，不俟其招，徑直爲此見諸侯之事。無端而往，是爲「妄」也。**且夫枉尺而直尋者，以利言也。如以利，則枉尋直尺而利，亦可爲與？** 注 尺小尋大，不可枉大就小而以要利也。 疏 「則枉」至「爲與」○正義曰：《風俗通·十反》篇云：「孟軻稱不枉尺以直尋，況於枉尋以直尺。」蓋不待招而見，實不能一見即霸王，是枉尋直尺而已。趙氏之義與應劭正同。**昔者趙簡子使王良與嬖奚乘，終日而不獲一禽。嬖奚反命曰：『天下之賤工也。』** 注 趙簡子，晉卿也；王良，善御者也；嬖奚，簡子幸臣。以不能得一禽，故反命於簡子，謂王良天下鄙賤之工師也。 疏 注「趙簡子晉卿也」○正義曰：《史記·趙世家》云：「晉獻公賜趙夙耿。夙生共孟。共孟生趙衰。趙衰生盾。趙盾卒，謚爲宣孟。子朔嗣，屠岸賈殺趙朔。平公十二年，趙武爲正卿。趙武生景叔。趙景叔卒，生趙鞅，是爲簡子。」○注「王良善御者也」○正義曰：哀公二年《左傳》云「郵無恤御簡子」，注云：「郵無恤，王良也。」孔氏正義云：「下云『子良授綏』是也。服虔曰：『王良也。』孟子説王良善御之事。古者車駕四馬，御之爲難，故爲六藝之一。

王良之善御最有名，於書傳多稱之。《楚辭》云：『當世豈無騏驥兮，誠無王良之善御；見執轡者非其人兮，故駒跳而遠去。』」《國語·晉語》云「趙簡子使尹鐸爲晉陽，郵無正進曰」云云。又云「初，伯樂與尹鐸有怨，以其賞如伯樂氏」，注云：「無正，晉大夫郵良伯樂。」又云：「伯樂，無正字。」《淮南子·覽冥訓》云：「昔者王良、造父之御也，上車攝轡，馬爲整齊而斂諧，投足調勻，勞逸若一，心怡氣和，體便輕畢，安勞樂進，馳騖若滅。」高誘注云：「王良，晉大夫郵無恤子良也。所謂御良也。一名孫無政，爲趙簡子御，死而托精於天駟星，天文有王良星是也。」○注「天下鄙賤之工師也」○正義曰：王良爲大夫，不可爲卑賤。「賤」與下「良」對，故釋爲「鄙」，謂其技藝鄙陋。鄙野異於國中，言其俚野，非國工也。以「師」釋「工」者，《儀禮·燕禮》「大師告於樂正」，注云：「大師，上工也。」是工亦稱師也。**或以告王良，良曰：『請復之。』** 注 聞嬖奚賤之，故請復與乘。**强而後可，** 注 强嬖奚乃肯行。**一朝而獲十禽。嬖奚反命曰：『天下之良工也。』** 注 以一朝得十禽，故謂之「良工」。**簡子曰：『我使掌與女乘。』** 注 掌，主也。使王良主與女乘。疏 注「掌主也」○《周禮·天官·凌人》注云：「杜子春讀掌冰爲主冰。」《小爾雅·廣言》云：「掌，主也。」**謂王良。良不可，** 注 王良不肯。**曰：『吾爲之範我馳驅，終日不獲一；爲之詭遇，一朝而獲十。** 注 範，法也。王良曰：我爲之法度之御，應禮之射，正殺之禽，不能得一。横而射之曰詭遇。非禮之射則能獲十。言嬖奚小人也，不習於禮。疏 注「範法」至「於禮」○正義曰：「範，法也」，《爾雅·釋詁》文。昭公八年「秋，蒐于紅」，《穀梁傳》云：「艾蘭以爲防，置旃以爲轅門，以葛覆質以爲槷，流旁握，御轚者不得入。車軌塵，馬候蹄，揜禽旅，御者不失其馳。然後射者能中。過防弗逐，不從奔之道也。面傷不獻，不成禽不獻。」所云車軌塵，馬候蹄者，「法度之御」也。《毛詩・小雅・車攻》篇傳云：「一曰乾豆，二曰賓客，三曰充君之庖。故自左膘而射之，達於右腢爲上殺，達右耳本次之，射左髀達於右䯚爲下殺。面傷不獻，踐毛不獻，不成禽不獻。」孔氏正義云：「上殺以其貫心死疾，肉最潔美，故以爲乾豆；次殺以其遠心，死稍遲，肉已微惡，故以爲賓客；下殺以其中脅，死最遲，肉又益惡，充君之庖也。凡射獸，皆逐從左廂而射之，達於右䯚。獨言射左髀爲上殺，達於右腢，當自左脅也。次達右耳本，當自左肩腢也，不言自左，舉下殺之射左髀可推而知也。面傷不獻者，謂當面射之。翦毛不獻，謂在旁而逆射之。二者皆爲逆射。」按：此上殺、次殺、中殺皆爲「應禮之射，正殺之禽」。王氏念孫《廣雅疏證》云：「《釋天》：『王者以四時畋，以奉宗廟，因簡戎事，刈草爲防，敺而射之，不題禽，不垝遇，不捷草，越防不追。』題禽，題，迎禽而射之。垝遇謂旁射也。垝，或作詭，《孟子・滕文公》篇『爲之詭遇，一朝而獲十』，趙岐注云：『横而射之曰詭遇。』《比》：『九五，王用三驅，失前禽。』桓四年《左傳正義》引鄭注云：『失前禽者，謂禽在前來者，不逆而射之，旁去又不射。惟背走者，順而射之。用兵之法亦如之，降者不殺，奔者不禦，加以仁恩養威之道。』亦其義也。《説苑・修文》篇云：『不抵禽，不詭遇。』班固《東都賦》云：『弦不睼禽，轡不詭遇。』抵、睼並與題通。」按：此題禽、詭遇皆爲「非禮之射」。王良僅云詭遇，蓋亦括題禽言之。如《穀梁傳》但言面傷，亦括横射言之也。《音義》出「範我」，云：「或作范氏。范氏，古之善御者。」範古與范通。範或作范者有之，我、氏形近，其作氏者，譌也。趙氏訓範爲法，則其經文必不作「范氏」矣。《音義》見誤本而以爲古之善御者，班固《東都賦》云：「游基發射，范氏施御，弦不失禽，轡不詭遇。」《文選》李善注引《括地圖》云：「夏德盛，二龍降之，禹使范氏御之，以行程南方。」又引《孟子》此文，仍作「吾爲之範我馳驅」，連下「爲之詭遇」，又引劉熙注「橫而射之曰詭遇」，則引《括地圖》注「范氏施御」句，引《孟子》注「轡不詭遇」句，非「范氏」即《孟子》之「範我」也。李賢注《後漢書・班固傳》此文則云「范氏，趙之御人也」，此「趙」字誤，當是「古」字。引《孟子》此文亦作「範我」，又引趙注「範法也」云云，然則李賢所引《孟子》不作「范氏」可知。又云：「弦不失禽謂由基也，轡不詭遇謂范氏也。」范氏指賦所云之范氏，非《孟子》之「範我」也。《宋書・樂志》《馬君》篇云：「願爲范氏驅，雝容步中畿。豈效詭遇子，馳騁趣危機。」此則本班固賦言之，皆未足以證《孟子》之爲「范氏馳驅」也。凡説經先求辭達，若作「范氏」，則云「我爲之范氏馳驅」，於辭不達，而王良何取於范氏？賦以范氏儷由基，范氏爲範我矣，由基何屬邪？即使誠有異本《孟子》作「范氏馳驅」，究以趙氏爲正而已。《白氏六帖・執御》篇引《孟子》此文及注云：「範，法也。爲以法式爲御，故不獲禽。詭，譎也。不依御，故苟得矣。」與趙氏注異。白氏引之，蓋唐以前舊注，其釋範爲法，亦同於趙。《音義》作「范氏」，非也。**《詩》云：「不失其馳，舍矢如破。」我不貫與小人乘，請辭。』**注《詩》，《小雅・車攻》之篇也。言御者不失其馳驅之法，則射者必中之。順毛而入，順毛而出，一發貫臧，應矢而死者如破矣。此君子之射也。貫，習也。我不習與小人乘。不願掌與嬖奚同乘，故請辭。疏注「詩小」至「射也」○正義曰：引《詩》在《小雅・車攻》篇第六章。毛傳云：「言習於射御法也。」不失其馳驅之法，則「範我馳驅」也。「順毛而入，順毛而出」則不踐毛，不順則毛蹂躪狼藉矣。「一發貫臧」，阮氏元《校勘記》云：「足利本臧作機。《音義》出『貫臧』，作機非。臧即今五臟字，徂浪切。『一發貫臧，應矢而死』，所謂『貫心死疾爲上殺』也。孫宣公云『臧如字』非也。」鄭氏箋云：「御者之良，得舒疾之中；射者之工，矢發則中，如椎破物也。」孔氏正義云：「如椎破物，則中而駛也。」王氏引之《經傳釋詞》云：「如猶而也。『不失其馳，舍矢如破。』如破，而破也。家大人曰：『舍矢而破』與『舍拔則獲』同意，皆言其中之速也。《楚策》云『壹發而殪』，意亦與此同。鄭箋及《孟子》趙注皆誤解如字。」○注「貫習也」○正義曰：「貫，習」，《爾雅·釋詁》文。段氏玉裁《説文解字注》云：「貫，假借作摜字，習也。如《孟子》『我不貫與小人乘』是也。《毛詩》曰『串夷』，傳云：『串，習也。』串即毌之隸變，傳即謂慣字。」**御者且羞與射者比。比而得禽獸，雖若丘陵，弗爲也。如枉道而從彼何也？**注孟子引此以喻陳代，云：御者尚知恥羞此射者，不欲與比，子如何欲使我枉正道而從彼驕慢諸侯而見之乎？疏注「御者尚知恥羞此射者」○正義曰：《國語·周語》云「姦禮爲羞」，注云：「羞，恥也。」閩、監、毛三本作「羞恥」。**且子過矣，枉己者未有能直人者也。」**注謂陳代之言過謬也。人當以直矯枉耳，己自枉曲，何能正人？疏注「過謬也」○正義曰：《國策·秦策》云「王之料天下過矣」，高誘注云：「過，謬也。」《淮南子·本經訓》云「壞險以爲平，❶矯枉以爲直」，高誘注云：「矯，正也。枉，曲也。」《説文》矢部云：「矯，揉箭箝也。」《易·説卦傳》云「坎爲矯揉」，宋衷注云：「曲者更直爲矯。」蓋物之曲者，以直物糾戾之使同直，故云「以直矯枉」也。

章指：言脩禮守正，非招不往；枉道富貴，君子不許。是以諸侯雖有善其辭命，伯夷

❶ 按，「淮南子」以下非疏釋注文「過謬也」，乃疏釋注文「以直矯枉」。

亦不屑就也。疏「是以」至「就也」○正義曰：周氏廣業《孟子章指攷正》云：❶「伯夷不就辭命，無攷。惟《韓非子·和氏》篇：『古有伯夷、叔齊者，武王讓以天下而弗受，二人餓死首陽之陵。』《莊子·讓王》篇：『昔周之興，伯夷、叔齊相謂曰：吾聞西方有人似有道者，盍往觀焉？至於岐陽，武王聞之，使叔旦往見之，與之盟曰：加富二等，就官一列，血牲而埋之。二人相視而笑曰：嘻異哉！此非吾所謂道也。比入至首陽之山，遂餓而死焉。』《孟子》所云或即指此。」

景春曰：「公孫衍、張儀豈不誠大丈夫哉？一怒而諸侯懼，安居而天下熄。」注景春，孟子時人，爲從横之術者。公孫衍，魏人也，號爲「犀首」，常佩五國相印爲從長。秦王之孫，故曰公孫。張儀，合從者也。一怒則構諸侯，使强凌弱，故言懼也；安居不用辭説，則天下兵革熄也。疏注「景春」至「術者」○正義曰：《漢書·藝文志》云：「從横家者流，蓋出於行人之官。孔子曰：『誦《詩三百》，使於四方不能專對，雖多，亦奚以爲？』又曰：『使乎使乎！』言其當權事制宜，受命而不受辭，此其所長也。及邪人爲之，則上諼詐而棄其信。」凡十二家，以蘇秦、張儀爲首。周氏廣業《孟子出處時地考》云：「景春稱儀、衍而不及蘇秦，秦時已爲齊所殺矣。」又《孟子古注攷》云：「《漢·藝文志》兵陰陽家有《景子》十三篇，❷疑即此人。」○注

---

❶ 「正」，據全書他章引文當作「證」。

❷ 「陰陽」，按《漢志》，《景子》在兵形勢家，參沈校。

「公孫」至「爲從長」❶○正義曰：《史記·秦本紀》云：「惠文君五年，陰晉人犀首爲大良造。六年，魏納陰晉，陰晉更名寧秦。」❷裴駰《集解》云：「犀首，官名。姓公孫，名衍。」徐廣曰：「陰晉，今之華陰也。」衍爲大良造時，陰晉尚屬魏；衍爲陰晉人，是「魏人」也。又《張儀列傳》附《公孫衍傳》云：「犀首者，魏之陰晉人也。名衍，姓公孫氏。與張儀不善。張儀已卒之後，犀首入相秦，嘗佩五國之相印，爲約長。」《集解》引司馬彪云：「犀首，魏官名，若今虎牙將軍。」按：此則衍在魏爲犀首之官，在秦爲大良造之官。趙氏云號爲犀首，未詳所本。《國策·秦策》云：「王用儀言，取皮氏卒萬人，車百乘，以與魏犀首。」吴師道云：「《年表》『陰晉人犀首爲大良造』，則非官名。而《韓策》摎留以『犀首』『張儀首』言，何爲一人獨以官稱乎？恐犀首或姓名也。魏亦有犀武。」按：犀首即公孫衍，明見《史記》。意者先在魏爲此官，後遂以爲號，故人通稱之。《史記》言「約長」，趙氏言「從長」者，周氏柄中《辨正》云：「衍本衡人，《史記》以儀、衍同傳而贊云：『夫言從衡彊秦者，大抵皆三晉之人。』是衍亦衡人之彊秦者也。所以離秦魏之交，致義渠之襲者，特以傾張儀而然，非合從也。即其用陳軫之計，三國委事；亦並無合從事跡；其爲秦敗楚，則見於《韓非子》《史記》等書，黄東發謂衍或從或衡，殊非其實。趙注云『衍嘗佩五國相印爲從長』，《史記》『犀首入秦爲約長』，此言衍相秦，約五國與秦衡親，正破從爲横之事。『約長』非『從長』也，未有相秦而合從者也。」衍生長於魏，趙氏謂「秦王之孫，

❶「爲」，原作「合」，今據注文改。
❷「秦」，原作「泰」，今從沈本據《史記》改。

故曰公孫」，亦未知所出。〇注「張儀合從者也」〇正義曰：《吕氏春秋・報更》篇云：「張儀，魏氏餘子也。將西游於秦，過東周，昭文君送而資之。至於秦，留有間，惠王悦而相之。張儀所德於天下者，無若昭文君。」《史記・張儀列傳》云：「張儀者，魏人也。蘇秦已説趙王而得相約從親，然恐秦之攻諸侯，敗約後負，❶念莫可使用於秦者，乃使人微感張儀。張儀遂得以見秦惠王，惠王以爲客卿。」二説不同。《索隱》云：「張儀説六國，使連衡而事秦，故云成其衡道。」然山東地形從長，蘇秦相六國，合從親而賓秦也。關西地形衡長，張儀相六國，令破其從而連秦之衡，故蘇爲合從，張爲連衡也。乃趙氏以儀爲合從者，未詳所本。**孟子曰：「是焉得爲大丈夫乎？子未學禮乎？丈夫之冠也，父命之。女子之嫁也，母命之，往送之門，戒之曰：『往之女家，必敬必戒，無違夫子。』以順爲正者，妾婦之道也。**注孟子以禮言之。男子之道，當以義匡君，女子則當婉順從人耳。男子之冠，則命曰「就爾成德」。今此二子從君順指，行權合從，無輔弼之義，安得爲大丈夫也？疏「丈夫之冠也父命之」〇正義曰：江氏永《群經補義》云：「父命之者，迎賓冠子，父主其事。至於《士冠禮》諸祝辭，皆賓祝之，非父命也。父醮則有辭矣。」周氏柄中《辨正》云：「陳亦韓曰：『《士冠禮》無父命之文，賓則有三加祝辭，又有醴辭字辭。冠後以贄見於卿大夫鄉先生，如晉趙文子冠，見欒武子、范文子、韓獻子、智武子，皆有言以勸勉之。蓋父不自命而以其命之意出於賓，亦不親教子之意也。』」〇「女子」至「夫子」〇正義曰：閻氏若璩《釋地又續》云：「門即父母家之門，非女

❶「後」，原脱，今從沈校據《史記》補。

子所適之壻家之門。今人衹緣俗有母送其女至壻家禮，遂以爲壻門。不知婦人迎送不出門，又内言不出於梱，古豈有是耶？然《孟子》此一禮與《儀禮·士昏禮記》亦殊不同。《記》云：『父在阼階上西面戒女，母戒諸西階上，不降。』又云：『父送女，命之曰：戒之敬之，夙夜毋違命。母施衿結帨，曰：勉之敬之，夙夜無違宫事。庶母及門内施鞶，申之以父母之命，命之曰：敬恭聽，宗爾父母之言，夙夜無愆，視諸衿鞶。』是戒者非止母一人，與所送亦非止門一處。大抵《孟子》言禮多主大綱，不暇及詳。抑《儀禮》定於周初，而列國行之久，頗各隨其俗。如衛人之祔也離之，魯人之祔也合之。雖孔子善魯，而衛當日仍行自若。」周氏柄中《辨正》云：「《士昏禮》女父不降送，母戒諸西階上，亦不降，而《孟子》言『往送之門』，《穀梁傳》亦言『送女不出祭門』，乃指廟之大門，則送不止於階矣。或説送至壻門，毛西河引《戰國策》『婦車至門，送諸母還』，謂諸母有送至壻門者。按，《穀梁傳》諸母兄弟送不出闕門，謂祭門外兩觀門也。所指諸侯嫁女之禮與《士昏禮傳》所言『庶母及門内』略同，並無送至壻門之説，《國策》恐未可據。」○注「男子」至「丈夫也」○正義曰：《毛詩·邶風》「燕婉」傳云：「婉，順也。」《説文》女部云：「婉，順也。《春秋傳》曰：『太子痤婉。』」是「順」之義爲「婉」也。「以義匡君」，義不可從則須諫正，是以義爲正也；不論義之當從當違，一概無違，是「以順爲正」，非以義爲正者也。故趙氏以「婉」解之，别其不能「以義匡君」矣。趙氏佑《温故録》云：「注『男子之冠，則命曰就爾成德』，補義甚好，此出《士冠禮》『祝曰令月吉日，❶始加元服，棄爾幼志，順爾成德』之文也。」按：《儀

❶「令」，原作「今」，今從沈校據《儀禮》改。

禮・士冠禮》作「順爾成德」，此改爲就者，以孟子斥「順」爲「妾婦」，故易「順」爲「就」。《廣雅・釋詁》云：「就，歸也。」《賈子・道術》篇云：「行歸而過謂之順。」《莊子・人間世》云「就不欲入」，注云：「就者，形順。」是「就」亦「順」也。乃所順在成德，成德則能以義匡君，是以義爲順者也；惟以無違爲順而不以義，則妾婦之順也。言有古今之不同，賴聖賢發明之。文王繫《易》以利爲重，其時所謂利，以利物言，故孔子贊之云：「利者，義之和也。利物足以和義。」蓋至孔子時，所謂利，共以爲利己，於是以「放利而行」爲利，故孔子罕言利而以義爲利。《易》以坤爲順，孔子贊《易》屢以順言，其時以「輔弼正君」爲順，《荀子・臣道》篇云：「以從命而利君謂之順，從命而不利君謂之諂。」是也。至孟子時，則徒以「從君順指」爲順，故孟子斥爲「妾婦之道」。孟子之斥順，猶孔子之斥利也。妻道猶臣道，妻之順夫亦當諤諤有以調和而補救之，惟妾婦婢媵之流，徒以取容爲婉媚耳。**居天下之廣居，立天下之正位，行天下之大道。得志，與民由之；不得志，獨行其道。富貴不能淫，貧賤不能移，威武不能屈。此之謂『大丈夫』。」**注 廣居謂天下也。正位謂男子純乾正陽之位也。大道，仁義之道也。得志，行正，與民共之；不得志，隱居，獨善其身，守道不回也。淫，亂其心也；移，易其行也；屈，挫其志也。三者不惑，乃可以爲大丈夫矣。疏 注「廣居」至「道也」

○正義曰：趙氏以「廣居」爲「天下」，則「居天下之廣居」即謂人生天地間也。天地之間至廣大，隨在可以自得，必以富貴而婉順求之，是天下至廣而所營至狹矣。男女共生天地之間，在女子則當婉順。既身爲男子，則在八卦爲乾，《易・家人》《彖傳》云：「女正位乎内，男正位乎外。」内則囿於一家，外則周乎天下，故「居天下之正位」也。《說卦傳》云：「是以立天之道曰陰與陽，立地之道曰柔與剛，立人之道曰仁與義。分陰分陽，迭用柔剛。」異乎妾婦之徒以柔順爲道，故爲「大道」也。蓋既生於天地間，居如此其廣也，又身爲男子，位如此其正也，則所行自宜爲天下之大道，而奈何跼蹐而效妾婦爲也？下數句即申明行天下之大道以全其居廣居、立正位之身也。趙氏注精矣。○注「得志行」至「夫矣」○正義曰：《論語·顏淵》篇云：「政者，正也。」《周禮·地官·黨正》注云：「正之言政也。」趙氏以「行正」解「得志」，「行正」即「爲政」也。天下之居既廣，而男子行仁義之道可仕而爲政，則以此仁義之道共之於民；不可仕則隱居，而以此仁義之道獨行於身：何處不可居，何處不可行道也？《吕氏春秋·古樂》篇云「有正有淫矣」，高誘注云：「淫，亂也。」又《蕩兵》篇云「而工者不能移」，高誘注云：「移，易也。」《漢書·揚雄傳》《音義》引諸詮云：「屈，古詘字。」《廣雅·釋詁》云：「詘，屈也。挫、詘，折也。」是「屈」即「挫」也。男子行仁義之道，故富貴不能亂其心，貧賤不能易其行，威武不能挫其志，自彊不息，乃全其爲男子，全其爲男子，斯得爲大丈夫也。

章指：言以道匡君，非禮不運，稱大丈夫；阿意用謀，善戰務勝，事雖有剛，心歸柔順，故云「妾婦」，以況儀、衍。疏「非禮不運」○正義曰：周氏廣業《孟子章指攷證》云：「《戴記》有《禮運》篇。」按：《莊子·山木》篇云：「運，物之泄也。」《釋文》引司馬注云：「運，動也。」

周霄問曰：「古之君子仕乎？」注周霄，魏人也。問君子之道當仕否？疏注「周霄魏人也」○正義曰：《戰國·魏策》云：「魏文子、田需、周霄相善，欲罪犀首。」鮑彪注云：「周霄，孟子時有此人，至是三十年矣。」吴師道正云：「田文前相魏，當襄王時，孟子見梁襄王，相去不遠也。」周氏廣業《孟子出處時地攷》

云：「按，《史》田需、犀首皆在秦惠王時，故胥得問於孟子也。」《魏策》又云：「周肖謂宮他曰：『子爲肖謂齊王曰：肖願爲外臣，今齊資我於魏。』」鮑彪注云：「疑即胥。」吴師道正云：「《孟子》記魏人，若以爲此人，則非安釐之世矣。」**孟子曰：「仕。傳曰：『孔子三月無君則皇皇如也。出疆必載質。』**注質，臣所執以見君者也。三月，一時也。物變而不佐君化，故皇皇如有求而不得。疏注「質臣所執以見君者也」○正義曰：《音義》出「載質」，云：「張音贄，云『義與贄同』。」《白虎通·瑞贄》篇云：「贄者，質也。質己之誠，致己之悃愊也。」《儀禮·士相見禮》云：「贄，冬用雉，夏用腒。左頭奉之，曰：『某也願見，無由達。某子以命，命某見。』」注云：「贄，所執以至者。君子見於所尊敬，必執贄以將其厚意也。」《士冠禮》云：「奠摯見於君，遂以摯見鄉大夫、鄉先生。」注云：「摯，雉也。」是「見君用摯」也。贄、摯、質三字通。○注「三月」至「不得」○正義曰：《大戴記·本命》篇云：「人生而不具者五，目無見，不能食，不能行，不能言，不能化。三月而徹眗，然後能有見。」注云：「三月萬物一成。」《易·繫辭傳》云：「變通莫大乎四時。」《春秋繁露·官制象天》篇云：「三人而爲一選儀，於三月而爲一時也。天有四時，時三月；如天之時，固有四變也。」《白虎通·四時》篇云：「歲時何謂？春夏秋冬也。時者，期也。陰陽消息之期也。春夏物變盛，秋冬氣變盛。」此「三月爲一時而物變」之説也，變即化也。歷一時而物變化，君子亦當趣時爲變化。《春秋繁露·四時之制》篇云：「天之道，春暖以生，夏暑以養，秋清以殺，冬寒以藏。暖暑清寒，異氣而同功，皆天之所以成歲也。聖人副天之所行以爲政，故以慶副暖而當春，以賞副暑而當夏，以罰副清而當秋，以刑副寒而當冬。慶賞罰刑，異事而同功，皆王者之所以成德也。慶賞罰刑與春夏秋冬以類相應也。」《禮記·檀弓上》云：「既殯，瞿瞿如有求而弗得，皇皇如有望而弗至。」注云：「皆憂悼在心之貌也。」《檀弓下》云：「始死，皇皇焉如有求而弗得。」《問喪》篇云：「其往送也，望望然，汲汲然，如有追而弗及也；其反哭也，皇皇然，如有求而弗得也。」《楚辭・離世》篇云「征夫皇皇其孰依兮」，注云：「皇皇，惶遽貌。」《廣雅・釋訓》云：「惶惶，劇也。」惶惶即皇皇也。**公明儀曰：『古之人三月無君則弔。』」**注公明儀，賢者也。而言古人三月無君則弔，明當仕也。

「三月無君則弔，不以急乎？」注周霄怪乃弔於三月無君，何其急也？**曰：「士之失位也，猶諸侯之失國家也。禮曰：『諸侯耕助以供粢盛，夫人蠶繅以爲衣服。犧牲不成，粢盛不絜，衣服不備，不敢以祭。惟士無田，則亦不祭。』牲殺器皿衣服不備，不敢以祭，則不敢以宴，亦不足弔乎？」**注諸侯耕助者，躬耕勸率其民，收其藉助，以供粢盛。粢，稷；盛，稻也。夫人親執蠶繅之事，以率女功。衣服，祭服；不成，不實肥腯也。惟，辭也。言惟絀禄之士無圭田者不祭。牲必特殺，故曰殺。皿，所以覆器者也。不祭則不宴，猶喪人也，不亦可弔乎？疏「禮曰」至「衣服」○正義曰：《禮記・祭統》云：「天子親耕於南郊，以共齊盛；王后蠶於北郊，以共純服。諸侯耕於東郊，亦以共齊盛；夫人蠶於北郊，以共冕服。」注云：「齊，或爲粢。」孟子所引之《禮》蓋如是也。桓公十四年《穀梁傳》云：「天子親耕以共粢盛，王后親蠶以共祭服。」又成十七年《穀梁傳》云：「宮室不設，不可以祭；車馬器械不備，不可以祭；有司一人不備其職，不可以祭。」與《孟子》所言略同。然則「犧牲不成」以下，亦孟子述《禮》之文也。《禮記・曲禮》云：「無田禄者不設祭器。」又《王制》云：「大夫士宗廟之祭，有田則祭，無田則薦。」○注「諸侯」至「祭服」○正義曰：《國語・周語》云：「宣王即位，不藉千畝。虢文公諫曰：『不可。夫民之大事在農，上帝之粢盛於是乎出。』」又云：「及期，王祼鬯乃行，百吏庶民畢從。及藉，后稷監之，膳夫、農正陳藉禮，太史贊王，王敬從之。王耕一墢，班三之，庶人終於千畝。」注云：「藉，借也。借民力以爲之。天子藉田千畝，諸侯百畝。」蓋田名藉田，以借助於民，故名。天子先親耕而後民終之，是「躬耕勸率於民」也。天子雖躬耕，不過三推而已。其終收穫，得共粢盛，實由民之助力，故云「收其藉助」也。是耕爲躬耕，助爲民助。若《禮記·樂記》云：「耕藉，然後諸侯知所以敬。」此「耕藉」專謂躬耕藉田，與孟子云「耕助」不同。助雖與藉義同，然藉指田名，助爲民助也。「粢，稷」，《爾雅·釋草》文。桓公十四年《公羊傳》注云：「黍稷曰粢，在器曰盛。」《説文》皿部云：「齍，黍稷器，所以祀者。」盛黍稷在器中以祀者也。《地官·春人》「祭祀共其齍盛之米」，注云：「齍盛謂黍稷稻粱之屬，可盛以爲簠簋實。」《春官·小宗伯》「辨六齍之名物」，注云：「齍讀爲粢，六粢謂六穀，黍稷稻粱麥苽。」然則以器内之實言之謂之齍，即粢也，稷爲穀長以統衆穀而名也；以諸穀在器言之謂之盛。黍稷稻粱等皆在器，皆爲盛也。解者以黍稷曰粢、在器曰盛爲互釋，趙氏以黍稷曰粢，則是稻粱曰盛，故云「盛，稻」也。其實黍稷在器亦名盛，稻粱爲簠簋實，亦統名粢。段氏玉裁《説文解字注》云：「《周禮》一書，或兼言齍盛，若《春人》《肆師》《小祝》是也；❶單言齍，若《大宗伯》《小宗伯》《大祝》是也；單言盛，若《饎人》《廩人》是也。《小宗伯》『逆齍』，注云：『受饎人之盛以入。』然則齍、盛可互稱也。《甸師》注云：『粢，稷也。』穀者稷爲長，是以名。齍、粢古今字也。《毛詩·甫田》作齊，亦作齍，用古文；《禮記》作『粢

❶「春人」上，《説文解字注》有「甸師」二字，參沈校。

盛』，用今文。《左傳》作『粢盛』，則用今字之始。《左傳》曰『絜粢豐盛』，毛傳云：『器實曰齍，在器曰盛。』鄭注《周禮》，齍或專訓稷，或訓黍稷稻粱；盛則皆訓在器。是則粢之與盛別者，齍謂穀也，盛謂在器也。許則云：『器曰齍，實之則曰盛。』似與毛、鄭異。蓋許主說字，其字從皿，故謂『其器可盛黍稷曰齍』。要之，齍可盛黍稷，而因謂其所盛黍稷曰齍。凡文字故訓，引伸每多如此，說經與說字不相妨也。」《禮記・祭義》云：「古者，天子諸侯必有公桑蠶室。及大昕之朝，君皮弁素積，卜三宮之夫人、世婦之吉者，使入蠶於蠶室，奉種浴於川，桑於公桑，風戾以食之。」此「夫人蠶」之事也。又云：「世婦卒蠶，奉繭以示於君，遂獻繭於夫人。及良日，夫人繅三盆手，遂布於三宮夫人世婦之吉者，使繅，遂朱綠之，玄黃之，以爲黼黻文章。君服以祀先王先公。」注云：「三盆手者，三淹也。凡繅，每淹大總，而手振之以出緒也。」此「夫人繅」之事也。《周禮・天官・内宰》：「中春，詔后帥外内命婦，始蠶於北郊，以爲祭服。」帥即率也。是「衣服」即祭服也。○注「不成」至「辭也」○正義曰：《禮記・曲禮》云「豚曰腯肥」，注云：「腯，亦肥也。腯，充貌也。」桓公六年《左傳》云：「吾牲牷肥腯。」又云：「故奉牲以告曰『博碩肥腯』，謂民力之普存也，謂其畜之碩大蕃滋也，謂其不疾瘯蠡也，謂其備腯咸有也。」「犧牲」而云「不成」，《禮記・中庸》云：「誠者，自成也。」誠之義爲實則成之義亦爲實，故以「不實」解「不成」。《吕氏春秋・明理》篇云「五穀萎敗不成」，又《貴信》篇云「則五種不成」，高誘注並云：「成，熟也。」此不成亦即不實。但五穀之不實謂其不熟，犧牲之不實謂其不肥腯，故又申之以「肥腯」也。劉熙《釋名・釋言語》云：「成，盛也。」肥腯爲充盛也。《詩・齊風》「儀既成兮」，箋云：「成猶備也。」「不成」亦爲不備腯也。《文選・羽獵賦》云「帝將惟田，於靈之囿」，注引薛君《韓詩章句》云：「惟，辭也。」○注

「牲必特殺故曰殺」○正義曰：《儀禮・特牲饋食禮》爲諸侯大夫士祭祖禰，《少牢饋食禮》爲諸侯卿大夫祭祖禰之禮，以「少牢」「特牲」名篇。《少牢禮》：「主人朝服，即位于廟門之外，東方南面，宰、宗人西面北上，牲北首東上。司馬刲羊，司士擊豕，宗人告備，乃退。」注云：「刲、擊皆謂殺之。」《特牲禮》：「宗人視牲，告充，雍正作豕。夙興，主人立于門外東方，南面，視側殺。」注云：「側殺，殺一牲也。」此皆「特殺」之事也。○注「皿所以覆器者也」○正義曰：《説文》：「皿，飯食之用器也。象形，與豆同意。讀若猛。」段氏玉裁《説文解字注》謂：「汲古閣本飯作飲，誤。《孟子》『牲殺器皿』，趙注：『皿，所以覆器者。』此謂皿爲幎之假借，似非孟意。」廷琥按：皿本無覆器之訓。皿讀若猛，古音冥、孟同爲一部，孟津亦曰盟津。揚子《太玄經》：「冥者，明之藏也。」皿、幎假借，段説是也。段又謂趙氏覆器之訓，似非孟意，豈以器之有幎，無關禮制乎？《説文》：「幎，幔也。」《周禮》有幎人，幎即幂，亦作冪。冪亦與鼏通。《公食大夫禮》「甸人陳鼎，設扃鼏，鼏若束若編」，《少牢饋食禮》「皆設扃幂」，幂即鼏，此覆鼎之幂也。以其覆鼎，故字作鼏。鼎鼏以茅爲之。天子諸侯有牛鼎，大夫有羊鼎，士有豕鼎魚鼎，庶人魚炙之薦無鼎，則亦無鼏，此不待言。《周禮・天官・幂人》注云：「以巾覆物曰幂。」《小爾雅・廣服》云：「大巾謂之幂。」幂即巾也。以其幂物，故亦謂之幂，用布或用葛。《大射儀》「膳尊兩甒，幂用錫若絺」，《鄉飲酒禮》「尊綌幂」，《鄉射禮》「尊綌幂」，《燕禮》「公尊瓦大兩，幂用綌若錫」，《少牢》「尊兩甒於房户之間，同棜，皆有幂」，所以覆尊者也。《特牲禮》「覆兩壺卒奠幂」，所以覆壺者也。《特牲禮》「籩巾以綌纁裏」，所以覆籩者也。《士昏禮》「醯醬二豆，菹醢四豆，兼巾之」，所以覆豆者也。《公食大夫禮》「簠有蓋幂」，《有司徹》「簠有蓋幂」，所以覆簠者也。尊、壺、籩、豆、簠、簋皆有幂，故趙氏以

「覆器」二字統之，而上下等殺由此分焉。天子祀天地則以疏布巾冪八尊，祭宗廟則以畫布巾冪八彝。《冪人》「凡王巾皆黼」，則諸侯大夫士之巾不黼矣。賈公彦《鄉射禮》疏：「凡用醴不見用冪，質故也。醮用酒亦無冪者，從禮于質也。或以尊厭卑，亦無冪。燕禮君尊有冪，方圜壺則無冪。昏禮尊于室，故有冪；尊于房户外，爲媵御賤，故無冪。」陳用之云：「人君，尊也，故燕與大射之冪用葛若錫，冬夏異也；人臣，卑也，故鄉飲、士昏喪祭之冪用葛而已，冬夏同也。」是冪之有無分乎文質，即分乎尊卑貴賤。庶人分卑，魚炙之薦，質而無文，則其無冪也宜矣。《燕禮》：「公尊瓦大兩，有冪，尊于東楹之西，兩方壺尊；士旅食于門西，兩圜壺。」注：「尊方壺爲卿大夫士也。旅，衆也。士衆食謂未得正禄，所謂庶人在官者也。」方圜壺無冪，亦足爲「庶人不用冪」之一證。《曲禮》：「爲天子削瓜者副之，巾以絺；爲國君者華之，巾以綌；爲大夫累之，士疐之，庶人齕之。」大夫降於諸侯，即不用巾。孔疏謂「此削瓜當在公庭」，則不用巾者亦以尊厭卑，又巾冪等級之可考見者也。士之祭禮用冪，《禮》有明文。《孟子》「惟士無田」云云蒙上「禮」字，若皿是飯食之器，則本文器字已可該括，故趙氏以幎字假借解之。曰「牲殺」，殺即所以用牲也；曰「器皿」，皿即所以覆器也。殺字與牲字一貫，皿字與器字一貫。趙氏之訓未必非孟意也。○注「不祭則不宴猶喪人也」○正義曰：《禮記・檀弓下》云「喪亦不可久也」，又云「喪人無寶」，注云：「喪謂亡失位。」昭公二十五年《公羊傳》云「喪人不佞，失守魯國之社稷」，注云：「自謂亡人。」

「出疆必載質，何也？」注周霄問出疆何爲復載質？**曰：「士之仕也，猶農夫之耕也。農夫豈爲出疆舍其耒耜哉？」**注孟子言仕之爲急，若農夫不可不耕。**曰：「晉國亦仕國也，未嘗聞仕**

如此其急。仕如此其急也，君子之難仕，何也？」注魏本晉也。周霄曰：我，晉人也，亦仕，而不知其急若此。君子何爲難仕？君子謂孟子。何爲不急仕也？疏注「我晉人也亦仕而不知其急若此」〇正義曰：推趙氏注，似趙氏所據之本作「晉人亦仕國也」。「我晉人也」解「晉人」二字，「亦仕」解「亦仕國也」四字，謂我爲晉人，亦仕於晉國也。乃相傳諸本俱作「晉國亦仕國也」，則趙氏注「我晉人也」爲無所附矣。近解謂晉國亦君子遊宦之國。**曰：「丈夫生而願爲之有室，女子生而願爲之有家。父母之心，人皆有之。不待父母之命、媒妁之言，鑽穴隙相窺，踰牆相從，則父母國人皆賤之。**注言人不可觸情從欲，須禮而行。疏「媒妁之言」〇正義曰：《音義》出「媒妁」，云：「音酌。丁云：『謂媒氏酌二姓之可否，故謂之媒妁也。』」《周禮·地官·媒氏》注云：「媒之言謀也。謀合異類，使和成者。今齊人名麴麩曰媒。」《説文》女部云：「媒，謀也。謀合二姓。」「妁，❶酌也。斟酌二姓也。」❷段氏玉裁《説文解字注》云：「斟者，酌也；酌者，盛酒行觴也。『斟酌二姓』者，如挹彼注兹，欲其調適也。」**古之人未嘗不欲仕也，又惡不由其道。不由其道而往者，與鑽穴隙之類也。」**注言古之人雖欲仕，如不由其正道，是與鑽穴隙者何異？疏注「是與鑽穴隙者何異」〇正義曰：趙氏與字屬下讀，「何異」解「類」字。疑趙氏所據本作「與鑽穴隙類也」。閩、監、毛三本作「亦與鑽穴隙者無異」。孔氏廣森《經學卮言》云：「與音歟，絕句。」此以與

❶「妁」，原作「灼」，今從沈校據《説文》改。
❷「也」，原作「人」，今從沈校據《説文》改。

字屬上句讀。王氏引之《經傳釋詞》云：「與，語助也。無意義。」

章指：言君子務仕，思播其道。達義行仁，待禮而動。苟容干禄，踰牆之女，人之所賤，故弗爲也。 疏「苟容干禄」○正義曰：《韓詩外傳》云：「偷合苟容以持禄養身者，是謂國賊也。」

彭更問曰：「後車數十乘，從者數百人，以傳食於諸侯，不以泰乎？」 注泰，甚也。彭更，孟子弟子。怪孟子徒衆多而傳食於諸侯之國，得無爲甚奢乎？疏「後車數十乘」○正義曰：閻氏若璩《釋地三續》云：「《詩綿蠻講義》云：『古人惟尊貴有後車，微賤則無之。』孟子後車即弟子所乘者，不然，從者徒步矣。」○「傳食於諸侯」○正義曰：《音義》出「傳食」，云：「丁直戀切，言轉食也。」按：《爾雅·釋言》云：「馹，遽，傳也。」成公五年《左傳》云「晉侯以傳召伯宗」，注云：「傳，驛也。」劉熙《釋名·釋宫室》云：「傳，傳也。人所止息而去，後人復來，轉轉相傳，無常主也。」然則「傳食」謂舍止諸侯之客館而受其飲食也。○注「泰甚也」○正義曰：《詩·小雅·巧言》「昊天泰憮」，箋云：「泰言甚也。」《荀子·王霸》篇云「縣樂奢泰，游抏之修」，注云：「泰與汰同。」「奢」「泰」連文，是泰亦奢也。**孟子曰：「非其道，則一簞食不可受於人；如其道，則舜受堯之天下不以爲泰。子以爲泰乎？」** 注簞，笥也。非以其道，一笥之食不可受也。子以舜受堯天下爲泰乎？疏注「簞笥也」○正義曰：《禮記·曲禮》云「凡以弓劍、苞苴、簞笥問人者」，注云：「簞笥，盛飯食者。圓曰簞，方曰笥。」《儀禮·士冠禮》云「櫛實于簞」，注云：「簞，笥也。」蓋雖有方圓之别，亦得通稱之也。**曰：「否。士無事而食，不可也。」**【注】彭更曰：不以舜爲泰也。謂士無功事而虛食人者，不可也。**曰：「子不通功易事，以羨補不足，則農有餘粟，女有餘布；子如通之，則梓匠輪輿皆得食於子。**【注】孟子言凡人當通功易事，乃可各以奉其用。梓匠，木工也；輪人、輿人，作車者。交易則得食於子之所有矣。《周禮》攻木之工七，梓匠輪輿是其四者。羨，餘也。【疏】注「周禮」至「其四」❶○正義曰：見《考工記》。○注「羨餘也」○正義曰：《毛詩・小雅・十月之交》「四方有羨」，傳云：「羨，餘也。」趙氏以「餘」釋「羨」，明《孟子》「農有餘粟，女有餘布」兩餘即上「以羨」之羨。女以所羨之布易農所羨之粟，兩相補則皆無不足，惟不相補則各有所餘，斯各有所不足矣。**於此有人焉，入則孝，出則悌，守先王之道以待後之學者，而不得食於子，子何尊梓匠輪輿而輕爲仁義者哉？」**【注】入則事親孝，出則敬長順也。悌，順也。守先王之道，上德之士可以化俗者。若此不得食子之祿，子何尊彼而賤此也？【疏】注「悌順也」○正義曰：《白虎通・三綱六紀》篇云：「弟，悌也。心順行篤也。」是「悌」爲「順」也。由長而幼，不失次第之序則順；若以幼陵長，則失其序而非順矣。○注「守先」至「俗者」○正義曰：上，尚也。「尚德之士」解「守先王之道」，「可以化俗」解「以待後之學者」。待無化義，《儀禮・公食大夫禮》「左人待載」，注云：「古文待爲俟。」《周禮・服不氏》「以旌居乏而待獲」，杜子春云：「待當爲持，書亦或爲持。」蓋趙氏讀待爲持，謂扶持後之學者，使不廢古先之教。惟守先道以扶持後學；所以有功。

❶「四」下，據本書及阮校所述廖、孔、韓等本注文，當有「者」字。

曰：「梓匠輪輿，其志將以求食也；君子之爲道也，其志亦將以求食與？」**注**彭更以爲彼志於食，此亦但志食也？**疏**注「此亦但志食也」○正義曰：也字當作邪字。《荀子・正名》篇云：「其求物也，養生也，粥壽也？」三也字皆與歟、邪同。曰：「子何以其志爲哉？其有功於子，可食而食之矣。且子食志乎？食功乎？」**注**孟子言禄以食功，子何食乎？曰：「食志。」**注**彭更以爲當食志也。曰：「有人於此，毁瓦畫墁，其志將以求食也，則子食之乎？」**注**孟子言但破碎瓦，❶畫地則復墁滅之。此無用之爲也，然而其意反欲求食，則子食乎？**疏**注「孟子」至「爲也」○正義曰：《廣雅・釋詁》云：「破、碎，壞也。」《小爾雅・廣言》云：「毁，壞也。」《孝經釋文》引《蒼頡篇》云：「毁，破也。」《説文》石部云：「破，碎石也。」是「毁瓦」即「破碎瓦」也。《音義》云：「墁，張武安切，云『與謾同』。」阮氏元《校勘記》云：「謾必誤字。謾者，欺也。於此文理不順。依注云『墁滅』，則當云『與槾同』。《集韻》鏝、槾、墁三字同也。墁乃槾之俗。」翟氏灝《攷異》云：「趙氏以『毁瓦畫墁』四字爲一義，則畫墁是畫脂鏤冰，費日損功之意。宋張芸叟著雜説一卷名《畫墁集》，蓋取此。」按：《爾雅・釋宫》云：「鏝謂之杇。」《説文》木部云：「杇，所以涂也。秦謂之杇，關東謂之槾。槾，杇也。」金部云：「鏝，鐵杇也。或從木。」段氏玉裁《説文解字注》云：「此器，今江浙以鐵爲之，或以木。《戰國策》：『豫讓變姓名，入宫塗厠，欲以刺襄子。襄子如厠，心動，執問塗者，則豫讓也。刃其杇，曰：欲爲智伯報仇。』杇謂塗厠之杇，今本皆作扞，謬甚。刃其杇，謂皆用木而獨刃

❶「但」上，廖本有「人」字。

之。」然則墁、杇皆器名。《論語·八佾》篇云「糞土之牆，不可圬也」，王肅注云：「圬，槾也。」襄公三十一年《左傳》云「圬人以時塓館宮室」，注云：「圬人，塗者。塓，塗也。」圬、槾皆器，用以塗牆，則塗謂之圬，即謂之槾，因而塗牆之人即謂之圬人。塓即墁，一聲相轉。推趙氏之義，蓋「破碎瓦」爲一事，即謂將全瓦破碎之，非以破碎瓦畫地也；「畫地則復墁滅之」，别爲一事。《説文》云：「畫，界也。象田四界。聿，所以畫之。」又刀部云：「則，等畫物也。」謂物有差等，畫以爲界。趙氏謂田地已有界畫，而復將所界畫之迹用泥涂而滅去之。瓦破碎，則無能造屋，所畫界圬滅則等差無所驗。是皆以有用爲無用也。若劃，爲古文畫。《説文》刀部云：「刉，劃傷也。」「𠜾，剥也，劃也。」「劃，錐刀曰劃。」依此則謂新圬墁之牆而用錐刀𠜾劃之，義亦通。

曰：「否。」注彭更曰：不然也。曰：「然則子非食志也，食功也。」注孟子曰：如是則子果食功也。

章指：言百工食力，以禄養賢；脩仁尚義，國之所尊。移風易俗，其功可珍。雖食諸侯，不爲素餐。疏「移風易俗」〇正義曰：語見《孝經》「廣要道」章。又《禮記·樂記》云：「移風易俗，天下皆寧。」

萬章問曰：「宋，小國也。今將行王政，齊楚惡而伐之，則如之何？」注問宋當如齊楚何也？疏「今將」至「伐之」〇正義曰：《史記·宋世家》云：「偃自立爲宋君。君偃十一年，自立爲王。東敗齊，取五城；南敗楚，取地三百里；西敗魏軍。❶乃與齊魏爲敵國。盛血以韋囊，縣而射之，命曰射天。淫於酒、婦人。群臣諫者輒射之。於是諸侯皆曰：『桀宋，宋其復爲紂所爲，不可不誅。』告齊伐宋。王偃立四十七年，齊湣王與魏、楚伐宋，殺王偃，遂滅宋，三分其地。」按：《史記》稱宋王爲桀紂，與萬章「行王政」之言迥別，或出於齊楚惡之之口，《史》非其實歟？周氏廣業《孟子出處時地考》云：「孟子去齊居休，旋歸於鄒，年六十餘矣。聞宋王偃將行仁政，往游焉。會齊楚惡而伐之，萬章以國小爲慮，孟子以湯武之事告之，蓋以弔伐望宋王也。觀孟子與萬章問答，❷意其初政尚有可觀者。《戰國策》所謂『射天笞地』，《世家》所書『淫於酒、婦人』『諸侯皆謂桀宋』者，乃其晚節不終，時孟子去宋已久矣。齊楚之伐，《國策》云：『齊攻宋，使臧子索救於荆，荆王許救而卒不至，齊因拔宋五城。』是也。《策》繫於剔成之世，鮑彪注因言『孟子所稱，審皆剔成矣』，吴師道已譏其傅會。又《史·蘇秦傳》：『齊伐宋，宋急，蘇代乃遺燕昭王書，勸之伐齊。』亦正在殺子噲後。」**孟子曰：「湯居亳，與葛爲鄰。葛伯放而不祀，湯使人問之曰：『何爲不祀？』曰：『無以供犧牲也。』湯使遺之牛羊。葛伯食之，又不以祀。**注葛，夏諸侯，嬴姓之國。放縱無道，不祀先祖。疏「湯居亳與葛爲鄰」○正義曰：《漢書·地里志》「陳留郡寧陵」，孟康曰：「故葛伯國，今葛鄉是。」「山陽郡薄」，臣瓚曰：「湯所都。」「河南郡偃師，尸鄉，殷湯所都」，臣瓚曰：「湯居亳，今濟陰縣是也。今

❶「軍」，原作「君」，今從沈校據《史記》改。
❷「答」，原作「達」，今據《孟子四考》及經解本改。

亳有湯冢。」師古曰:「瓚説非也。皇甫謐所云『湯都在穀熟』,事並不經。劉向云:『殷湯無葬處。』安得湯冢乎?」閻氏若璩《尚書古文疏證》云:「亳有三: 一南亳,後漢梁國穀熟縣是,湯所都也;一北亳,梁國蒙縣是,即景亳,湯所盟地;一西亳,河南尹偃師縣是,盤庚之遷都也。鄭康成謂湯亳在偃師,皇甫謐即據《孟子》以正之曰:『湯居亳,與葛爲鄰。葛即今梁國寧陵之葛鄉,若湯居偃師,去寧陵八百餘里,豈當使民爲之耕乎? 亳,今穀熟縣是也。』其説精矣。」王氏鳴盛《尚書後案》云:「皇甫謐以偃師爲西亳,而别以蒙爲北亳,穀熟爲南亳。案,《續志》梁國屬縣有蒙有穀熟,劉昭注即引謐《帝王世紀》『蒙,北亳;穀熟,南亳』之文。梁國屬縣又有薄,司馬彪自注『湯所都』,此蓋彪本之臣瓚者。劉昭又引杜預《左傳注》注之云:『蒙縣西北有薄城,中有湯冢。』於是張守節《史記正義》云:『湯即位,都南亳,後徙西亳。』謐又以《孟子》『湯居亳,與葛鄰』,葛在寧陵,去偃師八百里太遠,故知湯本居南亳穀熟,後乃遷西亳偃師。與葛鄰,乃是居南亳時事,見《帝告釐沃序》疏。《盤庚》言商先王五遷,鄭、馬、王皆以湯始居商丘,後遷於亳,當五遷之一。《水經注》:『汳水東經大蒙城北。』大蒙城在今河南歸德府商丘縣北四十里,穀熟故城在今商丘縣東南四十里,湯本居此,後乃遷偃師。即其後微子封此,亦以湯之舊邑而封之,謐説似非無稽。但馬、鄭惟言湯曾居商丘,商丘本不名亳。觀《漢志》但於偃師言『湯都』,而梁國蒙縣、山陽郡薄縣不言是亳,可見謐因經言三亳,遂造北亳、南亳配偃師而名三,其實蒙、穀熟古但名商丘,不名亳也。杜預、臣瓚、司馬彪皆晉人,劉昭梁人,妄相附和,豈如班固、鄭康成之可信乎? 其辨一也。既名三亳,宜遠近相等。商丘、偃師相去七八百里;蒙、穀熟,相去只數十里,分之無可分也。即如其説,只有東西二亳耳,奈何於數十里中强分爲二,欲以充數乎?

其辨二也。商丘平衍，與成皋等地大不類，何山險之有而云阪乎？其辨三也。《漢志》云：『宋地，今之沛、梁、楚、山陽、沛陰、東平，及東郡之須昌、壽張，皆宋分也。』蓋諸郡國皆微子所封，社猶稱亳，當時人或以亳在宋地。班氏於此文下又云：『昔堯游成陽，舜漁雷澤，湯止於薄。』則此爲湯嘗游息之地，後人遂往往指稱亳在梁國沛陰、山陽之間，而其實湯都則在偃師，與宋地無涉也。蓋薄縣者，漢本屬山陽郡，後漢分其地置蒙、穀熟與薄，並改屬梁國。晉又改薄爲亳，且改屬沛陰，故臣瓚所謂『湯都在沛陰亳縣』者即其所謂『在山陽薄縣』者也，亦即司馬彪所謂『在梁國薄縣』，杜預所謂『在蒙縣北亳城』者也。而亦即皇甫謐所分屬於蒙、穀熟者也，本一說也。薄，薄也，非亳也。《立政》『三亳』，鄭解爲『遷亳之民而分爲三亳』，本一耳，焉得有三？湯都定在偃師，而所謂偃師去葛太遠，不便代耕，不足辨矣。」○注「葛夏諸侯嬴姓之國」○正義曰：僖公十七年《左傳》云「葛嬴生昭公」，葛嬴爲如夫人之一，以衛姬、鄭姬、華子等例之，則葛爲國、嬴爲姓矣。《說文》女部云：「嬴，帝少皞之姓也。」春秋時秦、徐、江、黄、郯、莒皆嬴姓，葛嬴猶徐嬴，齊桓時葛尚存歟？○注「放縱無道」○正義曰：《楚辭·離騷》云「夏康娱以自縱」，注云：「縱，放也。」**湯又使人問之曰：『何爲不祀？』曰：『無以供粢盛也。』湯使亳衆往爲之耕，老弱饋食。葛伯率其民，要其有酒食黍稻者奪之，不授者殺之。有童子以黍肉餉，殺而奪之。《書》曰『葛伯仇餉』，此之謂也。**

注童子未成人，殺之尤無狀。《書》，《尚書》逸篇也。仇，怨也。言湯所以伐殺葛伯，怨其害此餉也。**疏**注「童子」至「無狀」○正義曰：《禮記·曲禮》云「自稱於其君曰小童」，注云：「小童，若云未成人也。」《雜記》稱「陽童某甫」，注云：「童，未成人之稱也。」《少儀》「童子曰聽事」，注云：「童子，未成人。」《詩·芄蘭》正義以十九歲以下皆是。《漢書·東方朔傳》「竇太主徒跣頓首謝曰『妾無狀，負陛下，身當伏誅』」，師古曰：「狀，形貌也。無狀猶言無顔面以見人也。一曰自言所行醜惡無善狀。」按：趙氏用「無狀」爲葛伯罪，當謂其醜惡無善狀也。○注「尚書」至「餉也」❶○正義曰：王氏鳴盛《尚書後案》云：「考之《書序》『湯征諸侯，葛伯不祀，湯始征之，作《湯征》』，則『葛伯仇餉』及『湯一征自葛始』云云，正《湯征》中語。上引『仇餉』既言《書》曰，則中雖間以釋《書》，而其下引『一征』則不復言《書》曰，至其下『徯我后』，則又加《書》曰，其非一篇甚明。」桓公二年《左傳》云「怨耦曰仇」，是「仇」爲「怨」也。葛伯不當怨餉者，云「仇餉」是謂其殺童子，使餉者仇怨之。不云「餉者仇葛伯」而云「葛伯仇餉」，古人屬文每如是也。下云「爲匹夫匹婦復仇」，則仇在匹夫怨葛伯也。葛仇殺餉，是葛伯以仇怨授餉者，故云「仇餉」也。江氏聲《尚書集注音疏》云：「仇餉謂葛伯殺餉者。」是仇此餉者矣。

爲其殺是童子而征之，四海之内皆曰：『非富天下也，爲匹夫匹婦復讎也。』注四海之民皆曰：湯不貪天下富也，爲一夫報仇也。疏注「爲一夫報仇也」○正義曰：《周禮·天官·宰夫》「諸侯之復」，注云：「復，報也。」是「復讎」即「報仇」。《史記·晉世家》云：「仇者，讎也。」《書》作仇，孟子以讎釋之。趙氏以仇釋讎，明孟子言讎即《書》仇餉之仇也。

「『湯始征，自葛載。』十一征而無敵於天下。東面而征，西夷怨；南面而征，北狄怨，曰：『奚爲後我？』民之望之，若大旱之望雨也。歸市者弗止，芸者不變。誅其君，弔其民，

❶「尚書」上，據本書及阮校所述廖、孔、韓等本注文，當有「書」字。

如時雨降。民大悦。《書》曰：『徯我后，后來其無罰。』【注】載，始也。言湯初征自葛始也。十一征而服天下。一説言當作「再」字。再十一者，湯再征十一國。再十一，凡征二十二國也。《書》，逸篇也。民日待我君，君來，我則無罰矣。歸市不止，不以有軍來征，故市者止不行也。不使芸者變休也。【疏】注「載始」至「國也」〇正義曰：載與哉通，《爾雅·釋詁》云：「哉，始也。」故《毛詩·周頌》「載見辟王」，傳云：「載，始也。」《梁惠王》篇云：「湯一征，自葛始。」與此文略同。一即始也。始即載也。《爾雅·釋天》云「唐虞曰載」，孫炎注云：「載取萬物終而復始。」終而復始，義爲再，故一説以載作再。載屬下讀則「湯始征自葛」爲句。晚出古文《尚書·仲虺之誥》作「初征自葛」，蓋本此一説也。《隋書》煬帝伐高麗詔云：「黄帝五十二戰，成湯二十七征。」此又多於二十二。古書殘缺，未知所本矣。王氏鳴盛《尚書後案》云：「其蘇、無罰互異，乃古人引經不拘處，猶上文易一爲始，易始爲載耳。」〇注「不使芸者變休也」〇正義曰：《爾雅·釋詁》云：「休，息也。」謂芸者本勤動，變而止息。**『有攸不惟臣，東征，綏厥士女，匪厥玄黄，紹我周王見休，惟臣附于大邑周。』其君子實玄黄於匪以迎其君子，其小人簞食壺漿以迎其小人。救民於水火之中，取其殘而已矣。**【注】從「有攸」以下，道周武王伐紂時也，皆《尚書》逸篇之文。攸，所也。言武王東征，安天下士女，小人各有所執往，無不惟念執臣子之節。匪厥玄黄謂諸侯執玄三纁二之帛，願見周王，望見休善，使我得附就大邑周家也。其君子、小人各有所執以迎其類也。言武王之師救殷民於水火之中，討其殘賊也。【疏】注「從有攸」至「賊也」〇正義曰：江氏聲《尚書集注音疏》云：「不類《孟子》之文而大類《尚書》，雖不稱《書》曰，自是《尚書》文也。據《孟子》本文承『大邑周』之下，云『其君子實玄黄于匪』至『取其殘而已矣』。趙氏《章指》於『而已矣』下乃云『從有攸以下，❶道武王伐紂時也，皆《尚書》逸篇之文也』，是則統『其君子』以下云云皆爲逸《書》文矣。詳繹其文，則『其君子』以下乃孟子申説《書》意，非《尚書》文。」「攸，所也」，《爾雅·釋言》文。《大戴記·夏小正》「綏多士女」，傳云：「綏，安也。」「綏厥士女」即「安天下士女」也。《爾雅·釋詁》云：「惟，思也。」《詩·維天之命》序《釋文》引《韓詩》云：「惟，念也。」云「小人各有所執往」，解「有攸」二字，「無不惟念執臣子之節」，「不惟」惟也，猶「不顯」顯也、「不承」承也，故以「無不」解「不」字。《詩·商頌》「有截其所」，箋云：「所，處也。」《孟子》云「無處而餽之」，此「有攸」即「有所」，「有所」即「有處」。因下言「其小人簞食壺漿」，小人即士女，故通下而言「有所執往」也，謂其執往非無處也。其有所處也，即「惟念執臣子之節」也。「有攸不惟臣」乃小人，故申言「東征，綏厥士女」，謂士女所以有所惟臣者，以武王東征來安之也。趙氏倒解之耳。《音義》出「匪厥」，云：「丁云：『義當作篚，篚以盛贄幣。此作匪，古字借用。』」阮氏元《校勘記》云：「《説文》匚部：『匪，似竹篋。』引《周書》『實玄黄于匪』。非借用，乃正字也。竹部篚訓『車笭也』。」《儀禮·聘禮》云「釋幣，制玄纁，束」，注云：「凡物十曰束。玄纁之率，玄居三，纁居二。」賈氏疏云：「言率皆如是。玄三纁二者，象天三覆、地二載也。」《禹貢》：「荆州厥篚玄纁。」《説文》糸部云：「絳，大赤也。」「纁，淺絳也。」蓋赤和以黄則淺。赤合黄爲纁，赤合黑爲玄，故玄黄即玄纁也。《史記·魯仲連列傳》平原君曰「勝請爲紹介而見之於先生」，《集解》引郭璞云：「紹介，相佑助者。」趙氏以「願見」釋

❶「章指」，沈校：當作「章句」。

「紹」字,本此。凡請見必由介紹也,《周禮・秋官・司儀》:「及將幣,交擯三辭,車逆,拜辱,賓車進,答拜,三揖三讓。每門止一相,及廟,唯上相入。」注云:「相謂主君擯者及賓之介也。謂之相者,於外傳辭耳。介紹而傳命者,君子於其所尊不敢質,敬之至也。」是時諸侯匪厥玄黄來請見,謂相者曰:其介紹我周王,傳我願見之意,使我得見休而臣附於大邑周也。曰「我周王」,親之也;曰「大邑周」,尊之也。二句乃述諸侯請見之辭也。以「望」釋「見」,以「善」釋「休」,以「就」釋「附」。「惟臣」即「不惟臣」,亦念也。**《太誓》曰:『我武惟揚,侵于之疆。則取于殘,殺伐用張,于湯有光。』**注《太誓》,古《尚書》百二十篇之時《太誓》也。我武王用武之「時惟鷹揚」也。侵于之疆,侵紂之疆界。則取于殘賊者以張殺伐之功也。民有簞食壺漿之歡。比於湯伐桀爲有光寵,❶美武王德優前代也。今之《尚書・太誓》篇後得以充學,故不與古《太誓》同。諸傳記引《太誓》皆古《太誓》。疏注「太誓」至「古太誓」〇正義曰:《尚書序》正義引鄭氏《書論》依《尚書緯》云:「孔子求《書》,得黄帝玄孫帝魁之書,迄於秦穆公,凡三千二百四十篇,斷遠取近,定可以爲世法者百二十篇。以百二篇爲《尚書》,十八篇爲《中候》。」此趙氏云「古《尚書》百二十篇」所本也。《史記・儒林傳》云:「秦時焚書,伏生壁藏之。其後兵大起,流亡。漢定,伏生求其《書》,亡數十篇,獨得二十九篇。」劉向《别録》云:「武帝末,民有得《泰誓》書於壁内者,獻之,與博士讀説之。」《漢書・藝文志》:「《尚書》古文經四十六卷,爲五十七篇。經二十九卷,大、小夏侯二家。」《楚元王傳》注臣瓚曰:「當時學者謂《尚書》惟有二

---

❶「比」,原作「此」,今據廖本改。

十八篇。」惠氏棟《古文尚書攷》云：「二十八篇者，伏生也；二十九篇者，夏侯也，依伏生數增《太誓》一篇。」蓋伏生所藏百篇僅存二十八篇，已無《太誓》。其時列於學官二十九篇之《太誓》乃民間於壁中得之，故云「後得以充學」也。此文明云《太誓》當時後得之，《太誓》無此文，故趙氏以爲是古《太誓》也。後得之《泰誓》今亦不存，惟《史記·周本紀》載之。近儒王氏鳴盛、江氏聲、孫氏星衍皆掇拾成篇。然《坊記》引「《太誓》曰」云云，鄭氏注云：「此武王誓衆以伐紂之辭也。今《太誓》無此章，則其篇散亡。」鄭云「今《太誓》無此章」，則亦以爲古《太誓》矣。馬融《書敘》云：「《泰誓》後得。按，其文似若淺露。《春秋》引《太誓》曰『朕夢協朕卜，襲於休祥，戎商必克』，《孟子》引《太誓》曰『我武惟揚，侵于之疆，取彼凶殘，我伐用張，于湯有光』，孫卿引《太誓》曰『獨夫受』，《禮記》引《太誓》曰『予克受，非予武，唯朕文考無罪；受克予，非朕文考有罪，惟予小子無良』，今文《太誓》皆無此語。吾見書傳多矣，所引《太誓》而不在《太誓》者甚多，弗復悉記。」趙氏云「諸傳記引《太誓》皆古《泰誓》」，固馬氏説也。孔氏廣森《經學卮言》云：「《經典釋文》云：『漢宣帝本始中，河内女子得《太誓》一篇獻之，與伏生所誦合三十篇。漢世行之。』按，劉向《别録》云『武帝末有得《泰誓》於壁内者』。陸謂本始中，非也。然其云『《太誓》一篇』者，得之。蓋漢世僅見三篇之一。故《語》《孟》《左傳》所引《太誓》皆適在其所未見兩篇中。意時博士有附會《書序》强分爲三者，乃適致馬融之疑耳。」「時維鷹揚」，《毛詩·大雅·大明》第八章文。傳云：「如鷹之飛揚也。」《易·師》九二傳云「承天寵也」，《釋文》引鄭注云：「寵，光耀也。」是「光」即「寵」也。**不行王政云爾。苟行王政，四海之内皆舉首而望之，欲以爲君。齊楚雖大，何畏焉？」**注萬章憂宋迫於齊楚，不得行政，故孟子爲陳殷湯周武之事以喻之。誠能行之，天下思以爲君，何畏齊楚焉？

章指：言脩德無小，暴慢無强。是故夏商之末，民思湯武。雖欲不王，末由也已。疏「脩德無小暴慢無强」○正義曰：《韓非子・内儲説》衛嗣君曰「治無小而亂無大」，亦此意。○「民思湯武」○正義曰：《淮南子・道應訓》云：「尹佚曰：『天地之間，四海之内，善之則吾畜也，不善則吾讎也。昔夏商之臣，反讎桀紂而臣湯武。』」是其義也。

孟子謂戴不勝曰：「子欲子之王之善與？我明告子。注不勝，宋臣。疏注「不勝宋臣」○正義曰：《荀子・解蔽》篇云「唐鞅蔽於欲權而逐載子」，注云：「載讀爲戴。戴不勝，使辥居州傳王者，見《孟子》。或曰：戴子，戴驩也。」按：戴驩爲宋太宰，見《韓非子・内儲説上》。楊倞以「或曰」别之，則不勝非驩矣。趙氏佑《温故録》云：「戴不勝即戴盈之，一名一字也，宋之公族執政者。唯宋始終以公族爲政，《左傳》紀列最詳。至戰國晉分齊篡，而宋猶綫脈相延，不失舊物，本枝之道得也。」全氏祖望《經史問答》云：「潛丘謂孟子去齊適宋當周慎靚王之三年，正康王改元之歲，宋始稱王是也。孟子不見諸侯，故問答止於梁齊，小國則滕而已；雖曾游宋，而於康王無問答，則不足以定其見與否也。然所以游宋亦有故。蓋康王初年，亦嘗講行仁義之政，其臣如盈之，如不勝議行什一，議去關市之征，進居州以輔王，斯孟子所以往而受七十鎰之饋也。謂孟子在辟公時游宋，蓋是鮑彪，其考古最疏略。」**有楚大夫於此，欲其子之齊語也，則使齊人傳諸？使楚人傳諸？」**注孟子假喻有楚大夫在此，欲變其子使學齊言，當使齊人傅之邪，使楚人自傳相之邪？**曰：「使齊人傅之。」**注不勝曰：使齊人。**曰：「一齊人傅之，衆楚人咻之，雖日撻而求其齊也，不可得矣。引而置之莊嶽之間數年，雖日撻而求其楚，亦不可得矣。**注言使一齊人傅相，衆楚人咻之。咻之者，讙也。如此，雖日撻之，欲使齊言，不可得矣。言寡不勝衆也。莊、嶽，齊街里名也。多人處之數年而自齊也。疏注「咻之者讙也」○正義曰：《音義》出「嚾也」，云：「丁云：『按，《玉篇》音囂，召呼也。今釋注意，音歡爲便。蓋字讙譁同。』」阮氏元《校勘記》云：「韓本作讙是，❶孔本、盧本作嚾，非。讙即今之諠譁字也。『《玉篇》音囂，召呼也』，此語甚誤。讙不得有囂音。攷《玉篇》㗊部『囂，荒貫切，呼也』。與喚同。」然則丁云「按，《玉篇》作囂」，轉寫譌作「音囂」。○注「莊嶽齊街里名也」○正義曰：顧氏炎武《日知録》云：「莊是街名，嶽是里名。《左傳》襄二十八年『得慶氏之木百車於莊』，注云：『六軌之道。』『反陳于嶽』，注云：『嶽，里名。』昭十年『又敗諸莊』，哀六年『戰于莊，敗』，注並同。」閻氏若璩《釋地》引《炳燭齋隨筆》與顧同。按：宋費衮《梁谿漫志》解《孟子》「莊嶽」，即引《左氏》襄公二十八年《傳》。又云：「曹參爲齊相，屬後相曰：『以齊獄市爲寄，勿擾也。』獄字合從嶽音，蓋謂嶽市乃齊闤闠之地，姦人所容，故當勿擾之耳。」**子謂薛居州善士也，使之居於王所。在於王所者，長幼卑尊皆薛居州也，王誰與爲不善？**注孟子曰：不勝常言居州，宋之善士也，欲使居於王所。如使在王所者小大皆如居州，則王誰與爲不善也？**在王所者，長幼卑尊皆非薛居州也，王誰與爲善？一薛居州，獨如宋王**

❶「讙」，原作「驩」，今據阮元《孟子音義校勘記》卷上改。

何？」注如使在王左右者皆非居州之疇，王當誰與爲善乎？一辥居州獨如宋王何而能化之也？周之末世，列國皆僭號自稱王，故曰「宋王」也。疏「獨如宋王何」○正義曰：獨猶一也。僅一居州，獨能如宋王何乎？此趙氏義也。王氏引之《經傳釋詞》云：「獨猶將也。宣四年《左傳》曰：『棄君之命，獨誰愛之？』《楚語》曰：『其獨何力以待之？』《孟子·滕文公》篇曰：『一辥居州，獨如宋王何？』」

章指：言自非聖人，在所變化。故諺曰：「白沙在涅，不染自黑；蓬生麻中，不扶自直。」言輔之者衆也。疏「白沙」至「衆也」○正義曰：《大戴禮記·曾子制言上》云：「蓬生麻中，不扶自直；白沙在泥，與之俱黑。」注云：「古説云扶化之者衆。」《荀子·勸學》篇云：「蓬生麻中，不扶而直，故君子居必擇鄉，遊必就士，所以防邪僻而近中正也。」褚先生補《史記·三王世家》云：「傳曰『蓬生麻中，不扶自直；白沙在泥中，與之俱黑』者，土地教化使之然也。」《説文》水部云：「涅謂黑土在水中者也。」黑土在水中即汙泥耳。故《廣雅·釋詁三》云：「涅，泥也。」故趙氏以「涅」代「泥」。《文選》潘安仁爲賈謐作《贈陸機詩》云「在涅則渝」，注既引曾子曰：「沙在泥，與之俱黑。」又引趙岐《孟子章句》云：「白沙入泥，不染自黑。」此泥字乃涅之譌。詩作涅，注並引曾子、趙岐，明涅是泥。若均作泥，何以釋詩之涅矣？《説苑》作「白沙入泥」，李善蓋以是誤也。《音義》出涅字，云：「奴結切。」是趙氏作涅不作泥也。《説苑》又作「蓬生枲中」，枲亦麻也。扶即輔也。

孟子正義卷十三

江都縣鄉貢士焦循譔集

公孫丑問曰：「不見諸侯，何義？」【注】丑怪孟子不肯每輒應諸侯之聘。不見之，於義謂何也？

孟子曰：「古者不爲臣不見。【注】古者不爲臣，不肯見不義而富且貴者也。【疏】注「不義而富且貴也」○正義曰：《論語·述而》篇文。**段干木踰垣而辟之，泄柳閉門而不內。是皆已甚。迫，斯可以見矣。**【注】孟子言魏文侯、魯繆公有好義之心，而此二人距之太甚。迫窄則可以見之。【疏】「段干木踰垣而辟之」○正義曰：《史記·老子列傳》云：「老子之子名宗。宗爲魏將，封於段干。」裴駰《集解》云：「此云封於段干，段干應是魏邑名也。」而《魏世家》有段干木、段干子，《田完世家》有段干明，疑此三人是姓段干也。本蓋因邑爲姓。《風俗通·氏姓》注云：「姓段，名干木。」恐或失之矣。《魏世家》云：「文侯受子夏經藝，客段干木，過其閭未嘗不軾也。秦嘗欲伐魏，或曰：『魏君賢人是禮，國人稱仁，上下和合，未可圖也。』文侯由此得譽於諸侯。」張守節《正義》引皇甫謐《高士傳》云：「木，晉人也。守道不仕。魏文侯欲見，造其門，干木踰牆避之。文侯以客禮待之。」《呂氏春秋·下賢》篇云：「魏文侯見段干木，立倦而不敢息。」然則其始雖踰垣避，其後亦見矣。○「泄柳閉門而不内」○正義曰：閩、監、毛三本内作納。阮氏元《挍勘記》云：「《音義》出『不内』。作内是也。」○注「迫窄」○正義曰：《説文》竹部云：「笮，迫也。」辵部云：「迫，近也。」蓋謂君既來近我，我則可以見之。窄即笮字，又通作迮。《爾雅·釋言》云：「逼，迫也。」《小爾雅·廣詁》云：「逼，近也。」是逼迫義亦爲近。**陽貨欲見孔子而惡無禮。大夫有賜於士，不得受於其家，則往拜其門。**

注陽貨，魯大夫也。孔子，士也。疏「大夫」至「其門」○正義曰：毛氏奇齡《四書賸言》云：「大夫有賜於士，不得受於其家，則往拜其門。此大夫禮也，乃引之以稱陽貨。向以此詢之座客，皆四顧駭愕。不知季氏家臣原稱大夫，季氏是司徒，下有大夫二人，一曰小宰，一曰小司徒，此大國命卿之臣之明稱也。故邑宰、家臣當時通稱大夫。如郈邑大夫、郕邑大夫、孔子父鄹邑大夫。此邑大夫也。陳子車之妻與家大夫謀；季康子欲伐邾，問之諸大夫；季氏之臣申豐，杜氏注爲『屬大夫』；公叔文子之臣，《論語》稱爲『臣大夫』。此家大夫也。然則陽貨大夫矣。」全氏祖望《經史問答》云：「嘗考《小戴記·玉藻》篇有云：『大夫親賜於士，士拜受，又拜於其室。敵者不在，拜於其室。』則是大夫有賜，無問在與不在，皆當往拜。若不得受而往拜者，是乃敵體之降禮。陽虎若以大夫之禮來，尚何事瞰亡？正惟以敵者之故，不得不出此苦心曲意，而乃謂其所行者爲大夫之故事，則不惟誣孔子，亦並冤陽貨也。或曰：然則孟子非與？曰：《孟子》七篇所引《尚書》《論語》及諸禮，文互異者十之八九。古人援引文字，不必屑屑章句，而孟子爲甚。孔子所行者是《玉藻》，非如《孟子》所云也。」周氏柄中《辨正》云：「既拜受而又拜于其室者，禮謂之『再拜』。此《記》上言『酒肉之賜弗再拜』，孔疏云：『酒肉輕，但初賜至時則拜，至明日不重往拜也。』下言『大夫親賜士，士拜受，又拜於其室』，孔疏云：『此非酒肉之賜，故再拜。』陽貨饋蒸豚，正所謂酒肉之賜弗再拜者，故必瞰亡而來，非以敵體之禮而然也。全氏讀禮不審而反以孟子爲冤誣，妄矣。」**陽貨矙孔子之亡也而饋孔子蒸豚，孔子亦矙其亡也而往拜之。當是時，陽貨先，豈得不見？**注矙，視也。陽貨視孔子亡而饋之者，欲使孔子來答，恐其便答拜使人也。孔子矙其亡者，心不欲見陽貨也。《論語》曰「饋孔子豚」，《孟子》曰「蒸豚」。豚非大牲，故用熟饋也。是時陽貨先加禮，豈得不往拜見之哉？疏注「矙視」至「見之哉」○正義曰：王氏念孫《廣雅疏證》云：「覸、闞，視也。《玉篇》《廣韻》並云：『覸，視也。』《集韻》《類篇》：『覸，又音時。』引《廣雅》：『覸，視也。』《釋言》篇云：『時，伺也。』《論語·陽貨》篇『孔子時其亡也而往拜之』，義與覸同。闞與瞰字同。字亦作矙。《說文》：『闞，望也。』」阮氏元《校勘記》云：「《音義》：『矙或作闞。』依《說文》則闞是正字。」趙氏佑《温故録》云：「陽貨援大夫賜士之禮以嘗孔子，又瞯亡而饋，無禮已明，不得謂貨之能先也。亦矙亡而往，乃孔子之以人治人，終於不見，不得謂之往見也。孟子蓋即從往拜一事原聖人不爲已甚之心，以申『迫斯可見』之意，言以貨之悖慢，孔子猶往拜之，使是時貨果能先加禮如文侯、繆公之來就見孔子，豈有必不見之如踰垣、閉門之甚者哉？注似能體之，故云：『孔子矙其亡者，心不欲見陽貨也。』明以不見爲實事而先爲設辭，『豈得』二字爲反言以申之，不似俗解直以貨之饋爲先，而孔子之往拜爲見也。蓋此兩節皆正答不見之義。以見之必待於先，段、泄先猶不見，孔子不先不見也；不先而見，則小人而已矣。」《方言》云：「豬，北燕、朝鮮之間謂之豭，關東西謂之彘，或謂之豕。其子或謂之豚。」是「豚非大牲」也。**曾子曰：『脅肩諂笑，病于夏畦。』**注脅肩，竦體也；諂笑，强笑也。病，極也。言其意苦勞極，甚於仲夏之月治畦、灌園之勤也。

疏注「脅肩竦體也諂笑強笑也」○正義曰：《詩・大雅・抑》篇云「視爾友君子，輯柔爾顔」，箋云：「今視女諸侯及卿大夫，皆脅肩諂笑，以和安女顔色。」《文選・揚雄解嘲》注引劉熙《孟子注》云：「脅肩，悚體也。」趙氏注與之同，悚、竦字通也。閻氏若璩《釋地又續》云：「《漢書・外戚傳》上官太皇太后親霍后之姊子，故常霍后朝，竦體敬而禮之，豈諂之謂乎？《吴王濞傳》『脅肩絫足』、《鄒陽傳》『脅肩低首』，師古注並云：『脅，翕也。』謂斂之也。《揚雄傳》則作『翕肩』，注則云：『翕，斂也。』蓋斂其兩肩，爲卑縮之狀，小人之事人者耳。」按：趙氏以爲「竦體」者，脅、翕聲相近。《説文》羽部云：「翕，起也。」翕肩正是竦起其肩，蓋人低首爲恭敬，則兩肩必竦起。《吴王劉濞列傳》應高説膠西王曰：「常患見疑，無以自白，脅肩絫足，猶懼不見釋。」《鄒陽列傳》公孫玃爲濟北王説梁王曰：「功義如此，尚見疑於上，脅肩低首，絫足撫衿。」兩脅肩正言竦懼，則脅正是竦。鄒陽於「脅肩」「絫足」之間加入「低首」二字，尤爲明白。《列女傳》魯義姑姊云：「如是則脅肩無所容，而累足無所履也。」此正以卑諂言，謂雖卑諂亦不吾與。師古不知翕訓爲起而徒以斂訓之，閻氏依以譏趙氏，未爲得也。《荀子・脩身》篇云：「從命而不利君謂之諂。」《莊子・漁父》云：「希意道言謂之諂。」因人之意爲笑，是爲「諂笑」，笑非由中，故是「強」也。脅肩者，故爲竦敬之狀也；諂笑者，強爲媚悦之顔也。○注「病極」至「之勤也」○正義曰：《吕氏春秋・適音》篇云「以危聽清則耳谿極」，高誘注云：「極，病也。」又《權勳》篇云「觸子苦之」，高誘注云：「苦，病也。」《淮南子・精神訓》云「好憎者使人之心勞」，高誘注云：「勞，病也。」是苦、勞、極皆病也。孟子言周正，則夏爲夏之二月三月四月。趙氏以「仲夏」言，則周之五月，夏之三月也。《史記・貨殖傳》云「千畦薑韭」，《楚辭・離騷》篇云「畦留夷與揭車兮」，是畦爲菜圃之埒也。

何氏焯《讀書記》云：「治畦是先築土爲行水之道，灌園則桔槔俯仰，引水注之。」《莊子·天地》篇敘漢陰丈人方爲圃畦，鑿隧而入井，抱甕而出灌。子貢告以鑿木爲機，後重前輕，挈水若抽，其名爲槔，日浸百畦。是其事也。**子路曰：『未同而言，觀其色赧赧然，非由之所知也。』** 注 未同，志未合也。「不可與言而與之言」謂之「失言」也。觀其色赧赧然面赤，心不正貌也。由，子路名。子路剛直，故曰「非由所知也」。疏 注「未同」至「言也」○正義曰：《淮南子·説林訓》云「異形者不可合於一體」，高誘注云：「合，同也。」《易·同人》《象傳》云：「唯君子爲能通天下之志。」上九《傳》云：「同人于郊，志未得也。」是同以志言，故「未同」爲「志未合」也。「不可與言而與之言，失言」，《論語·衛靈公》篇文。《方言》云：「赧，愧也。晉曰挴，或曰惬，秦晉之間凡愧而見上謂之赧。梁宋曰惬。」《説文》赤部云：「赧，面慙赤也。」《小爾雅·廣名》云：「不直失節謂之慙。慙，愧也。面慙曰戁，心慙曰恧，體慙曰逡。」郭璞《方言》注引作「面赤愧曰赧」。赧、戁音近，古通也。不直失節，是「心不正」也。**由是觀之，則君子之所養可知已矣。」** 注 孟子言由是觀曾子、子路之言以觀君子之所養志，可知矣。謂君子養正氣，不以入邪也。疏 注「以觀」至「邪也」○正義曰：孟子言「所養」，即養浩然之氣。養氣在於持志，故「可知」謂志可知。脅肩諂笑、未同而言皆不正，故云「邪」。

章指：言道異不謀，迫斯强之。段、泄已甚，矚亡得宜。正己直行，不納於邪。赧然不接，傷若夏畦也。 疏「不納於邪」○正義曰：隱公三年《左傳》石碏語。○「赧然」至「畦也」○足利本脱此九字。

戴盈之曰：「什一去關市之征，今兹未能，請輕之，以待來年然後已，何如？」 注 戴盈之，宋大夫。問孟子，欲使君去關市征稅，復古行什一之賦，今年未能盡去，且使輕之，待來年然後復古，何如？

疏 注「今年未能盡去」○正義曰：閻氏若璩《釋地三續》云：「兹，年也。《左傳》僖十六年：『今兹魯多大喪，明年齊有亂。』杜注曰：『今兹，此歲。』《呂氏春秋》：『今兹美禾，來兹美麥。』《史記・蘇秦傳》：『今兹效之，明年又復求割地。』《後漢・明帝紀》：『昔歲五穀登衍，今兹蠶麥善收。』」

孟子曰：「今有人，日攘其鄰之雞者。或告之曰：『是非君子之道。』曰：『請損之，月攘一雞，以待來年然後已。』如知其非義，斯速已矣，何待來年？」 注 攘，取也，取自來之物也。孟子以此爲喻，知攘之惡當即止，何可損少，月取一雞，待來年乃止乎？謂盈之之言若此類者也。

疏 注「攘取」至「物也」○正義曰：《周書・呂刑》云「奪攘撟虔」，鄭氏注云：「有因而盜曰攘。」《淮南子・氾論訓》云「直躬其父攘羊」，高誘注云：「凡六畜自來而取之曰攘之。」

章指：言從善改非，坐而待旦。知而爲之，罪重於故。譬猶攘雞，多少同盜。變惡自新，速然後可也。 疏「罪重於故」○正義曰：《論衡・答佞》篇云：「故曰刑故無小，宥過無大。」某氏《書》傳云：「不忌故犯，雖小必刑。」《說文》攴部云：「故，使爲之也。」知而使之即「知而爲之」也。○「變惡自新」○正義曰：阮氏元《挍勘記》云：「孔本新作心，非。」

公都子曰：「外人皆稱夫子好辯，敢問何也？」注公都子，孟子弟子也。外人，他人論議者也。好辯，言子好與楊、墨之徒辯争。疏注「公都子孟子弟子也」○正義曰：《廣韻》「公字」，注云：「漢複姓八十五氏。《孟子》稱公都子有學業。楚公子食邑於都，後氏焉。」○注「好辯」至「辯争」○正義曰：《大戴記·曾子事父母》篇云：「孝子之諫，達善而不敢争辯。争辯者，作亂之所由興也。」《説文》言部云：「訟，争也。」《淮南子·俶真訓》云「分徒而訟」，高誘注云：「訟，争是非也。」又《易·訟》卦《釋文》引鄭注云：「辯財曰争。」是「辯」有「争」義。孟子時聖道湮塞，百家妄起，許行農家，景春、周霄從横家，他如告子言性，高子説《詩》，慎到、宋銒各鳴所見：孟子均與辯論其是非，不獨楊朱、墨翟也。故云楊墨之徒。**孟子曰：「我豈好辯哉？予不得已也。**注曰：我不得已耳。欲救正道，懼爲邪説所亂，故辯之也。**天下之生，久矣，一治一亂。當堯之時，水逆行，氾濫於中國，蛇龍居之。民無所定，下者爲巢，上者爲營窟。**注天下之生，生民以來也。迭有亂治，非一世。水生蛇龍，水盛則蛇龍居民之地也。民患水避之，故無定居。埤下者於樹上爲巢，猶鳥之巢也。上者，高原之上也。鑿岸而營度之，以爲窟穴而處之。疏注「埤下」至「處之」○正義曰：《禮記·禮運》云：「昔者先王未有宫室，冬則居營窟，夏則居橧巢。」注云：「寒則累土，暑則聚薪柴居其上。」此上古之世。五帝時已有臺榭宫室牖户，❶不爲巢窟。堯時洪水氾濫，民居蕩没，故仍爲巢爲窟也。《爾雅·釋獸》云：「豕所寢，橧。」邵氏晉涵《正義》云：「《禮運》『夏則居橧巢』，是上古穴居

❶「室」，原作「宫」，今據經解本改。

野處，橧亦爲人所居。既有宮室，則橧爲豕所寢矣。《方言》云：『其檻及蓐曰橧。』今牧豕者積草以居之，旁爲之檻。」按：此緣夏月暑熱，故架柴爲闌檻。或依樹爲之，故稱「橧巢」，不必在樹上。此以水溢之，故埤下已沈水中，故必巢於樹上，如鳥之巢。《吕氏春秋・孟冬紀》云「營丘壟之小大高卑」，高誘注云：「營，度也。」高原水所未溢，而民無力爲屋，故鑿而爲窟。鄭氏以累土解營窟，則是於窟穴之上又增累以土。《淮南子・氾論訓》云「古者民澤處復穴」，注云：「復穴，重窟也。一説穴毁隄防，崖岸之中以爲窟室。」重窟即鄭所云累土。穴毁隄防即趙所云「鑿岸」。按：《説文》宮部云：「營，帀居也。」凡市闤軍壘，周帀相連皆曰營。此「營窟」當是相連爲窟穴。「營度」即是「爲」，不得云「爲爲窟」矣。**《書》曰：『洚水警余。』洚水者，洪水也。**注《尚書》逸篇也。水逆行，洚洞無涯，故曰「洚水」。洪，大也。疏注「尚書」至「大也」○正義曰：謂之逸篇，不知百篇中何篇也。江氏聲《尚書集注音疏》云：「《堯典》曰『湯湯洪水方割』，孟子釋此『洚水』即《堯典》所謂『洪水』也。《孟子・告子》篇云『水逆行謂之洚水』，《説文》水部云『洚，水不遵其道』，故趙氏云：『水之逆行，洚洞無涯。』」《説文》言部云：「警，戒也。」《爾雅・釋詁》云：「余，我也。」段氏玉裁《説文解字注》云：「洪水，洚水也。从水，共聲。洚，水不遵道。《堯典》《皋陶謨》皆言『洪水』，《釋詁》曰：『洪，大也。』引申之義也。孟子以洪釋洚，許以洚釋洪，是曰轉注。水不遵道，正謂逆行，惟其逆行，是以絶大。洚、洪二字，義實相因。」《淮南子・原道訓》云「靡濫振蕩，與天地鴻洞」，高誘注云：「鴻，大也。洞，通也。」鴻與洪通，鴻洞即「洚洞」。馬融《長笛賦》云「港洞坑谷」，李善注云：「港洞，相通也。」港，胡貢切。港洞亦即「洚洞」。**使禹治之。禹掘地而注之海，驅蛇龍而放之菹。水由地中行，江、淮、河、漢是也。險**

阻既遠，鳥獸之害人者消，然後人得平土而居之。注堯使禹治洪水，通九州，故曰「掘地而注之海」也。菹，澤生草者也。今青州謂澤有草者爲「菹」。水流行於地而去也，民人下高就平土，故遠險阻也。水去，故鳥獸害人者消盡也。疏注「菹澤」至「爲菹」○正義曰：《禮記・王制》云「居民山川沮澤」，注云：「沮謂萊沛。」孔氏正義云：「何允云：『沮澤，下溼地也。草所生曰萊，水所生曰沛。』言沮地，是有水草之處也。」左思《蜀都賦》云「潛龍蟠於沮澤」，李善注云：「綦毋邃《孟子注》曰：『澤生草曰蒩。』沮與蒩通。」然則《孟子》之菹即《王制》之沮，綦毋邃作蒩，黄公紹《韻會》引《孟子》作蒩。蒩即菹字，蒩爲菹之通也。○注「水流行於地而去也」❶○正義曰：《説文》沝部云：「𣲡，水行也。」重文流。《越絶書・篇敘外傳記》云：「行者，去也。」鄭氏注《檀弓》，高誘注《吕氏春秋》《淮南子》，皆以去釋行，是「水由地中行」即水由地中流去也。○注「水去故鳥獸害人者消盡也」○正義曰：《説文》水部云：「消，盡也。」**堯舜既没，聖人之道衰，暴君代作。壞宮室以爲汙池，民無所安息；棄田以爲園囿，使民不得衣食；邪説暴行又作，園囿汙池沛澤多而禽獸至。**注暴，亂也。亂君更興。殘壞民室屋，以其處爲汙池；棄五穀之田，以爲園囿；長逸遊而棄本業，使民不得衣食，有飢寒並至之厄。其小人則放辟邪侈，故作邪僞之説，爲姦宄之行。沛，草木之所生也；澤，水也。至，衆也。田疇不墾，故禽獸衆多，謂羿、桀之時也。疏注「暴亂也亂君更興」○正義曰：《淮南子・主術訓》云「其次賞賢而罰暴」，高誘注云：「暴，虐亂也。」《易・繫辭傳》云「以待暴客」，干寶注

❶「也」，原作「之」，合於宋十行、閩、監、毛等本，今據本書及阮校所述廖、孔、韓等本注文改。

云：「卒暴之客爲奸寇也。」故下「暴行」，趙氏又以姦寇釋之。《説文》人部云：「代，更也。」代作謂更代而作，非一君也。○注「故作邪僞之説」❶○正義曰：《文選・西京賦》云「邪贏優而足恃」，薛綜注云：「邪，僞也。」《吕氏春秋・離謂》篇云「辨而不當理則僞」，高誘注云：「僞，巧也。」《淮南子・本經訓》云「其心愉而不僞」，高誘注云：「僞，虚詐也。」巧詐則不正，故以「邪」爲「僞」。○注「沛草」至「水也」○正義曰：《後漢書・崔駰傳》注引劉熙《孟子注》云：「沛，水草相半。」《風俗通・山澤》篇云：「沛者，草木之蔽茂，禽獸之所蔽匿也。」僖公四年《公羊傳》云「大陷於沛澤之中」，注云：「草棘曰沛，漸洳曰澤。」蓋分言之則沛以草蔽芾名，澤以水潤澤名，故趙氏注與何休同；通言之則沛之草即生於水，此劉熙《釋名》專以「下而有水」爲澤，注《孟子》又「以水草相半」爲沛，是也。澤之水亦草所生，此《風俗通》既以「草木」屬沛，又云「水草交厝名之爲澤」，是也。○注「至衆」至「衆多」○正義曰：《周禮・夏官・大司馬》注鄭司農云：「致謂聚衆也。」至與致通，故以「至」爲「衆多」。○注「謂羿桀之時也」○正義曰：上云「暴君代作」，下云「及紂之身」，紂之前，暴君著於書傳者惟羿、桀，故舉之耳。**及紂之身，天下又大亂。周公相武王，誅紂伐奄，三年。討其君，驅飛廉於海隅而戮之，滅國者五十，驅虎豹犀象而遠之。天下大悦。**注奄，東方無道國。武王伐紂至於孟津，還歸，二年復伐，前後三年也。飛廉，紂諛臣。驅之海隅而戮之，猶舜放四罪也。滅與紂共爲亂政者五十國也。奄大國，故特伐之。《尚書・多方》曰：「王來自奄。」疏注「奄東」至「自奄」○正義曰：《説

❶「作」，原作「爲」，今據本書注文改。

文》邑部云：「鄣，周公所誅。鄣國在魯。」段氏玉裁《説文解字注》云：「《玉篇》作『周公所誅叛國商奄』是也。奄、鄣二字，周時並行。單呼曰奄，絫呼曰商奄。《書序》《孟子》《左傳》皆云奄，如『踐奄』『歸自奄』『伐奄』，昭元年『周有徐奄』，是也。《左傳》又云商奄，如昭九年『蒲姑商奄，吾東土也』，定四年『因商奄之民，命伯禽而封於少皞之墟』，是也。大部云：『奄，覆也。』《爾雅》云：『弇，蓋也。』故商奄亦呼商蓋。《墨子》曰：『周公旦非關叔辭三公，東處於商蓋。』《韓非子》：『周公將攻商蓋，辛公甲曰：不如服衆，小以刼大，乃攻九夷而商蓋服矣。』商蓋即商奄也。奄在淮北，近魯，故許云『在魯』。鄭注《書序》云『奄在淮夷之北』，注《多方》云『奄在淮夷旁』，是也。祝鮀説因商奄之民封魯者，杜云：『或迸散在魯。』是也。今山東兖州府曲阜縣縣城東二里有奄城，云『故奄國』，即《括地志》之『奄里』，此可證『迸散在魯』之説。《豳風》『四國是皇』，毛傳云：『四國，管、蔡、商、奄也。』商謂武庚，則此傳商、奄爲二。」按：奄在淮夷旁，爲周所伐，是「東方無道國」也。「武王伐紂，至於孟津，還歸，二年復伐」，詳見《史記・周本紀》。然則「三年討其君」指武王伐紂伐奄。與「誅紂」並言，則亦此三年時事矣。《秦本紀》云：「中潏在西戎，保西垂，生蜚廉。蜚廉生惡來。惡來有力，蜚廉善走，父子俱以材力事殷紂。周武王之伐紂，並殺惡來。是時蜚廉爲紂石北方，還無所報，爲壇霍太山，而報得石棺。死遂葬於霍太山。」然則武王未殺飛廉，但驅之海隅以戮辱之，故趙氏比諸「舜放四罪」而已。或云：戮即殺也，《史記》非其實。閻氏若璩《釋地續》云：「説者謂武王誅紂，並殺惡來，飛廉獨以善走漏網，竄伏海隅，以爲周無如我何。豈知聖人除惡務盡，於窮無復之之地，仍執而戮之以彰天討。此亦是隨文詮解。而皇甫謐云：『河東彘縣十五里有飛廉冢，民常祠之。』酈道元云：『霍太山上有飛廉墓。』皆與《秦紀》文合。

蓋殺者一處，葬者又一處，其詳不可得聞矣。」翟氏灝《考異》云：「《逸周書・世俘》篇云：『武王既克殷，狩禽虎二十有二，犀十有二，熊羆氂麈等若干。遂征四方，凡憝國九十有九，馘俘若干，凡服國六百五十有二。』憝國謂不順服國也。本九十有九而滅止五十，蓋又宥其半也。『狩禽』文但未及象，而《吕氏・仲夏紀》言『象爲虐於東夷，周公以師逐之，至於江南，乃爲《三象》樂以嘉其德』。適補《周書》所缺。武周滅國、驅獸二事，正經中不得明證，故邊旁之書未可以駁雜而全置也。」趙氏佑《温故録》云：「『滅國者五十』，諸家無説。惟《逸周書》：『凡所征熊盈族十有七國，俘殷獻民，遷於九里。』熊，楚之先。盈即嬴，飛廉同姓。可備五十之一。」孔氏廣森《經學卮言》云：「《書序》：『武王伐殷，往伐，歸獸，識其政事，作《武成》。』『歸獸』之事蓋孟子所謂『驅虎豹犀象而遠之』者，出於此篇。《書序》云：『成王東伐淮夷，遂踐奄，作《成王征》。成王既踐奄，將遷其君于薄姑，周公告召公，作《將薄姑》。成王歸自奄，在宗周，誥庶邦，作《多方》。』《多方》云：『惟五月丁亥，王來自奄。』鄭氏注云：『奄國在淮夷之旁。周公居攝之時亦叛，王與周公征之，三年滅之。』此自周公相成王時事，奄非武王所滅，故説者謂『三年討其君』專指伐奄。則『誅紂』二字當屬上『周公相武王』句，『伐奄』二字屬下『三年討其君』句。蓋『三年討其君』一句不得既爲武王伐紂之三年，又爲成王踐奄之三年也。」倪氏思寬《讀書記》云：「據《書》所言，伐奄總在成王之時，故顧亭林曰：『伐奄，成王時事。上言相武王，因誅紂而連言之耳。』而毛西河又謂《多方》本文明言『至於再至於三』，舊儒亦明注『再叛三叛』，是以周公伐奄有三。一是相武王時伐奄，《孟子》所云是也；一是周公攝政初年又伐奄，《多士》所云是也。❶ 相武王時伐奄，《孟子》本文也，何得因他

❶「也」下，《二初齋讀書記》尚有「一是周公從成王居洛之後又伐奄多方所云是也」二十字，始足「有三」之數。

經書無考而轉《孟子》伐奄亦是成王時事？且據事理論之，當時助紂爲虐，惟奄爲最大之國，豈有既誅紂而可以不伐奄之理？豈有討紂而可以不討奄君之理？反覆思之，覺西河考訂之學，誠有出於亭林之上者矣。」按：趙氏以「伐奄」與「誅紂」皆武王一時事，又引《多方》者，明奄爲大國耳。趙氏以《孟子》特以奄與紂並稱而不渾入五十國之内，故申明之。且五十國則滅矣，奄雖特伐，實未滅，故至周公攝位時又㖢禄父請舉事，叛至再三，仍但遷之於蒲姑而已，終不滅也。《書》曰：『丕顯哉，文王謨！丕承哉，武王烈！佑啓我後人，咸以正無缺。』注《書》，《尚書》逸篇也。丕，大；顯，明；承，纘；烈，光也。言文王大顯明王道，武王大纘承天光烈。佑開後人，謂成、康皆行正道，無虧缺也。此周公輔相以撥亂之功也。疏注「書尚」至「功也」○正義曰：此引《書》亦不見二十八篇中，是逸《書》也。「丕，大」，「烈，光」，《爾雅·釋詁》文。《禮記·祭法》云「顯考廟」，注云：「顯，明也。」《説文》頁部云：「顯，明飾也。」《毛詩·秦風》「不承權輿」，傳云：「承，纘也。」《豳風》「載纘武功」，傳云：「纘，繼也。」是「承」即「纘」也。《爾雅·釋詁》云：「謨，謀也。」文王所圖謀論説，一如大禹、皋陶，顯明帝王之道，故云「大顯明王道」。《易·師》九二傳云「承天寵也」，光亦寵也，故云「承天光烈」。啓之義爲開，咸之義爲皆，缺之義爲虧，文王、武王後人，是爲成王、康王。邪説既消，正道復著，周公輔相撥亂反之正，故咸以正也。僖公二十八年《左傳》云「奉揚天子之丕顯休命」，昭公三年《左傳》云「昧旦丕顯」，注皆云：「丕，大也。」丕顯與此丕顯同。王氏引之《經傳釋詞》云：「《玉篇》曰：『不，詞也。』經傳所用或作丕。顯哉承哉，贊美之詞，丕則發聲也。」趙注訓「丕」爲「大」，失之。世衰道微，邪説暴行有作。臣弒其君者有之，子弒其父者有之。孔子懼，作《春秋》。《春秋》，天子之事也，是故孔子曰：『知我者，其惟《春秋》乎？罪我者，其惟《春秋》乎？』注世衰道微，周衰之時也。孔子懼王道遂滅，故作《春秋》。因魯史記設素王之法，謂天子之事也。「知我者」謂我正王綱也；「罪我者」謂時人見彈貶者。言孔子以《春秋》撥亂也。疏「世衰」至「春秋乎」○正義曰：毛氏奇齡《四書賸言》云：「《管子·法法》篇云：『故《春秋》之記，臣有弒其君，子有弒其父者矣。』此二語似《孟子》『臣弒其君者有之，子弒其父者有之』所本。然此是舊時《春秋》，非夫子《春秋》也。則意封建之世多有此禍，特夫子以前簡策總不傳耳。」萬氏斯大《學春秋隨筆》云：「『暴行』即『弒父』『弒君』是也。所謂『邪說』，即『亂臣賊子』與其儕類將不利於君，必飾君之惡，張己之功，造作語言，誣惑衆庶是也。有邪説以濟其暴，遂若其君真可弒而已可告無罪然者。相習既久，政柄下移，群臣知有私門而不知公室。且鄰封執政相倚爲姦，凡有逆節，多蔽過於君，鮮有罪及其臣者，如魯衛出君，師曠、史墨之言可證也。」惠氏士奇《春秋説》云：「人皆知《春秋》尊宗周，莫知《春秋》尊宗國。《春秋》以魯爲列國之宗而尊之，故孟子曰：『《春秋》，天子之事也。』董仲舒亦謂『《春秋》有王魯之文』。諸儒聞之，群起而譁，譊譊讙咋，以爲王魯誠不可；匹夫而行天子之事，可乎哉？且宗國之尊非自《春秋》始也。古者，太史采風獻之天子，而魯不陳詩，故魯詩列於《頌》，次《周頌》而在《商頌》之上，則宗國之尊久矣，是以孔子獨尊之。以爲至尊無弒道，故不書弒而書薨，不地亦不葬，至尊之體當然，故曰『魯王，禮也』。天子崩，諸侯薨，大夫卒。《春秋》諸侯薨皆書卒者，臨天下之辭；獨魯稱薨者，臨一國之辭，亦所以尊宗國。雖尊宗國之禮如尊宗周而爲僭焉，故曰『知我者其惟《春秋》乎，罪我者其惟《春秋》乎』。❶四方

❶「惟」，原作「爲」，今據經文及惠士奇《春秋説》改。

亂獄莫大於弑君，天王先命訝士成之。成之者斷之也。斷其孰爲首孰爲從而後行刑。如負固不服，大司馬以九伐之法，或正之或殘之。春秋九伐之法不行於邦國，而訝士亦失其官，故君子於宋督弑君，特著其法曰：『會于稷，以成宋亂。』言宋之亂天王不能成，而以成之之責予魯，明宗國亦得奉天王之命而往成之。自是宗周微而宗國亦微，顧往朝齊晉及楚而聽命焉，四方亂獄，莫有往而成之者矣。故《春秋》特一書不再書者以此。莊公三十有二年『冬十月乙未，子般卒，公子慶父如齊』，明弑子般者，慶父也。文公十有八年『子卒，季孫行父如齊』，明弑子赤者非獨襄仲，而行父亦與聞焉。《春秋》書法有離而書者，事異而情亦異，有連而書者，事同而情亦同。慶父、行父前後如齊，皆以子般、子赤之卒連而書之者也。據經覈傳，前後若一，其情不更顯乎？或曰：魯桓非其人，曷爲以成之之責予之？曰：以成之之責予魯，非予桓公也。若夫桓公不能成，乃假成之之名而反取賂焉，《春秋》因直書之而不諱矣。《春秋》有書一事而兩義並見者類此。春秋之初，四方亂獄，未聞告亂於宗周，猶來告亂於宗國。隱公四年春『衛州吁弑其君，衛人來告亂』。蓋以魯爲列國之宗而來告也。隱公不能會諸侯往而成之，則宗國之微，自隱公始。桓公二年宋督之亂亦來告，可知桓公乃假成之之名而取賂焉。由是宗國益微，不可復振矣。宋兩弑君，晉一弑君，凡三書『及』，所以旌死難之臣也。弑君何爲或稱名或稱國？稱國謂專國者，晉之專國者欒書，故稱國。欒書弑厲公猶趙盾弑靈公。盾直稱名，書獨隱其名而稱國，則晉之董狐失其官矣。董史失其官，曷爲孔子不正之？孔子曰：『吾猶及史之闕文也。』又曰：『其文則史，其義則丘竊取之。』然則其義安在？稱國者其義，不稱名者其文，仍其文而存其義。《左氏》雖虛張郤至之伐，仍不能揜其忠，雖盛稱欒書之美，仍不能揜其惡。《春秋》數稱欒書帥師，一救鄭，一侵蔡，一伐鄭，明專國也。及厲公死而書乃弒君之賊，其名卒不復見矣。《穀梁》謂『弒君賤者窮諸人』，❶莒稱『人』者，賤之。文公十有六年：『冬，宋人弒其君杵臼。』杵臼者，宋昭公；弒昭公者乃其君祖母王姬使帥甸師攻而殺之，而謂之『賤』，可乎？宋平公殺其子，可直斥宋公；襄夫人殺其孫，不可直斥君祖母。直斥君祖母，則名不正而言不順，辭窮，故稱『人』以賤之。以君祖母王姬之尊且貴而與賤者同辭，此《春秋》之特筆。後世君母臨朝而擅廢置其君之柄者，亦當以《春秋》爲鑒焉。文公十有四年：『九月，齊公子商人弒其君舍。』此未踰年之君也，曷爲直稱君？踰年稱君者，緣孝子之心不忍當君位也，在朝之臣固已北面稽首而君之矣，一國之人亦莫不奉以爲君，其誰曰非君也？哀公四年：『春，盜弒蔡侯申，蔡公孫辰出奔吴。』明弒蔡侯申者，公孫辰也。此連而書者，與魯慶父弒閔公、宋萬弒殤公同，而經稱『盜』，何也？蔡人以盜赴，故稱『盜』。又蔡昭公將如吴，明不在國而在塗，則其稱盜也亦宜。傳稱文之鍇殺公孫翩，經書『蔡殺其大夫公孫姓、公孫霍』，明皆辰之黨而辰獨出奔，譏失盜也。《左傳》謂『蔡人逐之』，則慶父亦魯人逐之可知。不殺之而逐之，是爲『逸賊』。宋萬出奔陳，宋人力不能討也，《春秋》猶書以示譏。魯季友力能討慶父，及不討而緩追逸賊，使慶父出奔莒，君子謂季友有無君之心，當坐與聞乎弒之罪，雖酖叔牙，縊慶父，其功未足以揜其罪也。」○注「設素王之法」○正義曰：趙氏佑《温故録》云：「知《春秋》者無如孟子。天子，周天子也。孔氏憲章文武，學禮從周，爲下不倍；以周時之人紀周時之事，豈有出於周外，先自爲倍，而猶

❶「穀梁」，按引文出哀公四年《公羊傳》，參沈校。

以責人者？趙岐『設素王之法』一語，似孔子意中別設一天子，蓋從《公羊》家黜周王魯之説出。及宋以後，又多謂孔子改制行權，直以天子自處，當時之天子聽其忽貶忽褒，甚至以天自處，天子又不足言。惟明新鄭相國高文襄拱《春秋正旨》一卷可稱焉。首論《春秋》乃明天子之義，非以天子賞罰之權自居；次論孔子必不敢改正朔，用夏時；次論託之魯史者，以其尚存周禮，非以其周公之後而假之；次論王不稱天乃偶然異文，滕、薛稱子乃時王所黜，聖人必無貶削天子升降諸侯之理；次論齊人歸三田小事，非聖人自書其功，深斥以天自處之文；次論哀十四年乃孔子卒前二年，適遇獲麟，因而書之，非感麟而作，麟亦非應經而至。其後又述嘉靖己酉鄭州生麟二，事親見之。麟固有種，麟之時有時無俱無關係，非天特生以示瑞。可謂迥出諸儒之上。素王本出《史記·殷本紀》伊尹從湯言素王及九主之事。《索隱》：『素王者，太素上皇，其道質素，故稱素王。九主者，三皇五帝及夏禹也。』杜預《左傳序》辨素王、素臣，孔疏述董仲舒《對策》云：『孔子作《春秋》，先正王而繫以萬事，是素王之文焉。』賈逵《春秋序》云：『就是非之説，立素王之法。』蓋皆以素王爲古皇之稱。趙岐所言由此。至鄭氏《六藝論》『孔子既西狩獲麟，自號素王異矣』即杜所誚『非通論』，而孔亦引《家語》齊太史子餘歎美孔子云『天其素王之乎』。素，空也。言無位而空王之，非孔子自號。先儒蓋因此而謬，遂謂《春秋》立素王之法。其以丘明爲素臣，又未知誰所説。嗚乎，孔子被誣久矣！賴杜預始雪之者也。若彼造《祖庭廣記》者，復有『水精之子，生衰周而爲素王』之語，益妖妄不足道。」

聖王不作，諸侯放恣，處士橫議，楊朱、墨翟之言盈天下。天下之言，不歸楊則歸墨。楊氏爲我，是無君也；墨氏兼愛，是無父也。無父無君，是禽獸也。 注言孔子之後，聖王之道不興，戰國縱橫，布衣處士游説以干諸侯。若楊、墨之徒，無尊異君父之義而以横議於世也。疏注「言孔子」至「世也」○正義曰：《吕氏春秋・禁塞》篇云「而無道者之恣行」，高誘注云：「恣，放也。」《説文》心部云：「恣，縱也。」《列子・黄帝》篇云「横心之所念」，《釋文》云：「横，放縱也。」是「放恣」即「縱横」也。《漢書・異姓諸侯王表》云：「秦既稱帝，患周之敗，以爲起於處士横議。」注云：「處士謂不官朝而居家者也。横音胡孟反。」又《賈山傳》《至言》云：「夫布衣韋帶之士，脩身於内，成名於外。」注云：「言貧賤之人也。」布衣之士即不仕家居之士也，故云「布衣處士」。《荀子・非十二子》云：「古之所謂處士者，德盛者也，能静者也，脩正者也，知命者也，著是者也；今之所謂處士者，無能而云能者也，無知而云知者也，利心無足而佯無欲者也，行僞險穢而彊高言謹慤者也，以不俗爲俗、離縱而跂訾者也。士君子之所不能爲。」注云：「離縱謂離於俗而放縱。跂訾亦謂跂足自高而訾毁於人。」按：離縱、跂訾即「横議」也。段氏玉裁《説文解字注》云：「議者，誼也。誼者，人所宜也。言得其宜之謂議。至於《詩》言『出入風議』，《孟子》言『處士横議』，而天下亂矣。」按從則順，横則逆。故政之不順者爲「横政」，行之不順者爲「横行」，則議之不順者爲横議。庖羲以前無三綱六紀，人與禽獸同。既設卦觀象，定人道，辨上下，於是有君臣父子之倫，此人性之善所以異於禽獸也。自楊墨之説行，至於無父無君，仍與禽獸等矣。**公明儀曰：『庖有肥肉，廄有肥馬；民有飢色，野有餓莩。此率獸而食人也。』**注公明儀，魯賢人。言人君但崇庖廚，養犬馬，不恤民，是爲率禽獸而食人也。**楊墨之道不息，孔子之道不著。是邪説誣民，充塞仁義也。仁義充塞則率獸食人，人將相食。**注言仁義塞則邪説行，獸食人則人相食。此亂之甚也。疏注「言仁」至「甚也」○正義曰：無父是不仁，無君是不義。無父無君之説滿於天下則仁義之道不明，是仁義爲邪説所擠，故爲「充塞仁義」也。但知爲我，不顧民之飢寒，故「率獸食人」；因而民亦但知爲我，互相殘害，故「將相食」。此似專指諸侯放恣，爲楊氏「爲我」之害。乃楊氏厚身而薄人，固人受其害，而墨氏厚人而薄親。夫以布衣處士舍其親以施惠於人，此尤亂賊所爲，故其禍與楊等。當時楊墨之言滿天下，天下不歸楊則歸墨，必其言足以惑天下，故孟子切指之曰「無父無君」，且深斥之曰是「禽獸」。自有孟子而後，世乃知楊墨之非道也。《小心齋劄記》云：「聖人之仁義何以爲楊墨所塞。曰：聖人隨時順應，無可驚可喜。墨氏之仁，至於摩頂放踵利天下亦爲之，是何如慈惠。聖人親親而仁民，仁民而愛物，反若多所分別。楊氏之義，至於拔一毛而利天下不爲，是何如清净。聖人立必欲立人，達必欲達人，反若多所牽攬。故曰：惡紫奪朱，惡鄭奪雅。豈惟亂之？又能奪之。何者？朱不如紫之艷，雅不如鄭之濃也。爲我、兼愛之能充塞仁義亦若是。」按：孔子之道乃述伏羲、神農、黄帝、堯舜、文王周公之道。「立天之道曰陰與陽，立人之道曰仁與義。」仁義即「一陰一陽也」。趙氏謂孔子之後，聖王之道不興，即此帝王相傳之道載在六經者，莫有述而明之者也。孟子明於六經，能述孔子之道，即能知伏羲以來聖人所傳述之道，故深悉楊墨之非。然則欲知言之邪正是非者，仍求諸六經可矣。**吾爲此懼，閑先聖之道。距楊墨，放淫辭。邪説者不得作。**注閑，習也。淫，放也。孟子言我懼聖人之道不著，爲邪説所乘，故習聖人之道以距之。疏注「閑習」至「距之」○正義曰：「閑，習」，《爾雅·釋詁》文。此字或訓防，或訓法，然非講習於六經無以知其道。既習之乃能知之，知之乃能法之，法之乃能防之。未習六經，空憑心臆而依附以爲先聖，此曰吾防衛乎道也，彼曰吾守法乎聖也，因而門户各立，傾軋相加，不自知其身爲楊墨，而此楊墨者又互相楊墨焉，天下國家遂陰受其害而不知是皆不習故也。孟子與楊墨辨，必原本於習先聖之道；習先聖之道，即講習六經，不空憑心悟也。趙氏訓閑爲習，其義精矣。《禮記·哀公問》云「淫德不倦」，注云：「淫，放也。」《周禮·宫正》「去其淫怠與其奇衺之民」，注云：「淫，放濫也。」楊墨不習六經，違悖先聖之道，作爲爲我、兼愛之言，因而天下人亦不習六經，由楊墨之言而又放濫之，遂成一無父無君之害，所謂「淫辭」也。孟子習六經先聖之道，知此無父無君之淫辭起於楊墨，故先距之。距與拒通。《論語·子張》篇「其不可者拒之」，石經作距。《淮南子·本經訓》「戴角出距之獸」，高誘注云：「距讀爲拒守之拒。」是也。既拒楊墨以滌其原，於是放逐其依附淫佚之辭以絶其流。宣公元年《穀梁傳》云：「放，屏也。」《説文》攴部云：「放，逐也。」《小爾雅·廣言》云：「放，投棄也。」蓋不啻舜之放驩兜，屏之遠方，投畀豺虎，深絶之也。《詩·大雅·常武》「王舒保作」，箋云：「作，行也。」使天下後世深知其無父無君必亂天下，不復興起以行於世，皆習六經、明先聖之道故也。**作於其心，害於其事；作於其事，害於其政。聖人復起，不易吾言矣。**注 説與上篇同。疏 注「説與上篇同」〇正義曰：上篇，《公孫丑上》篇「養氣」章也。彼云「生於其心」，此云「作於其心」，彼云「發於其政」，此云「作於其事」。彼先言政後言事，此先言事後言政，彼此不同，互相發明，非偶然也。彼謂詖淫邪遁之辭皆生於心之蔽陷離窮，而心之蔽陷離窮則由於不習六經，不知先聖之道，憑己心之空悟而無所憑依，遂自以爲是，造作語言。其黠者以心争心，則楊之外有墨，墨之外有楊，楊墨之外又有似楊似墨之言；其鈍者以心襲心，則楊有歸楊之人，墨有歸墨之人；似楊似墨者又有歸似楊似墨之人。皆未嘗習六經，知先聖之道。其邪説由心而生，即由心而作，故云生於其心，非習於其心也；作於其心，非述於其心也。惟習於其心，因而述於其心，故以其言措之於事而事不悖，施之於政而政不亂。乃不習不述，惟憑心之空悟，自道其道，自仁其仁，自義其義，未嘗不攀援古昔，附會聖賢，而已淪於無父無君之害。苟無習六經、知先聖之道者出而距之放之，其説行於天下，以其言措之於事而事害矣。述先聖之道以爲法，則事有所憑而非妄作；今不述先聖之道而憑諸心，則措之於事，無所法守，是爲「作於其事」矣。爲下者妄作其言，妄作其事，愚者惑之，黠者傳之，遂成一無父無君之天下，而君之政有爲所格拒而莫能行矣，故「害於其政」也。自下行其邪説於事，則害君上之政，自上用其邪説於政，則害士民之習。聖人治天下，教學爲先。師氏以三德、三行教國子，保氏養國子以道，教之六藝、六儀，大司徒以六德、六行、六藝教萬民而賓興之，《王制》言：「樂正崇四術，立四教，順先王《詩》《書》《禮》《樂》以造士，春秋教以《禮》《樂》，冬夏教以《詩》《書》。」習於《詩》《書》《禮》《樂》則不致以邪説害政。孔子好古敏求，下學上達。「古」即先王之道也，「學」即《詩》《書》六藝之文也。《大戴禮·曾子立事》篇云：「君子既學之，患其不博也。既博之，患其不習也。既習之，患其無知也。」《論語·學而》篇曾子云「傳不習乎」，注云：「言凡所傳之事，得無素不講習而傳之乎？」不習而傳諸人，是「生於其心」「作於其心」之言也。楊墨無所習而言爲邪説，孟子博學而習，故知其邪説而距之。舍六德、六行、六藝，《詩》《書》《禮》《樂》而以心悟爲宗者，皆亂天下之楊墨也。孟子本習述先聖之言，故「聖人復起，不易吾言」。「吾言」指此辨楊墨之言。**昔者禹抑洪水而天下平，周公兼夷狄、驅猛獸而百姓寧，孔子成《春秋》而亂臣賊子懼。** 注 抑，治也。周公兼懷夷狄之人，驅害人之猛獸也。言亂臣賊子懼《春秋》之貶責也。 疏 注「抑治也」○正義曰：《廣雅·釋詁》云：「道、抑，治也。」「抑洪水」即道河、道江、道漢、道淮也。《荀子·成相》篇云：「禹有功，抑下鴻。」「抑下」連稱，是抑即下。《説文》手部云：「抑，按也。」按之亦下之也。洪水高溢地上，道之使歸地中，是爲下鴻，亦即所以治之也。○注「周公兼懷夷狄之人」○正義曰：《荀子·非相》篇云：「故君子賢而能容罷，知而能容愚，博而能容淺，粹而能容雜，夫是之謂兼術。《詩》曰：『徐方既同，天子之功。』此之謂也。」上言容，下引《詩》言同，中言兼術，是兼、同、容三字義同。故楊倞注以「兼術」爲「兼容之法」。君子之容物亦猶天子之同徐方。《廣雅·釋詁》云：「兼，同也。」本諸此。容之義爲包，包之義爲懷。宣公十二年《左傳》云：「兼弱攻昧，武之善經也。」下又云：「撫弱耆昧。」撫弱即是兼弱，故孔穎達《尚書正義》解「兼昧」云：「兼謂包之。」包亦懷也，故趙氏以「懷」釋「兼」。○注「言亂臣」至「責也」○正義曰：顧氏棟高《春秋大事表》有《孔子成春秋而亂臣賊子懼論》云：「謂『亂臣賊子懼』者，第書其弑逆之名於策而懼乎？吾恐元凶劭及安慶緒、史朝義之徒，雖日揭其策以示於前，而彼不知懼也。且此亦夫人能書之，何待聖人？況人已成其篡弑，懼之亦復何益？聖人之作《春秋》，蓋有防微杜漸之道。爲爲人君父者言之，則《書》所云『制治於未亂，保邦於未危』是也；爲爲人臣子者言之，則《禮》所云『齒路馬有誅』是也。聖人嘗自發其旨於《坤》卦《文言》曰：『臣弑其君，子弑其父，非一朝一夕之故，其所由來者漸矣，由辨之不早辨也。』」按：顧氏説未盡善。若謂作《春秋》爲爲人君父者言之，則孔子成《春秋》非使亂臣賊子懼，是使君父懼矣。人之性所以異於禽獸者，以其知有父子君臣也。惟邪説如師曠、史墨之言有以蔽之，則有所恃而不知懼。自孔子作《春秋》，直書其弑。邪説者曰君無道，可弑也。《春秋》則無論君有道無道，弑之罪皆在臣；邪説者曰君無道，可逐也，《春秋》則無論君有道無道，逐之罪皆在臣。以爲可弑可逐，則有所借口而無懼，無懼則漸視爲固然而世莫以爲怪；以爲不可弒不可逐，則無所借口而懼。《春秋》全爲邪説暴行而作，趙氏謂「懼《春秋》之貶責」是也。自孔子作《春秋》而天下後世無不明大義所在。宋劭、梁珪固即伏誅，即司馬師、劉裕、蕭道成、高歡、宇文泰之流，奸竊已成，而舉義師以討賊者代不乏人。明成祖亦歡、泰之類也，以「靖難」爲名，自飾以周公輔佐成王，一聞方孝儒、卓敬等簒奪之言，遂怒而磔其身，夷其族，其怒也即其懼也。伏羲之前，人不知有夫妻父子，自伏羲作八卦而人盡知之；孔子之前，人不知弒父與君之爲亂臣賊子，自孔子作《春秋》而人盡知之。謂「亂臣賊子，夫人能書之，何待孔子」，得毋曰「夫妻父子，夫人能定之，何待伏羲」。譬如五穀，神農未教之前人不能知，既有神農教之，無論智愚，無不知五穀，豈曰「五穀，夫人能辨之，何待神農」乎？伏羲定人道之後不能無淫奔，然人人知其爲淫奔也而賤之；孔子作《春秋》之後不能無亂賊，然人人知其爲亂賊也而誅之。《易》治未亂，《春秋》治已亂。臣弒其君，子弒其父，非一朝一夕之故，所以戒天下後世辨之於早也。惟不能辨之於早，而臣已亂、子已賊，此時仍理早辨之説，譬諸病已危急，宜審其寒熱虚實以大温大寒大補大攻挽回於俄頃，而仍徒徐徐責其不善調和保護，可乎？使《春秋》之作仍不過「履霜」「早辨」之義，則孔子贊《易》已足明之，何必又作《春秋》。戒早辨，治未亂，防其亂也；懼亂賊，治已亂，還其未亂也。余《春秋左傳補疏》中詳言之。**《詩》云：『戎狄是膺，荆舒是懲，則莫我敢承。』**注此詩已見上篇説。**無父無君，是周公所膺也。**注是周公所欲伐擊也。**我亦欲正人心，息邪説，距詖行，放淫辭，以承三聖者。豈好辨哉？予不得已也。**注孟子言我亦欲正人心，距詖行，以奉禹、周公、孔子也。不得已而與人辯耳，豈好之哉？**能言距楊、墨者，聖人之徒也。」**

注孟子自謂能距楊、墨也。徒，黨也。可以繼聖人之道，謂名世者也。疏注「徒黨也」○正義曰：《淮南子·俶真訓》云「分徒而訟」，《呂氏春秋·報更》篇云「與天下之賢者爲徒」，高誘注並云：「徒，黨也。」周氏廣業《孟子逸文考》云：「楊子《法言》：『古者楊墨塞路，孟子辭而闢之，廓如也。』此即距楊墨之言而推衍之也。王充《論衡》亦云：『楊墨之道不亂仁義，則孟子之傳不造。』《牟子理惑論》：『楊墨塞群儒之路，車不得定，人不得步。孟子闢之，乃知所從。』陸倕《答法雲書》：『昔者異學爭途，孟子抗周公之法，於是楊墨之黨舌舉口張。』皆此意也。楊之學無傳。《淮南子·氾論訓》云：『全性保真，不以物累形，楊子之所立也，而孟子非之。』此可見其大略也。」

章指：言憂世撥亂，勤以濟之，義以匡之。是故禹稷駢躓，周公仰思，仲尼皇皇，墨突不及汙。聖賢若是，豈得不辯也？疏「禹稷駢躓」○正義曰：《音義》云：「蒲田切，下張尼切。丁云：『《史記》作胼胝，謂手足生胝也。』」此躓乃「顛躓」字，音致，宜依《史記》讀之爲是。周氏廣業《孟子章指考證》云：「《文子·自然》篇稱『胼胝』，《史記·李斯傳》稱『禹手足胼胝』，毛晃《禮部增韻》引趙注作『駢躓』，《韻會》先韻胼字注云：❶『胼胝，皮堅也。或作跰，通作駢。』引《孟注》爲證。支韻胝字注引《廣韻》云：『皮厚也。又跰也。或作跃，亦作躓。』其下亦引《孟注》。一似胼駢、躓胝之字初無異義。然《說文》但有駢字，無胼字，胝訓爲腄，謂瘢胝也，竹尼切；躓訓爲跲，引《詩》『載躓其尾』，言顛躓也，陟利切。

❶「胼」，原作「駢」，今據《古今韻會舉要》改。

則其音義固判然矣。《吕氏春秋・求人》篇云：『禹顏色黧黑，竅氣不通，足不相過。』《荀子・非相》篇『禹跳湯偏』，楊倞注引《尸子》云：『禹手不爪，脛不生毛，偏枯之病，步不相過，人曰禹步。』《尚書大傳》云『禹其跳』，其跳者，踦也。所謂足不相過者，《穀梁》昭二十年《傳》有云：『兩足不能相過，齊謂之綦，楚謂之疏，衛謂之輒。』陸德明《釋文》據劉兆云：『綦，連併也。疏，聚合不解也。輒，本亦作縶，如見縶絆也。』據此，則『駢躓』正言手足不仁，非直重繭明矣。蓋駢是『攣局不分』，與《左傳》『駢脅』、《莊子》『駢指』一例。《列子・楊朱》篇『禹身體偏枯，手足胼胝』，正作駢，其確證也。躓謂『痿躄弱行』，《列子・説符》篇『其行足躓株焰』，焦貢《易林》『擔載差躓，踠跌右足』，又『跛躓未起，失利後市』，皆此義。其以駢躓爲胼胝，乃後人傳寫之誤。然顏師古注《漢書》胼字云：『併也。』猶不失其本。自字書不審本末，輒云相通，去之遠矣。」稷駢躓，無可考，蓋因禹及之，猶《論語》「禹稷躬稼」、《孟子》「禹稷當平世，三過其門而不入」也。

○「周公仰思」○正義曰：《音義》云：「按，字書卬讀如仰。」又《離婁下》章云：『周公思兼三王以施四事，其有不合者，仰而思之，夜以繼日，幸而得之，坐以待旦。』是其事也。」○「仲尼皇皇墨突不及汙」○正義曰：周氏廣業《孟子章指攷證》云：「『仲尼皇皇』出揚子《法言・學行》篇。《文子・自然》篇、《淮南子・脩務訓》並云：『孔子無黔突，墨子無暖席。』陸賈《新語》亦云：『墨子皇皇，席不暇暖；仲尼栖栖，突不暇黔。』則黔突本係孔子事。自班固《答賓戲》『聖哲之治，栖栖遑遑，孔席不煥，❶墨突不黔』，始顛倒其語。唐韓昌黎因

❶「煥」，原作「暇」，據《漢書》改。

之，云『孔席不暇暖，而墨突不得黔』，其實非也。趙雖稍後於班，未必遽襲其誤。況本書距楊墨以承三聖，墨安得與禹稷、周孔並列？《家語》：『孔子厄於陳蔡，顔回、仲由炊於壞屋之下，有埃墨墮飯中，回取食之。』是墨突即塵甑之謂。『去齊接淅』又孔子質事，故趙氏以此證其皇皇耳。其改黔爲汙，蓋以協韻故也。」

匡章曰：「陳仲子豈不誠廉士哉？居於陵，三日不食，耳無聞，目無見也。井上有李，螬食實者過半矣。匍匐往，將食之，三咽然後耳有聞，目有見。」注 匡章，齊人也。陳仲子，齊一介之士，窮不苟求者。是以絶糧而餒也。螬，蟲也。李實有蟲，食之過半，言仲子目不能擇也。疏 注「匡章齊人也」○正義曰：匡章見於《戰國策》，一在《齊策》：「秦假道韓魏以攻齊，齊威王使章子將而應之，秦兵大敗。」一在《燕策》：「齊宣王令章子將五都之兵，以因北地之衆以伐燕，齊大勝燕。」然則章子在齊歷仕兩朝，屢掌軍伐。當孟子在齊時，章年固亦長矣。趙氏但云「齊人」，不以爲弟子也。《吕氏春秋·不屈》篇云「匡章謂惠子於魏王之前」，高誘注云：「匡章，孟子弟子也。」周氏廣業《孟子出處時地考》云：「章在孟門，所禮異於滕更，稱子有同樂正，謂爲著録也宜。《吕覽》有匡章與惠王及惠施問答，殆從遊於梁者歟？」閻氏若璩《釋地又續》云：「《戰國策》齊宣王與群臣皆稱爲章子，蓋於人名下繫以子字，當時多有此稱謂。田盼人稱爲盼子，田嬰人稱爲嬰子，田文人稱爲文子，以及秦魏冉亦稱爲冉子，皆此類。」《莊子·盜跖》篇云「匡子不見父」，❶《釋文》

❶「父」，原作「母」，今據《莊子》改。

引司馬彪注云：「匡子名章，齊人。諫其父，爲父所逐，終身不見父。」按：此事見《孟子》，是匡爲姓，章爲名。○注「陳仲子」至「餒也」○正義曰：陳仲子見於《戰國策·齊策》。趙威后問齊使云：「於陵子仲尚存乎？是其爲人也，上不臣於王，下不治其家，中不索交諸侯，此率民而出於無用者，何爲至今不殺乎？」周氏柄中《辨正》云：「鮑彪注：『此自一人。若孟子所稱，已是七八十年矣。』愚按，陳仲子齊宣王時；趙威后，齊王建時。考《六國表》，自宣王元年至王建元年，凡七十有九年，仲子若壽考，何妨是時尚在？況云『其率民而出於無用』，明是孟子所稱。」《韓非子·外儲説左》云：「齊有居士田仲者，宋人屈穀曰：『田仲不恃仰人而食，亦無益人之國，亦堅瓠之類也。』」田仲即陳仲。不仰人而食，所謂一介之士、窮不苟求者也。《淮南子·氾論訓》云：「季襄、陳仲子立節抗行，不入洿君之朝，不食亂世之食，遂餓而死。」高誘注云：「陳仲子，齊人，孟子弟子，居於陵。」以仲子爲孟子弟子，未詳所出。趙氏所不用也。○注「螬蟲」至「擇也」○正義曰：《爾雅·釋蟲》云：「蟦，蠐螬。蝤，蠐蝎。」《方言》云：「蠀螬謂之蟦。自關而東謂之蝤蠀，或謂之卷蠾，或謂之蝖螜；梁益之間謂之蛒，或謂之蝎，或謂之蛭蛒；秦晉之間謂之蠹，或謂之天螻。」《説文》蚰部云：「蠹，木中蟲。」《論衡·商蟲》篇云：「桂有蠹，桑有蝎，螬食李。」即李木中蠹也。《文選》劉伶《酒德頌》注引劉熙《孟子注》云：「槽者，齊俗名之，如酒槽也。」周氏廣業《孟子古注攷》云：「槽疑螬字之譌，《説文》作『蠤，齏蠤也』。以背行駛於足狀似酒槽，以齊俗所名，故謂之蠐螬也。」按：《淮南子·氾論訓》「槽矛無擊」，高誘注云：「槽讀『領如蠐螬』之螬。」螬槽固可假借，而蠐與蟦通，皆與螬爲聲之轉。緩呼爲蠐螬，急呼則單爲螬。以爲「齊俗名之」，非也。又《文選》張景陽《雜詩》注引《孟子章句》云：「陳仲子豈不誠廉士哉？居於陵，三日不食，耳無聞，目無見。井上有李實，螬食者過半矣，匍匐往，將食之。」下引劉熙曰：「陳仲子，齊一介之士也。螬，蟲也。李實有蟲，食之過半，言仲子目無見也。」此注與趙氏略同，而《章句》則以實字連李字，在螬字上，是時仲子匍匐而往，則必李實之墜於地者。然《文選》注引《孟子》每有增減，未可爲據。蓋古人屬文每多倒置，趙氏注亦恆顛倒明之，故《孟子》實字原在食字下，而劉、趙倒置於上以明井上有李指李實，不指李樹也。《爾雅·釋言》云：「將，資也。」謂匍匐而往井上，資此李實食之。《説文》口部云：「咽，嗌也。」劉熙《釋名·釋形體》云：「嚥，嚥物也。」嚥即咽，食物下於咽嗌，故即謂之嚥。三咽者，不及細嚼也。井上之李實非一，特取此螬食者，是目盲不知擇也。夫螬食之餘，匍匐就食，極形仲子之不堪，匡章非以仲子爲可尚也。**孟子曰：「於齊國之士，吾必以仲子爲巨擘焉。雖然，仲子惡能廉？充仲子之操，則蚓而後可者也。夫蚓，上食槁壤，下飲黃泉。**【注】巨擘，大指也。比於齊國之士，吾必以仲子爲指中大者耳，非大器也。蚓，丘蚓之蟲也。充滿其操行，似蚓而可行者也。蚓食土飲泉，極廉矣，然無心無識。仲子不知仁義，苟守一介，亦猶蚓也。【疏】注「巨擘」至「器也」〇正義曰：曹氏之升《摭餘説》云：「《春秋正義》：『手五指之名曰巨指、食指、將指、無名指、小指。』巨指即《儀禮·大射儀》所謂『左巨指鉤弦』是也。《孟子》稱巨擘，亦稱大擘，鄭注『右巨指，右手大擘』是也。亦稱擘指，《鄉射禮》賈疏『以左擘指拓弓，右擘指鉤弦』是也。食指、將指俱見《左傳》。《鄉射禮》『凡挾矢於二指之間横之』，鄭注：『二指謂左右之二指。此以食指、將指挾之。』賈疏以《左傳》『子公之食指動』釋第二指是也，而以《左傳》『闔閭傷於將指』釋第三指則不然。第三指《既夕禮》亦名『中指』，蓋足以大指爲將指，手以中指爲將指。《説文》：『拇，將指也。』《易》『咸其拇』疏：『拇是足大指。』闔閭所傷是足，故下云『取其一屨』，而賈誤以解手之中指，非也。無名指僅一見於《孟子》，趙岐注：『以其餘皆有名，無名指者，非手之用指也。』按，《大射儀》『朱極三』注：『極猶放也。所以韜指利放弦也，以朱韋爲之。三者，食指、將指、無名指。』則第四指亦非竟無用也。鄭惟謂小指短不用，然敖氏繼公謂『凡挾矢，有挾一矢者，有挾四矢五矢者』。寡則挾以食指、將指，多則以餘指分挾之。小指亦餘指也。又作『季指』，《特牲饋食》《少牢食禮》『挂於季指』，注『季猶小也』。而敖氏則直謂『季指，左手之小指』是也。」○注「蚓丘蚓」至「蚓也」○正義曰：《禮記・月令》：「孟夏，蚯蚓出。」「仲冬，蚯蚓結。」《淮南子・時則訓》作「丘螾」。單名之則爲蚓爲螾，《荀子・勸學》篇云：「螾無爪牙之利，筋骨之彊，上食埃土，下飲黃泉，用心一也。」螾即蚓也。《大戴禮・易本命》云「食土者無心而不息」，注云：「蚯蚓之屬，不氣息也。」郭璞《爾雅讚》云：「蚯蚓土精，無心之蟲。」故趙氏謂蚓「無心」。《荀子》以喻目不能兩視，耳不能兩聽，故言螾之心一；《孟子》以蚓喻仲子之不知仁義，故趙氏言「無心無識」也。《大戴禮・勸學》篇作「上食晞土」，晞乃「日暴乾」之名，土乾則成塵，故《荀子》作「埃土」，埃即塵也。土枯無澤，故孟子謂之「槁壤」。隱公元年《左傳》云「不及黃泉，無相見也」，注云：「地中之泉，故曰黃泉。」黃泉至清而無濁，槁壤至潔而無汙。充其操，必食此至清至潔，如蚓乃可也。

仲子所居之室，伯夷之所築與，抑亦盜跖之所築與？所食之粟，伯夷之所樹與，抑亦盜跖之所樹與？是未可知也。」注孟子問匡章，仲子豈能必使伯夷之徒築室樹粟乃居室之邪，抑亦得盜跖之徒使作也？是殆未可知也。疏「仲子」至「知也」○正義曰：蚓必至清至潔而食，使仲子如蚓，則所居所食必伯夷所築所樹乃可，若爲盜跖所築所樹則不清不潔，便不可居食。然築者樹者不可知，則不能決其爲至清至潔矣。不可知而漫居之食之，是不能如蚓也。下「是何傷哉」專指盜跖之所築所樹，知此「是未可知也」專屬盜跖所築所樹而言。**曰：「是何傷哉？彼身織屨，妻辟纑，以易之也。」**

注匡章曰，惡人作之何傷哉？彼仲子身自織屨，妻緝纑，以易食宅耳。緝績其麻曰辟，練其麻曰纑，故曰「辟纑」。**疏**注「緝績」至「辟纑」○正義曰：《文選》張景陽《雜詩》注引劉熙《孟子注》云：「仲子自織屨，妻紡纑，以易食也。緝績其麻曰辟，練絲曰纑也。」與趙氏略同。段氏玉裁《説文解字注》云：「『𣏟，萉之總名也。』當云『治萉枲之總名』，下文云『𣏟人所治也』可證。❶ 趙岐、劉熙注《孟子》『妻辟纑』皆云：『緝績其麻曰辟。』辟，音劈。今俗語績麻析其絲曰劈，❷即𣏟也。」「糸部云：『纑，布縷也。』劉熙《孟子注》云：『練絲曰纑。』練絲謂取所緝之縷湅治之也。練者，湅也。湅者，灡也。汏諸漂潄之也。已湅曰纑，未湅曰𪎌。《廣雅》曰：『𪎌，綃也。』綃是生絲未湅之縷，如生絲然，故曰綃也。如成國謂已湅曰練絲。」❸「言布縷者，以別乎絲縷也。績之而成縷，可以爲布，是曰纑。《禮經》縷分別若干升以爲麤細，五服之縷不同也。趙岐曰：『湅麻曰纑。』麻部：『𪎌，未湅治纑也。』然則湅治之乃曰纑。❹ 蓋縷有不湅者，若斬衰、齊衰、大功、小功之縷皆不湅，緦衰之縷則湅之，若吉服之縷則無不湅者。不湅者曰𪎌，湅者曰纑，統呼曰縷。」周氏廣業《孟子古注

---

❶「人」，原脱，今從沈校據《説文》《説文解字注》補。
❷「今」，原作「合」，今據《説文解字注》改。
❸「如」，原作「知」，今據《説文解字注》改。
❹「則」，原作「曰」，今據《説文解字注》改。

考》云：「緝即績也。《毛詩・陳風》《釋文》：『西州人謂績爲緝。』按，《説文》糸部云：『緝，績也。』『績，緝也。』二字轉注。趙氏『緝績』相疊者，蓋二字亦有別，《爾雅・釋詁》云：『緝，光也。』『績，繼也。』先以爪剖而分，則辟也；續其短者而連之使長，則績也；其績處以兩手摩娑之使不散，則緝也。故劉熙作『緝績其麻』。緝績即緝績也。」**曰：「仲子，齊之世家也。兄戴，蓋禄萬鍾。以兄之禄爲不義之禄而不食也，以兄之室爲不義之室而不居也。避兄離母，處於於陵。**注孟子言，仲子，齊之世卿大夫之家。兄名戴，爲齊卿，食采於蓋，禄萬鍾。仲子以爲事非其君，行非其道，以居富貴。故不義之，竄於於陵。疏注「兄名」至「於蓋」○正義曰：《水經注・濟水》篇引《孟子》云：「仲子，齊國之世家。兄戴，禄萬鍾，仲子非而不食。」古人引書每自增損，乃此去蓋字，則戴字連兄字，是爲其兄之名，用趙氏注也。孔氏廣森《經學卮言》云：「元李治《敬齋古今黈》讀『兄戴蓋』爲句，云『戴蓋祇是乘軒』。愚按，蓋既爲王驩邑，不當又爲仲子兄邑。《揚子》八十一《家務之次》四曰：『見矢自升，升羽之朋，蓋戴車載。』是李氏『戴蓋』之語未爲無本矣。」○注「竄於於陵」○正義曰：閻氏若璩《釋地續》云：「顧野王《輿地志》：『齊城有長白山，陳仲子夫妻所隱處。』酈注：『魚子溝水，南出長白山，東抑泉口山，即陳仲子夫妻之所隱。』唐張説《石泉驛詩》目下自注：『於陵仲子宅，漢於陵故城。』章懷太子賢曰：『在今淄川長山縣南。』與《通典》合。石泉非《孟子》所謂井者邪？江，❶繡江，發源長白山南，今章丘縣淯河是。計於陵仲子家離其母所居幾二百里矣。」**他日歸，則有饋其**

❶ 「江」上，《四書釋地》有「張説詩云長自臨江上於陵入濟東我行弔遺跡感歎石泉空」二十四字，參沈校。

兄生鶂者。己頻顣曰：『惡用是鶂鶂者爲哉？』注他日，異日也。歸省其母，見兄受人之鶂而非之。己，仲子也。頻顣不悦曰：安用是鶂鶂者爲乎？鶂鶂，鶂鳴聲。疏注「頻顣不悦」○正義曰：《音義》出「己頻顣」，云：「上音紀。頻亦作嚬，同。下子六切。」《易·復》卦六三「頻復」，《釋文》云：「本又作嚬。嚬，眉也。鄭作顰，音同。」又《巽》卦九三「頻巽」，李鼎祚《集解》虞翻云：「頻，頞也。」王弼注云：「頻，頻蹙不樂而窮不得已之謂也。」《文選·魯靈光殿賦》云：「憯嚬蹙而含悴。」憯、悴即不樂，不樂即「不悦」也。《説文》云：「頻，水涯人所賓附，顰戚不前而止。」又：「顰，涉水顰戚也。从頻，卑聲。」頻爲顰省，戚爲顣省也。《文選·弔魏武帝文》云「執姬女而嚬瘁」，注云：「《孟子》曰『嚬蹙而言』，嚬蹙謂人嚬眉蹙顣，憂貌也。」此《孟子》蓋注文，傳寫譌誤，不詳何人。「嚬蹙而言」四字即解「己頻顣曰」，而下又申明頻爲頻眉，顣爲蹙顣。顣即頞。《莊子·至樂》篇云「髑髏深矉蹙頞」，矉即頻字之假借，「蹙頞」連文，則深頻指頻眉可知。乃《通俗文》云「蹙頞爲矉」，虞翻因以頻爲頞，失之矣。《四書釋疑》云：❶「己當作已。上皆言仲子之文，未嘗間斷，至此不當又有己字謂稱仲子也。『己頻顣』，亦不成文。從已字，説初見其所饋生鶂，固已頻顣而惡之矣。他日偶食其肉，聞兄之言而哇之，則前後意有倫次。」按：此説非也。生鶂之饋，乃交際之常，人人不以爲怪，獨仲子一己以爲不是也。用一己字，正見其孤矯非人情。「克己復禮爲仁」，正克此己耳。○注「鶂鶂鶂鳴聲」○正義曰：《音義》出「鶂鶂」，云：「丁五歷切，鶂也。」阮氏元《校勘記》云：「五歷切與鶂鳴聲不相似，蓋《孟子》書

❶「釋」，按引文出《四書辨疑》。

本作兒，如今人之讀小兒，與鶂聲相近也。俗人加鳥作鶂，則爲《説文》『六鶂』字。」**他日，其母殺是鶂也，與之食之。其兄自外至，曰：『是鶂鶂之肉也。』出而哇之。以母則不食，以妻則食之；以兄之室則弗居，以於陵則居之。是尚爲能充其類也乎？若仲子者，蚓而後充其操者也。」**注 異日母食以鶂，不知是前所頻顣者也。兄疾之，告曰：是鶂鶂之肉也。仲子出門而哇吐之。孟子非其不食於母而食妻所作屨纑易食也，不居兄室而居於於陵人所築室也。是尚能充人類乎？如蚓之性然後可以充其操也。疏 注「仲子出門而哇吐之」○正義曰：《論衡·刺孟子》篇述此文作「出而吐之」。❶以吐代哇，是哇即吐也。○注「孟子」至「操也」○正義曰：全氏祖望《經史問答》云：「問：陳仲子之生平，孟子極口詆之，《國策》中趙后亦詆之，厚齋王氏則又稱之，何也？曰：厚齋先生之言是也。仲子若生春秋之世，便是長沮、桀溺、荷蕢、荷蓧、楚狂、晨門一流。然諸人遇孔子則孔子欲化之，仲子遇孟子，則孟子力詆之，便是聖賢分際不同。須知仲子辭三公而灌園，豈是易事？孟子是用世者，故七篇之中不甚及隱士逸民，較之孔子之惓惓沮溺一輩，稍遜之矣。平情論之，若如孟子之譏仲子以母不食、以兄不食，❷直是不孝不弟。然仲子豈真不食於母？不過不食於兄。其兄之蓋禄萬鍾，雖未知其爲何如人，然諒亦未必盡得於義，故仲子孑然長往，但觀其他日之歸，則於寢門之敬亦未嘗竟絶，孟子責之過深矣。故厚齋謂其清風遠韻，視末世徇利苟得

❶「子」，按《論衡》無此字。
❷「以母」，原作「則母」，今據《經史問答》改。

之徒如腐鼠，乃公允之論。若趙后，何足以知此？彼第生於七國之時，所謂『天子不臣，諸侯不友』之士不特目未之見，抑亦耳未之聞，而以爲『帥民出於無用』，亦豈知隱士逸民之有補於末俗，正在無用中得之也？」周氏柄中《辨正》云：「孟子以仲子爲齊之巨擘，自非徇利苟得之徒可比，何待厚齋發此公論？但其辟兄離母，不可爲訓，故孟子極詆之。而全氏謂兄戴之禄未必盡得於義，他日之歸未嘗竟絶寢門之敬，以此爲仲子解説，則大不然。陳爲齊之同姓，固公族也。蓋禄萬鍾，受之先君，傳之祖父，有何不義而汲汲去之？於陵在今濟南府長山縣西南，離其母所幾二百里，他日之歸，亦僅事耳，篤寢門之敬者固如是乎？孔子之語丈人，曰：『欲潔其身而亂大倫。』彼丈人猶知有長幼之節也，特以不仕無義即爲亂倫；而仲子辟兄離母，并長幼之節而廢之，故曰『無親戚君臣上下』。孔孟之言若出一口，而全氏左袒仲子，拾王充《刺孟》之唾餘，沾沾焉動其喙，不亦妄乎？」

章指：言聖人之道，親親尚和。志士之操，耿介特立，可以激濁，不可常法。是以孟子喻以丘蚓，比諸巨擘也。疏「可以激濁不可常法」○正義曰：《尸子·君治》篇云：「水有四德。揚清激濁，蕩去滓穢，義也。」《漢書·兩龔傳》贊云：「清節之士大率多能自治而不能治人，所以不可常法也。」僖公十六年《公羊傳》注云：「石者，陰德之專者也；鷁者，鳥中之耿介者也。宋襄欲行霸事，不納公子目夷之謀事事耿介自用，卒以五年見執，六年終敗，如五石六鷁之數。天之與人，昭昭著明，甚可畏也。」古人不重耿介如此。

孟子正義卷十四

江都縣鄉貢士焦循譔集

孟子卷第七

離婁章句上❶凡二十八章。

注離婁，古之明目者，黄帝時人也。黄帝亡其玄珠，使離朱索之，離朱即離婁也。能視於百步之外，見秋毫之末。然必須規矩，乃成方員，猶《論語》「述而不作，信而好古」，故以題篇。疏注「離婁」至「方員」○正義曰：《莊子·天地》篇云：「黄帝遊乎赤水之北，登乎崑崙之丘而南望，還歸，遺其玄珠，使知索之而不得，使離朱索之而不得。」又《駢拇》篇云：「是故駢於明者亂五色，淫文章，青黄黼黻之煌煌非乎，而離朱是矣。」《釋文》引司馬云：「黄帝時人。百步見秋毫之末。一云『見千里針鋒』。《孟子》作『離婁』是矣。」《列子·湯問》篇云：「離朱、子羽方晝，拭眥揚眉而望之，弗見其形。」注云：「離朱，黄帝時明目人，能百步望秋毫之末。」

❶「上」，原作小字，今據經解本改。

朱、婁音近。朱之爲婁猶邾人呼邾聲曰婁也。凡治器工必以目程之，故執柯伐柯，睨而視之，猶以爲遠，然目必憑以規矩準繩以爲方員平直。《考工記》：「匠人建國，水地以縣，置槷以縣，眂以景。爲規，識日出之景與日入之景，晝參諸日中之景，夜考之極星，以正朝夕。」注云：「於四角立植而縣以水，望其高下。高下既定，乃爲位而平地，於所平之地中央樹八尺之臬，以縣正之。眂之以其景，將以正四方也。日出日入之景，其端則東西正也。又爲規以識之者，爲其難審也。」望地之高下，眂景之出入，目爲之也；乃必水地以縣、爲規而後審，則目雖明，不可恃也。此目必以規也。《周髀算經》：「商高曰：『數之法出於圓方。圓出於方，方出於矩，矩出於九九八十一，故折矩以爲句廣三，股脩四，徑隅五，既方其外，平其一矩，環而共盤，得成三四五，兩矩共長二十有五，是爲積矩。』周公曰：『請問用矩之道。』商高曰：『平矩以正繩，偃矩以望高，覆矩以測深，卧矩以知遠，環矩以爲圓，合矩以爲方。方屬地，圓屬天。天圓地方，方數爲典。』」以方出圓，正繩望高、測深知遠皆目之明也；非平矩、偃矩、覆矩、卧矩，目雖明，無可恃也。此目必以矩也。所以離婁之明，必待規矩乃成方圓也。孟子習先聖之道，闢楊墨，放邪説，指其爲「生於其心」「作於其心」。作於其心，則不習先聖之道，故此章首發明之。目雖明如離婁，耳雖聰如師曠，心雖仁如堯舜，不以規矩則目無所憑，不以六律則耳無所憑，不以先王之道則心無所憑。明人講學，至徒以心覺爲宗，盡屏聞見，以四教六藝爲桎梏，是不以規矩便可用其明，不以六律便可用其聰。於是强者持其理以與世競，不復顧尊卑上下之分以全至誠惻怛之情；弱者恃其心以爲道存，不復求《詩》《書》《禮》《樂》之術以爲脩齊治平之本，以不屈於君父爲能，以屏棄文藝爲學，真「邪説誣民」，孟子所距者也。孟子之學在習先聖之道，行先王之道；習先聖之道，行先王之道，必「誦其《詩》，讀其《書》，博學而詳説之」，所謂因也。仰觀於天，俯察於地，近取諸身，遠觀於物，伏羲所因也。神農則因於伏羲，故云「伏羲氏没，神農氏作」。黄帝、堯舜則因於神農，故云「神農氏没，黄帝堯舜氏作」。惟其因，乃有所變通。「通其變，使民不倦」，通其所因，變其所因也；「神而化之，使民宜之」，神其所因，化其所因也；「殷因於夏禮，所損益可知也。周因於殷禮，所損益可知也」，損其所因也，益其所因也。先王之道載在六經，非好古敏求，何以因？即何以通變神化？何以損益？故非習則莫知所因，非因則莫知所述。孔子云：「述而不作，信而好古。」孟子云：「爲高必因丘陵，爲下必因川澤。」其義一也。彼但憑心覺者，真孟子所距者也。趙氏引《論語》以證《孟子》，可謂深知孟子者矣。

孟子曰：「離婁之明，公輸子之巧，不以規矩，不能成方員；注公輸子，魯班，魯之巧人也，或以爲魯昭公之子。雖天下至巧，亦猶須規矩也。疏注「公輸」至「之子」〇正義曰：《禮記·檀弓》云：「季康子之母死，公輸若方小，斂，般請以機封。」注云：「公輸若，匠師。方小，言年尚幼。般，若之族多技巧者。見若掌斂事而年尚幼，請代之，而欲嘗其技巧。」般爲公輸若之族，則亦氏公輸，故稱「公輸子」。班與般同。《戰國策·宋策》云：「公輸般爲楚設機，將以攻宋。」高誘注云：「公輸般，魯般之號也。」蓋般爲魯人，故又稱魯般，當時有此號也。周氏柄中《辨正》云：「事亦見《墨子·魯問》篇，説者因謂有兩輸、般。班固《答賓戲》

『班輸攉巧於斧斤』，顏師古注：『魯班與公輸氏皆有巧藝，故《樂府》云公輸與魯般。』吳斗南謂墨子之書恐非事實，未必有兩公輸般，一在春秋，一在戰國也。愚按，公輸班或以爲魯昭公之子，雖未可信，而與季康子同時，則爲春秋時人無疑。墨翟亦生春秋之末，《史記》云：『或曰並孔子時，或曰在其後。』蓋生稍後而實同時也。班爲楚攻宋，墨翟禦之，《戰國策》在宋景公時。景公即位，在魯昭公二十六年，兩人正當其世。顏注固非，而斗南疑《墨子》不足據，亦未之考耳。」**師曠之聰，不以六律，不能正五音；**注 師曠，晉平公之樂太師也。其聽至聰，不用六律，不能正五音。六律，陽律太蔟、姑洗、蕤賓、夷則、無射、黃鍾；五音，宮、商、角、徵、羽也。疏 注「師曠」至「至聰」○正義曰：襄公十八年《左傳》云：「晉人聞楚師，師曠曰：『不害，吾驟歌北風，又歌南風。南風不競多死聲，楚必無功。』」又：「齊師夜遁，師曠告晉侯曰：『烏烏之聲樂，齊師其遁。』」《呂氏春秋·長見》篇云：「晉平公鑄爲大鍾，使工聽之，皆以爲調矣。師曠曰不調，請更鑄之。」皆「其聽至聰」之事也。○注「六律」至「羽也」○正義曰：《周禮·春官·大師》：「掌六律六同以合陰陽之聲。陽聲，黃鍾、太蔟、姑洗、蕤賓、夷則、無射；陰聲，大呂、應鍾、南呂、函鍾、小呂、夾鍾。皆文之以五聲：宮、商、角、徵、羽。」注云：「黃鍾，子之氣，十一月建焉；大呂，丑之氣，十二月建焉；大蔟，寅之氣，正月建焉；應鍾，亥之氣，十月建焉；姑洗，辰之氣，三月建焉；南呂，酉之氣，八月建焉；蕤賓，午之氣，五月建焉；林鍾，未之氣，六月建焉；夷則，申之氣，七月建焉；中呂，巳之氣，四月建焉；無射，戌之氣，九月建焉；夾鍾，卯之氣，二月建焉。辰與建，交錯貿處，如表裏然，是其合也。其相生，則以陰陽六體爲之。黃鍾初九也，下生林鍾之初六，林鍾又上生大蔟之九二，大蔟又下生南呂之六二，南呂又上生姑洗之九三，姑洗又下生應鍾之六三，應鍾又上生蕤賓之九四，蕤賓又下生大吕之六四，大吕又上生夷則之九五，夷則又下生夾鍾之六五，夾鍾又上生無射之上九，無射又上生中吕之上六。同位者，象夫妻；異位者，象子母。所謂律取妻而吕生子也。黄鍾長九寸，其實一籥，下生者三分去一，上生者三分益一，五下六上，乃一終矣。大吕長八寸二百四十三分寸之一百四，大蔟長八寸，夾鍾長七寸二千一百八十七分寸之千七十五，姑洗長七寸九分寸之一，中吕長六寸萬九千六百八十三分寸之萬二千九百七十四，蕤賓長六寸八十一分寸之二十六，林鍾長六寸，夷則長五寸七百二十九分寸之四百五十一，南吕長五寸三分寸之一，無射長四寸六千五百六十一分寸之六千五百二十四，應鍾長四寸二十七分寸之二十。文之者，以調五聲，使之相次，如錦繡之有文章。」《尚書·皋陶謨》云「予欲聞六律五聲八音」，鄭氏注云：「舉陽從陰可知也。」蓋舉六律以該六吕也。大師自子丑爲次，六律首黄鍾，終無射。趙氏蓋依《月令》自夏時孟春數之，故始大蔟，終黄鍾也。《國語·周語》王問泠州鳩曰「七律者何」，注云：「周有七音，王問七音之律，意謂七律爲音器，用黄鍾爲宫，大蔟爲商，姑洗爲角，林鍾爲徵，南吕爲羽，應鍾爲變宫，蕤賓爲變徵。」《漢書·律曆志》引《尚書》「在治忽」三字作「七始詠」，李氏光地謂即宫、徵、商、羽、角、變宫、變徵也。然則七音自虞已有之。止云正五音者，吴氏鼎《考律緒言》云：「音有萬而統之以五者，猶五星五行五常之理，不可減不可增，故二變兩聲仍名之爲宫徵，所謂變化而不離乎五音者也。音既七，律何以不止七？律既不止七，又何故止於十二？惟七，故十二也。蓋五音者，正宫、正徵、正商、正羽、正角之律；二變者，比宫、比徵之律。既有比宫、比徵之律，則必有比商、比羽、比角之律。是故宫商之間有律焉，蕤賓所以生大吕也；徵羽之間有律焉，大吕所以生夷則也；商角之間有律焉，夷則所以生夾鍾也；羽宫之間有律焉，夾鍾所以生無射也；角徵之間有律焉，無射所以生仲吕也。蓋以五該七，猶以六該十二也。」《禮記・禮運》云：「五聲六律十二管，還相爲宫也。」注云：「五聲，宫、商、角、徵、羽也。其管陽曰律，陰曰吕，布十二辰。始於黄鍾，管長九寸，下生者三分去一，上生者三分益一，終於仲吕，更相爲宫，凡六十也。」此即韋昭《國語》注「七律」之説。不數變宫、變徵，故止六十聲；以二變參之，則爲八十四聲。二變不可爲調，故調止用六十，此「六律五音」之大略也。《管子・地員》篇云：「凡將起五音凡首，先主一而三之，四開以合九九，以是生黄鍾小素之首以成宫；三分而益之以一，爲百有八，爲徵；不無有三分而去其乘，適足，以是生商；有三分而復於其所，以是成羽；有三分去其乘，適足，以是成角。」《律吕正義》云：「絲之爲樂，其器雖十餘種，而弦音所應不外乎十二律吕所生五聲二變之音。夫十二律吕之管既分音於長短而不在圍徑，則絃音似亦宜分於長短而不在巨細矣。不知絃之長短同者分音於巨細，絃之巨細同者分音於長短，而絲樂之中，用絃之多寡又各不同，故必案各器之體製而定其取分之大小焉。總之以各絃全分之音與各絃内所分之音互相應合爲準，是以不外乎十二律吕所生之七音也。《管子》《淮南子》、司馬氏《律書》此三者，絲樂絃音之大本也。又考之《白虎通》曰：『八音法《易》八卦。絃，《離》音也。盛德象火，其音徵。』蓋謂絲之屬於卦爲《離》，其德象火，故其音尚徵也。夫審弦音，無論某絃之全分，定爲首音，因而半之，平分爲二，其聲既與首音相合而爲第八音矣。次以首音之全分，因而四之，去其一分而用其三分，其聲應於全分首音之第四音，此度乃全分首音與半分八音之間，又平分爲二分之度，是即《管子》所謂『凡將起五音凡首，先主一而三之，四開以合九九』者也。『先主一而三之』者，以全分首音一分之度爲主，而以三因之，其數大於全分之度爲三倍也。『四開以合九九』者，以三倍全分之數，四分之而取其一，以合九九八十一之度，爲宫聲之分也。『小素』云者，素，白練，乃熟絲，即小絃之謂。言此度之聲立爲宫位，其小於此絃之他絃，皆以是爲主，故曰『以是生黄鍾小素之首以成宫』也。以八十一，三分益一爲百有八，爲徵，乃此絃首音全分之度也。於是以百有八，三分去一爲七十二，是爲商；商之七十二，三分益一爲九十六，是爲羽；羽之九十六，三分去一爲六十四，是爲角。按，司馬氏《律書》徵羽之數小於宫而《管子》徵羽之數大於宫者，用徵羽之倍數，所謂『下徵』『下羽』者也。其首絃起於下徵，即《白虎通》『絃音尚徵』之義。然而猶有不得不起於下徵之故焉。以下徵之百有八取其四分之三爲八十一，所謂『去其乘而適足』也。若以宫之八十一取其四分之三，則爲六十分小餘七五，比宫之變徵五十六則大，比宫之角六十四則小，此所以絃音之度必起於下徵而理始明也。」又云：「樂之節奏成於聲調，而聲調之原本自旋宫。聲也者，五聲二變之七音；而調也者，所以調七音而互相爲用者也。旋宫乃秦漢以前諧聲之法，聲調爲隋唐以後度曲之名。稽之於古，六律五聲八音肇自《虞書》，而《周官》太師掌六律六同以合陰陽之聲；七音之名見於《左傳》《國策》，至《管子》《淮南子》始着五聲二變之數。《禮運》篇：『五聲六律十二管，旋相爲宫。』《孟子》曰：『不以六律，不能正五音。』此旋宫之義所自來也。迨及漢晉之世，《樂經》殘缺，律吕失度，雜以鄭聲，所見於經史注者類多臆見，故旋宫之理晦而不明。然周人遺書猶可考證，如《管子》徵羽之數大於宫，《國語》泠州鳩曰『宫逐羽音』，即此二者，旋宫之法可定焉。古旋宫之法合竹與絲並著之，而自隋以迄于今，獨以弦音發明五聲之分，律吕旋宫遂失其傳。夫旋宫者，十二律吕皆可爲宫，立一均之主，各統七聲，而十二律吕皆可爲五聲二變也；聲調者，聲自爲聲，調自爲調，而又有主調、起調、轉調之異，故以轉調合旋宫言之，名爲宫調。五聲二變旋於清濁二均之一十四聲，則成九十八聲，此全音也。若夫八十四聲六十調，實皆生於弦度。以絃音七聲之位遞配以十二律吕之分，則爲八十四聲。除二變不用，止以五聲之位遞配以十二律吕之分，則爲六十調。此乃案分以命聲調，非旋宫轉調之法也。《周禮·大司樂》未載商調，唐宋以來無徵調。夫以宫立羽位主調，則商當變宫不用；以羽立羽位主調，則徵不起調。所謂無商調與無徵調，二者名異而理則同也。主調起調皆以宫位爲主，故曰宫調。然調雖以宫爲主，而宫又自爲宫，調又自爲調。如宫立一均之主，而下羽之聲又大於宫，故爲一調之首，即《國語》之『宫逐羽音』也。羽主調，宫立宫，一均七聲之位已定，則當二變者不起調，而與調首音不合者亦不得起調。蓋調以羽起調，徵在其前，變宫居其後，二音與羽相近，得聲淆雜，故不相合而變徵爲六音，亦與羽首音淆雜不合，此所以當二變之位，與五正聲中當徵位者俱不得起調也。至於止調，亦取本調相合、可以起調之聲終之。當二變與徵位者，亦不用焉。」按：《尚書·堯典》云：「詩言志，歌永言。聲依永，律和聲，八音克諧，無相奪倫。」鄭氏注云：「聲之曲折，又依長言。聲中律，乃爲和。」《國語·周語》泠州鳩云：「律所以立均出度也。古之神瞽，考中聲而量之，以制度律均鍾。」注云：「度律，度律吕之長短，以平其鍾，和其聲。」又云：「聲以和樂，律以平聲。物得其常曰樂極。極之所集曰聲，聲應相保曰和，細大不踰曰平。音以和平爲正。」「以六律正五音」，即以律和聲、以律平聲也。《律吕正義》已得音之精微，近時學者研求實學，多有自得之解，略附於後。王氏坦《琴音》云：「《孟子》曰：『不以六律，不能正五音。』蓋以六律六吕三分損益、隔八相生之理正此五音也。黄鍾之長九十黍，爲分寸尺丈引曰度，以較匏竹之音；黄鍾之容千二百黍，爲龠合升斗斛曰量，以較土樂之音；黄鍾所容千二百黍之重，爲銖兩斤鈞石曰權衡，以較金石之音。因五聲之數以取聲無迹可見，故用律吕相生之理而象樂之長短多寡輕重，皆得其指歸。絲樂之取聲雖與律吕之理相通，若覈其至，要用五聲相生之理最爲簡便。絲聲之較以五聲而不用律吕，猶之衆樂較以律吕而不用五聲。」都四德乾文氏《黄鍾通韻》云：「《孟子》曰：『師曠之聰，不以六律，不能正五音。』細詳《孟子》之言，五音有音無律，六律有律無音。以六律多寡之數正五音輕重之聲，是知欲正五音非六律不可，欲正六律非管絃無憑。陽爲律，黄鍾爲陽律之本，在管爲筩内聲，在琴爲第一弦，聲氣至重至低。六陰一陽，屬子爲第一律，上升大吕丑爲二陽第二律，大蔟寅爲三陽第三律，夾鍾卯爲四陽第四律，姑洗辰爲五陽第五律，仲吕巳爲六陽第六律。陽極生陰，陰爲吕。蕤賓爲陰吕之本，在管爲極上孔，在琴爲第七弦，聲氣至輕至高。六陽一陰，屬午爲第一吕，下降林鍾未爲二陰第二吕，夷則申爲三陰第三吕，南吕酉爲四陰第四吕，無射戌爲五陰第五吕，應鍾亥爲六陰第六吕。陰陽各六管，自筩内聲上升至第五孔爲陽六律；自極上孔下降至第六孔爲陰六律。琴自第一絃前進至第六弦爲陽六律，自第七絃後退至第二絃爲陰六律。六律定，然後能正五音。」「宫、商、角、徵、羽五音必得律吕二聲，合爲七均，方能循環一調。所以管有七聲，琴有七弦，《左傳》謂『七音』，《漢前志》謂『七始』。自黄鍾上升至蕤賓爲七均，自蕤賓下降至黄鍾爲七均，循環消長，共爲一調。十二律對待則爲六律，錯綜則爲七均。七均合爲一調，若更插一聲，便不合管孔、琴弦。管只有七聲，❶琴

❶「聲」，原作「管」，今據《黄鍾通韻》改。

只有七絃，不能分爲方圓十二律。以五音循環，加變宮變徵，只可將十二律錯綜爲七均，以五音來往爲循環，方能被於管弦。律呂各家，盡知七均爲一調，而俱不以陰陽六律錯綜爲七均；惟以五音加二變爲七均；不分陰陽各爲六律，而渾用陰陽十二律；不以黃鍾爲律本，而以黃鍾爲宮，大蔟爲商，姑洗爲角，林鍾爲徵，南呂爲羽，五音不敷六律，乃以應鍾爲變宮，變宮猶不敷七均，乃以蕤賓爲變徵。變宮、變徵雖敷七均，而十二律中猶虛五律，乃又以宮循環遍臨五律以敷，其數致有高低奪倫、輕重失次者，又作變律半聲之例。猶如不用枝惟用幹；不以子午月爲二至，卯酉月爲二分，惟憑甲乙循環推算，其寒暑失節，春秋失序，亦理之所必至。況惟六律能正五音，五音不能正六律。若因五音不敷循環十二律之故，以十二律作爲變宮、變徵，變律、半聲，是五音能正六律矣。竊謂欲正五音，仍依《漢志》所載，以黃鍾爲律本，以六律多寡之數正五音輕重之位。宮居中位，❶以五數論；宮居三位，自重至輕爲羽、角、宮、商、徵，自輕至重爲徵、商、宮、角、羽。以黃鍾爲律本，以羽、角、宮、商、徵爲五位；以蕤賓爲呂本，以徵、商、宮、角、羽爲五位。黃鍾屬子，聲至低；蕤賓屬午，聲至高。二律單用，其餘十律同位同音，陰陽並用。」「律有十二，不曰『十二律』而曰『六律』者，只用一邊之故。一邊陽律合管，一邊陰律合琴。琴是六陰律用一陽律，管是六陽律用一陰律。陰陽六律俱是各自相生。一宮爲土屬第四律，二商爲金屬第五律，三角爲木屬第三律，四徵爲火屬第六律。第六律是管之正中孔、琴之第六弦，與第一律黃鍾合律同聲，故只有六律。五羽爲水屬第二律，第二律是管之極下孔、琴

❶「位」，原脱，今據《黃鍾通韻》補。

之第二弦，與第七律蕤賓合律同音，故只有七均。七均只有六律，六律只有五音，故《孟子》曰：『不以六律，不能正五音。』五音如四時，十二律如十二月。四時惟依寒暑，五音亦惟依高低。自寒至暑俱是正律，並無變律。」❶「蔡季通《律吕新書》有《八十四聲圖》《六十調圖》，内注正律、變律、正聲、半聲之處甚爲詳細，然止可施之於筆墨，不能被之於管弦。今之管弦七均：第一均八十一，第二均七十二，第三均六十四，第四均五十四，第五均四十八，第六均四十二，第七均三十六。至重至低之均八十一，至輕至高之均三十六，方成一調。五十四爲陰陽際會之中，理應爲宫。宫者，中也。中聲定，其餘輕重高低之聲皆依律數可定，是以五音之中以宫爲首。❷圖内所載七均：宫八十一，商七十二，角六十四，變徵五十六，正徵五十四，羽四十八，變宫四十二。四十二爲至輕至高之均，與今之管弦三十六不相合，少一輕六分之均不能成調，是知變宫宫不成宫；變徵五十六，在大蔟六十四、夾鍾五十四之間，與夾鍾止間得一分，多一間一分之律，管孔琴徽又不見有相間一分之律，是知變徵徵不成徵。宫不成宫，徵不成徵，古人謂之『和繆』。正徵五十四，變徵五十六，相間甚微，雖師曠之聰，亦未必易正，故前人有『變聲非正，故不爲調』之説。」凌氏廷堪《燕樂考原》云：「律者，六律六同也，其長短分寸有定者也。如黄鍾之長，不可爲無射也；應鍾之短，不可爲大吕也。聲者，五聲二變也，其高下相旋於六律六同之中無定者也。如大司樂黄鍾爲角，又可爲宫；大蔟爲徵，又可爲角；

❶「律」，原作「聲」，今據《黄鍾通韻》改。
❷「音」，原作「聲」，今據《黄鍾通韻》改。

姑洗爲羽，又可爲徵。《堯典》「律和聲」，《大師》「掌六律六同」，皆文之以五聲。《禮運》「五聲六律十二管，還相爲宫」，《孟子》「不以六律，不能正五音」，皆此義也。燕樂之字譜，即五聲二變也。蓋出於龜兹之樂，中外之語不同，故其名亦異。當其初入中國時，鄭譯以其言不雅馴，故假聲律緣飾之，其言曰：『應用林鍾爲宫，乃用黄鍾爲宫。』所謂林鍾者即徵聲也，黄鍾者即宫聲也，所謂宫者，則字譜之合字也。猶言應用徵聲爲合字者，乃用宫聲爲合字也。以聲配律，實始於此。黄鍾聲最濁，故以合字配之。又云『應用林鍾爲宫』，則亦疑徵聲當爲合字，宫聲不當爲合字。至宋楊守齋以琴律考之，確然知宫聲非合字，乃以仲吕爲宫聲；燕樂以仲吕配上字，是以上字爲宫聲也。蓋琴律一弦爲黄鍾，三弦爲仲吕。正宫調一弦爲合字，故以合字配黄鍾，三弦爲上字，故以上字配仲吕也。何嘗以合字爲宫聲，上字爲角聲哉？宋人樂譜所注十二律吕及四清聲者，蓋即字譜高下之别名耳，不可以稱謂之古，遂疑其别有神奇也。自學者不明律有定、聲無定之理，遂泥定黄鍾一均，不可移易，不論何均，遇黄鍾之律則以爲宫聲，遇大蔟之律則以爲商聲，遇姑洗之律則以爲角聲，遇林鍾之律則以爲徵聲，遇南吕之律則以爲羽聲，遇應鍾之律則以爲變宫聲，遇蕤賓之律則以爲變徵聲，而旋宫之義遂晦。於是論燕樂者以宫聲爲合字而有一凡不當應鍾蕤賓之疑，論雅樂者以七聲用七律而有隋廢旋宫止存黄鍾一均之疑，論琴律者以三弦獨下一徽而有不用姑洗而用仲吕爲角之疑，而《尚書》《周禮》《孟子》諸書舉不可讀矣。皆以聲配律之説啓之也。不知燕樂字譜即五聲二變也，非六律六同也。宋人以六律六同代字譜者，蓋緣飾之以美名，即鄭譯之意也。以聲配律始於鄭譯，成於沈括，皆無他奥義。後儒不遑深求其故，遂怖其言若河漢之無極，苟明律與聲不同之故，則千古不解之惑可片言而決矣。」程氏瑶田《通藝録・論黄才伯樂典書》云：「古者一律一吕，各爲一聲。其每管設孔，備五聲二變之數，兼旋宫换調之法，乃後世樂器律吕之用也，未可以是推求制律之本。是書言吹無孔之管則氣從下洩，無復清濁高下，五音何由而正？夫以律正音，即今之吹笙定弦，其遺矩也。只以一律正一音，不聞無孔之管不能正五音也。」**堯舜之道，不以仁政，不能平治天下。**注 當行仁恩之政，天下乃可平也。**今有仁心仁聞而民不被其澤，不可法於後世者，不行先王之道也。**注 仁心，性仁也；仁聞，仁聲遠聞也。雖然，猶須行先王之道，使百姓被澤，乃可爲後法也。疏 注「仁心性仁也」〇正義曰：《白虎通・性情》篇云：「陽氣者仁，陰氣者貪。故情有利欲，性有仁也。」又云：「五性者何謂？仁義禮智信也。五藏，肝仁，肺義，心禮，腎智，脾信。」性既有五而獨言仁者，仁足以貫五性也。五藏心主禮，而趙氏以「性仁」解「仁心」者，《淮南子・原道訓》云：「心者，五藏之主也。」雖或以心配土，或以心配火，而五藏實統以心。性之仁，發諸心也。人性仁，皆有惻隱之心，故《白虎通》亦云：「心之言任也，任於恩也。」任於恩即任於仁矣。〇注「仁聞」至「聞也」〇正義曰：《毛詩・小雅・車攻》篇「有聞無聲」，傳云：「有善聞。」又《大雅・卷阿》篇「令聞令望」，箋云：「人聞之，則有善聲譽。」《淮南子・脩務訓》云「聲施千里」，高誘注云：「聲，名也。」是「仁聞」謂仁之聲名播於遠方也。人以仁惠之心所發，有所施濟，其名亦可播於遠，然惠及一人，不能偏於人人，惠及一方，不能普於天下，且或恩及此而害在彼，祝在甲而詛在乙，此未習先王之道，不足爲後世法也。〇注「乃可爲後世之法也」〇正義曰：阮氏元《校勘記》云：「閩、監、毛三本同。廖本無之字，孔本、《考文》古本無『世之』二字，韓本、足利本無之字、也字。」**故曰：徒善不足以爲政，徒法不能以自行。**注 但有善心而不行之，不足以爲政；但有善法度而不施之，法度亦不能獨自行也。疏注「但有善」至「行也」○正義曰：《吕氏春秋·離俗》篇云「惕然而寤，徒夢也」，高誘注云：「徒，但也。」故「徒善」是「但有善心」，「徒法」是「但有善法度」。行仁政必有法，徒有仁心而無法，不可用爲政也；有法而不以仁心施之，仍與無法等。有善心而不以法，與無善心以施行法同一不行先王之道也。先王之道既不行於無善心之人，又不行於有善心之人。孟子爲作於其心、不習先王之道者發，趙氏能發明之。《易·繫辭傳》云：「制而用之謂之法，利用出入、民咸用之謂之神。」非法，無以爲通變神化之用也。

《詩》云：『不愆不忘，率由舊章。』遵先王之法而過者，未之有也。注《詩》，《大雅·嘉樂》之篇。愆，過也。所行不過差矣，不可忘者，以其循用舊故文章。遵用先王之法度，未聞有過也。疏注「詩大」至「過也」○正義曰：《詩》在《大雅·假樂》第二章。毛傳云：「假，嘉也。」《禮記·中庸》引作「嘉樂」。此作「嘉樂」，與《中庸》同。《音義》出「嘉樂」，則趙氏作「嘉」。閩、監、毛三本作假，蓋以《詩》改之也。箋云：「愆，過也。率，循也。成王之令德不過誤，不遺失，循用舊典之文章。」趙氏注略同。惟鄭以「不愆」「不忘」平對，趙氏以孟子下申言專指出過字，故以「不愆」爲「不過差」，而「不忘」別屬下，謂不可忘者，因其遵舊法而無過也。按：鄭義是也。愆，過也。忘爲遺失，亦過也，孟子言過兼該愆、忘。遵用先王之法乃不愆不忘，則屏棄《詩》《書》，專恃心覺者，其愆忘可勝言哉！

聖人既竭目力焉，繼之以規矩準繩，以爲方員平直，不可勝用也；注盡己目力，續以四者，方員平直可得而審知，故用之不可勝極也。疏注「盡己」至「極也」○正義曰：《禮記·大傳》云「人道竭矣」，注云：「竭，盡也。」《説文》糸部云：「繼，續也。」《文選·神女賦》云「不可勝贊」，注云：「勝，盡也。」盡之言窮也，窮之言極也。若果無待於規矩準繩，則以聖人之聰明睿智而既竭盡其力，可憑其目力以爲方圓平直矣。乃聖人既竭目力，仍必繼之以規矩準繩。規矩準繩，先王所制而用也，雖聖人不能不繼述之。惟其繼述規矩準繩，而目力所竭乃能不窮其用；倘舍去規矩準繩，但準目力，方圓平直必不能以臆成之，而其用窮矣。「不可勝用」猶云「用之不窮」。聖人原非全恃規矩準繩而不竭目力，然其通變神化在耳目心思而必繼述規矩準繩，而耳目心思所竭乃能通變神化，運用不窮也。**既竭耳力焉，繼之以六律正五音，不可勝用也；**注 音須律而正也。疏 注「音須律而正也」○正義曰：《易・需卦》《彖傳》云：「需，須也。」須即待也。音必待律而正，方圓平直必待規矩準繩而成，仁心必待先王不忍人之政而覆天下，可勿繼述之乎？**既竭心思焉，繼之以不忍人之政，而仁覆天下矣。**注 盡心欲行恩，繼以不忍加惡於人之政，則天下被覆衣之仁也。疏 注「盡心」至「仁也」○正義曰：《楚辭・招魂》云「皋蘭被徑兮」，注云：「被，覆也。」《易・繫辭傳》九家注云：「衣取象乾，❶居上覆物。」是被、覆、衣三字同義。經言「仁覆天下」，是聖人以仁衣芘天下，而天下皆被其澤，是天下被其所覆衣之仁也。不行先王之道，雖有仁心，而民不被其澤；今既有仁心，又能繼述先王之道，民被其澤可知矣。「不忍人之政」，仁政也，即先王之道也。以仁心行仁政而法行，非徒法矣；法行而心之仁乃行，非徒善矣。「徒法不能以自行」，荀子所謂「有治人無治法」也。「有治人」即有此既竭心思，又繼述先王之道之人也。舍治法亦無治人矣。**故曰：『爲高必因丘陵，爲下必因川澤。』爲政不因先王之道，可謂**

❶「象」，原作「乾」，今據《周易集解》引九家注改。

智乎？注言因自然則用力少而成功多矣。疏注「言因」至「多矣」○正義曰：《禮記·禮器》云：「故作大事必順天時，爲朝夕必放於日月，爲高必因丘陵，爲下必因川澤。」注云：「謂冬至祭天於圜丘之上，夏至祭地在方澤之中。」孟子引此二句以起「爲政必因先王之道」。趙氏謂「因自然則用力少而成功多」，是以爲高爲累土，爲下爲掘深，與鄭異義。「因」即所云「繼」也。**是以惟仁者宜在高位。不仁者在高位，是播其惡於衆也。**注仁者能由先王之道。不仁逆道，則自播揚其惡於衆人也。疏注「仁者」至「人也」○正義曰：昭公三十年《左傳》云：「將焉用自播揚焉？」《周禮·春官·大師》「皆播之以八音」，注云：「播猶揚也。」謂之「仁者」，則不獨有仁心仁聞，乃實能因先王之道，遵先王之法，而繼之以不忍人之政也，非徒善者也。不因先王之道，不遵先王之法，不能竭心思而繼之以不忍人之政，則爲不仁，如下所云。**上無道揆也，下無法守也。朝不信道，工不信度。君子犯義，小人犯刑。國之所存者，幸也。**注言君無道術可以揆度天意，臣無法度可以守職奉命。朝廷之士不信道德，百工之作不信度量。君子觸義之所禁，謂學士當行君子之道也；小人觸刑，愚人罹於密罔也。此亡國之政，然而國存者，僥倖耳，非其道也。疏注「言君」至「道也」○正義曰：《國語·吴語》云「道將不行」，注云：「道，術也。」賈誼《新書·道術》篇云：「道者，所從接物也。其本者謂之虚，其末者謂之術。虚者言其精微也，平素而無設施也；術也者，所從制物也，動静之數也。凡此皆道也。」又云：「術者，接物之隊，其爲原無屈，其應變無極，故聖人尊之。」《爾雅·釋言》云：「揆，度也。」一陰一陽之謂道，元亨利貞謂之四德。顯道神德行，全在能揆度以合天德，此通變神化，所以垂衣裳而天下治也。若無道術則不能揆度，不能揆度則不能制而用之爲法，臣下遂無以守職奉命矣。揆度天意，乾健之不已也；守職奉命，坤順之承天也。奉命猶承天，故以「守職」爲「奉命」也。以揆度言爲術，以施行言爲德，皆道也。不以道揆則不信道，故云「朝廷之士不信道德」也。趙氏以「工」爲「百工」，以「度」爲「度量」。趙氏佑《温故録》云：「工爲四民之一，特言之者，奇技淫巧之興，皆以蕩人心，蠹風俗也。」按：《毛詩·周頌》「嗟嗟臣工」，傳云：「工，官也。」《國語·魯語》「夜儆百工」，《尚書·堯典》「允釐百工」，百工即謂百官，度謂法度也。《史記·天官書》「其入守犯太微」，《集解》引韋昭云：「自下觸之曰犯。」《淮南·脩務訓》云「犯津關」，注云：「犯，觸也。」是「犯義」即「觸義」，「犯刑」即「觸刑」也。有道術而後知義禁。不以道術揆度則不知義，故君子觸義之所禁而妄爲也；上既不知義，則小人詐僞欺誣，無所不至而「愚人罹於密罔」矣。此皆不能因先王之道，遵先王之法者也。雖有仁心而不能以道揆，則下無法守，至於工不信度而犯義犯刑，亦仍歸於不仁。孟子言「因」言「繼先王之道」，在通變神化。因者，因此也；繼者，繼此也。不揆度，則徒法不能自行矣。王氏引之《經傳釋詞》云：「所猶若也，或也。『國之所存者幸也』，言國之或存者幸也。」**故曰：城郭不完，兵甲不多，非國之災也；田野不辟，貨財不聚，非國之害也。上無禮，下無學，賊民興，喪無日矣。**注 言君不知禮，臣不學法度，無以相檢制。則賊民興，亡在朝夕，無復有期日。言國無禮義必亡。疏 注「言君」至「必亡」○正義曰：趙氏以「下無學」爲臣不學法度，近時通解以「下」指民。趙氏佑《温故録》云：「古之教者，五家爲比，五比爲閭，閭有塾；❶四閭爲族，五族爲黨，

❶「塾」，原作「墊」，今據《四書温故録》及經解本改。

黨有庠；　五黨爲州，州有序。　大而六鄉六遂皆有序曰學，匪獨國有學也。　學非特以教國子，國之貴遊子弟，國之俊秀也，舉彼耕甿雜作，至愚且賤，自六尺以上，皆比而使入其中。　故大司徒頒職事十有二於邦國都鄙，以登萬民，一曰稼穡，十曰學藝，終曰服事。　小司徒頒比法於六鄉之大夫，以施政教、行徵令。　鄉師、鄉大夫各掌其鄉之教，以正月之吉受教法於司徒，退而頒之於其鄉吏，使各以教其所治，考其德行，察其道藝，有鄉射之禮、大比之禮。　州長各屬其州之民而讀法，歲時祭祀州社亦如之，有會民而射於州序之禮。　黨正各掌其黨，有屬民而飲酒於序以正齒位之禮。　族師掌書其孝弟睦婣有學者。　以逮閭胥、比長所掌，莫不設之學，董之官。　其平日相保相受既有以察知其衆寡之數，明其禁令，又擇夫仕焉而已者爲之大師小師。　民自新穀既成，餘子皆入學，距冬至四十五日出學。　學有進，則由比閭而升之族黨，以次升於州學、鄉學。　民不皆選司徒入太學，而已知《禮》《樂》《詩》《書》之文、孝弟忠信禮義廉恥之事。　一國之中，貴賤賢否，等列有常，自其上世以來，習知賤之不可以干貴，愚之不可以敵賢，各循其分而不敢肆浸淫漸摩，雖有桀黠不帥，一里老得而觵撻之，無有黨同相濟者。　官長賢，易於治；官長不賢，亦難於亂也。　蓋教學之功如此。　降而春秋，此意亦既微矣。　然而鄭存鄉校，魯聞弦歌，原伯不説學，則以取譏於時，理之者蓋非無人，故其民猶知先王之澤。　一時相攻相取，皆强力之諸侯卿大夫爲之，至於征役煩興，暴骨如莽，而罕聞有窮巷小民起而相抗撓爲寇亂，如後世史書之事者，豈其民性之淳哉？　由教化之積也。　迨戰國，遂以蕩然。　其君方日尋干戈，遑問學校，民皆救死不贍，疾視其上，去從椎埋。　孟子蓋逆知六國之必亡，暴秦之不終，而閭左之禍將作也，故爲歸本於『上無禮』，其於下也，不曰『無義』而曰『無學』，謂夫學也者乃所以明義也。　漢荀悦有云：

『人不畏死，不可懼以罪；人不樂生，不可勸以義。故在上者先豐民財以定其志，是謂養生。禮教榮辱以加君子，化其情也；桎梏鞭扑以加小人，化其形也。若教化之廢，推中人而墜於小人之域，教化之行，引中人而納于君子之塗：是謂章化。』斯言也，爲能洞於道揆法守，不可以老生之常談忽之。」**《詩》云：『天之方蹶，無然泄泄。』泄泄猶沓沓也。事君無義，進退無禮，言則非先王之道者，猶沓沓也。**注《詩》，《大雅·板》之篇。天謂王者。蹶，動也。言天方動，女無敢沓沓，但爲非義非禮，背棄先王之道，而不相匡正也。疏注「詩大」至「正也」○正義曰：《詩》在《大雅·板》篇之第二章。毛傳云：「蹶，動也。泄泄猶沓沓也。」箋云：「天，斥王也。」段氏玉裁《説文解字注》云：「呭，多言也。从口，世聲。《詩》曰：『無然呭呭。』《孟子》、毛傳皆曰：『泄泄猶沓沓也。』曰部云：『沓，語多沓沓也。』言部又云：『詍，多言也。』引《詩》『無然詍詍』，蓋四家之别也。❶『誻，譅誻也。』『譅，譅誻，語相及也。』誻與曰部沓字音義皆同。荀卿書『愚者之言，誻誻然而沸』，注：『誻誻，多言也。』」按：《蕩》篇箋云：「其笑語沓沓，又如湯之沸、羹之方熟。」亦以沓沓屬笑語。孟子以「言則非先王之道」爲沓沓，「言則非先王之道」即「生於其心」，而爲詖、爲淫、爲邪、爲遁之言。言不本諸《詩》《書》，道不揆諸先聖，徒以心覺心悟，自以爲是，一倡百和，真沓沓矣。趙氏以「無然」爲「無敢」，鄭氏以「然泄泄」爲「泄泄然」，「無然泄泄」即「無泄泄然」也。**故曰：責難於君謂之恭，陳善閉邪謂之敬，吾君不能謂之賊。」**注人臣之道，當進君於善。責難爲之事，使君勉之，謂行堯舜之仁，是爲

❶「别」，原作「訓」，今據《説文解字注》改。

恭臣；陳善法以禁閉君之邪心，是爲敬君；言吾君不肖，不能行善，因不諫正，此爲賊其君也。疏注「人臣」至「君也」○正義曰：《後漢書・郅惲傳》云：「孟軻以彊其君之所不能爲忠，量其君之所不能爲賊。」彊其君之所不能，謂「責難於君」也。彊即勉也。彊其君之所不能，即勉其君之所能也。《禮記・中庸》云：「或安而行之，或利而行之，或勉彊而行之，及其成功，一也。」劉熙《釋名・釋言語》云：「難，憚也。人所忌憚也。」「難爲之事」，憚爲之事也。《説文》貝部云：「責，求也。」定公元年《穀梁傳》云：「求者，請也。」君所憚爲，臣請求之，使君勉强爲之。何以責難於君，即陳善閉邪是也。君有邪心，故憚於爲善。《呂氏春秋・君守》篇云：「外欲不入謂之閉。」乃不知所以閉之之道，而婞直以觸之，矯拂以争之，言不可得而入，邪究不可閉塞，且激而成害矣。故欲閉其邪，惟婉陳其善道。善道明則邪心自絶，此所以爲恭爲敬。《白虎通・諫諍》篇云：「人懷五常，故知諫有五：其一曰諷諫，二曰順諫，三曰闚諫，四曰指諫，五曰陷諫。諷諫者，智也。知患禍之萌深，睹其事未彰而諷告焉，此智之性也。順諫者，仁也。出辭遜順，不逆君心，此仁之性也。闚諫者，禮也。視君顔色不悦，且卻，悦則復前，以禮進退，❶此禮之性也。指者，質也。質相其事而諫，此信之性也。陷諫者，義也。惻隱發於中，直言國之害，勵志忘生，爲君不避喪身，此義之性也。故孔子曰：『諫有五，吾從諷之諫。』事君進思盡忠，退思補過。去而不訕，諫而不露。故《曲禮》曰：『爲人臣者不顯諫。』纖微未見於外，如《詩》所刺也。」孔子取諷諫，則指與陷所不取矣。

❶「進」，原脱，今從沈校據《白虎通》補。

章指：言雖有巧智，猶須法度。國由先王，禮義爲要。不仁在位，播越其惡。誣君不諫，故謂之賊。明上下相須而道化行也。疏「國由先王」○正義曰：周氏廣業《孟子章指考證》云：「國，小字宋本作因。」

孟子曰：「規矩，方員之至也；聖人，人倫之至也。注至，極也。人事之善者，莫大取法於聖人，猶方員須規矩也。疏注「至極」至「矩也」○正義曰：「至」之爲「極」，通訓也。「人倫」即人事也。《毛詩・小雅・節南山》箋云：「至猶善也。」故又以「人倫之至」爲「人事之善」。**欲爲君，盡君道；欲爲臣，盡臣道。二者皆法堯舜而已矣。**注堯舜之爲，君臣道備。疏注「堯舜之爲君臣道備」○正義曰：《禮記・月令》「農事備收」，注云：「備猶盡也。」君臣是人倫，堯舜是聖人。**不以舜之所以事堯事君，不敬其君者也；不以堯之所以治民治民，賊其民者也。**注言舜之事堯，敬之至也；堯之治民，愛之盡也。**孔子曰：『道二，仁與不仁而已矣。』暴其民甚，則身弑國亡；不甚，則身危國削，名之曰幽厲，雖孝子慈孫，百世不能改也。**注仁則國安，不仁則國危亡。甚謂桀、紂，不甚謂幽、厲。厲王流於彘，幽王滅於戲，可謂身危國削矣。名之謂謚之也。謚以幽、厲以章其惡，百世傳之，孝子慈孫何能改也？疏注「甚謂桀紂不甚謂幽厲」○正義曰：趙氏佑《温故録》云：「『暴其民』句，『甚』『不甚』各爲句。以後之遭禍言，非以暴之有甚不甚。幽厲之暴，豈猶得爲不甚？」按：趙氏以甚指桀紂，以下引《詩》言。厲王不能鑒紂，猶紂之不能鑒桀也。堯舜之道，仁其民者也。鑒于桀紂則法堯舜，故疊引孔子之言及《詩》之言以明之。〇注「名之」至「其惡」〇正義曰：《逸周書・謚法解》云：「是以大行受大名，細行受細名。行出於己，名生於人。」是「名」即「謚」也。又云：「壅遏不通曰幽。動祭亂常曰幽。」「殺戮無辜曰厲。」是幽厲爲「章其惡」也。**《詩》云：『殷鑒不遠，在夏后之世。』此之謂也。」** 注《詩》，《大雅・蕩》之篇也。殷之所鑒視，近在夏后之世耳。以前代善惡爲明鏡也。欲使周亦鑒於殷之所以亡也。疏注「詩大雅」至「亡也」〇正義曰：《詩》在《大雅・蕩》第八章。箋云：「此言殷之明鏡不遠也，近在夏后之世。謂湯誅桀也。後武王誅紂。今之王者，何以不用爲戒？」《爾雅・釋詁》云：「監，視也。」監與鑒通，亦作鑑。《考工記・輈人》云「金錫半謂之鑒燧之齊」，注云：「鑒，鏡也。」是「鑒」爲「視」，亦爲「鏡」也。

章指：言法則堯舜，以爲規矩；鑒戒桀紂，避遠危殆。名謚一定，千載而不可改也。

疏「法則堯舜以爲規矩」〇正義曰：《春秋繁露・楚莊王》篇云：「《春秋》之道，奉天而法古。是故雖有巧手，弗脩規矩，不能正方員；雖有察耳，不吹六律，不能定五音；雖有知心，不覽先王，不能平天下。然則先王之遺道亦天下之規矩六律也。故聖者法天，賢者法聖。」蓋孟子之學在習先聖之道而行先王之法，故言稱堯舜，願學孔子，承前章而又申明之如此。

孟子曰：「三代之得天下也，以仁；其失天下也，以不仁。國之所以廢興存亡者，亦然。

注三代，夏、商、周。國謂公侯之國。存亡在仁與不仁也。疏注「三代夏商周」〇正義曰：「失天下」謂禮樂征伐不自天子出，天下不奉天子之令也。故周自東遷以後，祚雖未改，亦爲失天下也。**天子不仁，不保四海；諸侯不仁，不保社稷；卿大夫不仁，不保宗廟；士庶人不仁，不保四體。今惡死亡而樂不仁，是由惡醉而强酒。」**注保，安也。四體，身之四肢。强酒則必醉也。

章指：言人所以安，莫若爲仁；惡而勿去，患必在身。自上達下，其道一焉。

孟子曰：「愛人不親反其仁，治人不治反其智，禮人不答反其敬。行有不得者，皆反求諸己。其身正而天下歸之。注反其仁，己仁猶未至邪？反其智，己智猶未足邪？反其敬，己敬猶未恭邪？反求諸身。身已正則天下歸就之，服其德也。疏「愛人」至「其敬」○正義曰：僖公二十二年《穀梁傳》云：「故曰：禮人而不答則反其敬，愛人而不親則反其仁，治人而不治則反其知。」《荀子·法行》篇引曾子云：「同遊而不見愛者，吾必不仁也；交而不見敬者，吾必不長也；臨財而不見信者，吾必不信也。三者在身，曷怨人？怨人者窮，怨天者無識。失之己而反諸人，豈不亦迂哉？」○注「則天下歸就之」○正義曰：《廣雅·釋詁》云：「歸，就也。」**《詩》云：『永言配命，自求多福。』」**注此詩已見上篇，其義同。

章指：言行有不得於人，一求諸身，責己之道也。改行飭躬，福則至矣。

孟子曰：「人有恆言，皆曰『天下國家』。注恆，常也。人之常語也。天下謂天子之所主，國謂諸侯之國，家謂卿大夫也。疏注「恆常也」○正義曰：《爾雅·釋詁》文。**天下之本在國，國之本在家，家之本在身。」**注治天下者，不得良諸侯無以爲本；治其國者，不得良卿大夫無以爲本；治其家者，不得良身無以爲本也。

章指：言天下國家，各依其本。本正則立，本傾則踣。雖曰常言，必須敬慎也。

孟子曰：「爲政不難，不得罪於巨室。注巨室，大家也。謂賢卿大夫之家，人所則效者。言不難者，但不使巨室罪之，則善也。疏注「巨室」至「善也」○正義曰：以「巨室」爲「大家」者，《尚書·梓材》云：「以厥庶民，暨厥臣，達大家。」王氏鳴盛《尚書後案》云：「大家者，封建諸侯，使與大家巨室共守之以爲社稷之鎮，《九兩》所謂『宗以族得民』，《公劉》所謂『君之宗之』。周公分康叔以殷民七族，陶氏、施氏、緐氏、錡氏、樊氏、饑氏、終葵氏，即衛之大家。降至春秋，猶有晉六卿，魯三桓，齊諸田，楚昭、屈、景之類是也。」周氏用錫《尚書證義》云：「大家若伊、巫之族。」《禮記·少儀》云「不願於大家」，注云：「大謂富之廣也。」孔氏正義云：「大家謂富貴廣大之家，謂大夫之家也。」趙氏佑《温故録》云：「『不得罪巨室』非狥巨室也。巨室之資力有餘，氣習深固，易爲善亦易爲惡。彼其謹厚世傳，爲德鄉里，與或妄自尊大，武斷把持者，所在多有。古之爲政，有行法不避貴戚大姓，爲史書稱者。果其人積負不仁，如律所謂『勢惡土豪，爲世指疾』，何足言『一國之所慕』？爲政者自宜亟創懲之，爲齊民先，而何得罪之與有？注故深體經文，以『巨室』爲『賢卿大夫之家，人所則效者』。惟賢，故不愧爲巨室不可以得罪，能使一國慕之，天下慕之，而有裨吾德教也。『不得罪』奈何？曰：禮而已矣。禮以類族辨物，無過也，無不及也。後世政不古若，庸才下吏，專阿勢利而虐愚柔，固齷促不足道；其有故持成見，務爲刻深，偏樂得搢紳素封之事而文致之，不察其平居之望實，事理之是非，下以飽欲壑，上以弋能名，其亦爲巨室者有以階之厲邪？」**巨室之所慕，一國慕之；一國之所慕，天下慕之。故沛然德教溢乎四海。」**注慕，思也。賢卿大夫，一國思隨其所善惡；一國思其善政，則天下思以爲君矣。沛然大洽德教，可以滿溢於四海之内。疏注「慕思」至「之内」○正義曰：《楚辭・懷沙》云「邈不可慕兮」，注云：「慕，思也。」政善則巨室善之而一國隨其所善也，政不善則巨室惡之而一國隨其所惡也。《廣雅・釋詁》云：「沛，大也。」「溢，滿也。」《一切經音義》引《三倉》云：「洽，偏徹也。」偏徹亦盈滿之義，故以「大洽」釋「沛然」。大洽即是滿溢，滿溢即是沛然也。「德教溢乎四海」，然則巨室之所慕，慕其德教也。有此德教，即不得罪於巨室，而爲政不難矣。

章指：言天下傾心，思慕鄉善。巨室不罪，咸以爲表。德之流行，可以充四海也。

孟子曰：「天下有道，小德役大德，小賢役大賢；天下無道，小役大，弱役强。斯二者，天也。順天者存，逆天者亡。注有道之世，小德小賢樂爲大德大賢役，服於賢德也；無道之時，小國弱國畏懼而役於大國强國也。此二者，天時所遭也。當順從之，不當逆也。**齊景公曰：『既不能令，又不受命，是絶物也。』涕出而女於吴。**注齊景公，齊侯；景，謚也。言諸侯既不能令告鄰國，使之進退，又不能事大國，往受教命，是所以自絶於物。物，事也。大國不與之通朝聘之事也。吴，蠻夷也。時爲强國，故齊侯畏而恥之，泣涕而與爲婚。疏「涕出而女於吴」○正義曰：《説苑・權謀》篇云：「齊景公以其子妻闔廬，送諸郊，泣曰：『余死不汝見矣。』高夢子曰：『齊負海而縣山，縱不能全收天下，誰干我君？愛則勿行。』公曰：『余有齊國之固，不能以令諸侯，又不能聽，是生亂也。寡人聞之，不能令，則莫若從。』遂遣之。」《吴越春秋・闔閭内傳》云：「闔閭謀伐齊，齊侯使女爲質於吴，因爲太子波聘齊女。」注云：「齊景公女。孟子所謂『涕出而女於吴』即此也。」翟氏灝《考異》云：「《左傳》僖公七年，孔叔言於鄭伯曰：『既不能彊，又不能弱，所以斃也。』景公言蓋本其意。」○注「物事」至「事也」○正義曰：《毛詩・大雅・烝民》「有物有則」，傳云：「物，事也。」《周禮・大司徒》「以鄉三物教萬民」，《禮記・文王世子》「行一物而三善皆得者」，注並云：「物猶事也。」兩國相交之事莫如朝聘，故以「絶物」爲「不與通朝聘之事」也。**今也小國師大國而恥受命焉，是猶弟子而恥受命於先師也。**注今小國以大國爲師，學法度焉，而恥受教命，不從其進退，譬猶弟子不從師也。疏注「今小國」至「度焉」○正義曰：《禮記・學記》云：「夫然，故安其學而親其師。」又云：「師也者，所以學爲君也。」故趙氏以「學」釋「師」，謂「師大國」即「學大國」也。《書・大傳》云：「學，效也。」《淮南子・脩務訓》「以趣明師」，高誘注云：「師，所以取法則。」「法則」即「法度」。以大國爲師即是以大國爲法度，故疊以「師」「學法度」明之。**如恥之，莫若師文王。師文王，大國五年，小國七年，必爲政於天下矣。**注文王行仁政以移殷民之心，使皆就之。今師效文王，大國不過五年，小國七年，必得政於天下矣。文王時難，故百年乃洽；今之時易，文王由百里起，今大國乃踰千里，過之十倍有餘，故五年足以爲政，小國差之，故七年。《詩》云：『商之孫子，其麗不億，上帝既命，侯于周服。侯服于周，天命靡常，殷士膚敏，祼將于京。』注《詩》，《大雅·文王》之篇。麗、億，數也。言殷帝之子孫，其數雖不但億萬人，天既命之，惟服於周。殷之美士，執祼鬯之禮，將事於京師，若微子者。膚，大；敏，達也。此天命之無常也。疏注「詩大雅」至「常也」○正義曰：《詩》在《大雅·文王》第四章及第五章。四章毛傳云：「麗，數也。盛德不可爲衆也。」箋云：「于，於也。商之孫子，其數不徒億，多言之也。至天已命文王之後，乃爲君於周之九服之中，言衆之不如德也。」五章毛傳云：「則見天命之無常也。殷士，殷侯也。膚，美；敏，疾也。祼，灌鬯也。周人尚臭。將，行；京，大也。」箋云：「無常者，善則就之，惡則去之。殷之臣壯美而敏，來助周祭。」趙氏義略同。《方言》云：「䴡，數也。」注云：「偶物爲䴡。」䴡與麗同。《周禮·夏官·校人》注云：「麗，耦也。」《小爾雅·廣言》云：「麗，兩也。」凡物自兩以上，皆數也。「其麗不億」謂其偶不止於億也。十萬爲億，億而偶則二十萬也，謂不止二十萬也。鄭以「侯于周服」爲「爲君於周之九服之内」，是以君釋侯，以九服釋周服。趙氏此句無釋，而注「侯服于周」云「惟服于周」，則是以「惟」釋「侯」，以「服」爲服從。乃鄭氏云「善則就之」，是以「服于周」爲「就于周」，與趙義不殊。微子封於微，趙氏舉此爲殷士，則亦以「殷士」爲殷侯。隱公五年《公羊傳》云：「美大之之辭也。」《毛詩·小雅》「以奏膚公」，傳亦云：「膚，大也。」大與美，其義亦通也。「敏」爲疾，才識捷速，正其「達」也。《音義》出暢字，丁云：「謂鬯酒也。」古鬯通作暢，《禮記·雜記》云「暢臼以椈」，《春秋繁露·執贄》篇云「天子用暢」，是也。**孔子曰：『仁，不可爲衆也。』夫國君好仁，天下無敵。**注孔子云，行仁者，天下之衆不能當也。諸侯有好仁者，天下無敢與之爲敵。**今也欲無敵**

於天下而不以仁，是猶執熱而不以濯也。《詩》云：『誰能執熱，逝不以濯？』」注《詩》，《大雅·桑柔》之篇。誰能持熱而不以水濯其手？喻爲國誰能違仁而無敵也。疏注「詩大」至「敵也」○正義曰：《詩》在《大雅·桑柔》篇第五章。毛傳云：「濯，所以救熱也。」箋云：「當如手持熱物之用濯。」與趙氏義同。《禮記·内則》云：「炮，取豚若將，❶塗以謹塗，炮之，塗皆乾，擘之，濯手以摩之。」孔氏正義云：「手既擘泥不浄，其肉又熱，故濯手摩之，去其皽莫。」❷此「執熱以濯」之事也。

章指：言遭衰逢亂，屈服强大；據國行仁，天下莫敵。雖有億衆，無德不親。執熱須濯，明不可違仁也。

孟子曰：「不仁者可與言哉？安其危而利其菑，樂其所以亡者。不仁而可與言，則何亡國敗家之有？注言不仁之人，以其所以爲危者反以爲安，必以惡見亡而樂行其惡。如使其能從諫從善，可與言議，則天下何有亡國敗家也？疏「不仁者」至「之有」○正義曰：以上四章示人反身改過之義。前言改其師大國者師文王，則轉弱爲强，化小爲大，此言不仁者改其不可與言而爲可與言，則國可不亡，家可不敗。此孟子發明《周易》之恉也。「危」即「菑」也，「安」之即「利」之也。故趙氏於「利其菑」不復注。有

❶「若」，原作「及」，今從沈校據《禮記》改。
❷「莫」，原作「矣」，今從沈校據《禮記正義》改。

孺子歌曰：『滄浪之水清兮，可以濯我纓；滄浪之水濁兮，可以濯我足。』孔子曰：『小子聽之：清斯濯纓，濁斯濯足矣。自取之也。』注 孺子，童子也。小子，孔子弟子也。清濁所用，尊卑若此。自取之，喻人善惡見尊賤乃如此。疏「有孺子」至「我足」○正義曰：《楚辭·漁父》云：「漁父莞爾而笑，鼓枻而去。歌曰：『滄浪之水清兮，可以濯吾纓；滄浪之水濁兮，可以濯吾足。』」《水經》「沔水過武當縣東北」，注云：「縣西北四十里，漢水中有洲名滄浪洲。庾仲雍《漢記》謂之千齡洲，非也。是世俗語訛，音與字變矣。《地説》曰：『水出荆山東南，流爲滄浪之水。』是近楚都，故漁父歌曰：『滄浪之水清兮，可以濯我纓；滄浪之水濁兮，可以濯我足。』按，《尚書·禹貢》言『導漾水，東流爲漢，又東爲滄浪之水』。不言『過』而言『爲』者，明非他水決入也。蓋漢沔水自下有滄浪，通稱耳。纏絡鄢、郢，地連紀、鄀，咸楚都矣。漁父歌之，不違水地。」按：歌出孺子，孔子所聞，遠在屈原之前。屈原取此，假爲漁父之辭耳，非其本也。閻氏若璩《釋地》云：「滄浪蓋地名也。漢水流經此地，遂得名滄浪之水。善乎，宋葉夢得言：『大抵《禹貢》水之正名，可以單舉者，若漢若濟之類是；不可單舉者，則以「水」足之，若黑水、弱水之類是；非水之正名而因以爲名，則以「水」別之，若滄浪之水是。』」胡氏渭《禹貢錐指》云：「水名或單舉，或配水字，各有所宜。弱、黑並配水，漾單舉，沇配水，皆屬辭之體應爾，非有他義。《山海經》凡山、水二字爲名者，其上必加之字，猶此『滄浪之水』也，亦古人屬辭之體，安見滄浪爲地名而非水名乎？」王氏鳴盛《尚書後案》云：「《水經·夏水》篇注引鄭注下即引劉澄之《永初山水記》云：❶『夏水，古文以爲滄浪，漁父所歌也。』鄭云：『今謂之夏水。』

❶ 上「注」字，原脱，今據《尚書後案》補。

意以今之所謂夏水即古之所謂滄浪也。《水經》云：『夏水出江，流于江陵縣東南，又東過華容縣南。』即所謂『又東爲滄浪』者也。酈氏强以千齡洲改爲滄浪洲以當《禹貢》『滄浪之水』，其説詭甚。酈所指者乃均州漢水中一小洲，即庾仲雍所云千齡洲。千齡、滄浪，音義全别。即屈原遊江潭，遇漁父，並不在均州之境。又思念楚都而托歌滄浪，正當在古郢都，今江陵，故《地説》援此歌以爲楚都之切證。酈乃云『漁父歌之，不達水地』，尤爲妄謬。張平子《南都賦》：『流滄浪而爲隍，廓方城而爲墉。』李善注引《左傳》屈完所謂『楚國方城以爲城，漢水以爲池』，則是滄浪旋繞楚都，正當在江陵。」盧氏文弨《鍾山札記》云：「倉浪，青色。在竹曰蒼筤，在水曰滄浪，古詞《東門行》『上用倉浪天』，天之色正青也。艷歌《何嘗行》『上慙滄浪之天』，俱見《晉》《宋書・樂志》。又《吕氏春秋・審時》篇『麥後時者，弱苗而蒼狼』，亦言其青色。蒼、倉、滄三字並通用，非謂天之色如水，以滄浪相比況也。」周氏廣業《孟子古注考》云：「《文選・塘上行》劉熙注『滄浪之水清兮』：『滄浪，水色也。』蘇子美於吴下作滄浪亭，正取此義。葉夢得《避暑録話》謂『滄浪，地名，非水名』，非也。」○「清斯」至「自取之也」○正義曰：周氏柄中《辨正》云：「或云：漢水本清，而滄浪又去源未遠，名之『滄浪』者，惟其清也。則可以濯纓者其本然，而濯足之辱，乃水自取之也。愚按，《水經注》，漢水自發源嶓冢，流至武當之滄浪洲，幾二千里，去源遠矣。《襄陽縣志》云：『漢水重濁，與大河相似。』童承叙亦謂『漢水至濁，與江湖水合，其流必澄，故常填淤』。然則漢水本濁，其時而清者，正以合他水而流澄，安得言清者其本然乎？」按：滄浪是夏水，本以清得名，則其清是本然，濁乃習染。下云「自侮」「自毁」「自伐」，俱從「濁斯濯足」相貫，是水本可濯纓，由自濁而濯足；人本可活，由自作孽而不可活。周氏之辨，非也。「自作孽，不可活」，是本清而自變爲濁，由善而惡也；「不仁而可與言」，是既濁而自改爲清，由惡而善也。「清斯濯纓」承上，「濁斯濯足」起下，尊而賤，賤而尊，皆自取矣。○注「孺子童子也」○正義曰：錢氏大昕《養新録》云：「今人以『孺子』爲童稚之通稱，蓋本於《孟子》。考諸經傳，則天子以下嫡長爲後者乃得稱『孺子』。《金縢》《洛誥》《立政》之『孺子』謂周成王也。《晉語》里克、先友、杜原欵稱申生爲『孺子』，里克又稱奚齊爲『孺子』。晉獻公之喪，秦穆公使人弔公子重耳，稱爲『孺子』，而舅犯亦稱之，是時秦欲納之爲君也。孺子䵣之喪，哀公欲設撥，亦以世子待之也。齊侯荼已立爲君，而陳乞、鮑牧稱爲『孺子』，其死也謚之曰『安孺子』，則孺子非卑幼之稱矣。欒盈爲晉卿而胥午稱爲『欒孺子』。《左傳》稱孟莊子爲『孺子速』，武伯曰『孺子洩』，莊子之子秩雖不得立，猶稱『孺子』，是孺子貴於庶子也。齊子尾之臣稱子良曰『孺子長矣』，韓宣子稱鄭子齹曰『孺子善哉』，皆世卿而嗣立者也。《内則》『異爲孺子室於宫中，母某敢用時日，祗見孺子』，亦貴者之稱。惟《檀弓》載有『子與子游立，見孺子慕者』，『弁人有其母死而孺子泣者』，此爲童子通稱，與《孟子》同。」○注「小子孔子弟子也」○正義曰：《禮記・少儀》「小子走而不趨」，注云：「小子，弟子也。」《詩・小雅・思齊》篇「肆成人有德，小子有造」，箋云：「成人謂大夫士也。小子，其弟子也。」《論語・泰伯》篇「曾子有疾，召門弟子曰：吾知免夫，小子」，《集解》引周生曰：「小子，弟子也。」又《子張》篇「子夏之門人小子」，《集解》引包曰：「言子夏弟子。」此「小子」自孔子呼之，是「孔子弟子」也。

夫人必自侮，然後人侮之；家必自毁，而後人毁之；國必自伐，而後人伐之。注 人先自爲可侮慢之行，故見侮慢也；家先自爲可毁壞之道，故見毁也；國先自爲可誅伐之政，故見伐也。疏 注「人先」至「伐也」○正義曰：《吕氏春秋・遇合》篇云「是侮也」，高誘注云：「侮，慢也。」《小爾雅·廣言》云：「毀，壞也。」《荀子·議兵》篇「堯伐驩兜」，注云：「伐，亦誅也。」

太甲曰：『天作孽，猶可違；自作孽，不可活。』此之謂也。」 注 已見上篇，説同也。

章指：言人之安危，皆由於已。先自毀伐，人乃攻討，甚於天孽，敬慎而已。如臨深淵，戰戰恐栗也。 疏「如臨深淵戰戰恐栗」○正義曰：「恐栗」，一本作「恐懼」。《音義》出「恐栗」，丁云：「義當作慄，古字借用。」趙氏本作栗也。《毛詩·小雅·小閔》篇云「戰戰兢兢，如臨深淵」，傳云：「戰戰，恐也。」《後漢書》注引《太公金匱》云：「黄帝居民上，惴惴如臨深淵；禹居民上，慄慄如不滿日。」《史記·樂書》云：「戰戰恐懼。」《説苑·説叢》篇云：「戰戰慄慄，日慎其事。」《淮南子·人間訓》引堯戒曰：「戰戰慄慄，日慎一日。」

孟子正義卷十五

江都縣鄉貢士焦循譔集

孟子曰：「桀紂之失天下也，失其民也；失其民者，失其心也。注失其民之心則天下畔之，簞食壺漿以迎武王之師是也。得天下有道。得其民，斯得天下矣。得其民有道。得其心，斯得民矣。得其心有道。所欲與之聚之，所惡勿施爾也。注欲得民心，聚其所欲而與之。爾，近也。勿施行其所惡，使民近，則民心可得矣。疏注「欲得」至「與之」○正義曰：「聚」之義有二：《禮記·曲禮》注云：「聚猶共也。」《國語·晉語》云「聚居異情」，注云：「聚，共也。」「所欲與之聚之」即「所欲與之共之」也。《左傳》「顏涿聚」，《說苑·正諫》篇作「燭趨」，是聚與趨通。《易·萃卦》《彖傳》云「聚以正也」，《釋文》云：「荀本作取。」劉熙《釋名·釋言語》云：「取，趣也。」趣亦即趨，是聚與趨、趣、取通。趙氏言「聚其所欲而與之」，即是「趣其所欲而與之」也。王氏引之《經傳釋詞》云：「家大人曰：與猶爲也。爲字讀去聲。『所欲與之聚之』言民之所欲則爲民聚之也。❶《楚策》曰『吾與子出兵矣』言吾爲子出兵也。《漢書·高帝紀》『漢王爲義帝發喪』,《漢紀》『爲』作『與』。」戴氏震《孟子字義疏證》云:「宋以來儒者舉凡飢寒愁怨、飲食男女、常情隱曲之感,則名之曰『人欲』,故終其身見欲之難制。其所謂『存理』,空有理之名,究不過絶情欲之感耳。何以能絶? 天下必無舍生養之道而得存者。凡事爲皆有於欲,無欲則無爲矣。有欲而後有爲,有爲而歸於至當不可易之謂理。無欲無爲,又焉有理? 老莊、釋氏生於無欲無爲,故不言理;聖人務在有欲有爲之咸得理。是故君子亦無私而已矣,不貴無欲。君子使欲出於正不出於邪,不必無飢寒愁怨、飲食男女、常情隱曲之感。於是讒説誣辭反得刻議君子而罪之,此理欲之辨使君子無完行者,爲禍如是也。以無欲然後君子,而小人之爲小人也,依然行其貪邪。獨執此以爲君子者,謂不出於理則出於欲,不出於欲則出於理。其言理也,如有物焉得於天而具於心,於是未有不以意見爲理之君子,且自信不出於欲則曰心無愧怍。夫古人所以不愧不怍者,豈此之謂乎? 不悟意見多偏之不可以『理』名,而持之必堅,意見所非,則謂其人自絶於理。此理欲之辨適成忍而殘殺之具,爲禍又如是也。夫堯舜之憂『四海困窮』,文王之『視民如傷』,何一非爲民謀其人欲之事? 惟順而導之,使歸於善。今既截然分理欲爲二,治己以不出於欲爲理,治人亦必以不出於欲爲理,舉凡民之飢寒愁怨、飲食男女、常情隱曲之感,咸視爲人欲之甚輕者矣。輕其所輕,乃吾重天理也,公義也。言雖美,而用之治人則禍其人。至於下以欺僞應乎上,則曰人之不善。胡弗思聖人體民

❶ 上「民」字,原脱,今據《經傳釋詞》補。

之情，遂民之欲，不待告以天理公義而人易免於罪戾者之有道也？孟子於民之『放辟邪侈無不爲』以『陷於罪』，猶曰『是罔民也』，又曰『救死而恐不贍，奚暇治禮義哉』？古之言理也，就人之情欲求之，使之無疵之爲理；今之言理也，離人之情欲求之，使之忍而不顧之爲理。此理欲之辨適以窮天下之人盡轉移爲欺僞之人，爲禍何可勝言也！其所謂欲，乃帝王之所盡心於民；其所謂理，非古聖賢之所謂理。蓋離乎老釋之言以爲言，是以弊至此也。然宋以來儒者皆力破老釋，不自知雜襲其言而一一傅合於經，遂曰六經孔孟之言。其惑人也易，而破之也難，數百年於兹矣。人心所知皆彼之言，不復知其異於六經孔孟之言矣。世又以躬行實踐之儒信焉不疑。夫楊墨、老釋皆躬行實踐，勸善懲惡，救人心，贊治化，天下尊而信之，帝王因尊而信之者也。孟子、韓子闢之於前。聞孟子、韓子之言，人始知其與聖人異而究不知其所以異。至宋以來儒者之言，人咸曰是與聖人同也，辯之是欲立異也。此如嬰兒中路失其父母，他人子之而爲其父母，既長不復能知他人之非其父母。雖告以親父母，而决爲非也而怒其告者。故曰破之也難。」〇注「爾近」至「得矣」〇正義曰：「爾」與邇通，《儀禮・燕禮》「南鄉爾卿」、《特牲饋食禮》「祝命爾敦」，爾字皆訓近，皆爲邇也。趙氏佑《温故録》云：「讀『爾也』自爲句。」**民之歸仁也，猶水之就下，獸之走壙也。故爲淵敺魚者，獺也；爲叢敺爵者，鸇也；爲湯武敺民者，桀與紂也。今天下之君有好仁者則，諸侯皆爲之敺矣，雖欲無王，不可得矣。**注民之思明君，猶水樂埤下，獸樂壙野。敺之則歸其所樂。獺，獱也。鸇，土鸇也。故云諸侯好爲仁者敺民，若此也。湯武行之矣，如有則之者，雖欲不王，不可得也。疏注「民之」至「所樂」〇正義曰：埤與卑通，亦作庳。《國語・周語》云「晉侯執玉卑」，注云：「卑，下也。」《説文》土部云：

「壙，塹穴也。一曰大也。」其訓大者通於曠，《毛詩・小雅・何草不黄》篇「率彼曠野」，傳云：「曠，空也。」昭公元年《左傳》云「居於曠林」，賈注云：「曠，大也。」野空闊故大。大即廣也，故字亦通於廣。趙氏以「壙野」釋之，讀壙爲曠也。《説文》馬部云：「驅，驅馬也。从馬，區聲。敺，古文驅。」段氏玉裁《説文解字注》云：「攴者，小擊也，今之扑字。鞭箠策，所以施於馬而驅之也，故古文从攴。引申爲凡駕馭追逐之稱。《周禮》『以靈鼓敺之』『以炮土之鼓敺之』，《孟子》『爲淵敺魚，爲叢敺爵，爲湯武敺民』，皆用古文，其實皆可作驅，與殳部之毆義別。」○注「獺獱也」○正義曰：王氏念孫《廣雅疏證》云：「《説文》：『猵，獺屬也。』或從賓作獱。又云：『獺，如小狗，水居食魚。』李善《羽獵賦》注引郭璞《三倉解詁》云：『獱似狐，青色，居水中，食魚。』《吕氏春秋・孟春紀》『獺祭魚』，❶高誘注云：『獺，獱，水禽也。取鯉魚置水邊，四面陳之，世謂之祭魚。』《淮南子・兵略訓》：『蓄池魚者必去猵獺，爲其害魚也。』故《鹽鐵論・輕重》篇云『水有猵獺而池魚勞』。《御覽》引《博物志》云：『獱，頭如馬，腰以下似蝙蝠，毛似獺，大可五六十斤。』《名醫别録》陶注亦云：『獺有兩種，獱獺形大，頭如馬，身似蝙蝠。』則獱乃獺之大者。而顔師古注《漢書・揚雄傳》以獱爲小獺，非也。」○注「鸇土鸇也」○正義曰：《爾雅・釋鳥》云「晨風，鸇」，注云：「鷂屬。」邵氏晉涵《爾雅正義》云：「鸇爲鷹類。有生於土窟者，故亦謂之土鸇。《詩》疏引陸璣疏云：『鸇似鷂，青黄色，燕喙。嚮風摇翅，乃因風飛急，疾擊鳩鴿燕雀食之。』」○注「諸侯」至「得也」○正義曰：「好爲仁者」當作「爲好仁者」。「若此」，此指獺鸇。趙氏讀「有

❶「紀」，原作「絶」，今從沈校據《吕氏春秋》改。

好仁者則」爲句，言湯武好仁，桀紂爲之毆民使歸之；今天下之君有好仁者以湯武爲法則，今之諸侯皆爲之毆民，亦如桀紂爲湯武毆民矣。**今之欲王者，猶七年之病求三年之艾也，苟爲不畜，終身不得。苟不志於仁，終身憂辱，以陷於死亡。** 注 今之諸侯欲行王道而不積其德，如至七年病而卻求三年時艾。當畜之乃可得。以三年時不畜藏之，至七年而欲卒求之，何可得乎？艾可以爲灸人病，乾久益善，故以爲喻。志仁者亦久行之。不行之則憂辱以陷死亡，桀紂是也。疏 注「艾可」至「益善」○正義曰：《毛詩·王風》「彼采艾兮」，傳云：「艾，所以療疾。」《名醫别録》云：「艾葉，味苦微温，主灸百病。一名冰臺，一名醫草。」阮氏元《校勘記》云：「灸，音久，亦音究。孫氏不爲音。俗譌作炙。」《説文》火部云：「灸，灼也。从火，久聲。」○注「以三年時不畜藏之」❶○正義曰：趙氏解「爲」爲「何爲」「奚爲」之「爲」，爲猶以也，故云「以三年」。王氏引之《經傳釋詞》云：「爲猶使也，亦假設之詞也。《孟子·離婁》篇『苟爲不畜』，又『苟爲無本』，《告子》篇曰『苟爲不熟』，皆言苟使也。」**《詩》云：『其何能淑？載胥及溺。』此之謂也。」** 注《詩》，《大雅·桑柔》之篇。淑，善也。載，辭也。胥，相也。刺時君臣何能爲善乎？但相與爲沈溺之道也。疏 注「詩大」至「道也」○正義曰：《詩》在《大雅·桑柔》第五章。箋云：「淑，善；胥，相；及，與也。女若云：其於政事何能善乎？則女君臣皆相與陷溺於禍難。」孔氏正義云：「王肅以爲：如今之政其何能善？但君臣相與陷溺而已。」趙氏與王肅同。

❶「時」，原脱，今據注文補。又，本條疏當居上條前。

章指：言水性趨下，民樂歸仁；桀紂之敺，使就其君。三年之艾，畜而可得；一時欲仁，猶將沈溺。所以明鑒戒也。 **疏**「猶得沈溺」〇正義曰：阮氏元《挍勘記》云：「沈，依《說文》當作湛。沈，假借字；沉，俗字。」

孟子曰：「自暴者不可與有言也，自棄者不可與有爲也。言非禮義，謂之『自暴』也；吾身不能居仁由義，謂之『自棄』也。 **注**言人尚自暴自棄，何可與有言有爲？**仁，人之安宅也；義，人之正路也。曠安宅而弗居，舍正路而不由，哀哉！」** **注**曠，空；舍，縱；哀，傷也。弗由、居是者，是可哀傷哉！**疏**注「曠空」至「傷哉」〇正義曰：《論衡·藝增》篇云：「曠，空也。」《呂氏春秋·無義》篇云「則無曠事矣」，高誘注云：「曠，廢也。」《文選·西京賦》云「矢不虛舍」，薛綜注云：「舍，放也。」放即縱也。《廣雅·釋詁》舍、縱並訓置，則舍亦縱也。《說文》口部云：「哀，閔也。」《國策·秦策》云「天下莫不傷」，注云：「傷，愍也。」愍即閔也。

章指：言曠仁舍義，自暴棄之道也。 **疏**「曠仁」至「道也」〇正義曰：前言「不能居仁由義」是「自棄」，則曠弗居、舍弗由承上仁義而言，乃自謂不能而曠之舍之，與非之以爲不足居、不足由而曠之、舍之，同一「曠仁舍義」也，故兼暴、棄言之。或說下二節專指自棄者，以自暴者已「不可與之言」也。

孟子曰：「道在邇而求諸遠，事在易而求之難。人人親其親，長其長，而天下平。」注邇，近也。道在近而患人求之遠也，事在易而苦人求之難也。謂不親其親，不事其長，故其事遠而難也。疏「道在」至「天下平」○正義曰：自首章言平治天下必因先王之道、行先王之法，反復申明，歸之於「居仁由義」。何爲仁？親親是也。何爲義？敬長是也。道即平天下之道也，事即平天下之事也。指之以在邇、在易，要之以其親、其長。親其親則不致於無父，長其長則不致於無君。堯舜之道，孝弟而已。其爲人也孝弟，犯上作亂未之有也。舍此而高談心性，辨別理欲，所謂「求諸遠」「求諸難也」。或説：道可致而不可求，求便非易簡之道。蓋讀遠字、難字爲句，謂道在邇，不必他求也，若求諸，則遠矣；事在易，不必他求也，若求之，則難矣。邇，《考文》古本作爾。❶

章指：言親親敬長，近取諸己，則邇而易也。

孟子曰：「居下位而不獲於上，民不可得而治也。獲於上有道。不信於友，弗獲於上矣。信於友有道。事親弗悦，弗信於友矣。悦親有道。反身不誠，不悦於親矣。誠身有道，不明乎善，不誠其身矣。注言人求上之意先從己始，本之於心。心不正而得人意者，未之有也。

❶「邇考」至「作爾」，據阮校當在《章指》「則邇而易也」下。

疏「居下位」至「身矣」○正義曰：《禮記・中庸》篇與此同。鄭氏注云：「獲，得也。言臣不得於君，則不得居位治民。言知善之爲善，乃能行誠。」戴氏震《孟子字義疏證》云：「誠，實也。據《中庸》言之，所實者，知、仁、勇也；實之者，仁也，義也，禮也。由血氣心知而語於智仁勇，非血氣心知之外別有智、有仁、有勇以予之也。就人倫日用而語於仁，語於禮義；舍人倫日用，無所謂仁、所謂義、所謂禮也。血氣心知者，分於陰陽五行而成性者也，故曰『天命之謂性』。人倫日用皆血氣心知所有事，故曰『率性之謂道』。全乎知仁勇者，其於人倫日用，行之而天下覩其仁、覩其禮義，善無以加焉，『自誠明』者也；學以講明人倫日用，務求盡夫仁，盡夫禮義，則其智仁勇所至，將日增益以於聖人之德之盛，『自明誠』者也。質言之曰人倫日用，精言之曰仁曰義曰禮。所謂『明善』，明此者也；所謂『誠身』，誠此者也。質言之曰血氣心知，精言之曰智曰仁曰勇。所謂『致曲』，致此者也；所謂『有誠』，有此者也。言乎其盡道，❶莫大乎仁，而兼及義兼及禮；言乎其能盡道，莫大於智，而兼及仁兼及勇。是故善之端不可勝數，舉仁、義、禮三者而善備矣；德性之美不可勝數，舉智、仁、勇三者而德備矣。曰善曰德，盡其實之謂誠。」**是故誠者，天之道也；思誠者，人之道也。至誠而不動者，未之有也；不誠，未有能動者也。」**

注授人誠善之性者，天也，故曰「天道」；思行其誠以奉天者，人道也。至誠則動金石，不誠以鳥獸不可親狎，故曰「未有能動者」也。

疏「誠者」至「動者也」○正義曰：《禮記・中庸》云：「誠者，天之道也；誠之者，人之道也。」注云：「言誠者，天性也；誠之者，

❶「道」，原作「通」，今據《孟子字義疏證》及經解本改。

學而誠之者也。」趙氏佑《温故録》云：「《中庸》言『誠之者』而下詳其目，故以『慎思』爲誠之一事，乃就所學所問而次第及之，然後進以『明辨』『篤行』。孟子渾括其辭，獨揭一『思』字加本句上，則統所知所行而歸重言之，明示人以反求諸身爲誠身之要。惟思故能擇善，惟思故能固執。君子無往而不致其思，無思而不要於誠。故曰『君子有九思』，曰『思不出其位』。孟子嘗警人之弗思而教以思，則得之先立乎大。」程氏瑶田《通藝録·論學小記》云：「誠者，實有而已矣。天實有此天也，地實有此地也，人實有此人也。人有性，性有仁義禮智之德，無非實有者也。故曰：性善也者，實有此善焉者也。故曰：誠者，物之終始，不誠無物。死乃無此人，未死則實有此人，實有此性，實有此性之善。實有此性之善，故曰『誠者』；能實有此性之善，故曰『誠之者』。誠之者，自明誠者也。能自明誠，實有此能也；能由教入，實有此能也。故曰『自誠明謂之教』。雖不謂之性，非不實有此性也；如不實有此性，則自誠明者，天下一人而已矣。有誠者，無誠之者，雖有教無益也。惟人皆實有此性，故人人能擇善。固執以誠之，而實有此教矣。非實有此人之氣質，亦安能實有此性之善乎？若夫未死先已，未終先終，不誠矣。惟不實有，故曰無物。是不誠之者也，非不能誠之也。是故不空之謂實，不無之謂有，皆指物而言。而二氏空之無之，是已無物矣，此不必與辨者也。今乃指其所謂空與無者而曰雖空而實實，雖無而實有，此釋氏所謂『色即是空，空即是色』，其語不反覺精妙邪？從空無下轉出實有，異乎吾學從物上致力焉者也。」謹按：由悦親而信友，由信友而獲上，由獲上而治民，皆人倫日用之常也，必反身而歸之於誠；其反身而誠也，必歸之以明善。蓋伏羲之前，未有人倫，不知有善，何以有誠？乃天既授人以善性，此「誠者，天之道也」。人性既誠有此善，則自能明，故先覺者自誠而明，因以覺人，而人亦無不自誠而明。然未明，患其不明；既明矣，又患其不誠。故莫不知親之當悅也，友之當信也，上之當獲而民之當治也；亦莫不曰吾能悅親也，吾能信友也，吾能獲乎上而治乎民也。乃民不治，上不獲，友不信，親不悅，此非不明之故，而不誠之故。不誠者，非天不以誠授我也，是我未嘗思也。是以孟子既由誠身而歸重於明善，又由明善而申言思。誠既明矣，又思其誠。誠身，乃能悅親、信友、獲上、治民，所謂「動」也；悅親而親悅，信友而友信，事上而上獲，治民而民治，「至誠而動物」也；不誠則悅親而親不悅，信友而友不信，事上而上不獲，治民而民不治，所謂「未有能動者」也。惟天實授我以善而我乃能明，亦惟我實有此善而物乃可動。誠則明，明生於天道之誠；明則誠，誠又生於人道之思誠。人能思誠，由其明也；人能明，由其誠也。「惟天下至誠爲能盡其性。能盡其性則能盡人之性，能盡人之性則能盡物之性，能盡物之性則可以贊天地之化育，可以贊天地之化育則可以與天地參矣。」此「自誠明謂之性」也。「其次致曲。曲能有誠，誠則形，形則著，著則明，明則動，動則變，變則化。惟天下至誠爲能化。」「自明誠謂之教」也。曲者，明而不誠也。未明之先，則自誠而明以盡其性；既明之後，則自明而誠以致其曲。致曲之功仍在於明，蓋雖明而仍未明，所以曲也。何也？明於悅親而未明誠於悅親也，明於信友而未明誠於信友也，明於事上治下未明誠於事上、誠於治下也。故誠其身，仍必明其善矣。《孟子》此章，括《中庸》之旨而言之。○注「至誠」至「親狎」○正義曰：此本《列子・黄帝》篇爲説。「動金石」者，「有一人從石壁中出，子夏言『游金石，蹈水火，皆可』」是也；「鳥獸不可親狎」者，「海上漚鳥舞而不下」是也。張湛注云：「海童誠心充於内，坦蕩形於外，雖未能利害兩忘，猜忌兼消，然輕群異類，亦無所多怪。」又云：「誠心無二者，則處水火而不燋溺，涉木石而不悖駭，觸鋒刃而無傷殘，履危險而無巔墜。萬物靡逆其心，人獸不亂群。」《韓詩外傳》云：「昔者楚熊渠子夜行，見寢石以爲伏虎，彎弓而射之，没金飲羽，下視，知其石也。因復射之，矢躍無迹。熊渠子見其誠心而金石爲之開。」《吕氏春秋・精通》篇：「鍾子期夜聞擊磬者而悲，歎嗟曰：『悲夫悲夫！心非臂也，臂非椎非石也，悲存乎心而木石應之。』故君子誠乎此而諭乎彼，感乎己而發乎人。」又《具備》篇云：「誠有誠乃合於情，精有精乃通於天。木石之性，皆可動也，又况於有血氣者乎？故凡説與治之務，莫若誠。」

章指：言事上得君，乃可臨民；信友悦親，本在於身。是以曾子三省，大雅矜矜，以誠爲貴也。 疏「曾子三省大雅矜矜」○正義曰：周氏廣業《孟子章指考證》云：「是章歸重誠身，故趙氏特引『三省』證之。下二句乃申贊之辭。」《詩序》云：「雅者，正也。」雅詩皆正人君子所作，張揖謂「《小雅》之材七十二人，《大雅》之材三十二人」是也。因借言凡有美德者皆稱「大雅」。《史記・孟子傳》：「不能尚德若大雅。」《文選・西都賦》「大雅宏達」，李善注云：「大雅謂有大雅之才者。《詩》有《大雅》，故以立稱。」《漢書》贊云：「夫惟大雅，既明且哲，以保其身。」趙氏於「盆成括」章亦言「大雅先人」。又，《文選》韋孟《諷諫詩》「矜矜元王」，李善注引孔安國《尚書傳》曰：「矜矜，戒懼。」則知趙意謂雅德君子常自恐懼脩省，必以誠身爲貴也。班固《幽通賦》：「蓋惴惴之臨深兮，乃二《雅》之所祇。」

孟子曰：「伯夷辟紂，居北海之濱。聞文王作興，曰：『盍歸乎來？吾聞西伯善養老者。』 注伯夷讓國，遭紂之世，辟之，隱遁北海之濱。聞文王起興王道。盍歸乎來，歸周也。疏「伯夷」至「老者」○正義曰：《史記・周本紀》云：「伯夷、叔齊在孤竹，聞西伯善養老，盍往歸之。太顛、閎夭、散宜生、鬻子、辛甲大夫之徒皆往歸之。」此伯夷歸文王之事也。王氏引之《經傳釋詞》云：「來，句末語助也。《孟子》『盍歸乎來』，《莊子・人間世》篇『嘗以語我來』，又『子其有以語我來』，來字皆語助。」○注「聞文王起興王道」○正義曰：毛氏奇齡《四書賸言》云：「趙注『聞文王作興』，以興字句。《離騷》：『呂望之鼓刀兮，遭周文而得舉。』王逸注：『太公避紂，居東海之濱。聞文王作興。』則正引《孟子》文而以興字句者。」翟氏灝《考異》云：「《毛詩・酌》篇正義：『孟子說伯夷居北海之濱，太公居東海之濱，聞文王作興而歸之。』《中論・亡國》篇：『昔伊尹在田畝之中，聞成湯作興而自夏如商。太公避紂之惡，居於東海之濱，聞文王作興，亦自商如周。』毛西河之說良是。《離騷章句》外，更有《詩》疏、《中論》可證。又《子華子・北宮子仕》篇『王者作興，將以濯滌』，用此『作興』二字。《子華子》雖似後人擬托，然猶唐以前書，亦可備一證也。」**太公辟紂，居東海之濱。聞文王作興，曰：『盍歸乎來，吾聞西伯善養老者。』**注 太公，呂望也。亦辟紂世，隱居東海。曰聞西伯養老，二人皆老矣，往歸文王也。疏「太公」至「老者」○正義曰：《史記・齊太公世家》云：「呂尚蓋嘗窮困年老矣，以漁釣奸周西伯。西伯獵，遇太公於渭之陽，載與俱歸，立爲師。或曰：太公博聞，嘗事紂。紂無道，去之，游說諸侯，無所遇而卒西歸周西伯。或曰：呂尚處士，隱海濱，周西伯拘羑里，散宜生、閎夭素知而招呂尚，呂尚亦曰：『吾聞西伯賢，又善養老，盍往焉？』」《史記》列三說，是當以《孟子》爲斷。陶潛《聖賢群輔録》引《尚書大傳》云：「太公避紂，居東海之濱，皆率其屬曰：『盍歸乎？吾聞西伯昌善養老。』此二人者，蓋天下之大老也。往而歸之，是天下之父歸之也。天下之父歸之，其子曷往？」王楙《野客叢書》云：「淵明引此，謂出《尚書大傳》，知《孟子》引逸《書》之辭。」○注「太公」至「東海」○正義曰：閻氏若璩《釋地續》云：「《齊世家》：『太公望呂尚者，東海上人。』注未悉。《後漢》琅邪國海曲縣，劉昭引《博物記》注云：『太公呂望所出。今有東呂鄉，又釣於棘津，其浦今存。』又於清河國廣川縣棘津城辨其當在琅邪海曲，此城殊非。余謂海曲故城。《通典》稱在莒縣東，則當日太公辟紂，居東海之濱，即是其家。漢崔瑗、晉盧無忌立齊太公碑以爲汲縣人者，誤。伯夷，孤竹國之世子也。《前漢》遼西郡令支縣有孤竹城，《括地志》孤竹古城在盧龍縣南十二里，余謂今永平府治。河入海從右碣石，正古之北海，在今昌黎縣西北，亦是當日避紂處，去其國都不遠。《通志》以居北海爲濰縣者，亦誤。」**二老者，天下之大老也，而歸之，是天下之父歸之也。天下之父歸之，其子焉往？** 注 此二老猶天下之父也，其餘皆天下之子耳。子當隨父。二父往矣，子將安如？言皆將往也。疏 注「子將安如」○正義曰：《爾雅·釋詁》云：「如，往也。」《廣雅·釋詁》云：「歸，往也。」韓本「將往」作「歸往」，閩、監、毛三本同。**諸侯有行文王之政者，七年之内必爲政於天下矣。」** 注 今之諸侯如有能行文王之政者，七年之間必足以爲政矣。天以七紀，故七年。文王時難，故久；衰周時易，故速也。上章言大國五年者，大國地廣人衆，易以行善，故五年足以治也。疏 注「天以七紀」○正義曰：昭公十年《左傳》鄭裨竈云「天以七紀」，注云：「二十八宿面七。」按：《白虎通·嫁娶》篇云：「七，歲之陽也。」又云「陽數七」。《説文》云：「七，陽之正也。」如日月五星爲七政。」《周髀算經》以「日月運行之圓周」爲「七衡」。《易·復卦》《彖傳》云：「七日來復，天行也。」《國語·周語》云「自鶉及駟七列，南北之揆七同」，❶韋昭注云：「鶉火之分，張十三度。❷駟，天駟。房五度。歲月之所在從張至房七列，合七宿，謂張、翼、軫、角、亢、氐、房也。」「歲在鶉火午，❸辰星在天黿子。鶉火，周分野。天黿及辰水星，❹周所出。自午至子，其度七同。」皆以七紀數也，不獨二十八宿面七而已。乃《尚書·洛誥》「惟周公誕保文武受命惟七年」，馬融注云：「周公攝政七年，天下太平。」鄭氏注云：「文王得赤雀，武王俯取白魚，受命皆七年。文武受命七年而崩，周公不敢過其數也。」此言「行文王之政」，故以「七年」言之。周公成文武之德，七年而天下太平。諸侯效法文王，是可爲證。遠徵天紀，或近迂矣。

章指：言養老尊賢，國之上務。文王勤之，二老遠至。父來子從，天之順道。七年爲政，以勉諸侯，欲使庶幾於行善也。

孟子曰：「求也爲季氏宰，無能改於其德而賦粟倍他日。孔子曰：『求，非我徒也。小子鳴鼓而攻之，可也。』」注求，孔子弟子冉求。季氏，魯卿季康子。宰，家臣。小子，弟子也。孔子以冉

❶「七」，原作「北」，今從沈校據《國語》改。
❷「三」，原作「六」，今從沈校據《國語》韋注改。
❸「午」，原作「五」，今從沈校據《國語》韋注改。
❹「水」，原脱，今從沈校據《國語》韋注補。

求不能改季氏使從善，爲之多斂賦粟，故欲使弟子鳴鼓以聲其罪，而攻伐責讓之。曰「求非我徒」，疾之也。

疏 注「求孔子」至「疾之也」○正義曰：《論語·先進》篇云：「季氏富於周公，而求也爲之聚斂而附益之。子曰：『非吾徒也。小子鳴鼓而攻之，可也。』」《集解》孔曰：「冉求爲季氏宰，爲之急賦稅也。」鄭曰：「小子，門人也。鳴鼓，聲其罪以責之也。」哀公十一年《左傳》云：「季氏欲以田賦使冉有訪諸仲尼。曰：『丘不識也。』三發，卒曰：『子爲國老，待子而行。若之何子之不言也？』仲尼不對。而私於冉有曰：『君子之行也，度於禮。施取其厚，事舉其中，斂從其薄，如是則以丘亦足矣。若不度於禮而貪冒無厭則雖以田賦，將又不足。且子季孫若欲行而法，則周公之典在；若欲苟而行，又何訪焉？』弗聽。」十二年春王正月：「用田賦。」用田賦自是季氏，孔子直責冉有，謂冉有爲之聚斂而附益之，斥爲非吾徒；孟子言「無能改於其德而賦粟倍他日」，「賦粟倍他日」即指季氏用田賦，緣冉有爲其宰，不能改之使從善，則季氏賦粟倍他日即爲冉有「爲之聚斂而附益之」。皇侃《論語義疏》引繆協云：「季氏不能納諫，故求也莫能匡救。致譏於求，所以深疾季也。」是也。邢昺疏以爲「冉子聚斂財物」，❶失之矣。季孫斯以哀公三年卒，康子即位。用田賦時正康子爲政，故知「季氏」爲「季康子」也。杜預注《左傳》「用田賦」云：「丘賦之法，因其田、財，通出馬一匹、牛三頭。今欲別其田及家財各爲一賦，故言田賦。」孔氏正義云：「《司馬法》：『四丘爲甸，有馬四匹，牛十二頭，是爲革車一乘。』今用田賦，賈逵以爲『欲令一井之間出一丘之稅，井別出馬一匹、牛三頭』。如此則一丘之內有一

---

❶「邢」，原作「刑」，今據邢昺《論語疏》及經解本改。

十六井，其出馬牛乃多於常一十六倍。杜以如此則非民所能給，故改之。舊制丘賦一馬三牛，今別其田及家資各爲一賦，計一丘民之家資，令出一馬三牛，田之所收，更出一馬三牛，是倍於常也。」《説文》攴部云：「攻，擊也。」人部云：「伐，擊也。」是「攻」即「伐」也。莊公二十九年《左傳》云：「凡師有鐘鼓曰伐。」《釋例》云：「鳴鐘鼓以聲其過曰伐。」經言「鳴鼓而攻」，故趙氏以「攻伐」釋之，乃係假借用兵之鳴鼓而攻。其實孔子言攻但爲責讓，故又以「責讓」釋之。《論衡・順鼓》篇云：「攻者，責也。責讓之也。」《周禮・春官・大祝》「五曰攻，六曰説」，注云：「攻、説則以辭責之。」是也。**由此觀之，君不行仁政而富之，皆棄於孔子者也，況於爲之强戰？争地以戰，殺人盈野；争城以戰，殺人盈城。此所謂『率土地而食人肉』，罪不容於死。**【注】孔子棄富不仁之君者，況於争城争地而殺人滿之乎？此若率土地使食人肉也。言其罪大，死刑不足以容之。【疏】注「孔子棄富不仁之君者」○正義曰：「不仁之君」解「君不行仁政」，「富不仁之君」解「而富之」，謂富此不行仁政之君也。趙氏於經文每顛倒解之。《荀子・王制》篇云「不安職則弃」，弃即棄也，如「移之郊」「移之遂」「屏之遠方」之意也。**故善戰者服上刑，連諸侯者次之，辟草萊、任土地者次之。**【注】孟子言天道重生，戰者殺人，故使善戰者服上刑。上刑，重刑也。連諸侯，合從者也，罪次善戰者。辟草任土，不務修德而富國者，罪次合從連横之人也。【疏】注「孟子言天道重生」❶○正義曰：《韓非子・解老》篇云：「凡兵革者，所以備害也。重生者，雖入軍，無忿争之心。」又云：「禮天地之道，故曰

---

❶「言」，原脱，今據注文補。

無死地焉。動無死地，而謂之善攝生矣。愛子者慈於子，重生者慈於身。」《春秋繁露·王道通》云：「仁之美者在於天。天，仁也。天覆育萬物，既化而生之，有養而成之。事功無已，終而復始。」又云：「陽氣生而陰氣殺，是故陽常居實位而行於盛，陰常居空位而行於末。天之好仁而近，惡戾之變而遠，大德而小刑之意也。」又《煖燠孰多》篇云：「天之道，出陽爲煖以生之，出陰爲清以成之。是故非薰也不能有育，非溧也不能有熟。自正月至於十月，而天之功畢。計其間陰與陽各居幾何？薰與溧其日孰多？距物之初生至其畢成，露與霜其下孰倍？故從中春至於秋，氣温柔和調，及季秋九月，陰乃始多於陽，天於是時出溧下霜。出溧下霜，而天降物固已皆成矣。功已畢成之後，陰乃大出。天之成功也，少陰與而太陰不與，少陰在内而太陰在外，故霜加物而雪加於空。空者亶地而已，不逮物也。」此「天道重生」之説也。○注「上刑重刑也」○正義曰：《方言》云：「上，重也。」《尚書·吕刑》云：「上刑適輕下服，下刑適重上服。」某氏傳云：「重刑有可以虧減，則之輕服下罪；一人有二罪，則之重而輕并數。」江氏聲《尚書集注音疏》云：「服，治也。下服，減等也；上服，加等也。本在上刑之科而情適輕，則減一等治之；本在下刑之科而情適重，則加一等治之。」按：重刑，死刑也。上言「罪不容於死」，則上刑不得適輕，「服上刑」則不減等下服也。合從，❶蘇秦是也；連橫，張儀是也；辟草萊、任土地，商鞅等是也。井田之法，有萊田，有一易再易之田，有阡陌徑遂。皆開墾，是爲「辟草萊」。《吕氏春秋》有《任地》篇，乃講耕耨蓄藏之術，專以富國爲事，則不務修德。善戰者，兵家也；連

❶ 「合從」以下，依疏例當另立條。

諸侯，從横家也；辟草任土，農家也。阮氏元《挍勘記》云：「廖本作『辟草任土』，孔本、韓本作『辟草任地』。按，《音義》出『任土』，則作『任地』非也。」閻氏若璩《釋地又續》云：「連諸侯是封建之將盡也，辟草萊、任土地是井田之將盡也。」陳組綬《燃犀解》云：「連諸侯而使之戰，闢草萊、任土地而助之戰，均非身親爲戰者，姑次之。」

章指：言聚斂富君，棄於孔子。冉求行之，固聞鳴鼓。以戰殺民，土食人肉，罪不容死，以爲大戮。重人命之至也。❶ 疏「聚斂富君」○正義曰：韓本、孔本作「富民」，非。○「以爲大戮」○正義曰：宣公十二年《左傳》云：「古者明王伐不敬，取其鯨鯢而封之，以爲大戮。」○「重人命之至也」○正義曰：《漢書・蕭望之傳》云：「獄吏顯等曰：❷『人命至重，望之所坐，語言薄罪，必亡所憂。』」

孟子曰：「存乎人者，莫良於眸子。眸子不能掩其惡。注眸子，目瞳子也。存人，存在人之善惡也。疏注「眸子」至「惡也」○正義曰：《荀子・非相》篇「堯舜參牟子」，注云：「牟與眸同。」《説文》目部云：「盲，目無牟子。」「矊，盧童子也。」「睞，目童子不正也。」牟、童皆不从目。劉熙《釋名・釋形體》云：「瞳子，瞳，重也，膚幕相裹重也；子，小稱也，主謂其精明者也。或曰眸子。眸，冒也。相裹冒也。」《荀子・大

❶「至」，原作「民」，今從沈本據廖本及下疏文改。

❷「獄吏」，沈校：按《蕭望之傳》無此二字，且弘恭、石顯非獄吏，焦氏臆加。

略》篇云「眸而見之也」，注云：「眸謂以眸子審視之也。」《廣雅・釋親》云：「珠子謂之眸。」蓋亦有从目者。《爾雅・釋訓》云：「存存，在也。」《説文》土部云：「在，存也。」《禮記・文王世子》云「必在視寒煖之節」，注云：「在，察也。」趙氏以「在」釋「存」而云「存在人之善惡」，《章指》云「存而察之」，蓋以存爲在即以在爲察，謂察人之善惡也。**胷中正，則眸子瞭焉；胷中不正，則眸子眊焉。** 注 瞭，明也。眊者，蒙蒙目不明之貌。疏 注「瞭明」至「之貌」○正義曰：《周禮・春官・眡瞭》注云：「瞭，目明者。」《説文》目部云：「眊，目少精也。」目少精即是不明。劉熙《釋名・釋天》云：「蒙，日光不明，蒙蒙然也。」《廣雅・釋訓》云：「蒙蒙，暗也。」眊、蒙一音之轉，故趙氏以眊之不明猶日之蒙蒙也。翟氏灝《攷異》云：「《論衡・本性》篇：『孟子相人以眸子焉。心清而眸子瞭，心濁而眸子眊。』又《佚文》篇同。《白氏六帖》述《孟子》曰：『人之善不善在其目。其心正則童子瞭然，其心不正則童子眊然。』《大戴記・曾子立事》篇：『目者，心之浮也；言者，事之指也。作於中則播於外矣。故曰：以其見者占其隱者。』蓋《孟子》此章所本。故既詳言眸子，下復兼聽言言之。」**聽其言也，觀其眸子，人焉廋哉？** 注 廋，匿也。聽言察目，言正視端，人情可見，安可匿哉？疏 注「廋匿也」○正義曰：《論語・爲政》篇云「人焉廋哉」，《集解》引孔曰：「廋，匿也。」《方言》云：「廋，隱也。」故趙氏以「匿」釋「廋」，《章指》又以「不隱」釋之。

章指：言目爲神候，精之所在。存而察之，善惡不隱。知人之道，斯爲審矣。 疏「目爲神候精之所在」○正義曰：《白虎通・性情》篇云：「肝，木之精也。萬物始生，故肝象木色青而有枝葉，目爲之候。」此「神候」猶云「精候」耳。周氏廣業《孟子章指考證》云：「精與睛通。目，珠子也。《魏志》管輅曰：『吾目中無守精。』《晉書》：『顧愷之每畫人，或數年不點眼精。』是也。」按：精即謂肝木之精。目既爲肝木之精之候，則精神即在此目矣。上言「神」下言「精」，正是一事。《大戴記·曾子天圓》云「陽之精氣曰神」是也，不必爲目珠之睛所假借。

孟子曰：「恭者，不侮人；儉者，不奪人。侮奪人之君，惟恐不順焉，惡得爲恭儉？注爲恭敬者，不侮慢人；爲廉儉者，不奪取人。有好侮奪人之君，有貪陵之性，恐人不順從其所欲，安得爲恭儉之行也？疏注「爲恭」至「取人」○正義曰：《爾雅·釋詁》云：「恭，敬也。」《呂氏春秋·遇合》篇「是侮也」，高誘注云：「侮，慢也。」《淮南子·原道訓》云「不以廉爲悲」，高誘注云：「廉猶儉也。」劉熙《釋名·釋言語》云：「廉，斂也。自檢斂也。」《賈子·道術》篇云：「廣較自斂謂之儉。」《説文》又部云：❶「奪，手持隹失之也。」支部云：「敚，彊取也。《周書》曰：『敚攘矯虔。』」「奪取」當作敚，經典通作奪。奪爲手持隹鳥失之，即「脱去」之脱也。奪乃敚之假借。**恭儉豈可以聲音笑貌爲哉？」**注恭儉之人，儼然無欲，自取其名。豈可以和聲諂笑之貌强爲之哉？疏注「恭儉」至「爲之哉」○正義曰：《爾雅·釋詁》云：「儼，敬也。」《禮記·曲禮》云：「毋不敬，儼若思。」《論語·子張》篇云：「望之儼然。」「儼然」即「儼若」，謂恭敬也，無欲謂廉儉也。《論語·憲問》篇云：「公綽之不欲。」《説文》欠部云：「欲，貪欲也。」不貪欲，故爲廉也。儼然而恭，無

---

❶ 案：《説文解字》「奪」字歸奞部。

欲而儉。「恭儉」之名以「儼然無欲」取之，故云「自取其名」。《賈子・六術》篇云：「是故五聲宮商角徵羽，唱和相應而調和。調和而成理，謂之音。」《白虎通・禮樂》篇云：「音者，飲也。言其剛柔清濁，和而相飲也。」趙氏以「和聲」釋「聲音」，謂聲而音，言其和也。貌，《説文》作「皃」，云：「皃，頌儀也。从人白，象人面形。」君子樂然後笑，「笑貌」則笑見於面，故趙氏以「諂笑之貌」釋之。趙氏前注「諂笑」云：「强笑也。」

章指：言人君恭儉，率下移風；人臣恭儉，明其廉忠。侮奪之惡，何由干之而錯其心？ 疏「人臣恭儉明其廉忠」○正義曰：孟子言「侮奪人之君」，趙氏推及人臣。蓋孟子指當世諸侯，在兩漢則宰輔皆是也。趙氏習見當時張禹、胡廣之流，故及此耳。《史記・魯世家》：「君子曰：『季文子廉忠矣。』」

淳于髡曰：「男女授受不親，禮與？」 注 淳于髡，齊人也。問：禮，男女不相親授？ 疏 注「淳于髡齊人也」○正義曰：《戰國策・齊策》云：「淳于髡一日而見七人於宣王。」又：「齊欲伐魏，淳于髡止之。」《史記・孟荀列傳》云：「淳于髡，齊人也。博聞强記，學無所主。其諫説慕晏嬰之爲人也，然而承意觀色爲務。客有見髡於梁惠王云云，惠王欲以卿相位待之，髡因謝去。於是送以安車駕駟，束帛加璧，黄金百鎰，終身不仕。」又云：「齊諸騶子亦頗采騶衍之術以紀文，於是齊王嘉之。自如淳于髡以下皆命曰列大夫，爲開第康莊之衢。」《滑稽傳》云：「淳于髡，齊之贅壻也。長不滿七尺，滑稽多辯。數使諸侯，未嘗屈辱。齊威王時，淳于髡説之以隱，於是乃朝諸縣令長七十二人，賞一人，誅一人。奮兵而出，諸侯振驚，皆還齊侵地。

威行三十六年。」然則髡在齊仕威、宣兩朝，又仕於梁惠王者也。閻氏若璩《釋地又續》云：「孟子與淳于髡問答僅兩章，後章是去齊之後不待言，前章似相值於梁惠王朝。何則？《魏世家》明云『卑禮厚幣以招賢者，鄒衍、淳于髡、孟軻皆至梁』。孟子素不見諸侯，祇因惠王延禮，始至其國，又未嘗仕，真有孔子循道彌久、温温無所試之象。髡故發問夫子何不援天下。不然，于齊則仕矣，髡將譏其援之無效與或力不能援，詎肯作是語？千載而下，殆可以情測哉！」周氏廣業《孟子出處時地考》云：「淳于髡見《史記・滑稽傳》，威王八年使之趙請救兵。至與孟子相見，年當耆老，而稱孟子爲『夫子』，自稱曰『髡』，知年相若也。」○注「問禮男女不相親授」○正義曰：《禮記・曲禮》云：「男女不雜坐，不同椸枷，不同巾櫛，不親授。」《坊記》云：「好德如好色，諸侯不下漁色，故君子遠色以爲民紀，故男女授受不親。」注云：「不親者，不以手相與也。」《内則》曰：「非祭非喪，不相授器。其相授，則女受以篚，其無篚則皆坐，奠之而後取之。」**孟子曰：「禮也。」**注禮，不親授。**曰：「嫂溺，則援之以手乎？」**注髡曰：見嫂溺水，則當以手牽援之不邪？疏注「則當以手牽援之」○正義曰：《禮記・中庸》篇「不援上」，注云：「援謂牽持之也。」**曰：「嫂溺不援，是豺狼也。**注孟子曰：人見嫂溺不援出，是爲豺狼之心也。**男女授受不親，禮也；嫂溺援之以手者，權也。」**注孟子告髡曰：此，權也。權者，反經而善也。疏注「權者反經而善也」○正義曰：桓公十一年《公羊傳》云：「權者何？權者，反於經然後有善者也。權之所設，舍死亡無所設。行權有道，自貶損以行權，不害人以行權。殺人以自生，亡人以自存，君子不爲也。」疏云：「權之設，所以扶危濟溺，舍死亡無所設也。若使君父臨溺河井，豈不執其髮乎？是其義也。」《論語・子罕》篇云：「可與立，未可與權。『唐棣之華，偏其反而。』」注云：「賦此詩以言權道，反而後至於大順也。」説者疑於經不可反。夫經者，法也。制而用之謂之法。法久不變則弊生，故反其法以通之，不變則不善，故反而後有善；不變則道不順，故反而後至於大順。如反寒爲暑，反暑爲寒。日月運行，一寒一暑，四時乃爲順行。恆寒恆燠，則爲咎徵。禮減而不進則消，樂盈而不反則放。禮有報而樂有反，此反經所以爲權也。

曰：「今天下溺矣，夫子之不援，何也？」注 髡曰：今天下之道溺矣，夫子何不援之？ **曰：「天下溺，援之以道；嫂溺，援之以手。子欲手援天下乎？」**注 孟子曰：當以道援天下而道不得行，子欲使我以手援天下乎？ 疏「天下溺」至「天下乎」○正義曰：此孟子論權與道合之義也。權者，變而通之之謂也。變而通之，所謂「反復其道」也。孟子時，儀、衍之流以順爲正，突梯滑稽，如脂如韋，相習成風，此髡之所謂「權」也。孟子不枉道以見諸侯，正所以挽回世道，矯正人心，此即孟子援天下之權也。髡以枉道隨俗爲權，孟子以道濟天下爲權。髡譏孟子不枉道是不以權援天下，不知孟子之不枉道正是以權援天下。權外無道，道外無權。聖賢之道即聖賢之權也。髡不知道，亦不知權矣。

章指：言權時之義，嫂溺援手；君子大行，拯世以道。道之指也。

公孫丑曰：「君子之不教子，何也？」注 問父子不親教，何也？ 疏「君子之不教子」○正義曰：閻氏若璩《釋地又續》云：「古人文字簡，須讀者會其意所指。如『君子之不教子』，子謂不肖子也。猶《左傳》叔向曰『肸又無子』，子謂賢子也，不然，當日楊食我見存。觀孟子直承曰『勢不行也』，則知丑所問原非爲周公之於伯禽、孔子之於伯魚一輩子言矣。」**孟子曰：「勢不行也。教者，必以正。以正不行，繼之以怒；繼之以怒，則反夷矣。『夫子教我以正，夫子未出於正也。』則是父子相夷也。父子相夷，則惡矣。**注 父親教子，其勢不行。教以正道而不能行，則責怒之。夷，傷也。「父子相責怒」，則傷義矣。一說曰：父子反自相非，若夷狄也。子之心責其父云：夫子教我以正道，而夫子之身未必自行正道也。執此意則爲反夷矣，故曰「惡」也。疏 注「夷傷也」○正義曰：《易·序卦傳》云：「進必有所傷，故受之以明夷。夷者，傷也。」教之以正道，子違而不行，即繼以怒，求之太驟也。「反夷」有二解。一屬上讀。謂父之教子，本望其善，非傷之也。今繼以怒，反是傷之矣。一屬下讀。父既繼之以怒，其子不受而心誹以報之，因父之傷己而反以傷其父。下「夫子教我以正，夫子未出於正也」，即申上「反夷」之事也。趙氏言「子之心責其父」云云，而承之云「執此意則爲反夷」，是以「反夷」屬其子，即指心責其父云云也。舉一說云「父子反自相非」，謂父子本宜有恩而反相非責。此解「反」字有不同，故以「一說」別之。「父子相責怒」解「父子相夷」，「則傷義矣」解「則惡矣」，「惡」謂「傷義」。經先言「反夷」後言「相夷」，趙氏先解「相夷」後解「反夷」，因「反夷」有「反自相非」之一說，故倒相夷在前。一說以夷爲夷狄，則反不得爲報，故爲「反自相非」也。《莊子·應帝王》云「告我君人者，以己出經」，❶《釋文》引司馬注云：「出，行也。」是「未出於正」即「未行於正」。不必形之於口，即此心責，而執此意即爲反以相傷也。**古者易子而教之。父子之間不責善。責善**

---

❶「經」，原從《經籍籑詁》卷九十三作「行」，今據《莊子》及經解本改。

則離，離則不祥莫大焉。」注易子而教，不欲自責以善。父子主恩，離則不祥莫大焉。

章指：言父子至親，相責離恩；易子而教，相成以仁。教之義也。

孟子曰：「事孰爲大？事親爲大。守孰爲大？守身爲大。不失其身而能事其親者，吾聞之矣；失其身而能事其親者，吾未之聞也。注事親，養親也；守身，使不陷於不義也。失不義，則何能事父母乎？**孰不爲事？事親，事之本也。孰不爲守？守身，守之本也。**注先本後末，事、守乃立也。疏「孰不」至「本也」○正義曰：《禮記・哀公問》孔子云：「君子無不敬也，敬身爲大。身也者，親之枝也，敢不敬與？不能敬其身，是傷其親；傷其親，是傷其本；傷其本，枝從而亡。」又云：「君子言不過辭，動不過則，百姓不命而敬恭，如是則能敬其身。能敬其身則能成其親矣。」孟子此義蓋本於此。言不過辭，行不過則，則能守身，不陷於不義矣。**曾子養曾晳，必有酒肉。將徹，必請所與。問有餘，必曰有。曾晳死，曾元養曾子，必有酒肉。將徹，不請所與。問有餘，曰『亡矣』，將以復進也。此所謂『養口體』者也；若曾子，則可謂『養志』也。事親若曾子者，可也。」**注將徹請所與，問曾晳所欲與子孫所愛者也。必曰有，恐違親意也。故曰「養志」。曾元曰無，欲以復進曾子也，不求親意，故曰「養口體」也。事親之道，當如曾子之法，乃爲至孝也。疏「將以復進也」○正義曰：孔氏廣森《經學卮言》云：「注云『欲以復進曾子也』，此似不然。曾元但不能養志耳，何至嗇飲食之費以欺其親，遂同下愚所爲？且以情揆之。既對『無餘』而復以餘進，其父能無疑乎？能無怒乎？夫曰『亡矣』者，乃實無也。曾子之『必曰有』，雖無亦曰『有』，所謂『孝子唯巧變，故父母安之』者。曾元不能，但道其質而已。此與『必曰有』對文而不云『必曰亡』，非實有言無明矣。蓋『將以復進也』亦曾元之辭，言餘則無矣，若嗜之，將復作新者以進之爾。」按：孔氏之説是也。孟子深於《易》，悉於聖人通變神化之道，故此篇首言行先王之道而要之以「道揆」，蓋不獨平天下宜如是也，人倫日用均宜如是。既明「援天下以道」，道何在？通變神化也。如父之教子宜以正矣，有時而「勢不行」，則宜變通，使「易子而教」；子之事親宜其養矣，有時而「問有餘」，則宜變通，使「必曰有」以「養志」。父子之間且宜如是，何在而可不揆以道乎？於父之教子也，曰「夫子未出於正」；於子之事親也，曰「守身爲大」。不失其身則出於正，未出於正則失其身。父當如是以教其子，子當如是以事其父。又兩章互發明者也。

章指：言上孝養志，下孝養體。曾參事親，可謂至矣。孟子言之，欲令後人則曾子也。

孟子曰：「人不足與適也，政不足間也，惟大人爲能格君心之非。」注適，過也。《詩》云：「室人交徧適我。」間，非；格，正也。時皆小人居位，不足過責也，政教不足復非訕；獨得大人爲輔臣，乃能正君之非法度也。疏「政不足間」○正義曰：諸本作「政不足與間也」，《音義》出「足間」二字，則趙氏本無

「與」字。〇注「適過」至「度也」〇正義曰：《毛詩・邶風・北門》作「室人交徧讁我」，❶傳云：「讁，責也。」讁與適通。《方言》云：「讁，過也。南楚以南，凡相非議人，謂之讁。」《商頌・殷武》「勿予禍適」，箋云：「適，過也。」《列子・力命》篇云「不相讁發」，《釋文》云：「讁謂責其過也。」《小爾雅・廣言》《方言》皆云：「間，非也。」《方言》云：「格，正也。」僖公二十六年《穀梁傳》云：「人，微者也。」莊公十七年《穀梁傳》云：「人者，衆辭也。」下言「大人」，上言「人不足間」，則人兼微、衆二義，故云「時皆小人居位」，「小」之言微也，「皆」之言衆也。《文選》盧子諒《贈劉琨詩》，注引《韓詩章句》云：「尤，非也。」訧與尤通，故趙氏以「非」釋「間」，又以「訧」釋「非」。或作「非説」，誤也。上二章言父子，此章言君臣。父之教子必先自出於正，子之事父必先不失其身；君之定國必先正其心之非，而臣之輔君必先自居於正。「大人者，與天地合其德，與日月合其明，與四時合其序，與鬼神合其吉凶。」臣之身無不正，以是輔君而君心之非自格；君無不正，而國自安定。然則臣之德未至於大人，而徒見居位者皆小人而過責之，徒見政事之未善而非訧之，不自覺其未正而刺刺焉言君之不正，其乖忤抵觸，不相激而成禍不止。卒之，人相傾軋，政益乖違，猶自以爲直爲忠，而予君以非。是未讀《孟子》者也。顧非在君心而能格之，既未嘗過責其所用之人，又未嘗非訧其所行之政，而曰「能格」，則是格也非以言格之，非以貌格之，即以自修其身，成大人，故能格之也。然則未能格君心之非者，亦自反己未爲大人可耳。**君仁莫不仁，君義莫不義，君正莫不正。一正君而國定矣。」** 注 正君之身，一國定

❶「作」，據全書文例當作「云」。

矣。欲使大人正之。疏「君仁」至「定矣」○正義曰：何爲正？仁義而已；❶何以爲大人？居仁由義而已。

章指：言小人爲政，不足間非；賢臣正君，使握道機。君正國定，下不邪侈，將何間也？

孟子曰：「有不虞之譽，有求全之毁。」注虞，度也。言人之行有不度其將有名譽而得者，若尾生本與婦人期於梁下，不度水之卒至，遂至没溺，而獲守信之譽；求全之毁，若陳不瞻將赴君難，聞金鼓之聲，失氣而死，可謂欲求全其節而反有怯弱之毁者也。疏注「虞度」至「之譽」○正義曰：《爾雅·釋言》云：「虞，度也。」《莊子·盜跖》篇云：「尾生與女子期於梁下。女子不來，水至不去，抱梁柱而死。」《釋文》云：「『尾生』，一本作『微生』。《戰國策》作『尾生高』，高誘以爲魯人。」○注「求全」至「毁者也」○正義曰：《太平御覽》引《韓詩外傳》云：「崔杼殺莊公。陳不占，東觀漁者，聞君難，將往死之。湌則失哺，上車失軾。僕曰：『敵在數百里外，今食則失哺，上車失軾，雖往，其有益乎？』陳不占曰：『死君，義也；無勇，私也。』遂驅車至門。聞鐘鼓之音、戰鬭之聲，遂駭而死。君子聞之，曰：『陳不占可謂志士矣。無勇而能行義，天下鮮矣。』」事亦載《新序·義勇》篇。《廣雅·釋言》云：「占，瞻也。」占與瞻古通。襄公二十五年《左傳》云：「崔杼之難，申蒯，侍漁者，退謂其宰曰：『爾以帑免。我將死。』其宰曰：『免，是反子之義也。』與之皆死。」杜預

❶「而」，原作「爲」，今從沈本據文義及下文「居仁由義而已」改。

注謂侍漁爲監取魚之官。侍之言寺也，寺之言司也。侍漁即司漁，即所謂「東觀漁者」。申、陳音近。申蒯蓋即陳不占。占之爲蒯，猶覘之爲窺。周秦人姓氏往往記録有異同，以聲音求之，尚可仿佛耳。

章指言：不虞獲譽，不可爲戒；求全受毁，未足懲咎。君子正行，不由斯二者也。 疏「不虞獲譽不可爲戒」〇正義曰：《易·萃卦》《象傳》云：「戒不虞。」襄公三年《左傳》云：「不虞之，不戒。」戒猶備也。趙氏本此，謂此不虞之譽非可豫備致之也。

孟子曰：「人之易其言也，無責耳矣。」 注人之輕易其言，不得失言之咎責也。一説：人之輕易不肯諫正君者，以其不在言責之位者也。疏注「人之」至「責也」〇正義曰：《禮記·樂記》云「易慢之心入之矣」，注云：「易，輕易也。」《説文》訓責爲求，求之義不足以盡，故以「咎」釋之。《説文》人部云：「咎，災也。从人，从各。各者，相違也。」「輕易其言」至於相違成災咎，則已晚矣。無責之時，先當自慎矣。

章指：言言出於身，駟不及舌；不惟其責，則易之矣。

孟子曰：「人之患，在好爲人師。」 注人之所患，患於不知己未有可師而好爲人師者，惑也。疏「人之患在好爲人師」〇正義曰：《禮記·樂記》「論倫無患」，注云：「患，害也。」《章指》言「不慎則有患」，則此「患」字正與上章「責」字同。易其言則有災咎，好爲師則有患害，皆深切言之也。易其言，如趙括、韓非凡好建白相傾軋攻擊者，皆是也；好爲師，如楊朱、墨翟凡立宗旨以傳授聚講者，皆是也。

章指：言君子好謀而成，臨事而懼。時然後言，畏失言也。故曰：「師哉師哉，桐子之命。」不慎則有患矣。疏「君子」至「言也」○正義曰：周氏廣業《孟子章指考證》云：「四句似與本章不甚合，恐有誤。似宜在前『駟不及舌』句下。」按：「故曰」二字承上，則非有誤。蓋趙氏以兩章相貫而言。此「好爲人師之人」即「易其言」之人，皆由於不知「臨事而懼」「好謀而成」也。蓋未能博學詳説、習先聖之道，而執其一端，自以爲是，不顧其成，不知其害，用之於君父僚友，則輕易其言以爲蹇直；不學者依附之，又輕易其言而高談心性，傳播宗旨，入主出奴，各成門户。始則害乎風俗人心，繼則禍於朝廷軍國。而或且曰：「此，正人。」「此，君子。」則「不虞之譽」也。以上三章相貫，趙氏羣連言之，爲知言矣。○「故曰師哉師哉桐子之命」○正義曰：周氏廣業《孟子章指考證》云：「古本旁注：『桐讀爲僮。』《音義》云：『與童字同。』」按，二語出揚子《法言·學行》篇，司馬光《集注》：『桐，侗也。桐子侗然未有所知之時，制命於師也。』」孔、韓本哉並作乎。按：《左傳》哀五年齊景公卒，五公子争立，萊人歌曰：「師乎師乎！何黨之乎？」此師字作衆字解，與此絶異。乎、哉雖同一語助，不可改易。

樂正子從於子敖之齊。樂正子見孟子。注魯人樂正克，孟子弟子也。從於齊之右師子敖。子敖使而之魯，樂正子隨之來之齊也。孟子在齊，樂正子見之也。**孟子曰：「子亦來見我乎？」**注孟子見其來見遲，故云「亦來」也。**曰：「先生何爲出此言也？」**注樂正子曰：先生何爲非克而出此言？**曰：「子來幾日矣？」**注孟子問，子來幾日乎？疏「子來幾日矣」○正義曰：下趙氏以「昔者」爲「數日之間」，

「數日」即「幾日」，是孟子已知樂正子來已幾日，此乃實詰之辭。**曰：「昔者。」**注克曰：昔者來至。昔者，往也，謂數日之間也。疏注「昔者」至「間也」○正義曰：《楚辭·離騷》云「昔三后之純粹兮」，注云：「昔，往也。」《公孫丑》篇「昔者辭以疾」承上「明日出弔」言，故趙氏解爲昨日；此上承「幾日」，則不止昨日，故以「數日之間」解之。若昨日來，今日見，尚不得爲遲之又久也。**曰：「昔者，則我出此言也，不亦宜乎？」**注孟子曰：昔者來至而今乃來，我出此言，亦其宜也。孟子重愛樂正子，欲亟見之，思深望重也。**曰：「舍館未定。」**注克曰：所止舍館未定，故不即來。館，客舍。疏注「館客舍」○正義曰：《周禮·委人》「凡軍旅之賓客館焉」，注云：「館，舍也。」樂正子雖從子敖之便而來，既至齊，遂不相依而自投客舍，此語亦有意也。**曰：「子聞之也，舍館定然後求見長者乎？」**注孟子曰：子聞見長者之禮，當須舍館定乃見之乎？**曰：「克有罪。」**注樂正子謝過服罪也。

章指：言尊師重道，敬賢事長，人之大綱。樂正子好善，故孟子譏之，責賢者備也。

疏「責賢者備也」○正義曰：《論語·微子》篇云「無求備於一人」，求猶責也。《淮南子·氾論訓》云：「君子不責備於一人。」《漢書·王嘉傳》上疏哀帝云：「惟陛下留神於擇賢，❶記善忘過，容忍臣子，勿責以備。」《新唐書·太宗紀》贊云：「《春秋》之法，常責備於賢者。」毛氏奇齡《聖門釋非録》云：「王草堂曰：

❶「擇」，原作「釋」，今據《漢書》改。

『樂正子不絶驩，或驩故以禮遇之，未可遽絶，原非失身。』趙氏云『孟子譏之，責賢者備』，此爲得之。」

孟子謂樂正子曰：「子之從於子敖來，徒餔啜也。我不意子學古之道，而以餔啜也。」注子敖，齊之貴人，右師王驩也。學而不行其道，徒食飲而已，謂之「餔啜」也。樂正子本學古聖人之道，而今隨從貴人，無所匡正，故言不意子但餔啜也。

疏注「學而」至「啜也」○正義曰：趙氏以「食飲」解「餔啜」，於《章指》又以「沈浮」釋之，則「餔啜」二字乃假借之辭，非實指飲食也。《楚辭・漁父》云：「舉世皆濁，何不淈其泥而揚其波？衆人皆醉，何不餔其糟而啜其醨？」王逸注「淈泥」云「同其風也」，注「揚波」云「與沈浮也」，注「餔糟」云「從其俗也」，注「啜醨」云「食其禄也」。然則餔啜即與世推移、同流從俗之意。向來説此章者，率謂驩本倖佞，樂正子必不從之以求爵位。欲見其師而資斧未充，因乘子敖之便，未免依附。又謂觀「餔啜」二字，當時必有優偓可憑藉者。顧樂正子，孟門之賢者也，自魯之齊，亦非甚遠，何至以車馬資糧之乏而從子敖？且子敖雖便，豈能無端而從之？既可相從，必爲相識。即偶從一相識貴人之便，爲之師者遂直揭其醜，以爲飲食之人，何至於此？蓋樂正子從於子敖之齊，非偶然從其便也。是時孟子仕齊，出弔於滕，驩且嘗爲輔行，驩之在魯，必謬托爲孟子之交，此樂正子所以識之也。以孟子道行於齊，驩又招之以禮，故從子敖之齊，此實録也。不知是時孟子雖仕齊而道實不行，仕不受禄，久非其志。在孟子方將致臣而去，則樂正何爲貿貿而來？故以「餔啜」言之，謂此來但爲沈浮隨俗，不能行道匡正，非謂偶從子敖，遂爲飲食之人之可賤惡也。趙氏得之。趙氏佑《温故録》云：「或疑不過附便偕行，因以得見長者，則亦可謂之

『因』，不可謂之『從』。然既爲長者來，即當直造師門，何勞别定舍館？知其説有不然也。凡言『從』者，皆彼爲政而我從之。子敖有納交孟子之心，或欲假諸徒以致其師，必將有術以動樂正。樂正子與子敖或故或新，其來見必有欲白之辭。孟子則一見斥之，又明揭其從子敖。」

章指：言學優則仕，仕以行道；否則隱逸，兔罝窮處。餔啜沈浮，君子不與。是以孟子咨嗟樂正子也。疏「兔罝窮處」○正義曰：周氏廣業《孟子章指考證》云：「『兔罝』，古本、宋本、足利、孔本、韓本並作『兔置』，今從小字宋本。按，《詩·周南》『肅肅兔罝』，鄭箋云：『兔罝之人，賢者也。』《墨子》曰：『文王舉閎夭、泰顛於罝網之中，授之政。』正與詩意合。《文選》桓温《薦譙元彦表》『兔罝絶響於中林』，五臣注劉良曰：『兔罝，網也。《詩》曰「肅肅兔罝」，喻殷紂之賢人退於山林，網禽獸而食之。』趙氏引此以見不當徒餔啜之意。」按：趙氏謂仕所以行道，道不能行則當隱處，不可沈浮隨俗，與世推移，是不以餔啜爲口腹也。

孟子曰：「不孝有三，無後爲大。注於禮，有不孝者三事，謂阿意曲從，陷親不義，一不孝也；家貧親老，不爲禄仕，二不孝也；不娶無子，絶先祖祀，三不孝也。三者之中，無後爲大。**舜不告而娶，爲無後也，君子以爲猶告也。」**注舜懼無後，故不告而娶。君子知舜告焉不得而娶。娶而告父母，禮也；舜不以告，權也。故曰「猶告」，與告同也。疏注「舜不以告權也」○正義曰：《孟子》之書全是發明《周易》變通之義。道不行而徒沈浮餔啜，不可變通者也；爲無後不告而娶，可變通者也。趙氏以「權」明之，是也。告則不得娶至於無後，故不告與告同。謂告，禮也，道也；不告與告同，則亦禮也，道也。告而得娶而不告，與告而不得娶而必告，皆非禮非道。於此量度之，則權之即禮即道，明矣。

章指：言量其輕重，無後不可。是以大舜受堯二女。夫三不孝，蔽者所闇；至於大聖，卓然匪疑，所以垂法也。

孟子曰：「仁之實，事親是也；義之實，從兄是也。智之實，知斯二者弗去是也。注事皆有實。事親、從兄，仁、義之實也。知仁義所用而不去之，則智之實也。疏注「事皆」至「實也」○正義曰：仁義之名至美。慕其名者高談深論，非其實也。孟子指其爲「事親從兄」，然則於此二者有未盡，雖日馳騖於仁義之名，皆虛妄矣。不知仁義之實在此二者，非智之實也；知仁義之用在斯二者而不能力行，則所知仍虛而不實矣。**禮之實，節文斯二者是也。樂之實，樂斯二者。**注禮樂之實，節文事親從兄，使不失其節，而文其禮敬之容，而中心樂之也。疏注「禮樂」至「樂之也」○正義曰：太過則失其節，故節之；大質則無禮敬之容，故文之。禮之爲節文，樂之爲樂，不待言者也。然節文在斯二者，樂在斯二者，乃爲禮樂之實。凡「實」字皆指事親從兄，仁、義、智、禮、樂之名皆爲斯二者而設。**樂則生矣，生則惡可已也？惡可已，則不知足之蹈之，手之舞之。」**注樂此事親從兄出於中心，則樂生其中矣。樂生之至，安可已也？豈能自覺足蹈節、手舞曲哉？疏注「樂此」至「曲哉」○正義曰：《禮記·樂記》云：「故歌之爲言也，長言之也。說之，故言之；言之不足，故長言之；長言之不足，故嗟歎之；嗟歎之不足，故不知手之舞之，足之蹈之。」注云：「不知手之舞之，足之蹈之，歡之至也。」《詩序》亦云：「情動於中而形於言。言之不足，故嗟歎之；嗟歎之不足，故永歌之；永歌之不足，不知手之舞之，足之蹈之也。」然則「不知手之舞之，足之蹈之」，樂之事也，而必由事親、從兄二者而生乃爲實；不從事親、從兄二者而生，雖不知手之舞之，足之蹈之，仍非其實也。全氏祖望《經史問答》云：「古來聖人，言語中極言孝弟之量者，始於孔子。其論大舜，推原其大德受命之由，本於大孝；其論武周，推極於郊社禘嘗之禮樂，以爲達孝。曾子申之以上老老民興孝，上長長民興弟，爲平天下之大道。有子申之以孝弟則犯亂不作，爲仁之本。其言之廣狹各有所當，而義則一。而最發明之者爲孟子。曰『人人親其親，長其長，而天下平』，曰『達之天下』，曰『堯舜之道，孝弟而已』，而尤暢其說於是章。綜羅五德，至於制禮作樂之實，不外乎此。河間獻王采《樂記》亦引孔子之言，以爲『宗祀明堂，所以教孝；享三老五更於太學，冕而總干，執醬執爵，所以教弟』，皆是章之疏證也。如此解『節文』，解『手舞足蹈』，方有實地。蔡文成以爲，『舞』『蹈』只是手足輕健之意，則是不過布衣野人之孝弟耳，孟子意中卻不然。雖有其德，苟無其位，則一身一家之中手舞足蹈之樂亦自在，而究未可以言禮樂之全量也。」又云：「孝弟之量原未易造其極，故古今以來所稱『孝弟』不過至『知而弗去』一層，其於禮樂二層皆未到，便到得『知而弗去』一層已是大難。假如尹伯奇履霜之操、尹伯封《彼黍》之詩，天然兄弟，兄則事親，弟則從兄，皆是賢者。然吉甫非竟頑父也，不能化而順之。其餘如申生、急子、壽子、司馬牛、匡章，皆值父兄之變，甚者以身爲殉，不然者棄家蕉萃，以終其身。其志節可哀，而使聖人處之，其節文之處自有中道，諸君恐尚多未盡善處。是其於禮之實尚待擬議，況樂乎？彼其繁冤悲怨足以感動天地，然不足以語樂而生，生而至於舞蹈也。是非大舜不能也。故《孟子》下章即及舜之事親而天下化，蓋以類及之也。其安常履順而極其盛，則武、周矣。周公於管、蔡之難非不值其變也，然其成文武之德者大，破斧缺斨之恫不足以玷其《麟趾》《騶虞》之仁也，是則禮樂之極隆者也。然則無位者之孝弟，至於曾、閔，尚未足盡禮樂之實耶？曾子以皙爲之父，處其常，閔子乃處其變。然閔子竟能化其父母，便是『足蹈手舞』地位；曾子之養志，便是『惡可已』。」

章指：言仁義之本，在於孝弟。孝弟之至，通於神明，況於歌舞不能自知？蓋有諸中形諸外也。疏「仁義」至「外也」○正義曰：《論語·學而》篇云：「孝弟也者，其爲仁之本與！」「孝弟之至，通於神明」，見《孝經》「感應」章第十六。「歌舞」即謂足蹈手舞也。言「歌」者，以《樂記》「蹈舞爲歌」言也。仁義智禮樂必本孝弟乃實，孝弟必依仁義智禮樂乃至本末兼該，内外一貫。説仁義而不本孝弟，説孝弟而不極於禮樂，皆失之也。

孟子曰：「天下大悦而將歸己。視天下悦而歸己猶草芥也，惟舜爲然。注舜不以天下將歸己爲樂，號泣于天。**不得乎親，不可以爲人；不順乎親，不可以爲子。舜盡事親之道而瞽瞍底豫，瞽瞍底豫而天下化。瞽瞍底豫而天下之爲父子者定，此之謂『大孝』。」**注舜以不順親意爲非人子。底，致也。豫，樂也。瞽瞍，頑父也。盡其孝道而頑父致樂，使天下化之，爲父子之道者定也。

疏注「舜以不順親意爲非人子」○正義曰：趙氏以「不順乎親」所以「不得乎親」，故「不順親意」兼括「不得」

「不順」兩語，而並「不可以爲人」「不可以爲子」兩語爲「爲非人子」。毛氏奇齡《四書賸言補》云：「『不得乎親』是不相能，如虐子教子類，順則悦之矣，即下文『底豫』，所謂底致豫悦是也。悦親之由，全在舜能盡其道，與《中庸》『順乎親有道』正同。」○注「底致」至「定也」○正義曰：「底，致也」，《爾雅·釋言》文。「豫，樂也」，《爾雅·釋詁》文。致樂者，由不樂而至於樂也。以父之頑如瞽瞍，而舜盡事親之道，卒能至於豫樂，則是天下無難事之親。凡其親不能致樂者，皆人子於事親之道未盡也。夫以瞽瞍之頑而致樂，則天下之事親者皆由是而化，亦由是而定。「定」者，人子不得疑於父母之難事而不盡其道也。閻氏若璩《釋地又續》云：「余嘗以《五帝紀》『舜之踐帝位，載天子旗往朝瞽瞍，夔夔惟謹，如子道』，此方是『瞽瞍亦允若』『瞽瞍底豫』時候，較舜之身爲庶人僅云『不格姦』者，殊有淺深次第之不同。只觀『帝使其子九男二女』節有『爲不順於父母』語，『天下大悦而將歸己』節有『不得乎親』語，此皆試舜於畎畝之中事也。況前此雖云『克諧以孝』，舜猶不告而娶，以爲告則不得娶，是子不能得之於父也；堯亦知告焉則不得娶，是君並不能得於臣也。其頑至此，則既娶之後，猶復欲殺之而分其室，萬章斷非傳聞，史遷斷非無據可知。而諸儒或疑之，或傅會之，概未嘗設身乎處地與爲按文切理者也。大抵親但不至于姦惡，其格淺；親能諭之於道，其格深。以舜之聖，年踰六十始臻斯境，豈易言哉？」按：《尚書·堯典》云：「克諧以孝，烝烝乂，不格姦。」江氏聲《集注音疏》述其師惠松厓先生云：「楊孟文《石門頌》曰『烝烝艾』是本諸《尚書》，則古《尚書》作『艾』也。艾，養；格，至也。言舜能和於弟，孝於親，厚以奉養，使不致於姦惡。僞孔本艾作乂，訓爲治，正義云：『上歷言三惡，此美舜能養之。』蓋孔穎達必見漢注有訓艾爲養者，故爲此言。由此知艾當訓養。」此説是也。「克諧以孝」，則舜之和其兄弟以怡父母，於此句見之。然徒以和孝之虚情，焉能變化其頑嚚之本質？故必厚以養之。姦，私也。瞽瞍蓋亦市井之人，營營於耳目口體之欲，故違於德義耳；既厚以養之，則己得滿所欲，豈尚與人争利而無賴乎？所以不至於私。聖人變通神化之用，必從實處行之，可知。舜之耕稼陶漁而號泣如窮人者，均坐此耳。迨至踐帝位，以天下養而又能夔夔齊慄，既養其身又悦其心，所以致樂也。今之孝者，能養而不能敬，固不可以爲大孝；舍厚養而但空言克諧，亦未必其即諧也。菽水承歡，可以事賢父，未可以例瞽瞍，況以曾子養志於曾晳，且須酒肉，則所以事親之道可於是參之矣。

章指：言以天下之富貴爲不若得意於親，故能懷協頑嚚，底豫而欣，天下化之，父子加親。故稱盛德者必百世祀，無與比崇也。 疏「故稱」至「崇也」〇正義曰：昭公八年《左傳》史趙云：「自幕至於瞽瞍無違命，舜重之以明德，寘德於遂，遂世守之。及胡公不淫，故周賜之姓，使祀虞帝。臣聞盛德必百世祀，虞之世數未也。❶繼守將在齊，其兆既存矣。」《史記·陳杞世家》贊云：「舜之德可謂至矣！禪位於夏而後世血食者歷三代。❷及楚滅陳而田常得政於齊，卒爲建國，百世不絶，苗裔兹兹，有土者不乏焉。」

---

❶「數」，原作「又」，今據《左傳》及經解本改。
❷「歷」，原作「居」，今據《史記》改。